全国高等卫生职业教育高素质技能型
人才培养"十三五"规划教材

供药学、药物制剂技术、中药学、化学制药、生物制药技术等专业使用

医药市场营销技术

主　编　周先云　刘　徽　孙兴力
副主编　赵成志　李洁玉　张　媛
编　者　（以姓氏笔画为序）
牛宇龙　长治医学院
申　强　长治医学院
任守忠　海南医学院
刘　徽　辽宁医药职业学院
孙兴力　永州职业技术学院
李洁玉　重庆三峡医药高等专科学校
杨显辉　郑州铁路职业技术学院
连进承　重庆三峡医药高等专科学校
张　媛　陕西中医药大学
周先云　鄂州职业大学
郑　丽　陕西中医药大学
赵成志　鹤壁职业技术学院

华中科技大学出版社
http://www.hustp.com
中国·武汉

内容提要

本教材以药品市场营销的实际工作任务作为完整项目组织教学内容。学生在每个教学单元的实训过程中,掌握必备的营销理论知识和营销技能,具备营销人员的基本素质。

本教材主要设计了5个工作任务来完成药品在市场上从市场调研到市场营销最后环节的促销的完整过程,分别是医药市场营销基本知识、医药市场调研技术、医药市场营销开发技术、医药分销渠道设计技术和医药市场营销促销技术。开发了23个教学单元来完成以上工作任务。

每个教学单元设计过程中,以市场营销理论和知识作为基础,在"教、学、做、练"过程中,让学生在完成从简单到复杂的训练中不断理解、掌握和修正知识与技能。同时,培养学生的独立思考、创新与解决问题的能力。

图书在版编目(CIP)数据

医药市场营销技术/周先云,刘徽,孙兴力主编. —武汉:华中科技大学出版社,2016.7(2022.1重印)
全国高等卫生职业教育高素质技能型人才培养"十三五"规划教材.药学及医学检验专业
ISBN 978-7-5680-1807-4

Ⅰ.①医… Ⅱ.①周… ②刘… ③孙… Ⅲ.①药品-市场营销学-高等职业教育-教材 Ⅳ.①F724.73

中国版本图书馆 CIP 数据核字(2016)第 103138 号

医药市场营销技术
Yiyao Shichang Yingxiao Jishu

周先云　刘　徽　孙兴力　主编

策划编辑:史燕丽
责任编辑:叶丽萍　熊　彦
封面设计:原色设计
责任校对:张　琳
责任监印:周治超
出版发行:华中科技大学出版社(中国·武汉)　　电话:(027)81321913
　　　　　武汉市东湖新技术开发区华工科技园　　邮编:430223
录　　排:华中科技大学惠友文印中心
印　　刷:武汉开心印印刷有限公司
开　　本:880mm×1230mm　1/16
印　　张:22.5
字　　数:741千字
版　　次:2022年1月第1版第5次印刷
定　　价:65.00元

本书若有印装质量问题,请向出版社营销中心调换
全国免费服务热线:400-6679-118　竭诚为您服务
版权所有　侵权必究

全国高等卫生职业教育高素质技能型人才培养"十三五"规划教材（药学及医学检验专业）编委会

委　员（按姓氏笔画排序）

王　斌	陕西中医药大学	王文渊	永州职业技术学院
王志亮	枣庄科技职业学院	王喜梅	鹤壁职业技术学院
王德华	苏州卫生职业技术学院	孔晓朵	鹤壁职业技术学院
甘晓玲	重庆医药高等专科学校	叶颖俊	江西医学高等专科学校
仲其军	广州医科大学卫生职业技术学院	刘柏炎	益阳医学高等专科学校
刘修树	合肥职业技术学院	李树平	湖南医药学院
李静华	乐山职业技术学院	杨凤琼	广东岭南职业技术学院
杨家林	鄂州职业大学	张　勇	皖北卫生职业学院
陆艳琦	郑州铁路职业技术学院	范珍明	益阳医学高等专科学校
周建军	重庆三峡医药高等专科学校	秦　洁	邢台医学高等专科学校
钱士匀	海南医学院	徐　宁	安庆医药高等专科学校
唐　虹	辽宁医药职业学院	唐吉斌	铜陵职业技术学院
唐忠辉	漳州卫生职业学院	谭　工	重庆三峡医药高等专科学校
魏仲香	聊城职业技术学院		

前言

根据教育部、财政部《关于支持高等职业学校提升专业服务产业发展能力的通知》(教职成[2011]11号)文件精神,明确提出要实行"五个对接":专业与产业对接、课程内容与职业标准对接、教学过程与生产过程对接、学历证书与职业资格证书对接、职业教育与终身学习对接。该文件为"十三五"高职药学专业教材编写指明了方向。

随着我国医药体制改革的不断推进和深入,医药企业之间的竞争越来越激烈,医药产品的竞争主要集中在市场营销的运作上,医药企业需要既有营销理论知识又有实践操作能力的复合型医药营销人才。为了满足医药企业对人才的需求,对《医药市场营销技术》内容的重组显得极为重要。

本教材编写的主要思路是将医药产品(包括非处方药、处方药和其他医药产品)市场营销实际工作过程作为一个项目,从医药产品进入市场前的调研、确定目标人群、设计营销渠道到市场促销四个不断递进的工作进程,设计出5个工作任务和23个教学单元。以训练能力为主要目标,涵盖基本理论知识,渗透岗位所需的素质。

课程组编写此教材时,力求达到以下的编写要求。

一是,以国家颁布的职业标准为依据,内容涵盖高级医药商品购销员和《药品经营质量管理规范》(GSP)及《药品经营质量管理规范实施细则》等职业标准的相关要求,使教学内容融入"学历证书与职业资格证书对接"要求,课程内容与职业标准对接。

二是,分析职业岗位标准,依据医药市场营销岗位实际工作过程设计工作任务和教学单元,将理论知识、素质在教学单元的实训过程中有机组合,使教学过程与实际工作过程对接。

三是,引入实际工作任务,使教学过程与工作过程对接。学生通过完成实际工作任务,提高职业技能,在工作中使"能力、知识与素质"同步提升。

四是,教学任务考核具体明确,在每个教学单元后设计了可操作性的考核标准与要求,使学生在训练过程中能及时评价、判断与完善。

在本教材的编写过程中得到了重庆三峡医药高等专科学校、郑州铁路职业技术学院、鹤壁职业技术学院、鄂州职业大学、辽宁医药职业学院、永州职业技术学院、长治医学院、海南医学院、陕西中医药大学的领导和同仁的大力支持。全书的最终修改定稿由周先云、刘徽和孙兴力完成。

本教材在编写过程中,参阅了大量的国内相关教材、资料,得到了相关人士的大力支持,在此谨向有关文献的编者及帮助者致谢。由于编者的水平有限,教材中难免有不妥之处,敬请广大读者批评指正。

编 者

目录

工作任务一　医药市场营销基本知识

教学单元 1.1　市场和市场营销　　　　　　　　　　　　　/ 3
教学单元 1.2　医药市场与医药市场营销　　　　　　　　　/ 15

工作任务二　医药市场调研技术

教学单元 2.1　医药市场营销调研方案的撰写　　　　　　　/ 25
　　理论知识学习与背景　　　　　　　　　　　　　　　　/ 26
　　实训环境与组织实训过程　　　　　　　　　　　　　　/ 33
教学单元 2.2　医药营销调查问卷的设计　　　　　　　　　/ 38
　　理论学习知识与背景　　　　　　　　　　　　　　　　/ 39
　　实训环境与组织实训过程　　　　　　　　　　　　　　/ 43
教学单元 2.3　医药市场调查的实施　　　　　　　　　　　/ 51
　　理论学习知识与背景　　　　　　　　　　　　　　　　/ 52
　　实训环境与组织实训过程　　　　　　　　　　　　　　/ 55
教学单元 2.4　医药市场营销调查资料的整理与分析　　　　/ 60
　　理论学习知识与背景　　　　　　　　　　　　　　　　/ 61
　　实训环境与组织实训过程　　　　　　　　　　　　　　/ 62
教学单元 2.5　医药市场营销调查报告的撰写　　　　　　　/ 74
　　理论学习知识与背景　　　　　　　　　　　　　　　　/ 74
　　实训环境与组织实训过程　　　　　　　　　　　　　　/ 77
教学单元 2.6　综合考核项目与评价指标　　　　　　　　　/ 85
　　实训课题1　OTC药品终端调研　　　　　　　　　　　/ 85
　　实训课题2　药品市场竞争情况调研　　　　　　　　　/ 87
　　实训课题3　我国感冒药市场营销环境调查　　　　　　/ 89

工作任务三　医药市场营销开发技术

教学单元 3.1　医药市场营销环境分析与预测　　　　　　　/ 93
　　理论学习知识与背景　　　　　　　　　　　　　　　　/ 94
　　实训环境与组织实训过程　　　　　　　　　　　　　　/ 111
教学单元 3.2　医药市场购买行为分析与预测　　　　　　　/ 117
　　理论学习知识与背景　　　　　　　　　　　　　　　　/ 118
　　实训环境与组织实训过程　　　　　　　　　　　　　　/ 131
教学单元 3.3　医药市场细分　　　　　　　　　　　　　　/ 139
　　理论学习知识与背景　　　　　　　　　　　　　　　　/ 140
　　实训环境与组织实训过程　　　　　　　　　　　　　　/ 148
教学单元 3.4　医药目标市场选择　　　　　　　　　　　　/ 155
　　理论学习知识与背景　　　　　　　　　　　　　　　　/ 157

　　　　实训环境与组织实训过程　　　　　　　　　　　　　　　　　／162
　教学单元 3.5　医药市场定位　　　　　　　　　　　　　　　　　／168
　　　　理论学习知识与背景　　　　　　　　　　　　　　　　　　／170
　　　　实训环境与组织实训过程　　　　　　　　　　　　　　　　／192
　教学单元 3.6　医药市场营销开发技术综合实训与考核　　　　　　／206
　　　　实训课题 1　区域医药市场调研　　　　　　　　　　　　　／206
　　　　实训课题 2　医药销售预测　　　　　　　　　　　　　　　／208
　　　　实训课题 3　OTC 终端市场开发　　　　　　　　　　　　　／209
　　　　实训课题 4　为血尔补血口服液进行初步定位　　　　　　　／211

▶ **工作任务四　医药分销渠道设计技术**

　教学单元 4.1　医药分销渠道设计和渠道成员选择技术　　　　　／215
　　　　理论学习知识与背景　　　　　　　　　　　　　　　　　　／216
　　　　实训环境与组织实训过程　　　　　　　　　　　　　　　　／230
　教学单元 4.2　医药分销渠道管理方案的设计　　　　　　　　　　／238
　　　　理论学习知识与背景　　　　　　　　　　　　　　　　　　／239
　　　　实训环境与组织实训过程　　　　　　　　　　　　　　　　／245
　教学单元 4.3　医药分销渠道设计技术综合实训与考核　　　　　　／257
　　　　实训课题 1　医药分销渠道设计　　　　　　　　　　　　　／257
　　　　实训课题 2　分销商的选择　　　　　　　　　　　　　　　／258
　　　　实训课题 3　对分销商激励方案的设计　　　　　　　　　　／260

▶ **工作任务五　医药市场营销促销技术**

　教学单元 5.1　医药市场营销促销技术　　　　　　　　　　　　　／265
　　　　理论学习知识与背景　　　　　　　　　　　　　　　　　　／267
　　　　实训环境与组织实训过程　　　　　　　　　　　　　　　　／276
　教学单元 5.2　医药市场营销消费者的营业推广活动设计与实施　　／280
　　　　理论学习知识与背景　　　　　　　　　　　　　　　　　　／281
　　　　实训环境与组织实训过程　　　　　　　　　　　　　　　　／286
　教学单元 5.3　医院促销　　　　　　　　　　　　　　　　　　　／291
　　　　理论学习知识与背景　　　　　　　　　　　　　　　　　　／292
　　　　实训环境与组织实训过程　　　　　　　　　　　　　　　　／300
　教学单元 5.4　药店终端促销　　　　　　　　　　　　　　　　　／309
　　　　理论学习知识与背景　　　　　　　　　　　　　　　　　　／310
　　　　实训环境与组织实训过程　　　　　　　　　　　　　　　　／323
　教学单元 5.5　医药营销公共关系　　　　　　　　　　　　　　　／328
　　　　理论学习知识与背景　　　　　　　　　　　　　　　　　　／329
　　　　实训环境与组织实训过程　　　　　　　　　　　　　　　　／338
　教学单元 5.6　医药促销综合实训与考核　　　　　　　　　　　　／344
　　　　实训课题 1　药房节日促销方案的制订　　　　　　　　　　／344
　　　　实训课题 2　公关策划　　　　　　　　　　　　　　　　　／347
　　　　实训课题 3　公关危机处理　　　　　　　　　　　　　　　／349
　　　　实训课题 4　情人节时药店促销　　　　　　　　　　　　　／349
　　　　实训课题 5　药店开张前针对消费者的营业推广活动设计　　／350
参考文献　　　　　　　　　　　　　　　　　　　　　　　　　／352

工作任务一

医药市场营销基本知识

教学单元 1.1　市场和市场营销

能力目标：
1. 能够深刻理解医药市场营销的内涵。
2. 了解企业经营观念对医药市场营销的影响。

知识目标：
1. 掌握市场营销、医药市场营销、需要、需求、欲望等核心概念。
2. 熟悉传统企业经营观念和现代企业经营观念以及各企业经营观念。
3. 了解市场营销组合策略及其发展。

素质目标：
具备现代营销理念，正确了解现代营销的发展方向。

伊利集团的营销策略

根据国家统计局的统计，全国现有乳制品企业中，销售额在 500 万元以上的有 395 家，而按中国奶业协会的统计，乳制品企业已达 1500 家，而销售额在亿元以上的不超过 20 家。2000 年，按销售额排名前十位的企业，液体奶总销量占了全国总容量的 62%。

伊利实业股份有限公司以生产具有清真特色的"伊利"牌系列乳制品为主，包括雪糕、冰淇淋系列，奶粉、奶茶粉系列，无菌奶系列三大系列产品。伊利有计划、有步骤地、默默地打了三场战役，正是这三场至关重要的战役才奠定了伊利今天在市场中的地位。

第一大战役：产品。①生产（奶源基地）建设：自 20 世纪 90 年代中期以来，伊利集团一直在奶源基地建设上下工夫，先后投资 1.8 亿元建成标准化挤奶站 255 个，建成奶牛饲养专业区 6 个，向牧民发放购牛款 9500 万元，使呼和浩特地区的奶牛发展以 40% 的速度增长。②产品建设：伊利也十分重视产品质量。1999 年伊利集团瞄准世界水平，投资 4.2 亿元全面启动乳业技术改造工程，引进了代表世界一流水平的生产线，筹建了国内一流的技术中心。

第二大战役：品牌。伊利请国际知名广告公司，知名的"品牌管理专家"——奥美国际公司为其进行广告创意和品牌策划。首先，以突出伊利奶源的不同为诉求，天然牧场上的乳牛在身心自由地发育成熟时，挤奶已是它的一种乐趣，这时挤出的奶是不含酸物质的。伊利生产的牛奶全部采用这样天然的牛奶，因此，自然香浓、爽滑。在有了第一步的品牌印象后，伊利的广告又紧跟其"做中国伊利"的全国性扩张战略，开始传递纯天然和绿色食品的概念。广告语为"心灵的天然牧场"，并在城市主要的车站铺设路牌广告，这一举措十分奏效，因为生长在城市中的人渴望纯天然，渴望大自然，渴望无污染，伊利正是迎合了消费者的这一心理，倡导为了保证消费者能喝到来自内蒙古天然大牧场真正香浓营养的伊利纯鲜牛奶，坚持纯天然品质，伊利在全国乳业首创独一无二的绿色优质奶源基地。在形象上打造一个代表潮流和品质的品牌,并给消费者留下深刻印象。

第三大战役:营销。1998年初,伊利集团请营销专家高建华做营销方面的培训,转变了以往卖产品的观念,逐渐把营销重点向研究终端消费者、满足消费者的方向转变。2000年伊利集团各事业部聘请引进了一批职业经理人和专业人才,他们带来了跨国公司最新的理念并与集团高层的理念有机地结合。当服务营销理念成为共识后,集团包括各事业部在部门、人力资源、组织体系的配置上都有举措,包括设立市场部、强化研发能力、引进先进的技术设备奶源基地的建设、品牌的整合,在研究满足消费者的需求、培养其对产品的忠诚度上下工夫,进而引导消费者对品牌的忠诚度。

在2002年1月16日伊利集团液态奶事业部主题为"意气携手再一峰"经销商大会上,伊利宣布,作为给商业合作伙伴一份特殊的厚礼,集团将选送部分优秀经销商进入清华、北大等名校学习。如此大规模地、系统地培养提高渠道经销商素质的举措在乳业行业内还数首创。来自全国各地,包括香港特别行政区在内的300多名经销商出席了此次大会。如今国内乳品市场竞争异常激烈。市场上优惠促销,免费品尝,宣传咨询,颇有一番热闹景象。但在营销渠道建设方面,各乳品企业却鲜有新意。本次伊利采用的方式无疑将对业界的健康发展起到积极的引导作用。

从2001年开始,伊利各事业部就强化以市场为导向的观念,进一步整合销售渠道。重新定义客户的概念,将代理商、批发商、消费者全部纳入到消费者的行列中,伊利业务人员帮助中间商拓展业务,以增强自己管控网络的能力,目前伊利正在做的市场分销库存管理系统和进一步探索尝试的电子商务BTOC/BTOB,目的都是在拉近企业与代理商、消费者的距离。真正服务于消费者。

图谋国际市场:在有了这些技术保证之后,伊利开始图谋国际市场。事实上,同国际品牌竞争并非是最近的事情。在很久以前,伊利就已经开始了同国际知名厂商面对面的交锋。在彼此的接触与了解中,伊利更坚定了打造"中国伊利"的经营策略。

伊利集团早在1998年就开始筹划产品入港事宜,但是由于伊利牛奶在内地市场一直存在供不应求的现象,只能基本满足市场需求。2000年开始,围绕"中国伊利"的发展思路,伊利集团开始进行大规模的技术改造和管理系统整合,加之北京、大庆等液态奶生产基地的落成投产,为伊利这条乳业巨龙傲视中国、飞翔国际打下了坚实的基础,也为伊利积极开拓国际市场业务迈出了重大的一步。

伊利集团进军香港得到的评价是,这并非是一次意义简单的商业行为。它不仅使伊利获得成长的机会,也为国内乳品行业在入世后所带来的机遇和挑战面前,探索如何生存、发展、壮大,最终成为未来的国际品牌而进行的有益尝试。此外,伊利还将开展一系列的国际贸易活动来支持企业整体战略的发展。目前,伊利集团液态奶事业部已和中国澳门、柬埔寨、印度等地区和周边国家的商业伙伴达成了合作意向,并将在2002年全面启动海外市场。

另据中国乳制品工业协会透露,我国是个乳制品纯进口国。多年来一些企业试图在出口上有所突破,但收效甚微。此次内蒙古伊利集团液态奶事业部成功入港,为国内乳品企业打通了进军国际市场的绿色通道,并不是偶然,成功的原因在于该企业奉行的企业生产理念,一贯坚持以国际标准征税高品质的纯牛奶,强健国内外消费者。

(资料来源:李媛.伊利《"天然牧场"圈到香港——内蒙古伊利集团市场营销案例》.中国经营报,2002)

分析:

1. 此案例提示企业在经营过程中,除了要持有市场营销观念外,还要有哪些企业经营观念?
2. 试述传统企业经营观念与现代企业经营观念的不同之处。

一、市场

(一) 市场的产生

市场由一切有特定需求或欲求、并且愿意和可能从事交换来使需求和欲望得到满足的潜在顾客所组成。一般来说,市场是买卖双方进行交换的场所。从政治经济学层面,市场有广义和狭义概念之分。广义市场是指一定时间、地点、条件下商品交换关系的总和,即商品生产者、市场中介和消费者之间实现交换关系的总和。交换关系可以在现代社会中在各个方面体现,如金融证券、信息、技术、银行信贷等。狭义市场是买与卖集合的场所,即买卖双方聚集在一起交换产品、劳务和服务的场所。

从市场营销学角度看,人们常常把卖方称为行业,买方称为市场。行业和市场构成了简单的市场营销系统。买卖双方由四种流程相连:卖方将商品送到市场,并与市场沟通;买方把金钱和信息传递到行业。

卖者将货物、服务和信息传递到市场,然后收回货币及信息。现代市场经济中的市场是由诸多种类的市场及多种流程联结而成的。生产商到资源市场购买资源(包括劳动力、资本及原材料),转换成商品和服务之后卖给中间商,再由中间商出售给消费者。消费者则到资源市场上出售劳动力而获取货币来购买产品和服务。政府从资源市场、生产商及中间商购买产品,支付货币,再向这些市场征税及提供服务。因此,整个国家的经济及世界经济都是由交换过程所联结而形成的复杂的相互影响的各类市场所组成的。

(二)市场的内涵与构成要素

1. 市场的内涵

(1) **市场是商品交换的场所** 这既是一个时空上的概念,也是传统的市场概念。在日常生活中,人们习惯将市场看做是买卖双方购买和出售商品、进行交易的场所。如药品零售药店、中药材批发市场、农贸市场等。

(2) **市场是商品交换关系的总和** 经济学家认为市场是一个商品经济范畴,是商品内在矛盾的表现,是供求关系,是商品交换关系的总和,是通过交换反映出来的人与人之间的关系。经济学家指出,市场是社会分工和商品生产的产物。在商品生产的条件下,社会内部分工的前提首先是不同类型劳动的相互独立,即它们的产品必须作为商品相互对立,并且通过交换,完成商品的形态变化,作为商品相互发生关系。因此,哪里有社会分工和商品生产,哪里就有市场。市场是完成商品形态变化,在商品所有者之间进行商品交换的总体表现,包括供给和需求两个相互联系、相互制约的方面,是两者的统一体。这是市场的一般概念,经济学中市场是从这个意义上理解的。

(3) **市场是指某种或某类产品现实和潜在需求的总和** 这是从营销学角度所理解的市场概念,市场专指买方和需求,而不包括卖方和供给,卖方构成行业,买方组成市场。医药市场营销也是从这个角度来研究市场。例如:胃肠疾病所需的药品市场很大,是指人们对胃肠疾病药品的需求很大,而不是指胃肠疾病药品的交易场所很大。

由此可见,人们从不同角度对市场进行界定。我们认为:市场是商品经济中生产者与消费者之间为实现产品或服务价值,满足人们需求的交换关系、交换条件和交换过程的总和。

因此,我们必须从营销学角度来理解和认识市场。

(1) **从消费者需求的角度认识市场** 从社会的角度,企业存在的价值是承担社会赋予的某种职能,衡量职能的标准是企业所提供的产品或服务能否满足社会的需求,即能否满足市场的需求。因此,企业要从需求角度认识市场,然后思考如何有效地满足需求的问题。市场需求的主体是消费者,人们习惯所指的消费者是个人消费者,药品市场的消费者主要指以个人消费为目的的群体。我们泛指个人消费者和组织消费者,组织消费者包括企业、政府机构、社会团体等。

(2) **从竞争角度认识市场** 首先,市场是建立在社会分工和商品生产,即商品经济基础上的交换关系。这种关系是由一系列交易活动构成,并由商品交换规律所决定。

其次,现实市场的存在要有若干基本条件。包括:①消费者:他们有某种需求或欲望,并拥有可供交换的资源。②生产者:他们有能力提供满足消费者需求的产品或服务。③促成交易的其他条件:如双方接收的价格、时间、信息和服务方式等。

最后,市场的发展是一个由消费者决定,而由生产者推动的动态过程。在组成市场的双方中,买方需求是决定性的。

2. 市场的主要构成要素

(1) **商品** 这里的商品既包括有形的物质产品,也包括无形的服务,以及各种商品化了的资源要素,如资金、技术、信息、土地、劳动力等。市场的基本活动是商品交换,所发生的经济联系也是以商品的购买或售卖为内容的。因此,具备一定量的可供交换的商品,是市场存在的物质基础,也是市场的基本构成要素。倘若没有可供交换的商品,市场也就不存在了。

(2)卖方 商品不能自己到市场中去与其他商品交换,而必须由它的所有者——出卖商品的当事人,即卖方带到市场上去进行交换。在市场中,商品所有者把他们的意志——自身的经济利益和经济需要,通过具体的商品交换反映出来。因此,卖方或商品所有者就成为向市场提供一定量商品的代表者,并作为市场供求中的供应方成为基本的市场构成要素。

(3)买方 卖方向市场提供一定量的商品后,还须寻找到既有需求又具备支付能力的购买者,否则,商品交换仍无法完成,市场也就不复存在。因此,以买方为代表的市场需求是决定商品交换能否实现的基本要素。

商品、供给、需求作为宏观市场构成的一般或基本要素,通过其代表者——买方和卖方的相互联系,现实地推动着市场的总体运动。

3. 市场微观构成要素 从微观即企业角度考察,企业作为某种或某类商品的生产者或经营者,总是具体地面对该商品有购买需求的买方市场。深入了解企业所面临的现实的市场状况,从中选择目标市场并确定进入目标市场的市场营销策略,以及进一步寻求潜在市场,是企业开展市场营销活动的前提。因此,就企业而言,更具有直接意义的是微观市场的研究。宏观市场只是企业组织市场营销活动的市场环境。微观市场的构成包括人口、购买力、购买欲望三方面要素。

(1)人口 需求是人的本能,对物质生活资料及精神产品的需求是人类维持生命的基本条件。因此,哪里有人,哪里就有需求,就会形成市场。人口的多少决定着市场容量的大小;人口的状况,影响着市场需求的内容和结构。构成市场的人口因素包括总人口、性别和年龄结构、家庭户数和家庭人口数、民族与宗教信仰、职业和文化程度、地理分布等多种具体因素。

(2)购买力 购买力是人们支付货币购买商品或劳务的能力。人们的消费需求是通过利用手中的货币购买商品实现的。因此,在人口状况既定的条件下,购买力就成为决定市场容量的重要因素之一。市场的大小,直接取决于购买力的高低。一般情况下,购买力受到人均国民收入、个人收入、社会集团购买力、平均消费水平、消费结构等因素的影响。

(3)购买欲望 购买欲望是指消费者购买商品的愿望、要求和动机。它是把消费者的潜在购买力变为现实购买力的重要条件。倘若仅具备了一定的人口和购买力,而消费者缺乏强烈的购买欲望或动机,商品买卖仍然不能发生,市场也无从现实地存在。因此,购买欲望也是市场不可缺少的构成因素。

二、市场营销

(一)市场营销的核心概念

市场组织的中心是满足消费者的市场需求,这是进行产品市场交换活动的根本动力。这里要注意医药营销满足的是需求,而非需要、欲望。理解市场营销必须要对其相关概念进行深入地理解,即要理解需要、欲望、需求、产品、商品、价值、满意、交换、交易等市场营销核心概念。

1. 物品、产品与商品 市场营销是通过产品满足消费者的需求来实现的,对于产品的理解需要将其区别于物品和商品。

物品是指世间万物具有物质性的事物,如空气、树木、信息、技术等。

产品是指任何能满足人类需要或欲望的东西,它凝结了人类的劳动,但并没有进行交换,准确地说是准备交换的商品,但还没有成为商品,是待售品,如制药厂生产出来的放在库房里存放的药品。空气不能称为产品,因为它没有凝结人类的一般劳动,但如果空气被加工成氧气就成为了医药产品。

商品是指为交换而生产的对他人或社会有用的劳动产品。产品只有在进行交换时才能成为商品,否则只能是待售产品或使用物品。例如,消费者在药店购买药品时,当消费者在柜台上面将付过款项的票据交给药店店员,店员同时将药品递交给消费者,这一瞬间的交换过程,药品才能被称为"商品"。否则,在交换过程之前药品只能称为"在意思上是商品的药品"(意为等待销售的产品),在交换过程结束后药品只能成为消费者的个人使用物品。所以,商品这一概念从营销学和商品学的理解上是只有在交换这一瞬间才能成为商品,否则只能是医药企业的产品或消费者的物品。

2. 需要、欲望与需求

（1）需要 即没有得到某些基本需要的感受状态。

需要（need）是客观的,是不以人的意志为转移的,是市场营销人员可以识别的,而不是可以改变和创造的。需要包括人类为了生存所具有的吃、穿、住、用、行、安全、情感、归属、受人尊重等基本需要。它是人们生理上、精神上等产生的一种无明确指向性的满足欲,即人的需要没有对某个产品做出确定的指向。例如:饥饿了需要食物,并没有指向具体是米饭、面包还是蛋糕;生病了需要药品和治疗,并没有指向具体是中药还是西药,是处方药还是非处方药,更没有指向某个具体品牌的药品,同时也有指向是通过大型医院、社区诊所治疗还是通过自我购买非处方药治疗。

（2）欲望 想得到实现基本需要的具体满足物的愿望。

当需要具有指向性时,消费者的需要希望通过具体某类产品或某个品牌产品来满足时,需要就变成了欲望（want）。例如:当医药工作者发现消费者在市场上寻找家用医药箱时,从医药营销角度会认为这个人需要的是什么呢？从一般视角看,这个人需要的似乎是家用医药箱,但从医药市场营销的视角看,这个人需要的并不是家用医药箱,而是要整理家里的医药产品,他是为满足整理需要购买家用医药箱的。这两种认识的区别在于:如果认为消费者需要的是家用医药箱,医药企业就只会提供更多更好的家用医药箱,这样不能使医药企业具备区别于其他企业的优势;如果认为消费者需要的是整理医药产品,那么医药企业就会设计出一种比家用医药箱更经济、更实用、更时尚、更节省空间的整理医药产品的解决方案,而不是仅仅通过家用医药箱来解决消费者整理医药产品的本来需要。这种解决方案更能深入人心,博得消费者的喜爱。

（3）需求 有能力购买并且愿意购买某个具体产品的欲望。

对于医药企业而言,有购买能力的欲望才是有意义的。这是因为当欲望没有购买能力的支撑时是永远不可能实现的,只能成为人们心中的一个想法而已,或者说是人们的愿望而已。消费者有购买能力去满足自己对医药产品的欲望,却不愿意付诸行动,或者不愿意去购买某类产品,就无法构成医药产品的需求（demand）。

综上所述,市场消费者的需求构成了产品市场,对于企业而言,企业营销活动的中心既不是需要也不是欲望,而是产品需求。市场需求具备三个要素,即有能力购买、愿意购买和欲望。

3. 价值、效用与满意 价值,其概念本身所属不同的学科有着不同的解释,对其本质的深入讨论也一直是学术界的焦点。从市场营销角度诠释价值概念,依据菲利普·科特勒对价值的解释,他认为价值（value）就是顾客所得到和所付出之比,其概念的核心理解是顾客在得到和付出之间进行权衡和比较,所谓顾客角度理解的产品物有所值就是得到与付出之比相对较大。

效用是消费者对产品满足其需求的整体能力的评价,具备一定的主观性。换言之,同样的商品当以同样的方式、同样的价格出售给不同的消费者时,消费者对其评价是不同的。效用受消费者的需求状态、未被满足程度等因素影响。例如,同样一块面包,对于非常饥饿的人来说效用较大,对于低程度饥饿的人来说效用较前一个人小;同一个人在他饥饿时面对两个完全一样的面包时,第一块面包对他的效用要比第二块面包的效用大,因为当他在消费第二块面包时饥饿感相对较小。总之,同样的医药产品对于不同的消费者其效用不同;同样的消费者在消费同样的医药产品时,消费时的需求状态不同产品的效用也不同。经济学中有消费者效用递减规律理论,即随着消费者的需求逐渐被满足,单位产品对消费者的效用是逐渐减少的。

满意是消费者在消费产品时其意愿得到满足,符合其心愿。这是一种难以精确衡量的消费者心理感受,具有一定"模糊性"。从它概念本身理解,显然满意与三个因素相关,即感知的效用、付出的代价和消费预期。人们以适当的代价获得适当效用的情况,当这种感知的效用状态与他们消费前的预期比较相一致或者较高时,他们就会满意;当这种感知的效用状态与他们消费前的预期比较较低时,他们就会不满意。只有在交易中感到满意的顾客才能成为企业的忠实顾客。而顾客满意的程度是一个难以衡量的数值,市场营销中,用顾客让渡价值来衡量顾客满意度。

4. 交换与交易　交换是指通过提供自己的东西作为回报,从他人处取得所需之物的行为。

在一个人想要获取他所需的东西时,可以通过自行生产、抢夺、乞讨、交换四种方式来实现。交换作为从他人处取得物品的方式之一最能够体现经济行为。交换的完成需要具备以下五个条件。

(1) 交换的完成至少需要两方,也可以是多方之间进行交换。

(2) 交换各方都拥有对方认为有价值的东西。

(3) 交换各方都可以沟通信息和递送物品。

(4) 交换各方都有权利自由决定接受或拒绝对方的物品。

(5) 交换各方都认为交易是适当的或称心如意的。

交易是由交换各方间的交换价值所构成的。

每一次交换结束后,都会使参与交换的各方因为交换行为获得某种交换价值,各方获取的交换价值共同构成交易。交换与交易的本质区别是交换过程,交易是交换的结果;交换是动作,交易是事物。交易通常包括货币交易、物物交易、以服务交易服务等形式。

(二) 传统企业经营观念

市场营销学产生于美国,并在西方世界以及全世界广泛流传,美国市场营销学经历了初创阶段、应用阶段、重大变革阶段、扩展阶段四个阶段。

1. 市场营销经历的阶段

1) 初创阶段　其背景是19世纪末至20世纪20年代,是市场营销学的初创阶段。

(1) 生产急剧发展　西方资本主义国家经过第二次工业革命后,即经济生产中实行机器化大生产以来,企业的生产力迅速提高,生产规模急剧扩大,城市经济迅速发展。越来越多的产品被生产出来,加上竞争日趋激烈,企业面临着销售和分销的压力,社会经济形态逐渐形成了供过于求的态势。

(2) 产品分销和促销方式发生变化　随着产品被大量生产出来,在西方企业界,广告在企业销售中被广泛运用,同时,连锁店应运而生。

(3) 管理学等传统理论面临挑战　管理学、经济学等学科已经不能为企业的经营提供强有力的理论支撑,急需一门新兴学科为之出谋划策,指导经营决策。

2) 应用阶段　从20世纪20年代至第二次世界大战结束,是市场营销学的应用阶段。这一时间段的划分源于其特定的历史背景,即第一次世界大战(1914年7月—1918年11月)。市场营销学在第一次世界大战结束后到第二次世界大战结束经历了其自身第二阶段的演变历程。

3) 重大变革阶段　第二次世界大战结束后至20世纪60年代末,市场营销学的现代理论体系形成。这一阶段是市场营销理论日趋形成完整体系,并被工商企业大量运用的发展繁荣阶段。它的发展与世界的政治经济发展密切相关,将第二次世界大战作为分水岭,基于"二战"后的世界各国的经济重建的大背景下,市场营销学从美国向世界传播开来,为各国的经济发展提供重要参考。

4) 扩展阶段　20世纪70年代至今是市场营销理论得到多层次、多角度、全方位发展的阶段。扩展阶段的背景有如下几个方面。

(1) 环境破坏、资源浪费严重　企业在生产过程中以自身利益为重的经营理念使环境在经济发展中付出了高昂代价,即使企业持有的是市场营销观念,这也是为了在满足消费者需求的基础上获得和保持企业长久的利益,没有充分考虑在买方与卖方之外的第三方,即社会的利益。而这种经营理念却损害了公众利益,影响了企业的社会形象和口碑,也不利于企业的市场营销。社会营销、绿色营销和宏观营销等问题引起了人们的关注。

(2) 消费者主义运动兴起　消费者运动强调消费者应被适当并正确地告知产品信息和受到安全保护,反对不公平、误导性市场交易,认为消费者应当获得八项消费者权利,即维持生命所需基本物质供应的权利、安全不受伤害的权利、了解事实真相的权利、选择的权利、求偿的权利、意见被尊重的权利、清洁的生活环境的权利、享有对称的消费资讯与适当的消费教育的权利。

(3) 国际贸易竞争激化　国际贸易中的保护贸易理论使企业在进入国际市场时面临难题,有些国家,如美国为了保护本国的贸易,实行高额关税、政府限制等贸易壁垒,限制商品进口。市场营销理论界针对这种贸易现状,在原有营销理论4P营销组合基础上又创新提出了6P营销组合理论来为企业经营提供策略参考,6P营销组合理论在后面会详细讲述。

(4) 第三产业兴起　第三产业是指除第一产业和第二产业以外的其他各行业,即服务业。市场营销理论是在第一产业、第二产业基础上产生并发展的,原有营销理论已经不能为企业经营提供帮助,市场营销理论急需进行创新。营销理论在此期间根据第三产业特点不断提出新的观点和新的思想,并逐渐形成了一套行之有效的理论体系,服务营销、关系营销等词汇不断涌现。

2. 传统企业经营观念　企业经营观念是指企业进行经营决策、组织和开展经营活动的基本指导思想,即在处理企业、顾客和社会三者利益方面所持的态度、思想,是营销工作的灵魂所在。企业经营观念对企业的经营活动具有指导性意义,它是企业一切活动的一贯性思维。企业虽然只是社会组织的一种形态,但它与人一样是有灵魂的,是有思想的,是对某类事物具有一定思考模式的。换言之,企业经营观念更多地反映出企业经营决策者们对待事物的思考和态度。各种组织无一不是在某种观念的指导下从事其经营活动的。

企业经营观念分为传统企业经营观念和现代企业经营观念。传统企业经营观念包括生产观念、产品观念和推销观念。它们之所以成为传统企业经营观念是因为企业在经营过程中没有以市场为导向,即没有以买方意向组织企业生产活动,而是以卖方意向作为企业经营的思想和导向。传统企业经营观念产生的经济背景是卖方市场。卖方市场是指在买方与卖方的每次交易过程中,交易能否成功取决于卖方而不是买方。这种情况下,企业考虑的当然是自己(卖方)的想法,而非交易对方(买方)的想法。现代企业经营观念包括市场营销观念、社会市场营销观念。它们之所以成为现代企业经营观念是因为企业在经营过程中以市场为导向,企业的一切活动都是围绕消费者开展的,思考问题的角度也是从消费者出发。现代企业经营观念产生的经济背景是买方市场。买方市场是指在买方与卖方的每次交易过程中,交易能否成功取决于买方而不是卖方。

(1) 生产观念　生产观念是指企业致力于提高生产效率和分销效率,认为消费者主要对产品可以方便买到和价格低廉感兴趣。这种观念产生于20世纪20年代。生产导向型企业将经营中心放在如何更方便地让消费者以低价购买到产品。这种最古老的观念指导卖者行为会使企业无视人的不同性格和忽视需求的差别性。

生产观念主要是企业认为"我生产什么,就卖什么"。企业经营的主要任务是改进生产技术、提高生产效率、降低成本、快速分销产品、快速销售。这种观念产生的背景是卖方市场,认为消费者消费什么、消费多少、如何消费等都是由企业决定的。当今社会,部分企业的经营观念仍是生产观念。例如,一些软件生产商,他们认为只有研发出某种软件,顾客才会使用到这种软件,殊不知,这种想法已经使顾客产生了不满情绪。在没有其他解决方案下,顾客不得已选购了该公司的产品,但如果有替代产品,顾客则会毫不犹豫地转向其他企业的产品。

(2) 产品观念　产品观念认为消费者最喜欢高质量、多功能和具有某些创新特色的产品。这种观念产生于20世纪30年代。企业的经营者通过不断地科研创新会研发出品质更趋完美的产品。而实际上,消费者可能只是欣赏和喜欢这种产品,但是有可能不愿意花高价购买该产品,或者花较少的钱就可以解决自己的需求,或者这种产品的高品质根本就不是消费者需要的。例如,企业通过研发和创新,发明一个可以从10楼或更高楼层扔下去也完好无损的椅子,但试问,有谁会有从高楼上往下扔椅子的需求呢?这并不是消费者想要的椅子。他们最可能的说法如下:这个椅子做得真是无可挑剔,可惜我并不需要。

产品观念是企业将研发和营销过程颠倒了,或者说它没有从根本上理解营销的精髓,而是将营销等同于销售了。产品观念认为企业要先生产产品再进行销售,营销的精髓是企业要先充分了解消费者需求再组织企业研发。产品观念无视顾客的需求,只是一味地追求高科技、高品质等因素。营销则认为企业的产品研发要在市场调研基础上,根据顾客的需求,为顾客设计出需求解决方案,企业研发必须邀请顾客的参与来完成。持有产品观念的企业总会认为为顾客提供一种非常适当的产品是企业的重心,却不知它其实是在完全按照自己想法进行经营,没有考虑到消费者的感受。

(3) 推销观念　推销观念认为如果让顾客自行选择,他们不会足量购买某一组织的产品,因此,企业必须主动推销和积极促销。这种观念产生于20世纪20年代末至20世纪50年代,是在西方国家从卖方市场向买方市场的过渡阶段。1929—1933年的西方世界经济危机正是市场营销的应用阶段,这期间通货膨胀和经济停滞是两个主要社会现象,资本家有大量的产品销售不出去,企业被迫重视采用广告术和推销技术去销售产品。

(4) 市场营销观念　市场营销观念认为实现组织目标的关键在于正确确定目标消费者群体的需求和欲望,并且比竞争对手更有效、更有利地传送目标消费者所期望满足的东西。它的核心原则是在20世纪50年代中期基本定型。

(5) 社会市场营销观念　社会市场营销观念是指企业在进行市场营销活动中,兼顾消费者、企业、社会三者利益,强调社会长远利益,认为企业要符合消费者自身和整个社会的长远利益,要正确处理消费者需求、企业利润和社会整体利益之间的矛盾,统筹兼顾,求得三者之间的平衡与协调。

社会市场营销观念是在市场营销观念基础上,探索买卖双方外的第三方,即社会在企业经营过程中的作用和地位,以及社会因素对企业营销活动的影响。而市场营销观念只是考虑到买方和卖方二者之间的关系,没有考虑到第三方(社会)的利益。例如,有些制药企业,尤其是西药制药企业,在药品营销过程中既满足了买方治疗疾病的需求,又满足了企业自身发展的需求,但如果对药品生产过程中所产生的化学废料不能及时、妥善处理,就会对周围环境造成污染,第三方(社会)会为此次买卖行为付出代价。

社会市场营销观念要求企业在营销活动中考虑社会和道德问题,要平衡与评判企业利润、消费者需求和公共利益三者的关系。而企业在考虑社会利益的时候正是在为自身的企业长久利益打算。从本质上说,企业利润是短期的考量,社会利益是企业长久利益的考量。损害了社会利益,迟早是要被社会所淘汰的,不利于企业长远利益的发展;促进了社会利益,正是为企业自己谋得了长远发展的基础,赢得了公众的信任,具有可持续发展特性。

(三) 市场营销扩展阶段

1. 扩展阶段的背景

市场营销观念的三个要素是"以顾客为导向"、"整合营销"和"注重效果"。

(1) 以顾客为导向,是指企业的一切经营活动受到消费者需求的引导,从市场出发,协调所有影响消费需求的企业活动,包括企业的研发和生产等。如果说推销是由内向外的顺序,营销则是由外向内的顺序。企业对于顾客需求的解决思路直接影响其能否成为消费者的引导者,使企业在激烈的竞争中优于竞争对手而获取更多的竞争优势。营销用响应营销、预知营销与创造营销将企业市场营销的经营思路进行了进一步细分。响应营销是寻找已经存在的需求并通过各种技术方式满足它;预知营销是走在顾客需求前,对顾客的需求有个预判;创造营销是发现和解决顾客并没有提出但未来会反应强烈的需求,企业将消费者还没有询问甚至没有想到的产品推向市场,而这种产品正好是消费者真正想要拥有的。

(2) 整合营销,是由菲利普·科特勒创新提出的。基本指导思想是,企业要实现某一个营销目标,不仅是在营销部门完成的,更是需要上下通力协作,与外部相关组织协调共同完成。主要内容包括:营销部门内部各机构人员密切配合,相互协调,共同完成企业营销工作。企业内部各部门各机构人员密切配合,相互协调,共同完成企业营销工作。企业与外部相关机构或个人进行有效沟通,研究共同发展问题。

当一家医疗机构希望吸引更多的患者来就医,从整合营销的角度需要从以下方面展开协同工作。

①医院的人事部门聘请优秀的、有经验的执业医师为患者提供医疗服务,并同时制订配套的人才培养机制以提高医生的积极性和医术水平。

②医院的采购部要采购先进的医疗设备来提高检测能力,以及性价比高的医疗耗材设备和药品来降低患者的治疗成本。

③医院的物业聘请管理水平高的管理者和负责任的员工,为医生和患者提供舒适的环境。

④医院与政府部门协调提供更好的医疗政策,如将更多的药品品种加入到医保范围内。

⑤医院的科研机构全力支持和协调医疗工作者的科研工作,为其提供信息咨询和技术支持。

⑥医院营销部门的广告策划和品牌塑造科学、合理、适用。

总之,整合营销就是指各个部门,包括企业的内部和企业的外部共同协同完成企业营销任务,完成企业生产经营活动。

(3) 注重效果，是指市场营销的结果能够使参与买卖过程的双方都能够满意，即注重企业效益与顾客满意协调发展。卖方（企业）的满意是通过利润或长久的企业利益体现；买方的满意从营销学角度是用顾客让渡价值来衡量。

2. 扩展阶段的表现

(1) 大市场营销　大市场营销是由营销之父菲利普·科特勒提出的，针对具有贸易保护倾向的市场，为了打开市场紧闭的大门，在传统市场营销组合 4P 理论基础上加上权利（power）和公共关系（public relations），即 6P 营销组合理论，该理论通过与政府接触来改变政策，使其允许产品进入该市场；通过公共关系策略提升企业和品牌形象，打动消费者。

(2) 全球营销　全球营销是由莱维特提出的，是指企业通过全球性布局与协调，在全球范围内开展市场营销活动，并实现企业经营的一体化，以获取全球性竞争优势。全球营销倡导在经济全球化趋势下，根据世界经济的产业全球化、市场全球化、顾客全球化和竞争全球化等特征，针对不同国家的营销环境，灵活设定营销目标和营销策略，提升企业在全世界的形象和地位。

(3) 绿色营销　绿色营销是由英国威尔斯大学肯·毕提教授提出的，他倡导消费需求的绿化，注重地球生态环境的保护和可持续发展战略，使企业的经营能够与外部经济社会协调发展，如倡导绿色食品、环保住宅、节能型电器等产品的生产和消费。

(4) 关系营销　关系营销是由营销学家巴巴拉·杰克逊提出的，认为企业要建立、维持和促进与其他个人和组织之间的良好关系，主要是与消费者、供应商、企业内部员工、分销商、竞争者、政府、金融机构、其他公众等保持密切关系。关系营销注重关系各方的利益，要与各方保持双向沟通、合作、亲密的双赢关系及多赢关系，并对关系进行跟踪、控制和管理。

(5) 服务营销　服务营销服务作为企业提供消费者的产品类型之一，成为企业经济新的增长点。企业通过向顾客提供形式多样的服务、开辟服务业务、向服务业转型等方式创造竞争优势。服务营销就是针对无形服务开展的营销活动。例如，处于微利时代的医药行业中药房提供差别性服务，银行提供个性化金融服务等。在传统营销组合 4P 理论基础上还要包括人（people）、过程（process）及有形展示（physical evidence），服务营销为 7P 营销组合理论。

(6) 直复营销　直复营销是指企业以盈利为目标，通过个性化的沟通媒介向目标市场成员发布产品信息，以期望对方直接回应的一种营销模式，主要形式有直接邮寄营销、目录营销、电话营销、电视营销、直接反应印刷媒介、直接反应广播媒介和网上购物等。

(7) 网络营销　网络营销是企业以互联网为核心平台，利用各种网络技术手段实现企业营销目标的一种营销方式。互联网拥有比传统信息传播模式更广泛和快速等特点，信息实时更新，受众群体人数众多，时空具有交互性、整合性。现今社会，通过手机上网、在线聊天、微博互动等方式，人们获取大量信息，而获取信息最快、最多的渠道就是互联网，网络营销将随着人类科技的发展逐渐成为企业营销的主要力量。

(8) 体验营销　企业认为消费者在消费前、消费中和消费后的体验才是实现消费者购买行为的关键。体验营销通过看、听、用、参与的过程，充分刺激和调动消费者的感官、情感、思考、行动、关联等感性因素和理性因素，通过消费体验，传递产品优势。体验营销的具体形式包括感官式营销、情感式营销、思考式营销、行动式营销和关联式营销。体验营销在我国的旅游产品、农业、电子产品、医疗服务等方面均被企业界所使用。

(9) DTC 营销与 DFC 营销　DTC 营销与 DFC 营销在医药营销领域中使用较为广泛。DTC 营销（direct to marketing），是指直接面对消费者，以终端为目标进行信息传播活动的营销模式，对于医药市场而言，患者、患者亲朋、医疗机构服务人员等都属于终端消费者。DFC 营销（direct from marketing），从二者的英文释义上可以看出不同点在于信息的方向性不同，DFC 营销是与 DTC 营销对应的市场研究方式，是指企业直接向终端用户收集信息（如消费者偏好、需求、反应等信息）的营销模式。对于医药市场而言，终端是指药品的最终使用者。

(10) 电话营销　电话营销（TMK）是通过使用电话，来实现有计划、有组织并且高效率地扩大顾客群、提高顾客满意度、维护老顾客等市场行为的手法，现代管理学认为电话营销绝不等于随机地打出大量电话,靠碰运气去推销出几样产品。电话营销被认为出现于20世纪80年代的美国。随着电话营销流程消费者为主导的市场的形成,以及电话、传真等通信手段的普及,很多企业开始尝试这种新型的市场手法。

(11) 微信营销　微信营销是网络经济时代企业或个人营销模式的一种,是伴随着微信的火热而兴起的一种网络营销方式。微信不存在距离的限制,用户注册微信后,可与周围同样注册的"朋友"形成一种联系,订阅自己所需的信息,商家通过提供用户需要的信息,推广自己的产品,从而实现点对点的营销。

微信营销主要体现在以安卓系统、苹果系统的手机或者平板电脑中的移动客户端进行的区域定位营销,商家通过微信公众平台,结合转介率微信会员管理系统展示商家微官网、微会员、微推送、微支付、微活动,已经形成了一种主流的线上线下微信互动营销方式。

(12) 旅游营销　旅游营销指旅游产品或旅游服务的生产商在识别旅游者需求的基础上,通过确定其所能提供的目标市场并设计适当的旅游产品、服务和项目,以满足这些市场需求的过程。旅游营销的方法有以下几种:旅游品牌营销、旅游体验营销、旅游网络营销、旅游整合营销、旅游互动营销等。

三、市场营销组合策略及发展

(一) 4Ps 理论

企业在运用市场营销策略指导企业行为时,受到许多因素的影响,包括产品的研发、设计、生产和包装,品牌设计,价格的制定与调整,中间商的确定,产品的物流,广告宣传,人员培训,销售,营业推广,公共关系等。这些因素相互影响,企业需要围绕营销目标统筹安排并使之有机组合,从而成功营销。

市场营销组合概念最早由尼尔·鲍顿(Neil Borden)提出,他认为企业营销组合涉及市场调研分析、产品、定价、渠道、人员销售、广告、包装、销售点展示、服务、物流等十二个因素的组合。后来,又有一些营销学者在尼尔·鲍顿的研究基础上,对营销策略提出过不同的组合方式,其中比较有代表并为各学者广泛认同的是,1960年美国市场营销学家杰罗姆·麦卡锡将各种因素归结为四个主要方面的组合,即产品(product)、价格(price)、渠道(place)和促销(promotion),简称4Ps,后来被称为传统市场营销组合理论,是市场营销的四大基石,也是现今市场营销教科书的主要模式。

产品策略(product strategy)是指企业向目标消费者群体提供能够满足消费者需求的产品来实现企业的营销目标。产品包括有形产品和无形产品。企业需要针对产品的质量、数量、品牌、品种、规格、式样、花色、包装、特点、商标以及各种附加产品等因素进行组合和运用。

定价策略(pricing strategy)是指企业对产品价格的制定和变动等采取营销策略来实现营销目标,具体通过定价方法、定价策略和价格调整策略来体现。其中主要包括成本导向定价法、需求导向定价法、竞争导向定价法三种方法及新产品定价策略、地理定价策略、心理定价策略、折扣折让定价策略、产品组合定价策略、产品价格的高价和低价调整策略等内容。

分销策略(placing strategy)是指企业需要决策产品向消费者流通过程中所涉及的所有环节和方式,构建产品的流通渠道网络来实现营销目标。其中包括渠道类型的确定、中间商、渠道设计与管理、物流、网点设置等因素的组合和运用。

促销策略(promotion strategy)是指企业以利用各种信息传播手段刺激消费者引起其购买欲望的促进活动。其中包括有关广告、人员推销、营业推广、公共关系等促销方式的选择及促销设计和管理等的组合和运用。

(二) 4Cs 理论

4Ps理论在市场频繁变化的情况下受到挑战,使得4Cs理论应运而生。它是在1990年由美国学者罗伯特·劳特朋教授提出的,是4Ps理论的转换,即产品(production)转换成顾客(consumer)、价格(price)转换成本(cost)、渠道(place)转换成方便(convenience)、促销(promotion)转换成沟通(communication),这种转换是在顾客满意思想下发生的。

顾客策略(consumer strategy),强调企业要从顾客需求和利益出发组织生产过程,研发出满足顾客需求的产品和服务。注重顾客需求及以此为基础产生的客户价值(customer value)。从本质上来说,顾客策略就是指导企业产品的产生与改变要以顾客需求为前提,使市场成为生产过程的起点而不是终点,让企业忘掉产品,倡导顾客第一的营销原则,以顾客至上、为顾客服务为己任。

成本策略(cost strategy),要求企业应该考虑顾客在实现其自身需求时需要付出的成本,而不是考虑企业的利润目标等因素。成本策略引导企业在进行产品定价时,要充分理解消费者购买该产品愿意支付的价格,而不是以生产的成本、利润等指标来指导企业定价。而消费者的支付不仅仅包括货币的支付,还包括时间、体力和精力的消耗,以及购买风险。

方便策略(convenience strategy)是指倡导企业减少流通环节,降低流通成本,让利于顾客的渠道策略思想。企业的渠道策略思路不是从企业角度出发,而是从顾客角度出发,方便顾客购买、提高分销效率等。如:将超市建成仓储式,通过对库房、物流的有效管理,实行零库存计划,将库房改造成超市进行产品销售;解决顾客的停车难问题,为顾客提供停车便利;解决顾客交通问题,为顾客提供购物班车;药房在经营时为解决女性照顾孩子的问题,提供婴儿车、婴儿餐椅、婴儿喂养室等。

沟通策略(communication strategy),强调忘掉促销和注重双向沟通,认为企业不能单方面向顾客传递信息,需要与顾客间进行双向交流,鼓励顾客向企业咨询信息并为企业的经营献计献策。由于促销的本质是单向营销信息的灌输,没有得到顾客方面的信息反馈就不清楚促销的效果如何,就会迷失企业的经营方向。如,企业可以提供消费者免费服务电话,聆听顾客的想法和意见,与那些有抱怨的消费者及时沟通。

(三)4Rs 理论

以顾客战略为核心的 4Cs 理论,由于其过分强调顾客的重要性,使得企业在经营过程中受制于顾客层面的限制,具有一定局限性。因为当顾客需求存在资源浪费等有悖于社会原则时,企业显然不能继续遵循顾客战略。如高尔夫球运动就与现今的节约型社会背景相违背。鉴于此,2001 年,美国的整合营销传播理论的鼻祖唐·E. 舒尔茨提出了关联(relevancy)、反应(reaction)、关系(relationship)和回报(return)的 4Rs 理论,是以关系营销理论为核心,区别于传统营销组合理论的关系解释,重点是建立顾客忠诚,对企业与顾客之间的关系进行了更有效的诠释。

关联策略(relevancy strategy),外部环境的变化引起消费者需求的动态变化,企业要与消费者之间建立动态联系,以形成互助、互求、互需的关系,通过这种关联机制将消费者与企业紧密联系在一起,形成联动效应,是建立、发展和保持与顾客之间长期关系的核心理念和内容。

反应策略(reaction strategy),现今社会的科技发展使得互联网技术不断进步,消费者每天面对大量变化的信息,其购买倾向、购买行为也瞬息变化,企业必须建立应对机制而不滞后于快速发展的消费趋势。企业需要与消费者之间建立关联关系,进一步设置快速反应机制,提高企业经营的反应速度和回应力。

关系策略(relation strategy),注重与顾客之间建立双边、多边的友好合作关系,将交易型关系向关系型关系转变,将企业中心放置在与消费者建立长期、稳定、互动的关系上,从而拥有稳定、忠诚的消费群,把企业利益层面的思考转向企业与顾客共同利益的保持上。

回报策略(return strategy),顾客对企业产品的青睐来源于从企业中获取的顾客价值,这是企业可以为顾客提供的中心利益,也是与顾客保持关系的源泉、基础和动力。同时,顾客的忠诚给企业带来了利润和利益的长久实现。

(四)4Vs 理论

20 世纪 80 年代后期,由于高科技企业、高技术产品与服务的发展,消费者的消费方式和消费理念不断发展。基于这个背景,国内学者吴金明等综合性地提出了营销组合 4Vs 理论,即差异化(variation)、功能化(versatility)、附加价值化(value)、共鸣(vibration)。该理论注重企业核心竞争力的研究和提升,建议企业在知识经济时代,将培育、保持和提高核心竞争力作为企业营销活动和经营活动的重心和起点,是一种新型营销理念。如果说 4Cs 理论注重的是顾客因素,4Rs 理论注重的是关系因素,那么 4Vs 理论则注重的是竞争因素,并使竞争因素在所选择进入的细分市场中完整发挥其功效。

差异化(variation)是指企业在产品、服务、分销、定位等实现与竞争对手之间的差异性,使企业在市场竞争中区别于其他企业,被消费者有效识别和认知,并且能够被目标消费群体所偏爱。企业差异化主要体现在产品差异化、市场差异化和形象差异化三个方面。

功能化(versatility)是指以产品的核心功能为基础,提供不同的产品组合系列,满足不同顾客的消费习惯和购买需求。其思想核心是要求企业在经营过程中实现和保持企业的核心竞争能力,并且使其在市场中表现为唯一性,不被其他竞争企业所模仿。功能化认为企业要形成产品核心功能的竞争优势,以此为基础发展产品的延伸功能和附加功能等,运用产品的功能组合的不可复制性来获取目标市场顾客的忠诚。

附加价值化(value),企业产品价值除了其核心价值外,还包括品牌、技术、文化、服务、营销等形成的附加价值,即在产品价值构成中包含核心价值和附加价值,附加价值的比重呈现不断上升趋势。企业在营销组合策略中对附加价值的设计和提高保证了企业核心竞争力的提升。

共鸣(vibration)是指企业为顾客提供产品和服务并具备最大创新价值特征时,顾客能够体验到这种企业的创新价值,并且这种体验与企业最初设想的一致,即所谓的价值共鸣。共鸣强调企业的创新能力的改进与顾客重视的价值紧密联系,认为顾客价值包括使用价值、服务价值、人文价值和形象价值等顾客整体价值的最大化。共鸣要求企业以顾客价值为企业经营导向,倡导企业要稳定地、持久地为顾客提供价值创造。

小 结

本教学单元要求学生对市场营销有整体的认识,理解市场营销所涉及的范围不仅是商品,还包括事件、地点和组织;介绍了企业经营观念分为传统企业经营观念和现代企业经营观念,其中涉及营销学较有学科特色的营销知识和技能;鉴于医药市场营销源于市场营销学,介绍了市场营销学的产生与发展历程,市场营销学发展过程中的经济、政治背景;将市场营销组合理论知识引入到对市场营销学的认识中,通过对4Ps理论、4Cs理论、4Rs理论、4Vs理论的讲述,认识到营销过程中的营销组合不是固定不变的,是要结合外部营销环境进行不断创新和改进的。

思考题

1. 简述你对市场营销的理解。
2. 请举例说明你在医药产品消费过程中,亲身经历到某个消费事件中,卖方企业的经营观念属于哪种类型,并阐述分析过程。
3. 请你评价4Ps理论、4Cs理论、4Rs理论、4Vs理论四种市场营销组合策略。它们之间的关系如何?
4. 简述市场营销扩展阶段的方式。
5. 如何正确理解市场营销的核心概念?

(任守忠)

教学单元 1.2　医药市场与医药市场营销

能力目标：

通过医药市场和医药市场营销的分析,帮助学生认识医药市场的特殊性;在老师的指导下,能够对某一医药市场进行顾客让渡价值分析、表达及提出改进意见。

知识目标：

掌握医药市场含义及特点,医药市场营销的特点和顾客让渡价值内涵;了解我国及全球医药市场现状及趋势。

素质目标：

通过对医药市场及医药市场营销的分析能理解医药市场营销的特点;通过分小组完成顾客让渡价值分析,培养小组内学生语言表达、沟通协调、小组间评判分析能力;培养学生积极主动发现问题,自主探究分析问题的自我管理能力。

白云山医药云商战略

5月14日,广州白云山(600332)医药集团股份有限公司(600332.SH 0874.HK)(以下简称白云山)与九州通(600998)集团、赛柏蓝在上海药交会期间宣布,将成立合资公司布局移动互联网医药营销。

根据公开资料,白云山是广药集团控股之医药工业企业,产销包括白云山金戈、白云山铁玛等药品、保健品;九州通医药集团是国内最早接触互联网业务的医药商业企业,经营着三个电商平台并具有在线卖药资质;赛柏蓝是国内知名的线上医药行业资讯互动公众平台。

白云山方面称,三方合作的重点打造的目标是"医药云商",通过医药云渠道建设,将医药生产商所生产的产品与医药电商伙伴进行战略合作,归拢线上渠道,实现线下传统医药分销网络与线上医药电商分销网络的互联互通,在仓储、配送、分销、服务等全渠道环节实施全渠道云覆盖。

另外,三方还宣布,拟共同投资设立"医药云商公司",以期推进、完成上述云商项目的落地、实施、推进与发展,该公司的发展目标为具有新模式的医药移动互联网运营公司。

白云山方面描述,该新商业模式的三方分工:广药白云山提供产品供医药云渠道销售,是医药云渠道建设的产品生产商;九州通提供医药电商渠道分销网络资源,实施白云山铁玛等产品销售的结算、配送等,作为医药云渠道建设的分销商;赛柏蓝提供实施白云山铁玛等产品销售的医药领域的相关粉丝资源和基于微信移动互联技术条件下的移动入口,作为医药云渠道建设的营运商。

北京鼎臣医药咨询负责人史立臣则说,九州通专长于医药B2B领域,在销售上对白云山医药产品的全国性销售有好处;赛柏蓝为医药专业线上群体平台,对白云山产品的品牌建设有帮助。

史立臣还认为,类似的合作在国内暂时还没有先例,医药工业企业与医药电商企业的商业模式大有差异,O2O与电商平台的建构与入口目前也无成熟案例,其发展的规模也受互联网医药销售政策的牵制。

"按照白云山的重点产品格局,铁玛是保健品,金戈是处方药,后者不在网售允许范畴之内,因此相信在相当时期内这个平台都是铁玛的O2O与网售为主。"史立臣说。

广药白云山集团副董事长则在发布会上称,通过三方合作,将线下药品分销的商务机会与互联网线上市场机会有效结合在一起,让互联网(移动互联、微信等)成为线下交易的前台,实现信息和实物之间、线上与线下之间的联系将变得更加紧密,为广大消费者购买医药保健类产品带来更大的便利性,实现医药云商新模式的应用。

白云山方面形容,本次医药云商战略也是继年初与阿里健康建立战略合作关系后,又一次布局互联网+领域。今年1月13日,广药白云山与阿里健康签订战略合作意向,在医药电商、医院处方流转、医疗健康服务等领域实施对接合作。阿里健康App属于中信21世纪科技旗下,后改名为阿里健康,也是阿里巴巴集团对医药物流与医药网售布局的标志性机构。

(资料来源:腾讯财经. 2015年5月14日)

分析:

1. 此案例中,有哪些药品市场营销策略?
2. 广药白云山集团与阿里健康的药品市场营销合作的优势有哪些?

从市场营销学角度来说,医药市场是市场的一种特化,医药市场营销也是市场营销的一个特化,医药市场和医药市场营销除了有其他市场和营销的特征外还带有浓厚的医药特色。

医药市场营销学是专门研究医药市场营销活动及其发展变化规律的科学。具体说就是根据市场营销学的原理,研究医药市场的发展变化,围绕市场需求和医药科技发展,在国家法律法规指导下为市场提供4Ps,以取得良好的经济效益和社会效益的医药经营管理科学。

一、医药市场

(一) 医药市场的含义、特点与分类

1. **医药市场含义** 个体和组织对医药产品潜在和现实需求的总合,即对医药产品的需求构成了医药市场。

2. **医药市场特点** 同市场一样,医药市场具有三个要素:人口、购买力及购买欲望。其中人口因素是基本要素,而购买力是人们支付货币购买商品或劳务的能力,购买欲望指消费者购买商品的愿望、要求和动机,是由消费者心理和生理需要引起的。除此之外,由于出售的药品是一种特殊商品,医药市场还有自己的特点。

1) 药品作为商品的特殊性

(1) **药品质量的重要性** 药品是指用于预防、治疗、诊断人的疾病,有目的地调节人的生理机能并规定有适应证或者功能主治、用法和用量的物质,包括中药材、中药饮片、中成药、化学原料药及其制剂、抗生素、生化药品、放射性药品、血清、疫苗、血液制品和诊断药品等。它是与人生命相关联的,稍有不当会影响人的健康甚至导致生命丧失,具有质量非常重要的基本特性。医药产品只有合格品和不合格品之分,根据《药事管理法》不合格医药产品有假药和劣药之分,以及按假药处置和按劣药处置:药品所含成分不符或者含量不达标,药品被污染,药品过期,药品生产批号更改或药品辅料不符合药用标准等都是属于不合格产品,如果流入市场危害公民健康,相关责任人会有民事责任和刑事责任,情节严重者会处以死刑。

(2) **药品管理及经营方式的特殊性** 药品是与人生命相关联的,所以药品的生产、经营(零售、批发)、使用、研究等都有严格的管理制度,如各种的质量管理规范:《药品生产质量管理规范》(Good Manufacturing Practice,简称GMP);《药品经营质量管理规范》(Good Supply Practice,简称GSP);《药物临床试验质量管理规范》(Good Clinical Practice,简称GCP);《药物非临床研究质量管理规范》(Good Laboratory Practice of Drug,简称GLP);《中药材生产质量管理规范(试行)》(Good Agricultural Practice,简称GAP);《药品分销质量管理规范》(Good Distribution Practice,简称GDP);《医疗机构制剂配制质量管理规范》(Good Pharmaceutical Practice,简称GPP)。另外,一些特殊药品如精神类药品、麻醉

类药品、毒性药品、放射性药品、疫苗,以及上市不满5年的新药等,都有严格的相关规定,管理上以卫计委、药监部门、公安部门、农业部门、工商部门、人事劳动和社会保障部门等多部门管理,比一般商品要严格得多。此外,我国药品一般需要经过生产部门、经营部门,最后到达使用部门或者消费者手中,如果采用网络销售,仅限于符合条件非处方药等,这点与一般商品是不一样的。另外,与一般商品不同,如果国外上市药物,没有经过我国药监等部门的批准,是不允许国内上市销售的,否则按照假药处理。

(3) 药品使用范围专属性、使用的时限性、作用的两重性 除了保健食品外,药品使用者一般都有相关适应证,并不是所有人都可以使用任何药品,它有使用的特定人群。患者使用时应该根据要求按时服用,避免不良反应,达到理想的血药浓度,有理想的服药效果。药品由于靶向性不强,常常会导致副作用,例如阿司匹林治疗发热、疼痛或预防血栓有着良好的作用,但是胃肠出血是不可避免的副作用。另外,服药有剂量限制,应该严格遵循,否则药品不但不救命,有可能威胁到生命。例如强心苷类药物地高辛的有效剂量是中毒剂量的一半,而最小中毒剂量是最小致死量的一半,使用时要严格控制剂量,以防意外发生。

(4) 高度专业性 药品的使用需要专业人员的指导,即医师和药师的专业指导,处方药必须凭执业医师或者执业助理医师处方才能购买,销售甲类非处方药必须由在岗的执业药师指导。

(5) 公共福利性 药品除了具有一般商品的使用价值外,还有一定的公共福利性。虽然盈利是企业的根本,但是医药企业更应该担负保障人类健康的重担,积极配合国家相关部门,生产《国家基本药物目录》的相关政府定价的药物,保障公民能够买到质优价廉的药品,维持基本的身体健康状态。

2) 医药市场特殊特点

(1) 专属性 医药市场比较集中,主要集中在城镇公费医疗单位和医院以及各大连锁零售药店。

(2) 非主动性消费 非主动性消费现象突出,相关群体主导性强。由于药品信息不对称,需要相关的专业人员进行指导,消费者即患者很难自己选择药品,需要专业人员指导。尤其处方药,其决策权一般掌握在医生手中,一般是被动消费。甲类非处方药销售必须执业药师在岗,药师会对患者提供相关信息,患者再选择药品,基本也是被动消费。乙类非处方药,患者可以自行购买。

(3) 需求缺乏弹性 在我国现有条件下,药品主要用于治疗疾病,保健和预防的药品比例相对较小,所以需求弹性较小,基本由发病率来决定,有很多小康家庭因为治病买药又重新陷入贫困状态。

(4) 需求结构多样化 由于人们生活方式多样化,疾病也呈多样化,目前疾病排在首位的是肿瘤,其次艾滋病,还有心脑血管疾病,但是也有一些罕见疾病药品使用量较少,但也应该生产,如海群生(抗丝虫药乙胺嗪)等。

(5) 营销人员的专业化 由于药品专业性强,相关的营销人员也应该明了基本的专业知识,为开展业务扫清障碍。

(6) 市场需求波动大 一般是由于突发或流行事件,如甲型流感暴发对达菲(奥司他韦)的需求量激增,在汶川地震后抗菌药物使用量激增。

3. 医药市场的分类

(1) 根据购买目的可分为消费者市场和组织市场。前者购买目的为直接消费药品的市场,如零售药店,专业或综合医院,接种疫苗的社区医院等,后者购买目的为生产或经营药品,分为生产者市场(如药厂)、中间商市场(如各级批发市场或零售药店)、非营利市场(疾控中心)和政府市场(政府储备药品或统一采购药品)。

(2) 根据医药产品的形态分为有药品市场(药品研究所、药厂、药品批发零售等)和医药服务市场(医药互联网相关服务等)。

(3) 根据医药产品的供求态势分为买方市场和卖方市场。

(4) 根据营销环节分为零售市场和批发市场。

(5) 按照市场的竞争形态可分为完全竞争市场、完全垄断市场、寡头垄断市场、垄断竞争市场。

(6) 根据商品流通区域分为国内市场和国际市场。

毒胶囊事件

2012年4月15日,央视《每周质量报告》曝光,河北阜城县学洋明胶蛋白厂用生石灰给皮革废料进行脱色漂白和清洗,随后熬制成工业明胶(俗称"蓝皮胶"),卖给浙江新昌县药用胶囊生产企业,这些毒胶囊流向药品企业。经调查发现,9家药厂的13个批次药品所用胶囊重金属铬含量超标,其中最多的超标高达90多倍。而在当地警方进厂查处前,该厂莫名失火,后查明企业经理宋训杰为隐匿伪造销毁证据实施放火,已于2012年4月16日中午被公安机关拘留。

(资料来源:央视《每周质量报告》.2012年4月15日)

齐二药事件

2006年4月24日起,中山大学附属第三医院有患者使用齐齐哈尔第二制药厂生产的亮菌甲素注射液后出现急性肾功能衰竭临床症状。事件中共有65名患者使用了该批号亮菌甲素注射液,导致13名患者死亡,另有2名患者受到严重伤害。广东省药品检验所紧急检验查明,该批号亮菌甲素注射液中含有毒有害物质二甘醇。经卫生部、国家食品药品监督管理局组织医学专家论证,二甘醇是导致事件中患者急性肾功能衰竭的元凶。齐二药违反相关规定,采购物料时没有对供货方进行实地考察,也未要求供货方提供原、辅料样品进行检验,购进一批假冒"丙二醇"的"二甘醇";发现药品原料密度超标后,也没有进一步检测,直接非法出具了合格的化验单。2006年3月28日,该公司用假丙二醇辅料生产了大批规格为10 mL/5 mg、批号为06030501的亮菌甲素注射液并投入市场使用,导致了13人死亡的严重后果。经广州市公安局侦查终结,该案于2006年9月29日由广州市人民检察院依法交由天河区人民检察院审查起诉,天河区人民检察院经审查认为:尹某等5名被告人无视国家法律,在药品生产过程中,违反有关采购、生产及质量安全的管理规定,导致发生重大伤亡事故的严重后果,情节特别恶劣,其行为已触犯《中华人民共和国刑法》第134条的规定,构成重大责任事故罪,必须负刑事责任,受到法律严惩。

(二)我国医药市场的现状与发展趋势

改革开放以来至2000年,医药工业产值年均递增约16.6%,成为国民经济中发展最快的行业之一,高于世界主要制药国的发展速度。医药行业是我国国民经济的重要组成部分,是朝阳产业,是第一、第二、第三的综合产业,包括:药品(化学原料药及制剂、中药、抗生素、生物制品、生化药品、放射性药品)、医疗器械(卫生材料、制药机械、药用包装材料)及医药商业等丰富内容。尤其在进入世贸组织之后,面临的机遇和挑战也在陡增。

1. 我国医药市场的现状

(1)药品与医药商业现状　仿制药为主流,缺少自主产权药物。我国GMP药品标准相对于欧美国家较低,以仿制药为主,达不到原研药的稳定性、一致性药效,临床疗效差异较大。药品生产企业数量多、规模小、门槛低,竞争力薄弱,一般为"低价包销"模式,自主研发、创新能力较弱。国外有些企业采用跨国专利政策,垄断新技术从而巩固自己的地位。只有技术过硬的产品才能在激烈的竞争中脱颖而出。我国企业可以依托我国深厚的中医药资源,进行适合自己的研发,如复方丹参滴丸,到2016年底,会完成FDA三期临床研究,那时,它将成为第一例获得美国食品药品监督管理局(FDA)认证的复方中药。市场竞争无序,存在行业不正之风盛行、购销各个环节的利润分配不合理问题,导致药品市场环境的持续恶化,药品的价格虚高,在很大程度上损害了消费者的利益。制售假劣药品的行为屡禁不止,药品虚假广告铺天盖地,无证经营和超范围经营长期存在,医药企业管理松散。

(2)中药现状　中药包括中药材、中药饮片和中成药三部分,中药资源在我国非常丰富,有着悠久的历史,是我国的传统国粹,并且我国有自主知识产权。日本的汉方医学、韩国的韩医学等传统医学均是在中医学的基础上发展而来的,中药在亚洲有着很好的口碑。中药产业呈现良好的发展势头,我国的中药工业总产值在"十一五"期间实现了22%的增长速度,在整个医药行业发展中处于快速发展的位置,产业盈利能力逐渐增强,显著高于医药行业整体盈利水平。但是也存在很多问题。例如中药发展水平低下,出口额不足,与我国天然药物大国的地位不相称;在国际市场地位尴尬,大部分只能在华人里使用;基础薄弱,研发投入严重不足;知识产权相关保护法律不健全,保护力度有待加强;中药成分复杂,侵权难以界定,中药配方申请保护,在出口时可能由于无法说明成分而被禁止。

(3) 医疗器械现状　我国对医疗器械实行产品生产注册制度。生产Ⅰ类医疗器械,由设区的市级人民政府药品监督管理部门审查批准,并发给产品生产注册证书,生产Ⅱ类医疗器械,由省、自治区、直辖市人民政府药品监督管理部门审查批准,并发给产品生产注册证书,生产Ⅲ类医疗器械,由国务院药品监督管理部门审查批准,并发给产品生产注册证书。生产Ⅱ类、Ⅲ类医疗器械,应当通过临床验证。世界行业巨头以其拳头产品占据我国高端医疗器械市场,技术壁垒高、产品价格高、利润高,并引领市场需求及产业升级。而我国企业主要以中低端医疗器械市场以及常规医用耗材和医用灭菌及制药设备市场为目标市场。

2. 我国医药市场的发展趋势

(1) 我国药品及医药商业产业发展趋势　我国企业可以依托我国深厚的中医药资源,进行适合自己的研发。强化企业的信用观念和意识,大力加强医药教育,培养明理诚信的医药从业工作者,全面推行医药执业资格考试和从业准入制度,提高相关人员诚信和服务标准。建立完善的药品市场信用相关的法律法规体系。加强政府监管,完善药品定价机制,控制药价虚高现象。依法查处药品市场中虚假广告,无证经营,药品销售中商业贿赂情况。完善药品流通方式,借鉴国外药品流通的经验,逐渐向现代化的物流模式转变。

(2) 我国中药产业发展趋势　中药现代化、国际化是发展之本。大力推进我国中药产业现代化发展。新医改方案中明确提出要"采取扶持中医药发展政策,促进中医药继承和创新",全面贯彻、落实相关政策中有关中药产业发展的各项政策、措施,以促进我国中药产业现代化发展水平的提升。必须通过各种渠道加大对中药产业的科技投入,提高我国中药产业现代化发展的科技水平。建立相关健全的知识产权保护法律,为中药的国际化保驾护航。

(3) 我国医疗器械发展趋势　行业整合必然成为潮流,同质化竞争白热化,网络覆盖能力不断深化,开发养老相关的医疗器械。

(三) 全球医药市场的现状与发展趋势

1. 全球医药市场的现状

(1) 全球药品、医药商业现状　新世纪药物研制的三套车:生物技术、高通量筛选、组合化学技术。其中世界医药公司巨头有辉瑞、默克、诺华、赛诺菲、葛兰素史克、阿斯利康、罗氏、强生、礼来、雅培、梯瓦、拜耳、勃林格殷格翰、安进、武田等。药品消费较大的是北美地区、欧洲、亚洲、非洲、澳洲、日本、拉丁美洲等。药品销售排名靠前的分别为抗肿瘤药物、血脂调节剂、呼吸系统用药、糖尿病用药、抗溃疡药、血管紧张素Ⅱ抑制剂、抗精神病药、自身免疫用药、抗抑郁药、抗艾滋病病毒药等。处方药中阿托伐他汀、埃索美拉唑、氯吡格雷、美沙特罗+氟替卡松吸入剂、富马酸喹硫平、孟鲁司特、依那西普、聚乙二醇化非格司亭、吡格列酮、促红细胞生成素等位于前列。

(2) 全球中药现状　中医药出口集中在一线城市或沿海发达地区。中医药教育,主要指国际学生的跨境消费,其中亚洲国家的留学生如日本、韩国、新加坡等是主力。中医药医疗机构区域集团化和多元化并存,瑞士(莲福)中医药集团在瑞士开设了约21家中医诊所,是瑞士目前最大的中医诊所连锁机构,瑞士是欧洲唯一将中医医疗费用纳入医疗保险报销范畴的国家。欧洲中医基金会(西班牙),在西班牙开设了约10家中医诊所,并且还专门设了中医药高等教育学校。在国外,中医的患者人群大多是较富有的阶层或者是华人。

(3) 医疗器械现状　全球医疗器械产业集中度越来越高,排名前25的医疗器械公司销售额可以占到全球医疗器械总销售额的一半以上,由美国公司的产品占据统治地位,其次为德国和日本,包括美国的GE、皮克、强生、美敦力、锐珂等,德国西门子,日本的东芝、岛津、日立、奥林巴斯等和荷兰的飞利浦。美国占到40%左右,欧洲占30%左右,日本占15%~20%。常见的医疗器械有心脑系统医疗器械包括起搏器、冠状动脉支架、植入式除颤器、体外除颤器以及各种血管成形摄像产品等,矫形器械包括各种人工关节(人工膝关节、人工股关节和人工髁关节等)、植入式脊柱矫正器械、假肢、矫形绷带,以及义齿材料等数百种产品。肾透析机,人工肝,人工晶体包括硬晶体(PMMA 材料)和可折叠式软晶体(硅橡胶、水凝胶、丙烯酸酯类材料),医学影像设备包括 X 线机、数字 X 线摄影设备(DSA、CR、DR 等)和 X 线计算机体层(X-CT)设备等,磁共振成像设备,彩色 B 超,核医学成像设备包括发射型计算机断层(ECT)、单光子发射型计算机体层(SPECT)、正电子发射型计算机体层(PET)、光学成像设备(内窥镜系列)等。

2. 全球医药市场的发展趋势

(1) 药品及医药商业　药品企业发展趋势中企业并购高潮迭起,跨国垄断日益明显,医药高新技术领域竞争激烈集中在人才、技术、专利、新品种,核心是技术开发实力和市场控制能力。药品由于生物变异、社会老龄化,健康标准提升药品种类不断变化,新型药品如基因药、生物药不断涌现。

(2) 中医药国际服务贸易的发展趋势　中医药立法是必然趋势。1996 年,美国食药监局(FDA)批准针灸作为治疗方法,并于 1998 年正式进入美国健康保险体系。1980 年,世界卫生组织(WHO)向世界各国正式推荐针灸治疗适应证 43 种。2010 年 11 月 16 日,联合国教科文组织(UNESCO)通过了我国申报的中医针灸项目,将其正式列入人类非物质文化遗产代表作名录。WHO 于 2008 年发布的《WHO 针灸穴位西太区标准》及 2010 年发布的《中医药培训基准》,WFCMS 于 2007 年发布的《中医基本名词术语中英对照国际标准》,2010 年发布的《世界中医(含针灸)诊所设置与服务标准》和《中医基本名词术语中葡对照国际标准》,2011 年发布的《国际中医医师专业技术职称分级标准》等。国际标准化组织技术管理局(ISO/TM)在 2009 年 9 月,成立了中医药技术委员会(ISO/TC249),并将秘书处设在中国上海,WHO 和 WFCMS 是 ISO/TC249 的 A 级联络组织。中医药服务贸易市场需要复合型人才,需要既懂中医业务的专业技术又懂当地语言和文化且熟悉服务贸易国际规则的人才。

(3) 医疗器械　医疗器械会与计算机技术、微电子技术、组织工程学技术、网络信息化技术、精加工技术、智能化技术、仿生技术等结合在一起,使得医疗器械使用更加便捷、精准。另外,老年产品和慢性病产品会是新的销售增长点。

二、医药市场营销

(一) 医药市场营销的内涵

医药市场营销,是医药组织或者个人以满足他人需求和欲望为目的的交换医药产品和服务行为的一种社会过程。具体来说,医药市场营销,是一门研究医药企业如何从满足消费者的需求与欲望出发,适应不同时期的防病、治病、诊断及计划生育等的需要,有计划地组织医药企业的整体活动,通过交换,将医药产品和价值从生产者手中传递到消费者手中,以实现医药企业经营目标、为人类健康服务的一门综合性的应用课程。

(二) 医药市场营销的独特特点

医药市场营销除了有市场营销共有的特点,它还有自己独特的特点,可以从医药市场营销的最终目的、核心、主体、客体,以及整个过程来理解。同其他的市场营销一样,医药市场营销的最终目的,是满足他人的需求和欲望,这里主要是指和预防、治疗、诊断疾病相关的需要和欲望。例如家长对婴儿接种疫苗的需求,心肌梗死患者服用硝酸甘油的需求,需要确诊的患者服用造影剂的需求,老年人和孕妇补充钙的需求等。医药市场营销的核心同样也是交换,但是这里的交换主要指和医药产品和服务有关的交换,有很强的专业性。在医药市场营销中,主体是个人或者医药组织,如药厂、医院、药品批发企业、药品零售企业、医药代表、医生等医护人员,而客体主要是医药产品和相关的服务。最后医药市场营销是个系统的社会管理过程,包括调研、开发、定价、渠道、产品、促销等复杂过程。

(三) 医药市场营销的范畴

医药市场营销范畴包括:医药市场营销基本知识,医药市场调研技术,医药市场营销开发技术,医药分销渠道设计技术,医药市场营销促销技术等相关内容。其中医药市场调研技术包括医药市场营销调研方案的撰写,医药营销调查问卷的设计,医药市场调查的实施,医药市场营销调查资料的整理与分析,医药市场营销调查报告的撰写。医药市场营销开发技术包括医药市场营销环境分析与预测,医药市场购买行为分析与预测,医药市场的细分,医药目标市场的选择,医药市场定位。医药分销渠道设计技术包括医药分销渠道方案的设计,医药分销渠道成员的选择,医药分销渠道管理方案的设计与激励。医药市场营销促销技术包括医药市场营销促销方案的设计,医药市场营销消费者营业推广活动设计与实施,医院促销,药店促销,医药公共关系。其中,最核心的就是4Ps,即产品、价格、渠道、促销,医药市场营销的所有活动都是围绕这个核心。

(四)顾客让渡价值

1. 顾客让渡价值的内涵　菲利普·科特勒提出,"顾客让渡价值"是指顾客总价值(total customer value)与顾客总成本(total customer cost)之间的差额。一般认为,顾客总成本是指顾客为购买某产品或服务所付出的货币资金以及体力、时间、精神等。顾客购买的整体价值是指顾客购买某一产品或服务期望获得的利益。

$$顾客让渡价值 = 顾客购买的整体价值 - 顾客购买的成本$$

具体来说,顾客购买的整体价值包括服务、产品、人员和形象价值等。顾客购买的成本包括货币成本、体力、时间、精神成本等。从顾客角度来分析,顾客希望整体价值最高,而成本最低,即顾客让渡价值最高。从企业角度来分析,只有能够提供最高的顾客让渡价值,才能在激烈的竞争中获胜。企业应该以客户需求为中心进行营销,医药市场营销也应该如此。企业在制订各项市场营销决策时,一般采用顾客让渡价值最大化策略,即用最低的成本为顾客提供最大的顾客让渡价值的产品,可以根据不同顾客的需求特点,设计和增加顾客总价值,降低顾客成本,达到顾客满意和企业效益最大化的目的。由此劳特朋提出了4Cs理论,即顾客、成本、便利、沟通(Customer,Cost,Communication,Convenience)。

2. 顾客购买的整体价值　顾客购买的整体价值包括服务、产品、人员和形象价值等。其中产品价值是核心,服务价值是重要影响因素,人员价值是增加顾客让渡价值的重要手段,而形象价值是其他价值的综合体现。

(1)产品价值　产品价值是顾客购买医药商品最关心的内容。由于产品包括核心产品、形式产品、附加产品,相对应的产品价值就有核心产品价值、形式产品价值、附加产品价值。如购买硝苯地平缓释片的患者希望药品能够治疗高血压或者心绞痛,这是核心产品价值,同时患者又希望硝苯地平包装能够简化,这样药品的价格会低一些,这是形式产品价值,最后患者希望购买药品时,店员能够给出高血压平时生活起居的注意事项,这是附加产品价值。

(2)人员价值　人员价值是员工工作作风、业务能力、工作效率的综合表现。良好的人员价值能够最大提升顾客让渡价值,使企业在激烈的竞争中能够独占鳌头。

(3)服务价值　服务价值指向顾客提供满意服务所产生的价值。例如出售中药材的药店中,一般会提供打粉或熬制中药的服务,而且是免费的,这主要考虑到顾客生活节奏加快,一般不愿自己打粉或者熬制汤药,但是又有购买中药调理身体或者治疗疾病的需要,这项服务既可以促进中药材的出售,又可以达到顾客的满意,提升顾客让渡价值。

(4)形象价值　形象价值指产品或企业在公众中产生的总体形象的价值,是其他价值的综合。如同样的六味地黄丸,顾客会倾向于购买"同仁堂"品牌的,因为它是"大品牌,信得过"。作为企业应该努力提升企业的形象,最大限度地增加顾客让渡价值。企业可以通过过硬的产品,良好的口碑,热心于公益事业等方式提升自己的形象。

3. 影响顾客购买的成本因素

(1)货币成本　对于顾客来说,货币成本越低越好,对于企业来说要在保证质量的前提下,尽量减少货币成本,这要求企业不断创新,通过规模化降低成本,同时尽量开发高端产品,避免恶性竞争。

营销故事

老百姓大药房的成功之道

"老百姓"成立之初,就把服务对象定位为最基层、最普通的劳动者,甚至是"看不起病、吃不起药"的困难群体,把"一切为了老百姓"作为其经营的最高宗旨。为了减轻群众用药负担,"老百姓"率先举起了"比核定零售价平均低45%"的降价旗帜。以超市化经营模式开设药品零售店,并以连锁店的形式拓展市场,在国内可谓首开先河。"老百姓"是我国平价药品超市的创始者,也是平价药品超市的首家全国连锁零售医药企业。"老百姓"按照普通百货超市的毛利设置价格,把利润定为8%~10%。为了确保低价位的长期运行,"老百姓"进行低成本扩张,实行区域推进战略,全国范围采购,打破价格限制,统一配送资源,避免各自为政。丰富多彩的药品、诱人的促销方式、专业的用药指导、低廉的价格,给老百姓带来了高品质的生活享受的同时,也改变了平民百姓的生活方式和消费习惯。这是"老百姓"脱颖而出的一大亮点,也是其赢得民心和市场的大举措。"老百姓"创立7年来,累计为消费者直接让利80多亿元。老百姓大药房受境外资本青睐,成功获得瑞典殷拓集团和瑞典银瑞达集团投资8000多万美元。10月17日,中外合资湖南老百姓医药连锁有限公司正式揭牌成立。

(资料来源:大河网.2008-10-22)

(2) 时间成本　时间成本是顾客为了获得商品或服务而必须付出的等待的时间。对于经营企业来说要合理布局经营网点和药品种类,在保证服务质量前提下,尽可能提高工作效率,使顾客能够一次快速购买到药品,降低顾客购买的时间成本。对于生产企业来说要根据疾病的流行情况合理安排生产,如春、秋两季是感冒的高发期,应该稍多地生产感冒药物以满足顾客的需要。总之,最终目的就是提供最大的顾客让渡价值,满足顾客的需求并且增强企业的市场竞争力。

(3) 体力和精神成本　体力和精神成本是指顾客购买产品时在体力和精神方面的代价。为了降低体力和精神成本,除了企业需要加强自身的管理外,还涉及企业上游、下游即整个供应链的所有主体,需要在产品物流上做文章,包括进货、存货、运输、配送等,形成完整的反应灵敏的供应链,能对顾客的需要进行高效的反应。

小　结

本教学单元主要讲述了医药市场、医药市场营销的相关知识,需要掌握医药市场、医药市场营销的含义、特点以及顾客让渡价值的内涵及提高的方式,熟悉国内外医药市场的发展趋势及医药市场的范畴。

思考题

1. 简述医药市场营销学的内涵。
2. 简述医药市场与其他市场的区别。
3. 简述顾客让渡价值的内涵以及提高的方法。

(郑　丽)

工作任务二

医药市场调研技术

教学单元 2.1　医药市场营销调研方案的撰写

 学习目标

能力目标：

　　通过本教学单元的训练学习，使学生能更好地理解医药市场调研理论；能够根据调研目的，设计市场调研方案，培养市场调研技能和综合分析问题的能力。

知识目标：

　　了解医药市场调研的概念、作用和特点；掌握市场调研的类型、内容和方法；掌握初级资料的收集方法，了解次级资料的收集方法。

素质目标：

　　通过本教学单元的学习，充分认识医药市场调研的重要性；能够设计市场调研方案，选择合适的调研方法；培养学生积极动手、团队合作和调研分析的营销实践能力。

 案例导入

"新康泰克"的上市

　　2000年天津中美史克制药有限公司生产的康泰克占了中国感冒药市场的一半，约6亿元的市场；2000年11月17日，国家药监局下发了《关于暂停使用和销售含苯丙醇胺的药品制剂的通知》，将康泰克等15种感冒药列为禁药，中美史克制药有限公司失去了约6亿元的市场，中国感冒药市场进入"春秋战国"时代。同时，竞争者大肆攻击，中美史克多面受敌，加之媒体争相报道，经销商纷纷来电，"康泰克"因PPA事件而遭受重大挫折，"康泰克"多年来在消费者心目中的优秀品牌地位陷入危机之中。

　　PPA禁令的298天后，中美史克感冒药新产品"新康泰克"于2001年9月4日上市。为了确定新产品是否使用康泰克商品名，中美史克在全国二十几个大城市做了大规模市场调研，调研结果表明被访者对康泰克的认知度高达89.6%，而超过90%的人愿意考虑重新购买新康泰克。中美史克的决策层据此认为，康泰克仍有巨大的品牌号召力，就此确定新产品命名"新康泰克"。据报道，新康泰克仅在广东上市7天，便获得高达40万盒的订单。

　　讨论：市场调研在中美史克市场营销决策中起到了怎样的作用？

新可口可乐调研失误

　　20世纪70年代中期以前，可口可乐公司是美国饮料市场上的霸主，可口可乐占据了全美80%的市场份额，年销量增长速度高达10%。然而好景不长，到70年代中后期，百事可乐迅速崛起，1975年全美饮料业市场份额中，可口可乐领先百事可乐7%，1984年，市场份额中可口可乐领先百事可乐3%，百事可乐迅速崛起令可口可乐不得不着手应付这个饮料业"后起之秀"的挑战。为了着手应战，可口可乐公司推出了一项代号为"堪萨斯工程"的市场调研活动。1982年，可口可乐广泛地深入到10个主要城市中进行访问，通过调查，看口味因素是否是可口可乐市场份额下降的重要性原因。随后征询顾客对新口味可口可乐的

意见。调研最后结果表明,顾客愿意尝新口味的可口可乐。可口可乐公司又不惜血本进行了又一轮的口味测试。在13个城市中,约19.1万人被邀请参加了对无标签的新、老可乐进行口味测试的活动。结果60%的消费者认为新可乐比原来的好,52%的人认为新可乐比百事好。于是,新可乐推向市场顺理成章了。在新可乐上市之初,可口可乐又大造了一番广告声势。1985年4月23日,在纽约城的林肯中心举办了盛大的记者招待会,共有200多家报纸、杂志和电视台记者出席,依靠传媒的巨大力量,可口可乐公司的这一举措引起了轰动效应,一举成名。

起初,新可乐销路不错,有1.5亿人试用了新可乐。然而,越来越多的老可口可乐的忠实顾客开始抵制新可口可乐,对于他们来说,传统配方的可口可乐意味着一种传统的美国精神,放弃传统配方就等于背叛美国精神了。很多人甚至扬言不再买可口可乐了。面临如此巨大的批评压力,公司决策者们不得不做出让步,在保留新可口可乐生产线的同时,再次启用近100年历史的传统配方。在不到3个月的时间内,即1985年4—7月,尽管可口可乐公司曾花费了400万美元,进行了长达2年的调查,但最终还是彻底失败。百事可乐公司美国业务部总裁罗杰·恩里科说:"可口可乐公司推出'新可口可乐'是个灾难性的错误。"

讨论:从新可口可乐决策失误的教训中可得到哪些启示?

理论知识学习与背景

一、医药市场调研的概念

医药市场调研是根据市场预测与决策的需要,运用科学的方法,有目的、有计划、有体系地搜集、记录、整理、分析有关医药市场信息,提出结论与建议的过程。医药市场调研是医药市场调查和医药市场研究的统称。

二、医药市场调研的作用与特点

(一)医药市场调研的作用

1. 了解药品市场的供求情况,推广适销对路的药品　通过对药品市场购买力、消费水平、消费结构、消费趋势等的调查,了解市场药品需求总量及需求结构;通过对药品生产、药品库存、进口及其商品需求和货源的调查,了解药品的供应总量,从而有利于了解市场的供求情况和变化规律。

2. 开拓新的市场,发挥潜在的竞争优势　医药的特殊性决定医药市场不同于其他商品市场。通过市场调查可以使医药企业充分认识医药市场的特征,掌握医药市场的发展规律,发现消费者的潜在需求,从而根据企业本身的实力情况,选择新的市场机会。

3. 有利于确定经营策略,从而扩大销售　通过对医药市场调查,可以进一步分析研究产品适销对路的情况,确定哪些医药产品能在激烈的市场竞争中站稳脚跟,从而准确有效地采取营销策略。随着科学技术的进步,新技术、新工艺、新材料被广泛采用,产品的更新换代速度加快,越来越多的新产品被推向市场,但这些新产品能否被消费者所接受,老产品是否还有市场,这除了产品本身的原因外还有营销策略和方法上的问题。

4. 改善医药企业经营管理水平,提高经济效益　药品市场调查是医药企业改善经营管理水平,增强企业活力,提高经济效益的基础。通过市场调查,可以发现企业自身存在的问题,促使企业从经营的购、销、运、存各环节,经营的人、财、物、时间、信息等客观要素,经营管理的层次、部门等不同方面进行调整,改进工作。

(二)医药市场调研的特点

医药市场调研与一般的消费品调研不同,具体自身特点如下。

1. **专业性要求高** 问卷设计、现场访谈、统计处理、分析研究等过程中往往涉及许多医学、药学、临床治疗等方面的专业知识,因此要求研究人员不但要有扎实的统计学和营销管理学基础,而且具有良好的医学、药学背景。

2. **访谈和研究对象特殊** 主要为医生、药师等专业人员。医生在处方药的消费环节中起决定性因素。

3. **政策性强** 医药产品涉及人的健康和生命,各级政府的有关规定政策限制多,涉及价格、渠道、广告、宣传促销等各个环节。

4. **消费者为特殊群体** 消费者为身心健康障碍,其消费行为是非理性的。

三、医药市场调研的类型

(一)根据市场调研的功能不同

可将医药市场调研划分为探索性调研、描述性调研、因果性调研和预测性市场调研。

1. **探索性调研** 在正式调研开展之前进行的初步、具有试探性的调研活动,是通过对一个问题或一种状况的探测和研究,以阐述一个市场营销问题,识别可供选择的行动方案,探寻关键的变量和主要的联系,为探寻解决问题的途径获取信息,为进一步调研打好基础。一般情况下,医药企业在进行比较大规模的调研活动或者方向不明的市场调研活动前,都应该进行探索性调研,其作用在于发现问题的端倪,其任务在于为正式的市场调研活动确定方向和大致范围。在实际的工作中,如果市场调研人员对所要解决的问题尚无足够的了解,不能有效推进调研项目的进展,就有必要开展探索性调研。例如,某医药企业近年来销售量持续下降,但目前公司尚不明确是什么原因造成的,因此可以通过探索性调研,对药品销量开展市场调查,可以通过调研企业广告支出、消费者用药反馈、销售代理销售量等方面找到原因。

2. **描述性调研** 最基本、最一般的市场调研,指对调查对象目前的客观状况进行的全面调查。其主要目的是真实地描述和反映调查对象目前的现状,以便有关人员对此有比较全面的了解和正确的认识,同时了解有关问题的相关因素和相关关系,主要回答"什么"、"哪里"、"何时"等问题,而不是回答"为什么"的问题。其结果通常说明事物的表面特征,并不涉及事物的本质及影响事物发展变化的内在原因。在实际的经营活动中,描述性调研通常被用于描述相关群体的特征,确定消费者或顾客对产品或服务特征的理解和反应,估计某个特殊的群体在具有某种行为特征的群体中的比重,确定各种变量对管理问题的关联程度。描述性调研所进行的资料收集工作,已经成为企业的日常行为工作之一,是企业信息系统建立和运转的基础。例如,对某医药企业市场营销的现状进行的调查,可以使管理层对企业面临的经营现状有准确的认识。企业可以通过加强基础信息工作的管理、培训工作人员等方法,或者设计各种软件程序等,对一些必需的信息、各种基础数据,进行定期的收集、跟踪和处理,以便对企业的日常经营活动实施执行、监督、反馈、控制等管理职能。

3. **因果性调研** 对企业管理活动中出现的一些现象和问题,对深层次的原因进行的研究性调研活动。其主要目的是确定有关事物的因果联系,或者影响事物发展变化的内在原因,为企业经营决策提供信息。因果关系调研常用于确定为什么某目标没有达到。从位置关系来看,因果性调研总是在描述性调研和探索性调研之后,即在描述性调研或探索性调研的基础上,进一步确定变量之间的相互关系。

4. **预测性市场调研** 对市场未来的发展进行预测所进行的市场调研活动。预测性市场调研是根据研究对象过去和现在的市场情况资料,分析并掌握其发展变化的规律,运用一定方法估计未来一定时期内市场状况的发展趋势。其主要用于支持企业营销战略决策。例如,某医药企业在改变原有剂型,在投放市场之前,可以对患者使用便利性的要求进行预测,从而确定新剂型药品的生产量。

(二)根据被调研对象的范围大小

可划分为普查、重点调查、典型调查和抽样调查。

1. **普查** 为了某种特定的目的而专门组织的一次性的全面调查。普查一般是调查属于一定时点上的社会经济现象的总量,但也可以调查某些时期现象的总量,乃至调查一些并非总量的指标。普查涉及面广,指标多,工作量大,时间性强。为了取得准确的统计资料,普查对集中领导和统一行动的要求最高。

医药市场上普查通常采用两种方式:一种是组织专门的普查机构和人员,对调查对象直接调查;另一种是在具有比较完整的统计资料的情况下,利用有关单位内部收集的统计资料进行汇总。普查的优点是所获得的资料完整、全面,但普查所耗费的人力、财力和时间较多,特别是第一种普查方式,非医药企业能力之所及,因此不常使用。

2. 重点调查　在全体调查对象中选择一部分重点单位进行调查,以取得统计数据的一种非全面调查方法。由于重点单位在全体调查对象中只占小部分,调查的标志量在总体中却占较大的比重,因而对这部分重点单位进行调查所取得的统计数据能反映社会经济现象发展变化的基本趋势。例如,疫情调查就是一种重点调查,为了有效地控制某种疫情,应对影响疫情的有关因素进行分析,同时对控制疫情的有关药物也进行调查,以指导该类药品在一定时间内的生产和销售,从而达到适量生产且能控制疫情的双重效果。

3. 典型调查　根据调查目的和要求,在对调查对象进行初步分析的基础上,有意识地选取少数具有代表性的典型单位进行深入细致的调查研究,借以认识同类事物的发展变化规律及本质的一种非全面调查。典型调查要求搜集大量的第一手资料,搞清所调查的典型中各方面的情况,做系统、细致的解剖,从中得出用以指导工作的结论和办法。典型调查适用于调查总体庞大、复杂,调查人员对情况比较熟悉,能准确的选择有代表性的典型作为调查对象,而不需要抽样调查的市场调查。典型调查是药品市场调查经常采用的方法。

4. 抽样调查　一种非全面调查,它是从全部调查研究对象中,抽选一部分单位进行调查,并据此对全部调查研究对象做出估计和推断的一种调查方法。显然,抽样调查的目的在于取得反映总体情况的信息资料,因而,也可起到全面调查的作用。抽样调查在药品验收和入库时经常采用。例如,某医药企业从药厂购进药品,需要对药品质量、包装完好程度进行检查,这种情况下不用将药品全部打开验收,只需要通过抽样调查的方法,确定抽样比率来确定可靠程度即可。

四、医药市场调研的内容

医药市场调研的内容要围绕医药企业相关环境进行,主要的调研内容包括医药市场环境调研、市场供需调研、医药市场竞争对手调研、顾客调研和市场营销状况调研。

（一）医药市场环境调研

医药市场环境是指影响医药企业生产、经营、管理活动的外部各环境因素的综合。在市场经济条件下,医药企业可以自主生产经营产品,但是必须了解国家对医药企业的相关规定和政策。因此,医药市场环境分析可分为宏观环境调研和微观环境调研两大类。

1. 宏观环境调研　包括政治法律环境、人口环境、经济环境、科学技术环境和社会文化环境等方面的调研。

（1）政治法律环境　政治环境主要是指国家的政体、政局、政策等方面,是由政党、政府的方针、政策,以及政体、政治局势等所构成的环境。政府所制定的方针、政策,既给医药企业带来市场机会,也会给少数企业带来市场威胁。法律环境是指对市场营销有关的法律、条例、标准和法令,法律环境与政治环境有十分密切的联系。

（2）人口环境　主要考察人口数量和增长速度、人口年龄结构、人口地理分布、人口健康状况、人消费观念与心理的变化。

（3）经济环境　主要包括消费者收入状况、消费者支出与消费结构、消费者储蓄和信贷等。

（4）科学技术环境　影响医药企业市场营销活动的科学技术因素所构成的环境。包括科学技术水平、科学技术状态、科学技术成就等方面。

（5）社会文化环境　主要包括教育水平、价值观念、宗教信仰、风俗习惯等。

2. 微观环境调研　包括企业内部环境、供应商、营销中介、客户和社会公众等方面的调研。

（1）企业内部环境调研　主要包括调研医药企业的营销能力、财务能力、生产能力和组织能力。

（2）供应商调研　主要调研供货的及时性和稳定性、供货的质量水平、供货的价格水平。

(3) 营销中介调研 主要调研中间商、实体分销商、营销服务机构、金融机构等与医药企业相关的中介机构。

(4) 客户调研 客户是企业的目标市场，是市场的主体，主要需要进行客户心理、购买动机、购买行为等问题的调研。

(5) 社会公众调研 主要包括政府、媒介、金融、群体、地方、企业内部公众的情况调研。

(二) 市场供需调研

1. 药品市场供应的调研 医药企业在生产经营过程中必须了解整个药品市场的货源情况，包括货源总量、构成、质量、价格和供应时间等。必须对本企业的供应能力和供应范围了如指掌。药品市场供应量的形成有着不同的来源，可以先对不同的来源进行调查，了解市场药品供应量变化的特点和趋势，再进一步了解影响各种来源供应量的因素。

2. 药品市场需求的调研 药品市场需求的调查是药品市场调查的核心内容，因为现代市场营销要以消费者的需求为中心。药品市场需求调研的内容包括药品现实需求量和潜在需求量及其变化趋势、消费需求结构、用户数量分布、药品使用普及情况、消费者对特定药品的意见等方面。供需的变化决定市场的变化，市场的变化会影响医药企业的经营方向。所以药品市场需求的资料是药品市场调研的重要内容。

(三) 医药市场竞争对手调研

"知己知彼，百战不殆"，对医药企业来说，随时了解竞争对手的情况，是使自己立于不败之地的有效方法。开展竞争对手调研是对与本企业生产经营存在竞争关系的各类企业的现有竞争程度、范围和方式等情况的调研。主要需要确认相关医药企业的竞争对手，以及竞争对手采用的营销策略，并判断竞争对手的经营目标，评估竞争对手的优势和劣势，为制订有效的竞争策略提供依据。

知识链接

竞争对手状况调查内容

有没有直接或间接的、潜在的竞争对手。

竞争对手的所在地和活动范围。

竞争对手的生产经营规模和资金状况。

竞争对手生产经营的产品品种、质量、价格、服务方式以及在消费者中的声誉和形象。

竞争对手的技术水平和新产品开发情况。

竞争对手的销售渠道及控制程度。

竞争对手的宣传手段和广告策略。

(四) 顾客调研

顾客是企业的服务对象，企业只有了解顾客，才能制订出有针对性的营销对策。顾客状况调研的主要内容包括消费心理、购买动机、购买行为，社会、经济、文化等对购买行为的影响，消费者的品牌偏好及对本企业产品的满意度等内容。

(五) 市场营销状况调研

1. 医药产品调研 市场营销中产品的概念是一个整体的概念。其调研内容包括：医药产品生产能力调研；医药产品功能、用途调研；医药产品线和产品组合调研；医药产品生命周期调研；医药产品形态、外观和包装的调研；医药产品质量的调研；老产品改进、老药新用的调研；对新产品开发的调研；医药产品售后服务的调研等。

2. 价格调研 价格在特定情况下会影响供需的变化。其调研内容包括：国家在药品价格上有何控制和具体规定；企业药品的定价是否合理；市场对此的反应情况；竞争者品牌的价格水平及市场的反应情况；新药的定价策略；消费者对价格的接受程度和消费者的价格心理状态；药品需求和供给的价格弹性及影响因素等。

3. 销售渠道调研 销售渠道调研主要包括以下几个方面：企业现有销售渠道能否满足销售药品的需

要;销售渠道中各环节的药品库存是否合理,有无积压和脱销现象;销售渠道中的每一个环节对药品销售提供哪些支持;市场上是否存在经销某种或某类药品的权威性机构及他们促销的药品目前在市场上所占的份额是多少;市场上经营本企业药品的主要中间商,对经销药品有何要求等。通过上述调研有助于企业评价和选择中间商,开辟合理的、效益最佳的销售渠道。

4. 促销调研　内容包括广告的调研(广告诉求、广告媒体、广告效果等),人员推销的调研(销售人员的安排和使用、销售业绩和报酬、本企业销售机构和网点分布及销售效果、营业推广等促销措施及公关宣传措施对药品销售的影响)。

五、医药市场调研的方法

(一)案头调研法

案头调研法是利用企业内部和外部现有的各种信息、情报,对调查内容进行分析研究的一种调研方法,也就是通过对次级资料进行收集、筛选、分析研究的一种调研方法。由于次级资料的收集是对现有资料的收集,而不是对原始资料的收集,操作起来不受时空的影响,因此,在进行调研时,通过对次级资料的收集而进行的案头调研是首选方式。

案头调研应注意事项

尽管案头调研具有省时间、省费用的优点。然而,在进行案头调研时所收集的次级资料也可能存在一定的缺陷,调研人员特别需要注意以下几点。

1. 可获性　在选用次级资料时应该考虑,所需的资料是否能被调研人员迅速、方便、便宜地使用。如果调研经费很少,花钱少的信息则优先考虑;如果经费充足、时间紧急,则优先考虑快速和便利的信息来源。

2. 时效性　如果数据资料已过时数年,不能作为企业决策的主要依据。贪图简便、用过时资料来推断当前的市场状况,将使企业的调研缺乏时效性与准确性,因此无法被决策者所采用。

3. 相关性　市场营销调研人员必须研究所收集的资料是否最能切中问题的有关方面,任何牵强附会只能使调研结果得出错误的结论。

4. 精确性　在很少的情况下,一些由别人公布的次级资料会全面、精确地论述市场调研人员所要调研的主题,但多数情况并非如此。特别是得不到直接切题的次级资料时,市场营销调研人员可能只得利用代用资料。因此,要适当地对这些代用资料做一些修改或补充。要提高资料的精确度,市场营销调研人员还应当深入研究制作这类资料时所用的方法,推敲一下它们是否能经得起科学的考验。

案头调研通常是市场调研的第一步。成功地进行案头调研的关键环节就是发现并确定次级资料。次级资料的来源主要可以分成两大类:内部资料来源和外部资料来源。

1. 内部资料来源　内部资料来源指的是来自我们所要调查的企业或公司内部的资料。

2. 外部资料来源　外部资料来源指的是来自被调查的企业或公司以外的信息资料。外部资料来源主要有政府机构、行业协会、专门调研机构、其他大众传播媒介四部分。

▎知识链接▎

次级资料的优点

(1) 它能被快速获得。
(2) 比起收集原始资料,它的成本要低许多。
(3) 通常情况下,它较为容易获得。
(4) 它能补充现有的初级资料。

次级资料的收集主要有以下几种方法。

(1) 查找法

查阅目录：目录是一种题录性的检索工具，一般只列出文献的题目、作者、出处，它是查询资料的向导。目录主要有分类目录、书名目录、著作目录、主题目录等。

查阅参考文献：利用有关著作正文后列举的参考文献目录，或者是文中提到的某些文献资料为线索，追踪、查找有关文献资料的方法，它可以提高查找效率。

检索工具查找：利用已有的检索工具逐个查找文献资料的方法。依检索工具不同，主要有手工检索和计算机检索两种。

(2) 索取法　即向有关机构直接索取某方面的市场情报。

(3) 收听法　用人工、录音、传真等方法收听广播及新兴的多媒体传播系统播发的各种政策法规和经济信息。

(4) 咨询法　如通过电话向企业内部相关部门查询某些业务数据或要求声讯服务时，应了解它有哪些服务咨询项目。

(5) 采集法　如在药交会、展览会等场合可现场采集大量企业介绍、产品介绍、产品目录等资料。

(6) 互换法　即先向平时与本企业业务往来少的企事业单位寄送本企业的资料，然后设法换回所需的资料。

(7) 购买法　即购买定期或不定期出版的市场行情资料和市场分析报告。

(8) 委托法　即委托专业市场研究公司收集和提供企业产品营销诊断资料等。

> **知识链接**
>
> **收集次级资料的要求**
>
> 次级资料的获取仅仅是开展营销研究工作的第一步。更重要的是要对所收集到的资料做适当的处理和解释，使之成为判定营销策略的依据。因此，对次级资料收集和处理是有严格要求的。
>
> (1) 真实性　所获取的次级资料，要进行认真鉴别和筛选，坚持实事求是，避免个人偏见和主观臆断。
>
> (2) 及时性　营销研究人员必须及时收集市场变化的数据资料，分析市场变化的最新趋势。
>
> (3) 同质性　围绕特定的营销问题所获取的资料必须同质、相关并可比，对同一问题还要明确统一的定义标准和统计计量单位。
>
> (4) 完整性　这是指收集的资料要力求全面系统地反映市场行情的来龙去脉，所获取的同类数据在时间上应当是连续的，形成一定的序列，能够反映各时期情况及其发展趋势。
>
> (5) 经济性　这是指资料的收集、处理、传递方式必须符合经济利益的要求，通过资料的使用，必须使企业在经济上有所收益，没有经济效益的资料是没有任何意义的。
>
> (6) 针对性　资料的收集必须有确定的指向和目标，避免无的放矢，而且应为企业的营销决策提供实际的效用。

(二) 实地调研法

由调研人员或委托专门的调研机构通过一定途径收集、整理并分析初级资料的过程。主要包括询问法、观察法和实验法。

1. 询问法　选择一部分代表人物作为样本，通过访问或填写问询表征询意见。按照与被调查者接触方式不同，询问式调查有以下五种具体方法。

(1) 当面询问　调查者面对面地向被调查者询问有关问题，对被调查者的回答可当场记录。调查者可根据事先拟定的询问表(问卷)或调查提纲提问，也可采用自由交谈的方式进行。这种方法的优点是直接与被调查者见面，能当面听取意见并观察反应，能相互启发和较深入地了解情况，对问卷中不太清楚的问题可给予解释，可根据被调查者的态度灵活掌握，或进行详细调查，或进行一般性调查，或停止调查。资料的真实性较大，回收率高。缺点是调查成本较高，尤其是组织小组访问时。调查结果易受调查人员技术熟练与否的影响。

（2）电话询问　调查人员根据抽样设计要求，通过电话询问调查对象。这种方法的优点是资料收集快，成本低；可以询问面谈感到不自然或不便的问题。可按拟定的统一问卷询问，便于资料统一整理。缺点是调查对象只限于有电话的用户，调查总体不够完整，不能询问较为复杂的问题，不易深入交谈，不易取得被调查者的合作。

（3）信函询问　调查者将设计好的询问表直接邮寄给被调查者，请对方填好后寄回。这种方法的优点：调查区域广泛，凡邮政所达到地区均可列入调查范围；被调查者有充分的时间考虑；调查成本较低；调查资料较真实。缺点是询问表的回收率较低，回收时间也较长；填答问卷的质量难以控制，被调查者可能误解询问表中某些事项的含义而填写不正确。一般限于调查较简单的问题，不易探测用户的购买动机。

（4）留置问卷　介于邮寄调查和面谈之间的一种方法，它综合了邮寄调查由于匿名而保密性强和面谈调查回收率高的优点。具体做法是，由调查员按面谈的方式找到被调查者，说明调查目的和填写要求后，将问卷留置于被调查处，约定几天后再次登门取回填好的问卷。

（5）网上调查　有电子邮件调查和互联网页调查两种。该调查方法调查对象有一定的局限性、回答率难以控制、整个调查较难控制、成本较低、传播迅速。

五种询问调查方法比较见表2.1.1所示。

表2.1.1　五种询问调查方法比较

项　目	形　式				
	当面询问	电话询问	信函询问	留置问卷	网上调查
调查范围	较窄	较窄	较广	较广	较广
调查对象	可控制和选择	可控制和选择	难以控制和选择	较难控制和选择	较难控制和选择
影响问答因素	能了解、控制和判断	无法了解、控制和判断	较难了解、控制和判断	基本能了解、控制和判断	较难了解、控制和判断
回收率	高	较低	低	较高	较低
询问质量	高	较高	较低	较高	较低
询问速度	可慢可快	最快	慢	较慢	较快
投入人力	较多	较少	少	较少	少
平均费用	高	低	较低	一般	低
时间	长	较短	较长	较长	较长

2. 观察法　调查人员对某一具体事物进行直接观察，如实记录。可以是调查人员直接到调查现场进行观察，也可以是安装照相机、摄像机、录音机等进行录制和拍摄。观察性调查的具体方式有以下三种。

（1）直接观察　调查人员亲自到现场进行观察。例如，调查人员到大药房观察顾客走过货架或选购药品时，对不同品牌药品的兴趣和注意程度。

（2）行为记录　在调查现场安装一些仪器设备，调查人员对被调查者的行为和态度进行观察、记录和统计。如通过摄像机观察顾客购买产品的过程、选购产品的情况等，借以了解消费者对品牌的爱好与反应。这样能从侧面了解顾客的一些购买心理，对了解消费者的需求有一定的价值。

（3）痕迹观察　调查人员通过观察某事项留下的实际痕迹来了解所要调查的情况。即不直接观察被调查对象的行为，而是观察被观察对象所留下的痕迹，如产品的报纸广告上附有回执条，凭回执条可以购买优惠价商品，根据回条情况就可以知道这则广告的注意率和信任度。

3. 实验法　在一定条件下，通过实验对比，对市场现象中某些变量之间的因果关系及其发展变化过程加以观察分析的一种调查方法。实验法是将调查对象放在一种控制状态下进行的，在此过程中，市场对所控制的因素做出了真实反应，多用于调查市场营销策略、销售方法、广告效果及各种因素，如产品设计、价格、包装等变动对销售的影响。通过实验对比可以比较清楚地分析事物的因果关系，数据比较客观，因此能够获得以上几种调查方法所不能获得的信息。实验法的优点是方法科学，可获得较正确的原始资料。缺点是该方法在社会中进行的实验，不能像自然科学一样在实验室中处理各种现象。在实验过程中,影响实验结果的因素也比较多,不易选择出社会经济因素类似的实验市场,且市场环境偶然因素多,影响实验结果,实验时间较长,成本较高。

实训环境与组织实训过程

编制一个药品市场调研方案时,操作流程包括确定调研目的、明确调研方法、确定安排调查人员和进度、调查费用的预算、调查计划表的设计等方面。

一、学生分组与组织

(1) 分小组　全班进行分组,每组3人,明确一名组长。

(2) 小组长和小组成员准备　小组成员可在既定的实训环境下开展市场调研活动,也可自行在实训任务中选择不同主题,进行医药市场营销活动调研。

二、实训环境

1. 校外实训基地　医药行业是关系国计民生的行业,随着我国市场经济的建立和完善,医药市场竞争更加激烈。根据资料表明:每年城镇居民在非处方药消费上,感冒药占85%。根据业内人士预测,目前我国OTC市场有近200亿元的容量,而感冒药的年销售额在20亿~100亿元,显然这是一个让制药生产企业趋之若鹜的市场。现在假定你是某企业的一名市场部负责人,准备在本地区的对本企业生产的治疗感冒的药品"×××牌感冒胶囊"进行一次感冒药终端市场状况专题调研活动,了解消费者对"×××牌感冒胶囊"与竞争品牌感冒药的认知和使用情况,为企业制订营销策略提供依据。请同学们为此次活动制订一个市场调研方案。

2. 校内实训室
(1) 校内模拟药房。
(2) 教学医院的门诊药房。
(3) 营销实训室。

三、实训任务

任务1　调研目的和任务的确定

这个步骤需要回答3个问题,即调研背景、调研目的和调研任务。调研背景主要是需要阐明调研问题的由来,背景交代。调研目的是指调研课题所要解决的问题,即为何要调研,调研结果有什么用处。调研任务则是指调研目的在既定的条件下,市场调研应获取哪些方面的信息才能满足调研的要求。市场调研的总体目的是为决策部门提供参考依据,目的可能是为了制订长远性的战略性规划,也可能是在为制订某阶段或针对某问题的具体政策或策略,无论是哪种情况,都必须对调研目的和任务有一个清楚的认知,并且在调研计划书中进行具体的细化和文本化。

> **知识拓展**
>
> **常见的几种医药市场调研目的和任务**
>
> (1) 医药市场需求调研,常见的有医药产品的市场总量及其变化的调研、医药产品消费者购买力的调研、医药用户数量分布的调研、医药产品人均消费水平的调研、医药竞争产品的调研、消费者对特定药品意见的调研等。
>
> (2) 市场营销组合因素调研,常见的有医药产品调研、医药产品价格调研、医药分销渠道调研、医药促销活动调研。
>
> (3) 对医生的调研,包含用药心理、用药习惯、对药品和品牌的认可度、对新药了解渠道等。
>
> (4) 医药市场环境调研,包含政治经济环境、科技环境、竞争环境、自然地理环境等。

任务 2　调研方法的确定

1. 确定资料来源　依据调研目的和任务确定具体资料来源,营销调研所收集资料分为初级资料和次级资料两种。一般来说,一次调研两方面的资料都需要收集,要充分地运用次级资料。

> **知识链接**
>
> 次级资料的局限性
>
> 次级资料是相对于初级资料而言的。在有些情况下初级资料可称第一手资料、原始资料,次级资料也相应地称为第二手资料。次级资料及第二手资料的名称本身已经非常清楚地指明了这种资料的特征,即它是对初级资料进行两次以上利用所形成的资料形式。很少次级资料会全面、精确地论述市场调研人员所要调研的主题。

2. 确定调研对象　调研对象就是根据调研目的和任务确定调研的范围以及所要调研的总体,它是由某些性质上相同的许多调研单位所组成的。确定调研对象主要是要解决向谁调研和由谁来提供资料的问题。

3. 确定调研方法　根据用什么方法进行调研,应从调研的具体条件出发,以利于收集需要的资料为原则。针对不同的调研对象、调研目的和任务,要采用不同的调研方法收集信息资料。

任务 3　调查人员和进度的确定安排

要选择具有一定专业知识和丰富的市场实践能力、问题整合能力的人员,并对调研人员进行相应的培训;对市场调查人员的工作量进行合理安排,明确工作职责以及人员之间的相互协调配合,确保市场调查工作有条不紊地进行。

任务 4　调查费用的预算

调查预算是调查活动的资金安排。为保证市场调查的顺利进行,做好合理的预算安排是必要的。调查预算的确定原则为,在坚持调查费用有限的条件下,力求取得最好的调查效果;或者是在保证实现调查目标的前提下,力求使调查支出最少。调查预算需按可能支出的项目逐一列表估算。调查费用以总额表示,至于费用支出的细目,如人员劳务费、资料费、交通费、问卷处理费、杂费等,应根据每次调查的具体情况而定。

任务 5　市场调研计划表的设计

1. 编制工作进度日程　工作进度日程是对各类调研的工作程序、时间、工作方法等做出具体的规定。例如,何时做好准备工作、由谁负责等。

2. 编制工作进度的监督检查　对工作进度的监督检查是及时发现问题、克服薄弱环节、保证整个调查活动顺利进行的重要条件。

3. 编制市场调研计划表　根据以上的内容编制市场调研计划表,作为医药市场调研活动实施的指导。

常见的调研计划表格如表 2.1.2、表 2.1.3 和表 2.1.4 所示。

表 2.1.2　市场调研计划表

年　　月　　日

调研地区		调研时间	
目的和任务			
影响调研效果因素分析			
调研方法设计			

续表

预定调研进度	时间安排	进度
调研预算		
调研人员安排		
批示		
审核		制表	

表 2.1.3 竞争对手调查表

调查地区		调查人员		调查时间	
基本情况	竞争对手名称				
	竞争对手地址				
	营销方针及做法				
	销售方式				
销售人员基本情况	销售员姓名			学历、年龄	
	服务时间			特长	
	待遇水平			主要客户	
	其他				
产品情况	产品种类				
	产品性能			产品品质	
	市场占有率			产品价格	
其他					

表 2.1.4 购买行为调查表

年　　月　　日　　　　　　　　　　调查人：

行为＼商品	××	××	××	××	备注
直接购买					
介绍后购买					
仔细了解,但没购买					
只是看看					
匆匆而过					

四、学时与实训作业

（一）学时与要求

（1）一体化教学：2学时。

（2）实训与考核：2学时。

（3）以小组为单位完成某药品市场的调研计划表,以 Word 文档形式呈现,并能做出有效的、较流畅的书面陈述。同时,能将在实训过程中出现的错误、不足和优势陈述出来。

（二）考核范例与考核标准

1. 范例分析

感冒药市场现状调研计划书

调研题目：我国感冒药市场现状及前景调查分析。

调研目的：了解我国居民对感冒药的认知水平及治疗用药情况。

调研区域：北京、天津、重庆、上海、广州、西安、太原、成都、昆明、郑州10大城市。

调研对象：18～50岁家庭购药决策者。

调研时间：2015年2月1日至7月1日。

调研方法：定量调研，问卷方式，面谈方式，抽样调查。

调研内容：

（1）消费者对感冒疾病的认知水平是否提高？

（2）在OTC中感冒药的市场占有率是多少？

（3）消费者治疗感冒的方法有哪些？

（4）市场上感冒药知名品牌有哪些？

（5）国内感冒药市场的分布情况。

调研安排：2月1日至2月28日，由公司调研部设计调查问卷，形成样卷。各地小组领取问卷。

费用估算：资料费10000元、交通费5000元。

调研单位：××公司。

调研人员：××公司调研部全体成员。

调研负责人：××。

2. 医药市场调研方案撰写考核评价标准与评分表（表2.1.5）

表2.1.5　医药市场调研方案撰写考核评价标准与评分表

平时成绩评价标准与评价项目					
序号	等级与分数 ＼ 评价项目	优秀 9分	良好 8分	一般 考核6分	需努力 3分
1	到课情况				
2	小组内参与情况				
3	团队内贡献情况				
4	思考与语言组织表达能力				
5	小组间评判的能力				
平时成绩（占总成绩的30%）					
实训成绩评价标准与评价项目					
序号	等级与分数 ＼ 评价项目	实训任务是否基本完成； 考评总分6分	是否有突出表现； 考评总分9分	评价标准	
6	确定调研目的和任务			课题确定的可行性和正确性	
7	确定调研方法			调研方法选择的正确性和可行性	
8	调研计划表的设计			计划表制订的具体性和可操作性	
实训成绩（占总成绩的70%）					
学生自评成绩					

续表

小组评价成绩	
教师评价成绩	
总成绩	

(赵成志)

教学单元 2.2　医药营销调查问卷的设计

学习目标

能力目标：

通过本教学单元的学习，帮助学生能更好地认识和了解医药营销中调查问卷研究的意义与功能；能够根据调研目的设计调查问卷，学会调查问卷的设计方法和技巧，学会处理调查资料和收集并分析信息的能力。

知识目标：

了解医药营销调查问卷的概念、类型；熟悉调查问卷的基本结构；掌握调查问卷问题的主要类型、基本要求和设计技巧。

素质目标：

通过分小组完成设计医药营销调查问卷，培养学生对语言文字的表达和组织能力；对调查问卷的全面细致的构思、设计和团队协作的实践能力。

珍视明滴眼液市场调研的收获

2002 年，珍视明滴眼液为抢占白领阶层市场，聘请了营销咨询机构开展策划。问卷调查发现：珍视明的使用者主要集中在初中、高中学生，而学生购买珍视明的用途是"消除眼疲劳"，而不是企业一直认为的"预防假性近视"。可见，珍视明原来诉求的重点存在严重偏差，虽然珍视明从功能上区别于其他眼药水品牌的地方就在于它具有国家药监局批准的"预防假性近视"疗效，但经市场调查发现，消费者并不完全接受这样的诉求。如果加大推广力度传播"预防假性近视"，消费者必然认为珍视明就是预防假性近视的产品，后果就是将用于"假性近视首选药品"上，定位很尖锐和准确，但这个市场与巨大的干眼症市场相比太小了，而且，作为功效性产品，珍视明或其他任何产品都无法阻止假性近视转为真性近视。当你的功效无法支持你的定位时，你的定位只会将你引向泥潭。

珍视明重新定位为"消除眼疲劳"，在稳固现有学生人群的基础上，大力向白领阶层延伸，抢夺高中档消费人群。重新定位后，珍视明的销售额大幅提升。2003 年 12 月，销售额比前一年同期增长了 40%，并且保持强劲的增长势头。市场调研表明，珍视明的消费者人群中，大学生占了最大的比重，其次才是中学生，上班白领也开始使用珍视明，这一切，意味着珍视明的重新定位工程取得了初步成效。

讨论：珍视明滴眼液为什么要进行重新定位？问卷调查研究在珍视明市场营销决策中起到了怎样的作用？

理论学习知识与背景

医药营销调查问卷的设计是市场调查的一个重要环节。调查问卷从所要了解的情况出发，明确反映调查的目的。调查问卷设置的问题要具体，重点要突出，促使被调查者愿意合作，协助达到调查的目的；问卷要能正确记录和反映被调查者回答的问题，提供正确的信息；问卷的设计还要有利于资料的整理加工。因此，问卷的设计者不仅要懂得医药市场营销学的基本原理和方法，还要具备社会学、心理学等专业知识。总之，调查问卷的设计，是一项细致复杂的工作，既有技术性，又有艺术性，设计的好坏，不但直接影响调查的结果，还影响到调查资料分析整理的效率。

一、调查问卷的概念

调查问卷又称调查表或询问表，是以问题的形式系统地记载调查内容的一种印件，是调查者运用统一设计的问卷向被选取的调查对象了解情况或征询意见的数据收集手段。调查者将所要研究的问题编制成问题表格，以邮寄方式、当面作答或者追踪访问等方式交由调查对象填写，然后收回整理分析，从而得出结论。调查问卷的运用，关键在于编制问卷，选择被试和结果分析。

二、调查问卷的种类

调查问卷，根据载体的不同，可分为纸质调查问卷和网络调查问卷。纸质调查问卷就是传统的调查问卷，调查公司通过雇用调查者来分发纸质问卷，回收答卷。这种形式的问卷存在一些缺点，调查地域范围有限，分析与统计结果比较麻烦，成本比较高。而另一种网络调查问卷，就是将问卷直接传到网络上，由被调查者直接在线回答问题的调查形式。这种方式的优点是快速、无时间空间限制，成本相对低廉，便于获得大量信息，特别是对于引起敏感性问题，相对而言更容易获得满意的答案；缺点是答卷质量无法保证。

调查问卷，按照问卷填答者的不同，可分为自填式调查问卷和代填式调查问卷。其中，自填式调查问卷，按照问卷传递方式的不同，可分为报刊调查问卷、邮政调查问卷和送发调查问卷；代填式调查问卷，按照与被调查者交谈方式的不同，可分为访问调查问卷和电话调查问卷。

三、调查问卷的基本结构

一份理想的调查问卷，在结构上，按照顺序应包括六个部分。

1. 标题　问卷标题是对整个问卷内容的高度概括，所以在设计标题时应简明扼要，使被调查者一眼就能大体上明白调查内容。

2. 卷首语　在问候后，表明主持调查的主办单位、机构和个人身份，说明调查目的和意义，调查的内容以及为什么访问受访者，对被调查者的希望和要求，并提示回答方法，确定被调查者是否了解，必要时重复说明，并交代访问结果将如何处理，对问答保密处理的保证等。如果当时不方便进行访问，预约适当的访问时间。

3. 填表说明　即对被调查者填写问卷的方式、方法及注意事项等所做的解释和说明。一般出现在问卷的主体内容（即问卷问题）之前，编写此说明时要做到清楚、明了、具体、最好附有示范。

4. 题项　问卷的问题和备选答案，这是调查问卷的主体部分。

5. 被调查者个人资料　通常有电话号码、年龄、性别、教育程度，依调查目的而定。

6. 结束语　最后感谢，一方面使用文字感谢被调查者积极配合完成问卷填答，另一方面还可以向被调查者征询对市场调查问卷的意见和想法。

四、调查问卷设计的基本原则

调查问卷设计的根本目的是设计出符合调研与预测需要以及能够获取足够、适用和准确信息资料的调查问卷。为实现这一目的,调查问卷设计必须遵循以下原则。

1. **客观性原则**　即设计的问题必须符合客观实际情况。凡被调查者不可能自愿真实回答的问题,一般都不宜正面提出。表述问题的态度要客观,不要有诱导性或倾向性语言。另外,在问题的表述中要避免出现那些有权威的、享有盛誉的人或机构的名称,更不要直接引用他们的原话。

2. **目的性原则**　即必须围绕调查课题和研究假设去设计必要的问题。问题的主要目的都是提供市场营销调查所需的信息,以满足调查者的信息需要。问卷设计人员必须透彻了解调研项目的主题,以设计出可以从被调查者那里得到最多资料的问题,做到既不遗漏一个问句以致需要的信息资料残缺不全,也不浪费一个问题去取得不需要的信息资料。因此,从实际出发拟题,问题目的明确,重点突出,没有可有可无的问题。

3. **逻辑性原则**　一份设计成功的问卷,问题的排列应有一定的逻辑顺序,按时间顺序、类别顺序等合理排列,符合被调查者的思维程序。一般是先易后难、先简后繁、先具体后抽象。这样,能够使调查人员顺利发问、方便记录,并确保所取得的信息资料正确无误。

按问题的难易程度排列,容易回答的问题(如行为性问题)放在前面,较难回答的问题(如态度性问题)放在后面。

按问题的时间先后顺序排列。

按问题的性质和类型排列,封闭性问题放在前面,开放性问题放在后面。

按被调查者的心理承受能力排列,敏感性问题(如动机性、涉及隐私等问题)放在后面,关于个人情况的事实性问题放在末尾。

4. **通俗性原则**　如果被调查者对调查题目不感兴趣,一般不会参与调研。问卷设计最重要的任务之一就是要使问题适合潜在的应答者,要使被调查者能够充分理解问句、乐于回答、正确回答。所以设计问卷的研究人员不仅要考虑主题和受访者的类型,还要考虑访谈的环境和问卷的长度。问卷必须避免使用专业术语,一般应使用简单用语表述问题。

5. **便于处理性原则**　便于处理是指要使被调查者的回答便于进行检查、数据处理和分析。设计好的问卷在调查完成后,能够方便地对所采集的信息资料进行检查核对,以判别其正确性和实用性,也便于调查结果的整理和统计分析。如果不注意这一点,很可能出现调查结束,信息资料获得很多,但是统计处理却无从下手的难堪局面。

6. **问卷长度合理性原则**　调查内容过多,使得被调查者没有耐心完成全部调查问卷。这是调查最常见的误区之一,应引起高度重视。如果一份问卷调查在 20 min 之内还无法完成,一般的被调查者都难以忍受,除非这个调查对他非常重要,或者是为了获得奖品的目的才参与调查,即使完成了调查,也隐含一定的调查风险,比如被调查者没有充分理解调查问题的含义,或者没有认真选择问题选项,最终会降低调查结果的可信度。

五、调查问卷设计的基本要求

1. 重点突出

(1) 提出的问题能反映市场调查目的,重点突出,简单明了,不要冗长和啰嗦,不要使用模棱两可、含糊不清或容易产生歧义的语言或概念。

(2) 问题的内容要具体,不要提抽象、笼统的问题,问题的内容要单一,不要把两个或两个以上的问题合在一起提问。

(3) 准确客观,目的性强,所提的每一个问题都有利于弄清调研课题的问题和解决存在的问题;切忌将无价值或无关紧要的问题列入,以免冲淡调研内容的主题,影响调研的结果。

2. 讲究提问方式

(1) 提问的方式能激发被调查者的兴趣,使之乐于回答。

(2) 提问方式要客观,不能主观性太强,诱导受访者。

(3) 应极力避免提出难以启齿的问题或难以回答的问题,要注意被调查者的身份、文化水平。例如,问卷问题不能使用行业专业术语而使人难以理解,不能有过多的内容使人无从着手,不能提出调研对象原有生活经历以外的问题,尽可能不涉及私生活方面的问题。

(4) 如果要做较深入的调研,应该避免立即引入复杂的问题,使人感到厌烦,必须由远及近,由浅到深,分层次逐步启发。

(5) 考虑使被调查者回答方便,语句要自然、温和、易懂等,表格设计要简明。

(6) 要注意提问的艺术性,避免枯燥和急躁。这主要指提问内容要有趣,不要提出与调研对象无关或不感兴趣的问题,同时应注意被调查者回答问题时的心理或社会因素的影响。

(7) 要避免使用否定句形式表述问题。由于人们一般都习惯于用肯定句形式提出问题和回答问题,因此用否定句形式表述问题往往会造成一些误解。

3. 其他要求

(1) 难易适中　提出的问题难度不能超过被调查者的知识水平,尽量避免使用专业术语。

(2) 便于统计　问题的设计,要便于事后的统计和整理。

(3) 明确目的　调查表中明确说明调查的目的、要求和回答的方式等有关事项。

总之,调查问卷的设计要求可归纳为必要性、可行性、准确性、客观性、提问方式的合理性与艺术性等。

六、调查问卷问题的主要类型与设计技巧

(一) 调查问卷问题的主要类型

调查问卷问题的主要类型,根据所提问题的方式可分为直接性问题、间接性问题。直接性问题:在问卷中能直接得到答案。间接性问题:不宜在问卷中直接提问。

调查问卷问题的主要类型,根据所提问题的内容可分为事实性提问、行为性提问、动机性提问、态度性提问。

调查问卷问题的主要类型,根据所提问题的形式可分为封闭式提问、开放式提问和介于两者之间的半封闭式提问。现具体介绍如下。

1. 封闭式提问　封闭式提问是事先设计好调研问题的答案,被调查者能从中选择答案。这种提问方式便于统计,但答案的伸缩性较小,显得呆板。封闭式问题的形式主要有以下几种。

(1) 是非题　即被调查者对所提问题用"是"或"否"、"有"或"无"、"大"或"小"、"喜欢"或"不喜欢"、"同意"或"不同意"来回答。例如:您服用过新康泰克吗?□是,□否。这种提问方式简单明了,便于统计,但不能反映被调查者意见的程度差别,使中立者的意见偏向一方。

(2) 选择题　即一个问题可以选择单个或多个的答案。例如:您服用蜂王浆的主要原因:①增加食欲;②延缓衰老;③增加抵抗力;④改善睡眠;⑤朋友推荐;⑥其他(请注明：　　)。

多项选择要注意列出所有可能的答案,但又不至于过多、过分散,要抓住被调查者感兴趣的主要问题。

(3) 顺序题　即由被调查者根据自己的观点和看法,对所列出的事项定出先后顺序。例如:
您选择妇科药时,对下列因素重视程度做出评价,从高到低,在□中填上 1、2、3…
□治疗效果好　□价格合理　□使用或服用方便　□厂家信誉好　□包装好

(4) 评判题　即要求被调查者表明对某个问题的态度,一般应用于对同质问题的程度研究。例如:
您认为新康泰克的价格如何?
□太高　□偏高　□适中　□偏低　□太低

2. 开放式提问　开放式提问允许被调查者用自己的话来回答问题。在一份调查表中,开放式命题不宜过多。因为开放式问题回答的难度大,也不易统计。开放式提问可使被调查者不受任何限制地回答问题,因而易于获得有价值的信息。例如:
您认为药品价格居高不下的原因是什么?_____

3. 半封闭式提问　这种问卷介于封闭式问题和开放式问题之间,问题的答案既有固定的、标准的,也有让被调查者自由发挥的,可以创造自己的答案,汲取了两者的长处。这类问卷在实际调查中运用还是

比较广泛的。半封闭式问题又可分为以下两种类型。

（1）过滤性半封闭式问题

请问您是否服用过阿胶补血产品？

A. 是　　B. 否

请选择 A 的顾客回答下列 A 组的问题；

请选择 B 的顾客回答下列 B 组的问题。

A. 请列出您服用过的三种品牌的阿胶产品？您为什么喜欢这三种品牌的阿胶？

_____

B. 请问您为什么没有服用过阿胶补血产品？请列举出原因。

_____

上述过滤性半封闭式问题，是通过第一个关于"是"与"否"的提问，将购买过和没有购买过阿胶产品的顾客分开，以方便后面的调研。

（2）验证性半封闭式问题

请问您是否会在药店促销阿胶补血产品时尝试购买？_____

当您路过药店时，发现正在播放阿胶补血产品广告并现场售卖，您会有怎样的感觉？（可多选）

A. 好奇　B. 感觉新鲜　C. 没有感觉　D. 不感兴趣　E. 厌烦这种促销

上述验证性半封闭式问题是通过后面的封闭式问题对前面的开放式问题的答案进行验证，以检验前面开放式问题的准确度。

（二）调查问卷的设计技巧

对于某些窘迫性、敏感性强、威胁性大的特殊问题，在表达方式上应该做些减轻其程度的特殊处理，以便被调查者易于面对这些问题，并敢于坦率做出真实回答。对特殊问题的处理，有以下几种方法。

1. 释疑法　即在问题前面写一段消除疑虑的功能性文字，声明这种行为和态度是常见的，以此来拉近与被调查者的距离。比如："现在许多人都患有焦虑症方面的疾病，请问您有这方面的困扰吗？"，如果直接提问"您有焦虑症吗？"，被调查者会由于个人隐私而拒绝回答，采用释疑法让被调查者知道患有焦虑症是许多人面对的共同问题，是一种常见行为，不是他一人独有，从而容易获得正确的答案。

2. 转移法　即把敏感性问题的对象转移到别人身上，然后再请被调查者对别人的回答做出评价。

3. 模糊法　即对某些敏感问题设计出一些比较模糊的答案，或扩大答案范围，以便被调查者做出真实的回答。比如对有关金额或次数的问题调查，被调查者往往会担心有负面影响，这时可将答案数据范围扩大，以免被调查者因不好意思而拒绝回答或回答不实。

4. 声明法　在问卷的开头加入一些说明性语言，说明调查机构与调查人员始终恪守行业准则与职业道德，对被调查者的个人信息及所提供的数据资料将予以保密，降低被调查者的心理防卫意识。

5. 过滤法　又称"漏斗法"，是指最初提出的离调查主题较远的广泛性问题，再根据被调查者回答的情况，逐渐缩小提问范围，最后有目的地引向要调查的某个专题性问题。或者通过设置一个或一组问题作为条件来筛选被调查者，答案符合条件的被调查者继续作答，而排除不合条件者。这种方法询问及回答比较自然、灵活，使被调查者能够在活跃的气氛中回答问题，从而增强双方的合作，获得回答者较为真实的想法。但要求调查人员善于把握对方心理，善于引导并有较高的询问技巧。此方法的不足是不易控制调查时间。这种方法适合于被调查者在回答问题时有所顾虑，或者一时不便于直接表达对某个问题的具体意见时所采用。例如，对那些涉及被调查者自尊或隐私等问题，如收入、文化程度、妇女年龄、民族禁忌等，可采取这种提问方式。

（申　强）

实训环境与组织实训过程

一、学生分组与组织

(1) 分小组　全班进行分组,每组3人,明确一名组长。

(2) 小组长和小组成员准备　小组成员可在既定的实训环境下开展调查问卷的设计活动,也可自行在本实训任务中选择不同主题,进行某类非处方药(如某类感冒药)的调查问卷的设计。

(3) 在教师组织下,各小组在汇报本小组设计的调查问卷的基础上,在其他小组提出修改建议后完成问卷修改,从而不断进步与提高。

二、实训环境

1. 校外实训基地　医药行业是关系国计民生的行业,随着我国市场经济的建立和完善,医药市场竞争更加激烈。根据资料表明:每年城镇居民在非处方药消费上,感冒药占85%。根据业内人士预测,目前我国OTC市场近有200亿元的容量,而感冒药的年销售额在20亿~100亿元,显然这是一个让制药生产企业趋之若鹜的市场。现在假定你是某企业的一名市场部负责人,准备在本地区的对本企业生产的治疗感冒的药品"××牌感冒胶囊"进行一次感冒药终端市场状况专题调研活动,了解消费者对"××牌感冒胶囊"与竞争品牌感冒药的认知和使用情况,为企业制订营销策略提供依据。请同学们根据子项目2.1制订的调查方案有针对性地设计一份可行的调查问卷。

2. 校内实训室

(1) 校内模拟药房。

(2) 教学医院的门诊药房。

(3) 营销实训室。

三、实训任务

任务1　调查问卷的设计

设计问卷的目的是为了更好地收集医药市场信息,因此在问卷设计过程中,首先要把握调查的目的和要求,同时力求使问卷取得被调查者的充分合作,保证提供准确有效的信息。问卷设计是由一系列相关的工作过程所构成的。为使问卷具有科学性、规范性和可行性,一般可以参照以下程序进行。

步骤1:确定调研目的、来源和局限

调研过程经常是在药品市场部经理、品牌经理或新产品开发专家做决策时感到所需信息不足发起的。在一些公司中,评价全部资料以确认所需信息是否收集齐全,包括第一手资料和第二手资料的收集。

调查问卷可以是涉及消费者的意见、观念、习惯、行为和态度的任何问题,具体包括受调查者的分群、消费需求(如药品品牌、价格和分销需求)和竞争对手的情况。

尽管可能是品牌经理发起了市场研究,但受这个项目影响的每个人,如品牌经理助理、产品经理,甚至生产营销经理都应当一起讨论究竟需要些什么数据。询问的目标应当尽可能精确、清楚,如果这一步做得好,下面的步骤会更顺利、更有效。

步骤2:确定数据收集方法

获得数据可以有多种方法,主要有人员访问、电话调查、邮寄调查、网上调查与自我管理访问。每一种方法对问卷设计都有影响。事实上,在街上进行拦截访问比入户访问有更多的限制,街上拦截访问有着时间上的限制;自我管理访问则要求问卷设计得非常清楚,而且相对较短,因为访问人员不在场,没有澄清问题的机会;电话调查经常需要丰富的词汇来描述一种概念以肯定应答者理解了正在讨论的问题。

对比而言,在个人访谈中访问员可以给应答者出示图片以解释或证明概念。

营销拓展

调查问卷的类型

根据不同的设计标准,可将问卷分不同的类型。

(1) 根据调查方式的不同可分为:访问调查问卷、小组访谈调查问卷、信函调查问卷、电话调查问卷和网上调查问卷等。

(2) 根据调查方式可分为:自填式问卷和代填式问卷。

① 自填式问卷即由被调查者自己填答的问卷,主要适用于信函调查、留置问卷调查、网上问卷调查、宣传媒介发放的问卷调查方式。

② 代填式问卷是由调查者根据被调查者的口头回答来填写的问卷,主要适用于访问问卷调查、小组访谈调查以及电话问卷调查等。

(3) 根据问卷的问题类型可分为:封闭式问卷、开放式问卷、半结构式问卷(介于封闭式问卷和开放式问卷之间)。

步骤3:确定问题回答形式

开放式问题、封闭式问题、量表应答式问题。

(1) 开放式问题 一种应答者可以自由地用自己的语言来回答和解释有关想法的问题类型。也就是说,调研人员没有对应答者的选择进行任何限制。

营销拓展

封闭式问题的设置

名称	说　　明	例　　子
单项选择	一个问题提供是非两个答案供选择	1.请问您知道××产品吗?□知道 □不知道 2.您服用过××药品吗?□是 □否
多项选择	一个问题提供三个以上的答案供选择	1.对于药品广告,您比较关注哪类媒体?(可多选)□电视 □报纸 □网络 □广播 □路牌 □宣传单 □其他 2.您服用某药品的主要原因是 □增加食欲 □延缓衰老 □增加抵抗力 □改善睡眠 □朋友推荐 □其他
顺序题	对所询问的问题的各种可能的答案,突出先后顺序	您选择消化用药时,对下列因素重视程度做出评价,从高到低,在□中填上1、2、3…□治疗效果好 □价格合理 □服用方便 □厂家信誉好 □包装好
判断题	表明对某个问题的态度	1.您认为××药品的价格如何?□偏高 □略高 □适中 □偏低 □太低 2.您是否依赖明星或名人所做的药品广告?(单选)□十分相信 □比较相信 □无所谓 □比较不相信 □十分不相信

开放式问题的设置

名 称	说 明	例 子
自由格式	被调查者不受任何限制的回答问题	1. 您认为某药品价格居高不下的原因是什么? 2. 您认为大多数保健品生命周期短的主要原因是什么?
词汇联想法	列出一些词汇,被调查者说出首先涌现在脑海里的词汇	1. 当您听到下列文字时,您脑海里涌现的一个词汇是什么? 养生:_____ 保健品:_____
语句完成式	提供未完成的句子,被调查者完成句子	当您选择感冒药时,您主要考虑_____
故事完成法	提出一个未完成的故事,由被调查者来完成它	昨天办公室小杨买来一盒减肥茶时,这使我有下述的感想……请完成这段故事

(2) 封闭式问题 一种需要应答者从一系列应答项中做出选择的问题。

(3) 量表应答式问题 则是以量表形式设置的问题。

步骤 4:决定问题的措辞

对调查人员来讲,在特定问题的用词上要花相当长的时间,这是一种随时间与主体不断发展的技巧,在每一个问题的用词与安排上,一般有下列 4 条指导原则。

(1) 用词必须清楚。

(2) 避免诱导性的用语。

(3) 考虑应答者回答问题的能力。

(4) 考虑到应答者回答问题的意愿。

步骤 5:确定问卷的流程和编排

问卷不能任意编排,问卷每一部分的位置安排都具有一定的逻辑性。其逻辑性描述在表中列出。有经验的市场研究人员很清楚问卷制作是获得访谈双方联系的关键。联系越紧密,访问者越可能得到完整彻底的访谈。同时,应答者的答案可能思考得越仔细,回答得就越仔细。

营销拓展

一份典型问卷的组织形式

位 置	问题类型	问题功能	例 子
开头问题	宽泛的一般性问题	打破僵局,建立被调查者的信任感	您用过感冒药吗?
随后的几个问题	简单而直接的问题	让被调查者放心,调查既简单又容易回答	您知道的感冒药品牌有哪些?
占到问卷1/3篇幅的问题	有侧重点的问题	与调查目标关系密切,告诉被调查者涉及的领域	请问您喜欢哪种剂型的感冒药?
问题的主体部分	有侧重点的问题,难度相对较大	获取调查所需的大多数信息	您认为感冒药在哪些方面需要改进?_____
最后几个问题	被调查者可能会认为是敏感性的个人问题	获取关于这个被调查者自身的分类信息和人口统计信息	您个人的月收入是多少?____ _____您的教育程度?

步骤6:评价问卷和编排

一旦问卷草稿设计好后,问卷设计人员应再做一些批评性评估。特别是在问卷设计中所起的关键作用的环节,这一步是必不可少的。在问卷评估过程中,下面一些原则应当考虑。

(1) 问题是否必要。

(2) 问卷是否太长。

(3) 问卷是否回答了调研目标所需的信息。

(4) 后续数据统计和分析是否易于操作。

(5) 为开放问题是否留足空间。

(6) 问卷说明是否用了明显字体和外观设计等。

步骤7:获得各方面的认可

问卷设计进行到这一步,问卷的草稿已经完成。草稿的复印件应当分发到直接有权管理这一项目的各部门。如果问题没有设计出来或不全面,数据将收集不到。因此,问卷的认可再次确认了决策所需要的信息以及它将如何获得,所以,经常的修改是必需的。

步骤8:预先测试和修订

当问卷已经获得管理层的最终认可后,还必须进行预先测试。通过访问寻找问卷中存在的错误解释、不连贯的地方、不正确的跳跃模型,为封闭式问题寻找额外的选项以及应答者的一般反应。预先测试也应当以最终访问的相同形式进行。如果访问是入户调查,预先测试应当采取入户的方式。

在预先测试完成后,任何需要改变的地方应当切实修改。在进行实地调研前应当再一次获得各方的认同,如果预先测试导致问卷产生较大的改动,应进行第二次测试。

步骤9:定稿与印刷

测试得到认可后,问卷就可以正式定稿,并进行印刷。

任务2 调查队伍的组建与分工

在市场调查中,调查人员本身的素质和能力将直接影响调查效果。如果企业没有足够的调查人员,则可以招聘社会人员。考虑到费用和工作效率的关系,市场调查人员最好招聘有文化、年轻的工作人员。

市场调查队伍的组织结构主要:项目负责人、督导、调查员、复核员等。

营销拓展

调查人员分工

1. **项目负责人** 对整个调查的时间进度、访问总体质量和调查预算等负全部责任。职责主要有三个方面:一是负责调查的整体管理;二是负责编制调查问卷、督导手册、制订工作计划;三是负责挑选、培训和管理调查人员。

2. **督导员** 对调查员进行管理和监督的人员。作为督导员,应当熟悉调查的具体步骤,善于带领和培训调查员,掌握各种调查知识。督导员主要的工作是协助项目负责人开展培训、实施和管理调查员,并负责现场监控、问卷审核和其他形式的质量审核。

3. **调查员** 调查的具体执行者。主要职责是按照事先培训的内容和调查问卷的要求,客观公正地完成规定数量和质量的调查工作。在遵循事先规定原则的前提下,调查员可以充分发挥自我的主观能动性,灵活、巧妙地与被调查者交流,以保证调查工作的顺利进行。

4. **复核员** 通过重新调查以验证调查工作真实性的人员。一般情况下,复核的工作是由督导员负责,但在较大规模的调查项目中,复核员和督导员工作应当是分离的,复核员是督导员的辅助工作人员。

任务3 调查队伍的选择和培训

调查员的素质对是否能完成调查工作至关重要;上岗前对招聘的调查人员进行适当的培训。通过培训,熟悉市场调查过程,提高工作效率,使调查工作顺利圆满完成。

1. 优秀调查人员的综合素质

营销拓展

优秀调查人员综合素质

1. 思想品德素质

(1) 熟悉国家现行的有关方针、政策、法规,具有强烈的社会责任感和事业心。

(2) 具有较高的职业道德修养。调查工作中能够实事求是、公正无私,绝不能为完成任务而敷衍了事。

(3) 工作认真细致。在调查工作中要认真、细致,要具有敏锐的观察能力,不放过任何有价值的资料,也不混入虚假的资料,对有疑点的资料应不怕辛苦,反复核对。

(4) 谦虚谨慎、平易近人。调查人员最主要的工作是与人打交道。谦逊平和、时刻为对方着想的调查人员,容易得到被调查者的配合,从而能够获得真实的信息,相反那些脾气不好、盛气凌人、处处想着自己的调查人员,容易遭到拒答或得不到真实的信息。

2. 业务素质

(1) 阅读能力 理解问卷的意思,能够没有停顿地传达问卷中的提问项目和回答项目。

(2) 表达能力 要求访问人员在调查过程中能够将询问的问题表达清楚。

(3) 观察能力 具有敏锐的观察能力,判断受访问者回答的真实性。

(4) 书写能力 能够准确、快速地将受访者的回答原原本本地记录下来。

(5) 独立外出能力 访问员能够独自到达指定的地点,寻找指定的受访者,并进行访问。

(6) 随机应变能力 在调查过程中遇到的是各种各样的人,所以访问员要能够随机应变,适应不同类型的人的特点。

3. 身体素质

(1) 适应严谨的归纳、整理、计算的要求。

(2) 吃苦耐劳,实地家访等体力的需要。

(3) 适应长时间、高效率的工作,达到一个合格的调查员的基本要求。

(4) 保持良好的工作状态,以应付各种类型的受访对象,机智灵活地处理各种突发事件。

2. 市场调查人员的培训 调查人员的培训是经常性的,培训的质量直接关系到操作实施人员的调查访问成效。

营销拓展

培训的方法

1. 书面训练 调查人员集中起来,由项目执行负责人或督导员就有关内容、技巧采用授课的形式进行讲解。

2. 口头训练,以会代训 通过召开现场会、经验交流会或电话会等方式对调查员进行培训。

3. 模拟实践训练 预先设计好作业情境,让调查人员进行具体操作,检查他们在模拟作业中存在的问题,并加以指导、纠正。

4. 实习训练,以老带新　让新调查人员给有经验的调查人员当助手,通过实地调查,学习、积累调查经验和技能,掌握调查技巧。

培训的基本内容

1. 政策法规和规章制度培训　对与市场调查相关的准则和惯例、政策规定与管理要求,必须有明确的了解,并能在实际调查活动中自觉遵守。

2. 访问技巧基本要求培训

(1) 自我介绍环节　进行访问时,应佩戴访问胸卡,并出示本人身份证明,并且简要地自我介绍与说明来意。

(2) 询问环节　访问员应清晰地说出问卷中每个问题,速度适中,如被访问者不清楚或误解时应重复陈述一遍;询问应严格按问卷编排的顺序进行;询问中要有间隙停顿,让被访问者有思考的余地;认真完整地记录被访问者的意见,即使是拒绝回答也是一种重复的意见态度,也应记录;在访问时,不能让被访问者看到问卷,正确地使用卡片;要进行现场编校,在结束访问时,迅速复查一遍问卷,发现有错误、遗漏时,应及时修正。

(3) 追问环节　在访问中,被访问者回答不清和不全是相当普遍的现象。因此,掌握追问技巧是十分重要的。

3. 调查项目专项培训内容

(1) 项目基本情况介绍　如项目背景、涉及范围、访问形式、访问地概况、调查产品情况等。

(2) 调查问卷介绍　对问卷的各个问题及其各项指标做相应的解释,对问卷填写的格式要求进行必要的说明。

(3) 操作实施人员职责说明　如每人承担的访问量,访问选样如何进行,问卷递交时间、地点等。

(4) 模拟调查　可能采取培训人员与操作实施人员之间,操作实施人员相互之间用调查问卷轮换访问的方式进行,在有条件的情况下,应安排非正式调查区域的实地访问作为模拟训练。

四、考核与评估

(一) 学时与要求

(1) 一体化教学:2学时。

(2) 实训与考核:2学时。

(3) 以小组为单位完成某药品市场的调查问卷,以 Word 文档或 Excel 形式呈现,并能做出有效的、较流畅的书面陈述。同时,能将在实训过程所出现的错误、不足和优势陈述出来。

(二) 考核范例与考核标准

1. 范例分析　消化系统包括食管、胃、小肠、大肠、肝、胆、脾、胰等重要脏器。因消化道的组成部位不同,产生的疾病也不同。常规的消化道疾病包括:消化不良、腹痛腹泻、便秘、呕吐、食物中毒等。夏、秋季是消化系统疾病频发的时期,在这个季节里,当您面对消化系统疾病时,您会如何应对?您是会立即去看医生吗?还是会去药店购买非处方药品解决问题?然而,在各类药品琳琅满目、各种剂型花样百出的今天,拥有诸多选择的您,将对消化系统药品做出怎样的选择呢?

为此,39.net 药品世界特推出本次大型网上调查,敬请您的参与!

(1) 常见消化系统疾病症状包括哪些?
□消化不良　□腹痛　□腹泻　□便秘　□恶心与呕吐　□呃逆

(2) 您是否经常遇见消化系统疾病问题?
□是　□否

(3) 您的消化系统疾病发病周期有多长?

□1～3次/年胃部不适 □3～5次/年 □超过5次/年 □长年的老毛病
(4) 您的消化系统疾病一般在什么季节高发？
□春 □夏 □秋 □冬 □四季均发生
(5) 出现消化系统症状时您是如何应对的？
□立刻去医院治疗 □去药店购买非处方药自行治疗 □其他
(6) 胃部不适的症状有哪些？
□舌苔厚腻 □轻度恶心、呕吐 □嗳气、胃灼热 □食欲不振 □进食后腹部饱胀 □腹部有压迫感和(或)腹痛，腹痛可放射至胸部
(7) 您所熟悉治疗胃部不适的药品品牌有哪些？
□瑞倍 □吗丁啉 □瑞复啉 □胃必治 □斯达舒 □温胃舒 □养胃舒 □金诺卫宁
□胃舒平 □乐得胃 □三九胃泰 □香胃安 □洛赛克 □江中健胃消食片 □丽珠得乐
□兰悉多 □正胃片
(8) 腹痛的病因有哪些？
□甲亢及药源性腹泻 □肠道手术后 □食物中毒 □肠道细菌、病毒、寄生虫感染 □消化不良
□急性胃肠炎 □慢性痢疾 □肠结核 □结肠炎 □肿瘤
(9) 恶心与呕吐的消化系统病因有哪些？
□食物中毒 □急性胃肠炎 □急性胰腺炎 □其他
(10) 以下哪些药品可用于胃肠道动力障碍引起的恶心、呕吐？
□多潘立酮(吗丁啉) □盐酸地芬尼多(眩晕停) □茶苯海明(乘晕宁) □氢溴酸东莨菪碱贴片
(11) 以下哪些药品用于各种原因引起的眩晕、恶心、呕吐？
□多潘立酮(吗丁啉) □盐酸地芬尼多(眩晕停) □茶苯海明(乘晕宁) □氢溴酸东莨菪碱贴片
(12) 便秘常见原因有哪些？
□大肠病变引起便秘 □精神过度紧张引起便秘 □人体摄入纤维食物太少造成便秘 □身体水分损失过多，如大量出汗、呕吐、失血、发热等造成便秘 □忽视定时排便的习惯造成便秘 □药物作用引起便秘
(13) 下列哪些是用于治疗便秘的药物？
□金谷纤维王 □大黄 □芒硝 □比沙可啶 □开塞露 □甘油栓 □麻仁丸 通泰胶囊
□乳糖果 □液状石蜡 □西沙比利 □番泻叶冲剂 □五仁润肠丸 □便秘通 □大黄通便冲剂 □甘油
(14) 哪些情况的腹泻需要服用止泻药？
□服用止泻剂后，引起腹胀、便秘和假性肠梗阻 □感染性腹泻 □菌痢病 □溃疡性结肠炎急性期
(15) 以下哪些是用于治疗腹泻的药品？
□培菲康 □易蒙停 □思密达 □整肠生 □活性炭等吸附剂 □穿心莲胶囊 □美复威
□大黄 □芒硝 □牛黄解毒片 □阿莫西林颗粒 □乙酰螺旋霉素片 □诺氟沙星胶囊
(16) 您所熟知的治疗腹泻的药品有哪些品牌？
□金诺卫林 □泻痢停 □易蒙停胶囊 □五酯胶囊 □金胆片 □健胃愈疡片 □利胆排石片
□丹桂香颗粒 □甘草甜素片 □六味木香胶囊 □泻痢一治愈胶囊
谢谢您的配合！
调查时间：
调查员： 复核员： 审核员： 录入员： 督导员：
问卷编号：
2. 医药市场调研问卷设计考核评价标准与评分表(表2.2.1)

表 2.2.1　医药市场调研问卷设计考核评价标准与评分表

平时成绩评价标准与评价项目					
序号	等级与分数　　评价项目	优秀 9分	良好 8分	一般 6分	需努力 3分
1	到课情况				
2	小组内参与情况				
3	团队内贡献情况				
4	思考与语言组织表达能力				
5	小组间评判的能力				
平时成绩（占总成绩的30%）					

实训成绩评价标准与评价项目				
序号	等级与分数　　评价项目	实训任务是否基本完成；考评总分6分	是否有突出表现；考评总分9分	评 价 标 准
6	设计调查问卷			1. 问卷设计的正确性 2. 问卷的结构、格式设计规范 3. 问卷设计的可行性
实训成绩（占总成绩的70%）				
学生自评成绩				
小组评价成绩				
教师评价成绩				
总成绩				

（周先云）

教学单元2.3 医药市场调查的实施

学习目标

能力目标：
　　培养学生调查实施和过程控制的市场调查基本能力；通过案头调查，培养学生具有实时收集市场信息动态变化的相关资料的能力；学生通过实地调查的实践，有效地收集第一手资料，具备开展市场调查的能力。

知识目标：
　　掌握市场调查实施的程序；熟悉市场调查的方法；了解收集第二手资料的注意事项；了解市场调查过程的监督管理。

素质目标：
　　通过实施调查，使学生具有语言表达流畅、与人交流、团队分工协作、应急应变、刻苦耐劳、资料整理与分析等综合素质。

业务新手如何收集客户资料

　　完善的客户资料是业务顺利进行的有力保证。对许多业务员来说，起初与陌生人面谈或打电话是他们的第一份工作，一头雾水的新人少不了锻炼自己的抗打击能力和沟通交流能力，从此也体会到了收集客户资料的重要性。

　　收集客户资料是一名业务员拓展业务的第一步。一个有经验的业务员懂得只有勤奋地收集客户资料、真正了解客户才会有信心把业务做好。收集客户资料不是个轻松的工作，为了更好地了解客户，需要全面收集客户资料。①了解客户的背景资料：客户组织机构；各种形式的通信方式；区分客户的使用部门、采购部门、支持部门；客户的业务情况；客户所在行业的基本状况等。②竞争对手的资料：同类产品安装和使用情况；客户对竞争对手产品的满意度；竞争对手的名字、销售的特点；竞争对手与客户的关系等。③客户需求的情况：包括客户要不要买；决策人和影响者；什么时候买；预算是多少；它的采购流程是怎么样等。④客户的个人资料包括：家庭状况和家乡；毕业的大学；喜欢的运动；喜爱的餐厅和食物；宠物；喜欢阅读的书籍；上次度假的地点和下次休假的计划；行程；在机构中的作用；同事之间的关系；今年的工作目标；个人发展计划和志向等。

　　有人的地方就有市场，有市场就有商机，做业务是要用心的。一个优秀业务员应养成随时随地收集有用资料的职业习惯，积沙成塔，集腋成裘。对于普通业务员，收集第二手资料的方法常见的有以下几种：①上网搜寻(最有效的做法)：通过专业网站或数据库搜集，往往会取得事半功倍的效果。比如，相关网站上会有一些联系方式、对公司及产品简单介绍，并且许多资料已经经过整理分类，还可搜集行业内相关公司的资料。②各种媒介：报纸、杂志、图书和通讯社、电视台发布的有关信息。不是每次我们都走别人走过的路,有时需要亲自去收集第一手资料:①在调查中收集:调查人员通过面谈、问卷调查、电话调查等方法得到客户的第一手资料。②在营销活动中收集:例如,广告发布后,目标客户若打电话、剪下优惠券寄回等方式与企业联系,企业就可以把他们的信息添加到客户数据库中。③在服务过程中收集:对客户的服务过程也是企业深入了解客户、联系客户、收集客户信息的最佳时机。在服务过程中,客户通常能够直接并且毫无避讳地讲述自己对产品的看法和期望,对服务的评价和要求,对竞争对手的认识,以及其他客户的意愿和销售机会等信息。④展会和商贸会议:展会有很多好处,一是公司比较集中;二是一般都有公司负责人在现场,比较容易建立联系;三是收集名片非常容易;四是对方也是在展会上寻找商机,对于建立第一步联系会相对容易。当你在业务中付出了汗水、泪水,取得成功,真正体会花钱容易挣钱难,从此知道心疼父母亲的节省,同时激起靠自己挣钱的强大欲望,你的内心也变得更加强大。

营销永远是个动词,只能在实干中总结经验。从实践中来,到实践中去,是智商、情商和辛勤汗水的融合创造。实战经验和技巧是宝贵的营销财富,结合实战去提升才会有所收获。销售员新手,你还犹豫什么,赶紧准备好去收集客户资料吧!

理论学习知识与背景

市场调查的实施是指调查人员根据调研方案,充分利用各种方法,主动、全面、有效地收集目标市场相关资料的过程。市场调研实施是市场调查实质性的工作阶段。调查的实施需要深入到市场,与调查对象充分交流沟通,观察、记录和收集消费者、竞争者、营销环境等的相关信息。调查的实施需要采用多种方法收集资料,尤其应注重各种信息网络技术的应用。调查的实施要有计划、有组织、有重点、长期地进行,以获得真实可靠的资料。调查实施的程序一般分为调查准备、实施调查、过程监控三个阶段(图2.3.1)。

图 2.3.1 市场调查的程序

一、市场调查资料的收集

调查资料的收集是整个市场调查工作的基础工作,也是调查实施环节的主要内容,工作量大、接触面广、情况复杂。

(一)调查资料的分类

1. 第一手资料和第二手资料　根据获得方式的不同,调查资料可分为第一手资料(firsthand data)和第二手资料(secondary data)。第一手资料亦称原始资料(primary data),一般是调查人员通过实地调查,是最先由自己收集整理的资料;第二手资料亦称间接资料、次级资料,一般是通过文献检索和各种媒介查询获取,是由他人收集整理的现成资料。

第二手资料具有调查成本低,收集工作方便快捷,在信息泛滥的今天也比较容易得到的优点。但是第二手资料是为其他目的整理的,针对性不强而且往往是过时的,不可能解决所有的调查问题。在使用第二手资料前,还需评估其真实性与可靠性。第一手资料具有针对性强、经过实证、价值高、真实可靠的优点。但其收集相对费时费力。因此,调查资料的收集一般从第二手资料开始,在充分利用第二手资料基础上,再进一步收集第一手资料,两类资料互为补充,都不可缺少。

2. 内部资料和外部资料　根据资料的内容性质,调查资料可分为内部资料和外部资料。

内部资料是指所要调查的企业或公司内部不外传的资料。这部分资料往往涉及公司、组织机密、专利技术或者一些原创性内容,一般情况下如无许可不得向外泄露。内部资料主要来自以下信息源。

(1) 会计账目和销售记录　会计账目记录有企业财务状况和销售信息等有用信息。除了会计账目外,市场营销调研人员也可从企业的销售记录、顾客名单、销售人员报告、代理商和经销商的信函、消费者的意见以及信访中找到有用的信息。

(2) 其他各类报告、记录　包括以前的市场营销调研报告、企业自己做的各类审计报告等信息资料。尤其是以前相近、相似的市场调研项目是很有用的信息来源。

(3) 信息系统　现在在许多企业都建立了以电子计算机为基础的营销信息系统和计算机数据库，其中储存了大量有关市场营销的数据资料。这种信息系统的服务对象之一就是营销调研人员，是调研人员重要的第二手资料来源。

外部资料是指被调查的企业或公司有关公共信息资料。外部资料一般是当前环境下可以轻松获取到的资源，如互联网等。除非注明版权等，一般情况下会被广泛传播，从获取方式来看相对更容易获取一些。外部资料主要来自以下信息源。①政府机构：本国政府在外国的官方办事机构（如商务处），通过这些机构，可以系统地收集到各国的市场信息。我国的国际贸易促进委员会及各地分会也掌握着大量的国外销售和投资方面的信息。②行业协会：许多国家都有行业协会，许多行业协会都按期收集、整理甚至出版一些有关本行业的产销信息。行业协会经常发表和保存详细的有关行业销售情况、经营特点、增长模式及其类似的信息资料。此外，他们也开展自己行业中各种有关因素的专门调研。例如：医药行业有医药协会。③专门调研机构：这里的调研机构主要指各国的咨询公司、市场调研公司。这些专门从事调研和咨询的机构经验丰富，收集的资料很有价值，但一般收费较高。④其他大众传播媒介：电视、广播、报纸、广告、期刊、书籍、论文和专利文献等类似的传播媒介，不仅含有技术情报，也含有丰富的经济信息，对预测市场、开发新产品、进行海外投资具有重要的参考价值。⑤官方和民间信息机构：许多国家政府经常在本国商务代表的协助下提供贸易信息服务以答复某些特定的资料查询。我国的官方和民间信息机构主要有：国家经济信息中心、国际经济信息中心、中国银行信息中心、新华社信息部、国家统计局、中国贸促会经济信息部、各有关咨询公司、广告公司等。另外，各国的一些大公司延伸自己的业务范围，把自己从事投资贸易等活动所获得的信息以各种方式提供给其他企业，如日本三井物产公司的"三井环球通讯网"、日本贸易振兴会的"海外市场调查会"等。

（二）调查资料的收集方法

调查资料的收集方法可分为案头调查法和实地调查法两大类。

1. 案头调查　案头调查（desk research）是市场调研术语，是对已经存在并为某种目的而收集起来的信息进行的调研活动，也就是对第二手资料进行收集、筛选，并据以判断他们的问题是否已局部或全部解决。案头调研是相对于实地调研而言的，通常是市场调研的第一步，是为进一步调研先行收集已经存在的市场数据。此类调查常用的方法如下。

(1) 报纸杂志的相关信息摘录整理　对近期各相关媒体如报纸、杂志、医药展览交易会或相关行业研讨会等发布的相关此项目的报道信息进行摘录。为了方便报纸与杂志的信息搜索，大型图书馆一般提供光盘检索，可以通过检索后再找原文，并且一些信息机构也可提供专题的剪报服务。

主要特点：数据分散、不系统，有些数据仅点到为止；不同渠道收集到的信息有一定偏差，有的甚至偏差很大。

(2) 行业协会、政府部门的统计资料查询　通过协会及机构（中国制药工业协会、化学制药工业协会、地方性的制药协会等）有偿或无偿方式查询目前的主要生产企业、产销量及其历年产销动态、行业的相关信息。

通过对于政府部门（经贸委医药司、药监局、地方医药管理局）的信息数据库、企业数据库、统计资料的查询，了解市场需求量和相关企业背景资料及市场占有率等信息。

主要特点：数据相对系统、全面、有一定权威性、以广普信息为主，但数据时间滞后、时效性差。我国医疗统计数据不够完善，医药企业需要的专项信息并不能随意查出。

(3) 数据库查询　有些国内商业或信息机构也对医药产品产销等商业信息进行收集整理，建有完整的数据库供外界查询。

国外数据库查询，通过国外相关机构及数据库（如UMI，Medline，Pharmaproject）查询，掌握国外的生产企业及研究机构的研发状况及专利状况。国家几家大的医药科研机构已购买了这几个数据库。

主要特点：国内商业或信息机构提供数据一般滞后1~2年，数据详尽程度差异较大，不够全面，而国外数据库更新及时(基本每月更新)。

(4) Internet 资源　Internet 是数据收集的另一有力资源途径,医药类的电子商务网站,提供内容丰富的医药市场信息,如"医药信息网"、"医药之门"等;国内外很多负责医药监管的政府部门,都建有自己网站,提供多方面的信息。很多医药企业也都建有网上主页,可以方便地了解竞争企业的信息。

主要特点:一般能查询到比较广普的信息、技术信息,种类繁多,但公开的专项市场信息比较少。

2. 实地调查　实地调研(field research)指由调研人员或委托专门的调研机构通过发放问卷、面谈、电话调查等方式收集、整理并分析第一手资料的过程。此类调查常用的方法详见教学单元 2.1。

二、间接资料收集的注意事项

1. 可获性　第二手资料的收集主要优点是省时省钱。因此,所选用的第二手资料应该能被调研人员迅速、方便、便宜地收集到。

2. 时效性　过时的数据资料不能作为企业进行决策的可靠依据。因此,应尽量收集最新的资料,若贪图省事省钱,不注意资料的时效性,调查的结果就会是无效的。

3. 可比性　由于对象不同、数据收集程序和统计方法不同等原因,有时同一类资料会有不同的含义。例如,电视机的消费量在联邦德国被归入消遣性支出,而在美国则被归入家具类支出。各国数据在各国之间的不可比性,必然会影响到数据的有用性,从而影响到企业决策。

4. 相关性　市场营销调研人员必须研究他所找到的资料是否最能切中问题的有关方面,任何牵强附会只能使调研结果得出错误的结论。例如,已公布的银行报告强调的是某一国的经济状况,而市场营销调研人员所感兴趣的是一个指定的工业部门。尽管一个国家的经济状况和这个指定的工业发展方向是一致的,但后者有其自己特殊的发展模型和速度。

5. 精确性　直接有用的第二手资料是不多的,有时收集的数据也是估计值。市场营销调研人员可能只得对一些类似资料做一些修改或补充,但要注意资料的精确性。要提高资料的精确度,市场营销调研人员还应当深入研究制作这类第二手资料时所用的方法,推敲它们是否能经得起科学的考验。

三、调查实施过程的监控

市场调查不只是填填问卷,开开座谈会而已,还要防止各种造假、"掺水",保证调查资料的真实性、准确性、完整性和及时性。

1. 调查进度监控　调查进度监控就是为了保证每天的调查工作严格按进度均衡进行,避免出现前紧后松和前松后紧的现象,以保证调查工作质量,顺利完成调查任务。

一个调查项目的实施要做到有计划、按步骤平稳地进行。调查员也需要一个不断熟悉的渐进过程。每位调查员所要完成的工作量也应有一个限制范围,既要保证进度,又要保证质量。确定调查员每天应完成的工作量主要从下面几个方面考虑:①调查员的工作能力;②调查员的责任心;③调查问卷的复杂程度;④调查的方式;⑤调查的区域和时段。

2. 调查质量监控　调查质量监控是以调查结果为对象,以消除调查结果的差错为目标,通过一定的方法和手段,对调查过程进行严格监控,对调查结果进行严格审查和修正的工作过程。

质量控制包括设计阶段的质量控制、调查实施阶段的质量控制、资料整理阶段的质量控制。调查实施阶段的质量控制,首先要做好调查前的准备工作,如对调查对象的特征进行初步了解,收集调查对象的背景资料以及准备好调查工具等。其次,要对调查员进行严格的选择和培训,建立一支在思想上和业务上过硬的调查队伍。最后,在调查过程中,根据不同的调查方法,采取相应的控制措施。

3. 监控的方法　常规质量控制:对于调查员完成的问卷,督导员每天都要逐份进行检查,看问卷是否有质量问题,是否有遗漏,答案之间是否前后矛盾,笔迹是否一样等。检查时,应及时记录检查结果,并将检查情况和调查进度情况向项目负责人报告。对检查中发现的问题,一方面要根据问题的具体情况采取相应措施做出处理。另一方面,要对调查员进行正面反馈。常规质量控制可以采取现场监控的方式。

抽样监控:在调查过程中,要求调查员必须严格地按照抽样方案抽取样本,而不是根据方便或接近的难易程度来挑选样本,保证抽样的随机性,保证样本的代表性。一旦发现调查员未按要求抽取样本,要及时制止,并加以纠正。

作弊控制:为了防止调查员作弊,一方面要在对调查员培训时加强思想教育和职业道德教育,另一方面要加强监督检查。例如:在问卷设计时,加上一些测谎题,然后根据测谎题来判断问卷的真伪,如在问卷前部、后部设计相似的问题,如果是胡乱填写,很可能不会注意到问题相似,从而选了差异较大的选项,那这样的问卷在最后处理的时候,只能按照废卷来处理。也可以在调查对象中加入一些"查账者",以便检查。

复查验收:对于上交的调查结果,项目负责人还要进行必要的核实和复查后才验收。一般来说,要抽查10%~25%的被访者,对调查员的调查行为和结果进行验证。可以采用电话回访或实地复访的方式进行。

某公司OTC广告效果评估调查项目

样本总体及抽样框:以看过某公司OTC产品广告的15~45岁城市居民为总体。

调查方法:进行拦截定点街访。即在商业繁华地区租用安静的房间作为调查访问现场,由调查访问员在街道上对行人进行拦截,邀请符合条件的人参加访问。

现场控制:在这次医药营销调查的访问现场,现场负责人始终注意对现场进行严格管理与监控,以保障良好的执行纪律与高质量的调查数据。调查访问员在街头拦截被调查者,得到对方配合后,需由甄别督导员对被调查者的资格进行甄别,以确认是否符合样本条件,防止调查访问员在甄别过程中产生人为误差;注意将甄别区与礼品发放区隔离开来,以便控制现场的调查访问秩序,保护客户的商业秘密。现场督导员负责监督调查询问员的操作是否规范、题目阅读是否清晰、答案记录是否完整、追问是否彻底等,对发现的问题及时纠正,并对调查访问员完成的问卷进行初审。再审督导员负责对调查访问员完成的问卷进行全面审核,确认问卷是否完整、合格,并发放礼品。

(资料来源:侯胜田.医药营销调研-应用与案例.2005)

实训环境与组织实训过程

一、组织

(1)分小组 全班进行分组,每组3人,明确一名组长。

(2)组长和小组成员准备 根据上个教学单元设计的调查问卷,展开调查。要求团队成员要分工明确,配合默契,共同积极参与。

二、实训环境

1. 校外实训室 校外实训基地,如社会连锁药房、医药公司和制药公司。

2. 校内实训室

(1)校内模拟医药产品营销实训室。

(2)一体化教室。

三、实训任务

实施调研时,要加强现场调查管理,尤其是对现场调查人员的管理,以确保现场数据收集的质量。

任务1 调查前的准备

(1)必要的前期准备工作

熟悉调查提纲:调查人员必须对调查内容全面了解,以便有效地进行调查。

相关知识的准备:依据调查内容的不同要了解的相关知识,当涉及某件商品或者服务调查时,要先查找相关的资料,有时还需要实地考察一番。

调查的组织、宣传活动:安排相应的人、财、物。

与被调查者联系:调查时间、地点和路线。

进行试调查:试调查应由正式的调查员实施,主要以发现设计不足为目的。

(2) 必要的辅助工具

调查员手册:与被访者的接触;访问技巧和技术;问卷的审核;疑难解答。

督导手册:作业管理;质量检查;执行控制。

相关文件准备:调查问卷、单位样本名单等;调查中需要的卡片、相关表格;介绍信、调查员证等证明文件。

必要的物品准备:礼品、测试用品、使用工具。

任务2　调查的实施过程

(1) 首先进行案头调查　调查时首先考虑案头调查,因实地调查虽然有利于企业获得客观性、准确性较高的资料,但其周期较长、费用较大。而案头调查则可以较快的速度和较低的费用得到第二手资料,因此案头调查一般是市场调查必不可少的基础和前道工序。

(2) 实地调查　访问调查的实施要点如下。①如何接近被调查者;②如何提出问题;③如何保证问卷正确填写;④如何处理现场出现的紧急问题;⑤如何对待拒访者。

进行调查访问的一般顺序如下。

首先,调查人员自我介绍,说明来意,作为对话的开始。

接着调查人员开始提问或要求被调查者填写问卷,做好记录,这是调查的主要部分。

在主要问题的提问过程完成后,调查人员不应急于结束访问,而应该与应答者就前面一些未得到满意回答的问题,展开简短而非正式的自由讨论,引导或鼓励对方回答先前他们不愿意提供答案的问题,并记录被调查者的背景资料与电话。

然后感谢被调查者的配合,并送出礼品,调查才能结束。

这个阶段是成本最高也最容易出错的阶段。调查负责人在调查项目开始之前应详细了解项目执行的阶段性时间表,以便进行跟踪、参与监督。

营销备忘

如何应对拒访

1. 不理解或者不明白这样的调查是什么意思或戒心很强。

应对:应耐心解释本次调查的意义,着重说明对他是有利的。如"我们通过这样的方法,收集消费者的意见和建议,反馈给政府部门以及生产厂家,使这些产品和服务更加贴近你们的要求。您也是消费者,相信平时也会有一些看法,而且我们会遵守保密原则,对您的资料进行保密的"。

2. 你到底是干什么的?

应对:再次将相关身份证明的材料给被访者看一下,同时可以这样说:"刚才我已经提到了,这个研究是关于××的,我是这个课题小组的成员之一,通过这项研究希望了解到××,我们会将研究的结果提交给政府以及相关企业,这样他们能更好地按照大家的想法来做好工作"(注意,你应尽量使用"研究"、"访问"的字眼,而少使用"调查"。因为某些市民会把"调查"与侦查、秘密调查等联系在一起,因而会引起他们不必要的顾虑,使你的访问成功率大大降低)。

3. 为什么会选中我,你可以去问别人,其他人肯定比我懂得多。

应对:应解释访问的科学性,如"我们是按照随机抽样的原则抽到您的,所以如果是有选择的调查就没有科学性了。而且我们不是根据谁知道得多就访问谁,只要反映您真实的意愿就可以了"。

4. 推脱说没有时间。

应对:此时调查员应强调一下访问时间,如"只需耽误您十多分钟的时间询问一些问题,会很快的。谢谢您!"(调查员说的时候可适当将时间说短一点,但不要太离谱,否则会影响以后的访问,对方会觉得你不诚实,不耐烦的时候会随时终止被调查。)

5. 我对你说了些什么,你不会找我麻烦吧?

应对:可以这样说,按照《中华人民共和国统计法》的规定,我们要为访问对象所提供的意见及个人资料进行保密。事实上,我们最后会把您这样几百个人的意见统计起来,看看大部分消费者对这个问题有什么样的看法。

6. 我没有文化,我也看不懂你的调查问卷。

应对:可以这样说,这您不用担心,我会把问题读给您听,您听完后再发表意见,我会把您的意见记下来的。

7. 调查,哼,调查有什么用?

应对:面对被调查者对问卷调查这种形式抱有偏见,可以这样说,也许您的意见是对的,而且看来您还是有自己看法的。如果大家都把自己的看法说出来,这样的调查结果也许就会越来越有用了。调查员的回答都要让人感觉到你是认真的、有诚意的、是在工作、是对他们有利的、是很坚守原则、令他们放心的一个人。若被调查者听了解释后仍不愿意接受调查,就要很有礼貌地表示抱歉打扰才离去,因为调查必须以自愿为原则。如能够让被调查者自愿接受调查,则你的这次问卷调查已成功了70%。

任务3 调查过程监督控制

(1)进度监控 根据每天完成的问卷数及调查进度安排来判断调查是否符合进度要求,提出针对性的意见和建议。督导员应该将每天的监督检查情况进行详细记录,并向调查项目负责人报告。如果无法按预期的进度完成的话,要事先通知有关的部门或单位。调查项目负责人根据每天的调查实施情况做出反映,提出反馈意见。如有必要,应对调查计划加以调整。

(2)质量监控 对调查实施过程来说,最重要的是收集到高质量的数据,除了进行认真而严格的培训外,还要采取充分的措施以保证调查员确实能按照培训中所要求的方法和技术进行调查访问。

营销备忘

调查质量常见问题

(1)调查人员自填问卷,而不是按要求去调查被访者。
(2)没有对指定的调查对象进行调查,而是对非指定的调查对象进行调查。
(3)调查人员自行修改已调查完成的问卷。
(4)调查人员没有按要求向被访者提供礼品。
(5)调查过程没有按调查要求进行,如调查员将本当由调查员边问边记录的问卷交由被访者自填。
(6)调查员在调查过程中带有倾向性。
(7)有些问题答案选择太多,不符合规定的要求。
(8)有些问题漏记或没有记录。

(9) 调查人员为了获得更多报酬，片面追求问卷完成的份数，而放弃有些地址不太好找的调查对象，或放弃第一次碰巧没有找到的调查对象。

对调查员的监控，重点在于保证调查的真实性，保证调查的质量，同时也是衡量调查员的工作业绩、实行奖优罚劣的需要。

四、学时与实训作业

（一）学时与要求

(1) 一体化教学：2 学时。

(2) 实训与考核：2 学时。

(3) 以小组为单位完成某药品市场调研活动，以 Word 文档形式呈现，并能做出有效的、较流畅的书面陈述。同时，能将在实训过程所出现的错误、不足和优势陈述出来。

（二）考核范例与考核标准

1. 范例分析

一个调查者的亲身经历（访问调查法）

入户调查是我亲身参与的部分，也是我感触最深的部分，走出了学校这座象牙塔，才知道这个世界有多大，在这世界上生活的人有多复杂。本以为所有的人都是友好的，至少所有的人都会支持一个学生，完成她迈向社会的第一次尝试；然而，当我真诚的微笑换来的却是一声冷冷的拒绝的时候，我才懂得做事的艰难。

也许是上帝特意为了关照我这个被父母娇惯、不知道人间疾苦的孩子吧，她让我满怀希望、精心准备的第一次敲门就遭到如此的打击。不成熟的人最容易激动，也最容易退缩，当那扇铁门"砰"的一声关上时，我的热情、信心一下子都跑得无影无踪了，我呆呆地立在楼门口，脸上的笑容还来不及收回，准备了一肚子的话却像一块大石头堵在喉咙口。我脑子里一片空白，不知道站了多少时候。"这有什么？"一个分明还是孩子的声音把我唤醒，透过满眼的泪水，我隐约看见一个十五六岁的男孩儿，"我每天都在这个小区里投广告，碰到出来取信的人，他们经常说我是偷信的，可我不是照样做吗？你这么早就来敲门，不是找骂吗？我看他们对你已经够客气的了！""早！现在已经 8 点多了，我不这么早，可怎么做得完呢？"我大声嚷道，把一肚子的火都撒到了他身上。"你火什么！不让他们高兴，我们的活儿都干不成，干不成我们就没钱吃饭！"男孩儿的一句话让我无言以对，我的眼泪止不住流了下来，一个读了 15 年书的大学生在这个乡下孩子面前词穷了。也许这孩子并不识得几个字，可他懂得如何生存，而我却不知道，我赶跑了心中愚蠢的骄傲，虚心得还想请教，忽然发现孩子句句朴实的话语不正是书上的"顾客心理学"吗？我让男孩扮演顾客，我向他介绍调查项目，男孩试着找出理由"拒绝"我，而我想方设法来让这些不够友好的顾客接纳我，这样练着，我的信心又渐渐被找回来。当男孩说他必须赶去做他的工作的时候，我才发现已经耽误他近一个小时了，我拿出 20 元钱递给他，他推回我的手，转身跑了。我被深深地感动了，带着"为了所有关心帮助我的人，我也要独立完成这 15 份问卷"的坚定信念，我按响了第二家的门铃。

终于，人没有做不成的事情，我的 15 份问卷都认真完成了。这其中有 70 多岁老爷爷，他热情地接待了我，和我谈了近一个小时，对待问卷非常认真；也有刚迈出大学校门的同龄人，访问后我们还交流了校园生活体会，成了朋友，我还向他推荐有机会一定要参加一次市场调查。当然，这其中也有困难，但我告诉自己"顾客永远不会错，一定是我什么地方做得还不够"，于是我细心的总结经验，15 份问卷做下来，已经有一套比较完整的"敲门术"了。

(1) 首先，一定要掌握好敲门的时机，早上 9:00 以前，中午 11:00~13:00 都不适宜进行调查。其他时间若主人仍有事情在忙，则要争取约定一个适宜的时间，不要轻言放弃。

(2) 主人开门见到陌生人，第一反应一定是惊讶，这时你应当微笑，消除他的戒备感，然后说您好，再用最简练的语言介绍自己和调查内容，要注意突出自己是学生，所做的是研究性质的调查，不要使他误认为你是推销员。

(3) 要对调查的问题十分熟悉,这样才能流利地提问。提问的语速一定不能太快,否则受访者可能来不及理解,注意不要用自己的态度影响受访者的答案,否则调查结果无法反映真实情况。

(4) 要按照顺序提问,这样可使受访者的思路清晰,也便于检查其答案是否存在明显逻辑错误。

(5) 提问中可以适当加入一些调节气氛的话,比如,受访者在询问感兴趣的报纸内容一题中选择了好几个答案,这时你可以赞扬他兴趣广泛,这对于消除受访者疲倦感、增加他对你的亲近感都是很有好处的。

(6) 调查完毕一定要对受访者表示感谢,"善终"与"善始"同等重要。调查是一门技术,也是一门艺术,只有亲自参与才会感到其中的快乐。

2. 医药市场调查的实施考核评价标准与评分表(表2.3.1)

表2.3.1 医药市场调查的实施考核评价标准与评分表

平时成绩评价标准与评价项目					
序号	等级与分数 / 评价项目	优秀 9分	良好 8分	一般 6分	需努力 3分
1	到课情况				
2	小组内参与情况				
3	团队内贡献情况				
4	思考与语言组织表达能力				
5	小组间评判的能力				
平时成绩(占总成绩的30%)					

实训成绩评价标准与评价项目				
序号	等级与分数 / 评价项目	基本完成实训任务6分,没有基本完成酌情扣分	突出表现并有创新9分	评价标准
6	调查准备			1. 具体安排的可行性; 2. 具体安排的周密性
7	实施调查			1. 案头调查资料全面性、有效性; 2. 问卷回收率
8	过程控制			有效完成调查任务
实训成绩(占总成绩的70%)				
学生自评成绩				
小组评价成绩				
教师评价成绩				
总成绩				

(牛宇龙)

教学单元 2.4　医药市场营销调查资料的整理与分析

能力目标：

通过医药市场调查资料的整理与分析，帮助学生认识调查资料的整理与分析在市场营销调研中的重要性；在教师的指导下，根据市场调查收集的资料，进行审核、编码和数据录入，汇总形成统计表和统计图。

知识目标：

掌握调查资料整理与分析的步骤和方法；熟悉常用数据统计的计算机软件；了解调查资料整理与分析的意义和原则。

素质目标：

利用调查资料进行统计分析，反映真实市场状况；通过分小组完成医药市场营销调查资料整理，培养小组内学生分工协作、语言组织与表达、小组间评判的能力；培养每个学生数据处理、统计分析、自主学习、刻苦耐劳和个人情绪控制的自我管理等综合素质。

杜邦公司的"市场瞭望哨"

　　杜邦公司创办于 1802 年，是世界上著名的大企业之一。经过近 200 年的发展，杜邦公司今天所经营的产品包括：化纤、医药、石油、汽车制造、煤矿开采、工业化学制品、油漆、炸药、印刷设备，近年来又涉足电子行业，其销售产品达 1800 种之多，多年的研究开发经费达 10 亿美元以上，研究出 1000 种以上的新奇化合物——等于每天有 2 件至 3 件新产品问世，而且每一个月至少从新开发的众多产品中选出一种产品使之商业化。

　　杜邦公司兴盛 200 年的一个重要原因，就是围绕市场开发产品，并且在世界上最早设立了市场环境"瞭望哨"——经济研究室。成立于 1935 年的杜邦公司经济研究室，由受过专门培训的经济学家组成，以研究全国性和世界性的经济发展现状、结构特点及发展趋势为重点，注重调查、分析、预测与本公司产品有关的经济、政治、科技、文化等市场动向。

　　除了向总公司领导及有关业务部门做专题报告及口头报告、解答问题外，经济研究室还每月整理出版两份刊物。一份发给公司的主要供应厂家和客户，报道有关信息和资料；另一份是内部发行，根据内部经营全貌分析存在的问题，提出解决措施，研究短期和长期的战略规划、市场需求量，以及同竞争对手之间的比较性资料。另外每季度还会整理出版一期《经济展望》供总公司领导机构和各部门经理在进行经营决策时参考。

　　正是由于他们重视对调查资料的整理、分析和利用，才使得杜邦公司 200 年兴盛不衰。

（资料来源：调查方法与技术）

理论学习知识与背景

国际管理大师马克·麦考马克曾说过:"对市场调查资料的最佳利用,不是其字面上的内容,而是其可能暗示的内容,要看出字里行间蕴含的意义。这些事实资料表明何种趋势、何种偏差、何种冲突、何种机会?对决策有用的信息,也许就存在事实资料之外。"对于企业而言,市场调查人员通过一定的调查方法向被调查者调查,收集到大量原始的信息资料,只有经过整理、分析,才能揭示市场经济现象的内在联系和本质,为企业经营决策提供依据。

一、调查资料的整理原则

市场调查资料整理是根据市场分析研究的需要,对市场调查获得的大量的原始资料进行审核、分组、汇总、列表,或对第二手资料进行再加工的工作过程。其任务在于使市场调查资料综合化、系列化、层次化,为揭示和描述调查现象的特征、问题和原因提供初步加工的信息,为进一步的分析研究准备数据。市场调查资料整理要使加工开发的语法信息具有价值,应遵循以下原则。

1. 真实性原则　整理所得的资料必须是真实的、实事求是的,而不是虚假的、主观杜撰的。真实性原则,是整理资料首要的、最根本的原则。

2. 准确性原则　整理后的资料,事实要准确,数据更要准确。当然,对准确性的要求应从实际出发,以能说明问题为原则,而不是越精确越好。

3. 完整性原则　整理反映某一社会现象的资料,应该尽可能地全面、完整,既要有正面的、肯定的资料,又要有负面的、否定的资料;既要有主体的、主流的资料,又要有辅助的、支流的资料等。只有这样,才能真实地反映调查对象的全貌。

4. 统一性原则　整理出来的资料要统一,包括调查的对象要统一,调查的指标及其操作定义要统一,调查的方法要统一,调查数据的计算公式、计量单位要统一,调查结果的表现形式要统一。

5. 简明性原则　整理所得的资料应该尽可能地系统化、条理化,并以集中、简明的方式反映调查对象总体的情况。

6. 新颖性原则　整理资料时,要尽可能用新的观点、新的角度来审视资料、组合资料,尽量避免按照陈旧的思路考虑问题,更不能简单重复别人已经走过的老路。只有勤于思考、勇于开拓,从调查资料的新视角中发现新情况、新问题,才能为创造性研究打下良好基础。

知识拓展

资料整理的基本内容

1. 数据确认　数据确认是指对调查问卷或调查表提供的原始数据进行审核,确保数据质量。

2. 数据处理　数据处理就是对确认无误的问卷或调查表进行加工处理,其任务在于使原始数据和二手数据实现综合化、系列化和层次化,为分析研究准备有使用价值的数据。

3. 数据陈示　数据陈示是指将加工整理后的数据用一定的形式表现出来,以便调研者阅读和使用。

二、调查资料的整理方法

1. 接收与审核问卷　这是指对回收式问卷的完整性和访问质量的审核,通过审核确定哪些问卷可以接受,哪些问卷需要补做或作废。包括真实性、准确性、完整性审核。

> **知识拓展**
>
> **资料审核的方法**
>
> 1. 逻辑审核 逻辑审核即检查调查资料的内容是否合乎逻辑和常识,项目之间有无互相矛盾之处,与其他有关资料进行对照是否有明显出入等。
> 2. 计算审核 计算审核即针对数字资料进行的审查。要检查计算方法有无错误,度量单位有没有用错,前后数字之间有无相互矛盾之处。

2. 编码 如果整理后的资料要用电子计算机进行数据处理,则在资料的整理工作中还需对资料进行编码,即将问卷或调查表中的信息转化成计算机能识别的数字符号。编码是指用代码来表示各组数据资料,使其成为可进行计算机处理和分析的信息。代码是用来代表事物的记号,它可以用数字、字母、特殊的符号或它们之间的组合来表示。包括代码的确定和问题栏编码的确定。编码具有重要的功能:一是便于信息的存储和检索;二是可以显示信息单元的意义;三是有利于提高信息资料处理的效率和精度。

3. 数据录入 数据录入就是将调查表上的信息录入到计算机的存储设备中去。

4. 缺失数据 缺失数据是指由被调查者没有给出明确的答案或调查员没有记录下他们的答案而造成的未知变量值。缺失数据的发生有几种情况:调查者忘记询问该问题或者被调查者忘记填写该问题;被调查者对某一问题拒绝回答或被调查者提供了答案,但答案存在逻辑错误。通常,少量的缺失数据是可以容忍的,但如果缺失数据的比例超过了10%,就可能出现严重问题。

5. 分析调查资料 调查资料分析是根据调查目的,采用一定的数据分析方法,对通过调查并经过整理的数据资料进行分组、汇总、检验、计算和分析等,得到调查现象的本质及规律,进而指导实践的过程。

资料分析主要是运用统计分析技术对采集到的原始资料进行运算处理,并由此对研究总体进行定量的描述与推断,以揭示事物内部的数量关系与变化规律。在进行调查方案的设计时,就要根据调查项目的性质、特点、所要达到的目标,预先设计好资料数据分析技术,制订好分析的计划。否则,就会出现所收集的数据资料不符合分析要求的现象。资料分析人员不仅需要熟悉各种统计方法,还要熟悉统计分析软件和计算机操作。对资料的分析,要根据不同的需要采用不同的分析方法,如时间序列分析、因素分析、相关分析、误差分析、判断分析等。总之,对调查资料进行分析后,一般能够达到反映客观事物及其规律的目的。

实训环境与组织实训过程

一、学生分组与组织

1. 分小组 全班同学分小组,每小组3人,确定1名小组长。
2. 小组长和小组成员准备 各小组请将回收的调查问卷的数据进行归纳整理,并进行分析。形成若干文字资料、统计分析表和统计图。

二、实训环境

1. 校外实训室 学校校外实训基地(如连锁药房、医药公司和制药公司等)的某种医药产品的市场调查案例。请每个小组的同学根据自己所熟悉的药物类型或本教材案例中所给的医药产品,对其进行市场调查。每个小组和每个同学将自己的身份确定为某企业的员工,学习与实训过程即是在企业工作的过程,按照岗位工作标准去完成工作任务的每个环节,对工作过程中所出现的不足或错误要及时纠正及完善。

2. 校内实训室

(1) 校内模拟医药产品营销实训室。

(2) 教室。

三、实训任务

任务1　接收与审核问卷

1. 接收问卷　首先,设计问卷登记表。表格上的项目一般包括调查员的姓名、调查地区、调查时间、交表日期、实发问卷数、上交问卷数、合格问卷数、未答或拒答问卷数、丢失问卷数、其他问卷数等。然后,对问卷进行编号或标注。针对不同的调查员和不同地区(单位)交上来的问卷,要及时在问卷表面进行编号或注明,以便问卷汇总、分析和查考。

2. 无效问卷的剔除　在接收问卷时,要将全部问卷检查一遍,将无效问卷或不能接收的问卷剔除掉。无效的或不能接收的问卷有以下几种。

(1) 不完全的问卷,即有相当多的内容没有填写的问卷。

(2) 被调查者没有完全理解问卷的内容而答错,或者没有按指导语的要求来回答问题的问卷,例如,跳答的问题没有按要求去做。

(3) 大批问卷的回答没有什么变化。

(4) 缺损的问卷,即有数页丢失或无法辨认的问卷。

(5) 不属于调查对象的人填写的问卷。例如,在一项药品市场调查中,调查对象是患有某种疾病并曾经进行过治疗的人,因此没有患此疾病或患有此疾病但没有治疗过的人填答的问卷都属于无效问卷。

(6) 前后矛盾或有明显错误的问卷。例如,年龄10岁,学历却为博士。

(7) 在截止日期之后回收的问卷。

3. 相应处理措施　对于检查出来的无法令人满意的问卷,常用的处理方法有:退回实地重新调查、按缺失数据处理。

放弃一些问卷可能会影响样本的代表性,产生系统性误差。如果决定要放弃一些问卷,在报告中应当说明放弃的理由和放弃的数量。

知识链接

胃肠道用药网络调查问卷

1. 性别
□女性　□男性

2. 年龄
□18~25岁　□26~35岁　□36~45岁　□46岁以上

3. 您是否经常出现胃肠消化道不适的状况?
□经常　□偶尔　□从来没有

4. 当您感觉胃肠消化不适时,最易出现的症状是:
□反酸胃胀　□腹胀腹泻　□消化道部位局部疼痛

5. 您(6个月内)大概有过多少次不同程度的胃肠消化道问题?
□1次　□2~5次　□6~10次　□10次以上

6. 如果您身体有胃肠道问题,通常会采用哪种治疗方法?
□口服西药　□口服中成药　□中医汤药调理　□其他

7. 在选择胃肠道用药时,您首先考虑:
□解除现有症状是否会损害胃肠道黏膜　□安全性、无副作用防治　□再次复发

8. 您在使用过胃肠道类药物后会有什么担心?
□药物依赖性　□上火、不良反应症状反弹　□其他

9. 您是在哪些渠道购买胃肠道类药物的?
□药店医院　□小卖部/超市　□其他

10. 您通常会购买哪些品牌的胃肠道类药品(可多选)?
□江中健胃消食片养胃平片 □三九胃泰颗粒 □奥美拉唑镁肠溶片 □加味保和丸 □附子理中丸 □多潘立酮片 □参苓白术丸 □人参归脾丸

11. 选择胃肠道类用药你会看重哪些因素?
□品牌知名度 □纯天然制剂、无毒副作用 □购买方便、效果好

12. 你是否严格按照说明书使用胃肠道类用药?
□是的,一定严格按照说明使用,但有时因为各种原因而忘记 □有时是会,有时不会不管,买来服用就好了

13. 您希望更多了解胃肠道类用药的哪些知识?
□胃肠道发病医学知识使用的主要事项 □如何避免副作用 □各种胃肠道用药间的差异

14. 您更希望从哪里获得更多的胃肠道疾病知识?
□权威杂志的专家文章 □生产厂商的产品资料 □售卖场所的健康提示 □互联网上的评论文章

(资料来源:39健康网,2013)

任务2 编码问卷

通常,问卷中的问题有两类,一类是封闭式问题,即在提出问题的同时,列出若干可能的答案供被调查者进行选择;另一类是开放式问题,即不向被调查者提供回答选项的问题,被调查者使用自己的语言来回答问题。

1. 封闭式问题的编码方法 事实上在调查问卷开始设计的时候,编码工作就已经开始了。因为有些问题的答案范围研究者事先是知道的,例如性别、学历等。这样的问题,在问卷中以封闭问题的形式出现,被调查者回答问题时只要选择相应的现成答案就可以了。

实训案例

Q1. 请问您通常在什么地方购买日常用品?[多选]

小杂货店/便民店 …………………… 1
仓储/超市 …………………………… 2
商场内超市 …………………………… 3
百货商场 ……………………………… 4
零售摊点 ……………………………… 5
批发市场 ……………………………… 6
直销/邮购 ……………………………… 7
网上购买 ……………………………… 8
其他 …………………………………… 9

封闭式问题的调查问卷,在问卷回收后就可以直接录入计算机,这对调查来说是非常便捷有效的。所以正常的问卷调查都尽可能地使用封闭式问题。即使是那些事先不容易知道答案的问题,如购买某商品的地点类型、使用某种商品的主要原因等也可采用此类形式,但通常会在封闭式问题的答案中增加一个"其他"选项,就是为了保证所有的被调查者在回答问题时都有合适的被选对象,并且这个选项被选择的机会应当是可以预见到很少的,不会超过主要答案被选择的机会。

2. 开放式问题的编码方法 还有一些问题问卷设计者在设计问卷时是不完全知道答案的,这样的问题在问卷中一般有两种形式。一种是只有问题没有备选答案,称为完全开放式问题。

Q2. 请问您不喜欢吃巧克力的原因有哪些？（需要追问）

另一种是有部分备选答案同时还有要求被访者注明的"其他"选项，称为半开放式问题或隐含的开放式问题。

Q3. 请问对于本产品，您愿意接受什么样的促销活动？［多选］

免费试用 ……………………………	1
价格打折 ……………………………	2
赠送相关产品 ………………………	3
礼品盒/礼品包 ………………………	4
抽奖 …………………………………	5
会员式活动 …………………………	6
集旧包装换取新产品、奖品等 ……	7

其他［请注明］_____

对于开放式问题，被调查者需要用文字来叙述自己的回答。问卷回收后这些答案不能马上录入计算机，需要后期的人员对其进行"再编码"。"再编码"是为了方便数据处理，对原编码的有效补充，有时还是对原编码的调整修改。"再编码"往往伴随着重新归类分组，由于电脑对数字型数据的偏爱，以及某些统计分析程序只能处理数字型数据，因此经过再编码，数据处理更方便，更可行。

但对于问卷调查来说，开放式问题出现得较少。从功能的角度来看开放式问题是对封闭式问题的补充。

3. 开放式问题的编码步骤　对回收问卷的再编码主要是针对开放式问题的。开放式问题的编码工作需要进行 4 个步骤才能进行数据的录入。

（1）录入答案：由于录入技术的进步，传统上让调查人员对着问卷逐条寻找不同答案并列在一份大清单上的烦琐做法应当废止，而代之以全部录入答案，然后按照下列步骤实施编码。

（2）尝试用不同方法对录入的答案进行排序、归类（许多软件例如 Excel、Foxpro、SPSS 甚至 Word 的汉字版等都有按笔画和拼音排序的功能），并结合主观判断，然后合并意思相近的答案。并且对明显相同的答案统计其出现的次数。

Q4. 请问您不喜欢吃巧克力的原因有哪些？

Q4. 原因	次　数
价格不合理	5
价格有点贵	4
糖多怕胖	10
因为体重增加	8
热量高,怕发胖	8
妈妈说上火	4
天气太热了,易上火	15
天气热想吃清淡的	6
价格原因	1
……	……

(3) 编码人员及问卷设计者根据调查的目的对抄出的答案进一步归纳,形成类别数量适当的"编码表"。以上题为例,归纳的结果如下表:

编码表

Q4.合并原因	编　　码
价格不合理	1
担心发胖	2
易上火	3
……	……

从"编码表"中可以看出,答案的数量减少了,每一个保留的答案是对实际填写的同类答案的总结。

(4) 调查人员根据"编码表"中的编码对所有开放题的答案进行逐一归类,并在每个问题旁边写上实际答案在编码表中对应的号码。

Q4.请问您不喜欢吃巧克力的原因有哪些?(需要追问)

调查问题对照表

Q4.原因	对应编码
热量高,吃了怕发胖	2
价格有点贵	1
……	……

到此为止问卷上的文字答案经过归纳变成了数字,方便了录入人员的录入、统计。

任务3　录入数据

数据录入可采用人工录入和智能化的录入系统进行。数据的收集常常采用计算机辅助的智能化录入设备进行,有的还采用光学扫描仪等读取数据。但是在我国,目前键盘录入的办法还是最常用的,但采用键盘录入就会产生误差,为了将错误降低,可考虑采用双机录入,即数据由不同的录入人员在计算机中录入两次,再对两个数据库进行比较,两者不一致的地方即为出错之处。

任务4　处理缺失的问卷

处理缺失数据主要有以下几种方法。

1. 用平均值代替　如果该变量存在平均值,那么最典型的缺失数据处理方法是使用变量的平均值去代替。由于该变量的平均值会保持不变,那么其他的统计量也不会受很大的影响。

2. 用模型计算值代替　用模型计算值代替是指利用由某些统计模型计算值得到的比较合理的值来代替。例如,"购买药品量"与"个人收入"有关系,利用这两个问题的被调查者的数据,可以构造出一个回归方程。对于某个没有回答"购买药品量"的被调查者,只要其"个人收入"已经回答,就可以通过这个回归方程计算出其"药品购买量"。这种替代是基于科学的统计方法,它和简单地用平均值代替相比更准确些。

3. 配对删除　配对删除是对每种分析计算只使用那些有完全回答的个案,而没有完全回答的个案则不参与分析。

任务5 分析调查资料

(一) 选择适当的数据处理软件

可选择的应用软件主要如下。

(1) 数据库管理类软件,如 dBASE、Foxpro 等。

(2) 电子表格类软件,如 Origin、Excel 等。

(3) 统计分析类软件,如 SAS、SPSS、Statistics、TSP 等。

(4) 中文文字处理软件,如 Word、WPS 和北大方正系统等。

(二) 数据分析的基本方法

1. 频数和频率分析 编制频数分布首先要对原始数据进行统计分组。统计数据分组就是指根据研究目的和要求,将全部数据按照一定的标志划分成若干类型组,使组内的差异尽可能小,组间的差别尽可能明显,从而使大量无序的、混沌的数据变为有序的、反映总体特征的资料。

在分组的基础上,把所有数据或总体单位按组归并、排列,形成所有数据或总体各单位在各组间的分布,称为频数分布。频数是每个对象出现的次数。频率是每个对象出现的次数与总次数的比值。

样本户现有住房面积分布

住房面积/m²	户数/户	频率/(%)
1. 40 以下	10	1.0
2. 40~60	21	2.1
3. 60~80	73	7.3
4. 80~100	195	19.5
5. 100~120	280	28.0
6. 120~140	206	20.6
7. 140~160	98	9.8
8. 160~180	65	6.5
9. 180 以上	52	5.2
合 计	1000	100.0

2. 集中趋势测定 变量数列的集中趋势是指数据分布的中心值或一般水平。变量数列是以平均数为中心而波动的,故平均数反映了数列分布的集中趋势。集中趋势测度主要是计算变量数列的平均数、中位数和众数。

(1) 平均数 平均数是数列中全部数据的一般水平,主要有算术平均数、几何平均数。

算术平均数是变量数列中所有数据的总和除以数据的个数所得的商数。当数据未分组时,算术平均数为

$$\bar{x} = \sum x / n$$

当数据已分组时,应根据各组的变量值或组中值(x)和频数(f)或频率(w),用加权的方法求算术平均数,其计算公式为

$$\bar{x} = \frac{\sum xf}{\sum f} = \frac{\sum xw}{\sum w}$$

上表中样本户现有住房面积分布数据的算术平均数计算

$\bar{x} = (30×10+50×21+70×73+90×195+110×280+130×206+150×98+170×65+190×52)/1000$
$\approx 117.2(m^2)$

(说明:第一组组中值取的是30,第九组组中值取的是190)

(2) 众数 众数是变量数列中出现频数最多的变量值。众数在数列中出现的频率最高,有时利用众数来表示现象的集中趋势。

在单项数列中,众数(M_0)就是出现频数最多或频率最高的那个变量值。

在组距数列中,频数最多的那个组称为众数组,其众数可采用下列公式计算

$$M_0 = L + \frac{\Delta_1}{\Delta_1 + \Delta_2} \times i$$

式中:L 表示众数组的下组限;Δ_1 表示众数组次数与下一组次数之差;Δ_2 表示众数组次数与上一组次数之差;i 表示众数组组距。

上表中样本户现有住房面积分布数据的众数计算

$$M_0 = 100 + \frac{280-195}{(280-195)+(280-206)} \times 20 \approx 110.7(m^2)$$

(3) 中位数 中位数是变量数列中居于中间位置的变量值,又称二分位数。由于中位数位置居中,其数值不大不小,因而可用来代表数列的一般水平。中位数(M_e)的确定方法有两种情形。

一是未分组数据,n 个数值由小到大排列,n 为奇数时,居中的数值即为中位数;n 为偶数时,居中的两个数的平均数为中位数。

二是组距数列条件下求中位数,计算公式如下:

$$M_e = L + \frac{\frac{N}{2} - s_{m-1}}{f_m} \times i$$

式中:L 表示中位数所在组的下组限;$N/2$ 表示中位数所在位置;s_{m-1} 表示中位数所在组以下各组的累计次数;f_m 表示中位数所在组的次数;i 表示中位数所在组的组距。

上表中样本户现有住房面积分布数据的中位数计算

$$M_e = 100 + \frac{1000/2 - 299}{280} \times 20 \approx 114.5(m^2)$$

3. 离散程度分析 经常使用的离散程度分析主要有标准差、方差、全距。

(1) 方差和标准差 方差的计算公式为

$$S^2 = \frac{(x_1-M)^2 + (x_2-M)^2 + (x_3-M)^2 + \cdots + (x_n-M)^2}{n}$$

式中:M 表示平均值,标准差即为方差开根号。

标准差越大,离散程度越大,集中趋势的代表性就越小;标准差越小,离散程度越小,集中趋势的代表性就越大。

(2) 全距也称极差,即样本中最大值和最小值的差,即全距=最大值-最小值

在两个地区分别对10家零售药店的日平均销售量进行调查,得到两组数据(单位:万元):

甲地:30、40、50、60、80、80、100、110、120、130 $M_甲=80$

乙地:66、70、73、75、79、81、86、86、90、94 $M_乙=80$

但 $S_甲=34.64$

$S_乙=9.07$

甲组数据的全距为 $130-30=100$

乙组数据的全距为 $94-66=28$

4. 交叉列表分析　交叉列表是指同时将两个或两个以上有联系的变量及其变量值交叉排列在一张统计表中,使用权变量值成为不同变量的结点,从而帮助人们深刻认识变量之间的关系及其分布情况。

在市场调查中,多数的市场调查在分析上都只进行到交叉分析,选择交叉列表中的变置,包括其内容和数量,应根据调查项目的特点来考虑。

(1) 双变量交叉列表(居住时间和对本地区药店熟悉程度关系)

居住时间和对本地区药店熟悉程度的关系

熟悉情况	居住时间		
	小于13年	13～30年	30年以上
不熟悉	46.4%	39.1%	67.1%
熟悉	53.6%	60.9%	32.9%
总计	100%	100%	100%

(2) 三变量交叉列表:在双变量交叉列表分析的基础上需要加入第三个变量做进一步分析。

性别、婚姻状况与时装购买状况的关系

婚姻现状　　　　　时装购买状况	性　别			
	男性		女性	
	婚姻状况		婚姻状况	
	已婚	未婚	已婚	未婚
高	35%	40%	25%	60%
低	65%	60%	75%	40%
总计	100%	100%	100%	100%
被调查者数(人)	400	120	300	180

(三) 统计图的应用

常用的统计图有饼图、柱形图、折线图、直方图等。

某药品不同时间不同区域销售量情况

区域	第一季度/万元	第二季度/万元	第三季度/万元	第四季度/万元
东部	35	38	39	43
西部	40	39	37	38
北部	38	42	45	40

该数据分析柱形图如下所示。

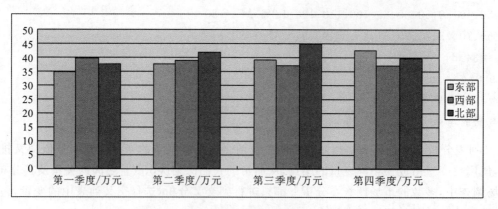

某药品不同时间不同区域销售量情况柱形图

该数据分析直方图如下所示。

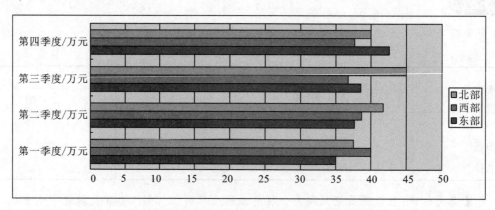

某药品不同时间不同区域销售量情况直方图

四、学时与实训作业

(一) 学时与要求

(1) 一体化教学：2学时。
(2) 实训与考核：2学时。
(3) 以小组为单位对教学单元2.4的调查数据进行整理和分析，所使用的理论与知识，以Word文档和Excel形式呈现。同时，能将在实训过程所出现的错误、不足和优势陈述出来。

(二) 考核范例与考核标准

范例分析

江中消食片南昌地区市场调查报告

1. 调查项目简述

1) 调查目的与任务

(1) 了解江中健胃消食片的日常销售量。
(2) 了解江中健胃消食片销量的时间差异性。
(3) 了解江中健胃消食片主要消费群体的结构。
(4) 了解江中健胃消食片在助消化药及消食片市场所处的竞争地位。
(5) 进行适度评价与分析。

2) 调查对象与调查内容

(1) 对象　普通零售连锁药店及药品消费者。

(2) 范围 南昌青山湖区、青云谱区、东湖区、西湖区、红谷滩新区的部分药店。

3) 调查方法 主要采用询问调查法和现场回收式问卷调查法,随机抽取能代表人口密集路段及人口稀疏路段的药店进行调查,并使用 Excel、Mathematics 等软件分析数据并绘图。

2. 调查结果

根据月销售量的结果(表 2.4.1)可以看出,市中心与郊区的销售情况差异较大,市中心销售量远大于郊区,在青山湖区的药店询问过程中甚至碰到月销售量只有 1 盒的情况,可见相比郊区而言,由于市中心人口密度较大,更有利于健胃消食片的销售,如西湖区人流量较大的药店其日均销售量可达 10 盒(普通江中健胃消食片 5 盒,江中小儿消食片 5 盒)。

表 2.4.1 月销售量调查表

范　围	青山湖区	青云谱区	东湖区	西湖区	红谷滩
月销售量/盒	20～35	30～40	150～200	200～260	15～30

根据调查的结果,江中健胃消食片存在 3 个销售旺季(图 2.4.1)。一个是在 1—3 月份,主要受过年及元宵节的影响,买助消化药的人相应增多;第二个是在 12 月份,该时节吃火锅的人数增加,食量不易控制;第三个高峰在 5—6 月份,分析原因很可能是受五一和端午节的影响,饮食没有节制造成的。

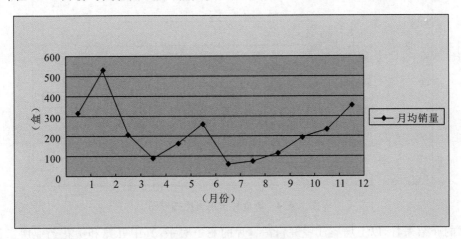

图 2.4.1 各月均销量折线图

在对江中健胃消食片的消费人群调查中(图 2.4.2),购买最为频繁的人群主要是儿童和老年人(约各占 35%),另有较多的商务人士(应酬较多的有车族,约占 20%)。

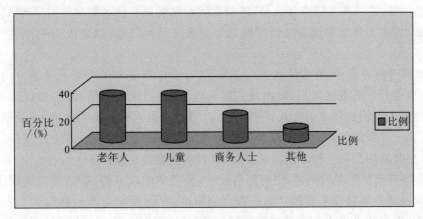

图 2.4.2 消费人群占比柱状图

综合月销售量的结果,我们发现在老人较多的社区周围(如退休职工住宿区附近),江中健胃消食片的销量明显高于一般街道,而在人较少的城郊地区,多为新开发的商品房,一来入住率较低,二来住户多为有工作人群,逛药店的机会较少,故这也为城郊销量低于市中心的原因之一。

最后我们对江中健胃消食片的市场竞争状况做了一简要调查,如图 2.4.3 所示。

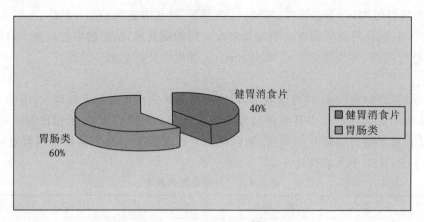

图 2.4.3 健胃消食片市场份额饼图

可以看到整个消食片市场已经占到胃肠类药物的 40%，是相当大的一个市场，而江中牌健胃消食片在消食片市场的占比也较多，见图 2.4.4。

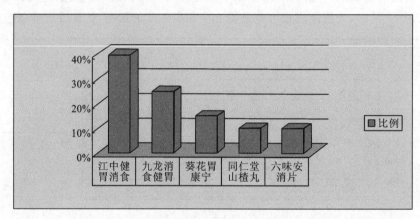

图 2.4.4 消食片市场占比柱形图

从说明书的介绍来看，以上均属江中健胃消食片的竞争对手，其中九龙和葵花药业所占比例较多，属于市场挑战者，是作为龙头老大的江中值得盯紧的竞争对手。

3. 结论与建议　从调查的结果看来，江中健胃消食片的购买主力仍然较为集中，城郊比例失调，目前依据我方分析，其有以下三个发展方向：

(1) 减少郊区供货，进一步巩固市区宣传，把销售网点尽量分布在老龄化街道、社区，因为我国的习俗是由老人照顾孙辈，而老人外出挑选商品的时间恰好是最充足的，所以以老人为靶标进行重点突破是较为合理的选择。

(2) 从调查数据可以看出，除有车的商务人士外，从青少年到中年的市场几乎是空白，而这部分人消费能力最强，是最值得开发的潜在客户，然而他们时间较紧张，不常去药店购药，所以江中可以采取开拓网络分销等贴近这类人群消费特点的方式销售产品，以节约这类人群的购物时间，强化他们的需求意识、购买意识，从而开创一片新的天地。本条选择的投入和风险会大于第一条，因为必须打破年轻力壮的人们不吃药的观念，生效周期较第一种方法漫长，但一旦做成则收益也较高。

(3) 根据季节影响规划生产周期，集中在销售旺季，多产多销以节约成本，腾出资源供其他产品的投入。也可根据季节性销售的特点采用轰炸式广告营销策略，在销售旺季来临前加大广告投入，增加广告的播放次数与频率，特别瞄准老人和小孩吃饭的时间(譬如晚饭时)，此法可与第一种方法搭配使用，以进一步提高集中销售量。

(资料来源：百度文库)

思考：该范例中，请分析对江中健胃消食片南昌地区的调查资料整理与分析应注意哪些问题？调查结果的报告来源于哪些资料的分析？

医药市场营销调查资料的整理与分析考核与评价标准(表 2.4.2)

表 2.4.2 医药市场营销调查评价标准与评分表
江中健胃消食片南昌地区

平时成绩评价标准与评价项目					
序号	等级与分数 / 评价项目	优秀 9分	良好 8分	一般 6分	需努力 3分
1	到课情况				
2	小组内参与情况				
3	团队内贡献情况				
4	思考与语言组织表达能力				
5	小组间评判的能力				
平时成绩(占总成绩的30%)					

实训成绩评价标准与评价项目				
序号	等级与分数 / 评价项目	基本完成实训 任务6分	突出表现并有 创新9分	评价标准
6	接收与审核问卷			问卷审核准确
7	编码问卷			问卷编码正确,方便录入
8	录入数据			数据录入正确率高;效率高
9	处理缺失的问卷			处理得当
10	分析调查资料			数据处理准确、方便阅读、表达清晰
实训成绩(占总成绩的70%)				
学生自评成绩				
小组评价成绩				
教师评价成绩				
总成绩				

(杨显辉)

教学单元 2.5　医药市场营销调查报告的撰写

学习目标

能力目标：

通过本单元学习和训练，使学生能够根据要求进行市场调查报告资料整理及提纲拟定；能运用所学市场调查报告撰写知识指导市场调查报告撰写中的技能活动。

知识目标：

掌握市场调查报告的作用、结构和内容，撰写市场调查报告应注意的问题等陈述性知识；能用所学知识指导市场调查报告撰写中的认知活动。

素质目标：

能正确运用所学的市场调查报告的理论与实务知识研究相关案例，培养和提高学生在特定业务情境中分析问题与决策设计的能力；依照行业道德规范与标准，分析实地调查中企业或从业人员行为的善恶，强化职业道德素质。

约翰·斯皮尔伯格遇到的一个教训

纽约地区的调研人员约翰·斯皮尔伯格(John Speilberg)曾谈起他为美国一家最大的糖果制造商精心准备的长达 250 页的报告(包括图表和统计数据)的故事。在经历了大约 6 个月的艰苦调查后，约翰直接向公司 3 名最高决策者口头汇报。他信心百倍，自以为他的报告中有许多重大发现，包括若干个可开发的新细分市场和若干条产品理念方面的创意。

然而，在听了一个多小时的充满事实、数据和图表的汇报后，糖果公司的总经理站起来说道："打住吧，约翰！我听了一个多小时枯燥无聊的数字，完全给搞糊涂了，我想我并不需要一份比字典还厚得多的报告。明天早晨 8 点前务必把一份 5 页纸的摘要放到我的办公桌上。"说完就离开了房间。在此，约翰遇到了将使其受益于整个职业生涯的一个教训。

(资料来源：当代市场调研，第 4 版)

理论学习知识与背景

医药市场营销调查报告的撰写是市场调研整个工作过程中最后一个环节，也是前期市场调研、调研资料整理分析的成果体现。

一、市场调查报告的概念

市场调研报告是市场调研的最后成果，是用事实材料对所调查的问题，做出系统的分析说明、提出结论性意见的一种表现形式。

调研报告是调研结果的集中表现，调研报告既可以用书面形式向决策者或用户报告调查结果，也可以作为口头汇报和沟通调查结论的依据，还可以制作成多媒体演示课件，向决策者或用户进行演示和解说。

二、撰写市场调查报告的意义

撰写市场调研报告的意义主要体现在以下三点。

（1）市场调研报告是市场调研所有活动的综合体现，是调查与分析成果的有形产品。从制订调查方案、收集资料、加工整理和分析研究，到撰写并提交调查报告，是一个完整的工作程序，缺一不可。调研报告是将调查研究的成果以文字和图表的形式表达出来，因此调研报告是市场调查成果的集中体现，并可用作市场调研成果的历史记录。

（2）调研报告是从感性认识到理性认识飞跃过程的反映。市场调研报告是通过数据现象分析数据关系的活动，通过市场调研我们能够透过数据现象分析数据之间的隐含关系，调研报告比起调研资料来更便于阅读和理解，起到透过现象看本质的作用，使感性认识上升为理性认识，便于更好地指导实践活动。

（3）市场调研报告是为社会、企业、各管理部门服务的重要形式。市场调研的最终目的是写成市场调研报告呈报给企业的有关决策者，以便他们在决策时进行参考。一个好的调研报告能对企业的市场活动提供有效的导向作用，对各部门管理者了解情况、分析问题、制订决策和编制计划以及控制、协调、监督等各方面起到积极的作用。

三、医药市场调查报告的基本结构

每一份市场调研报告都是为其所代表的具体项目而定做的，但基本上有一个惯用的参考格式，这一格式说明一份好的报告在其必要部分及排序上的共识。总体上说，一份完整的市场调研报告包括扉页、目录、执行性摘要、介绍、正文、结论与建议、补充说明、附件等（表2.5.1），市场调研报告封面见图2.5.1。

表2.5.1 市场调研报告的格式内容

扉页	题目	正文	叙述调研情况
	报告的使用者（如客户）		分析调研情况
	报告的撰写者（如调查公司）		趋势和规律
	报告的完成日期		结论与建议
目录	章节标题和副标题，并附页码	补充说明	调研的类型和意图
	表格目录：标题与页码		总体的界定
	图形目录：标题与页码		样本设计与技术规定
	附件：标题与页码		资料收集的方法（如邮寄、访问等）
执行性摘要	目标的简要说明		调查问卷（一般性描述、对使用特殊类型问题的讨论）
	调研方法的简要陈述		特殊性问题或考虑
	主要调研结果的简要陈述	局限性	样本规模
	结论与建议的简要陈述		样本选择的局限
	其他有关信息（如特殊技术、局限或背景信息）		其他局限（抽样误差、时间、预算、组织限制等）
介绍	实施调研的背景	附件	调查问卷
	参与人员及职位		技术性附件（如一种具有详细阐释、统计数据或图表等）
	致谢		其他必要附件（如调研对象所在地地图、参考资料等）

注：正式报告有时将提交信和委托书放在目录之前。

```
            OTC 感冒药市场调研报告


         调研单位 _____
         通信地址 _____
         办公电话 _____
         E-mail  _____
         报告日期 _____
         报告报送单位 _____
```

图 2.5.1　市场调研报告封面(样例)

四、药市场调查报告的基本要求

市场调研报告写作的一般程序是确定标题、选取数据、拟定写作提纲、撰写调查报告初稿、最后修改定稿。在撰写过程中需把握以下基本要求。

(1) 调研报告力求客观真实、实事求是。调查报告必须符合客观实际,引用的材料、数据必须是真实可靠的。反对弄虚作假,或迎合上级的意图,挑他们喜欢的材料撰写。总之,要用事实说话。

(2) 调研报告要做到调查资料和观点统一。市场调研报告是以调查资料为依据的,即调研报告中所有观点、结论都有大量的调查资料作为支撑。在撰写过程中,要善于用资料说明观点,用观点概括资料,两者相互统一。切忌调查资料与观点相分离。

(3) 调研报告要突出市场调研的目的。撰写市场调研报告,必须目的明确,有的放矢,任何市场调研都是为了解决某一问题,或者为了说明某一问题。市场调研报告必须围绕市场调研的目的来进行论述。

(4) 调研报告的语言要简明、准确、易懂。调研报告是给读者看的,无论是厂长、经理,还是其他一般的读者,他们不喜欢冗长、乏味、呆板的语言,也不精通调查的专业术语。因此,撰写调研报告语言要力求简单、准确、通俗易懂。

学习提示

撰写调研报告要考虑谁是读者。调研报告是为特定读者而撰写的,撰写时不但要考虑这些读者的技术水平、对调研项目的兴趣,还应当考虑他们可能在什么环境下阅读调研报告,以及他们会如何使用调研报告。

五、医药市场调研报告的撰写技巧

1. 叙述技巧　市场调研的叙述主要用于开头部分,通过叙述事情的来龙去脉来表明调研的目的、过程和结果,常用的叙述技巧如下。

(1) 概括叙述　即将调研的过程和情况概略地陈述,不需要对细节详加陈述。这是一种浓缩型的快节奏叙述,文字简略,以适应市场调研报告快速及时反映市场变化的需要。

(2) 按时间顺序叙述　即按时间顺序交代调研的目的、对象和经过,前后连贯。如开头部分叙述事情的前因后果,正文部分叙述市场的历史与现状,均属运用这一技巧。

(3) 叙述主体的省略　即叙述主体在市场调研报告开头部分出现后,在后面即可省略,这样做并不会导致误解。例如,市场调查报告的主体通常是报告撰写者,叙述中用第一人称即可。

2. 说明技巧

（1）**数字说明**　即使用数字来揭示事物之间的数量关系。这也是市场调研报告的主要特征。在进行数字说明时，为防止数字文学化（即在报告中到处都是数字），通常用表格和图形来说明数字。使用汉字和阿拉伯数字应统一，凡是可以用阿拉伯数字的地方均应使用阿拉伯数字。具体地，计数与计量（如50~100、20%等）、公元世纪与年代、时间（如20世纪80年代、2006年7月1日等）均用阿拉伯数字，星期几用汉字，邻近的两个数并列连用表示概数时用汉字（如五六天、五六百元等）。

（2）**分类说明**　即根据主题的要求，将资料按一定的标准分为若干类，分别说明。如将调研收集到的资料按地理位置和经济发展水平进行分类，每类设一小标题，并做进一步说明。

（3）**举例说明**　即列举具体的、典型的事例来说明市场发展变化情况。在市场调研过程中会遇到大量的事例，可从中选择具有代表性的例子。

3. 议论技巧

（1）**归纳论证**　即运用归纳法对市场调研过程中掌握的若干具体的事实进行分析论证，得出结论。

（2）**局部论证**　即将市场调研的项目分成若干部分，然后对每一部分分别进行论证，得出结论。由于市场调研报告不同于论文，不可能形成全篇论证，只是在情况分析和对未来预测中做出局部论证。如对市场情况从几个方面进行分析，每一方面形成一个论证过程，用数据等资料作为论据去证明其结论，形成局部论证。

4. 语言运用技巧

市场调研报告不是文学作品，而是一种说明性文体，有着自己的语言风格。其常用的语言技巧如下。

（1）**用词技巧**　市场调研报告中用得比较多的是数词、介词（如：根据、为、对、从、在）和专业词（如：市场竞争、价格策略、市场细分），撰写者应该能灵活、恰当地使用，调研报告用词要生动活泼、通俗易懂，要严谨和简洁，切忌使用"大概""也许""差不多"之类给人产生不确切感、不严谨的词语。

（2）**句式技巧**　市场调研报告以陈述句为主，陈述调研的过程和市场情况，表示肯定或否定的判断，在建议部分会使用祈使句表示某种期望。

此外，从整体上说，撰写者还要注意语言表达的连贯性和逻辑性。

实训环境与组织实训过程

一、学生分组与组织

全班进行分组，分若干小组，每组3人，明确一名组长。小组成员可在前期开展的市场调研活动基础上，完成资料整理和分析，撰写出市场调研报告。

二、实训环境

（1）营销实训室。

（2）教室。

三、实训任务

撰写调研报告时，操作流程主要包括确定调查报告撰写的基本框架、选取数据资料、撰写调查报告的提纲、撰写调查报告的初稿、修改定稿等环节。

任务1　确定调研报告撰写的基本框架

在正式撰写调研报告前，需要对调研报告的基本框架进行构思，确定写作思路。

(1) 选题 选题一般表现为调研报告的标题,它必须准确揭示调研报告的主题思想,做到题文相符、高度概括、具有较强的吸引力。一般是简明扼要地突出本次市场调研过程中最有特色的环节,解释本报告所论述的内容。

(2) 提炼并形成调研报告的观点 观点是调研者对分析对象所持的看法和评价,是调研材料客观性与调研者主观认识的统一体,是形成思路、组织材料的基本依据和出发点。要从实际调研的情况和数字出发,通过现象把握本质,具体分析,提炼观点,并立论新颖,用简单、明确、易懂的语言阐述。

任务2 选取数据资料

医药市场调查报告的撰写必须根据数据资料进行分析。介绍情况要有数据作为依据,反映问题要用数据做定量分析,建议和措施同样要用数据来论证其可行性与效益。恰当地选用数据可以使报告主题突出、观点明确、论据有力。因此有无丰富的、准确的数据资料作为基础,是撰写报告成败的关键。

任务3 撰写调研报告提纲

构思调研报告提纲。提纲是调研报告的骨架,构思调研报告提纲即报告撰写者根据市场调研报告的内容要求对其框架进行设计,也是对调查资料进一步分析研究的过程。构思调研报告提纲实际上是围绕着主题,从层次上列出报告的章节条目,集中表现出报告的逻辑网络。提纲可以细化到项目或更深层次,尤其要列出每层的小论点和主要支撑材料,这样在撰写报告时思路会比较清晰。

任务4 撰写调研报告的初稿,修改定稿

撰写报告初稿是按照拟定好的提纲,在把握观点的基础上,运用恰当的表达方式和文字技巧,充分运用调研中的材料,撰写调研报告初稿。初稿可以分层、分段撰写,也可以由几个人分工合作撰写。调研报告初稿要进行反复修改和审定,包括整体修改、层次修改、文字润色,保证调研报告的质量和水平。对修改好后的医药市场调研报告就可以定稿,定稿后报告就可以提交给报告使用者。

四、学时与实训作业

(一)学时与要求

(1) 一体化教学:2学时。

(2) 实训与考核:2学时。

(3) 以小组为单位完成对教学单元2.5的调查数据进行整理和分析,所使用的理论与知识,以Word文档或Excel形式呈现。同时,能将在实训过程所出现的错误、不足和优势陈述出来。

(二)考核范例与考核标准

实训案例

OTC感冒药市场调研报告

封面(略)

扉页(略)

目录(略)

1. 消费者与感冒

1) 总体状况 感冒作为一种常见病和多发病已经为消费者所熟悉,在调查中(图2.5.2、图2.5.3)绝大多数被访者能够自己判断是否患了感冒,其比例达到96.5%。而且他们对感冒症状的了解也比较明确,因此OTC感冒药存在广泛的市场基础。

依年龄因素分析,呈现出年龄越大越能确认感冒的特点。

2) 一些概念 在调查问卷中,我们设计了一些概念性语句考察被访者对于感冒的态度,分析回答的

图 2.5.2　能判断感冒的被访者比例

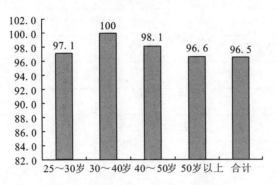

图 2.5.3　不同年龄能判断感冒的比例

结果,可以进一步验证对感冒的普遍看法(表 2.5.2)。

△ 对于感冒应积极预防,尽量避免。
△ 大多数人都有可能患感冒,有时体质好的人也不例外。
△ 感冒后应积极吃药治疗但不一定去医院。
△ 不能随便买药吃,应有一定的选择。
△ 如果是病毒感冒则必须吃药治疗。

表 2.5.2　对感冒的看法

语　　句	非常同意/(%)	同意/(%)	说不清/(%)	不太同意/(%)	不同意/(%)
只要体质好就不患感冒	6.0	28.5	17.0	21.5	27.0
应尽量避免、预防感冒	21.0	71.0	2.5	3.5	2.0
感冒是小病能自愈,可以不吃药	1.5	13.5	17.0	33.0	35.0
感冒了必须看病吃药	6.0	59.5	22.0	11.0	1.5
患感冒必须去医院看病	2.0	33.0	29.5	27.5	8.0
感冒了买一些药吃就行	2.0	40.5	29.5	21.0	7.0
感冒是病毒引起的,必须吃药	23.0	58.5	10.5	5.5	2.5

表 2.5.2 中数据表明,多数人对感冒的认识比较清楚,注意预防感冒。感冒后必须吃药也是大多数人的看法,同意买药吃的人比同意必须去医院的人数稍多,说明虽然大多数会买药吃,但也要考虑疗效和医生的建议。这些看法形成了 OTC 感冒药市场的基础。

3) 患感冒后的行为　由于消费者对感冒有一些了解,所以在患感冒以后大多数人选择自己买药、吃药的治疗方法。有 75.1% 的患感冒者自己服药,包括买药、找药或使用家中存放的药品。大约有 22.7% 的人去医院看病,只有约 2% 的人不采取治疗措施。

考察消费者发生过的行为,57.5% 的患者有过到药店买以前吃过的感冒药的做法,32.5% 的患者有过到药店购买药品服用的做法,也有 13.5% 的患者到药店随便买一些药服用。被访者中有 40% 的人有过去医院看病,按医生处方吃药的经验。值得注意的是 26.5% 的人找家里存放的感冒药服用,这说明存放一定量的感冒药以备需要时使用的消费者,占有一定的比例(表 2.5.3)。

表 2.5.3 患感冒后的行为比例

行　　为	回答百分比/(%)	回答占样本百分比/(%)
到药店看药品的适应症状和疗效,再购买服用	18.5	32.5
患了感冒到药店买以前吃过的药	32.7	57.5
到药店随便买一种感冒药	4.3	7.5
到药店买价格便宜的感冒药	3.4	6.0
到大型医院看医生,按医生的处方用药	7.4	13.0
到附近医院看医生,按医生的处方用药	15.3	27.0
找家里存放的感冒药服用	15.1	26.5
找其他人要感冒药服用	1.1	2.0
不吃药,采用其他疗法	0.6	1.0
不吃药也不治疗	0.6	1.0
其他	1.1	2.0

2. 消费者与感冒药　由于消费者普遍对感冒的看法比较明确,影响其对感冒药的看法也相对比较成熟。从被访者对感冒药的了解可见一斑。

调查显示,被访者平均每人知道 9.3 种感冒药的名称,平均每人购买过 3.7 种感冒药,平均每人看过 2.7 种感冒药的广告。所以感冒药是消费者最为熟悉的常用药品。

1) 消费者对感冒药的看法　问卷中针对消费者对感冒药的经验,提出一些语句让被访者回答看法。统计结果显示(表 2.5.4),对于两种相反的说法几乎有相同的回答。一种是"现在的感冒药吃了不起作用",另一种是"各种感冒药都非常有效",反映出消费者的矛盾心理,既要相信感冒药的效果,可吃了以后其效果又不明显。将这两个问题进行交叉分析,显示有 51% 的人实际上持"说不清"的观点。另外的 49% 各有 28.5% 和 20.5% 分别选择都不同意和都同意。实际上反映了当前市场上的感冒药,能够有明显疗效的比较少,宣传疗效和实际疗效有差别,造成消费者判断的混乱。

数据显示,医生、药店售货员、以前的服药经验是影响感冒药选择的主要因素。而价格相应也是判断疗效好坏的依据之一。"价格高则疗效好"虽然不是绝大多数人的看法,但是多数人还是认为价格有差异,疗效就有差别。

表 2.5.4 对感冒药的看法

语　　句	非常同意/(%)	同意/(%)	说不清/(%)	不太同意/(%)	不同意/(%)
现在的感冒药吃了不起作用	1.0	10.5	41.0	23.5	24.0
各种感冒药都非常有效	0.5	9.5	33.0	30.0	27.0
价钱贵的感冒药疗效好	1.0	22.5	29.5	23.5	23.5
只要是医生开的感冒药我就会吃	3.0	40.0	28.5	20.5	8.0
感冒了我会买以前吃过的药	7.5	70.0	16.5	6.0	1.5
买什么药可以咨询药店售货员	5.5	61.0	16.0	10.5	7.0
无论价钱多少感冒药疗效差不多	1.0	16.5	36.5	20.0	26.0

2) 消费者对感冒药作用的认知　从消费者服用感冒药的感觉看,针对几种基本症状的感觉是比较一致的。服药的经验、最常购买的感冒药的实际服药经验与希望效果比较一致(表 2.5.5)。其认为的可以缓解的症状排序为:头痛、打喷嚏、流鼻涕、鼻塞、咳嗽、喉咙痛、退烧、炎症、四肢乏力、抗病毒、全身酸痛。

表 2.5.5 感冒药缓解症状认知

症　　状	经验/(%)	实际/(%)	希望/(%)
退烧	44.0	39.0	14.0
缓解头痛	79.5	70.0	30.0
通鼻塞	68.0	51.0	9.5
解除四肢乏力	31.5	25.5	4.5
缓解全身酸痛	25.0	19.5	3.0
止咳	57.5	40.0	9.5
抗病毒	25.5	18.5	3.5
治喉咙痛	49.0	41.0	9.5
消炎	32.5	21.5	3.5
解除打喷嚏、流鼻涕	71.5	64.5	12.5

希望服药后能及时缓解的症状排序：头痛、退烧、打喷嚏、流鼻涕、鼻塞、咳嗽、喉咙痛。这些症状应该是比较好的感冒药能够基本缓解的症状。

在同口径(复选，合计超过100%)汇总的比例中，实际缓解症状比例普遍低于经验比例，这可能是由于感冒痊愈之后的记忆所致。

3) 对剂型的认知和需求　在问到"您认为哪种剂型比较有效"时，64.5%的被访者回答"片剂"，58.5%回答"胶囊"，36.5%回答"冲剂"，9%回答"口服液"。可见，片剂和胶囊是消费者对感冒药剂型的主要选择。但消费者座谈会时也有消费者提出胶囊的效果可能会好一些。可能的原因是片剂和胶囊携带、服用都比较方便，而且市场上多数感冒药都是这两种剂型，冲剂则普遍被认为是中药制剂(座谈会反映)。

当被访者选择"喜欢服用什么样剂型"时，表现出与效果认知相同的选择顺序——仍然是片剂第一位，胶囊第二位(图 2.5.4)。

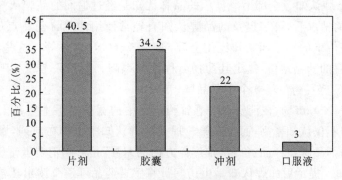

图 2.5.4　喜欢的感冒药剂型

4) 对药量和使用时间的认知　由被访者判断最小包装量感冒药服用几天比较合理，实际是考察被访者日常服药的时间习惯。根据座谈会的一些反映，大多数感冒患者在服药三、四天以后如果效果不明显，可能会换另外一种感冒药或是去医院，尤其是出现高烧、久咳等症状时，去医院看病或配合一些消炎药的可能性大大增加。调查数据也反映了相同的情况，有88.5%的被访者认为一个最小包装的药品应该能够服用2~3天，众数组选择3天。座谈会上有参加者反映，有些药店会将感冒药的最小包装拆开，分成更小的单位(气泡装的一板)销售，以适应不同的购买需求。因此在包装量的考虑上，既要照顾众数组(3天)的需要，也要考虑3天以下消费者的需要。值得注意的还有1周的服用需要量，但由于调查样本的限制此组数据不足以说明问题，尚不能对此有明确的判断。

对于实际服药天数的回答，趋势与期望服药天数一致，但3天以内的选择比例下降了7个百分点，说明实际服药天数有可能超过3天。

5) 对感冒药价格的期望　药品是特殊商品，对于药品的使用者来说药品的价格弹性非常低，就是说药品价格的变化对需求量的变化影响很小。但是感冒药和其他药品在消费者中的概念已经有一些不同。因为消费者可以自己决定购买感冒药,而且是购买频率较高的药品,尤其是大量OTC感冒药的出现,使得消费者在购买感冒药时出现了购买普通快速消费品的特征。如:易受广告的影响、自行判断疗效、货比三家、对比价格变化、适当储存感冒药等行为(座谈会反映)。加之经销商竞争激烈,往往将价格作为主要竞争手段,因此价格的敏感度相对提高。也正是因为消费者日益成熟,其对价格预期的结果更具有参考价值。调查中考察了被访者对2天用药量的价格预期分布,超过三分之一被访者的众数组选择5~8元档次。另有50%被访者分别选择3~5元和8~12元两个档次,可能是对疗效的考虑影响选择的结果。请注意,这是按2天服用量考量,如果是3天用量,价格可能会有相应的提高。

在研究价格预期的同时,分析了价格预期和实际购买价格与收入因素的相关性。经过计算不论是个人收入指标还是家庭收入指标,与价格的相关系数都低于0.1,可以认定购买感冒药的价格选择与收入相关程度极低。但是研究中发现,高收入人群有向中档价格水平选择集中的趋势,由于样本量较小尚无法解释其发生的原因。

6) 对一次感冒期间感冒药花费的认知　调查中由被访者回忆的一次感冒期间的感冒药平均花费为21.27元,按市场上流行的感冒药计算,大约购买两个最小包装。分析其感冒期间购买感冒药次数,平均为1.5次,最有可能的情况是一次买一个最小包装。

考察被访者对一次感冒期间感冒药品花费的预期,近50%的人选择10~20元,36%选择10元以下。根据计算期望花费的平均值为14.66元,基本符合购买1.5次,每次10元左右的水平。

3. 感冒药品牌认知

品牌认知研究是了解消费者对市场上同类商品的认知以及记忆率的研究方法,其结果一方面可以考察消费者的品牌偏好和可能购买的品牌,另一方面可以分析竞争对手的数量和分布特征。调查中列出让被访者回答的感冒药品牌,均是当前××市药品零售商店正在销售的品牌,针对性较强。

1) 第一提及品牌认知　第一提及品牌的调查结果是在不经任何提示的情况下问被访者知道哪些感冒药品牌,被访者直接回答的第一个牌子。客观上反映了被访者印象最深或正在使用的品牌。从第一提及品牌的汇总结果看,××、××、××、××、××等品牌感冒药排在前6位。

2) 全部不经提示品牌认知　全部不经提示的品牌认知是经过追问的品牌认知,与第一提及品牌认知有一定差别,从座谈会的情况看,第一提及的品牌认知有经常使用的感冒药特点(如××)。而全部不经提示的品牌认知中一些传统的感冒药认知比例上升,如××、××、××等。这些药品虽然没有明确的品牌,但是传统的治疗感冒的药品地位,决定其药物名称认知率高。如果只考虑品牌药品的话,××、××、××、××、××为OTC感冒药市场5个主要品牌。

OTC感冒新药进入××市场,在消费者对感冒药记忆中的竞争对手主要是上述5个品牌,尤其是××和××。这两个品牌不仅认知率高,而且在第一提及品牌认知中也排在前列,属于消费者记忆深刻、经常使用的品牌。与这两个品牌在产品、价格、推广等方面的差异,是影响消费者重新选择的重要方面。

3) 提示后品牌认知　提示后品牌认知是由访问员将感冒药品牌逐个读出让被访者选择,主要考察被访者提示回忆率。汇总结果表明,排在前5位的品牌感冒药仍然是××、××、××、××、××,有超过50%的被访者能够准确回忆,说明其市场地位相对稳固。

4) 感冒药品牌认知渠道　一般来说,药品的消费特殊性决定其品牌认知的局限性,医生开处方、患者吃药天经地义,患者较少考虑药品的品牌。但对于OTC药品尤其是感冒药品,这种情况发生了根本变化。一是患者久病成医,对于感冒这种多发病来说什么症状吃什么药,患者比较清楚。二是OTC感冒药的大量广告宣传,客观上对患者选择感冒药品起到教育、促进作用。三是感冒药品市场品牌众多,消费者选择谨慎,会在多种品牌之间比较"以身试药",直到发现对症药品的品牌,重复、忠实的消费,甚至会影响医生的处方或是直接说出品牌名称购买。

那么究竟消费者是通过什么途径知道这些感冒药品牌的呢?对认知渠道的描述回答了这个问题。

相关数据表明,电视广告、医生、亲朋好友、药店售货员是主要的认知渠道同时也是主要的传播渠道。

我们再分析一下第一次购买常用品牌的情况(图2.5.5)。

数据表明,第一次购买时影响品牌选择的前四位因素与品牌认知渠道的分布完全相同。可见在OTC

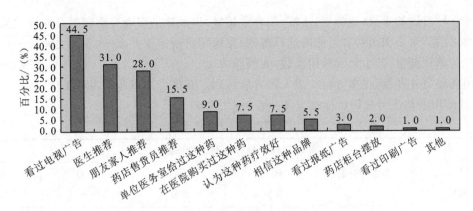

图 2.5.5　第一次购买常用品牌的情况分布

感冒药的选择上,电视广告的影响力超过了医生。

5) ××市场的 OTC 感冒药竞争品牌　此竞争品牌分析来源于消费者调查中的品牌认知,均为消费者不提示认知率超过 10% 的品牌,完全定位于消费者层面,不考虑销售渠道中生产厂商与经销商之间其他竞争手段的影响。

4. 结论与建议

此次调查的结果对于××市的 OTC 感冒药消费和使用有一定的代表性,可以依据调查结果得出趋势性结论,但由于调查范围和调查样本量的限制,其结论的应用则要充分考虑各种相关因素和外部因素的影响,根据情况的变化予以调整。

1) 结论

● 感冒是常见病、多发病,消费者久病成医可以自我诊断,年龄越大,生活经验丰富,判断的把握程度越高,越能够确定购买的药品。

● 多数人具有预防感冒的意识,随大众身体素质提高和预防意识、行为的完善,感冒发病率会有所下降。

● OTC 感冒药的品种较多,宣传过多过滥,会影响消费者的选择,更多的消费者或固定品牌或"以身试药"。

● 传统感冒药以价格、疗效、使用习惯等优势,在用量上仍占据主要市场。

● 频率高、贴近生活的电视广告能较好地增加消费者的记忆率,但可能不会促进消费者直接购买。

● 除电视广告以外,感冒药主要认知渠道是医生、朋友/家人、药店售货员,这三类渠道也是使消费者决定购买的主要渠道。

● 感冒药价格预期呈正态分布,众数组出现在 5~8 元档次,扩大的众数范围应该在 4~10 元之间,且价格与收入的相关程度极低。

● 消费者对感冒症状、服药后效果、希望缓解的症状的看法比较一致,但通鼻塞、止咳两项和服药后效果的比较差距相对较大,应是新药主要解决的症状。

● 5~10 岁儿童感冒用药与成人用药有很大区别,医生的意见是主要决定因素。

● 根据调查结果和相关人口、感冒发病率资料推算××市 OTC 感冒药品年市场总量在 7100 万元~7900 万元之间。

2) 建议

● 感冒药将是发展较快、市场空间较大的 OTC 药品市场,但是根据消费者对症状的理解,其竞争范围可能会扩大到止痛药、退烧药、消炎药、止咳药等与感冒症状相关的药品。因此在产品研发、市场推广要注意其相伴性和同质性,适当互补或突出差别。

● ××地区的 OTC 感冒药市场容量一般,扩大生产量、销售量有赖于周边地区的拓展。

● 零售药店是 OTC 感冒药销售的主体,做好零售店的工作使其反向推动批发企业进货,同时在现场影响消费者的购买决策是迅速提高市场占有率的关键。

● 电视广告的主要作用更多的是宣传企业的实力,影响批发、零售企业。贴近生活的广告才能更好地影响消费者。针对性的卖点(通鼻塞、止咳、治疗重感冒)以及让消费者有所联想是取胜的关键。

● 价格测试的结果表明消费者可能的选择范围,建议零售价定在 6.3～9.5 元之间。

● 建议提高单片剂量,减少每天服用次数,方便患者。

● 儿童用药要另外开发,在多方面与成人药有所区别。其推广应以儿童内科医生为主。

OTC 感冒药市场调研考核评价标准与评分表(表 2.5.6)

表 2.5.6　OTC 感冒药市场调研考核评价标准与评分表

平时成绩评价标准与评价项目					
序号	等级与分数 评价项目	优秀 9 分	良好 8 分	一般 6 分	需努力 3 分
1	到课情况				
2	小组内参与情况				
3	团队内贡献情况				
4	思考与语言组织表达能力				
5	小组间评判的能力				
平时成绩(占总成绩的 30%)					
实训成绩评价标准与评价项目					
序号	等级与分数 评价项目	实训任务是否基本完成; 考评总分 6 分	实训操作是否有突出表现; 考评总分 9 分		
6	撰写调研报告提纲	基本完成,得 6 分。 没有基本完成酌情扣分	选题确定的正确性 内容确定的条理性		
7	撰写调研报告	基本完成,得 6 分。 没有基本完成酌情扣分	资料的准确性 结论的明确性 表达的准确性 逻辑的合理性		
实训成绩(占总成绩的 70%)					
学生自评成绩					
小组评价成绩					
教师评价成绩					
总成绩					

(赵成志)

教学单元 2.6　综合考核项目与评价指标

 实训课题 1　OTC 药品终端调研

一、实训目的

终端市场是销售渠道的最末端,是企业及厂家销售的最终市场。在营销组合策略的决策过程中,终端渠道是渠道决策的重要部分。要使学生掌握终端渠道调研的实施,会进行渠道圈的分析、顾客来源分析、产品销售情况分析等内容,为选定高质量的目标药店奠定基础。

二、实训要求

(1) 认识到市场终端调研的重要性,掌握整个调研过程的步骤。
(2) 将学生分成若干组,每组 3 人,按操作步骤具体实施。
(3) 将调研资料整理分析后撰写调研报告。

三、实训内容

(一) 实训背景

××制药公司是一家以生产 OTC 为主的企业,其中 YY 药品的销售网络已经遍及全国许多城市,除了在全国各地自建销售公司外,还十分重视对分销商的开发工作。目前公司销售网络还未覆盖到中南地区的一些城市,对未覆盖市场进行有序开发是公司进行市场开拓的重要策略。准确掌握未覆盖市场销售终端的药店市场规模以及现在产品的市场渗透情况与竞争产品渗透情况,有利于该公司有计划、有目的地实施市场开拓战略。

准确掌握以上资料,需通过实地调研收集第一手材料,并通过其他渠道获得第二手资料进行辅助研究。内容包括调查当地(商圈)药店数量、药店基本营业情况、YY 药品渗透情况、指定竞争药品渗透情况、各药店地址、负责人及联系方式、调查当地人口数、GDP、人均收入、家庭可支配收入等。这些信息可以帮助该公司准确判断未覆盖市场的药店规模、药品分布与药品渗透、市场购买力等,并为制订有效的决策提供信息支持。

(二) 操作步骤

【第一步】确定调研目的和任务,编写调研方案。

准确判断未覆盖市场的药店规模、药品分布与药品渗透、市场购买力等情况,并为制订有效的决策提供信息支持。

【第二步】根据调研目的、任务和调查方案细化具体内容。

(1) 普查未覆盖市场某商圈内的药店总数。
(2) 调查商圈内药店经营基本信息。如营业面积、注册资金、隶属关系、营业额(西药、中药、保健品、其他类等)、主要负责人、邮政地址、联系电话等。
(3) 调查商圈内药店××制药公司指定产品渗透情况。

（4）调查商圈内药店指定竞争产品渗透情况。如销售量、销售排名、销售趋势和优劣势等。

（5）调查当地主要社会经济指标。如人口总数、GDP、可支配收入等。

（6）调查当地药店总数、店名、店址等。

【第三步】调查的组织实施。

针对前四项采用问卷调查方式，后两项可以采用借助专业机构或上网查询、直接索取、复印、摘录、购买等方式收集第二手资料的案头调查方式。

各组自己设计调查问卷，准备好调查工具，学习相关知识。做出项目执行安排，经过培训后具体实施。

【第四步】对调研资料进行整理并讨论分析，撰写调研报告。

四、实训考核评价标准与评分表

实训课题从确定调研方案、实训分工、具体实施调研到调研报告的撰写，主要由学生小组自己负责。教师在实训中起到指导作用，课题结束时，进行实训交流，师生共同评价工作成果。实训考核评价标准与评分表见表2.6.1。

表2.6.1 OTC药品终端调研考核评价标准与评分表

平时成绩评价标准与评价项目					
序号	等级与分数 / 评价项目	优秀 9分	良好 8分	一般 6分	需努力 3分
1	出勤情况				
2	小组内参与情况				
3	团队内贡献情况				
4	思考与语言组织表达能力				
5	小组间评判的能力				
平时成绩（占总成绩的30%）					
实训成绩评价标准与评价项目					
序号	等级与分数 / 评价项目	实训任务是否基本完成；考评总分6分	实训操作是否有突出表现、是否有创新；考评总分9分		
6	调研方案	基本完成，得6分。没有基本完成酌情扣分	课题确定的正确性 调研方法的可行性 计划制订的可操作性		
7	实训分工	基本完成，得6分。没有基本完成酌情扣分	问卷设计的正确性和可行性 具体安排的可行性和周密性		
8	具体实施	基本完成，得6分。没有基本完成酌情扣分	问卷回收率 案头调研的全面性和有效性		
9	整理资料	基本完成，得6分。没有基本完成酌情扣分	数据审核的正确性 数据录入的准确性 统计分析的正确性		
10	撰写报告	基本完成，得6分。没有基本完成酌情扣分	内容结构的条理性 表达准确性、逻辑合理性 结论明确性		
实训成绩（占总成绩的70%）					
学生自评成绩					

小组评价成绩	
教师评价成绩	
总成绩	

 实训课题 2 药品市场竞争情况调研

一、实训目的

市场经济是竞争的经济,优胜劣汰是竞争的必然结果,对医药企业来说,随时了解竞争对手的情况,是使自己立于不败之地的有效方法。因此,学生必须掌握进行"药品竞争现状和竞争者信息市场调查"的步骤和具体内容。

二、实训要求

(1) 学会对竞争者信息的调研与分析。
(2) 将学生分成若干组,每组 3 人,按操作步骤进行调研。
(3) 将调研资料整理、分析后撰写调研报告。

三、实训内容

(一) 实训背景

××制药公司,是一家正在发展壮大的企业,公司生产的药品 A(学生可自行选定一种药品)是目前国内销售趋势走好的产品。该企业为随时掌握市场变化和竞争态势,经常会根据自身的需求和市场变化情况定期或不定期地展开对同类药品市场竞争情况的调研,从而掌握药品销售的前景,并对营销策略进行恰当调整。如果你是一名调查员,基于以上目的,请进行该项目的设计、执行、总结并形成调研报告。

(二) 操作步骤

【第一步】明确药品市场竞争情况调研的目的,编写调研方案。

通过对市场竞争情况的调研,了解企业竞争对手的基本情况,从而为企业进行市场营销战略决策提供参考资料。

根据调查目的,编写调研方案。

【第二步】辨识与确认主要竞争者。

首先要确定调研对象,有没有直接或间接的、潜在的竞争者,具体是哪些。确定竞争者似乎是件简单的工作,但事实并非总是如此,需要调查的竞争者往往是与调研的目的相关联,需要充分调研分析后,确定竞争企业的数量、企业名称及品牌。

【第三步】调研主要竞争者的情况。

一般来说,一个企业最直接的竞争者是那些在相同的目标市场推行相似战略的同业者。根据调研目的设计调研问卷,并进行调研。调研的主要内容如下。

(1) 竞争者的产品市场占有率、销售量及销售地区等。
(2) 竞争者的所在地和活动范围。
(3) 竞争者的生产经营规模和资金状况。
(4) 竞争者生产经营的商品品种、质量、价格、服务方式以及在消费者中的声誉和形象。
(5) 竞争者的技术水平和新产品开发的情况。
(6) 竞争者的主要供应商情况。

(7) 竞争者的销售渠道及控制程度。

(8) 竞争者的宣传手段和广告策略。

有些信息是很难掌握的,需要借助拥有渠道资源的专业机构或收集第二手资料来进行。

【第四步】其他一般和潜在竞争者。

针对其他一般和潜在的竞争对手进行调研,可相对简单地进行实地调研和案头调研收集资料。

【第五步】进行深入分析。

竞争者调研的主要目的是透过表面现象,研究分析竞争者,并进一步分析对企业构成威胁的最主要的竞争者,从而做到知己知彼,为制订有效的竞争策略提供依据。

【第六步】撰写竞争情况市场调研报告。

四、实训考核评价标准与评分表

实训课题从确定调研方案、实训分工、具体实施调查到调查报告的撰写,主要由学生小组自己负责。教师在实训中起到指导作用,课题结束时,进行实训交流,师生共同评价工作成果。实训评价标准与评分表见表2.6.2。

表 2.6.2 药品市场竞争情况调研评价标准与评分表

平时成绩评价标准与评价项目					
序号	等级与分数 / 评价项目	优秀 9分	良好 8分	一般 6分	需努力 3分
1	出勤情况				
2	小组内参与情况				
3	团队内贡献情况				
4	思考与语言组织表达能力				
5	小组间评判的能力				
平时成绩(占总成绩的30%)					
实训成绩评价标准与评价项目					
序号	等级与分数 / 评价项目	实训任务是否基本完成; 考评总分6分	实训操作是否有突出表现、是否有创新;考评总分9分		
6	调研方案	基本完成,得6分。 没有基本完成酌情扣分	课题确定的正确性 调研方法的可行性 计划制订的可操作性		
7	实训分工	基本完成,得6分。 没有基本完成酌情扣分	问卷设计的正确性和可行性 具体安排的可行性和周密性		
8	具体实施	基本完成,得6分。 没有基本完成酌情扣分	问卷回收率 案头调研的全面性和有效性		
9	整理资料	基本完成,得6分。 没有基本完成酌情扣分	数据审核的正确性 数据录入的准确性 统计分析的正确性		
10	撰写报告	基本完成,得6分。 没有基本完成酌情扣分	内容结构的条理性 表达准确性、逻辑合理性 结论明确性		
实训成绩(占总成绩的70%)					
学生自评成绩					

续表

小组评价成绩	
教师评价成绩	
总成绩	

实训课题 3　我国感冒药市场营销环境调查

一、实训目的

作为医药企业要经常对营销环境进行分析,主动适应环境的变化,因而要求学生通过实训锻炼,提高医药市场营销环境调查和分析的技能。

二、实训要求

(1) 调查分析感冒药市场营销环境的要素。
(2) 将学生分成若干小组,每组 3 人,小组长 1 名,按操作步骤进行调查。
(3) 将调查资料整理、分析后撰写调查报告。

三、实训内容

(一) 实训背景

随着药品分类管理办法的实施,卫生体制、医疗保险体制、药品流通领域等改革,对医疗行业产生着巨大的影响,药品零售市场正成为制药企业竞争的热点,以非处方药市场为主的制药企业怎么面对这样的市场环境,如何拓宽零售市场这一问题值得探讨。作为非处方药的一大组成部分,感冒药是我国医药产品推广品牌营销中最成功的范例。而随着 OTC 市场走向规范,竞争加剧,药品市场竞争将进入一个崭新的时期。面对新的市场,新的机遇与挑战,众多的生产、销售企业在产品研发、市场开拓、营销组合、经营管理上采取了一系列应对措施。医药市场环境风云变幻,有越来越多的企业在这种背景下加入感冒药战团,不断有新药进入市场,正可谓风险与机遇共存。

(二) 操作步骤

【第一步】明确感冒药市场营销环境调查的目的,设计调查方案。

找出影响感冒药销售的各种有利因素和不利因素,了解其影响程度,为利用环境机会,避免环境威胁,采取相应对策提供依据。

根据营销环境调查的目的,确定好调查对象。不但要确定将哪些个人或组织、机构作为营销环境调查的对象,而且要确定调查对象的规模,在此基础上确定一定的抽样技术和调查方法,并设计好调查方案。

【第二步】调查前的准备工作。

企业应根据调查目的,对企业微观营销环境和宏观营销环境进行考察,收集与企业营销战略规划有关的主要营销信息。根据收集信息的需要设计调查问卷,准备调查工具,组建调查队伍,进行调查前的人员培训工作。

一般来说,宏观环境主要包括:相关法规政策、营销区域内的人口因素、购买力因素、营销区域内大中型医院的数量、规模和药店的数量和规模等。微观环境主要包括:患者及其家属的经济状况和态度,供应商、中部商、竞争者和其产品营销情况,卫生局、税务局、新闻媒体等的情况。

【第三步】实施调查。

本实训内容的调查方法,采用询问法调查方式收集第一手资料。结合案头调查,包括网上查询、直接索取、复印、摘录、购买等方式收集第二手资料,根据不同资料收集方法的特点,组织开展调查,并注重过程监控管理,保证资料的可靠性。

【第四步】资料整理分析。

对调查资料进行整理分析,审查资料的准确性、可靠性,做到定性和定量分析相结合,分析营销环境因素的变化对企业可能造成的影响,分析可能性受到的威胁以及可以利用的机会。如宏观环境中的机会因素可能是当地居民的收入水平较周边地区提高快,而不利因素可能是出现药品降价,市场原材料涨价等因素;微观环境中的机会因素可能是当地一家终端药店扩大规模,不利因素可能有一竞争品牌的同类型感冒药产品出现等。

对于威胁与机会的判断必须客观,这对于企业营销战略的构想与决策至关重要。

【第五步】撰写调查分析报告。

针对未来环境可能出现的威胁和机会,结合企业的现状,提出适应未来环境变化的设想,为企业制订营销计划提供有价值的参考性意见,形成营销环境调查分析报告。

四、实训考核评价标准

实训课题从确定调查方案、实训分工、具体实施调查到调查报告的撰写,主要由学生小组自己负责。教师在实训中起到指导作用,课题结束时,进行实训交流,师生共同评价工作成果。

考核评价标准:是否按时完成实训课题,有无明显缺陷,在调查中有无创新,全组成员参与情况等。

(赵成志)

工作任务三

医药市场营销开发技术

教学单元 3.1　医药市场营销环境分析与预测

 学习目标

能力目标：

通过医药市场营销环境分析，使学生认识到医药企业的营销活动受到各种环境因素的影响和制约；学生能够对各种影响市场营销活动的环境因素进行收集、鉴别和分析；会应用SWOT分析方法分析环境因素，并找出应对营销环境变化的营销策略。

知识目标：

了解市场营销环境的概念；熟悉医药市场营销宏观环境、微观环境的构成；掌握各种环境因素对营销活动的影响。

素质目标：

通过收集医药市场营销环境相关信息，熟练应用SWOT分析工具分析企业的市场营销环境，提出对应的营销策略方案；学生在教师的指导下通过分组完成实训，培养学生团队分工协作、语言表达与交流、独立分析问题等素质；培养学生自主学习、吃苦耐劳和个人情绪的管理等综合素质。

 案例导入

都是PPA惹的祸

几年前，"早一粒，晚一粒"的康泰克广告曾是国人耳熟能详的医药广告，而康泰克也因为服用频率低、治疗效果好而成为许多人感冒时的首选药物。可自从2000年11月17日，国家药监局下发"关于立即停止使用和销售所有含有PPA成分的药品制剂的紧急通知"，并将在2000年11月30日前全面清查生产含PPA药品的厂家。PPA是盐酸苯丙醇胺（phenylpropanolamine）的英文缩写，苯丙醇胺是一种人工合成的拟交感神经兴奋性胺类物质，它与肾上腺素、去氧肾上腺素、麻黄碱和苯丙胺的结构类似，治疗感冒和抑制食欲药品中很多含有这种成分。一时间包括康泰克在内的因为含PPA成分的15种感冒药成为"禁药"，纷纷从药店下架，人们纷纷对康泰克感冒药充满了震惊和恐惧之情。

2000年中国国家药品不良反应检测中心花了几个月的时间对国内含PPA药品的临床试用情况进行统计，结合一些药品生产厂家提交的用药安全记录，发现服用含PPA的药品制剂（主要是感冒药）后会出现严重的不良反应，如过敏、心律失调、高血压、急性肾功能衰竭、失眠等症状；在一些急于减轻体重的肥胖者（一般是年轻女性）中，由于盲目加大含PPA成分的减肥药的剂量，还出现了胸痛、恶心、呕吐和剧烈头痛。这表明这类药品制剂存在不安全的问题，要紧急停药。虽然停药涉及一些常用的感冒药，会对生产厂家不利，但市面上可供选择的感冒药还有很多，对患者不会造成任何影响。

这次名列"暂停使用"名单的有15种药，但大家只记住了康泰克，原因是"早一粒，晚一粒"的广告非常有名。作为对媒体广泛询问的一种回应，中美史克公司2000年11月20日在北京召开了记者恳谈会，总经理杨伟强先生表示：中美史克在中国的土地上生活，一切听中国政府的安排。他还说："我可以丢了

一个产品,但不能丢了一个企业。"为了方便回答消费者的各种疑问,他们为此专设了一条服务热线。另据分析,康泰克与康得退下的市场份额每年高达6亿元。6亿元的市场,康泰克差不多占了中国感冒药市场的一半,太大了!

生产不含PPA成分感冒药的药厂,同时面临了天降的机会和诱惑。他们的兴奋形成了新的潮流。由于含PPA成分的感冒药被撤下货架,中药感冒药出现热销景象,感冒药品牌从"三国鼎立"又回到了"春秋战国"时代。

中美史克"失意",三九"得意",三九医药集团的老总在接受央视采访时称,三九有意在感冒药市场大展拳脚。他们的概念:"化学药物的毒害性和对人体的副作用已越来越引起人们的重视。无论在国内还是国外,中药市场前景非常被看好。"三九医药集团生产的正是中药感冒药。三九医药集团结合中药优势论舆论,不失时机地推出广告用语:"关键时刻,表现出色",颇为引人注目。

也想抓住这次机会的还有一家中美合资企业——上海施贵宝,借此机会大量推出广告,宣称自己的药物不含PPA成分。

在这些大牌药厂匆匆推出自己的最新市场营销策略时,一种并不特别引人注意的中药感冒药——板蓝根,销量大增,供不应求。

2000年11月发生的PPA事件后,谁能引领感冒药市场主流曾被众多业内人士所关注。经过一年多的角逐,感冒药市场重新洗牌,新的主流品牌格局已经形成。调查显示,"白加黑""感康""新康泰克""泰诺""百服宁"等品牌在消费者中的知名度居前列。

启示:市场营销环境的变化对医药企业的生产经营活动会产生巨大影响,新的环境中有威胁但是也孕育着机会,企业应对环境因素加以分析识别,利用有利的因素,避开不利的因素,适应变化,抓住机会,应用有效的措施化解危机。

(资料来源:医药市场营销实务.甘湘宁,杨元娟.中国医药科技出版社,2014)

理论学习知识与背景

企业作为市场经济最广泛的参与主体,它总是生存在一定的环境中并受到环境中各种因素的影响。市场营销环境的变化对企业的生存与发展带来挑战,环境变化是客观存在的,但变化中有威胁,同时也存在着机会。企业要生存发展就必须增强其适应外界变化的能力,利用环境因素、扬长避短、趋利避害,这样才能在竞争中取胜。

一、医药市场营销环境的概念、特征及构成

1. 医药市场营销环境的概念　菲利普·科特勒认为:"市场营销环境是影响企业的市场和营销活动的不可控制的参与者和影响力。"从此定义可以看出,市场营销环境是指一切影响、制约企业的市场和营销活动的各种内部、外部因素的总和。

医药市场营销环境就是指与医药企业生产经营有关的、影响企业市场与营销活动的所有客观要素的总和,是医药企业赖以生存与发展的内、外部条件。

2. 医药市场营销环境的特征　营销环境是企业生存和发展的条件。营销环境的变化既可给企业带来市场机会,也可能给企业造成威胁。影响和制约医药企业营销活动的因素非常多,且十分复杂,即使相同环境因素,但对不同企业也会造成不同的影响,因此要准确把握营销环境,首先必须把握营销环境的变化规律,了解它的特征。总之,营销环境具有以下五个特征。

(1)客观性　环境和环境变化是客观存在的,它不以人的意志为转移。企业要生存和发展不可能不受环境因素的影响和制约,尤其是宏观环境因素,具有不可控性,是一种客观存在,企业难以改变。例如企业不能改变人口因素、政治法律因素、社会文化因素等。因此,企业要善于适应环境,对所处的环境主动调查了解,掌握环境的运行情况和发展趋势,适时调整自己的市场营销组合策略,才能在日益激烈的竞

争环境中占领一席之地,否则就会遭到淘汰。

(2) 差异性　医药营销环境的差异性主要体现在以下两个方面:一是企业所面临的环境因素是不同的;二是同一种环境因素对不同企业的影响是不同的。例如:从宏观环境因素上来说,不同国家的企业就要面对因国家、民族、地区不同所带来的人口、经济、社会文化、政治、法律、自然地理等环境因素的差异。再从微观环境因素上来说,每一个企业都有自己的原料供应商、分销模式、医药终端市场布局等。在众多的环境因素中,即使同一种环境因素对不同的企业也会带来不同的影响。因为这些环境因素的变化对有些企业来说就是机会,但对有些企业来说就意味着威胁。由于环境因素的差异性,医药企业必须采取不同的营销策略才能应付和适应这种情况。

营销故事

冻鸡出口

欧洲一冻鸡出口商曾向阿拉伯国家出口冻鸡,他把大批优质鸡用机器屠宰好,收拾得干净利落,只是包装时鸡的个别部位稍带点血,就装船运出。当他正盘算下一笔交易时,不料这批货竟被退了回来。他迷惑不解,便亲自去进口国查找原因,才知退货原因不是质量有问题,只是他的加工方法犯了阿拉伯国家的禁忌,不符合进口国的风俗。阿拉伯国家人民信仰伊斯兰教,规定杀鸡只能用人工,不许用机器;只许男人杀鸡,不许妇女伸手;杀鸡要把鸡血全部洗干净,不许留一点血渍,否则便被认为不吉祥。这样,欧洲商人的冻鸡虽好也仍然难免退货的厄运。

巴西冻鸡出口商吸取了欧洲商人的经验教训,不仅货物质量好,而且特别注意满足国外市场的特殊要求,尤其是充分尊重对方的风俗习惯。巴西对阿拉伯国家出口冻鸡,在屠宰现场内严格按照阿拉伯国家加工要求,不用机器也不雇妇女,杀鸡后把血渍全部清除干净并精密包装。巴西还邀请阿拉伯进口商来参观,获得了信任,使巴西冻鸡迅速打进了阿拉伯国家的市场。相反,我国冻鸡恰恰因为忽视了营销环境,也失去了阿拉伯国家的市场。

(3) 多变性　医药市场营销环境是医药企业市场营销活动的基础和条件,但这并不意味着营销环境是一成不变的、静止的。相反,营销环境是一个动态系统,它总是处于一个不断变化的过程中,并且这种变化是持续进行的。比如:国家的医药政策不断调整、医药生产技术和工艺不断改进、消费者的医药知识不断丰富、医药支付方式更加先进等。这些变化将直接影响到医药企业的营销活动,医药企业应适应这种环境的变化,不断调整和改进自己的营销策略,才能在市场中生存下去并不断发展壮大。

(4) 相关性　医药营销环境并不是由单一的环境因素所构成,往往是多种因素交织在一起共同影响。因为营销环境是一个系统,在这个系统中各个影响因素共同作用,组成企业赖以生存的环境系统,并影响着企业的生产经营活动。各环境因素之间并不是孤立存在、没有关联的。比如企业市场份额的下降不但受市场供求关系的影响,还受经济水平、政府政策、技术发展的影响。这些因素之间相互联系、相互影响、相互制约,其中一个因素的变化会引起其他多个因素的变化,形成新的医药市场营销环境。由于医药市场营销环境的关联性,医药企业的经营者不能单单研究一种环境因素的变化对企业的影响,而要从多个环境因素出发,综合考察,才能更好地对企业的经营活动做出指导。

(5) 不可控性　医药市场营销环境是客观存在并不断变化发展的,特别是宏观医药市场营销环境的变化,往往不能由一个或几个企业所决定、控制或改变。例如:国家的经济政策、医改制度、社会文化、人口增长、地理环境等因素,医药企业是不能改变的。对于医药环境的不可控性,企业只能发挥自己的主观能动性,调整营销策略、进行科学预测,克服环境的制约因素或者改变某些环境因素来取得成功。

案例分析

山东绿叶集团——国际化营销

越来越多的国产中成药产品开始考虑走出去战略。根据医保商会统计,2010年,中国中成药出口的国家和地区高达143个。但另一个令人尴尬的数字是,中成药出口金额始终不高,中成药进出口贸易长期持续逆差。海外注册只是开发海外市场的第一步,最关键的是如何在当地推广好这些传统中成药产品。

大多数厂家采取的思路是以当地华人为主要营销对象,利用传统中药店、唐人街门店、中医诊所等渠道销售。这样一来,目标客户群就不可避免地局限于接受中成药的华人客户群体,而这些并不是当地市场的主流群体,因此,市场的扩张空间天然受到了限制。绿叶制药集团以血脂康为代表的系列中成药产品则大胆尝试,用国际理念去包装和推广品牌,一改传统中成药进入国际市场行不更名、坐不改姓的惯例,对血脂康的商品名和包装进行重新设计,聘用专职海外业务推广人员,并建立了专业英文网站,使得血脂康的国际推广路径更契合国际市场的习惯和需求,主动参与到当地主流市场竞争当中,成功地为中成药向海外市场渗透打开了更为广阔的空间。

绿叶从进入国际市场的第一天起,不以低价换市场,走的是产品差异化策略,盯住主流市场,以国际化水准为标杆的现代营销之路。

血脂康远销欧洲、东南亚以及中国台湾、香港等多个国家和地区,累积出口金额1000多万美元。其在新加坡的销售额以每年25%的幅度递增,连续多年获得当地最大的三家连锁药店Guardian、Unity、Watson最受欢迎及最畅销药品奖。在新加坡、马来西亚等地,血脂康已经覆盖70%的药品零售终端。在新加坡所有红曲类的产品中血脂康的市场占有率为85%。

(资料来源:2010年度中国医药十大营销案例)

3. 医药市场营销环境的构成　医药市场营销环境的内容既广泛又复杂,不同因素对企业的营销活动的影响和制约也不尽相同。根据各环境因素对企业营销活动影响的程度不同,我们可以把医药市场营销环境划分为宏观医药市场营销环境和微观医药市场营销环境(图3.1.1)。

(1) 宏观医药市场营销环境又称间接营销环境,是指给医药企业造成市场机会和环境威胁,影响微观环境的一系列主要社会力量,如人口环境、经济环境、自然环境、科学技术环境、政治法律环境及社会文化环境等。

(2) 微观医药市场营销环境又称直接营销环境,是指与医药企业紧密相连,直接影响企业营销能力的各种参与者,如供应商、医药企业自身、顾客、营销中介、竞争者以及社会公众等。

宏观医药市场营销环境主要是以微观营销环境为媒介,间接影响和制约医药企业的市场营销活动,微观医药市场营销环境则直接作用于医药企业。微观环境受制于宏观环境,宏观环境则通过微观环境发挥作用。因此两者又被称为间接营销环境和直接营销环境。

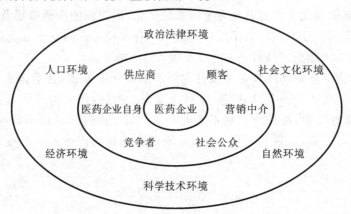

图3.1.1　医药市场营销环境

> **营销故事**
>
> **紧盯着客户是不够的**
>
> 美国科学家把一些小朋友叫到一个屋子里,大概有20个。"各位小朋友,这里有一块蛋糕,叔叔和阿姨待会儿要出去,一段时间以后要回来分这个蛋糕,谁乖我们就给谁吃。"说完,叔叔和阿姨就出去,把门关上了。叔叔和阿姨一出去,房间里的闭路电视就开了,但是小朋友们不知道。
>
> 科学家在另一个房间里仔细观察每一个小朋友的行为,发现每一个小朋友的举动都不一样:有些小朋友马上走过去一直盯着蛋糕,根据20年后的追踪,长大以后都是优良的业务员,因为他们紧盯着客户;有些小朋友,看看没什么人,偷一块奶油,就到旁边吃了,长大以后一半都坐牢;还有一个小朋友跑到窗口那边,东瞄西瞄,根据追踪,长大之后常常换工作;还有小朋友跑到窗台上,对着外面唱起歌来,长大之后对什么事情都无所谓,天塌下来都不管;还有个小朋友,躺在地上睡着了。什么样的小朋友都有。在静悄悄的时候,科学家故意对着麦克风"嘣嘣"地敲。有个小朋友盯着蛋糕看,"嘣嘣",他马上四处张望,然后又盯着蛋糕,长大以后是总经理,这种就是随时随地对环境产生危机感。有个小朋友也是一直盯着蛋糕,但连着"嘣嘣嘣嘣"响好几声,他也不四处张望,长大后最多干到主任。
>
> 启示:紧盯着客户是不够的,要想取得成功,还要对环境足够敏感,对环境可能出现的机会和威胁及时做出反应。
>
> (资料来源:豆丁网)

二、医药市场宏观环境

1. **人口环境** 人口是市场的第一要素,他们是形成市场的直接购买力。人口数量决定市场规模和潜在容量,人口越多,潜在市场规模就越大。人口的性别、年龄、民族、婚姻状况、职业、出生率、死亡率、居住分布及其文化教育等人口特性也对市场格局产生着深刻影响,从而影响着企业的营销活动和企业的经营管理。因此,医药企业应重视对人口环境的研究,密切关注人口特性及其发展动向,及时调整营销策略以适应人口环境的变化。

> **知识链接**
>
> **第六次人口普查数据简介**
>
> 2010年我国进行的全国第六次人口普查报告显示:中国总人口达13.397亿人,相较于第五次人口普查人数增加7390万,增长5.84%;中国现有流动人口26139万人,同2000年第五次全国人口普查相比,居住地与户口登记地所在的乡镇街道不一致且离开户口登记地半年以上的人口增加116995327人,增长81.03%,较十年前大量增加;第六次全国人口普查显示我国处于低生育水平阶段,在大陆31个省、自治区、直辖市和现役军人的人口中,0~14岁人口占总人口数16.60%,同2000年第五次全国人口普查相比,0~14岁人口的比重下降6.29个百分点;老龄化进程加快,中国60岁及以上人口占13.26%,比第五次人口普查比重上升2.93个百分点;大陆31个省、自治区、直辖市共有家庭户40947万户,平均每个家庭户人口为3.10人,比2000年第五次全国人口普查的3.44人减少0.34人,规模继续缩小;我国男性人口占51.27% 女性人口占48.73%,总人口性别比(以女性为100%,男性对女性的比例)由2000年第五次全国人口普查的106.74%下降为105.20%。
>
> (资料来源:第六次全国人口普查报告)

(1) **人口规模与增长率** 人口规模是指一个国家或地区人口数量的多少,如果收入水平不变,人口越多,对食物、衣着、日用品的需要量也越多,市场也就越大。人口增长率是指一个国家或地区人口出生率与死亡率的差,它反映了一个国家或地区人口增长速度的快慢。人口规模和增长率能够反映一个国家或地区市场规模的大小以及发展潜力。因此企业在考虑投资方向和投资规模时,一定要考虑所进入市场人口规模及其增长率。

据人口学家统计预测,到2050年世界人口总数将达到103亿。但是全球人口分布不均,一半以上的居民都在发展中国家。中国是世界上人口最多的发展中国家,人口多,资源相对不足,环境承载能力差是我国现阶段的基本国情。我国人口数量多且增长速度快,说明我国医药市场具有很好的发展潜力,众多的人口将需要大量的医疗资源,这为医药企业提供了机会。但是,因为随着人口增长带来的资源破坏、环境污染将导致越来越多的新型疾病产生,这又给医药企业研发新产品带来压力。

(2) 人口结构　人口结构主要包括人口的年龄结构、性别结构、教育与职业结构、家庭结构、社会结构与民族结构。

①年龄结构。不同年龄的消费者对商品和服务的需求是不一样的。不同年龄结构就形成了具有年龄特色的市场。例如中国已经进入老龄化社会,反映到市场上,老年人的需求呈现高峰。这样,诸如保健用品、营养品、心脑血管疾病相关药品、老年人生活用品市场将会需求旺盛。企业应了解不同年龄结构所具有的需求特点,决定企业产品的投向,寻找目标市场。

②性别结构。性别差异会给人们的消费需求带来显著的差别,反映到市场上就会出现男性用品市场和女性用品市场。例如,男女因为生理特征不同,在保健品市场上,男性需要壮阳类的保健食品,而女性更注重减肥、美容、有益于妇科疾病预防的保健食品。企业可以针对不同性别的不同需求,生产适销对路的产品,制订有效的营销策略,开发更大的市场。

③教育与职业结构。人口的教育程度与职业不同,对市场需求表现出不同的倾向。随着高等教育规模的扩大,人口的受教育程度普遍提高,收入水平也逐步增加。受教育程度高的消费者一般获得信息的渠道宽,知识面广,对一些新药接受能力强;相反,受教育程度越低,对新鲜事物的接受能力越慢,企业应关注人口的不同教育与职业背景,采取不同的营销策略。

④家庭结构。家庭是商品购买和消费的基本单位。一个国家或地区的家庭单位的多少以及家庭平均人员的多少,可以直接影响到某些消费品的需求数量。目前世界上普遍存在着家庭规模缩小的趋势,越是经济发达的地区,家庭规模就越小。欧美国家的家庭规模基本上户均3人左右,亚非拉等发展中国家户均5人左右。在中国,由于受计划生育制度的影响,家庭的规模逐渐在缩小,中国"四世同堂"现象已不多见,"三口之家"家庭结构越来越普遍。另外随着经济发展,职业妇女增多,单亲家庭、丁克家庭和独身者大量涌现,这些不同类型的家庭往往有不同的消费需求。

⑤社会结构。我国是一个农业大国,虽然全国第六次人口普查数据显示城镇人口比重近十年来上升13.46个百分点,但是,居住在乡村的人口数仍然占到总人口数的50.32%。这说明农村市场蕴含着巨大的潜力。对于中小型医药企业来说,除了关注城镇市场外,还应考虑到乡村市场的消费规模,开发乡村第三终端市场。

⑥民族结构。我国是一个多民族的国家。除了汉族外,还有50多个民族,民族不同,其文化传统、生活习性也不相同。具体表现在饮食、居住、服饰、礼仪等方面的消费需求都有自己的风俗习惯。全国第六次人口普查数据显示,各民族人数近十年来都有较大幅度的增长,医药企业营销要重视民族市场的特点,开发出适合民族特性、受其欢迎的医药产品。

(3) 人口分布　人口分布是指人口在不同地区的密集程度。由于自然地理条件以及经济发展程度等多方面的影响,人口有地理分布上的区别。各地人口的密度不同,则市场大小不同、消费需求特性不同。当前,我国农村人口大量涌向城市,内地人口向沿海经济开放地区流动,人口流动必然引起购买力的转移,企业在拓展各个地区市场时,不仅要分析当地登记人口的多少,还要分析流动人口的数量,以便于制订有针对性的营销策略。

2. 经济环境　经济环境是指影响企业市场营销方式与规模的经济因素,如消费者的收入水平、支出状况、经济发展状况等,其运行状况及发展趋势,经济环境的发展变化将会直接或者间接影响企业的营销活动。

1) 直接影响营销活动的经济环境因素

(1) 消费者收入水平　收入因素是构成市场的重要因素,它是购买行为发生的基础条件。消费者的收入来源比较广泛,包括工资、退休金、股息红利、租金、知识产权收益、赠与以及其他收益。市场规模的大小,归根结底取决于消费者的购买力大小,而消费者的购买力大小取决于他们收入的多少。但是,消费者并不是将全部收入都用于消费,具体来说用于购买的资金只是占到收入的一部分。

分析收入对消费需求的影响时,通常从以下四个方面进行分析。

① 国民生产总值(GDP):指一个国家所拥有的生产要素所生产的最终产品总价值。它是衡量一个国家经济实力与购买力的重要指标。国民生产总值增长越快,消费者对商品的需求和购买力就越大,反之,就越小。

② 人均国民收入(GNP):这是用国民收入总量除以总人口的比值。这个指标大体反映了一个国家人民生活水平的高低,也在一定程度上决定商品需求的构成。一般来说,人均收入增长,对商品的需求和购买力就大,反之就小。

③ 个人可支配收入:又称为可支配的个人收入,指在个人收入中扣除消费者个人缴纳的各种税款和非商业性支出后剩余的部分,可用于消费或储蓄的那部分个人收入,它构成实际购买力。个人可支配收入是影响消费者购买生活必需品的决定性因素。

④ 个人可随意支配收入:又称为可随意支配的个人收入,指在个人可支配收入中减去消费者维持生活所必需的支出(如房租、水电费、购买食物、衣着等项开支)后剩余的部分。这部分收入是消费需求变化中最活跃的因素,也是企业开展营销活动时所要考虑的主要对象。这部分收入一般用于购买高档耐用消费品、娱乐、教育、旅游等。

营销故事

开发电视机市场日本占先机

1979 年,中国放宽对家用电器产品的进口,当时,欧洲电视机厂商和日本电视机厂商都把目标盯准中国市场。但是,欧洲厂商过去一贯以中国香港和东南亚的高收入消费者为销售对象,并不重视靠薪金谋生的阶层。如荷兰某著名电视机厂商就是持这种态度,它们一直认为中国的电视机市场潜力不大,不想与日本厂商竞争,结果贻误了时机。与此相反,日本电视机厂商在一些熟悉中国情况的"智囊"的帮助下,研究分析中国市场。他们从"市场＝人口＋购买力＋购买动机"这个概念来分析,认为中国有十亿人口;收入虽低,但中国人有储蓄的习惯,已经形成了一定的购买力;中国群众有看电视的需求。所以,中国存在一个很有潜力的黑白电视机市场。于是,日本电视机厂商根据目标市场的特点,运用营销因素组合,制订了一套销售战略:

(1) 产品策略。日本电视机要想适合中国消费者的需要,必须具备以下条件:①中国电压系统与日本不同,必须将 110 V 改为 220 V;②中国若干地区目前电力不足,电压不稳,电视机要有稳压装置;③要适应中国电视频道情况;④为适应中国人消费习惯,电视机耗电量要低,音量却要求较大;⑤根据当时中国居民住房情况,应以 12 英寸电视机为主;⑥要提供质量保证和修理服务。

(2) 分销渠道策略。当时没有中国国营公司作为正式渠道,因此要通过以下渠道:①由港澳国货公司以及代理商、经销商推销;②通过港澳中国人携带进内地;③由日本厂商国货柜车直接运到广州流花宾馆发货。

(3) 促进销售渠道。日本代理商应该利用以下形式:①在香港电视台开展广告攻势;②在香港《大公报》《文汇报》等报刊大量刊登广告;③在香港一些报纸和特刊提供日本电视机知识的资料特稿。

(4) 定价策略。考虑到当时中国市场尚无其他进口品牌电视机竞争,因此价格比中国国产电视机稍高,人们也会乐意购买。由于日本电视机厂商协调地使用营销因素组合策略,日本电视机一度在中国市场占据相当优势。由此案例可知,企业在采取任何销售手段或经营方式之前,必须进行大量的资料收集工作,以获取信息,信息是企业的生命线;营销战略主要是由企业目标和营销因素组合的各成分协调组成;营销因素组合作为市场手段,企业有自己选择的余地,因此,企业在运用营销因素组合时,要善于分析自己的优势与劣势,扬长避短;同时必须十分注意各因素之间的协同作用,注意外部环境对它的影响;在进入国际市场的过程中,企业在综合运用营销因素组合时,既要有效地利用企业可以控制因素,又要灵活地适应国际市场环境的变化,才能在国际市场上争得主动权。

(资料来源:百度文库.日本电视机是怎么进入中国市场的)

(2)消费者支出状况 随着消费者收入的变化,消费者支出会发生相应变化,继而使一个国家或地区的消费结构也会发生变化。恩格尔系数表明,一个家庭收入越高,用于购买食物的支出占总支出的比重越小,用于其他方面的支出,如住房、教育、医疗保健、奢侈品等方面的支出比重越大;反之,一个家庭的收入越低,食物开支占总开支的比重越大,其他方面的开支越小。一般来说,食物开支占总消费量的比重越大,恩格尔系数越高,说明生活水平越低;反之,食物开支所占比重越小,恩格尔系数越小,生活水平越高。

> **知识链接**
>
> **恩格尔定律**
>
> 德国统计学家恩斯特·恩格尔于1857年发现了消费者收入变化与支出模式,即消费结构变化之间的规律性。恩格尔所揭示的这种消费结构的变化通常用恩格尔系数来表示,即
>
> 恩格尔系数=食品支出金额/家庭消费支出总金额
>
> 恩格尔定律是指用恩格尔系数来衡量一个地区、家庭或者个人的生活水平,恩格尔系数越小,食品支出所占比重越小,生活越富裕,生活质量越高;恩格尔系数越大,食品支出所占比重越高,表明生活贫困,生活质量低。恩格尔系数是衡量一个国家、地区、城市、家庭生活水平高低的重要参数。企业从恩格尔系数可以了解当前市场的消费水平,也可以推知今后消费变化的趋势及对企业营销活动的影响。
>
> (资料来源:MBA智库.恩格尔定律)

(3)消费者储蓄和信贷情况 消费者的购买力还要受到储蓄和信贷的直接影响。储蓄的方式一般有两种:银行存款或者购买有价证券。消费者的储蓄行为直接制约着市场消费量购买的大小。当收入一定时,如果储蓄增多,现实消费量就减少,但潜在的消费量较大;反之,储蓄越少,现实消费量就增加,潜在的消费量就减少。居民储蓄倾向是受到利率、物价等因素变化所致。人们储蓄目的也是不同的,有的是为了养老,有的是为未来的购买而积累,当然储蓄的最终目的主要也是为了消费。企业应关注居民储蓄的增减变化,了解居民储蓄的不同动机,制订相应的营销策略,获取更多的商机。

消费者信贷,也称信用消费,是指消费者凭信用先取得商品的使用权,然后按期归还贷款,完成商品购买的一种方式。信用消费允许人们购买超过自己现实购买力的商品,创造了更多的消费需求。随着我国商品经济的日益发达,人们的消费观念大为改变,信贷消费方式在我国逐步流行起来,值得企业去研究。

2)间接影响营销活动的经济环境因素

①经济发展阶段。经济发展阶段的高低直接影响企业的营销活动。经济发展阶段高的国家和地区,其产品款式、性能、特色、品质等竞争力强;投资主要集中于新兴能源行业、知识产业、精密自动化程度高的生产设备;注重营销广告宣传及推广活动而非价格竞争;分销渠道成熟、广泛而复杂。目前我国的经济发展还比较落后,经济增长主要集中于重工业领域,资源供应比较紧张、环境破坏较严重。

> **知识链接**
>
> **一个国家经济发展的五个阶段**
>
> 美国经济学家罗斯托提出的经济成长阶段论,将经济发展过程归纳为五个阶段类型:①传统经济社会;②经济起飞前的准备阶段;③经济起飞阶段;④迈向经济成熟阶段;⑤大量消费阶段。凡属于前三个阶段的国家称为发展中国家,处于后两个阶段的国家称为发达国家。通常认为人均国民生产总值从300美元上升到1000美元是处于经济起飞的准备阶段,超过1000美元则进入经济高速发展的起飞阶段。
>
> (资料来源:医药营销技术.王会鑫,周先云,黄颖.华中科技大学出版社)

②经济发展结构。中国地区经济发展相对不平衡,形成了东、中、西三大地带和东高西低的发展格局。这种格局对医药企业的投资方向、目标市场和营销策略都将产生巨大影响。例如,西部建立医药企业其劳动力成本较低,但是将产品推广到东南沿海一带的营销费用较高。另外,处于不同经济地带的企业所处的行业和部门,政府的支持程度也不同。

③城镇化程度。一个国家城镇化的程度能反映出其经济发展的状况,城镇化程度高的国家,其居民普遍受教育水平高、思想开放、经济能力好、接受新生事物的能力强;城镇化程度低的国家,由于其农村人口比重大,农村相对闭塞,教育水平、医疗水平、经济水平等都比较低,人们观念保守,接受新鲜事物能力差。针对我国这样城乡二元制特征明显的国家,企业应相应地调整营销策略。

3. 政治法律环境 政治法律环境是影响企业营销活动的重要宏观环境因素,政治环境引导着企业营销活动的方向,法律环境则为企业经营活动提供了行为准则。政治与法律相互联系,共同影响企业的市场营销活动。

(1) 政治环境 政治环境是指企业市场营销活动的外部政治形势。主要表现为政治、政治体制、政府方针政策、政治局势等。

①政治、政治体制对医药企业的影响。在经济、政治体制改革之前,即在计划经济体制下,中国医药企业可以表述为政府的附属物,没有多大的自主权;在进入市场经济以后,才真正成为独立的市场主体,自主经营、自负盈亏。

②政府方针政策对医药企业的影响。政府方针政策主要包括人口政策、能源政策、物价政策、财政政策、货币政策等,都会影响企业的营销活动。例如,国家通过降低利率来刺激消费的增长;通过征收个人收入所得税调节消费者收入的差异,从而影响人们的购买;通过增加产品税,对香烟、酒等商品的增税来抑制人们的消费需求。这种政策不仅影响本国的企业,还影响外国企业在本国市场的营销活动。

③政治局势对医药企业的影响。政治局势是指医药企业营销活动所处的国家或地区的政治稳定状况。一个国家的政局稳定与否,会给企业营销活动带来重大的影响。如果政局稳定,人民安居乐业,就会给企业营销形成良好的环境。相反,政局不稳,社会矛盾尖锐,秩序混乱,就会影响经济发展和市场稳定,进而影响企业的营销活动。企业在市场营销中,特别是在对外贸易活动中,一定要考虑东道国政局变动和社会稳定情况。

营销故事

"米沙"小玩具熊的滞销

1977年,洛杉矶的斯坦福·布卢姆以25万美元买下西半球公司一项专利,生产一种名叫"米沙"的小玩具熊,用作1980年莫斯科奥运会的吉祥物。此后的两年里,布卢姆先生和他的伊美治体育用品公司致力于"米沙"的推销工作,并把"米沙"商标的使用权出让给58家公司。成千上万的"米沙"被制造出来,分销到全国的玩具商店和百货商店。开始,"米沙"的销路良好,布卢姆预计这项业务的营业收入可达5000万到1亿美元。不料在奥运会开幕前,由于苏联拒绝从阿富汗撤军,美国总统宣布不参加在莫斯科举行的奥运会。骤然间,"米沙"变成了被人深恶痛绝的象征,布卢姆的赢利计划成了泡影。

(资料来源:百度文库."米沙"小玩具熊的滞销)

(2)法律环境 法律是由国家制定或认可,并由国家强制力保证实施,规定人们权利和义务的行为规范。法律为企业营销活动提供了行为准则,企业只有依法进行各种营销行为,才能受到国家法律的有效保护。为适应经济体制改革和对外开放的需要,我国陆续制定和颁布了一系列法律法规,例如《中华人民共和国产品质量法》、《中华人民共和国商标法》、《中华人民共和国专利法》、《中华人民共和国广告法》、《中华人民共和国食品卫生法》、《中华人民共和国药品管理法》、《中华人民共和国反不正当竞争法》、《中华人民共和国消费者权益保护法》、《中华人民共和国价格法》、《中华人民共和国进出口商品检验条例》等。企业的营销管理者必须熟知有关的法律条文,才能保证企业经营的合法性,运用法律武器来保护企业与消费者的合法权益。对从事国际营销活动的企业来说,不仅要遵守本国的法律制度,还要了解和遵守国外的法律制度和有关的国际法规、惯例和准则。例如:有些国家法律对产品的纯度、安全性能有严格的规定。美国曾以安全为由,限制欧洲汽车在本国销售;英国也曾以法国牛奶计量单位是以公制而非英制,将法国牛奶逐出英国市场;而德国以英国的割草机声音太大超过本国噪声标准为由,不允许英国的割草机在本国出售。再如:有些国家法律对商标、广告、标签等这些商业标识、宣传方式都有自己特殊的规定。例如德国广告中不允许比较,也不允许使用"较好""最好"之类的广告词;还有的国家不允许做烟草和酒类做广告等。企业只有了解和熟悉这些国家有关贸易政策的法规,才能制订有效的营销对策,在国际营销中取得主动权。

知识链接

新《广告法》关于医药"八大看点"

2015年9月1日正式实施的新《广告法》,在医药产品广告的规定中有八大看点:

1. 药品广告需显著标明不良反应。药品广告的内容不得与国务院药品监督管理部门批准的说明书不一致,并应当显著标明禁忌、不良反应。

2. 保健食品非药品广告不得涉及疾病防治。保健食品广告不得涉及疾病预防、治疗功能,不得声称或者暗示广告商品为保障健康所必需,并应当显著标明"本品不能代替药物"。

3. 养生栏目禁发药品、保健食品广告。广播电台、电视台、报刊音像出版单位、互联网信息服务提供者不得以介绍健康、养生知识等形式变相发布医疗、药品、医疗器械、保健食品广告。

4. 母乳代用品广告不能"登"上公共场所。禁止在大众传播媒介或者公共场所发布声称全部或者部分替代母乳的婴儿乳制品、饮料和其他食品广告。

5. 代言过虚假广告者或将有三年"禁期"。对在虚假广告中作推荐、证明受到行政处罚未满三年的自然人、法人或者其他组织,不得利用其作为广告代言人。

6. 违法发布广告,医疗机构执业许可证或被吊销。医疗机构违法发布广告情节严重的,除由工商行政管理部门依照本法处罚外,卫生行政部门可以吊销诊疗科目或者吊销医疗机构执业许可证。

7. 部门合力治理违法广告。新闻出版广电部门以及其他有关部门对有广告违法行为的广播电台、电视台、报刊音像出版单位,不依法予以处理的,对负有责任的主管人员和直接责任人员,依法给予处分。

8. 互联网广告不能"一键关闭"将受罚。任何单位或者个人未经当事人同意或者请求,不得向其住宅、交通工具等发送广告,也不得以电子信息方式向其发送广告。在互联网页面以弹出等形式发布的广告,应显著标明关闭标志,确保一键关闭。违者将被处五千元以上三万元以下罚款。

(资料来源:中国制药网)

4. 社会文化环境 社会文化环境是指在一种社会形态下已经形成的民族特征、价值观念、宗教信仰、风俗习惯、伦理道德、教育水平、语言文字、社会结构等的总和。任何企业都处于一定的社会文化环境中,企业营销活动必然受到所在社会文化环境的影响和制约。例如:我国有一种汉语拼音叫"MaxiPuke"的扑克牌,在国内销路很好,但在英语国家不受欢迎。因为"MaxiPuke"译成英语就是"最大限度地呕吐";美国汽车公司的"Matador"(马塔多)牌汽车,通常是刚强、有力的象征,但在波多黎各,这个名称意为"杀手",带有这种含义的汽车肯定不受欢迎。为此,企业应了解和分析社会文化环境,针对不同的文化环境制订不同的营销策略,组织不同的营销活动。

(1) 亚文化　亚文化(subculture),又称小文化、集体文化或副文化,指某一文化群体所属次级群体的成员共有的独特信念、价值观和生活习惯,与主文化相对应的那些非主流的、局部的文化现象,指在主文化或综合文化的背景下,属于某一区域或某个集体所特有的观念和生活方式,一种亚文化不仅包含着与主文化相通的价值与观念,也有属于自己的独特的价值与观念,而这些价值观是散布在种种主导文化之间的。

(2) 宗教信仰　宗教对人们消费需求和购买行为的影响很大。不同的宗教有自己独特的礼仪、要求和禁忌。例如:穆斯林族不吃猪肉,禁止饮酒;基督教礼拜天不允许营业。某些宗教组织甚至在教徒购买决策中有决定性的影响。为此,企业可以把影响大的宗教组织作为自己的重要公共关系对象,在营销活动中也要注意到不同的宗教信仰,以避免由于矛盾和冲突给企业营销活动带来的损失。

(3) 价值观念　价值观念是指人们对社会生活中各种事物的态度和看法。不同文化背景下,人们的价值观念往往有着很大的差异,比如中国人喜欢坚固耐用的产品,美国人则喜欢标新立异、与众不同;东方人将群体放在首位,重人情,讲"面子",因此在消费上易形成"风潮","社交型"产品也更有市场。企业营销必须根据消费者不同的价值观念设计产品,提供服务。

(4) 消费习俗　消费习俗是在人们长期的经济生活中所形成的一种消费方式与习惯。不同的消费习俗,具有不同的商品要求。了解目标市场消费者的禁忌、习惯、避讳等是企业进行市场营销的重要前提。例如,和沙特阿拉伯买主做生意,绝不可以问及对方的妻子,相反与墨西哥人谈判,问候夫人是必需的;中东地区严禁带六角形的包装;在法国,仙鹤是蠢汉和淫妇的代称;墨西哥人视黄花为死亡,红花为晦气而喜爱白花,认为可驱邪;德国人忌用核桃,认为核桃是不祥之物;伊拉克人视绿色代表伊斯兰教,视蓝色为不吉利;日本人在数字上忌用"4"和"9",因在日语发音中"4"同"死"相近,"9"同"苦"相近;港台商人忌送茉莉花和梅花,因为"茉莉"与"末利"同音,"梅花"与"霉花"同音。

营销故事

不要小看入乡随俗——肯德基的惨败

1973年9月,香港市场的肯德基公司突然宣布多间家乡鸡快餐店停业,只剩下四间还在勉强支持。到1975年2月,首批进入香港的美国肯德基连锁店集团全军覆没。

为了取得肯德基家乡鸡首次在香港推出的成功,肯德基公司配合了声势浩大的宣传攻势,在新闻媒体上大做广告,采用该公司的世界性宣传口号"好味到舔手指"。凭着广告攻势和新鲜劲儿,肯德基家乡鸡还是火红了一阵子,很多人都乐于一试,一时间也门庭若市。可惜好景不长,3个月后,就"门前冷落鞍马稀"了。

在世界各地拥有数千家连锁店的肯德基为什么唯独在香港遭受如此厄运呢?经过认真总结经验教训,发现是中国人固有的文化观念决定了肯德基的惨败。

首先,在世界其他地方行得通的广告词"好味到舔手指",在中国人的观念里不容易被接受。舔手指被视为肮脏的行为,味道再好也不会去舔手指。人们甚至对这种广告起了反感。

其次,家乡鸡的味道和价格不容易被接受。鸡是采用当地鸡种,但其喂养方式仍是美国式的。用鱼肉喂养出来的鸡破坏了中国鸡的特有口味。另外家乡鸡的价格对于一般市民来说还有点承受不了,因而抑制了需求量。

此外,美国式服务难以吸引回头客。在美国,顾客一般是驾车到快餐店,买了食物回家吃。因此,在店内是通常不设座的。而中国人通常喜欢一群人或三三两两在店内边吃边聊,不设座位的服务方式难寻回头客。

10年后,肯德基带着对中国文化的一定了解卷土重来,并大幅度调整了营销策略。广告宣传方面低调,市场定价符合当地消费,市场定位在16岁至39岁之间的人。1986年,肯德基家乡鸡新老分店的总数在香港为716家,占世界各地分店总数的十分之一,成为香港快餐业中,与麦当劳、汉堡包、必胜客薄饼并称四大快餐连锁店。

启示:任何一个跨国集团在进行异域扩张时,都不能漠视当地的文化背景,应该有所借鉴,有所结合。肯德基的第一次进军之所以会失利,就是因为置香港本土文化的特点于不顾。

资料来源:百度文库.不要小看入乡随俗(营销环境案例)

5. 自然环境　自然环境是指自然界提供给人类各种形式的物质资料,如阳光、空气、水、森林、土地等。不同的自然环境也会对企业的营销活动造成影响。企业要避免自然环境带来的威胁,最大限度利用自然环境,首先要分析和认识自然环境因素,分析其发展趋势,根据不同的环境情况来设计、生产和销售产品。

(1) 自然物质环境　自然资源可分为两类:一类为可再生资源,如森林、农作物等,这类资源是有限的,可以被再次生产出来;另一类资源是不可再生资源,如石油、煤炭、银、锡、铀等,这种资源蕴藏量有限,随着人类大量地开采,有的矿产已近处于枯竭的边缘。目前人类普遍面临自然资源短缺和环境严重污染的问题,这给企业带来了成本压力,在这个威胁与机会并存的时刻,企业只有不断改革创新,一方面要禁止过度采伐森林和侵占耕地,节约资源;另一方面还要研究更合理地利用资源的方法,开发新的资源和代用品,减少浪费和污染环境才能创造出新的营销机会、开拓市场。

(2) 地理环境　一个国家或地区的地形、地貌和气候,是企业开展市场营销活动所必须考虑的地理因素。这些地理因素对市场营销活动有一系列的影响。如平原地区道路平坦,较少山河沟壑,会减少企业的运输成本,而山区、丘陵地带道路崎岖,运输成本自然高;我国南方气候潮湿,对预防和治疗风湿类药品的需求要比北方大,而夏季天气炎热,对防暑降温的药品需求量也比北方大。因此,企业开展营销活动,必须分析当地的地理环境因素,开发出适销对路的产品,这样才能更好地开展营销活动。

> **知识链接**
>
> **受全球变暖影响最大的产业**
>
> 根据研究报告称,在过去100年间全球的气温上升了大约0.6℃。全球变暖对农业生产的危害最大,已是不争的事实,土地干旱,农作物减产,导致粮食危机,此外还有九大产业将会受到极大的影响。
>
> 1. 葡萄酒业　酿酒用的葡萄必须生长在罕见的地中海气候(夏季炎热干燥,高温少雨,冬季温和湿润)中才能长得最好,那就是为什么像加州、智利、法国和西班牙等地区会成为世界葡萄酒酿造中心。
>
> 但是气候学家们担心,在不久的将来,温度的升高将给大部分葡萄种植区带来灾难。灾难来自一系列全球变暖引起的问题,例如灌溉、虫害及洪水导致的土壤侵蚀等。随着全年炎热的日子越来越长,葡萄质量下降,葡萄产量减少,对葡萄酒业无疑造成了很大的损失。
>
> 2. 渔业　全球变暖将在某些方面严重扰乱渔业的发展:空气中的二氧化碳导致海洋酸化,海平面上升可能改变渔业生态环境,鲑鱼等冷水性鱼类可能被暖流赶出水面。因此,渔业前景令人担忧,尽管有关部门正在采取挽救措施,例如,澳大利亚政府最近公布的一份研究报告警告说,温暖的沿海水域可能会蔓延,未来的龙虾产业将遭破坏。以捕捞岩石龙虾为生的澳大利亚人正在加紧研究有关如何减缓变暖趋势的方案,以挽救他们赖以生存的渔业。
>
> 3. 度假胜地　尽管气候变化,山地自行车可能会保持强劲势头,但如果没有雪,你就不能溜冰或滑雪橇了。例如美国犹他州帕克城(Park City)是个冬季运动场所,目前滑雪场还没有看到有明显的变化,但据气候科学家的预测,那里的大部分积雪很快会消失,度假村老板已在做最坏的打算。
>
> 4. 旅游业　人们到世界各地旅游乘坐的交通工具释放出的二氧化碳加速了全球变暖,全球变暖又会影响旅游业的发展,形成恶性循环。

北海道是日本最北部的岛屿,游客喜欢到那里观赏海洋生物,比如海豚和海雕等,它们习惯生活在浮动冰层下。但是随着那里的冰一年一年逐渐减少,那些在北海道靠旅游业为生的人变得异常担心。不只是景点受到威胁,全球变暖还会使有些地方的居民失去家园。

比如热带岛屿马尔代夫,政府非常担心那里会成为无法居住的岛屿,因为海平面上升可能会将整个岛淹没。马尔代夫总统甚至考虑筹集资金购买新的家园。

5. 保险业　2006年,伦敦劳埃德保险公司(Lloyd's of London)的一篇报告中指出气候变化对世界保险业有很大的冲击力。他指出这样一个事实:全球变暖引起世界发生更多的自然灾害,自然灾害造成更多的人死亡,保险公司比以往任何时候都要赔偿更多的钱。全球气候变暖导致海平面上升和更严重的旱灾,飓风将变得更加频繁和激烈,有些潜在的灾难有可能提前到来,这都引起了大多数保险公司的关注。

6. 林业　气候干燥意味着林业有更多的危险,全球气温的升高和干旱问题增加了引发野火的机会。有的人则认为,林业不是可以减缓气候变暖吗?是的,树木可以吸收二氧化碳,虽然其吸收能力是有限的。科学家一致认为,要增加植树造林面积,多吸收空气中的二氧化碳,释放氧气,是减缓全球变暖的有效措施。

7. 采矿业　气候变暖也可能改变采矿业的物质条件。如果政府签署一项碳排放限制条例,煤矿必须立即调整生产,企业的贸易额必将受影响。例如,加拿大矿山企业主担心,北极冰雪的融化可能阻碍道路驾驶。森林火灾,林业产业的问题也可能对矿工造成影响,比如2002年的犹他州森林火灾迫使迪尔特雷尔煤矿(the Deer Trail Mine)停产。

8. 畜牧业　联合国称少食用肉类能控制全球变暖,根据联合国粮农组织(the U. N. Food and Agriculture Association)的统计,畜牧业排放的温室气体占全球排放总量的18%,罪魁祸首是一氧化二氮,来自大型牲畜的粪便以及牛在打饱嗝和放屁时释放的甲烷。再加上种植喂养牲畜的粮食和生产牲畜饲料需要耗费很多能源,所以肉类产业是一种导致全球变暖的产业。同时畜牧业正面临全球变暖的挑战,不得不经历一些不尽如人意的调整,比如减少牲畜的数量,鼓励人们少吃肉等。

9. 能源业　全球变暖要求革新能源技术,能源结构调整迫在眉睫,能源行业将得到彻底改变。生物燃料是可再生能源,将慢慢取代老式的核燃料或矿物燃料;风涡轮机、太阳能电池板等机器将取代旧的机器。目前,虽然,矿物燃料仍然是最便宜的选择,但在不久的将来,生物燃料和其他可再生能源必将是最终的选择。据悉,气候立法委员会将通过总量管制与交易制度(cap-and-trade),来对发电厂、炼油厂、化学公司与其他使用大量能源的公司进行碳排放限量管理,使他们转而使用和生产可再生能源。

(资料来源:求是理论网.受全球变暖影响最大的九大产业.2009.12.08)

6. 科学技术环境　科学技术是第一生产力,科技的发展极大地促进了经济的发展,对企业营销活动的影响更是显而易见。一项新技术的产生,会导致若干个新兴产业或行业的诞生,为企业的发展创造机会,但是也给某些行业造成威胁。例如:移动电话的问世,冲击了寻呼机行业;复印机的发明排挤了复写纸行业;数码相机的产生使传统胶卷相机遭到淘汰。科技发展对市场营销企业的影响主要表现在以下几个方面。

(1) 科技发展影响企业的经济活动　现代科学技术使企业的生产效率得到很大提高,生产成本大大缩减,企业有更多的时间和能力去研发新产品、新技术,创造新工艺、新流程。同时,技术开发扩大并提高了劳动对象利用的广度和深度。另外,科技进步还能带来新的原材料和能源。这些都不可避免地影响到了企业的管理程序和营销活动。例如:随着计算机技术和互联网的兴起,医药企业可以利用互联网进行营销宣传,电子商务交易,这些都提高了企业效率并节约了成本。

(2) 科技发展对消费者购买行为的影响　随着多媒体和网络技术的发展,人们有了更多的渠道了解和购买医药产品,例如,消费者通过网上购物、物流配送足不出户就可以买到想要的医疗产品。工商企业也可以利用这种系统进行广告宣传、营销调研和推销商品。随着新技术革命的开展,"在家便捷购买、享受服务"的方式还会继续发展。

(3) 科技发展对企业营销组合策略的影响　科技发展使新产品不断涌现,产品寿命周期明显缩短,刚刚炙手可热的技术和产品转眼间就成了明日黄花。企业必须关注新产品的开发,加速产品的更新换代;科学技术降低了产品成本,使产品价格下降,互联网使得价格信息能快速被人们掌握,企业要及时做好价格调整工作;科技发展促进流通方式的现代化,企业应采用顾客自我服务和各种直销方式;科技发展使广告媒体呈现多样化,信息传播速度加快,市场范围更加广阔,促销方式更显灵活。为此,要求企业要不断分析科技新发展,创新营销组合策略,适应市场营销的新变化。

(4) 科技发展对企业营销管理的影响　科技发展为企业营销管理现代化提供了必要的装备,如电脑、传真机、电子扫描装置、光纤通讯等设备的广泛运用,对改善企业营销管理,实现现代化起了重要的作用。同时,科技发展对企业营销管理人员也提出了更高要求。

> **知识链接**
>
> **仁和药业收购叮当医药　医药电商领域再进一步**
>
> 　　近日,仁和药业发布公告称公司将以7000万元收购叮当医药电子商务有限公司(以下简称"叮当医药")的60%股权,在医药电商领域再进一步。
>
> 　　公告披露,合作各方已于9月10日签订了股权转让协议书。待交易完成后,仁和药业将持有叮当医药60%的股权,成为其最大股东。本次收购主要是根据仁和药业发展战略和仁和药业医药FSC模式发展规划设立的项目,主要满足整体战略体系的物流配送环节需要,是公司发展战略的重要组成部分和不可或缺的支撑元素。
>
> 　　仁和药业方面指出,通过在全国发展建设B2B商业公司网络,可以使"和力物联"模式整合采购的药品,及时配送到叮当医药连锁门店以及托管的医院药房连锁体系,保证物流的质量、数量和时效性。同时,可以扩大经营范围,将物流供应业务向仁和体系外发展,提高整体业绩和盈利水平。
>
> 　　为了实现互联网转型,自今年年初起,仁和药业推出了医药O2O电商平台叮当快药,并计划在年内覆盖全国;另外,借助叮当快药,仁和集团还与春雨医生和百度外卖进行战略合作,构建互联网医疗O2O全产业链闭环,实现其核心区域28分钟免费送药到家的设想。打造叮当大健康生态圈。而所谓FSC(factory service customer)模式指的是仁和药业年初与200多家药企联合发起的"药企联盟健康服务工程";和力物联网平台是指,仁和药业旗下的和力药业联合200多家医药企业,创新医药产业互联网思维模式,整合各方资源,优化供、产关系,引领行业发展,打造全国原、辅、包材及药品供应商B2B示范平台。
>
> (资料来源:药智网.2015-09-15)

三、医药市场微观环境

1. 供应商　供应商是指对医药企业进行生产所需而提供特定的原材料、辅助材料、设备、能源、劳务、资金等资源的供货单位。这些资源的变化直接影响到医药企业产品的产量、质量以及利润,从而影响企业营销计划和营销目标的完成。

供应商对医药企业营销活动的影响主要表现在以下几点:

(1) 供货的及时性和稳定性　原材料、设备等资源的保证供应,是企业营销活动顺利进行的前提。供应量不足或短缺,都可能使企业无法按期交货,影响销售额和企业信誉。如制药厂不仅需要原料药等生产原料进行加工,还需要设备、能源作为生产手段与要素,任何一个环节在供应上出现了问题,都会导致企业的生产活动无法正常开展,不能及时交货。为此,企业为了在时间上和连续性上保证得到货源的供应,就必须和供应商保持良好的关系,必须及时了解和掌握供应商的情况,分析其状况和变化。

(2) 供货的价格变动　医药企业的利润来源就是以最小的成本获取最大的产出,供应商如果提高原材料价格,会使企业的产品成本上升,企业若提高产品价格,会影响市场销路;企业若为了保住市场使其销售价格不变,就会获得较少利润甚至没有利润。为此,企业必须密切关注和分析供应商的货物价格变动趋势。

(3) 供货的质量保证　供应商提供质量有保证的生产原料是企业生产出合格质量产品的前提,从而影响企业的销售额、利润及信誉。例如用劣质葡萄难以生产质优葡萄酒,用劣质建筑材料难以保证建筑物的百年大计。为此,企业必须了解供应商的产品,分析其产品的质量标准,从而来保证自己产品的质量,赢得消费者,赢得市场。

2. 医药企业自身　企业开展营销活动要充分考虑到企业内部的环境力量和因素。企业是组织生产和经营的经济单位,是一个系统组织。企业内部一般设立计划、技术、采购、生产、营销、质检、财务、后勤等部门,这些部门构成了企业的内部环境。企业内部各职能部门的工作及其相互之间的协调关系,直接影响企业的整个营销活动。

医药企业内部的管理人员及一般员工,属于企业的内部环境部分。因此,医药企业应该处理好与广大员工的关系,调动他们的积极性与创造性,从而使市场营销活动顺利进行。

由于各部门各自的工作重点不同,有些矛盾往往难以协调。所以,企业在制订营销计划,开展营销活动时,必须协调和处理好各部门之间的矛盾和关系。

3. 营销中介　营销中介是指为医药企业营销活动提供各种服务的企业或个人,包括中间商、物资分配机构、营销服务机构和金融机构。营销中介对医药企业营销产生直接、重大的影响,只有通过有关营销中介所提供的服务,企业才能把产品顺利地送达到目标消费者手中。营销中介的主要功能是帮助企业推广和分销产品。

(1) 中间商　中间商是指帮助医药企业把产品从企业推送到消费者的中间环节或渠道,它主要包括经销商和代理商两大类。中间商对医药企业营销具有极其重要的影响,它能帮助医药企业寻找目标顾客,为产品打开销路。一般医药企业都需要与中间商合作,来完成企业营销目标。为此,医药企业需要选择适合自己营销的合格中间商,与之建立良好的合作关系,了解和分析其经营活动,并采取一些激励性措施来推动其业务活动的开展。

(2) 营销服务机构　营销服务机构是指为医药企业营销提供专业服务的机构,包括广告公司、传播媒介公司、市场调研公司、营销咨询公司、财务公司等。这些机构的主要任务是协助医药企业进行市场定位,进行广告宣传、产品推广,提供营销活动。一些大的医药企业或公司往往有自己的广告和市场调研部门,但大多数企业则以合同方式委托这些专业公司来办理有关事务。为此,企业需要关注、分析这些服务机构,选择最能为本企业提供有效服务的机构。

(3) 物资分销机构　物资分销机构是指帮助医药企业进行保管、储存、运输的物流公司,包括仓储公司、运输公司等。物资分销机构的主要任务是协助医药企业将产品实体运往销售目的地,完成产品空间位置的移动。到达目的地之后,还有一段待售时间,还要协助保管和储存。这些物流机构是否安全、便利、经济,直接影响医药企业的营销效果。因此,在企业营销活动中,必须了解和研究物资分销机构及其业务变化动态。

(4) 金融机构　金融机构是指医药企业营销活动中进行资金融通的机构,包括银行、信托公司、保险公司等。金融机构的主要功能是为医药企业营销活动提供融资及保险服务。在现代化社会中,任何企业都要通过金融机构获取经营资金,资金成本的高低与信贷额度都会影响营销效果。比如银行贷款利率上升,会使企业成本增加;信贷资金来源受到限制,会使企业经营陷入困境。因此,企业必须与金融机构建立密切关系,以保证企业资金需要的渠道畅通。

4. 顾客　顾客是指在消费领域使用医药产品或接受医药服务的消费者(或生产者),也是医药企业营销活动的最终目标市场。顾客对企业营销的影响程度远远超过前述的其他环境因素。企业的一切营销活动都是以满足顾客需求为中心的,因此,顾客是市场的主体,任何企业的产品和服务,只有得到了顾客的认可,才能赢得这个市场。顾客市场可以分为以下五种:

(1) 消费者市场　它指为满足个人或家庭消费需求购买产品或服务的个人和家庭。

(2) 生产者市场　它指为生产其他产品或服务,以赚取利润为目的而购买产品或服务的组织。

(3) 中间商市场　它指购买产品或服务以转售,从中营利的组织。

（4）政府市场　它指购买产品或服务，以提供公共服务或把这些产品及服务转给其他需要的消费者的政府机构及非营利机构。

（5）国际市场　它指国外购买产品或服务的个人及组织，包括外国消费者、生产商、中间商及政府等。

上述五类市场的顾客需求各不相同，医药企业要以不同的方式提供产品或服务，满足他们的需求。为此，医药企业要注重对顾客进行研究，分析顾客的需求规模、需求规律、需求结构、需求心理以及购买特点等，这是医药企业营销活动的起点和前提。

5. 社会公众　社会公众是企业营销活动中与企业营销活动发生关系的各种群体的总称。公众对医药企业的态度，会对其营销活动产生巨大的影响，它既可以有助于医药企业树立良好的形象，也可能妨碍医药企业的形象。所以医药企业必须处理好与主要公众的关系，争取公众的支持和偏爱，为自己营造和谐、宽松的社会环境。医药企业的社会公众环境包括以下几个方面：

（1）媒介公众　主要包括报纸、杂志、电台、电视台等传播媒介，他们掌握传媒工具，有着广泛的社会联系，能直接影响社会舆论对医药企业的认识和评价。

（2）政府公众　主要指与医药企业营销活动有关的各级政府机构部门，他们所制订的方针、政策，对医药企业营销活动产生有利或不利的影响。

（3）社团公众　主要指与医药企业营销活动有关的非政府机构，如消费者组织、环境保护组织，以及其他群众团体。医药企业要开展营销活动，来自这些社团公众的意见、建议，往往对医药企业的营销决策有着十分重要的影响作用。

（4）社区公众　主要指医药企业所在地附近的居民和社区团体。社区是医药企业的邻里，医药企业保持与社区的良好关系，受到社区居民的好评，他们的口碑能帮助医药企业在社会上树立积极的形象。

案例分析

遭遇抵制的"雀巢"婴儿食品

享誉国际的"雀巢"咖啡在 20 世纪 70 年代却差一点儿信誉扫地，一命呜呼。1974 年，一个英国慈善组织出版了一本 28 页的小册子——《杀害婴儿的凶手》。在这本小册子里，瑞士的雀巢公司被指责为在非洲进行愚民的市场营销活动。不久，一些德国社会活动家指出雀巢公司，说它有"不道德行为"，并把那本小册子重新取名为《雀巢杀害童婴》。

这次联合抵制行动立即得到美国各地 450 个以上的地方和区域组织的支持，呼吁从超级市场的货架上撤走雀巢公司的产品。这次联合抵制运动还波及大学校园。大学生们打着"砸烂雀巢"的标语，从牛奶、巧克力到茶叶、咖啡，统统成了他们抵制的对象。

这些抵制活动影响非常大，不仅直接造成公司的经济利益损失，还间接地使公众反对公司的观点更加具体化。这种危机持续了 10 年，直至 1984 年，雀巢公司实施了世界卫生组织有关经销母乳替代品的国际法规，抑制活动才逐渐结束。

启示：雀巢公司不应低估社会舆论和专家的影响力，雀巢公司对舆论的负面影响应及时做出反应，化解危机。

（资料来源：搜狐财经. http://business.sohu.com）

6. 竞争者　竞争是市场经济的必然现象。在市场经济条件下，任何企业在目标市场进行营销活动时，不可避免地会遇到竞争对手的挑战。因为竞争者的营销战略以及营销活动的变化，如新产品推广、促销活动、广告宣传等，都将对医药企业造成威胁，影响医药企业的市场份额。因此，医药企业必须密切关注竞争者的任何变化，并采取相应的对策。从消费者需求角度来看，医药企业的竞争者分为以下几种：

（1）欲望竞争者　欲望竞争者是指提供不同产品、满足不同消费欲望的竞争者。如生产药品的厂商可以将生产医疗器械、卫生材料、健身器械等满足不同需求的厂商作为自己的竞争者，因为如果消费者使用医疗器械、健身器械进行疾病保健预防后，不会生病，就不用购买药品了。

（2）种类竞争者　种类竞争者是指生产满足同一消费欲望的不同种类的、可替代性产品的竞争者，是消费者在决定需要的类型之后出现的次一级竞争,也称平行竞争。例如,生产青霉素的厂商将生产先锋霉素、头孢氨苄的厂商作为自己的竞争者,因为他们的产品都属于抗生素消炎药。

(3) 形式竞争者　形式竞争者是指满足同一消费欲望的同种类产品,但产品形式不同的竞争者。消费者在决定了需要的属类产品之后,还必须决定购买何种形式的产品。例如:同种类的药品可以制作成冲剂、胶囊剂、片剂等不同剂型。

(4) 品牌竞争者　品牌竞争者是指满足同一消费欲望、同一种类、同种产品形式但不同品牌的竞争者。如感冒药有不同的品牌:"白加黑""快克""感康""康泰克"等不同品牌的竞争。

营销故事

日美轿车大战的胜利者

美国汽车制造一度在世界上占霸主地位,而日本汽车工业则是20世纪50年代学习美国发展而来的,但是时隔30年,日本汽车制造业突飞猛进,充斥欧美市场及世界各地,为此美国与日本之间出现了汽车摩擦。

在20世纪60年代,当时有两个因素影响汽车工业:一是第三世界的石油生产被工业发达国家所控制,石油价格低廉;二是轿车制造业发展很快,豪华车、大型车盛行。但是擅长市场调查和预测的日本汽车制造商,首先通过表面经济繁荣,看到产油国与跨国公司之间暗中正酝酿和发展着的斗争,以及发达国家消耗能量的增加,预见到石油价格会很快上涨。因此,必须改产耗油小的轿车来适应能源短缺的环境。其次,随汽车数增多,马路上车流量增多,停车场的收费会提高,因此,只有制造小型车才能适应拥挤的马路和停车场。再次,日本制造商分析了发达国家家庭成员的用车状况。主妇上超级市场、主人上班、孩子上学,一个家庭只有一辆汽车显然不能满足需要。这样,小巧玲珑的轿车得到了消费者的宠爱。于是日本在调研的基础之上做出正确的决策。在20世纪70年代世界石油危机中,日本物美价廉的小型节油轿车横扫欧美市场,市场占有率不断提高,而欧美各国生产的传统豪华车因耗油大,成本高,使销路大受影响。

启示:"物竞天择,适者生存",适应环境是物种生存的必要条件。企业和营销人员面对各种环境的影响,必须学会分析、把握市场机会,规避风险,这是其生存和发展必须具备的能力和素质。

(资料来源:百度文库.营销环境案例.日美轿车大战的胜利者)

四、医药市场环境分析方法与相应措施

在环境分析和决策时,SWOT分析法被人们广泛采用。它是针对企业内、外环境所进行的一种分析理论,简单实用。SWOT分析法是指对企业的优势(Strength)、劣势(Weakness),对企业在市场中所面临的机会(Opportunity)和环境威胁(Threats)所进行的全面分析、评估,帮助企业结合自身的优势与劣势,识别环境中的机会与威胁,在不同的环境中制订适宜企业发展的营销策略。

1. SWOT模型含义介绍　分析企业的优劣势应从企业自身的实力及其与竞争对手的比较上出发,分析机会和威胁则更多是从外部环境的变化及对企业的可能影响上分析。在分析时,应列出对企业发展有重大影响的内、外部环境因素,判断什么是企业的优势及劣势,什么是外部的机会与威胁。

(1) 优势与劣势分析(SW)　所谓竞争优势是指一个企业超越其竞争对手的能力,这种能力有助于实现企业的主要目标——赢利。竞争优势可以是企业产品线的宽度、产品的大小、质量、可靠性、适用性、风格和形象以及服务的及时、态度的热情等。虽然竞争优势实际上指的是一个企业比其竞争对手有较强的综合优势,但是明确企业究竟在哪些方面具有竞争优势更有意义,因为只有这样,企业在竞争中才可以扬长避短,击败竞争对手。

企业的劣势是指相比较于竞争对手,企业的资源和能力短缺的地方。由于企业是一个整体,所以,在

做优劣势分析时必须从整个价值链的每个环节上出发,将企业与竞争对手做详细的对比。如产品是否新颖、制造工艺是否复杂、销售渠道是否畅通,以及价格是否具有竞争性等。只有这样,才能更准确地识别出企业的优势与劣势。需要指出的是,衡量一个企业及其产品是否具有竞争优势,只能站在现有潜在用户角度上,而不是站在企业的角度上。

企业在维持竞争优势过程中,必须深刻认识自身的资源和能力,采取适当的措施。因为一个企业一旦在某一方面具有了竞争优势,势必会吸引到竞争对手的注意。一般地说,企业经过一段时期的努力,建立起某种竞争优势;然后就处于维持这种竞争优势的态势,竞争对手开始逐渐做出反应;而后,如果竞争对手直接进攻企业的优势,或采取其他更为有力的策略,就会削弱这种优势。SW 的内容举例见表3.1.1。

表 3.1.1 SWOT 分析法之 SW 的内容举例

SW 项目	优势(S)	劣势(W)
内容	(1)贷款利息降低	(1)劳动力成本高
	(2)企业利润率超过行业平均水平	(2)技术创新不足
	(3)产品质量位于上游水平	(3)设备趋于落后
	(4)企业舆论基础好	(4)缺乏高水平的管理者
	(5)流动资金充足	(5)劳动力素质低下
	(6)员工团结勤奋	(6)资金短缺
	(7)研发能力强	(7)供应商不稳定

(2)机会与威胁分析(OT) 随着世界经济全球化、一体化过程的加快,企业所处的环境更为开放和动荡。这种变化对所有企业都产生了深刻的影响。这种影响主要集中地表现为机会和威胁两种情况。环境机会就是环境中对企业发展有利的因素,如政府支持、技术先进、市场前景广阔等,这种有利条件将给企业带来积极的影响。环境威胁指的是环境中对企业发展不利的因素,如新的竞争对手出现、市场经济不景气、技术老化等,如果不采取果断的营销行为,这种不利因素将会导致公司的竞争地位受到削弱。OT 的内容举例见表 3.1.2。

表 3.1.2 SWOT 分析法之 OT 的内容举例

OT 项目	机会(O)	威胁(T)
内容	(1)消费者医疗保健意识增强	(1)消费者讨价还价能力增强
	(2)政府政策放宽	(2)政府政策调整
	(3)市场中未形成知名品牌	(3)竞争品牌众多
	(4)贷款利息降低	(4)贷款利息提高
	(5)消费者需求多样化	(5)市场细分难度增大
	(6)劳动力成本降低	(6)劳动力素质下降
	(7)互联网市场前景广阔	(7)竞争压力增大

2.SWOT 分析步骤

(1)根据企业的总体目标和总体战略的要求,列举出对企业发展有重大影响的所有企业的优势与劣势,并分为两组。

(2)对外部环境中的环境因素,进行评判分析,判断哪些孕育着机会,哪些对企业构成威胁,并分为两组。

(3)通过 SWOT 分析表格,把上两步列举出的优势、劣势与机会、威胁相结合,分别形成四种不同的战略,即 SO 战略、WO 战略、ST 战略、WT 战略,具体内容见表 3.1.3。

表 3.1.3 企业 SWOT 分析表

内部优势与劣势 \ 外部机会与威胁	内部优势(S) 企业呈规模经济发展 企业采用现代经营管理模式 企业拥有优良的品牌 企业利润率超过行业平均水平 企业员工团结勤奋	内部劣势(W) 企业缺乏健全的营销服务体系 产品技术缺乏创新性 企业缺乏融资渠道 企业缺乏优秀管理者 企业物流环节薄弱
外部机会(O) 属于朝阳产业 市场潜力大 消费者需求趋于多样化 市场未形成优秀品牌	SO 战略 凭借内部优势,抓住外部机会 提高市场份额 扩大产品生产量 树立并增强品牌优势 创新现代经营管理模式	WO 战略 利用外部机会,克服内部劣势 建设并完善营销服务体系 吸引外部科研力量加入 加大员工培训投入 提高企业的物流储备能力
外部威胁(T) 外资企业占据市场份额 消费者讨价还价能力增强 市场中品牌众多,竞争激烈 替代品销售量增加	ST 战略 凭借内部优势,抵制外部威胁 提高研发能力,促进产品更新换代 丰富产品的种类 控制成本,适当降价	WT 战略 削弱内部劣势,回避外部威胁 拓展多种融资渠道 提高客户服务水平 降低生产成本,节约资金

(4) 撰写 SWOT 分析报告。通过以上分析,就可以识别企业的优势与劣势、机会与威胁,从而形成四种战略,对以上四种战略进行选择判断,明确企业最终应采取什么样的市场营销战略,得出结论,结论最终以报告的形式表现,具体内容见表 3.1.4。

表 3.1.4 SWOT 分析报告的结构

题目	报告的主题
正文	前言(介绍此次 SWOT 分析的前提、目的与意义)
	介绍企业的现状
	介绍企业外部环境因素及其发展趋势
	进行 SWOT 分析
结论	选择企业发展战略和营销策略

实训环境与组织实训过程

一、学生分组与组织

(1) 分小组　全班同学分小组,每小组 3 人,确定一名小组长。
(2) 小组长和小组成员准备　在医药市场营销宏观和微观环境因素内容介绍的基础上,结合环境分析方法,对医药企业市场营销活动优势与劣势、机会与威胁进行分析,并给出分析结论。

二、实训环境

(1) 校外实训室　学校建立在校外实训基地,例如医药企业、医药公司和制药厂等。请每个小组的同学根据自己所熟悉的某类企业或本教材案例中所给的企业医药产品,对其进行有效的环境分析。每个小组和每个同学将自己的身份确定为某企业的员工,学习与实训过程就是在企业工作的过程,按照岗位工作标准去完成工作任务的每个环节,对工作过程中所出现的不足或错误要及时纠正及完善。

(2) 校内实训室

① 校内模拟医药营销实训室。

② 校内教学医院的门诊药房。

③ 校内药厂。

较常见的药物类型如下:感冒药、消化系统用药、外科用药、清热解毒类用药、维生素及矿物质类、祛暑类药品、五官科用药、呼吸系统用药等。

三、实训任务

任务 1　宏观医药市场营销环境分析

宏观医药市场营销环境包括人口、经济、政治法律、科学技术、社会文化、自然地理等环境要素,各环境要素都处在不断地变化中。环境要素的变化,对企业来说意味着机会,企业必须关注自己所处的宏观环境要素,积极地去适应环境,利用宏观环境中有利的环境因素,趋利避害、取长补短,才能在竞争中出其不意,竞争制胜。

网络遇见春晚成就亚洲制药

网络正成为年轻一代的精神世界,春晚是全国人的话题焦点,亚洲制药将两者结合,成就了一次颇具想象力的创新营销:直播提示+留言互动+温暖祝福,带来品牌植入。尽管短期内其产生的销售回报尚难精准统计,但有一点可以肯定:依托视频网络会让小快克在年轻父母与准父母的心中打下坚实的烙印,这算得上是一份长期订单。

在感冒药每年 150 亿~200 亿元的市场份额中,儿童感冒药正茁壮成长,近几年已孕育出仁和"优卡丹"、太阳石"好娃娃"、哈药集团"护彤"以及亚洲制药"小快克"等明星品牌,任何一家企业如果能在市场细分中找到胜人一筹的营销策略,无疑都会使自己在激烈的竞争中拔得头筹。易观国际预测,2011 年中国互联网总用户数将达到 6 亿。包括中央电视台、各大卫视甚至于移动电视等强势平台的广告价格成本开始水涨船高。与此同时,药品降价正一波未平,一波又袭,企业迫切需要从节约成本中获得生机。而网络新媒体较之前者恰好拥有这一优势,且影响力已越来越大。另外,网络的互动性也远优于传统电视的说教。

自 2003 年上市以来,小快克在原有快克超人的基础上打造小熊形象,成为知名度和品牌认可度颇高的小儿感冒用药,尤其受众多年轻母亲的青睐。遗憾的是,它还没有找到机会依托一个焦点事件形成聚合效应,更没有找到适合此操作的平台。2010 年岁末,亚洲制药把握营销契机,联手酷 6 网策划实施节日温暖营销——"小快克送祝福温暖过大年"。基于春节这个全体中国人聚焦的特殊时段,借助春晚对小快克品牌进行集中展示,通过挑选适合家庭用户口味的内容和广告形式,定制家与温暖的主题,让明星和普通民众共同表达自己的新年祝福,传播温情与关怀,对目标受众实施精准化营销。并通过网络留言和评论等形式与网友直接进行沟通互动,以达到刺激其消费的目的。

产品推广上,采用春晚点播视频和资讯、娱乐频道相关视频前贴片+暂停+角标及娱乐频道、电视剧频道角标的形式,植入小快克最新广告和产品名称及商标,使其产品形象深入网友内心。口碑传播上,在春晚直播页面旁可边看边聊,产生互动,又在专题页面设置"小快克温暖送祝福"一栏,由网友留言,传送新年祝福。另外,还设有"小快克投票",对网友进行过年专题调研,产生心灵共鸣,小快克品牌美誉度得到传播。品牌曝光度上,在春晚直播页面有播报和节目介绍,边看边聊板块加贴快克和小快克名称,进行品牌植入,春晚专题页面上拉置横幅广告,热点内容每日推荐+温暖过年专题冠名,结合"揭秘明星如何温暖过年""情暖意浓,众星给您拜大年""春暖花开,回家过年大团圆"和"咱老百姓,温暖过大年"4 类内容,加入4个采访视频,植入小快克标版、播放框、角标广告,使品牌影响力进一步得到提升。

整个营销过程结束后,小快克通过酷6视频实现了3亿次曝光,1亿人聚焦,在22天时间内,小快克的平均点击率为0.14%,显示和唯一显示次数分别达3.67亿次和1.44亿次。并在业内完成了3个第一:第一次让小快克与春晚产生关联,提升了它的品牌高度;第一次在药品行业推广的无声期投放药品广告,并取得独特影响力;第一次药品行业成功尝试与视频媒体针对大事件直播进行全方位、定制化合作。

(资料来源:2010年度中国医药十大营销案例)

任务2 微观医药市场营销环境分析

微观医药市场营销环境因素是直接影响医药企业营销活动的因素,它包括供应商、医药企业自身、顾客、竞争者、营销中介和社会公众等。这些环境因素对企业的营销活动有着重要影响作用,在一定程度上,企业可以对这些微观环境因素进行控制和施加影响。

肯德基积极应对苏丹红

2005年3月15日,上海市相关部门对肯德基多家餐厅,进行抽检发现新奥尔良鸡翅和新奥尔良鸡腿堡调料中含有致癌物"苏丹红一号"成分。中国百胜餐饮集团于2005年3月16日下午发表公开声明,宣布肯德基新奥尔良烤翅和新奥尔良烤鸡腿堡调料中被发现含有"苏丹红一号",国内所有肯德基餐厅已停止出售这两种产品。百胜餐饮集团表示,将严格追查相关供应商在调料中违规使用"苏丹红一号"的责任,同时就此次食品安全事件向公众致歉。

百胜集团在全球开展"苏丹红"问题调查开始后,就积极开展了自检和配合政府部门的检查工作,多次要求相关供应商确保其产品不含"苏丹红"成分,并获得了他们的书面保证。事情发生后,他们立即启动了内部废弃物处理流程销毁剩余调料,追查了调味品供应商公司的有关肯德基生产记录。2005年3月17日,在记录中发现给供应商公司提供供货单位的辣椒粉也用在了部分肯德基香辣鸡翅、香辣鸡腿堡和劲爆鸡米花产品的调料中,集团公司立即追查了在全国系统中该批调料的存货量,进行集中特别处理,用现存检验不含苏丹红的调料取代原来的调料,于2005年3月22日正式恢复销售,保证消费者饮食安全。百胜餐饮集团此次追查苏丹红的行动已经基本完成,所有问题均来自供应商公司从香料公司采购的原料,其他所有调料均已送检,通过了国际认可专业机构的测试,并确认不含苏丹红。肯德基配合工商部门,将问题调料全部销毁,同时向广大消费者和新闻媒体做好解释问询工作,保护他们的知情权利。在此次"苏丹红问题"中,中国百胜餐饮集团采取严肃负责和积极认真的态度,不惜企业遭受重大损失,为维护消费者利益和企业品牌信誉做出了积极努力。

百胜集团表示,为了吸取苏丹红事件教训,公司决定采取3项改进措施:加强原有检测能力,投资不少于200万元成立一个现代化的食品安全检测研究中心,这在国内餐饮业将是首家;要求所有主要供应商增加人员,添购必要检测设备,对所有进料进行必要的食品安全抽检;强化目前对供应商如何选择上游供应商的要求标准,严防缺乏守法意识、不能坚持食品安全的供应商混入供应链。

(资料来源:中国烹饪协会)

任务3 SWOT法分析医药企业的市场营销环境

SWOT分析法是通过分析企业的外部环境,找出外部环境中的机遇和威胁,也即外部环境中对企业发展有利和不利的因素,再结合企业自身的优势与劣势,综合分析得出企业在不同的环境条件下所应采取的营销战略。在分析的时候,应当注意首先应识别出外部环境中企业发展的有利因素和不利因素,列举出来;再分析企业自身的优势和劣势,但是做优劣势分析时要结合行业内,医药企业的主要竞争对手的情况来进行分析,找出该医药企业相较于竞争对手在哪些方面具有优势,哪些方面处于劣势,并把这些优劣势因素列举出来;最后结合上面已经列举出的环境因素,得出分析结论。一般我们会得出四种战略:SO

战略,即凭借内部优势,抓住外部机会;WO战略,即利用外部机会,克服内部劣势;ST战略,即凭借内部优势,抵制外部威胁;WT战略,即削弱内部劣势,回避外部威胁。

网上药店医保支付是机遇还是挑战？

2015年8月26日,继海南省、浙江海宁、辽宁沈阳之后,广州成为第四个可利用医保网上购药的地区。虽然目前只能使用个人账户资金,但离打通网上售药医保支付更近了一步。500万职工医保参保人使用医保个人账户资金购买药品,这样的大举措让市场看到了政府医药分离的决心,也让几乎陷入冰冻状态的医药电商行业看到了一丝曙光。

某医药企业在上海的年销售额约在500万,市场份额还不是很大,该企业看到政府放开互联网药品交易限制的曙光,欲开拓互联网药品交易市场,使企业的销售额进一步扩大,但是该医药企业却迟迟不敢采取行动,犹豫不决。该企业考虑到,一方面,处方药解禁和网上药店医保支付这两大难题,一直是横亘在医药电商发展道路上的拦路虎。政府的医改政策虽有意发展医药电商,支持医药分业,但是政府的改革步伐却不是很大,只是暂时从尝试放开互联网售药,转向尝试放开网购医保政策;另一方面,互联网药品交易对传统以药养医的医院售药以及药房售药都是一个冲击,必然受到传统行业的抵制,因此能在多长时间放开互联网售药限制以及放开的程度多大,都是未知数。但是该企业也看到随着经济的发展,互联网药品交易的呼声越来越高,势不可挡。目前中国药品零售市场的规模大概为2030亿元,而整个网上医药行业的销售额仅有68亿元,占比不到0.04%。有趣的是,2010年美国的药品网络零售规模达到了1700亿美元,在整体药品零售规模中占比近30%。

2014年3月,商务部向国务院呈交了一份调研报告,主动请缨参与医改,并阐述了其参与医改的计划与实施路径。报告调研了北京、上海等地零售药店情况,建议以北京、上海等地作为试点,关闭社区卫生服务中心药房,允许患者凭处方到社会连锁药店自行购药。从政府角度讲,这是医药分业,切断以药养医的路径依赖。而从商务部角度讲,这是做强医药流通行业的途径之一。放开医药电商,显然更有利于医药流通行业加速发展。2015年3月全国人大代表、复星集团董事长郭广昌在两会期间,专门提出了将互联网销售的药品纳入医疗保险报销的建议。2015年8月26日,广州市成为第四个可利用医保网上购药的试点地区。据了解,国家有关部门必须根据多个地区试点的情况来最终制定有关网上医保支付的相关政策。

第三方医药电子商务平台是一个新型业态,中国电子商务研究中心的数据显示,2010年整个医药电子商务市场规模约为2亿元;2011年规模翻一倍至4亿元;2012年则增长到15亿元;2013年线上医药市场规模达到40亿元。庞大的市场利润使医药企业不愿意放弃电商平台,行业内的呼声越来越高,医药企业一个个摩拳擦掌、跃跃欲试！

请你利用所学的知识,应用SWOT分析法,从该医药企业所处的经济、政治法律、科学技术、社会文化等宏观环境因素,以及医药企业微观环境因素出发,分析企业自身的优势与劣势,面临的机会与威胁,为该企业发展医药电商事业、开拓药品互联网交易市场提供建议。

(资料来源:健康界.况扶华.2015-09-02)

四、学时与实训作业

(一) 学时与要求

(1) 一体化教学:2学时。

(2) 实训与考核:2学时。

(3) 以小组为单位完成本教学单元实训作业:对某药医药企业市场营销环境进行分析,所使用的理论与知识,以Word文档形式呈现。同时,能将在实训过程所出现的错误、不足和优劣势陈述出来。

(二) 考核范例与考核标准

1. 范例分析

可口可乐的中国化

1886年5月8日,药剂师彭伯顿(Pemberton)在美国佐治亚州亚特兰大市家中后院,调制出新口味糖浆,并拿到当时规模最大的雅各(Jacob)药房出售,每杯五角。百忙之中,助手误把苏打水与糖浆混合,却令顾客赞不绝口。至此,彭伯顿的新产品终于诞生了!彭伯顿的合伙人之一——弗兰克·鲁滨逊为该产品想出了"可口可乐"这个名字,产品也于1887年6月16日的广告中第一次使用了今天大众熟悉的斜体字形。1892年,艾萨·坎德勒用2300美元取得可口可乐的配方和所有权,并成立了可口可乐公司。1919年,可口可乐公司被一个亚特兰大的财团收购。1923年,亚特兰大的伍德瑞夫担任总裁,展开可口可乐的另一个重要新纪元。

至今,可口可乐公司已有将近120的历史,是全球最大的饮料生产及销售商,拥有全世界最畅销的五种饮料中的四种:可口可乐、健怡可口可乐、雪碧和芬达,公司旗下的产品超过100种。有数据显示,目前全世界近200个国家的消费者每日享用超过10亿杯可口可乐公司的产品,可口可乐的品牌已深入人心。正如可口可乐公司创始人艾萨·坎德勒所言,"假如可口可乐的所有公司所有财产在今天突然化为灰烬,只要我还拥有'可口可乐'这块商标,我就可以肯定地向大家宣布:半年后,市场上将拥有一个与现在规模完全一样的新的可口可乐公司。"

可口可乐的品牌成功秘诀何在?重要原因之一就是其国际化经营中的本土化战略。如今的可口可乐已经成为一种全球性的文化标志,但是在风靡全球的同时,可口可乐仍然保持着清醒的头脑,没有固执己见地一味传播、销售美国观念,而是在不同的地区、文化背景、宗教团体和种族中实施分而治之的策略,比如可口可乐公司"Can't beat that feeling"的广告口号,在日本改为"我感受可乐"(I feel cola),在智利又改成了"生活的感觉"(the feeling of life),广告信息始终反映着当地的文化,在不同时期有不同的依托对象和显示途径、生成方式,无一不是随着具体的时空情境来及时调整自身在文化形态中的位置。换言之,可口可乐的本土化随处可见。

剖析可口可乐公司在中国的迅速发展,也能再一次印证本土化经营为跨国公司的发展"插上翅膀"的作用。作为可口可乐在中国成立的第一家合资企业——北京可口可乐饮料有限公司,其二十年的发展历程就是可口可乐在中国本土化策略的一个缩影。

对可口可乐而言,1979年1月24日是一个载入史册的日子,这一年中美建交,也正是在这一年,3万箱可口可乐从香港辗转运往北京、上海及广州的大商场和宾馆,可口可乐在中国的战役开始打响。1981年,由可口可乐公司提供设备的第一个灌装车间在北京丰台建成。此后12年间,可口可乐一直在特许灌装和直接投资等领域寻求与国内的业务合作机会。1993年,可口可乐公司与原轻工业部签署合作备忘录,提出了一个基于"真诚合作,共同发展"原则的长期发展规划。20世纪90年代初,曾风靡全国的天津"津美乐"和上海"雪菲力"汽水就是最早打下可口可乐系列饮料本地化烙印的品牌。1996年,面对非碳酸饮料年销售额增长将近20%的诱人前景,可口可乐首次推出为中国市场研制的"天与地"果汁和矿物质水品牌。1997年8月,水果碳酸饮料品牌"醒目"问世。在可口可乐全球的产品中,有四分之一只在亚洲销售,而"天与地"系列产品和"醒目"等饮料则专为中国市场研制。

可以说,可口可乐的本土化包括各个方面,从工厂、原料、人员到产品、包装、营销,99%都是中国的。无论是玻璃瓶还是易拉罐,从浓缩液到二氧化碳、糖,甚至含量极少的柠檬酸,都打下了中国造的烙印;在老对手百事可乐大行国际化路线时,可口可乐却将自己的产品打扮得越来越"国粹",从1999年开始,可口可乐利用中国传统节日——春节大做文章,从喜气洋洋的"大阿福"、12生肖卡通罐到奥运金罐和茶系列饮料的面世,该公司努力地拉近与中国人的距离。同时,其广告设计采取红底白字,书写流畅的白色字母在红色的衬托下有一种悠然的跳动之感,既充分体现了液体的特性,又流露出中国传统红色的喜庆气氛。此外,可口可乐让本土明星做广告宣传,聘请港台当红明星林心如等,不但贯彻了本土化的思想,而且还从明星的年轻活力中抓住了主要消费群——年轻人。总体而言,可口可乐在中国展开了一系列的公关活动,从体育、教育、文娱、环保到树立自己良好积极纳税人形象,通过为北京申奥制作"申奥金罐"以及签约"中国队"、押宝"冲击世界杯"等与中国人融在一起,通过捐款捐书、兴建希望小学、资助大学特困生、创立大学生奖学金、援手教育项目等活动争取社会好评。

在国内诸多企业轰轰烈烈地开展"洋务运动"时,众多国际品牌却在中国市场放下身价,使用各种方法拉近自己与中国消费者之间的距离,塑造自己富有亲和力的品牌形象。零点远景投资授权零点指标数据网,在2003年年底发布的一项国际品牌亲和力的主题调查结果显示:虽然企业中高层管理人员认为对中国最友好的国际品牌数目众多且分布广泛,但在中国土壤上耕耘时间长且本土化程度高的国际品牌最能够获得国人好感,其中可口可乐位居第三名。可口可乐公司将自己打扮得越来越国粹,为了符合中国消费者审美观,甚至对已经用了20年的商标进行更改,采用了全新设计的中文商标。

一位美国的经济专家指出:美国公司海外业务的成败取决于是否认识和理解文化不同存在着的根本区别,取决于负责国际业务的高层经理们是否愿意摆脱美国文化过强的影响。事实证明任何成功的营销经验都是地域性的,营销越是国际化,就越是本土化。

本土化思维,本土化营销,促使可口可乐越来越成为中国的可口可乐。

(资料来源:三亿文库)

案例思考:
(1)通过本案例,请你归纳总结可口可乐中国化的战略包括哪些方面?
(2)针对中国饮料业的市场环境,你能否为可口可乐公司提出其他具有操作性的本土化策略?

2. 医药营销环境分析考核评价标准与评分表(表3.1.5)

表3.1.5 医药营销环境分析考核评价标准与评分表

平时成绩评价标准与评价项目					
序号	等级与分数 \ 评价项目	优秀 9分	良好 8分	一般 6分	需努力 3分
1	到课情况				
2	小组内参与情况				
3	团队内贡献情况				
4	思考与语言组织表达能力				
5	小组间评判的能力				
平时成绩(占总成绩的30%)					
实训成绩评价标准与评价项目					
序号	等级与分数 \ 评价项目	基本完成实训任务6分	突出表现并有创新9分	评价标准	
6	医药市场宏观环境分析			熟悉医药市场宏观环境要素	
7	医药市场微观环境分析			熟悉医药市场微观环境要素	
8	SWOT分析			会应用SWOT分析法指出企业的优劣势、环境中的机会与威胁,并进行分析	
实训成绩(占总成绩的70%)					
学生自评成绩					
小组评价成绩					
教师评价成绩					
总成绩					

(张 媛)

教学单元 3.2　医药市场购买行为分析与预测

能力目标：

通过本教学单元学习,帮助学生学会如何预测医药市场的方法,掌握医药市场消费者和医药组织市场购买行为的影响因素、购买动机和决策过程;具备分析医药市场购买行为的能力和医生处方行为的能力,在老师的指导下,能够根据这些特点和因素设计合理的医药市场预测报告及医药营销策略和方法。

知识目标：

掌握医药市场预测的内容和医药消费者市场的特点,消费者的购买动机和决策过程;熟悉医生处方行为的特点和影响因素;了解医药组织市场的特点。

素质目标：

利用药品消费者的一般需求特征和形成规律,影响医药消费者的购买行为和医生处方行为的因素,解决医药市场营销中的具体问题。通过分小组完成医药市场购买行为分析与预测,培养小组内学生分工协作、语言组织与表达、小组间评判的能力;培养每个学生自主学习、刻苦耐劳和个人情绪控制的自我管理能力。

"药改"要挤药价的水分

我国改革药品集中采购的"一刀切",明确规定药品采购将分五类实行,《关于完善公立医院药品集中采购工作的指导意见》文件明确规定对部分专利药品、独家生产药品;临床必需、用量小、市场供应短缺的药品;麻醉药品、精神药品、防治传染病和寄生虫病的免费用药等五类药品实行分类采购。

药价虚高,是我国医改正着力攻克的顽疾。媒体曾曝光四川川大华西药业股份有限公司生产的癌症辅助药物芦笋片,出厂价15.5元/瓶,省级招投标平台挂网采购价为185.2元/盒,而医院零售价格竟然为213元/瓶。

调查"潜规则"可以发现,药企药品进入政府招标目录,再进医院,到达患者手中要经过三道槛:第一道"槛"是国家推行以省为单位的药品集中采购,中标的药品才具备进入公立医院的资格;第二道"槛"是以省为单位的药品招标采购,只确定进入公立医院的药品名称、厂家、剂型等,药品最终进入医院,要医院领导点头;第三道"槛"则在药品进入医院后,要医生同意开处方,药品才能到患者手上。

跨过层层门槛的过程,是药价虚高的推手,也是腐败滋生的温床。指导意见提出了一系列有针对性的创新举措。一是实行药品分类采购,保障药品供应,降低虚高价格。二是改进药款结算方式,进一步减少中间环节。三是加强药品配送管理。四是规范采购平台建设,统一药品采购编码,公开药品采购信息,实现药品采购数据共享和互联互通。五是强化综合监督管理。严查医院和药品生产经营企业违法违规行为。

(资料来源:医源世界)

思考：如果你是一家医药企业的负责人，通过上述案例，你如何预测我国医药市场发展？可以采取哪些措施迎接医药市场变革带来的新机遇？

理论学习知识与背景

一、医药市场预测的含义

医药市场预测，是指在医药市场调查基础上，运用科学的方法对医药市场需求以及影响市场需求变化的诸因素进行分析研究，对未来医药市场容量、消费量等进行科学判断和推测的过程，为医药企业制订正确的营销决策提供依据。医药市场预测强调拥有系统而准确的医药信息，只有建立在充分依据基础上的预测才是可信的。它注重科学的推断，包括科学的预测方法、专业人员的经验及判断能力。

医药生产经营企业要想在市场竞争中取得优势，就必须掌握医药市场的变化趋势，进行科学的预测，把握目标市场机会，为医药生产经营企业可持续发展奠定良好的基础。并不是所有医药市场预测都是准确的，科学的医药市场预测是医药生产经营企业成功的关键。医药市场预测不准确，会导致大量医药产品积压或由于缺少库存失去销售机会。医药市场需求越不稳定，医药市场预测的准确性就越至关重要。

> **知识拓展**
>
> **医药市场预测的类型**
>
> 按预测的时间，分为长期预测、中期预测和短期预测。长期预测是指5年以上的预测；中期预测是指1年以上5年以下的预测；短期预测是指1年以内的预测。
>
> 按预测的范围，分为宏观市场预测和微观市场预测。宏观市场预测是指对国家整体经济发展前景和整个社会经济活动趋势的预测；微观市场预测又称销售预测，是指医药企业对产品的市场需求量、销售量、市场占有率等方面的预测。
>
> 按预测的性质，分为定性预测和定量预测。定性预测是指通过市场调查资料，根据主观经验来对事物未来发展变化趋势进行质的推测；定量预测是根据调查得来的数据，运用适当的数学和统计方法，对事物未来的发展变化趋势进行量的推测。

二、医药市场预测的主要内容

医药市场预测的内容广泛，影响医药市场变化的因素都属于预测的范围。医药生产经营企业必须根据市场变化情况进行各要素预测。医药市场预测主要包括以下几个方面。

1. 医药市场需求预测　　医药市场需求是指在一定的医药市场范围内、一定时期、一定的市场环境下，特定的消费群体可能消费某种医药产品的总量。医药市场需求预测是指分析消费者的购买心理和消费习惯的，对国民收入水平、收入分配政策的研究，推断出社会的医药市场总消费水平。医药市场需求的预测要根据不同市场营销环境的医药产品的功能、用法、用量和人口发病率等统计数据来进行，医药市场需求预测是医药市场预测的核心内容。需求预测包括：医药产品供应量、供应潜量和供应结构的预测；医药产品需求量、需求潜量和需求结构的预测；医药产品供求关系的变化预测；医药产品仓储数量与结构变化的预测等。

2. 医药产品预测　　医药生产经营企业要在激烈的市场竞争中生存和发展，必须生产和经营符合市场需求的医药产品。医药产品预测主要包括：医药产品组合预测；医药产品生命周期预测；医药产品新增生产能力预测；新药开发与应用预测；新剂型新规格预测；产品竞争的预测等。

医药产品竞争的预测是医药产品预测的重要环节，市场经济就是竞争经济，医药产品预测必须掌握医药产品的竞争品牌和同类产品的竞争状况。竞争预测包括：医药产品竞争主体变化预测、竞争策略与手段变化预测、竞争变化实力预测等。

医药产品预测中还要重视医药产品促销和营销渠道的预测。医药产品广告宣传、促销是树立医药产品品牌知名度和美誉度的重要手段,好的品牌就会有好的竞争力;营销渠道是建立医药产品供求关系的良好通道,好的营销渠道就能减少流通环节,提高供求效益。

老龄化推动医药市场规模大扩容

2013—2020年,中国医药市场规模将以年均12%的速度继续高速扩容,中国医药市场的规模将在短短几年内从9000亿飙升到2.3万亿元,而其中重要的助推因素之一就是老龄化。而随着人口老龄化带来药品潜在需求的增加,预期到2020年,中国药品市场的规模将达到2.3万亿元,老年人将会成为药品市场中最大的消费群体。调查显示,如心血管、心肌梗死、脑中风以及其引发的重度残疾等慢性疾病,治疗费用每年都在6000元以上。

根据国家统计局发布的数据,2015年我国老年人总数突破2亿人,老年人口数量不断快速增长,比例不断攀升,预计未来仍将以每年3%左右的速度增长,到2040年就会占22%,每四个中国人几乎就有一个是65岁以上的,这个标准就意味着,到那个时候中国老龄化的程度比美国还要严重。这对企业来说也就意味着巨大的市场机会。年龄结构的差异带来的患病结构的差异,会对药品需求产生巨大影响。由于人口老龄化,药品市场需求增加,居民购买力强。

事实上,这在日本的老龄化趋势中已经得到佐证,武田药业在20世纪80年代之后一直处于高速成长的趋势,即便是日本地产泡沫破灭之后也未能挡住武田药业的高成长步伐。药企巨头目光盯紧中国老龄化不断扩容的药品市场规模,促使很多药企将目光瞄准中国市场,尤其是老年人多发病药物市场。据羊城晚报记者了解,目前中国外商投资企业协会药品研制和开发行业委员会(RDPAC)有超过30家成员公司,均为跨国大型制药企业。而这些企业共有3200个不同阶段发展的新药,来应对糖尿病、癌症、老年痴呆症等疾病。默克雪兰诺是2型糖尿病药物格华止(二甲双胍)的原研企业,但此前该药在华的生产与销售企业则由中美上海施贵宝制药有限公司负责。然而,就在最近,出于对中国市场的重视,双方签署了战略合作协议,决定在华联合推广、销售格华止,并计划将在中国共同引入缓释型格华止。国内普药企业也抓紧对老年人多发病药物的研发及二次开发。瞄准国内老年痴呆症药物每年25%~40%的增速,广州白云山和黄中药近年也投入2000万元,对白云山复方丹参片的防治老年痴呆症功效进行二次研发。

(资料来源:金羊网.羊城晚报)

3. 医药市场占有率预测　医药市场占有率预测是指在一定市场范围内,对医药产品销售量或销售额占市场销售总量或销售总额的比例的变动趋势预测。一般采用医药企业销售预测与市场需求预测相对比的办法,是对一定市场范围未来某时期内,医药企业市场占有变动趋向做出估计,是医药企业产品的市场竞争能力的综合表现。医药市场占有率的预测包括绝对市场占有率的预测与相对市场占有率的预测,不仅应该预测本身产品的市场占有率以及其变化趋势,还应该对同类产品、替代产品的市场占有状况及其变化趋势进行预测。

4. 医药产品价格预测　医药产品的价格是围绕价值上下变动的,价格影响医药产品的供给和需求,医药产品价格预测需要以价格总体水平,利息利率变化,价格改革、成本变化等因素来确定。医药产品价格预测主要包括价格政策预测、价格波动幅度与影响因素预测、成本变化预测、定价策略与方法发展预测、价格心理预测等。医药产品价格预测决定了医药产品生产经营企业的经济效益预测,能为投资决策和其他经营决策提供依据,还可促进和改善经营管理。

5. 医药市场营销环境预测　医药市场营销环境预测主要指影响医药产品生产经营企业活动的不可控因素的外部环境因素的预测。它包括政府政策、政府消费、利率、消费者的消费与储蓄、企业投资,净出口和与企业有关的其他环境重要因素和事件等,这些因素处在动态变化中,既可带来机会,又可构成威胁。因此企业必须在充分掌握有关资料和信息的前提下,采取必要的措施顺应动态变化的外部环境,将不利因素变为有利因素,在激烈的市场竞争中占据主动地位。

> **知识链接**
>
> **新版 GSP 认证对医药行业的影响**
>
> 对药市的影响:新版 GSP 的推行必将使得药品流通市场的准入门槛提高,从短期来看,新的规范对于药市的影响并不大;但从长远来看,由于很多药企将忙于审核新版 GSP,特别是中小企业,会减少进货量,市场货源走货量将随之减少,加之产地新货上市,市场货源堆积的双重压力,使中药材市场可能会受到一定的影响。
>
> 对药企的影响:新版 GSP 在软件方面要求企业实施计算机管理信息系统,在硬件方面新版 GSP 要求对药品仓库采用温湿度自动监测系统,对药品储存环境实行 24 小时持续实时监测,要求配置各种保证冷藏、冷冻药品储存、运输环节温度的冷库、运输设施设备以及温度检测系统。软硬件方面要求的提高将使整个行业整体的资金投入增加,将加大中小企业的经济压力,最终将迫使部分中小企业退出市场。与此同时,这也给大型企业带来了较多并购重组的机会,有利于进一步增强其市场竞争力。
>
> 对药店的影响:新版 GSP 要求,药店或药品零售企业的法定代表人或企业负责人应当具备执业药师资格,同时对药店的设施设备、进货、仓储等都进行了严格的要求。指导消费者正确用药,新规范将执业药师制度作为硬性要求,今后无执业药师的将禁开药店。这样的要求将使单体药店面临诸多生产压力,但从另一角度看,如果单体药店通过了 GSP 的认证,那么随着药店信息化管理体系的建立,其管理水平将在很大程度上得以提高。
>
> (资料来源:百度文库)

三、医药消费者市场购买行为分析

(一)医药消费者市场的概念、特点与影响因素

1. **医药消费者市场的概念** 医药消费者市场是个人或家庭为了满足其防病治病、维护健康等生活需要而购买医药产品和接受服务的个人或群体所构成的市场,是现实和潜在消费者需求的总和。随着消费者整体素质和自我保健意识的提高,医药市场的整体规模和品质需求都呈现了显著地提升。这既使医药行业迎来了机遇,也对多数企业提出了新的挑战。因此,针对经济文化发展的不同阶段、不同地区研究分析医药消费者市场的需求特点,才能有效地适应动态的消费者需求,在激烈的市场竞争中形成独特的产品优势。

2. **医药消费者市场的特点**

①医药消费者市场规模大。我国人口规模庞大,由于药品与生命健康的密切相关的特殊性,对人们来说生存和健康是根本和保障。近年来我国的经济快速发展和医疗保障体系逐渐完善,人们的生活水平得到改善,人们在医药保健上的消费比重逐年提高。因此形成了一个极其庞大的医药产品消费市场。但从平均医药消费水平上看,我国还处于较低水平。

②消费需求差异性。由于经济发展不平衡,地区、城乡市场间差别较大,就产生了不同的药品消费需求,我国沿海城市已达到中等发达国家水平,而一些中西部偏远地区仍处于刚解决温饱阶段,同时在城乡之间实行了不同的医疗保障制度,这使得农村地区的卫生发展水平低于城市,这就导致了城乡居民在药品的种类、质量、价格、用药习惯等方面存在较大的差异。但随着近年我国大力推进新农村和城镇化建设,传统的农村地区医药消费市场在迅速扩大,这也成为吸引众多国内外医药企业的重要因素。又如我国北方气候干燥寒冷,对抗感冒药等需求量较大,南方温和湿润,则对抗风湿药等药物的需求较大。

③消费非专业性和被动性。药品属于特殊商品,它在选择、购买、使用过程中需要较多的医药学专业知识,一般的消费者是很难实施这一过程的,因而没有自主决定权。更多的是寻求医生、药师等专业人员进行指导来决定药品种类、数量、使用方式等,或者容易受到药品广告、宣传和他人的影响。医药企业可运用合适的营销策略和方法,进行药品知识宣传教育,科学合理地指导消费者用药,影响消费者的选择。

④消费单一性和多样性。医药消费者在购买药品时其目的的单一性,就是维护身体健康。同时药品消费又有其多样性的一面。比如不同消费者在年龄、性别、职业、民族、阶层、文化层次等方面的差异,会使其对药品的消费需求呈现多样化的特点。比如中、西药的选择,国产、进口药品的选择,剂型的选择等。

⑤消费情绪的低落性。由于疾病不为消费者主动接受的特殊性,导致消费者在药品的选择上也会产生一定的被动或抵触的情绪,医药消费者在被动接受时,极易出现低落的情绪状态,这会影响药品的营销效果。如在营销过程中能细致地研究患者心理变化过程,对推动消费需求有积极的影响。

江中牌健胃消食片市场定位

消费者认为消化不良是"常见的小毛病"的超过50%。显然,对于消化不良这个小毛病,特别是饮食不当引发的消化不良,用点酵母片之类"小药"就可以了,药效较强的吗丁啉并非首选。消费者认为,胃炎或胃溃疡才称"胃病","消化不良"则是另一种"病"。"胃药"是用来治胃病的,即胃炎、胃溃疡,其表现症状主要是"胃酸、胃痛",当然也能解决部分"胃胀"。而消化不良则是平时饮食不当引发的,是一种常见小毛病,甚至不能算病,这个时候就要吃助消化药物来帮助消化,解决其"胃口不好""肚子胀"的问题。

在发现助消化药市场存在巨大的空白后,江中药业提出江中健胃消食片的品牌定位——"日常助消化用药"。制订了广告语"胃胀、腹胀、不消化,用江中牌健胃消食片"。传播上尽量凸现江中健胃消食片作为"日常用药、小药",广告风格则相对轻松、生活化,而不采用药品广告中常用的恐怖或权威认证式的诉求。针对成人消费者的电视广告中,穿浅绿衬衣的郭冬临关怀地对着镜头询问,"您肚子胀啦?"接着镜头拉远,他坐在椅子上,做出胃胀腹胀的表情,"胃胀?! 腹胀?!"随后引出解决之道,"胃胀、腹胀、不消化,用江中牌健胃消食片"。针对儿童的电视广告,直接提出家长的烦恼:孩子不喜欢吃饭。"哄也不吃,喂也不吃"是最真实的写照,引起家长的关注。最后告知解决之道:"孩子不吃饭,快用江中牌健胃消食片。"

江中健胃消食片通过消费者购买行为的分析,对其产品重新定位与传播,销量仅用5年时间从1个多亿元到9亿元,成为国内OTC药品单品销量第一。

(资料来源:中国经营报)

思考:如果你是医药企业的营销人员,通过上述案例,利用医药消费者的行为模式的特点,采取哪些策略改变消费者对医药产品广告的怀疑态度?

3. 影响医药消费者市场的因素 影响消费者市场购买的因素比较多,主要有以下几个方面。

(1) 文化因素 文化、亚文化和社会阶层等文化因素,对消费者的行为具有广泛和深远的影响,这种影响在当前的消费行为中的作用越来越明显。医药营销人员必须了解个人的文化和与之相伴的价值观,以及亚文化和社会阶层如何影响人们的购买行为。

(2) 社会因素 消费者购买行为要受到一系列社会因素的影响,主要有以下三方面。

①参照群体:指那些直接或间接影响人的态度、行为和价值观的群体。比如医患关系及患者自发组织的非正式组织,医生对患者进行药品消费行为具有重要的影响作用;一些特殊病症患者自发组成的类似"肿瘤之友""糖友俱乐部"等群体。主要表现有,生活方式的影响:参照群体向人们展示新的行为和生活方式,这就容易使消费者产生羡慕和模仿。行为态度的影响:参照群体独特的行为方式,影响着人们的自我观念,使人们认为自己是属于该群体的成员,从而对人们的态度产生影响。信息沟通的影响:由于信息来源的相同、信息内容的类似性影响到消费者对产品的认识,从而影响消费者的购买行为。医药企业在市场营销过程中必须充分重视消费者的相关群体对其购买行为的影响。

②家庭:家庭强烈地影响着人们的价值观、自我观念以及购买行为。家庭生命周期对消费者市场有非常重要的影响。在消费者市场研究领域中,常根据婚姻、年龄及子女状况等把家庭划分为七个阶段:单身阶段、新婚阶段、满巢阶段一、满巢阶段二、满巢阶段三、空巢阶段、鳏寡阶段。在不同阶段,同一消费者其家庭的购买力、兴趣及消费偏好会有很大的不同。

如在满巢阶段,由于家庭生活的消费以子女为重心,子女的教育、医药消费成为家庭的最大支出项目。年轻父母对独生子女的爱护,加上经济条件普遍较好,药品消费倾向于药品效果好、作用快、副作用小、服用方便,而对药品价格等因素相对关注较少。而在空巢阶段及鳏寡阶段,由于夫妇年龄的增大、各种疾病的产生,使得消费者更注重医疗保健的消费。药品营销人员应根据家庭生命周期阶段的不同消费特点,制订相应的营销策略。

> **知识链接**
>
> **家庭生命周期的不同消费主流特性**
>
> ①单身阶段:处于单身阶段的消费者一般比较年轻,几乎没有经济负担,消费观念紧跟潮流,注重娱乐产品和基本的生活必需品的消费。
>
> ②新婚阶段:经济状况较好,具有比较大的需求量和比较强的购买力,耐用消费品的购买量高于家庭生命周期其他阶段的消费者。
>
> ③满巢期阶段一:最小的孩子在6岁以下的家庭。这一阶段的消费者往往需要购买住房和大量的生活必需品,常常感到购买力不足,对新产品感兴趣并且倾向于购买有广告的产品。
>
> ④满巢期阶段二:最小的孩子在6岁以上的家庭。这一阶段的消费者一般经济状况较好,已形成比较稳定的购买习惯,极少受广告的影响,倾向于购买大规格包装的产品。
>
> ⑤满巢期阶段三:夫妇已经上了年纪但是有未成年的子女需要抚养的家庭。处于这一阶段的消费者经济状况尚可,消费习惯稳定,可能会购买富余的耐用消费品。
>
> ⑥空巢期:指子女已经成年并且独立生活,但是家长还在工作的家庭或退休的家庭。处于这一阶段的消费者消费更趋谨慎,对新产品不感兴趣,也很少受到广告的影响,倾向于购买有益健康的产品。
>
> ⑦鳏寡期:尚有收入,但是经济状况不好,消费量减少,集中于生活必需品的消费和医药产品。

③社会阶层:具有类似的价值观,兴趣和生活方式的社会性同质集团。不同的社会阶层有不同的生活方式和购买行为,所以,医药市场营销管理者在制订医药市场营销战略时应对社会阶层予以高度重视。

(3) 个人因素　医药消费者市场也受消费者个人因素的影响,个人因素包括消费者的年龄、性别、职业、经济状况、生活方式等。就药品及保健品消费而言,在婴幼儿阶段,儿童药品的消费占主导地位,而在中老年阶段,预防和保健治疗药品占据重要地位。男性和女性的性别差异导致他们有不同的需求。对医药营销人员而言,只有研究医药产品、品牌与具有不同的生活方式的各群体之间的相互关系,才有可能吸引相关生活方式下的消费者的注意和购买。

(4) 心理因素　医药消费者市场受消费者购买动机、感觉、学习以及信念和态度等主要心理因素的影响。

①动机:需求是一种个体感到欠缺的状态在人脑中的反映。当需求达到足够强度时,这种需求才会变成动机。动机是使人采取行动满足某种需求的驱动力量。

②感觉:感觉是影响个人购买行为的重要心理因素。每一个人对情况的知觉能力是不同的,其行为可能大不一样。人们要经历三种知觉过程,即选择性注意、选择性曲解和选择性记忆,也就是心理学上的知觉的选择性。医药营销人员要通过改变药品的形状、颜色、功效、味道、剂型、成分、包装等有别于其他药品的特性与方式以及改变价格、广告、数量等促销方式来刺激潜在消费者,以加深消费者的印象而促使消费者购买。

③学习:学习是指通过经验或实践改变行为的过程。如某个消费者在某医药杂志上看到了某种新型的胃药,当天就去药店购买了这种药品,就表明该消费者已对这种药品有所了解。

④信念和态度:信念是指一个人对某些事物所持的看法。消费者容易形成对某一产品的性能的一套信念,然后在这套信念的基础之上形成产品的品牌形象。态度是指一个人对某些事物或观念长期持有的好与坏的认识上的评价、情感上的感受和行动倾向。人们常把对事物的种种态度,归纳为心理上的喜欢和不喜欢两大类。根据喜欢的程度不同,可以划分为不同的消费偏好。

(二)医药消费者市场分析的内容与类型

医药企业的生产和经营能否适应市场需求,将决定自身的发展,因而需要正确地分析消费者市场,分析工作常常是围绕"5W+1H"展开,"5W+1H"指的是:谁(who)——购买行为的发起者、决策者、执行者以及医药产品的最终使用者;购买什么(what)——能满足消费者需求的医药产品或服务是什么,如低价格、完善的服务、企业品牌等;为何购买(why)——消费者的主要购买动机和目的;何时购买(when)——消费者购买行为一般发生在什么时候。由于药品的特殊性,消费者购买的时间似乎很难确定,但还会存在一定规律,如就近购买等;何地购买(where)——消费者在什么地方获得所需的医药产品或服务,处方药一般在医院由医生开具,非处方药一般在零售药店出售;如何购买(how)——消费者习惯通过什么方式完成购买行为。消费者的购买行为一般受性格、职业、年龄、性别等因素的影响,购买行为一般有习惯性、理智型、经济型、盲目型、想象型、疑虑型、躲闪型七种类型。

医药消费者市场购买对象是医药产品,医药产品主要指药品和药学服务。药品根据不同的分类标准可以有不同的分法。在药品的经营销售领域,一般将药品市场分为处方药、非处方药和保健品三大市场。

一家医药企业要想生产一种儿童感冒类新药,请同学们帮助企业从哪几个方面来分析研究消费者市场,从而为企业制订出最为"适当"的营销组合策略。

> **知识链接**
>
> **马斯洛需求层次论**
>
> 美国心理学家马斯洛提出的"人类需求层次论",在市场营销学中占有很重要的地位。
>
> ①生理需求:人们为了求得延续生命的基本需求,是最低层次的需求,例如满足其解饥、御寒和睡眠等所需的食、衣、住等方面的需求。
>
> ②安全需求:保障人身安全,以免遭受危险和威胁,如保险、保健、药品等的需求。
>
> ③社会需求:指人的一种归属感。人类在社会中生活,往往很重视人与人之间的交往,希望成为某一团体或组织有形或无形的成员,得到人们的重视和获得友谊等。
>
> ④尊重需求:人类具有自尊心和荣誉感,希望得到别人的尊重,希望在才能、品德及成就等方面得到他人的好评,受到公众的承认。
>
> ⑤自我实现需求:人本身的潜力、才智与能力能得到充分发挥的需求,这是最高层次的需求。马斯洛对这一需求是这样解释的:"一个健康的人总是被要充分发挥自己的才力的需求所鼓舞,别人能干什么,他就要干什么。"

(三)医药消费者购买行为模式

医药消费者购买行为,是指医药消费者在寻求、购买、使用以及评估和处理预期能满足其某种需要医药产品或服务时所表现出来的行为。医药消费者购买心理是复杂的,研究消费者购买行为模式,对于更好地满足消费者的需求和提高企业市场营销工作效果具有重要意义。

1. **S-O-R模式** 该模式即"刺激-个体生理、心理-反应"(刺激-反应模式),"S"代表刺激(stimulate),"O"代表刺激对象(object)的生理、心理特征,"R"代表反应(reaction)。医药消费者在各种因素的刺激下,产生动机,在动机的驱使下,做出购买医药产品的决策,实施购买行为,购买后还会对购买的医药产品及其相关渠道和厂家做出评价,这样就完成了一次完整的购买决策过程。

购买者受到的外界刺激可以分为两类:一类是医药企业所能控制的营销因素,即产品、价格、分销地点、促销对购买者产生的刺激;另一类是企业不能控制的宏观环境因素,即经济、科学技术、政治法律、社会文化等对购买者的刺激。所有这些刺激进入购买者的意识后,就产生一系列我们可以看得见的反应,如药品选择、品牌选择、购买时间选择和购买数量选择等。

2. **尼科西亚模式** 该模式由四大部分组成:第一部分,从信息源到消费者态度,包括企业和消费者两方面的态度,信息流程,厂商将有关医药产品的信息通过广告等媒介传至消费者,经过消费者的内化后,形成态度;第二部分,消费者对医药产品进行调查和评价,并且形成购买动机的输出,信息寻求及方案评估,消费者态度形成后,对厂商的产品产生兴趣,通过信息收集作为评估准则,因此而产生购买动机;第三部分,消费者采取有效的决策行为,购买行动,消费者将动机转变为实际的购买行动,这一过程受品牌的可用性、经销商因素的影响;第四部分,消费者购买行动的结果被大脑记忆、储存起来,供消费者以后的购买参考或反馈给企业。

消费者购买医药产品以后,经过使用过程,对所购买的产品产生实际的经验,由购买后使用的满意程度,影响再购行为,同时厂商也由消费者的购买意向与使用的满意程度,获得信息的反馈,以作为品质改进、定价、广告以及其他营销策略的参考依据。

3. 科特勒行为选择模式　该模式为强调社会两方面的消费行为的简单模式。说明消费者购买行为的反应不仅要受到营销的影响,还有受到外部因素影响。而不同特征的消费者会产生不同的心理活动的过程,通过消费者的决策过程,导致了一定的购买决定,最终形成了消费者对产品、品牌、经销商、购买时机、购买数量的选择。

4. 恩格尔模式　该模式又称 EBK 模式,分为四部分:①中枢控制系统,即消费者的心理活动过程;②信息加工;③决策过程;④环境。外界信息在有形和无形因素的作用下,输入中枢控制系统,即对大脑引起、发现、注意、理解、记忆与大脑存储的个人经验、评价标准、态度、个性等进行过滤加工,构成了信息处理程序,并在内心进行研究评估选择,对外部探索即选择评估,产生了决策方案。在整个决策研究评估选择过程,同样要受到环境因素,如收入、文化、家庭、社会阶层等影响。最后产生购买过程,并对购买的商品进行消费体验,得出满意与否的结论。此结论通过反馈又进入了中枢控制系统,形成信息与经验,影响未来的购买行为。

5. 霍华德-谢思模式　该模式的重点是把消费者购买行为从四大因素去考虑。刺激或投入因素(输入变量);外在因素;内在因素(内在过程);反映或者产出因素。其认为投入因素和外界因素是购买的刺激物,它通过唤起和形成动机,提供各种选择方案信息,影响购买者的心理活动(内在因素)。消费者受刺激物和以往购买经验的影响,开始接受信息并产生各种动机,对可选择产品产生一系列反应,形成一系列购买决策的中介因素,如选择评价标准、意向等,在动机、购买方案和中介因素的相互作用下,便产生某种倾向和态度。这种倾向或者态度又与其他因素,如购买行为的限制因素结合后,便产生购买结果。购买结果形成的感受信息也会反馈给消费者,影响消费者的心理和下一次的购买行为。

消费者不相信广告

目前,很多保健品、OTC 企业的营销人员都有这样错误的观点:有一个好的产品,再找一家广告公司做几个漂亮的广告,还怕市场不卖货吗?事实证明,多年以来,按这种方法操作药品和保健品的企业和个人大都血本无归,因为他们忽略了医药保健品市场的核心问题。这个核心问题就是消费者对其广告的信任度。自医药保健品广告在我国出现之日起,媒体就没有停止过对它的批评和声讨。加上一些居心不良、缺乏自律的经营者对虚假医药广告的依赖和大量违规投放,结果使老百姓几乎不再相信医药保健品广告。特别是保健品的行业诚信度越来越走低,导致消费者对所有的医药保健品广告都持不同程度的怀疑态度。

(资料来源:中国经营报)

思考:如果你是医药企业的营销人员,通过上述案例,利用医药消费者的行为模式的特点,采取哪些策略改变消费者对医药产品广告的怀疑态度?

四、医生处方行为

(一)医生处方行为的含义

处方是注册执业医师在诊疗活动中为患者开具的、由取得药学专业技术职务任职资格的药学专业技术人员审核并作为患者用药凭证的医疗证书。处方药是指必须凭执业医师或执业助理医师处方才可调配、使用和购买的药品。处方药市场是医药企业、药品经销商、医院和医疗机构等组织销售处方药品的市场。

医生处方行为是基于医疗工作的特点,在社会宏观环境、医疗卫生体制的约束下,基于本身的专业水平和临床经验而表现出来的业务行为。不同年龄、学历、职称的医生,其性格特征、消费心理均有很大的区别,它是一个动态的个体化的行为过程,而不是一个静态的标准化过程。处方药要想获得消费市场的认可,往往取决于医生对该药的接受程度,医生处方行为是影响药品在医疗机构销售情况的关键因素。

(二)医生处方行为的类型

医生会根据患者的疾病类型、严重程度和缓急,以及经济条件等方面进行衡量开具处方,选择适当的处方药供患者使用,开具的处方被消费者拿到药房购买药品后,才算完成了药品真正销售过程。医生对药品的选择决定了该药品的使用,医生在整个处方药的销售过程中处于主动地位,一个处方药要想取得良好的销售业绩分析医生处方行为极其重要,医生处方行为的类型有以下几个方面:

1. 赞同型 医生对某药品持积极处方行为。在长期的医疗实践中,医生不仅认同药品疗效、安全性服务等优点,对该药品的特性等方面还产生一定兴趣,故在同类病症中经常开此药品处方。

2. 中立型 医生知道某药品,对此药品的态度是不赞同也不反对,对其没有特殊的兴趣,只是根据以往的使用情况进行一定程度的替代使用。

如果你是一名医药营销人员,正好遇见一位具有中立型处方行为的医生,你采取哪些措施改变其处方行为,使其变成赞同型。

3. 敌意型 医生不承认某药品的优点,自然也就不会开含有该药品的处方。医生对该药品形成这种处方行为,一方面可能该药品在使用过程中发生过一些问题,使医生对该药品不信任,而产生了敌意;另一方面可能是由于该药品的医药公司营销人员在与医生的接触中发生过冲突。

4. 未接触型 医药企业都致力于不断推出新药,因而医药市场上都会出现大量新药,从而会发生医生不熟悉某种药品或只是刚刚听说过的情况,对其并无使用经验,或没有从其他同事那里听到过这个药品的疗效反馈,因此无法形成对此药品的任何看法。出于医生的谨慎原则,他们一般不会开该种药品的处方。

因此,医药企业有必要使更多的医生了解本企业医药产品的特点与功效,让医生保持赞同型处方行为,而减少敌意型处方行为。

同时医药市场营销人员还可以将医生个性特点分为以下四种基本的个性风格:追随型(自控力弱、权威性差)、外向型(自控力弱、权威性强)、思考型(自控力强、权威性差)、权威型(自控力强、权威性强)。优秀的营销人员会用相适应的方式与不同个性的医生交流,这样会更好地展示自己公司的产品,让医生更深刻地了解自己公司的产品特性,取得事半功倍的效果。

(三)医生处方行为的影响因素

医生的处方行为在不同的环境下会受到不同因素的影响,继而会产生不同的表现。下面我们将从内在因素和外在因素两个方面进行分析。

1. 内在因素

(1)用药习惯和偏爱 每个医生都有个人偏好及用药习惯,已形成的药物使用经验和在长期的处方实践中形成了对某个药厂或者某个医药营销人员的喜爱,这种喜爱容易延伸到对应的药品上。

(2) 新药试用欲望 医生希望站在医学发展的前沿。多数医生,特别是中青年医生对新药、新的用法、新的剂型、新的用途有强烈的试用欲望。

(3) 尊重的需求 每个医生都想成为一个受人尊敬的好医生,这就要求医生开具的药品能帮助他将患者的病治好,而且要比其他的药物优秀,这样才可能在同行中树立被人尊重的地位,在治疗过程中得到患者的尊重。

(4) 安全感 医生最怕的就是医疗事故,这会使他身败名裂,所以在使用药物时首先考虑是否安全、是否会出现不良反应,而对疗效却可以放在第二位。安全感的另一个方面是你是否让人信赖,与你交往是否安全。

2. 外在因素

(1) 药品的疗效 医生在针对消费者的某种疾病进行对症下药时,首先要考虑药品是否对症。例如同为抗生素产品,不同种类的抗生素具有明确的适应证,因此医生首先关注的是药品的治疗范围与疾病的一致性。另外,药品的不良反应及是否使用方便(如不同的剂型)也是医生用药考虑的重要因素。

(2) 消费者的需求 在患者就诊行为中,常会对就诊医生提出要求:要求医生一定要进行处方行为;要求医生进行特定药品的处方行为。其实,患者的医药知识或许没有医生想象的那么简单,他们对于自己身体的关注程度超过了医生的了解程度。他们对于药品的指定,可能是出于对疾病的了解,比如久病成良医,也可能是专家推荐。

(3) 品牌 在治疗过程中,医生会先采取比较保守的治疗方法,表现为医生尽可能避开风险,即使一定要面对风险,也要避开最大的风险。所以在使用药品时,首先考虑的是药物是否安全、不良反应出现概率等因素。药品品牌和制药公司品牌的作用在这方面极大地缓解了医生的顾虑,有助于增强医生的信心,因为药物与生命攸关的特点决定了药品的购买行为在很大程度上取决于可靠的信誉。医生在同医药企业打交道的同时,也会对其整体形象形成一定的印象。当然这一印象可能来自于该企业以前产品的疗效,也可能来自于其他方面,比如良好的社会形象等。因此药品的品牌营销和口碑是医药企业必须关注的方面。

(4) 学术带头人的影响 学术带头人对某种药品的评价,凭借其在领域内的声望和地位,会影响其他医生的处方行为。特别是在一个药品刚进入市场,在医生认知和尝试的阶段,学术带头人的推荐是非常有效的,因此医药企业一定要重视对著名专家的产品介绍和情感联络工作。

(5) 医药产品营销的质量 医生没有多少时间来仔细研究每一种处方药,而对不熟悉的药品,他们通常都会采取保守的处方行为。因此,以一种简洁易懂的方式展示产品疗效的证据,对医生是十分必要的。要想新药顺利进入市场,首先要解决的是医生对于安全性的顾虑,对功能和安全性的介绍就成为了核心的营销目标。其次,如何让医生在众多新药里发现并青睐本企业的产品。

(6) 医疗政策 无论是在国内还是国外,也无论是在何种医疗制度下,有限的医疗保险资金与市民无限的就医需求永远是无法避开的矛盾。所以,医疗保险制度改革的实质可以看成是一次医疗消费利益的调整。

五、医药组织市场购买行为

(一) 医药组织市场及其需求特征

1. 医药组织市场概念 医药组织市场是指医药企业为生产、销售医药商品或提供医疗服务,以及政府部门和非营利性组织为履行职责而购买产品和服务所构成的市场,这种市场是法人市场。医药组织市场与医药消费者市场的购买行为存在着显著的差异,研究医药组织市场的特点,掌握其购买行为的规律,对医药企业的市场营销有着重要意义。

2. 医药组织市场的类型 医药组织市场按购买主体不同分为:医药产业市场、医药中间商市场、医疗机构市场、政府机构市场。

(1) 医药产业市场 它是指医药产品生产企业购买医药原材料或半制成品、制成品,生产医药产品以供销售获取利润而形成的市场。医药产品生产企业既可以购买医药原材料或半制成品,又可以购买医药制成品进行生产。

(2) 医药中间商市场　它是指专门从事医药商品流通经营活动,处于医药商品生产者和消费者之间,购买医药商品进行转售以获取利润而形成的市场。它是联系药品生产企业和消费者的中间环节。

(3) 医疗机构市场　它是指医疗机构购买医药商品为消费者提供医疗服务而形成的市场。医疗机构包括医院、卫生院、疗养院、门诊部、诊所等多种形式。医院和医生是药品的中转站,是间接的医药消费者,我国80%以上的药品都要通过医生处方开给最终消费者。

(4) 政府机构市场　它是指为了履行国家职能和满足公共医疗需要或为了满足各政府机关的从业人员的医疗需要而形成的市场。政府的医疗卫生保健制度、计划生育政策、应对战争和突发性公共卫生事件的要求等,使各级政府部门成为医药产品和服务的购买者。政府机构购买受政府财政约束,受社会公众监督,一般实行招标采购。

3. 医药组织市场的需求特征

(1) 购买需求具有派生性　医药组织市场对医药产品的需求是从医药产品消费者对最终医药产品和服务的需求中派生出来的,医药组织市场的购买动力最终取决于医药消费者市场的需求水平,它会随着消费者的需求的波动而变化。

(2) 再生产或销售　消费者市场的消费者购买医药商品是为了满足个人或家庭的消费,而医药组织市场的购买目的是为了生产或销售。

(3) 购买者的数量相对少,规模相对大　药品组织市场的购买者是法人,法人组织通常都具有一定的规模,所以购买者数量相对较少而且能够具体明确。药品组织市场购买目的是为了生产和销售,生产的规模效应和销售所面对的广大市场范围决定了医药组织市场的购买规模较大。

(4) 购买者地理位置集中　因各地区的自然资源、经济发展水平和投资环境不同,那么医药组织市场的分布和规模就存在较大的差异。一般经济发达地区、医药自然资源丰富地区、投资环境良好的地区,都是医药组织市场集中地区。

(5) 购买专业性强,程序复杂　由于医药组织市场购买过程中涉及复杂的技术、高质量的要求、准确的效益评估,同时需要控制购买的成本,所以医药组织市场的购买需要成立专门的购买中心,配备专业的购买人员,规定各部门在采购工作中的职责,制订严格的采购程序。

(二) 影响医药组织市场购买行为的因素

医药组织市场购买行为表面的目的是为了生产或经营的连续,降低生产经营成本,但根本的目的还是为了获得社会效益和经济效益。医药组织市场购买行为在购买过程中常常受到各种因素的影响,按其影响范围可分类四类:环境因素、组织内部因素、人际关系因素及个人因素。

1. 环境因素　环境因素是指影响医药组织市场购买者生产经营的外部环境因素,包括政治法律、医药科技、市场竞争、资源、社会文化等。在正常情况下,外部环境因素既可以为它们提供市场机会,也可能制造生存障碍,它直接制约着医药组织购买者的经营内容、市场规模,规范着他们的生产经营行为,并用法律、行政、经济等手段对其市场行为做出公平的评判。正确判断环境因素对组织购买者及时调整营销策略,抓住市场机会起着重要的作用。

2. 组织内部因素　组织内部因素是指医药组织市场购买者内部因素对购买行为的影响,包括企业目标、采购政策、业务程序、机构设置、采购制度等。企业营销人员与组织客户沟通时,对这些要进行充分的了解,如医院的进药程序、药事委员会的构成、参与采购工作的所有人员及对供货时间、产品质量、付款时限具体规定等,从而规范自我的营销行为并尽量与这些具体的要求相吻合。

3. 人际关系因素　人际关系因素是指医药组织市场购买者内部的人事关系等,这些也会影响其采购活动。在这些组织内部,由于参与购买过程的部门和人员较多,所承担的角色和作用各不相同。他们相互之间的关系和影响程度,经常是市场营销人员费尽心机想了解的内容,也是最难掌握的东西。对于这些人际因素切不可盲目猜测,要深入了解,仔细辨析,寻找并满足决策者的需要,是营销成功的关键要素之一。

4. 个人因素　个人因素是指医药组织市场购买决策者的年龄、职务、性格、文化程度、职业道德和业务能力等因素。人是感情动物,在其决策过程中往往掺入个人感情色彩,如医院采购药品,当供应药品的质量、疗效、价格、服务等相似时,医院采购人员的个人因素就会产生较大的作用。医药企业营销工作不仅要在药品质量、价格、服务等"硬件"上下工夫,也要在与采购人员经常沟通、建立良好稳固的私人关系等的"软件"上做文章。

假设你是某医药企业的医药营销人员,如何利用上述影响医药组织市场购买行为的因素,将本企业的医药产品在某医疗机构进行营销和推广。

(三)医药组织市场的购买决定

医药组织市场购买的参与者、影响因素与决策过程大体上具有相似性,根据在购买决策过程中参与者所承担的任务不同,分别扮演着以下几类角色:①发起者,首先提议购买某种产品或服务的人。②影响者,其观点或建议对决策有影响的人。③决定者,最后决定整个购买意向的人。④购买者,实际执行购买决策的人。⑤使用者,实际消费产品或服务的人。

医药组织市场的购买行为决策过程　医药组织市场的购买者的购买行为模式也是一种"刺激-反应"模式,营销活动和其他环境刺激对医药组织市场购买者产生影响,并引起购买者做出某些反应,组织购买决策过程可因购买者及购买类型的不同有简单和复杂之分。一般来说,医药组织市场购买决策过程经历八个阶段。

(1)提出需求　医药企业在发展中会不断产生新的需求,如医药组织市场出现新的变革、新技术、新工艺,或研制出新产品,或某些专利药品保护已满等。因此,掌握医药组织市场的发展趋势,可以使医药营销人员对医药组织市场的需求有更好的了解,从而也更有机会获得订单。同时,加强推销和宣传,激发企业潜在需求和产生新的需求。

(2)确定需求　它是指确定所需医药产品和服务的种类和数量。如果是复杂的新购项目,购买者需要和技术人员甚至高层管理者共同确定项目的条件。供货企业的营销人员此时应设法向采购者介绍产品特性,使其对本企业的产品感兴趣,协助他们确定需要。

(3)说明需求　企业采购组织要对所购医药产品的品种、性能、规格、特征、数量、质量和服务等进行需求的说明。这样的需求将由指定的专家小组做价值分析,价值分析的目的是降低成本,改进需求。分析结果由专业人员确定详细的说明书,成为采购人员采购过程中的依据。对医药组织市场的营销人员来说,认识这些购买影响者并认清他们之间的相对关系和重要程度是最好的竞争优势。

(4)寻找供应商　医药组织市场采购人员通常利用工商企业名录或其他资料查询供应商。如今,大多数公司通过国际互联网来寻找供应商。因此,供应商应充分重视"工商企业名录"和计算机网络系统,为自己入选采购商名单打下基础,同时还需提高企业的知名度,得到市场认可。

(5)征求供应信息　医药组织市场购买者明确合格的供应商后,会要求他们提交详细的书面供应建议书。为提高入选概率,医药组织市场的营销人员必须熟悉供应建议书的书写和提交程序,提交的文件不仅包含技术内容,还能使采购方产生购买信心;同时供货企业要提供优质服务,使采购方产生购买信心。

(6)选择供应商　医药组织市场采购人员对供应商提供的资料进行分析和评价,最后做出决策。采购人员主要考虑供应商下列属性:信誉、技术能力、产品的质量、规格、价格、服务、交货能力等。现在许多公司都在大量缩减供应商的数量,并期望他们选中的供应商在产品开发阶段就能和自己密切配合,谋求共同发展,作为供应商应根据这样的变化充分地做好准备。

(7)签订合约　医药组织市场购买者根据所购产品的技术说明书、订购数量、交货时间、退货办法、产品保证条款等内容与供应商签订最后的订单。为了设备的维护、修理或操作,采购者常常签订一揽子合同,这些合同能在采购者与供应商之间建立一种长期关系。

(8)绩效评价　医药组织市场购买者对各个供应商合约执行情况进行检查,征求使用者的意见,按照一定的标准对履行合约情况进行评估,以决定维持、修正还是中止供货关系。供应商应关注采购者的评估标准,以保证自己能让客户满意。如研究表明供应商对于顾客意见或投诉的处理速度至关重要。迅速处理、解决问题和纠正错误会提高获得新订单的概率;如果反应迟缓,则会降低顾客的满意度。

(四) 医药组织市场的购买行为

医药生产和经营企业、医疗机构、政府必须从具有医药生产、经营资格的企业购进药品,但是购进没有实施批准文号管理的中药材除外。

1. 医药生产者市场购买行为

(1) 首次购买　它是指医药生产企业向某一医药生产企业或经营企业首次购进某种医药产品。企业在采购过程中需要大量该医药产品相关信息,因而采购的成本高,风险大,是最复杂的购买行为。该购买行为为所有潜在供应商提供了平等竞争的机会,供应商需提供各种信息,帮助医药生产企业消除采购过程中的疑虑,促使其购买。

(2) 重复购买　从熟悉的供应商那里订购过去采购过的同类医药产品。购方购买行为是惯例化的,持续采购,而且不变更购买方式和订货条款,甚至建立统一订货系统。对原有供应商来说,应努力保证产品和服务的质量,提高购买者的满意度,稳定客户关系,争取更多的订货份额。对新的供应商来说,可以通过提供一些新产品或消除不满意来争取下一次获取订单的机会,也可以通过接受小订单来打开业务。

(3) 创新购买　购货方为了更好地完成采购任务,调整部分采购方案,比如供应商的改变、所需产业用品的数量、规格、价格的调整。创新购买对原有供应商提出了更高的要求,原供应商需要做好市场调查和预测,努力提高产品的质量,降低成本,并不断开发新产品,从而迎合采购商变化的需求,设法巩固其现有顾客,保住其既得市场。对新的供应商而言,创新购买则意味着获得新业务的机会,需要认真对待。

2. 医药经营者市场的购买行为　采购工作中要求所采购药品的优质、安全、有效;价格合理以保证企业有一定的利润空间;药品品种和数量能保证正常经营的需要,保证基本药品目录中的常用药和主要品种不断货。此外,若采购的企业为首营企业、采购的品种为首营品种,应依据GSP进行首营审核。药品经营企业购买行为一般有以下三种情况。

(1) 全新购买　购买以前从未购买过的某一医药产品品种。中间商需要分析该品种的市场前景、买主需求强度、产品获利能力等多方面因素,才能决定是否购买。

(2) 调整购买　中间商由于自身条件的限制,不能经营所有供应者的产品,而只能选择经营若干品牌;或中间商准备用自己的品牌推销医药产品,正在寻找有一定水准又愿意合作的供应者。

(3) 直接购买　中间商从现有供应商那里购买医药产品,但希望能得到更优惠的价格、更积极的促销合作、更及时的供货等有利的供货条件,从中获得更多的利益。中间商会在同类产品供应商增多或其他供应商提供更优惠的交易条件时,向现有供应商提出此类要求。

3. 医疗机构市场的购买行为　医疗机构市场是指医疗机构购买医药产品为消费者提供医疗服务而形成的市场。医疗机构市场与医药生产者市场和医药中间商市场,最大的不同在于:医疗机构直接承担着治病救人的实际工作,它更关注医药产品的质量、疗效和副作用,所以无论是哪种购买类型,医药产品的质量与疗效是第一位的。

(1) 依据医疗机构购买活动的稳定性来分　医疗机构的购买行为分为三种类型。

① 直接重购:例如对基本目录药品的采购。

② 调整购买:调整常规用药和基本目录药品或调整供货商。

③ 新购买:对新特药品的采购。医院新特药品是指不属于《医院基本药品目录》品种范围内的,虽然国家已有生产或进口,但医院临床使用很少或国内上市不久,临床使用经验不多,或医院尚无使用先例或虽有使用先例但使用经验不足以推广于临床的药品及制剂。

(2) 按医疗机构参与购买活动的权限不同分为以下几类。

① 自主购买:它是指医疗机构的采购活动完全由医疗机构单独完成,医疗机构拥有自己的一套采购程序与制度。

② 集中招标购买:我国规定进入医院的药品采用集中招标的方式进行采购。国家特殊管理的药品仍按有关规定采购供应。

③医药分家:它是指医院只承担提供医疗服务的责任,而提供药品的责任则由医药商业企业承担,给予患者更大的购药选择权。这是继集中招标购买方式后,又一种新的购买方式。

4. 政府市场购买行为　政府采购向市场化发展,为医药企业提供了大量的营销机会。因此,医药营销企业必须制订针对性营销策略来应对政府市场购买行为。比如,建立单独的营销部门,预先估计政府的需求,收集竞争性情报,仔细准备标书,宣传和提高公司的声誉等。政府采购方式可以采用公开招标竞购、议价合约选购、例行选购、单一来源采购或其他方式。政府药品采购行为的基本模式是集中招标采购,国家特殊管理的药品仍按有关规定采购供应。

知识链接

药品集中招标采购

药品集中招标采购是指多个医疗机构通过药品集中招标采购组织,以招投标的形式购进所需药品的采购方式。药品集中招标采购的目的是为了保证城镇职工基本医疗保险制度的顺利实施,从源头上治理医药购销中的不正之风,规范医疗机构药品购销工作,减轻社会医药费用负担。

药品集中招标采购范围一般为城镇职工基本医疗服务的临床使用药品。常规使用及用量较大的药品必须实行药品集中招标采购。药品集中招标采购应遵循安全第一、质量优先、兼顾价格、理顺渠道、分步实施、逐步推开的原则,既要符合医药管理的法律法规,又要符合实际,达到规范药品购销行为,服务广大群众的目的。

医药市场集中招标采购存在的弊端

近期各地密集执行的基本药物集中招标采购,虽然从一定程度上使原有的招标采购积弊得到解决,但又出现诸多新的问题。

①各地政府拥有较大的政策规制空间,产生了地方保护主义,导致竞争有失公平。

②质量优先没有科学、统一的标准,专家评议主观随性。评标现场临时抽调的专家对上千个品种进行质量评价难以客观把握,对配送商的物流能力评判也缺少客观依据。

③医疗机构拖延货款现象。招标规定回款时间为60天,目前各地医疗机构回款时间普遍在3个月以上,有的甚至达到8个月或一年。由于没有监督机制和处罚措施,医疗机构拖延货款现象难以遏制。

④药费的支付者——医保部门没有参与药品集中招标采购,未能履行其应有职责。

⑤本土企业与国外企业不同待遇,制约民族企业的未来发展。目前从各地的招标结果可以看出,进口药的价格并没有太大的变化,体现降价的药品主要是国内企业的产品,特别是中成药。药品价格政策给予了进口或合资药品极大地支持和认可,同类品种中标价高出国产品种十倍乃至数十倍,15%的顺价加价政策给予进口合资药品极大的机遇,使其处于绝对的优势竞争地位,对国内企业不公平。

⑥药品集中招标采购制度的执行缺少社会监督。

⑦药品流通领域倒卖税票、逃税洗钱、挂靠经营问题,严重扰乱了药品流通秩序。

⑧不允许转配送,增加了物流成本。不允许转配送使得药品生产企业的一级配送商数量急剧增加,增加了物流成本,降低了社会资源的利用效率。

思考:通过上述案例分析,你将会采取哪些措施消除医药市场集中招标采购存在的弊端?

实训环境与组织实训过程

一、学生分组与组织

(1) 分小组 全班同学分小组,每小组3人,确定一名小组长。

(2) 小组长和小组成员准备 根据医药市场购买行为分析与预测的训练结果和要求,结合上次课后教师布置的本次课教学任务,对医药市场中的购买行为进行分析。

二、实训环境

(1) 校外实训室 学校建立在校外的实训基地,如社会连锁药房、医药公司和制药公司等,请每个小组的同学根据自己所学习医药市场购买行为分析与预测的理论知识,现场对消费者购买行为、医生的处方行为等进行有效的分析。每个小组和每个同学将自己的身份确定为某企业的营销人员,学习与实训过程就是在企业工作的过程,按照岗位工作标准去完成工作任务的每个环节,对工作过程中所出现的不足或错误要及时纠正及完善。

(2) 校内实训室

① 校内模拟药房。

② 校内教学医院的门诊药房。

三、实训任务

任务1 预测目标的确立

医药生产经营企业要想在市场竞争中取得优势,就必须掌握药品市场的变化趋势,进行科学的预测,把握目标市场机会。此任务要求学生能在医药市场调查基础上,运用科学的方法对医药市场需求以及影响市场需求变化的诸因素进行分析研究,对未来医药市场容量、消费量等进行科学预测,为医药企业制订正确的营销决策提供依据。

"十三五"中国医药行业市场分析及发展前景预测

产业现状

医药产业是关系国计民生的重要产业,是培育战略新兴产业的重要领域。随着人民生活水平的提高和医疗保健需求的不断增加,我国医药行业越来越受到公众和政府的关注,在国民经济中占据着越来越重要的位置。近年来,我国医药生产一直处于持续、稳定、快速的发展阶段。随着国民经济快速增长,人民生活水平逐步提高,国家加大医疗保障和医药创新投入,医药工业克服国际金融危机影响,继续保持良好发展态势。规模效益快速增长。随着"十三五"医药工业发展规划相关工作提上日程,将调低医药工业增速目标。

发展机遇

世界医药产业格局仍然在以惊人的速度革新,中国医药行业捕捉并把握未来的创新驱动力,或将成为产业成功转型升级的关键。我国在医药技术、原创新产品研发、市场营销等方面积累了很多经验和教训,目前,正迎来健康、可持续、规范发展的良好机遇。受近几年大规模固定资产投资影响,企业成本费用上升;原料药产能短时间难以削减,预计多数产品难以走出价格低谷;2014年是药品招标采购相对密集的年份,招标采购价格呈继续下降趋势;一些东部省份企业的发展受到环境和资源约束。我国已成为全球药品消费增速最快的地区之一,有望在2020年以前成为仅次于美国的全球第二大药品市场。

发展趋势

医药市场全方位竞争格局正在形成,我国医药业长期被企业多、规模小、成本高、效益低等顽疾所困。加入世界贸易组织后,市场竞争加剧,一些企业被兼并、重组,一些企业不得不退出市场,中国医药市场"版图"也将重新划分。在转型升级的背景下,医药企业如何打造自己的品牌,如何扩大竞争优势?更重要的是,如何发掘新的增长点,把握关键期的机遇呢?初步统计显示,医药上市公司并购节奏明显加快:其中包括华润三九收购山东临清华威药业;仁和药业收购东科麦迪森制药;上海莱士收购邦和药业;乐普医疗收购新帅克制药;沃森生物收购大安制药;独一味拟收购蓬溪等医院;新华医疗收购远跃药机90%股权等,并购案例超过20个。在医药需求刚性化、社会人口高龄化以及农村人口城镇化等因素的影响下,我国医药市场的消费能力和消费意愿都获得极大的提升,医药行业的总体规模将保持持续快速增长。

面临问题与挑战

近年来,随着我国对医药领域的重视,国家不断出台医药相关的政策,医药行业总体技术实力得到了提高,但是还存在中小企业数量过多、产能过剩等一些问题。因此,推进企业组织结构调整、提高产业集中度已成为我国医药行业发展的必然趋势。在当前,我国医药企业的科研开发投入不足。跨国制药公司的研究与开发投入一般都在销售总额中占很大比例,而在我国就明显不足。科研投入的不足使我国拥有自主知识产权的医药产品较少,产品更新慢,重复严重,化学原料药中95%以上的品种是"仿制"产品;其次,我国医药装备水平也亟待提高。我国大部分制药企业的装备还以机械化为主,距发达国家已进入以计算机控制为主的自动化装备生产阶段还有较大差距;此外科技成果迅速产业化的机制尚未完全形成。我国医药科技成果的转化率仅8%左右,真正形成产业化生产只有2%~3%。2015年是医药产业发展关键一年,形势有哪些转变,政策和市场因素又有哪些变化?

(资料来源:中国产业调研网.2015)

思考:根据上述资料,请设想你作为一家医药企业的负责人如何准确预测未来医药行业发展趋势和竞争格局?可制订怎样的竞争和投资战略决策来把握目标市场机会,规避企业经营和投资风险?

任务2 预测方法与模型的选择

医药市场预测方法很多,有200多种,但常用的有30多种,最常用的有10多种。预测方法的分类没有统一的标准和体系。苏联的专家把预测方法分为两类:启发式预测(专家预测)和数学模型预测。而美国有的专家把预测分为定性方法和定量方法,有的专家把预测分为定性预测、定量预测、定时预测、概率预测四类。我国多把预测分为定性和定量两种。下面是我国目前常用的几种预测方法。

定性预测方法:主要有德尔菲法、目标预测法。

定量预测方法:主要有时间序列模型、因果关系模型。而时间序列模型包含移动平均法、指数平滑法、分解预测法、鲍克斯-詹金斯模型。因果关系模型包含趋势外推法、回归分析法、数量经济模型、投入产出模型、灰色模型、系统模型。

每种方法都有它的适用范围和特点。

1. **定性预测法** 定性预测法也称经验判断法,是根据个人的经验和知识对未来市场发展变化趋势做出分析和判断的方法。常用的有经验判断法、专家意见法、营销人员意见综合法和购买者倾向法。

1) **德尔菲法** 在确定了需要调查的专家人选后,首先将需要进行医药市场预测的内容和有关资料拟定出医药市场预测提纲,然后以书面的方式将医药市场预测提纲分送给被邀请的专家,各个专家在接到通知和资料后,对所要进行的医药市场预测的内容以不署名的形式进行个人预测,最后由预测的组织者将专家预测的意见集中起来,进行归纳整理;再将各种整理后的结果反馈到专家手中,进行调整和修改。如此反复征询,归纳修改,最终结果是使专家的意见逐渐一致形成医药市场预测结果。应用德尔菲法进行预测,主要包括四个阶段:①建立预测领导小组,编制预测日程计划;②选择专家;③轮间反馈;④编写预测报告。

应用德尔菲法需要做归纳、整理等很多工作,无需建立复杂的数学模型。在采用德尔菲法进行时间预测时,一般用中位数代表专家集中意见,用上下四分点代表专家意见的离散程度。如果将专家的预测结果在水平轴上按时间的先后顺序排列,则以位居中央将全变量分为二等分的年份为中位数。变量的项数为奇数时,第$(n+1)/2$项为中位数。项数为偶数时,位居中央两项的平均数为中位数。

计算中位数的公式为

$$X_{中} = \begin{cases} X_{\frac{n+1}{2}} & (n \text{ 为奇数}) \\ (X_{\frac{n}{2}} + X_{\frac{n}{2}+1})/2 & (n \text{ 为偶数}) \end{cases}$$

式中:n是专家预测的数据个数(该数列是按从小到大顺序排列的)。

用上下四分点表示预测区间时,公式为

$$X_{上} = \begin{cases} X_{\frac{m+1}{2}} & (m \text{ 为奇数}) \\ (X_{\frac{m}{2}} + X_{\frac{m}{2}+1})/2 & (m \text{ 为偶数}) \end{cases}$$

$$X_{下} = \begin{cases} X_{\frac{3m+3}{2}} & (m \text{ 为奇数}) \\ (X_{\frac{3m}{2}+1} + X_{\frac{3m}{2}+2})/2 & (m \text{ 为偶数}) \\ X_{\frac{3m+1}{2}} & (m \text{ 为奇数}) \\ (X_{\frac{3m}{2}} + X_{\frac{3m}{2}+1})/2 & (m \text{ 为偶数}) \end{cases}$$

式中:当n为奇数时,$m=(n-1)/2$;当n为偶数时,$m=n/2$。

人们常用组合距,即最大预测值与最小预测值之差表示预测值的变化幅度,而多数用上下四分点的间距表示预测值的变化幅度。

2) 目标预测法 目标预测法又称规范性预测法,是美国霍尼维尔公司首先开发并投入使用的,具有重要实用价值。目标预测法的突出特点:它不是探索在什么时间将达到什么目标,而是在目标已定的情况下,研究如何实现既定目标。美国霍尼维尔公司最早成功地利用这种方法建立了一个PATTERN模型,用于研究阿波罗登月课题,PATTERN模型的任务不是探索阿波罗计划能否实现或何时实现,而是如何实现,以便按期登月。

这种方法对我国尤为实用。这是因为,很多领域的宏观或中观目标,都是由各级主管部门确定的,在这种情况下,探索实现目标的最佳途径是极为重要的。由于目标预测法是研究实现目标的步骤、措施,因而目标预测也可称为目标决策,可以说是建立决策实施保证体系的一种重要方法。

3) 经验判断法 根据已掌握的信息资料,对医药市场未来一定时期发展趋势做出主观判断。这种方法简单实用,但预测结果受医药市场预测人员业务知识水平,掌握资料的情况以及分析综合能力的影响。

4) 营销人员意见综合法 公司营销人员长期工作在营销市场一线,对市场的需求很熟悉,公司可要求营销人员进行估测。

2. 定量预测法 定量预测法就是在占有大量历史统计资料的基础上,利用数学方法推算医药市场未来期望数值的预测。此法比较适用于统计资料完整、准确、详细,预测对象的发展变化趋势比较稳定的情况。根据医药市场特点,将医药市场常用的定量预测方法综合为以下几种:销售实绩对比分析法、简单平均数法、移动平均数法、加权平均数法、一元线性回归预测法。

1) 销售实绩对比分析法 它又称百分比率法。它是根据当年销售实绩较上年销售实绩增减的百分比,作为明年销售量变化的增减比例,来推算出明年可能销售量的方法,适用于发展变化比较稳定的趋势预测。

推算明年可能的销售量就是以本年销售实际水平为基数,以本年销售实际水平与上年销售实际水平的比率为增减比率来计算的。其计算公式如下:

明年的销售预测值＝本年销售实绩×(本年销售实绩/去年销售实绩)

2) 简单平均数法 它是利用预测前的各期销售量的统计数字,求其算术平均数,作为下期预测值的方法。

下期预测值的方法就是以预测期前各期销售量的统计数字与其单位时间总和的比率。其计算公式为

下期预测值＝前期销售总量/总期数

3) 移动平均数法　它是利用过去实际发生的变动资料,求其平均值,然后在时间上往后移动,作为下期的预测值的方法。

预测下期预测值的方法是以上年 1—6 月份的平均数为今年 7 月份的预测值,以上年 2—7 月份的平均数为今年 8 月份的预测值。

4) 加权平均数法　由于时间序列各期的实际数据,对预测对象未来发展有不同程度的影响,不同时期对预测影响的程度不同,所以通常通过设定相应的权数来增加因素在预测中的分量。这种预测方法认为,对不同时期的实际数给予不同的权数处理后再求平均值,更能反映事物客观规律及未来发展趋势,普遍认为,越是近期的数据,越能反映发展趋势,应给予较大值的权数。

加权平均数法的关键是权数的确定,以各期的权数之和为 1 来确定。

预测下期预测值的方法就是将各期的销售量与当期权数的积求和除以权数之和。其计算公式如下:

$$y_{n+1} = \frac{y_1 w_1 + y_2 w_2 + y_3 w_3 + \cdots + y_n w_n}{w_1 + w_2 + w_3 + \cdots + w_n} = \frac{\sum_{i=1}^{n} y_i w_i}{\sum_{i=1}^{n} w_i}$$

式中:y_{n+1} 是 $n+1$ 期的预测值;y_i 是 i 期的统计数据($i=1,2,3,\cdots,n$);w_i 是 i 期数据的权数($i=1,2,3,\cdots,n$)。

5) 一元线性回归预测法　就是通过对历史资料的统计分析,寻找与预测对象有着内在变量上的、相互依存的相关关系的规律,并建立回归数学模型进行预测的方法。通过回归分析,可以把非确定的相关关系转化为确定的函数关系,据此预测未来的发展趋势。

一元线性回归预测法的基本公式如下:

$$y = a + bx$$

式中:x 为自变量;y 为因变量;a、b 为回归系数。这个公式称作一元线性回归方程,它的图像称作回归直线。

用一元线性回归预测法时,利用已知的几组统计数据(x_i, y_i),寻找或拟出一条回归直线,即计算回归系数 a、b,使得这条确定的直线反映这两个变量之间的变化规律,从而已知一个变量 x 的值,就可计算出另一个变量 y 的值,其计算 a、b 的公式如下:

$$a = \frac{\sum y_i}{n}$$

$$b = \frac{\sum x_i y_i}{\sum x_i^2}$$

医药市场预测是一种不同于一般市场预测的特殊的专业预测,它既要符合一般市场预测的规定,又要充分反映医药市场的特点,所以医药市场预测必须做到以下几点:①确定收集的市场信息和资料必须准确;②选择的医药市场预测的方法必须正确;③估计的医药市场预测的误差必须可控;④选定的影响预测结果的因素必须清晰;⑤选定的医药市场预测的预测期必须适当。

任务 3　消费者购买行为分析

通过本教学单元所给的医药消费者购买行为分析理论与知识,学生在正确分析消费者购买行为时,应围绕"5W+1H"、S-O-R 模式、尼科西亚模式、科特勒行为选择模式、恩格尔模式、霍华德-谢思模式去系统思考和筛选,同时结合消费者的性格、职业、年龄、性别等因素。

每个小组在分析医药消费者购买行为时,由于医药消费者的购买行为是复杂的,所以必须以不同的消费者购买行为特点为出发点,制订最合适的营销策略,满足消费者的需求和提高企业市场营销工作效果。

营销案例

一位母亲有一天在报纸上看到某教授关于"初生婴儿不宜喂食蜂蜜"研究的报道,联想起她给宝宝吃的某品牌的保健品,恰好含有蜂蜜,于是她非常担心,就拨电话到该公司询问。接电话的营销人员不但指责该教授信口胡说,还埋怨这位母亲太小题大做,最后用相当自满的口气说"我们的保健品绝对没问题"。这位母亲因没有得到满意的结果,还受了气,这使她对该品牌信心大失,不但立刻转换品牌,还逢人就数落该品牌不好。

思考:导致消费者购买行为变化的原因是什么?你认为如何才能转变其态度?

任务4 医生处方行为分析

不同年龄、学历、职称的医生,其性格特征、消费心理均有很大的区别,它是一个动态的个体化的行为过程。医生对该处方药的接受程度决定着医药消费市场的认可,医生处方行为是影响药品在医疗机构销售情况的关键因素。培养学生正确地分析处方医生行为特点和影响因素,运用合适的营销方法和手段,影响医生的处方行为,加大医药产品在医疗机构的营销额。

络活喜 道高一筹

络活喜上市时间晚于拜新同,两者都是钙拮抗剂,都是一天一次,作为后来者,络活喜如何在硝烟弥漫的高血压治疗市场上快速斩获销量呢?关键是靠三大举措:学术道高一筹,专业依靠指南,科普连续造势。

学术道高一筹:一天一次的降压药有什么卖点?方便,患者依从性高,不容易漏服,平稳降压。谁都会说这些,这些卖点都是事实,但是没有穿透力和震撼力。络活喜没有简单地宣传上述卖点,而用一个谷/峰值作为血压波动的参数,评价服用络活喜的患者中谷/峰值和脑血管事件发生率的关系,结果络活喜能显著减少脑出血发生率。这样的研究引领了新观念,创造了新概念,打开了治疗的新局面。这构成了络活喜学术推广的核心。

专业依靠指南:在随后的推广上,络活喜凭借大量的循证依据,进入了《中国高血压防治指南》,这样就把学术地位以权威文件的形式固定下来,其影响和营销拉动力可想而知。

科普连续造势:患者教育永远都是有效的,尤其是高血压这种常见病,更值得做大众传播。所以络活喜以高血压日为依托,借助大众媒体进行大规模的科普教育,同时针对老干部、离退休人员等高端人群进行了大量的健康讲座。

通过以上三大关键举措,络活喜不但登上了学术制高点,还得到医生认同,建立了良好的社会公益形象,当然最终收获了销量。

思考:请学生分析络活喜从哪些方面影响了医生的处分行为,赢得了医生的认可,从而迅速占领了高血压治疗市场?

(资料来源:医药经济报.2015)

任务5 医药组织市场购买行为分析

通过对医药组织市场及其需求特征、影响医药组织市场购买行为的因素及购买决定、购买行为的理论学习,学生应该掌握如何根据医药组织市场的特点,研究其购买行为的规律,以保证医药企业市场营销战略利益最大化。

药品网上招标采购

某年8月11日,一次大规模药品网上招标采购在广东佛山市轰轰烈烈地结束了。超过1800种药的中标价格与从前的最低采购价相比平均降幅达25%,药品成交总额超过1亿元。这次采购全是通过电子商务来完成的。采购价格降低后,市属医疗机构也将相应调低药品的零售价,估计此番会给患者让利近千万元。

此次网上招标采购采用"人机对话"模式,供需双方不直接见面,所有招投标信息、评标结果等均在网上公开公布。实现了交易过程的完全透明,既提高了工作效率,也避免了某些可能存在的"潜规则"等不正之风,实现了药品价格的降低,为广大患者减轻了医疗负担。

思考:请学生分析药品网上招标采购的利弊?

四、学时与实训作业

(一)学时与要求

(1) 一体化教学:2学时。

(2) 实训与考核:2学时。

(3) 以小组为单位完成本教学单元实训作业:对某药医药企业市场营销环境进行分析,所使用的理论与知识,以Word文档形式呈现。同时,能将在实训过程所出现的错误、不足和优劣势陈述出来。

(二)考核范例与考核标准

1. 范例分析

湖南省药品招标采购"砍价风波"调查

药品价格虚高的问题一直为民众所诟病,疗效好的廉价药在大医院难觅踪迹,高价药却称霸市场。前不久,湖南省在政府主导的药品招标采购中,专家大幅砍价,本意是挤掉药价虚高的水分,却引发了药企上访、企业弃标等一连串风波。湖南省药品招标"砍价风波"显示,围绕中国药品集中采购,政府、企业、行业协会之间的博弈正在演变为"一场没有硝烟的战争"。有药企抱怨,砍价存在"唯低价中标"的思维;政府则相信,砍价能够挤掉药品价格虚高的水分,减轻民众用药负担。

招标大砍价引发围堵专家

湖南省药品集中采购于2015年1月开启现场评标,来自全国3052家企业的2万多个药品展开PK,卫生部门聘请60名专家对投标药品在不高于报价指导价的基础上,再次议定价格。根据湖南省药品集中采购办法,报价指导价由省发改委按照湖南省2010年集中采购的中标价格和周边6省的平均中标价等情况制定。投标药品报价不能高于政府制订的报价指导价。第一轮专家议价结束,部分产品的议定价格比企业报价降低了20%~30%,有的产品降幅达50%以上。

结果公布后,专家的砍价立即引发不少药企的不满。一些投标厂家采取网上发帖、组团上访等方式表达抗议,甚至有药企称这是一场"药殇"。湖南一位药企联系人说,一些药品在指导价之下还被专家砍掉了一半,这种"唯低价中标思维"让药企心寒。进入第二轮报价日。100多名药企代表聚集在湖南省政府门口上访,称专家给价过低,损害了药企积极性。更有些药企代表扬言"要找议价的专家讨个说法"。

据悉,本轮有1.1万多个议价产品,采用"人机对话"模式,药企和专家不见面,通过网络议价。随机抽取的60名专家在封闭环境内给药品打分、议价,以防有人与药企提前接触、滋生腐败。

大企业报复性弃标,行业协会出头评标

2月湖南省药品集中采购管理办公室在官网公示拟中标结果。本次拟中标药品与湖南省2010年中标价格及周边6省原平均中标价相比,降幅10%左右。根据降价情况,预计2015年全省公立医疗机构可为患者减少药品费用20亿元以上。这样的招标结果,却在一些大型药企层面引发了更大风波。一些外资企业用"报复性弃标"表示强硬态度。一些国内知名药企宁愿弃标也不降价。以云南白药为例,由于专家给价低于企业制定的全国统一零售价,其参与的全部标段都弃标。据悉,云南白药这样做的理由是要保持药品全国售价的统一性,防止其他启动新一轮集中采购的省份也采用湖南的议价而"一损俱损"。作为医药企业的行业性组织,中国药促会则在招投标结果公布后,公开发文对湖南省药品采购进行评论,认为如此砍价存在问题。其还刊出"湖南省药品招标办负责人扬言欲起诉中国医药创新促进会,药促会予

以严正回应"的文章,称"湖南药品招标违背了国家质量优先、价格合理的招标原则"。湖南省卫计委操作此次招标的负责人回应说:"为保障群众的用药需求与基本药物的正常采购,此次议价基本药物降幅小。低价常用药、急救药物按国家政策采取挂网采购,降价幅度大的是临床辅助药。"

降价新趋势亟待各方磨合

湖南药品招标采购风波,凸显出政府主导的药品招标运行模式在新形势下亟待深度磨合。湖南省卫计委一位负责人认为,一些药企对于降价在思想认识、经营管理上都没做好准备,对于维持高价抱有侥幸心理。部分企业对于药品招标抱有"走过场"的认识,一看到专家动真格砍价,就抱着行业协会、本地行政部门和各种关系资源倒逼政府放弃砍价。从当前启动药品招标采购的湖南、广东、浙江等省来看,中标药物价格同比大幅度下降的趋势不可避免。在药物降价潮来临之际,企业应学会加强管理,提高药品研发水平与能力,充分考虑市场因素(原辅料价格上涨、人工成本增加等)控制成本,保证药品价格与质量的平衡。

2015 年,湖南、广东、重庆、浙江等地均启动药品招标。湖南与广东的降价幅度相当,部分中标药品价格则明显低于江西的药品中标价格,其中辅助药、外资药、仿制药降价幅度明显。据透露,为此,江西一些药企对于湖南药品招标降价幅度大于江西表达出不满情绪,甚至发动了政府力量、行业协会与湖南相关部门"沟通"。从事医药电子商务领域投资的海虹控股公司新闻发言人陆挥说,一些药企在本省投标时低价中标,而在外地投标高于本省的中标价格,这是地方保护主义在作祟。应建立药品招标价格全国联动、省级联动机制,每个省药物集中采购中标价格与其他省,特别是邻省招标价格进行比对联动,打破一个招标周期内各个省招标价不一的做法,一旦同品种同规格的药物在不同省份的中标价格差异高于正常值,就要重新谈判议价。

专家建议,取消外企"超国民待遇",保护国内原创药研发。在药品招标采购中,外资药由于长期在药品市场占垄断地位,在报价时态度强硬。据介绍,此次湖南药品招标,有一些外资药企明确告知药品采购管理办公室"垄断性药品只要降价,立马弃标"。业内人士建议,对于常用药、低价药,地方相关部门不能搞"唯低价中标",应选定有实力和社会责任感的企业定点生产,从定价机制、医保制度、税收制度等方面,给予生产企业政策倾斜,保证企业生产供应廉价药。

(资料来源:半月谈.2015 年 3 月 19 日)

思考:该范例中,请分析在新形势下医药产品招标购买模式将会具有哪些新特点和新的发展趋势?作为医药生产、经营企业如何应对?

2. 医药市场营销购买行为分析与预测考核评价标准与评分表(表 3.2.1)

表 3.2.1 医药市场营销购买行为分析与预测考核评价标准与评分表

平时成绩评价标准与评价项目					
序号	等级与分数 评价项目	优秀 9分	良好 8分	一般 6分	需努力 3分
1	到课情况				
2	小组内参与情况				
3	团队内贡献情况				
4	思考与语言组织表达能力				
5	小组间评判的能力				
平时成绩(占总成绩的 30%)					
实训成绩评价标准与评价项目					
序号	等级与分数 评价项目	基本完成实训 任务 6 分	突出表现并有 创新 9 分	评价标准	
6	预测目标的确立			目标市场明确	

续表

7	预测方法与模型的选择			预测方法与模型可行性；正确性
8	消费者购买行为分析			能正确分析消费者购买行为
9	医药组织市场购买行为分析			能正确分析医药组织市场购买行为
实训成绩（占总成绩的70%）				
学生自评成绩				
小组评价成绩				
教师评价成绩				
总成绩				

（孙兴力）

教学单元 3.3 医药市场细分

能力目标：

通过细分医药市场，帮助学生认识市场细分对市场运作、开发的重要作用；在老师的指导下，能够对某一医药市场选取合适的细分因素与方法，并进行有效的市场细分；能用适当的方式将市场细分过程中所出现的优势及不足表达出来，同时，对他人所细分的市场能提出自己的观点和改进的方法（30%的学生能够达到教学目标要求）。

知识目标：

掌握医药市场细分因素、方法和步骤；熟悉医药市场细分的概念与作用；了解医药市场细分的基本原则。

素质目标：

能应用市场细分理论解决具体问题；通过分小组完成医药市场细分，培养小组内学生分工协作、语言组织与表达、小组间评判的能力；培养每个学生自主学习、刻苦耐劳和个人情绪控制的自我管理能力。

深耕药品"小时代"

拜唐苹从细分市场"降低餐后血糖"出发，通过精细化学术推广，建立市场竞争优势。药品是一种商品，但也是一种特殊商品。药品的核心价值是其治疗价值，在商品经济社会中，药品的商品属性只是次要属性。从国家政策不难看出，药品如何回归治疗是一个重点要素。一家医院1000多个品种，理论上能够面对多样化的患者、面对多种疾病。所以，未来每一个药品都会去寻找独特的细分市场。比如糖尿病可分为胰岛素依赖型糖尿病（1型糖尿病）和非胰岛素依赖型糖尿病（2型糖尿病），降糖药主要有磺脲类（格列吡嗪、格列喹酮、格列美脲、格列齐特、格列本脲等）、非磺脲类（那格列奈、瑞格列奈）、α-糖苷酶抑制剂（阿卡波糖、伏格列波糖）、双胍类（苯乙双胍、二甲双胍）以及胰岛素类产品。

南方医药经济研究所调查的样本医院糖尿病药物销售数据显示，单品种排名前20种糖尿病药物占该类药总体市场份额的98.64%。第一名阿卡波糖，份额21.10%，其中拜耳医药占比81.68%，中美华东制药16.82%，四川宝光药业1.50%。德国拜耳公司是世界知名的药品生产厂家之一。1990年，德国总部研发出新型的口服降糖药拜唐苹，2003年拜唐苹在中国上市后，销售额一直处于领先地位，年销售额一度超过20亿元人民币。

可见，细分市场不仅有所为，而且能够大有所为。拜唐苹如何从各种糖尿病用药中撕开一道口子，并且长期保持非常好的市场优势和市场地位？拜唐苹能够从糖尿病用药市场中找到"降低餐后血糖"这个细分市场，从营销价值链各环节通过精细化学术推广建立市场竞争优势，也给了我们很大启发。

（资料来源：医药经济报．2015年7月31日）

理论学习知识与背景

营销大师科特勒曾说过:"现代战略营销的中心可定义为 STP 市场营销,就是市场细分(Segmentation)、目标市场(Targeting)和市场定位(Positioning)。"市场细分是企业战略营销的起点,市场细分也是企业战略营销的重要组成部分和平台。

一、医药市场细分的含义、概念、理论基础

处在买方市场形势下,就是要确定和满足顾客需求,以顾客为中心。而不同消费者的支付能力、消费心理和消费行为等不同,从而有不同的消费需求。如果能识别消费者具有类似的需求,就可以将整个市场划分为若干个子市场。

市场细分,就是指按照消费者的需求、购买行为、习惯等的差异性,把一个总体市场划分成若干个具有共同特征的子市场的过程。这一概念最早是由美国市场学家温德尔·史密斯(Wendell R. Smith)于 20 世纪 50 年代中期提出的。

医药市场细分,就是按照疾病种类、医药购买者的欲望和需求、购买习惯和行为等因素的相似性及差异性,把药品市场划分成若干个子市场的过程。分属于同一药品细分市场的消费者,欲望和需求相似;分属于不同细分市场的消费者,对同一产品的需求和欲望是不同的。

> **知识拓展**
> 根据市场细分的程度不同,将市场细分为 4 个层次:细分营销、补缺营销(如女性保健品中的美容养颜与减肥细分市场)、本地化营销(本地顾客差异大的需求)、个别化营销(每个人独特的需求)。

医药市场细分的理论基础之一就是消费者需求的差异性,"消费者需求的异质性与同质性",这是市场细分的必要条件。

1. 消费者需求的异质性(或多元化) 消费者对大部分产品的需求是多元化的,是具有不同的要求的。这种消费需求的异质性是市场细分的内在依据。由于需求的千差万别和不断发展变化,即顾客需要、欲望和购买行为呈现异质性。如在国内的药品市场中,有的消费者习惯用中药,而有的习惯用西药。

所谓异质市场,是指消费者对某种商品的需求和对企业的营销策略的反应差异明显,且不易改变。

2. 消费者需求的同质性 受地理人文环境的影响和民族文化传统的熏陶,人们在生活习惯、需求爱好等方面表现为一定的相似性,使不同消费者形成相似的消费群体,即同一类型市场需求具有相似性,也就构成了具有一定个性特点的细分市场。如日常生活中的普通食盐市场、药品中的某些原料药市场、流感患者对感冒药的需求市场等。

所谓同质市场,是指消费者对某种商品的需求和对企业的营销策略的反应是一致的。

在医药产品的广告宣传中,往往给人以"包治百病"的宣传,恰恰是没有对药品市场进行深入研究和细分,没有找准目标市场的表现。随着科技的进步、社会消费水平的提高以及价值观念的改变,一些同质市场也会向异质市场转化。因此,市场细分的实质是求大同、存小异,针对消费者不同需求,开发新品种、新剂型,更好地开拓医药市场。

二、医药市场细分的作用

消费者之间的购买动机和行为的差异性,市场竞争的日益激烈化,致使医药企业必须进行市场细分,这样有助于企业开展工作。

1. 有利于医药生产和经营企业发现市场机会、开拓新市场 通过市场细分,可以对每一个医药细分市场的购买潜力、满足程度、竞争情况等进行分析对比,了解不同消费群体的需求情况,发现没有满足或

充分满足的消费需求,开发多种药品规格、价格、剂型等产品更新换代的主动权,开拓新市场,取得市场优势地位。中小型医药生产和经营企业适合通过市场细分,发现被大型企业所忽视且没有满足或充分满足的消费需求,以便在激烈的市场竞争中占有一席之地。

2. 有利于医药生产和经营企业制订适当的市场营销方案　通过市场细分,可以深入了解每一个细分市场消费者的需求及所追求的利益,可以有针对性地开发产品,形成准确的产品概念,将这种概念通过各种营销手段传递给消费者,以区别于竞争者。

制订适当的药品营销策略:通过对消费者的需求、购买行为、购买习惯、顾客满意度、同行的竞争情况等细分,更好地了解消费者愿意付出的价格、获取药品的渠道(习惯在药店还是医院)、不同的促销手段对消费者购买的影响等,作为企业制订各种营销策略的依据。

3. 有利于企业及时应对市场变化,调整营销策略　在较小的细分市场即子市场上开展营销活动,增强了市场调研的针对性,市场信息反馈快,企业易于掌握市场需求的变化,并迅速准确地调整营销策略,取得市场主动权。

4. 有利于企业合理分配资源　通过药品市场细分,可能使企业扬长避短,将有限的资源集中用在目标市场上,以取得最好的经济和社会效益。

5. 有利于企业更好地满足消费者的用药需求　通过医药市场细分,企业才能更准确地了解不同细分市场中消费者的用药需求,并有针对性地去满足。当市场中越来越多的企业进行市场细分时,产品就会更加多样化,消费者的需求就会得到更好的满足。

三、市场细分的原则

1. 细分市场之间的异质原则和细分市场的同质原则　细分市场之间的异质原则是指不同细分市场的消费者的需求应具有差异性,对同一市场营销组合方案,不同细分市场会有不同的反应。如果不同细分市场顾客对产品需求差异不大,行为上的同质性大于其异质性,此时,企业就不必对市场进行细分。另一方面,对于细分出来的市场,企业应当分别制订出独立的营销方案。如果无法制订出这样的方案,或其中某几个细分市场对是否采用不同的营销方案不会有大的差异性反应,也就不必进行市场细分。

2. 细分市场可衡量原则　细分市场可衡量原则是指细分后的市场应是可以识别衡量的,亦即细分出来的市场不仅范围明确,而且对其容量大小也能大致做出判断。首先要确定用来细分市场的变量应是可以识别的;其次,对细分后的市场规模、市场容量应是可以计算、衡量的。否则细分的市场将会因无法界定和度量而难以把握,市场细分也就失去了意义。

3. 细分市场足够大原则　细分市场足够大原则是指细分出来的市场,其容量或规模要大到足以使企业获利并具有发展的潜力。这里所说的市场容量不是单纯的市场中的消费者的人数,而是指需要并有购买力的消费者群体。这就要求企业在进行市场细分时,必须考虑细分市场上顾客的数量,以及他们的购买能力和购买产品的频率。如果细分市场的规模过小,市场容量太小,细分工作烦琐,成本耗费大,获利小,就不值得去细分。

4. 细分市场可开发性原则　细分市场可开发性原则是指细分后的子市场是企业能够有优势进入、并能对其施加影响的。

5. 细分市场稳定性原则　细分市场稳定性原则是指细分市场的特征应在一定时期内保持相对的稳定。因为在细分过程中,调查分析本身需要一定时间,没有一段稳定期,这个细分的市场也就没有意义了。同时,市场调查及开发新产品、调整营销策略都会给企业带来成本的增长,过于频繁的市场变化会影响企业的经济效益。

营销故事

两个推销员

这是营销界尽人皆知的一个寓言故事:两家鞋业制造公司分别派出一个业务员去开拓市

场,一个叫杰克逊,一个叫板井。在同一天,他们两个人来到了太平洋的一个岛国,到达当日,他们就发现当地人全都赤足,不穿鞋!从国王到贫民,从僧侣到贵妇,竟然无人穿鞋子,当晚,杰克逊向国内总部的老板拍了电报,"上帝啊,这里的人从不穿鞋子,有谁还会买鞋子呢?我明天就回去。"板井也向国内公司的总部拍了电报,"太好了,这里的人都不穿鞋子。我决定把家搬来,在此长期驻扎下去!"

两年后,这里的人都穿上了鞋子……

营销启示:许多人常常抱怨难以开拓新市场,事实是新市场就在你的面前,只不过你怎样发现这个市场而已。

(资料来源:张雨.经典营销故事.2009)

四、医药市场细分的变量

消费者需求的差异性是进行医药市场细分的依据,又称市场细分的标准或变量。消费者市场与生产者市场的需求因素不同,市场细分的变量也不尽相同。

1. 消费者市场的细分变量　消费者市场的细分变量主要有地理变量、人口变量、心理变量和行为变量和患者病程细分等。消费者的社会经济地位、生理特征、健康意识、药品知识、心理等不同,对药品的信赖、品牌偏好、追求的利益、广告感受度、价格的承受能力、对分销渠道的信任度等也不同。这些都可以作为消费者市场细分的变量。

1) 地理因素细分　一方水土养一方人,由于地域环境、自然气候、文化传统、风俗习惯和经济发展水平等因素,处在同一地理环境下的消费者的需求与偏好往往具有相似性,如购买行为、习惯等。处于不同地域的,人的体质、饮食习惯不同,流行病不同,疾病的差异性较大(表3.3.1)。

表 3.3.1　地理变量细分标准

划分标准	典型细分
地理区域	东北、华北、华东、中南、西北、西南等
行政区	省、市、地、县等
地形	山区、平原、高原、草原等
城市规模(人口)	特大城市、大城市、中等城市、小城市(400万人以上;100万人~400万人;50万人~100万人;25万人~50万人;10万人~25万人;5万人~25万人;2万人~5万人;0.5万人~5万人;0.5万人以下)
城市与农村	城市与农村市场在用药习惯、用药常识、购买能力等存在明显的差异
气候	南方、北方、亚热带、热带、寒带等。我国南方、北方等气候不同,疾病发生情况有很大的不同
人口密度	城市、郊区、乡村、边远地区等都不同,这一因素对OTC和药品经营企业的市场细分意义较大
人口的地区间流动	一般是由不发达地区向发达地区流动。这一因素影响了药品需求的总量,又改变了需求结构

(1) 地理位置　我国地域广阔,生活在东南西北的消费者对药品的需求有很大的差异。如华东、华中地区经济发展水平较高,消费者保健意识强,对保健品的需求较高;城市居民对保健滋补品、新特药、进口药的需求多,农村市场药品消费者受教育程度、收入较低,购买药品时更关注药品价格,也更容易受他人的影响。目前全国农村市场除发达地区外,从用药总量、用药数量、用药品种、用药档次、单位药价、新药普及率等都是以递减的方式发展。

(2) 气候条件　气候环境和生活方式等,是导致心脑血管疾病、肿瘤的高发因素之一。心脑血管类药、抗肿瘤药和抗生素是医药企业开发和生产经营的重点。我国北方寒冷干燥,呼吸道疾病多,呼吸系统用药需求高,南方温暖潮湿,真菌性疾病发生率高,皮肤病用药需求旺盛。高原、平原、森林与盆地居民,生活方式不同发病特点也不同。一些传染病、地方病及突发病与气候密切相关,作为医药企业,应了解这些特点,营销对路的药品,才能充分满足相关消费者的需求。

案例分析

汇源果汁的市场细分

在碳酸饮料横行的20世纪90年代初期,汇源公司就开始专注于各种果蔬汁饮料市场的开发。虽然当时国内已经有一些小型企业开始零星生产和销售果汁饮料,但大部分由于起点低、规模小而难有起色;而汇源是国内第一家大规模进入果汁饮料行业的企业,其先进的生产设备和工艺是其他小作坊式的果汁饮料厂所无法比拟的。"汇源"果汁充分满足了当时人们对于营养健康的需求,凭借其100%纯果汁专业化的"大品牌"战略和令人眼花缭乱的"新产品"开发速度,在短短几年时间就跃升为中国饮料工业十强企业,其销售收入、市场占有率、利润率等均在同行业中名列前茅,从而成为果汁饮料市场当之无愧的引领者。其产品线也先后从鲜桃汁、鲜橙汁、猕猴桃汁、苹果汁扩展到野酸枣汁、野山楂汁、果肉型鲜桃汁、葡萄汁、木瓜汁、蓝莓汁、酸梅汤等,并推出了多种形式的包装。应该说这种对果汁饮料行业进行广度市场细分的做法是汇源公司能得以果汁饮料市场竞争初期取得领导地位的关键成功要素。

但当1999年统一集团涉足橙汁产品后一切就发生了变化,在2001年统一仅"鲜橙多"一项产品销售收入就近10亿,在第四季度,其销量已超过"汇源"。巨大的潜力和统一"鲜橙多"的成功先例吸引了众多国际和国内饮料企业的加入,可口可乐、百事可乐、康师傅、娃哈哈、农夫山泉、健力宝等纷纷杀入果汁饮料市场,一时间群雄并起、硝烟弥漫。根据中华全国商业信息中心2002年第一季度的最新统计显示,"汇源"的销量同样排在鲜橙多之后,除了西北区外,华东、华南、华中等六大区都被鲜橙多和康师傅的"每日C"抢得领先地位,可口可乐的"酷儿"也表现优异,显然"汇源"的处境已是大大不利。尽管汇源公司把这种失利归咎于可能是因为"PET包装线的缺失"和"广告投入的不足"等原因造成,但在随后花费巨资引入数条PET生产线并在广告方面投入重金加以市场反击后,其市场份额仍在下滑。显然,问题的症结并非如此简单。

(资料来源:方青云.现代市场营销.2013)

2)人口因素细分 药品的特殊性,医药市场细分的人口因素包括消费者的特征和医生的特征,消费者在购买和使用时,十分关注医生、药师等专业人士的建议。人口变量包括消费者的年龄、性别、收入、家庭生命周期、职业、社会阶层、文化程度、民族、宗教信仰、国籍等(表3.3.2)。

表3.3.2 人口变量细分标准

划分标准	典型细分
性别	男、女
年龄	婴幼儿、学龄前儿童、学龄儿童、少年、青年、中年、老年等
民族	汉、满、维、回、蒙、藏、瑶、土家、白族等55个民族
种族	白色人种、黑色人种、黄色人种、棕色人种等
职业	职员、教师、科研人员、文艺工作者、企业管理人员、私营企业主、工人、离退休、学生、家庭主妇、失业者等
购买者的收入(年)	低收入者、中等收入者、高收入者等(1000元以下,1000~10000元之间,10000~20000元之间,20000~30000元之间,30000~50000元之间,50000元以上等)
购买者的支付方式	现金、医保卡、支付宝、城市一卡通等
购买者的教育程度	高中程度、大学程度、研究生程度及以上等
宗教风俗	佛教、基督教、道教、伊斯兰教、犹太教等
家庭人口	1~2人,3~4人,5人以上等
家庭生命周期	年轻单身;年轻已婚无小孩;年轻已婚小孩6岁以下;已婚,儿女18岁以下;中年夫妻子女离家独立;老年夫妻;单身老人独居等

续表

划 分 标 准	典 型 细 分
医患关系	处方医生、药剂师等
医疗保险	有医疗保险、无医疗保险
国籍	中国人、美国人、英国人、利比亚人等

(1) 年龄　年龄不同消费者有不同的需求特点，就形成了各具特色的医药市场，如老年医药市场、成人医药市场、青少年医药市场、儿童医药市场和婴幼儿医药市场等。不同年龄段疾病发生情况有很大差异，如高血压、骨质疏松在中老年人中多发。不同年龄消费者的社会经历、价值观不同，对药品选择差异性也很大，老年人购买药品时把价格、方便作为选择条件，他们有充裕的时间反复研究；年轻人具有时尚、对价格不敏感、易受广告影响的冲动型购买特点。

江中健胃消食片——主导日常助消化市场

经过市场调查，江中发现儿童与中老年人日常生活中多发的"胃胀""食欲不振"症状，市场上还没有专门产品，于是确立了"日常助消化用药"的品牌定位。江中制订了广告语"胃胀、腹胀、不消化，用江中牌健胃消食片"。广告风格相对轻松、生活化，而不采用药品广告中常用的恐怖或权威认证式的诉求。江中健胃消食片的重新定位与传播，仅用两年时间就完成了吗丁啉用十年才完成的成长。

(资料来源：医药营销.2013)

(2) 性别　男性和女性的生理特点和社会角色不同，对于医药产品的需求以及购买行为也有着明显的差异。如减肥、美容保健类产品是针对女性消费者的需求设计的，如曲美减肥茶、太太口服液、中华乌鸡精、朵尔胶囊等。

(3) 收入　消费者的收入决定需求与购买力的，使他们在用药结构、用药习惯上表现出较大的差异性。高收入消费者购买药物时，较多考虑疗效及毒副作用等，对新特药和保健品的需求较高；低收入消费者用药水平较低，选用药时对价格敏感。

(4) 受教育程度　消费者受教育程度不同，其价值观、文化素养、知识水平不同，对药品种类的选择和购买行为不同。受教育程度越高，获取药品知识能力越强，自我保健意识也较强，理性购买程度越高，重视药品的长期疗效和不良反应等；受教育程度低的消费者，购买行为易受他人和广告的影响。

(5) 职业　职业的不同，对药品的需求与习惯有很大差异。从事唱歌、教师职业的消费者对咽喉类药需求较高；学生、白领和长期使用电脑的消费者，对眼科用药、腰颈椎病药品的需求高等。

(6) 家庭生命周期　一个家庭从产生到子女独立发展过程就是家庭生命周期。分为7个阶段：未婚阶段、新婚阶段、满巢阶段Ⅰ、满巢阶段Ⅱ、满巢阶段Ⅲ、空巢阶段Ⅰ、空巢阶段Ⅱ。

不同家庭生命周期，对药品的需求也不同，如满巢阶段Ⅰ时孩子还小，对儿童用药如高质量的钙片、维生素等儿童用药和保健品的需求较强；满巢阶段Ⅲ是孩子到了高中阶段，学习的压力大，家长会更多地为孩子选择益脑、提高记忆力的保健品等；空巢阶段Ⅱ是退休和孤寡老人时期，老年性疾病和慢性疾病增多，收入减少，对慢性疾病如高血压、糖尿病和保健品等用药需求旺盛。

(7) 医患关系　现代OTC药品的细分以消费者为中心，处方药的细分注意发挥医生的作用。由于药品知识的专业性强，消费者在购买和使用时，会十分关注专业人士如医生、药剂师等的意见。医生处方中的OTC药品对患者以后自己选择OTC用药有着重大影响。所以，对OTC药品的市场细分应考虑医生的因素。

(8) 患者医疗保障　随着我国医疗体制改革，医疗保险制度逐步完善，患者医疗保障将会对药品市场结构需求产生较大影响。

3) 心理因素细分　按消费者消费医药产品的心理因素细分有消费者的生活方式、购买者及处方者的个性、购买动机和态度(表3.3.3)。

表3.3.3　心理变量细分标准

划 分 标 准	典 型 细 分
生活方式	时尚新奇、平淡型、刺激冒险、稳定安逸、知识型、名士型等
个性	内向型或外向型、理智型或冲动型、积极型或保守型、独立型或依赖型等
购买动机	治疗、保健、自用、馈赠
态度	踏实者、寻求权威者、怀疑论者、抑郁者

(1) 生活方式　消费者特定生活习惯和方式，影响其欲望与需求，如25～40岁白领女性对减肥、美容养颜产品的需求较强。

(2) 购买者及处方者的个性　它是一个人的心理倾向和特征，会使其对所处环境做出相应的和持续的反应。个性通过自信、自主、支配、顺从、保守、适应等性格特征表现出来，不同个性的消费者对药品的质量、疗效、价格等追求是不同的。如保守者对新药的接受程度低；外向型的人对新特药更喜欢。

(3) 购买动机　购买药品和保健品的动机有多种，如治疗、保健或馈赠等。如脑白金主打馈赠市场。

(4) 态度　态度是一个人对某些事物或观念长期持有的好与坏的认识上的评价、情感上的感受和行动的倾向。踏实者倾向方便实用的药物治疗；寻求权威者喜欢找有权威的医生或医院进行治疗；怀疑论者很少使用药物，对药物治疗效果也持怀疑态度；抑郁者对身体极度关注，稍有症状就找医生或自行购药。

4) 购买行为因素细分　根据购买者对产品的了解程度、态度、使用情况及反应等将他们划分为不同的群体，称为行为细分，是与消费者购买行为习惯相关的一系列变量。行为变量能更直接地反映消费者的需求差异，为市场细分的最佳标准(表3.3.4)。

表3.3.4　行为变量细分

划 分 标 准	典 型 细 分
购买渠道	医院、药店、OTC药品网上购买
购买时机与频率	日常购买、特别购买、节日购买、规则购买、不规则购买
追求的利益	廉价、时髦、安全、刺激、新奇、豪华、健康等
使用频率	很少使用者、中度使用者、大量使用者
购买决策权	处方医生、药剂师、药店营销人员等
品牌忠诚度	坚定忠诚者、中度的忠诚者、转移型忠诚者、经常转换者

(1) 患者和处方者的使用频率　春秋季节感冒等呼吸道疾病多发，此时大量做广告，以促进感冒药的销售。

(2) 购买的决策权　在处方药的购买和使用上，处方医生才是真正的决策者；对于OTC药品，除了医生会影响购买者的行为外，药店的执业药师和营销人员也是很重要的影响者。

(3) 消费者和处方者的品牌偏爱度　品牌在OTC药品中的影响是很大的。如对于OTC药品来讲，有些消费者注重药品的品牌、价值、企业声誉等因素，购买药品时主要看是否名牌、是否进口、是否名贵的新药，而不考虑药价。如购买感冒药时，就会想到新康泰克、白加黑、泰诺等。因此，医药企业在宣传药品功效的同时突出企业形象，通过各种促销提升企业和药品的品牌形象，最大限度地取得消费者的品牌认同，培养消费者的品牌偏好。有的购买者和处方者经常变换品牌，也有的则在较长时期内专注于某一或少数几个品牌。对有品牌偏爱者推广新药是很困难的。

(4) 购买渠道　根据患者取药的渠道，可以分为医院、药店购买及OTC药品网上购买等。

(5) 利益　消费者追求利益是互不相同的，如有的购买者追求经济实惠、有的追求使用剂型的方便性；感冒患者有的是为了缓解症状的，如泰诺。有的是为了提高免疫力的，如VC银翘片。

排毒养颜胶囊——细分市场"一枝独秀"

盘龙云海"排毒养颜胶囊"最成功的就是"排毒"市场的细分,使排毒成为一个行业,而主打症状又是发病率非常高的痔疮、便秘、面色灰暗等,可以说功效诉求非常直接,很容易引起患者共鸣。"排毒"和"养颜"的功能组合,乍一看似乎没有太多的联系,稍一琢磨则会觉得非常有理。体内有"毒",皮肤自然美不起来,这一观念很容易被消费者接受并信服。

(资料来源:医药营销.2013)

5) 患者病程因素细分　由于药品本身的特殊性,常用的地理、人口、心理和行为四大细分变量在医药营销策划中往往作用有限,精确度也不够。所以,可以根据疾病的运行特点及相应的治疗模式,提出一个新的精准化医药营销细分的病程变量,把治疗某种疾病看成是一个市场,则疾病的每个发展期、治疗期或者不同时期的症状都可能看做是不同的细分市场。

白加黑——首创"日夜分服"概念

康泰克凭借独有的缓释胶囊技术,以"早一粒晚一粒,远离感冒困扰"的"长效"定位第一个建立了全国性强势品牌;泰诺依赖"30分钟缓解感冒症状"的"快效"定位与康泰克针锋相对。作为后来者的白加黑,如何"三分天下有其一"?

面对强大的竞争对手,白加黑没有跟风盲从,而是在长效、快效之外,提出"白天服白片,不瞌睡;晚上服黑片,睡得香",以"日夜分服"的概念重新定义感冒药。让"治疗感冒,黑白分明"的广告口号深入人心,也让"白加黑"创造了上市仅180天销售额就突破1.6亿元的神话!

(资料来源:市场营销.2015)

(1) 疾病症状　对于某个疾病,如果呈现多种症状,医生在治疗疾病中,一方面可能考虑是否彻底治愈该疾病,一方面可能要考虑消除不适症状。在某类疾病治疗中,治疗症状与治愈疾病同等重要或更重要,或者某药品在治愈疾病上的优势不大,而在症状消除上有较好的效果,则在细分时可以选择症状细分变量,根据药品自身的治疗优势,重点瞄准一个或几个症状作为细分市场。

营销故事

21金维他是以症状细分变量运用的典范

当市场上同类多维生素产品的诉求还停留在产品特点时:"你缺维生素和矿物质,我能给你补充",21金维他一反常态"从概念出发"的做法,采用"从亚健康表现症状出发"的诉求策略:"头晕、失眠、皮肤差、老人斑、腰酸背痛……如果查不出别的原因,就是因为维生素和矿物质缺乏,21金维他能帮你"。小小的一个转变,加上有效的营销实施,就实现了21金维他从2001年的8000万销售额到2005年10亿的巨大飞跃。

(2) 疗程细分　疾病的治疗过程,因疾病的类型不同而有所不同,可以分为轻症和重症、急性病和慢性病等。而疾病的治疗模式有彻底治疗,或者是先维持不发展再考虑治愈,或者是控制并发症及生命体征等。根据疾病的治疗过程进行细分,并运用病理和药理理论和实验数据,将疾病过程分为若干个阶段,根据药品本身的治疗优势和药理指标,找准该药品在整个疗程中的哪个阶段有优势,或选择最具有吸引力的疗程阶段,或改变既有疗程治疗模式,选择合适的目标市场进行定位和诉求。这种细分工具特别适合处方药营销策划,对于OTC药品也有很大的适用空间。

营销故事

阿斯利康公司的洛赛克打败葛兰素史克公司的善胃得

葛兰素史克公司善胃得(雷尼替丁)于1981年上市,由于受体分析技术的发展和成熟,加上其自身的疗效,1986—1995年成为全球处方药销售冠军。阿斯利康公司于1989年开发出了抑酸能力更强的、世界上第一个质子泵抑制剂洛赛克(奥美拉唑),试图挑战王者之位。在20世纪90年代,治疗消化性溃疡的用药的常规疗程是"递增法":先改变生活方式及应用抗酸剂,无效则改用H_2受体拮抗剂(善胃得),仍无效时使用洛赛克。当然,这种用药模式对洛赛克来说并不是最佳选择。阿斯利康公司的产品经理则提出了一个新的治疗模式"递减法",把上面用药顺序逆转:开始就使用高剂量洛赛克,症状好转后采用常规剂量的洛赛克,最后再考虑使用善胃得。一下子把洛赛克从病程的末端调整到前肢端,占据了关键的制高点。为了支持该治疗模式,阿斯利康公司进行了多项研究,证实该模式无论是在治愈率还是在整体治疗价格上都比递增法模式要优越,同时还设计出新的"质子泵实验"的治疗实验来作为药物的诊断方法。通过疗程细分改变了原有的治疗模式,并组合了其他一些有效的营销手段,洛赛克成功地打败了善胃得,一举成为新的全球处方药销售冠军。

(3) 用药地位细分 一般医生用多种药进行组合治疗某种疾病,就会有主药和辅药之分。从药理学的角度来说,根据用药目的,可以把药物作用分为对因治疗和对症治疗。对因治疗的目的在于消除原发致病因素,即治本,对因治疗的药物称为主药;而对症治疗的目的在于消除或减轻疾病症状,即治标,对症治疗的药物称为辅药。在使用用药地位的细分变量时,就可以根据药品在治疗过程中所处的作用及功效特点,进行细分选择。

营销故事

传统古方中药六味地黄丸

中药六味地黄丸在补肾、治腰痛基础上,还在疾病治疗中有辅助功效。"仲景"六味地黄丸运用了用药地位的细分,从消费者的心理需求出发,把自身定位为"辅药第一品牌",突出自身对多种疾病治疗中的辅助功效,成功地区隔了自己和市场上300多家企业生产的同质化六味地黄丸,取得了较好的市场效果。

2. 生产者市场的细分变量 生产者市场与中间商、政府市场一样,都是组织市场,属于集团性购买,与消费者市场有很大区别。

(1) 最终用户的要求 这是最通用的变量。生产者市场的购买活动是为了不同的生产需要或为了出售,满足最终用户的需求。同一类产品最终用户往往有不同的要求,追求不同的利益,从而对产品提出不同的质量标准和使用要求。如最终用户的直接要求就是一个细分市场。在美国,每年有2850亿美元的医药市场中,根据市场运作模式和适用的法规不同,主要可细分为专利药、通用名(仿制药)和非处方药三大类。由于各细分市场运行规律不同,其对原料药供应的要求也各不相同。

(2) 用户规模 这是市场细分的重要变量。用户的经营规模决定了其购买力大小,一些大用户,数量虽少,但其生产和经营规模大,购买的数量和金额就多。小的用户数量多,分散面广,购买数量和金额有限。企业应针对大、小用户的特点,采取不同的营销战略。在掌握规模的基础上,可对用户进行A、B、C

分类。A 类规模大、市场占有率高、销售面广的用户。这类用户购买力强,是企业销售产品的重要目标,必须采取相应的营销战略,以便建立和保持长期稳定的购销关系。B 类为规模中等的用户,企业要争取尽可能多的这类用户成为自己的目标顾客,有必要派出销售人员访问联络、沟通信息和感情。C 类用户一般经营规模小、资金薄弱,对这类用户可通过加强促销,取得联系。

(3)用户的地理位置 按用户的地理位置来细分市场,可使企业把一个地区的目标用户作为一个整体考虑。企业的促销和广告宣传针对性强,可以节约促销费用和广告成本,节省推销人员往返于不同用户之间的时间,还可有效地规划运输路线,节约运用费用和提高效益。

(4)用户的行业特点 我国零售药品销售结构与医院用药结构差异较大,大多高价进口、合资企业生产的药品主要通过医院药房消耗。按行业特点细分市场,使得目标市场更加集中,容易分析研究市场的变化,及时掌握市场动态,有助于节省企业的研制和开发支出以及促销宣传费用。

五、医药市场细分的方法

1. 单一变量细分法 根据影响消费者需求的某一个重要因素进行市场细分,如年龄或职业。如红桃 K 根据地理位置将补血产品市场分为农村市场和城市市场。安利纽崔莱"营养套餐"将消费者细分为儿童、老人、男士和女士四类消费人群,制订出了四个营养食品组合。

2. 多个变量综合细分法 依据消费基者需求的两种或两种以上的因素进行市场细分。如高血压用药市场,按年龄分青年、中年和老年高血压市场;按病情程度分为轻、中、重度高血压市场,共划分 9 个市场。

3. 系列变量细分法 根据企业经营的特点并按照影响消费者需求的诸因素,由粗到细进行市场细分。采取两种或两种以上的变量对医药市场按顺序进行细分。这种方法可使目标市场更加明确而具体,有利于企业更好地制订相应的市场营销策略。

实训环境与组织实训过程

一、学生分组与组织

(1)分小组 全班同学分小组,每小组 3 人,确定一名小组长。

(2)小组长和小组成员准备 根据医药市场环境调查与预测的训练结果和要求,结合上次课后教师布置的本次课教学任务,对某常见的药品或保健品市场进行细分。

二、实训环境

(1)校外实训室 学校建立在校外实训基地如社会连锁药房、医药公司和制药公司的处方药、非处方药等,如最常见的感冒类药是国内医药产品推广和细分最成功的范例。请每个小组的同学根据自己所熟悉的某类药物类型或本教材案例中所给的医药产品,对其进行有效的市场细分。每个小组和每个同学将自己的身份确定为某企业的员工,学习与实训过程就是在企业工作的过程中,按照岗位工作标准去完成工作任务的每个环节,对工作过程中所出现的不足或错误要及时纠正及完善。

(2)校内实训室

① 校内模拟医药产品营销实训室。

② 校内教学医院的门诊药房。

较常见的药物类型有感冒药、消化系统用药、外科用药、清热解毒类用药、维生素及矿物质类、祛暑类药品、五官科用药、呼吸系统用药等。

三、实训任务

任务1　医药产品市场范围的确定

药品市场组成的特点:
(1) 整个人类都是药品的潜在顾客。
(2) 药品市场的顾客不仅有患者,还有决定用药的处方医生。
(3) 疾病的发病率也决定着药品市场。

所以,影响药品市场范围的因素有多种,主要从以下几个方面来确定。
(1) 顾客　如从顾客的人口统计、地理因素和心理、行为因素,以判定顾客对药品的需求。
(2) 处方医生　如处方医生的专业、年龄、教学医院、处方行为等因素。
(3) 政府对确定药品市场的影响。
(4) 疾病的发生率。

医药生产企业应确定所生产的医药产品所治疗的疾病和服务的对象。医药公司和社会药房也明确所经营的医药产品的使用人群和所治疗疾病,这样才能作为企业制订医药市场开拓策略的依据。医药市场范围的确定的最根本的原因是以患者和治疗疾病的需求为目的。

营销案例

吗丁啉动力十足

吗丁啉的适应证有2/3说的是呕吐,1/3说的是消化不良,所以产品更倾向于被认为是止吐药。但若定位止吐药会有两个弊端:一是市场小,二是剂型不合适。所以要重新细分。

第一,扩大市场。要扩大市场就不能针对呕吐,而要针对一般的消化不良症状,其中腹胀的发生率极高,于是把腹胀作为吗丁啉的主攻方向。

第二,让市场接受。工作重点是让解释变得简单、容易理解并被记住。第一步,从生理学和药理学上提炼出一个词"胃动力";第二步,把这个生理学范畴的概念变成临床上的概念,开发出"胃动力不足是关键"这句话;第三步,不但把胃动力不足从一种消化不良的内在表现变成了病因,而且进一步变成了一种分类标准,在消化不良的分类中增加了一个"动力性消化不良",还加到了课本上,让医生看到患者就想"他是否胃动力不足?"

至此,吗丁啉完成了扩大市场,使医生易记和患者易理解这三大任务,为成功奠定了基础。

(资料来源:医药经济报.2015)

任务2　医药产品市场需求的调查与分析

通过本教学单元所给的医药市场细分理论与知识,学生在完成本任务时,可以设想:医药生产和经营企业要对所生产和经营的医药产品市场进行细分时,考虑到医药消费者(患者或顾客)的细分变量,具体从消费者作为人的属性包括地理、人口、心理、行为等和患者疾病的病程共五个方面列出影响医药产品市场需求和顾客购买行为的因素进行市场调研;依据本次实训的医药产品特点,选择合适的市场细分变量或标准。

每个小组在选取市场细分变量时,从市场细分的理论知识去系统学习、思考和筛选,并集体讨论,最后确定所选取的最合适的细分变量的理由和结果。因为市场细分的变量很多,消费者的需求差异性也很多,在筛选过程中,要考虑不同的行业、不同的产品、不同的企业实际情况和消费者的需求。

如感冒药市场细分时,就有很多的细分变量。单从感冒疾病症状细分就有如下因素,感冒属于常见疾病,一般属于轻症,由于该病表现较多的不适症状,如头痛、发热、咳嗽、打喷嚏、嗜睡、流鼻涕等,因而治疗感冒与消除症状对消费者而言同等重要。不同感冒药诉求不同,用药类型也就不一样的,有中药治本的,有西药治标的,有缓解头疼的,有解决鼻塞、流鼻涕的,有缓解肌肉酸痛的,有解决发热的等。从消费者或患者来说,有年龄、职业、收入、动机爱好、品牌忠诚度等不同,对感冒治疗的用药选择也会不一样,如年轻人可能侧重用西药,中老年人出于药物副作用更侧重中药或中西药复方制剂;有的是用来缓解症状的,有的是用来抗病毒的;有的喜欢用进口品牌的,有的喜欢用国产的;有的喜欢进口高价,认为一分钱一分货,有的喜欢中药成分、价廉物美的。从感冒药制剂和成分来说,也各不相同。所以,选择合适的感冒药市场细分变量,就要综合考虑,结合市场细分的意义与原则,选取最合适的细分变量。

营销故事

窗户的开与关

在火车上某个车厢内坐了两名乘客。他们正因窗户问题而吵架!

甲说:"天气那么热,不打开窗户,会闷死人的!"说着就将窗户打开。

乙则忙将窗户关闭,说:"天这么冷,不关上窗户会着凉生病的。"

双方因互不相让而争执不停,最后,还要劳驾列车长前来主持公道。

列车长听了双方的理由后说:"我建议不如先将窗户打开,让你们其中一个冻死。然后,再把窗户关闭,让另一个也热死,那么世界就太平了!"

启示:每当我们面对一些问题时,尤其是与顾客站在不同的立场时,应考虑到对方的需求,必须心平气和地坐下来想对策或解决之道,千万别争执到面红耳赤。因为这样不但破坏了彼此间的感情,连生意都不用谈了。

任务3 潜在客户需求的开发与分析

根据任务二的实训过程和结果,企业对影响客户(顾客)的各项因素进行分析评价,明确客户(顾客)需求的异同点,确定市场细分的变量(标准)。同时,对未来市场和潜在客户(顾客)需求也要进行预测和开发,以保证市场营销战略在一段时间内的稳定性和利益最大化。

营销故事

驼鹿与防毒面具!

有一个推销员,他以能够卖出任何东西而出名,他已经卖给过牙医一把牙刷,卖给面包师一个面包,卖给瞎子一台电视。但他的朋友对他说,如果你能卖给驼鹿一个防毒面具,你才算是一个真正优秀的推销员。

于是,这位推销员,不远千里来到北方,那里是一片只有驼鹿居住的森林,"您好",他对驼鹿说,"现在每个人都应有一个防毒面具","真遗憾,可我并不需要。""您稍后"推销员说,"您已经需要一个防毒面具了"。说着他便开始在驼鹿居住的森林地中央建造了一个工厂。"你真的发疯了"他的朋友说。"不然,我只是想卖给驼鹿一个防毒面具"。

当工厂建成后,许多有毒废气从大烟囱中滚滚而出,不久,驼鹿来就来到推销员处对他说,"现在我需要一个防毒面具了。""这正是我想要的,"推销员说着便卖给了驼鹿一个。

"真是个好东西啊!"推销员兴奋地说!驼鹿说:"别的驼鹿也同样需要防毒面具,你还有吗?""你真走运,我还有成千上万个"。"可是,你的工厂里面生产什么呢?"驼鹿好奇地问。"防毒面具",推销员兴奋而又简洁地回答。

营销启示:有些时候单靠说是完不成任务的,一个伟大的推销员需要创造需求并推销满足这种需求的工作。这就是从战术上升到战略的捷径!

任务4　医药市场的细分过程

企业知道客户(顾客)的共同需求,就可以选择合适的市场细分的方法,进行有效的市场细分。根据市场细分的理论与知识,企业可以从以下几种市场细分的方法中选择其中一种或多种,以满足企业的市场营销策略的要求。

1. 单一变量细分法　就是根据影响消费者需求的某一个重要因素进行市场细分。如在我国根据气候将抗微生物感染的药物市场分为南方与北方市场,南方市场常年温暖潮湿,各种微生物感染性疾病呈常发状态,特别是真菌感染性药物需求非常大,而北方因寒冷干燥,各种真菌感染性疾病较少,但细菌和支原体感染的呼吸系统疾病较多,呼吸道感染用药市场较大,如图3.3.1。

抗微生物感染用药市场 —地区→ 南方市场
　　　　　　　　　　　　　　　北方市场

图3.3.1　单一变量细分法

2. 多个变量综合细分法　根据影响消费者需求的两种或两种以上的因素进行市场细分。如高血压药物市场,按症状程度细分为轻、中、重度共3个细分市场,按年龄分为青年患者、中年患者和老年患者共3个细分市场。综合以上结果共分为6个细分市场,如图3.3.2。

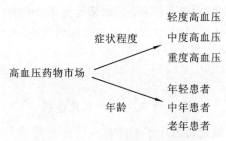

图3.3.2　多个变量综合细分法

采用多个变量综合细分法,当使用的变量增加时,细分市场会按几何级数增加,这会给细分市场的选择带来困难,同时也没有必要,因此很多企业采用了系列变量细分法。

请问下列产品或营销方式采用的是什么市场细分标准

1) 太太口服液
2) 精装礼品月饼
3) 女性化妆品专营店
4) 累计消费折扣卡
5) 增白霜

3. 系列变量综合细分法　根据企业经营的特点并按照影响消费者需求的诸因素,由粗到细地进行市场细分。这种方法可使目标市场更加明确而具体,有利于企业更好地制订相应的市场营销策略。

如太太口服液这种保健品的市场细分,企业根据广泛的市场调查,结合消费者的需求意向,可以同时选用地区、性别、婚否、年龄、收入五个变量进行细分,最后得到的结果是城市中已婚的收入较高的年龄偏轻的中年女性这一个细分市场,如图3.3.3所示。

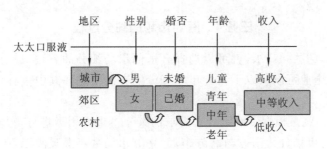

图 3.3.3　系列变量综合细分法

任务5　为细分后的医药市场定名

根据任务四市场细分的结果,给细分出来的市场命名。如儿童感冒药市场、中年高血压市场等。

四、考核与实训作业

(一)学时与要求

(1) 一体化教学:2学时。

(2) 实训与考核:2学时。

(3) 以小组为单位完成本教学单元实训作业:完成某药品市场的细分报告,以 Word 文档形式呈现,并能做出有效的、较流畅的书面陈述。同时,能将在实训过程所出现的错误、不足和优势陈述出来。

(二)考核范例与考核标准

1. 范例分析

国人缘何去日本买儿童药

继国人在日本疯购马桶盖后,最近又出现了追捧日本药品尤其是儿童药品的现象。为何会出现这种现象呢?笔者了解到,除了疗效因素,更主要的是日本儿童药品的设计在细节方面容易得到消费者的认可。

量身定制适合儿童

漫步日本,笔者注意到,在日本买药就像买杂货那样方便,每隔一小段路就可以看到药店。而且,在药妆店里也摆放了各种药品,与化妆品货架相邻,常常是消费者买了化妆品后顺便买上常用药品。日本的药店也成了很多旅日华人的消费场地。

在日本的一家药店,一对中国年轻夫妇正在选购儿童药品,挑选的品种和数量还不少。笔者于是向这对夫妇询问为何喜欢在日本购买儿童药品。丈夫认为,目前日本的制药工业技术和安全水平高于我国,药品疗效较为显著,花费多一点无所谓。更重要的是,我国儿童药品供应短缺现象多见,别说在药店里,就是在医院里常常也没有儿童专用的药品供应。医生治疗的手段不是静脉滴注就是配对与成年人相同的药品。分割成人药片给儿童服用是一件非常麻烦的事情。比如,儿童服用某种药品每次须为八分之一片,无论分割得怎样精细,都难以做到准确无误。这让他很担心,服用剂量少了,可能达不到应有的疗效,剂量多了,又有可能产生药品不良反应。因此,给孩子服用药片时,总是一筹莫展。而日本的儿童药品是专门为儿童"量身定制"的,医生一般不轻易给小朋友输液,医院和药店也不会卖给患儿家长服用八分之一之类的成年人药品。日本儿童药品针对脏器尚未发育完善的小朋友们专门研发,安全性有严格保证。更让家长放心的是,同一款产品针对不同年龄的婴幼儿还会有更细化分类。

而妻子则说,日本的儿童药品设计讲究人性化。她家3岁的小孩每次打针吃药总是不予配合,而她在日本买的一种咳嗽发烧药水,瓶子看上去像"面包超人",小孩看到了就来劲,香甜的水果味液体也大大减少了小孩服药的痛苦。而量杯又是专门的安全瓶盖,可以防止小孩误用。

再看一下药店里,日本儿童药包装上都印满了小朋友们喜欢的卡通形象,也是简单易懂的图画。可爱的卡通形象,让孩子能高兴服药,价格不贵,疗效较好,这或许是国人喜欢日本儿童药品的原因。相比之下,我国市场仅有5%左右的儿童药品,怪不得儿童用药成了家长费心的事情。

国内生产"幼稚"阶段

那么,在日本买药安全性能保障吗?与国内买药一样,日本药店的药品分成三类:第一类必须有医生的处方才能购买,第二类则需要和药店专驻药剂师商量,第三类则可以任意购买。其中,第三类药品的范围很广泛,包括治疗脚气、感冒发烧、关节肌肉疼痛等。深受中国游客青睐并大量购买的,就是第三类的药品,也是日本人日常购买服用的药品。日本的药店为了使其他语言使用者提供了生动易懂的药品说明书,以"图形文字"的形式说明吃药方法和注意事项。这些插图说明还翻译成简繁体中文、英语、韩语、葡萄牙语、西班牙语五种语言。

那么,为什么在日本能够买到的儿童药品,在我国却难以看到呢?这与儿童药品开发生产落后有关。据了解,我国儿童药品的研发和生产还处于"幼稚"阶段,不但数量上难以满足儿童用药,而且在品种上也很难适应儿童用药的特殊需求。其原因主要是:由于受制于儿童自身的生理特点,使得儿童药品的开发周期较长,利润相对较低,企业不肯做不赚钱、少赚钱的买卖;在临床研究上,对于儿童的病症、相应的服药剂量等,没有针对性的可供查询的资料,这是研发的一大难题;在临床实验中,往往需要有志愿者配合医师的研究,但在儿童药品的开发中,寻找儿童志愿者是比较困难的。

面对儿童用药市场的空白,虽说国内已不少知名企业纷纷进入此领域,但他们都只停留在单一儿童用药的基础上,并没有形成专门的儿童用药生产及服务体系。相比之下,日本等先进国家儿童用药在生产工艺、产品精细程度方面占有一定优势。

由此看来,国内制药企业得奋起直追,让更多的儿童能用上国产儿童药品。

(资料来源:医药经济报.2015年7月17日)

思考:该范例中,请分析日本儿童用药市场细分使用了哪些变量?我国为何还存在差距?

2. 医药市场细分考核评价标准与评分表(表3.3.5)

表3.3.5 医药市场细分考核评价标准与评分表

平时成绩评价标准与评价项目					
序号	等级与分数 评价项目	优秀 9分	良好 8分	一般 6分	需努力 3分
1	到课情况				
2	小组内参与情况				
3	团队内贡献情况				
4	思考与语言组织表达能力				
5	小组间评判的能力				
平时成绩(占总成绩的30%)					

实训成绩评价标准与评价项目				
序号	等级与分数 评价项目	基本完成实训 任务6分	突出表现并有 创新9分	评 价 标 准
6	医药市场范围确定			市场范围明确
7	医药市场需求调查与分析			细分变量的完整性、可行性、正确性
8	潜在客户需求的开发与分析			潜在需求开发的正确性、经济性
9	医药市场细分的方法与结果			细分方法选择的正确性、细分结果的有效性
实训成绩(占总成绩的70%)				

续表

学生自评成绩	
小组评价成绩	
教师评价成绩	
总成绩	

(周先云)

教学单元 3.4　医药目标市场选择

能力目标：

在教师指导下能够掌握如何对细分市场进行评估；能为医药企业选择合适的医药目标市场和目标市场策略。

知识目标：

掌握评估细分市场的方法，掌握医药目标市场的 5 种选择模式和 3 种营销策略；熟悉影响医药目标市场策略的因素。

素质目标：

通过本教学单元学习任务训练，使学生掌握细分市场评估方法，熟悉细分市场进入模式和正确选择目标市场营销策略，培养学生发现问题、纠错能力和解决问题的综合能力；通过分小组完成医药目标市场选择，培养每个学生语言组织与表达、学生自主学习、刻苦耐劳和情绪控制的自我管理能力；培养小组成员间分工协作、小组间评判的能力；培养学生目标市场选择和目标市场策略制订的基本技能。

大健康产业万亿市场呼之欲出

以人口健康促进经济增长，是一种既稳增长又调结构，既利当前又利长远的战略选择。2013 年，我国 60 岁以上人口突破 2 亿，这将带动上万亿元的产业规模。大健康产业近两年频传利好，其中养老产业更是成为资本市场热门话题。

大健康产业前景可期

慢性病的侵袭、亚健康状态的蔓延、老龄化的加速、养生理念的培育、家庭收入的增加，这些因素的叠加令养老市场迅速壮大，也引发养老市场争夺大战。随着医改的深化，集医疗、养老、保健等在内的多元化综合医药大健康产业正在形成。

中国保健协会副理事长徐华峰称，大健康产业包括医药保健产品、营养保健食品、医疗保健器械、休闲保健服务、健康咨询管理等多个与人类健康紧密相关的生产和服务。与传统的健康产业相比，大健康产业提供的不单是产品，而是健康生活解决方案，进而创造更大的商机。

大健康产业作为一项新兴产业，近些年呈现蓬勃发展之势。2013 年我国保健食品行业产值达 3000 亿元年，年递增达到 15% 以上。但与美国、日本甚至很多发展中国家相比，中国的大健康产业尚存在很大差距。统计数据显示，美国的健康产业占 GDP 比重超过 15%，加拿大、日本等国健康产业占 GDP 比重超过 10%。而我国的健康产业（包括保健、医药及健康产业）仅占 GDP 的 4%～5%。

徐华峰说，当前我国居民的健康资源正被大量消耗和透支，如医疗费用高，医保不完善，重医疗轻保健，健康支出重点偏于救治，慢性病形势严峻，数亿人处于亚健康状态。很多领域尚待以新思维进行重新开发,投资大健康产业前景可期。

药企纷纷转型切入

一些嗅觉灵敏的传统制药企业,已在大健康产业领域小有成就。在这一轮药企进军大健康的浪潮中,云南白药、广药集团等药企纷纷开发功能型饮料、药妆、保健品等带有大健康属性的消费品。

今年前三季度,云南白药实现收入133.18亿元,同比增长18.6%;实现净利润19.45亿元,同比增长10.55%。其中健康事业部和中药资源事业部继续保持高增长,牙膏是拉动增长的主力。"功能性"是云南白药牙膏脱颖而出的"法宝",这也被其他进入牙膏市场的药企所效仿,如片仔癀牙膏、独一味牙膏。云南白药提出了"新白药、大健康"战略,以"药"为根本,形成了以药品为核心,相关多元化健康产品并举发展的格局。目前云南白药已涉足洗发水养元青、护肤品千草堂、母婴产品及女性个人护理产品。

在快消领域同样风生水起的医药企业还有广药集团。2012年收回王老吉商标后,广药集团招兵买马并成立全资子公司王老吉大健康有限公司,独立运作红罐王老吉凉茶。根据广药集团官方披露的数据,按照快消口径统计,去年王老吉红绿装凉茶实现销售收入突破150亿元。白云山中报显示,王老吉大健康的总资产为22.36亿元,实现净利润1.32亿元。

同时,广州白云山药业研发的治疗男性性功能障碍的"金戈",10月28日起开始在全国铺货。广药大南药板块总监王文楚告诉中国证券报记者,计划用3~5年时间,使"金戈"的销售规模达到5亿至10亿元。

"卖数据"成盈利模式

随着人们生活水平和健康意识的提高,未来10年对于疾病的管控将逐渐从对患病人群扩展到对健康人群的服务。国泰君安预计,未来5年,各地养老产业园、养老社区将迅速兴起,对养老产业配套的掌上监护仪、一体式监护仪等医疗设备和轮椅、血压计、血糖仪等家用医疗设备需求巨大。

多家机构研究报告指出,医疗器械行业未来看好的方向包括慢性病相关领域、中高端进口替代和移动智能医疗、掌上监护仪、一体式监护仪等医疗监护设备和轮椅。另外,血压计、血糖仪等家用医疗设备对老人监控身体状况至关重要,同样需求巨大。

"以前的医疗器械销售以医院为主。随着智能化的发展,医疗器械如血糖仪、血压计等简单医疗器械在家庭的普及率会提升,需求可能进一步增长"。一位医疗器械公司高管表示,消费类医疗器械主要是针对慢性病,原来生产心血管药物的厂家可以尝试一些心血管方面的器械。

业内人士认为,下一个十年,从诊断、监护、治疗到给药的医药细分领域将开启智能化时代,医疗器械行业向便携化、智能化发展是趋势。在这样的背景下,现代移动互联、穿戴式设备、大数据等新兴技术与新商业模式的结合,传统的医疗器械或被移动医疗、穿戴医疗、商业保险、大数据等新兴技术颠覆,智慧医疗,尤其是可穿戴设备将成为未来重点投资领域。

在海外市场,慢性病管理便携式设备"卖数据"的盈利模式已成型。据悉,美国WellDoc提供手机和云端的糖尿病管理平台,并与保险公司合作为患者提供糖尿病管理项目。"糖尿病管家系统"在现有药物剂量、血糖波动情况、每餐碳水化合物摄入情况等数据进行分析后,将诊断建议发送给医护人员,医护人员可以根据情况调整患者的用药选择。

在国内,可穿戴设备的市场规模也十分诱人。九安医疗借助可穿戴设备渗入慢性病管理领域。公司董事长刘毅告诉中国证券报记者,九安医疗正与天津三潭医院合作管理3000个糖尿病患者。糖尿病患者每天都需要测量血糖浓度,但患者不可能一天往医院跑许多次。通过九安医疗的一款血糖仪,患者在家可以测量血糖浓度,血糖仪通过蓝牙将测量结果传到APP软件上,APP软件再回传给医院。

"抢占数据入口之后,最终还是要让客户购买服务。"刘毅表示,硬件卖到足够的数量,卖的就不仅仅是硬件,而是得到了一批用户,就可以慢慢构建一套健康医疗的生态系统。

(启示:慢性病的侵袭、亚健康状态的蔓延、老龄化的加速、养生理念的培育、家庭收入的增加,这些因素的叠加令养老市场迅速壮大,也引发养老市场争夺大战。随着医改的深化,集医疗、养老、保健等在内的多元化综合医药大健康产业正在形成。)

(资料来源:中国证券报.2014-11-11)

理论学习知识与背景

从某种意义讲,人口的总量就是药品的整体市场,每个人都有可能成为药品消费者。然而药品消费者人数众多,他们的需求又各不相同。如感冒作为一种常见性和多发性疾病,几乎每个人都会成为感冒药市场中的消费者。不同的消费者感冒症状不同、收入不同、受教育程度不同等差异都会导致其对感冒药的需求不尽相同。因此,医药企业必须在确定药品营销前了解药品消费者的需求之间的差异,并对药品消费者进行区分,把整个市场细分为若干不同的购买群体;然后选择其中符合本企业要求、并能为之有效服务的消费者作为目标市场;最后确定自己的药品在消费者心目中的位置,就是市场定位。这一过程就是目标市场营销。

"不要试图向所有的顾客提供产品和服务"是营销的重要准则之一。医药企业为了利用有限资源,发挥企业优势,实行医药市场目标营销战略:市场细分、选择目标市场与市场定位三步骤,简称为 STP 营销战略(图 3.4.1)。

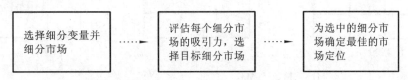

图 3.4.1　目标市场营销

著名的市场营销学者麦卡锡提出了应当把消费者看作是一个特定的群体,称为目标市场。

市场细分的目的是有效选择并进入目标市场。市场细分是目标市场选择的基础和前提,选择目标市场是市场细分的目的。为了提高医药企业的经营效果,企业必须细分市场,根据自己的任务目标、资源、特长等,决定进入哪个或哪些细分市场,为哪个或哪些细分市场服务。

医药目标市场是医药企业在市场细分的基础上,依据企业资源和经营条件所选定的、准备以相应的医药产品或服务去满足其需要的那一个或几个细分市场。医药企业的一切营销活动都是围绕医药目标市场展开的,而选择医药目标市场需要在评估医药细分市场的基础上进行。

一、评估医药细分市场

由于企业资源的有限性,并不一定有能力进入和愿意进入细分市场中的每一个子市场,也不是所有的子市场都有同等的吸引力。所以,企业的经营活动受到限制,这就要求首先要对细分后的子市场进行评估。在评估各个细分市场时,根据细分市场的市场潜力、竞争状况、企业资源条件等决定把哪一个或哪几个细分市场作为目标市场。一般情况下,医药企业考虑进入的目标市场,最少必须考虑以下因素:有一定的规模和发展潜力、细分市场的吸引力。

1. 有一定的规模和发展潜力　医药企业进入某一市场是期望能够有利可图,如果市场规模狭小或趋于萎缩状态,企业进入后难以获得发展,此时,应慎重考虑,不要轻易进入。当然,企业也不宜以市场吸引力作为唯一取舍,特别是应力求避免市场上已成熟的目标,也就是与竞争企业遵循同一思维逻辑,将规模最大、吸引力最大的市场作为目标市场。

2. 细分市场的吸引力　细分市场可能具备理想的规模和发展特征,但从赢利的观点来看,它未必有吸引力。波特认为有 5 种力量决定整个市场或其中任何一个细分市场的长期的内在吸引力。这 5 个群体是同行业竞争者、潜在的新参加的竞争者、替代产品、购买者和供应商。他们具有如下几种威胁性。

(1) 细分市场的规模与成长性　这是定量预测的方法。如市场占有率分析、销售增长率分析、成本利润核算等。

(2) 细分市场的盈利性　有适当规模和成长率的市场缺乏盈利性同样不能成为目标市场。

(3) 企业的目标　对细分市场的投资是否符合企业的长远发展目标,是否有利于医药企业总体经营目标的实现。

(4) 企业的内外部环境分析　内部环境主要是衡量企业的自身力量(人力、物力、财力等)是否能满足细分市场的需求、是否有竞争优势。外部环境主要有：政法环境、技术环境、人口环境、经济环境、自然环境和社会文化环境等。

二、目标市场范围的选择策略

企业对不同的细分市场评估后，就要选择目标市场，对进入哪些市场和为多少个细分市场服务并做出营销决策。企业可考虑的目标市场模式的选择策略有5种模式(其中 M 代表市场、P 代表产品，见图 3.4.2)。

1. 产品-市场专业化　它也称密集单一型市场，医药企业只选择一个细分市场，提供一类产品。该模式可以使医药企业更加了解目标市场的需求，使企业集中资源，在一个细分市场上获得较高的市场占有率，进行专业化的市场营销。集中做市场的一部分，但风险较大，一旦这一细分市场不景气或有强大的竞争者出现，就会陷入困境(图 3.4.2(a))。

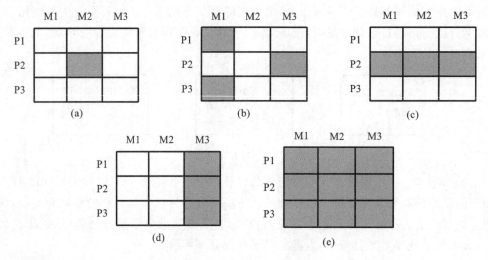

图 3.4.2　进入目标市场的模式

洁尔阴称霸女性洗液市场

1989 年，市场上已有甲硝唑片、制霉菌素栓、洗必泰栓、妇炎平胶囊等产品，而洁尔阴集上述竞争产品的性能于一身，并且符合广大妇女用水的卫生习惯，价格在 8～10 元，易为大众所接受。"难言之隐，一洗了之"，随着洁尔阴的上市，这句广告语仿佛是施了魔咒一般，成就了洁尔阴至今仍难以动摇的洗液市场霸主地位。有了绝对处于领先水平的产品，再加上形象、生动、贴切、说到无数人心坎里、至今无人超越的广告语，宣传声势浩大，洁尔阴品牌一夜之间响彻全国也不足为怪了。

2. 选择专业化　医药企业有选择地进入几个不同的细分市场，为不同的顾客群提供不同类型的产品。有选择地做几个市场，最大的优点是能够分散市场风险，一个细分市场的失败不会影响到企业的整体利益。但要求企业有较强的资源及营销能力，避免贪多的毛病，以免分散企业的资源(图 3.4.2(b))。

3. 产品专业化　医药企业集中生产一种产品，向各类顾客销售这种产品。此优点是医药企业专注某一种或一类产品的生产，为各类顾客只提供一种产品，有利于形成和发展生产和技术上的优势，在该领域树立形象。但当该领域被一种全新的技术与产品所替代时，企业面临巨大的冲击(图 3.4.2(c))。

4. 市场专业化　医药企业专门经营满足某一顾客群体需要的各种产品。这种模式是企业专门为特定的顾客群体服务，为一类顾客提供各种产品，与这一群体建立长期稳定的关系，并树立良好的形象，并有效地分散经营风险。但是如果这类顾客的需求下降时，企业的销售就会下降(图 3.4.2(d))。

5. 市场全面化　医药企业生产多种产品去满足各种顾客群体的需要。只有实力雄厚的大型企业才能选用这种模式(图 3.4.2(e))。

三、满足医药目标市场的策略

在选定目标市场的基础上,医药企业可以对不同目标市场制订相应的营销策略:无差异化市场营销策略、差异化市场营销策略和集中化市场营销策略。

营销故事

巧舌如簧

一只蝙蝠正在树上休息,可能是被一个好梦惊心,不小心掉了下来。这并没有什么,不过可怕的是,在树的下面有一个黄鼠狼的巢穴。

正在家门口悠闲散步的黄鼠狼猛然看到一只鸟掉下来,高兴极了,一把抓住了蝙蝠:"哈哈,还有送上门的美味,今天,我就要尝尝你这只小鸟的味道。哎,你这只小鸟怎么长得像一只老鼠似的,我可不愿意吃肮脏的老鼠。"

蝙蝠急忙申辩道:"请等一下,黄鼠狼先生,我不是一只小鸟,你看这对翅膀,连一根羽毛都没有长,鸟会没有羽毛吗?所以我是一只真正的老鼠啊!"

"是吗?让我来看看。"它仔细端详了一番,发现这蝙蝠的确像一只老鼠,便叹了一口气说:"咳,我还以为可以美餐一顿了呢,好吧,你滚吧,讨厌的老鼠。"

于是,蝙蝠幸运地死里逃生了。

这只蝙蝠暗自庆幸自己命大,并为自己的聪慧洋洋得意。然而,它却是一个大意而自负的家伙,以为再不会有什么危险了。没想到,意外的情况又发生了。

第二天,当它又在同一个枝头做美梦的时候,又不小心掉到了黄鼠狼的巢穴前。

今天,黄鼠狼先生出去觅食了,只有黄鼠狼太太自己在门口晒太阳。黄鼠狼太太看到蝙蝠后喜不自禁:"真是太好了,我昨天就听到丈夫说有一只老鼠掉在这里,今天又让我遇到了,真是天意!对我来说,老鼠可是最美的佳肴啊!"

蝙蝠急忙叫道:"黄鼠狼太太,我不是老鼠,我是蝙蝠啊!"黄鼠狼太太从没有听说过蝙蝠的名字,它疑惑地说:"哦,你这只老鼠的名字可真与众不同,没关系,我这就来尝尝味道。"蝙蝠惊慌失措起来,张大翅膀说:"黄鼠狼太太,蝙蝠是属于鸟类,我是一只地地道道的小鸟啊!不信,请看这对翅膀,老鼠有翅膀吗?"听它这么说,黄鼠狼太太感觉它的样子和老鼠真的有点不同,怪可怕的。而黄鼠狼太太又是最讨厌吃小鸟的,因为小鸟会倒了它的胃口,所以,它很生气地把蝙蝠赶走了。

这样,蝙蝠两次改变了自己的名字,终于死里逃生。

启示:这只蝙蝠可以说是很聪明的,它懂得面对不同形式而采取相应的措施。而优秀的企业营销者在经营战略中要培养这种决断能力,他要考虑在制订战略对策时,要采取哪些方法才能达到理想效果。他们不仅要懂得使用各种分析方法,去决定完成企业目标的方针政策,还必须懂得如何更准确地判断竞争对手的状况。

(资料来源:影响世界的101个营销寓言和故事.2012)

1. 无差异化市场营销策略   采用无差异化市场营销策略的企业是把一个市场看作一个整体,将整个市场作为自己的目标市场,不考虑消费者对某种产品需求的差别,认为医药市场顾客的需求是相同的,营销方法也相同,所以只提供一种产品,采用一种市场营销组合策略(图3.4.3)。

市场营销组合策略 ----------→ 整体市场

图 3.4.3 无差异化市场营销策略

差异化市场营销是生产观念的体现。优势有两方面：一是降价成本。以单一品种去满足整体市场，生产批量化、标准化，生产、储运等成本较低；不细分市场，节约了市场调研、广告宣传等促销费用。二是可以使消费者建立超级品牌的印象。

随着社会进步加快，消费者的需求不断在改变，健康保健意识不断增强，对医药产品的疗效、稳定性、服用方便性等的要求更高。消费者需求的多样化、个性化正在扩大。当同一市场中几家医药企业都采用无差异化市场营销策略时，企业竞争就会非常激烈，就会出现两败俱伤；或者当其他企业提供有针对性的产品时，企业就会在竞争中失败。

无差异化市场营销策略主要适用于具有广泛需求、企业能大量生产和销售的产品。医药企业中原料药营销可以采用这一策略。

2. 差异化市场营销策略　医药企业以几个细分市场为目标市场，针对每个细分市场生产不同的医药产品，采取不同的市场营销组合策略，以满足不同细分市场的不同需求。这种策略的医药企业一般都具有多品种、小批量、多规格、多渠道、多种价格和多种广告形式的营销组合。如药物制剂中有复方制剂、缓释剂、缓控剂、透皮给药等途径的多种需求。如"阿司匹林"的不同剂型和规格(图3.4.4)。

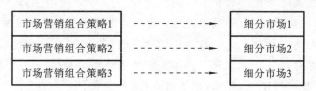

图3.4.4　差异化市场营销策略

差异化市场营销策略的优点有以下几点：一是有针对性的产品和市场营销组合，可以更好地满足消费者的需求，同时有利于企业扩大销售总量，提高市场占有率；二是可以降低企业的经营风险，一个产品市场的失败不会威胁到整个企业的利益；三是有特色的产品和营销组合策略可以提高企业的竞争力；四是一个企业在多个细分市场取得良好的效益后，可以提升企业的知名度，有利于企业对新产品的推广。

差异化市场营销策略的缺点是成本较高。企业生产品种多、批量小、单位成本高；市场调研与新产品开发、存货成本也提高；多样化的营销策略使渠道、广告成本上升。随着生产力水平的提高，生产规模的扩大，企业之间的竞争日益激烈。

采用这一策略的企业要求有较雄厚的实力，有较强的技术水平、新产品开发及管理水平。

营销故事

狼和小山羊

有一只山羊妈妈独自养育着几个孩子。小山羊还很小，每天吸着妈妈的奶，慢慢地长大。为了让小羊每天都可以吸到可口的奶水，山羊妈妈必须每天吃柔嫩鲜美的草。

因此，每天早上让小山羊吸饱奶汁之后，山羊妈妈就必须出去吃草，暂时把小山羊留在家里。这个时间最让山羊妈妈担心了，因为附近的森林里就住着一只狼，有时也会在这一带出没。山羊妈妈于是想出了一个好点子，一再叮嘱小山羊说："你们要十分小心，没有听到'狼和它的全家都去死吧'这个暗号，千万不要开门！"

就在这时，有只狼恰好从门外路过，听到了这句暗语，并记在了心中。山羊妈妈没有发现这个贪婪的家伙，外出了。

等到山羊妈妈的背影看不见了，狼就滴着口水，敲了敲门，并学着母山羊温柔善良的声调喊道："狼和它的全家都去死吧！"它以为这样一来，自己就能骗小山羊开门。小山羊听到后，刚想要照妈妈说的把门打开，可是又觉得有点奇怪，那声音和妈妈温柔的声音好像不太一样，小心的小山羊多了个心眼儿，它透过门缝往外看，并说："把白蹄子伸出来给我瞧瞧，不然我是不会开门的"。白蹄子可是个关键问题，要知道，狼是没有白蹄子的。

狼被这话难住了,不得已只得夹着尾巴灰溜溜地饿着肚皮跑了。

启示:一直以来,有特色经营的商家多半都发展得比较好。原因除了有特色之外,还有就是别人无法模仿。保持了多年而没有被模仿,只能说是有大智慧。我们是否能创造出自己的特色呢?我们是否能保持住自己的特色呢?

3. 集中化市场营销策略　企业集中所有力量,以一个或少数几个性质相似的细分市场作为目标市场,提供高度专业化的产品,以求在较小的市场范围内拥有较大的市场占有率(图3.4.5)。

企业可以充分利用有限资源,占领那些被其他企业所忽略的市场,避开激烈的市场竞争;专业化的生产和销售可以使某特定的市场需求得到最大限度的满足,并在特定的领域建立企业和产品的高知名度。

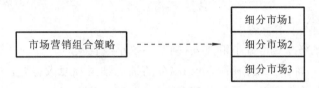

图 3.4.5　集中化市场营销策略

但是集中化市场营销策略风险较大。一旦这个市场消费者的需求发生变化,或有强大的竞争者介入等都可能使企业经营陷入困境。

中小型医药企业规模小、实力弱,可以选择集中化市场营销策略,如进入农村市场和专业特色品种市场,以提高药品营销中的竞争力。

四、影响目标市场营销策略选择的因素

1. 企业实力　主要是企业的人力、物力、财力及管理能力等综合反映。如果医药企业实力雄厚,生产能力和技术能力较强、资源丰富,可以根据自身的情况和经营目标考虑选择无差异性市场营销策略或集中性市场营销策略;我国医药企业整体观念水平较落后,难以与国外大型医药企业相抗衡,采用集中性市场营销策略,重点开发一些新剂型和国际紧缺品种,建立自己的相对品种优势。

2. 产品自身特点　对于同质化药品,其质量、剂型、规格、疗效无差异,那么竞争就主要集中在价格和服务上,如原料药、中药材等,只要价格适宜,消费者通常没有别的要求,企业可以采用无差异化市场营销策略。

对异质化药品,如剂型、品种、配方等对疗效影响较大,特别是滋补类药品其成分、配方、含量差别较大,价格也有显著差别,消费者往往对药品的质量、价格、规格、包装等要进行反复比较,然后决定是否购买;同时生产者竞争面广,竞争形式较复杂。为了应对竞争,企业宜采用差异化市场营销策略或集中化市场营销策略。

3. 市场差异性　如果细分市场上消费者的需求在一定时期内较接近,且对企业的市场营销组合刺激的反应相似,显示出市场的类似性,企业承包可采用无差异化营销策略;如果市场上消费者的需求差异较大,则采用差异化或集中化市场营销策略。

4. 产品生命周期　产品生命周期包括导入期、成长期、成熟期和衰退期。处在不同的市场生命周期阶段,产品的竞争、销售等情况是不同的。处于导入期的药品,由于同类竞争品不多,企业的营销重点是启发和建立消费者的偏好,挖掘市场对产品的基本需求,宜采用无差异化市场营销策略或针对某一特定的细分市场实行集中化市场营销策略;当产品进入成长期和成熟期,市场竞争非常激烈,为使本企业的产品区别于竞争者,确立自己的竞争优势,应采用差异化市场营销策略或集中化市场营销策略。当产品进入衰退期时,市场需求量逐渐减少,企业不宜进行大规模生产,更不能将资源再分散于多个市场份额小的细分市场,宜采用集中化市场营销策略。

5. 市场供求趋势　当产品在一定时期内供不应求时,消费者没有选择的余地,不考虑需求的差异性,就采用无差异化市场营销策略以降低成本;当供大于求时,消费者的需求出现多样化,采用差异化市场营销策略或集中化市场营销策略。

6. 竞争对手的市场营销策略　企业采用任何营销策略,需要视竞争对手的策略而定,要与竞争对手有所差异,如果竞争对手实力较强并实行的是无差异化市场营销策略,企业宜选用差异化市场营销策略或集中化市场营销策略,以区别于竞争对手。

企业要不断通过市场调查和预测,分析这些因素的变化趋势,扬长避短,把握时机,采用适当的策略,争取利益最大化。

实训环境与组织实训过程

一、学生分组与组织

（1）分小组　全班同学分小组,每小组3人,确定一名小组长。

（2）小组长和小组成员准备　根据医药市场细分的训练结果和要求,结合上次课后教师布置的本次课教学任务,对某医药产品细分后的市场选择要进入的目标市场和市场营销策略。

二、实训环境

（1）校外实训室　通过前面教学单元3.1至3.2的训练与操作,每个小组的同学对某类感冒药或自行选择的其他类型药物进行了市场分析和细分。特别对教学单元3.3医药市场细分的任务4（医药市场细分过程）与任务5（为细分后医药市场定名）的基础上,要求学生接下来能够:分析该细分市场的机会,提出市场营销策略。

假设你是某感冒药企业或其他类型的医药企业的营销人员,根据你所掌握的该企业背景资料和药品知识,在SWOT分析基础上选择该药品目标市场并为其选择合适的市场营销策略。每个小组和每个同学将自己的身份确定为某企业的员工,学习与实训过程就是在企业工作的过程,按照岗位工作标准去完成工作任务的每个环节,能找出或发现工作过程中所出现的不足或错误,并及时纠正及完善。

（2）校内实训室

① 校内模拟医药产品营销实训室。

② 校内教学医院的门诊药房。

较常见的药物类型有感冒药、消化系统用药、外科用药、清热解毒类用药、维生素及矿物质类、祛暑类药品、五官科用药、呼吸系统用药等。

三、实训任务

任务1　医药产品细分市场的评估

评估细分市场时,要考虑的因素:企业的实力在哪里;药品整体市场的情况分析;企业有利可图的市场在哪里;企业有竞争优势的市场在哪里。最后,找出适合本企业所要服务的目标市场。

细分市场可能具备理想的规模和发展特征,但从赢利的观点来看,它未必有吸引力。波特认为有五种力量决定整个市场或其中任何一个细分市场的长期的内在吸引力。这五个群体是同行业竞争者、潜在的新参加的竞争者、替代产品、购买者和供应商。他们具有如下五种威胁性。

1. 细分市场内激烈竞争的威胁　如果某个细分市场已有了众多的、强大的或者竞争意识强烈的竞争者,那么该细分市场就会失去吸力。如果该细分市场稳定或者衰退,生产能力不断出现大幅度扩大,固定成本过高,撤出市场的壁垒过高,竞争者投资很大,那么情况就会更糟。这些情况常常会导致价格战、广告争夺战,新产品推出,并使公司要参与竞争就必须付出高昂的代价。

2. 新竞争者的威胁　如果某个细分市场可能吸引与增加新的生产能力和大量资源并争夺市场份额的新的竞争者,那么该细分市场争夺就会没有吸引力。

3. 替代产品的威胁 如果某个细分市场存在着替代产品或者有潜在的替代产品,那么该细分市场就失去吸引力。替代产品会限制细分市场内价格和利润的增长,公司应密切注意替代产品的价格趋向。如果在这些替代产品行业中技术有所发展,或者竞争日趋激烈,这个细分市场的价格和利润可能会下降。

泰诺——切实法二

最早的泰诺是种失败的感冒药,因为服用过泰诺的人都有瞌睡现象,对于大多数正常的来说,这个功能是有缺陷的,白天要上班、要驾车,而服用后打瞌睡,是很不方便的。

世界上从不缺乏美,缺的是发现,泰诺问题的解决,也有赖于看问题角度的变化,于是就有了"夜间"感冒药的"切割"分化。

也许只有两种感冒药,白天的和夜晚的。从使用的时机上,泰诺可以凭空切下二分之一的使用机会。在休息状态下,服用泰诺,这种划分法是独一无二的。因为除了昼就是夜。(使用时机)

白加黑当然无法再分出个所以然,但另外有一种做法似乎更聪明,取"合"的思路,整合了昼和夜,"白天吃白片,夜晚吃黑片"。来了个大一统,表面上来看,是个更聪明的做法,其实这样又陷入另外一个误区,成了24小时治疗感冒,定位到了时间概念上。

所以就给了康泰克的"12小时持续治疗感冒",大展拳脚的机会,康泰克曾一度领先成为该品类的领导品牌。

至此,感冒药成了单级的"速度"优势了,所以在这个新的比赛规则下,就有了曾风靡一时的海王"银得菲",一个字,治感冒,"快"!但不知为何,后来银得菲放弃了抢占这个制高点,大概是因为技术上的支撑不够吧,进而成了"关键时刻,怎能感冒",加上"快"的卖点,极不单纯,既想导入更广泛的使用条件,又想刺激需求,又想诉求卖点。以至于最后跟消费者不辞而别!

再谈谈康泰克,2000年间,康泰克以6亿的销售额,稳居感冒药榜首。

但是2000年10月份国家药品监督管理局(SDA)颁布禁止销售含有PPA(苯丙醇胺)的药物通告,不仅让使用过该药的患者感到担心和失望,对中美史克公司更是当头一棒,面临着销售额、利润下降等多方面的沉重打击。据2001年9月6日《市场报》报道,在康泰克退出市场不到一年的时间里,中美史克公司的直接经济损失高达6亿元。与此同时,其他竞争者迅速进入感冒药市场,瓜分康泰克退出的市场。

4. 购买者讨价还价能力加强的威胁 如果某个细分市场中购买者的讨价还价能力很强或正在加强,该细分市场就没有吸引力。购买者便会设法压低价格,对产品质量和服务提出更高的要求,并且使竞争者互相斗争,所有这些都会使销售商的利润受到损失。如果购买者比较集中或者有组织,或者该产品在购买者的成本中占有较大比重,或者产品无法实行差别化,或者顾客的转换成本较低,或者由于购买者的利益较低而对价格敏感,或者顾客能够相互实行联合,购买者的讨价还价能力就会加强,销售商为了保护自己,可选择议价能力最弱或者转换销售商能力最弱的购买者。较好的防卫方法是提供顾客无法拒绝的优质产品供应市场。

5. 供应商讨价还价能力加强的威胁 如果说公司的原材料供应商和设备供应商、公用事业、银行、工会等,能够提价或者降低产品和服务的质量或减少供应数量,那么该公司所在的细分市场就会没有吸引力,如果供应商集中或有组织,或者替代产品少,或者供应的产品是重要的投入要素,或转换成本高,或者供应商可以向前实行联合,那么供应商的讨价还价能力就会较强大。因此,与供应商建立良好的合作关系和开拓多种供应渠道才是防御上策。

任务2 目标市场模式的选择

企业在对不同细分市场评估后,就必须对进入哪些市场和为多少个细分市场服务做出决策。有五种选择模式可供企业考虑。

1. 产品市场专业化 企业面对若干细分市场,无不希望尽量网罗市场的大部分及全部。但如果企业资源有限,过高的希望将成为不切实际的空想。明智的企业家宁可集中全力争取一个或少数几个细分市场,他可能资金有限,只能在一个细分市场经营,而不再将有限的人力、财力、物力分散于所有的市场。在部分市场若能拥有较高的占有率,远胜于在所有市场都获得微不足道的份额。公司可能具备了在该细分市场获胜的必需条件;这个细分市场中可能没有竞争对手;在一个或几个细分市场占据优势地位,不但可以节省市场营销费用,增加盈利,而且可以提高企业与产品的知名度,并可迅速扩大市场。这个细分市场可能会成为促进细分市场继续发展的开始。

产品市场专业化模式的主要特点:密集、单一、集中。主要体现对一个细分市场集中企业的资金、人力、产品进行集中营销。

层层选拔,三精挑出拳头产品

1998年,三精制药拥有147个品种、206个规格的产品,分水针剂、口服液等七大剂型。产品线很长,但知名品牌很少。三精制药确立了主推新产品的营销策略,并在众多产品中选出了SZ、SK和葡萄糖酸钙口服液等三个新产品。

但同时推出三个新产品,势必要在人力和物力上进行大量的投入,但此时的企业一无资金,二无人力,这种做法显然是不明智的。

经过分析发现,葡萄糖酸钙口服液在这三个产品中不仅销量最高,而且是企业自20世纪50年代成立以来第一个由自己的科研人员研制成功的国家级新药。1991年5月正式投产以来,在没有固定销售计划的情况下,销售收入一直保持在每年2000万元左右,已成为哈尔滨地区各大医院治疗儿童缺钙症的首选药品。另外,市场调查结果表明:消费者普遍认为葡萄糖酸钙口感好,儿童可以接受,81.5%的消费者认为该产品定价可以接受。

经过反复论证,最终,葡萄糖酸钙口服液被定为主打产品。

2. 产品专业化　采用这种模式的企业通常使用相似的产品,不同的品牌。如海南快克药业有限公司主要以生产、经营全国十大品牌之一的感冒药为主,先后推出"小快克""快克""快克泰""快克清""快克西林"等。哈尔滨儿童制药厂以开发、研制、生产高效、服用方便的儿童药品为主攻方向,显示出专业化的产品优势。先后开发生产抗菌消炎、解热止痛、健脾消化、健脑助长、营养平衡、清热泻火、补充微量元素和调节内分泌等八大弘泰药品群,共有颗粒剂、片剂、胶囊剂、散剂、栓剂和口服液六大剂型,近五十个儿童专用系列药品。

3. 市场专业化　企业专门为特定的顾客群体服务,可与这一群体建立长期稳定的关系,树立良好的形象。如以下案例中药品专门针对糖尿病患者服务。

糖适平的分层营销

双鹤根据产品糖适平的特点把营销概念定义为"安全降糖、肝肾无忧"这8个字,医药行业的市场拓展方面采用了分层战略,他把产品所在市场分为核心市场、维持增长市场、边缘市场、空白市场。在此基础上,双鹤将糖适平的增长也明确界定为3个方面:达到亚类增长速度的追赶型增长、超过领域内口服药增长速度的高速增长以及超越对标品种的挑战增长。这是便于用全局市场观解决问题的方法,也有利于合理有效地资源分配,真正实现精准营销。

4. 选择性专业化　通常企业选择的几个细分市场之间很少存在联系。选择这种模式时应避免贪多。如有些企业在经营药品的同时,经营房地产等。

5. 市场全面化　只有实力雄厚的大企业才能采用这种模式。现实社会中,选择这种模式的不多。

任务3 目标市场营销策略的选择

企业选择进入目标市场的模式不同,所采用的营销策略也相应不同。可供企业选择的目标市场策略有3种。

1. **无差异化市场营销策略** 企业采用这种策略时,不管细分市场间有什么区别,就只生产一种产品,采用一种营销模式,面对广泛的销售渠道,进行大规模的广告宣传。

此策略主要适用于具有广泛和大批量需求,企业可以大量生产和销售产品。如药品中的原料药具有这样的特点。在我国20世纪80年代初期计划经济时,国内药品市场还没有发展起来,产品品种单一,缺乏新药特效药。医生在给患者开处方时,没有选择的余地,有些药品需要辗转几家药店、医院才能找到,甚至需跑到外地购买。由于感冒的发病率很高,对治疗和预防感冒的药品需求很大,而市场上出售的药品无论在产品质量、剂型、疗效等方面均有缺陷。比如APC是较常用的感冒药,该药是白色片状,裸片外没有包衣层,服药时口感苦,常使患者产生不适,而服用后会出现重度嗜睡、大汗不止等不良反应,患者由于出汗过多,在睡觉时不注意保暖,还可能会使病情进一步加重。因此,患者对国产感冒药信心不足,有些人不惜重金购买服用方便、疗效显著的进口药品。

2. **差异化市场营销策略** 随着生产力水平的发展,生产规模的扩大,企业之间的竞争日益激烈;消费者收入的提升带来需求的多元化,不同细分市场的差异化策略是必然的。如采用多种营销组合,销售渠道的多样化,有针对性的广告宣传特色形象。

营销案例

1号店创始人于刚重掌壹药网

告别一手创办的国内首家网上超市1号店后,于刚同刘峻岭回归壹药网,壹药网原CEO陈华昨日宣布离职,业内人士透露,陈华未来或将继续从事与医药电商相关的工作,公司选择了360。

年初,壹药网完成4.5亿元C轮融资,是国内首家完成C轮融资的医药公司。在陈华的带领下,壹药网的业绩也有较快增长,医药类产品占比高达70%以上,远超其他医药电商。

于刚在此前接受记者专访时提到,要把壹药网做成互联网医药电商的领军者。未来将不止于普通的网上售药,还会打通医院资源,利用互联网技术以及可穿戴设备,为消费者提供医、药、健康等完整的解决方案,让在线问诊和线上买药成为用户习惯。

(资料来源:北京商报.2015-08-07)

3. **集中性市场营销策略** 特别适合资源有限的小企业,这样可以避免与大企业的正面竞争,选择那些大企业未注意或不愿进入的市场,往往更易获得成功。如太太口服液是一种专门针对女性的保健产品,利用女性爱美、对自己容颜的关注,太太口服液就是一种美的希望。所以在营销策略上要与众不同,包括渠道、价格、促销等,更注重情感诉求。如在养生堂举办的"寻找千名病友活动"和"人什么时候最美"征答活动等。

各种目标市场策略的优缺点比较见表3.4.1。

表3.4.1 各种目标市场策略的优缺点

策略	含义	优点	不足	案例
无差异性	对所有市场只提供一种"共性产品"	成本低、价格低(规模经济效益)	难以满足多样化需求,竞争大	可口可乐
差异性	为各个细分市场提供相应的不同产品	可满足多样化需求,扩大销售	营销成本高,价格高	各种感冒药
集中性	选择一个子市场集中力量针对其营销	可迅速进入、营销成本小	应变能力弱,风险大	太太口服液

四、学时与实训作业

（一）学时与要求

（1）一体化教学：2学时。

（2）实训与考核：2学时。

（3）以小组为单位完成本教学单元实训作业：完成某药品细分后目标市场的选择与营销策略报告，以Word文档形式呈现，并能做出有效的、较流畅的书面陈述。同时，能将在实训过程所出现的错误、不足和优势陈述出来。

（二）考核范例与考核标准

范例分析一

解读 OTC 肝药市场的销售危机

在乙肝用药市场上，肝药企业数量不断增多，乙肝新药的品种也层出不穷，让患者无从适应，乙肝药物的良莠不齐，监督管理机制的不完善，患者对乙肝知识的缺乏，专业咨询的普及度低等主客观原因，而肝药市场的众多肝药产品违背其作为药物的基本原则，采用保健品的手法来进行宣传，让肝药市场呈现一片虚假繁荣的现象。在这种形势下，某医药企业（以下简称 A 企业）的一个抗乙肝新药在湖北孝感地区的推广过程如下所述。

"老三样"失灵

A 企业在刚开始推广这个抗乙肝新药时，只是简单地沿用了以前成功的市场操作经验，觉得只要把"租专柜、打广告、接咨询"老三样模式复制一下就能卖货了。而事实证明，"老三样"失灵了，为什么同样使用这老三样，A 企业有时能取得成功，而有时会一败涂地，难道真应了这么一句话：成功的经验往往是阻碍下一个成功的最大障碍。

经过短暂的失败后，A 企业又重新做了市场调查和分析，发现肝药的消费者已经经过了许多肝药营销的洗礼，普遍都表现得很成熟，所谓"久病成良医"，肝病患者可称得上半个专家，他们翻阅的相关书籍并不比专业人员少，如果 A 企业用老一套治疗理论去与他们沟通，反馈回来的就是他们根本不信，如此这样何谈卖货呢？于是，A 企业在与消费者沟通之后，找到了解决办法：要从治疗机制上寻求创新。市场分析中 A 企业发现，很多肝药在宣传的过程中与产品本身的说明书出入很大，消费者往往看了说明书之后就觉得企业的宣传不可信，很多肝药都是宣传药物本身的成分能直接杀死人体内乙肝病毒，而事实上是患者通过自己查阅了大量书籍后明白：世界上还没有直接在人体内杀死病毒的药物，否则艾滋病就不是不治之症了，这些都是他们上当受骗多少回后才明白的道理。

新三斧劈开凯旋门

A 企业通过在孝感这个市场分析出上面的关键问题后，又重新审视了抗乙肝这个新药，发现它的说明书本身很好，而且治疗机制就没有谈到直接杀死病毒之说，抗乙肝新药是一个生物药，治疗的机制是从生物免疫学上讲的，就是激发人体的 T 淋巴细胞来达到杀伤病毒的作用，这和人体注射疫苗防病的"疫苗原理"很相似。

在后来的市场推广中，A 企业又发现消费者一直在关注着治疗性乙肝疫苗的问世，说这样可以从根本上解决乙肝难题。于是，一个大胆的宣传攻势形成，在广泛征求了临床专家的意见后，A 企业立即着手准备了广告宣传的所有材料，这就诞生了新三斧：电视教育片《科技之光》、书籍《乙肝革命》、小报《科技快讯》。这三斧经过严密的媒体整合投放后马上见到了效果，向目标人群发放《科技之光》500 套后，每天陆续接到咨询电话 20 个左右，这在以前是不可想象的，在县电视台的垃圾时段投放这个教育片后，就只一个新药上市的好消息通知，就能吸引 100 多个消费者到专柜参加咨询活动，2 个月后，销售人员捷报频传，销售出现赢利迹象。

取得上面的业绩，A 企业全体营销人员松了一口气，这在 OTC 肝药越来越难做的今天，这些创新而取得的效益是很难得的，而且这个经验完全可以总结出来并向全国市场推广。

分析:①A企业采用"老三样"在湖北孝感地区推广抗乙肝新药为何失败?②试分析A企业后期推广抗乙肝新药获得成功的可能因素。

范例分析二

在某城市有一位食品公司副经理认为,发展专业化的保健食品店、营养饮食店、精美食品店能吸引新的顾客,使销售额不断增加。据他的调查:65岁以上的老年人,1995年本供应区有26万,而到1998年将增加到32万。所以保健食品的销售额将会不断提高,应该在商业中心区专门设立保健食品店,经营各种不同品种或具有特色的保健食品,这样可以吸引老年顾客,满足他们对高精美食品的需要。

另一位经理不同意这种看法,他认为:老年保健食品和儿童需要食品相似,无需再经营什么老年保健食品。目前人民生活水平并不太高,大多数老年顾客对食品的品种、质量要求并不太讲究,追求的是一种较简单的生活方式,所以一般对保健食品的需求也不会太多,因此,不必要细分经营。

分析:①两位经理对保健食品市场细分采取什么样的目标市场策略?他们的依据是什么?②如果设立老年人保健食品店应该按什么标准细分市场,请分析。

医药目标市场选择考核评价标准与评价表见表3.4.2。

表3.4.2 医药目标市场选择考核评价标准与评分表

\	平时成绩评价标准与评价项目				
序号	等级与分数 评价项目	优秀 9分	良好 8分	一般 6分	需努力 3分
1	到课情况				
2	小组内参与情况				
3	团队内贡献情况				
4	思考与语言组织表达能力				
5	小组间评判的能力				
平时成绩(占总成绩的30%)					

	实训成绩评价标准与评价项目			
序号	等级与分数 评价项目	基本完成实训 任务6分	突出表现并有 创新9分	评价标准
6	医药产品细分市场的评估			1.细分市场发展潜力和规模分析较正确 2.企业的优势分析正确
7	目标市场模式的选择			目标市场模式的选择与企业的优势相符合
8	目标市场营销策略的选择			1.目标市场策略选择时,能充分考虑到各种影响因素 2.学会正确选择合适的营销策略
实训成绩(占总成绩的70%)				
学生自评成绩				
小组评价成绩				
教师评价成绩				
总成绩				

(周先云)

教学单元 3.5 医药市场定位

能力目标：
　　要求学生在教师的指导下，能够根据特定的背景资料对企业和某药品进行定位，选择合适的定位策略。

知识目标：
　　掌握医药产品市场定位的步骤和定位战略，产品定位和价格定位的内容。

素质目标：
　　通过本单元学习任务训练，使学生熟悉有效定位的条件，培养学生发现问题、纠错能力和解决问题的综合能力；通过分小组完成医药市场定位，培养每个学生语言组织与表达、学生自主学习、刻苦耐劳和情绪控制的自我管理能力；培养小组成员间分工协作、小组间评判的能力；培养学生具备医药市场定位的基本技能。

白加黑感冒药成功定位

在改革开放二十多年来涌现出的一大批本土品牌，尤其是药品品牌中，"白加黑"无疑是一个经典的案例。她从诞生之初的"石破天惊"到后来成长壮大为国内感冒药的领导品牌，无不折射出一个成功品牌的发展轨迹，令人回味无穷……

震撼上市

很久很久以前，在英国女王为哥伦布发现新大陆举办的庆功宴会上，许多王公大臣对哥伦布的创举嗤之以鼻，甚至屡有挑衅的言辞。哥伦布没有动气，只是拿起餐桌上的一枚鸡蛋，沉稳地说，请问哪位大人可以把这个鸡蛋立在餐桌上？那些平时不可一世的达官贵人和所谓科学家们费尽九牛二虎之力也没能够将鸡蛋立在桌上，最后不得不将疑惑的眼光投向哥伦布。哥伦布默不做声，拿起鸡蛋将略小的一端在桌上轻轻一磕。鸡蛋稳稳地立在桌上，哥伦布随即在一片唏嘘声中拂袖而去。

白加黑的问世与"竖鸡蛋"也有异曲同工之妙。感冒的治疗原则是对症下药，所以通常的感冒药都需要有四种成分：解热镇痛、止咳、缩血管和抗过敏成分。而抗过敏成分大多都有嗜睡的副作用，这样就使感冒药在缓解症状发挥治疗作用的同时产生了白天打瞌睡、影响患者学习工作的副作用。为了解决这一矛盾，众多厂家经过若干年的努力依然百思不得其解。所以，当"白加黑"作为第一个只在夜用片中保留抗过敏成分，而日用片不再有嗜睡副作用的感冒药问世的时候，其在感冒治疗领域和营销领域引起的震撼可想而知了……再加上"白加黑"这个极富创意的名称和简洁明快的电视广告，许多消费者对十年前"白加黑"的震撼依旧记忆犹新。

整合发威

可以说，十年前白加黑的成功上市是营销学中分众策略的完美演绎，她在强手如林的激烈竞争环境中独辟蹊径,针对即便感冒也要坚持学习和工作的消费者,以"白天不瞌睡"为卖点,确立了"黑白分明,表现出众"的市场定位而声名鹊起。然而,上市的成功并不能维持品牌持久的辉煌,大品牌建设漫长的过程中只有祭起"整合营销传播"的大旗,才能保持品牌强劲的市场竞争力。

十年来,医药营销领域影响最大的事件莫过于 2000 年的"PPA 事件":国家药监局一纸公文,使包括当年感冒药市场领头羊——康泰克在内的含有 PPA 成分的药品一夜之间从医院和药店的货架上撤下!而对感冒药最大的竞争对手突然消失,刚刚接手白加黑的东盛人并没有被"突如其来的幸福"冲昏头脑,而是冷静地实施着周密的行销计划。公关方面,组织医学专家召开座谈会,并通过全国媒体向消费者传达出"不含 PPA 的感冒药依然可以放心服用"的信息,极大地稳定了人心,维护了感冒药的市场容量,广告方面,明确声明"白加黑不含 PPA",是消费者放心的选择;渠道方面,利用东盛健全的销售网络,将白加黑在最短的时间内铺满城乡药店;终端方面,随处可见白加黑的宣传品和东盛销售代表忙碌的身影……功夫不负有心人,经过一年多整合营销的实践,2000 年,白加黑的销售额比上年同期增加了近 3 亿元,把康泰克撤出市场留下的市场空间鲸吞了一半,在感冒药"后 PPA 时代"的竞争中遥遥领先。

历久弥新

世界上从来没有一成不变的真理,变化是唯一不变的规律,品牌建设也是如此。很难想象一种十年如一日的老常谈能够维持一个品牌在消费者心目中永远鲜活的形象和始终如一的忠诚度。成功的品牌总是与时俱进,在品牌发展的不同阶段,针对不同的市场目标,选择不同的沟通主题和沟通形式,与目标消费者产生的互动,唤起心灵上的共鸣,进而完成品牌的营销目标。

东盛人绝对是深谙此道的!以广告创意为例,白加黑就在不同的市场环境和品牌发展阶段不断推陈出新,推出了一个又一个富有创意而风格隽永的广告片:上市之初,一身黑衣的白领丽人精力充沛的工作场景与身着白色宇航服的男性宇航员在失重环境下安然入睡的画面巧妙地反映出产品"黑白分明"的特点和白天不瞌睡的产品特性,为产品上市后迅速占领高端市场发挥了极大的作用。2000 年,东盛又斥巨资在澳大利亚投拍了由外籍人员担纲的"赛艇篇"广告,精美的画面和宏大的气势提升了白加黑的品牌形象,帮助白加黑在"后 PPA 时代"的激烈竞争中脱颖而出。2003 年,东盛又起用了风头正劲的网络歌手雪村及其流行一时的歌曲曲调,轻松诙谐的广告风格和片尾那句极富东北风味的广告语"感冒——上白加黑呀!",迅速在消费者中流传,拉近了品牌与年轻、时尚消费者的心理距离。2004 年,为了增加品牌对于年龄偏大一些的更广泛的销售人群的好感度,香港凤凰卫视著名主播吴小莉又进入了白加黑的广告片,她沉稳、端庄的气质准确地演绎出白加黑"无论白天和黑夜,表现就是这么好"的品牌诉求,进一步提高了消费者的品牌忠诚度。2005 年感冒药的销售旺季,突出白加黑治疗感冒全面功效、集知识与生活化为一体的新版广告片又将与观众见面……经过十年来一波接一波的广告战役,以及整合营销的步步推进,白加黑的品牌知名度移居同类产品的榜首,市场占有率与品牌忠诚度也是名列前茅。白加黑已经成为本土品牌中一个历久弥新的典范。

品质与关爱

许多营销界的学者和专家都研究过白加黑品牌建设的成功案例,大部分人把白加黑的成功归因于分众策略的运用和 PPA 事件的机会把握以及适当的传播策略与执行,只有少部分人看到了品牌成功背后更深层次的东西,那就是白加黑精益求精的品质和从中折射出的对人性的关爱。

一个成功的品牌,不仅需要拥有鲜明的个性,还需要建立和维护自身在消费者心目中良好的声誉和完美的形象,而后者绝非单纯的广告活动可以完成的,它必须从消费者的需要出发,不断完善自身产品的品质。市场上,由于产品质量问题而使著名品牌毁于一旦的事例屡有发生。反观白加黑,十年来,盖天力公司的员工们始终把白加黑的产品质量放在第一位,从严格的生产工艺流程到质量控制与保证体系,从而使白加黑的品质始终如一,在上市后的临床监测中没有发生过严重的不良反应报告。白加黑的品牌建设和高度重视品牌对消费者的人文关怀,例如,进入 21 世纪,白加黑的包装在过去严肃的黑白搭配基础上增加了更加时尚、明快的蓝黄色,制剂片剂也由过去的正圆形变成了更加易于吞服的椭圆形,就连产品最大的日夜分开的组方和白天不瞌睡的特性不也是满足消费者白天坚持学习和工作的要求、对消费者人文关怀的集中体现吗?

除此之外,白加黑还积极投身公益事业,把"乐观、进取、积极、向上"的人生态度通过各种形式传递给消费者。非典肆虐时,白加黑带着关爱送给首都医务工作者感冒高发期,白加黑带着慰问陪伴着天安门国旗卫士,无论是雪域高原的喜马拉雅还是神秘广袤的南极大陆都有白加黑爱心的足迹。2004年12月,白加黑荣获中国第21次南极科考队"指定感冒药"称号,2005年初,"白加黑"被《健康报》等单位联合评为2004年度"百姓放心药"品牌……可以说,十年如一的优秀品质和对人性的关爱正在继续书写着白加黑这个杰出民族品牌的辉煌!

理论学习知识与背景

医药企业一旦选定了目标市场,并确定了目标市场策略,也就明确了自己所服务的对象及所要面对的竞争对手。如何在众多的竞争对手中突出企业和医药产品的个性和特色,在消费者心目中树立良好印象,在竞争中处于有利的位置,是每一个医药企业都要思考的问题。

一、认识医药市场定位

(一) 医药市场定位的含义

定位,就是对公司的产品进行设计,从而使其能在目标顾客户心目中占有一个独特的、有价值的位置的行动。

市场定位是在20世纪70年代由美国营销学家艾·里斯和杰克特劳特提出的,其含义是指企业根据竞争者现有产品在市场上所处的位置,针对顾客对该类产品某些特征或属性的重视程度,为本企业产品塑造与众不同的、给人印象鲜明的形象,并将这种形象生动地传递给顾客,从而使该产品在市场上确定适当的位置。

营销拓展

市场定位可分为对现有产品的再定位和对潜在产品的预定位。对现有产品的再定位可能导致产品名称、价格和包装的改变,但是这些外表变化的目的是为了保证产品在潜在消费者的心目中留下值得购买的形象。对潜在产品的预定位,要求营销者必须从零开始,使产品特色确实符合所选择的目标市场。公司在进行市场定位时,一方面要了解竞争对手的产品具有何种特色,另一方面要研究消费者对该产品的各种属性的重视程度,然后根据这两方面进行分析,再选定本公司产品的特色和独特形象。

医药市场定位是依据竞争者现有的药品在市场上所处的位置和购买者与医生对药品的特性的重视程度,塑造本企业药品与众不同的个性,并将这种个性传达给购买者和医生,以确定本企业药品在市场中的位置。

(二) 医药市场定位的核心——差异化

市场定位并不是你对一件产品本身做些什么,而是你在潜在消费者的心目中做些什么。市场定位的实质是使本企业与其他企业严格区分开来,使顾客明显感觉和认识到这种差别,从而在顾客心目中占有特殊的位置。

医药市场定位的核心是要塑造本企业药品与竞争者相区别的个性,也就是使本企业的药品"差异化",可以是药品本身的差异,如药品的剂型、配方、疗效、给药途径等;也可以是服务、价格、渠道、形象上的差异化。如某些药品免费送上门、中药的免费煎药等。因此,企业必须将所塑造出来的差异性的特色正确地传达给顾客,并被其目标客户认同。

营销视野

无市场定位

在中国,医院主要还是一种非营利性医疗机构,主要服务于人类的健康事业。医院的发展理念不是以赚钱为首要目的,而是以维护人类的健康为主要宗旨。我国市场经济体制的建立与完善,将在一定程度上加快了医院走向市场的步伐。随着公办医院、外资医院、民营医院以及中外合资合作医院等办院主体的多元化发展,医院的经营管理将进一步面向市场,经受商业化运作的考验。显然,在这种态势下,医院的发展急需企业化的经营思路和理念,否则,按照计划经济体制下常规而传统的经营模式,医院的生存将面临巨大挑战和威胁。

在公办医院强大的压力下,民营医院企图利用多个媒体的整合与优化通过广告达到市场量的增加。但是,现在许多医院都犯了一个同样的错误,那就是定位相同或者定位模糊,没有一个鲜明而独特有效区隔其他医院的"市场点"。

患者就医的免疫力增强,知道什么能治,什么不能治。如果所有的医院都以同一种方式同一个面目面对患者,患者怎么能够首先想到你呢?又凭什么一定要到你这里来治疗呢?

也就是说,市场定位,引发关注要"准",区隔点明明白白,就是要一针见血,直接道出医院的优越性,别人没有的服务职能,让他们时刻不忘,当有了病就会首当其冲的想到你的医疗设备、器械、医疗护理、医疗人员、医疗服务,那就成功了!

(资料来源:医药招商网.2010.)

(三)医药市场定位的方法

医药市场定位的宗旨是要寻求使消费者和医生认同的特色,要想准确、合适地定位,就要找到企业可以定位的方向,即树立自身特色的角度。

1. 使用者定位　通过使用者定位,要使客户群体有这样的印象:这种药品是专门为他们定制的,因而最能满足他们的需求。如"老年巨能钙"就突出宣传为中老年专用,"克咳"就突出宣传为儿童专用。

2. 利益定位　任何消费者购买产品都不是购买产品本身,而是购买产品能为其带来的利益。购买药品所追求的核心利益是健康,但同时也有附加利益,如服用方便等。如云南白药喷剂,避免了云南白药粉剂的缺点,突出强调使用方便,还提高了药物浓度和疗效,为患者带来方便的利益。

3. 质量和价格定位　质量和价格一般是消费者最关注的两个因素,因此宣传高质低价是很多企业采用的方式。如"脑白金"宣传自己是首批通过GMP认证的企业,且一种产品可补充多种微量元素,是真正物美价廉的放心保健食品。

4. 药品的类别定位　根据药品的适应证功效划归的类别,以突出自己鲜明的特征,如为突出治疗作用,一些药品突出宣传自己是药品,而不是保健品,是有真正治疗作用的,而且也是通过了GMP,提高了其价值。

5. 药品的用途定位　根据药品的适应证来突出自身的特色。以往我国的许多制药企业在宣传自己的产品时,总是以"包治百病"的面目出现,过度宣传会让患者有"包治百病并不能真正治病"的感觉。而"新康泰克"成功地定位宣传为缓解流泪、流鼻涕、打喷嚏等三大感冒症状。

6. 竞争定位　药品定位于与竞争者直接有关的属性或利益,暗示自己与竞争者的不同,如"白加黑"强调的是"白天不瞌睡,晚上睡得香"这一与众不同的特点。

患者和医生所关注的属性往往不是单一的,因此很多企业将以上的多种因素结合起来,使患者觉得该企业的药品具有多重特性和多种功能。如"新盖中盖"的定位宣传:含钙量高(质量);一天一片,方便(附加利益);效果不错(核心利益);还实惠(价格)。

(四)医药市场定位的有效性原则

为了保证医药市场定位的有效性,企业在进行定位时应遵循以下原则。

1. **重要性** 即企业所突出的特色应是客户所关注的。如强生"泰诺"突出快速抑制感冒症状,这正是大多数感冒患者所关注的。

2. **独特性** 这种定位应是区别于竞争对手的,应是竞争对手难以模仿的,与众不同的。如防水的"邦迪贴"是首创的,"云南白药"的配方一直是保密的。

3. **可传达性** 这种定位应易于传递给客户,并被客户正确理解。消费者经常看到的药品广告都是明确易懂,一般老百姓都能够接受的。

4. **可接近性** 客户有购买这种产品的能力,所以常备药物的价格一般不会太贵。

5. **可盈利性** 企业通过这种定位能获取预期的利润。企业不是慈善机构,这一点是所有商业企业的最终目标,当然必须在合法、合理的基础上获取利益。

"血尔"补血剂的定位策略

"红桃K"凭借"补血快",在消费者心目中有着"见效快"的口碑,但效果去得也快,功效不够持久。经过市场调查发现"红桃K"的不足,香港康富来公司2000年开发了"血尔"口服液,并明智地调整了市场定位策略,提出"补血功效持久"的主张,切合消费者的新需求,形成"功效久"的鲜明特色,抢占补血保健品中的新特性定位。

"血尔"品牌围绕"功效持久"的定位展开推广,突出产品具有"生血因子"与"强身因子"双重成分。一年时间,"血尔"在许多城市市场运作已超越"红桃K",销量领先,成为领导品牌。

(五)医药市场定位策略

定位策略也是一种竞争策略,市场中现有药品在顾客心中都有一个位置,如同仁堂的百年老字号等,这些药品占据了同类药品中首位位置,其他竞争者很难进入。竞争者一般会采用以下策略。

1. **迎头定位** 迎头定位又称对抗定位,就是在市场上与占据支配地位的竞争对手直接对抗,选择与其相同的市场位置,争取同样的目标顾客,使用相同的市场营销组合策略,以在消费者心目中占据明确的位置。如"兰美抒"挑战"达克宁",就是通过强有力的宣传迅速、有效地在目标对象中建立品牌知名度;"世纪新维他"挑战"21金维他",分得维生素市场的较高占有率。

2. **避强定位** 采取不正面的迂回方式,避免与目标市场上的竞争对手直接对抗,通过对市场和现有药品的认真分析研究,发现消费者实际需求中未能很好满足的部分,定位于市场的"空白点",开发和销售目前市场上没有的某种特色产品,开拓新的市场领域。如"吗丁啉"在胃药中,定位于"增强胃动力",以区别于其他治疗胃病的药物。

3. **重新定位** 重新定位是医药企业改变产品特色,改变目标顾客对其原有的印象,使顾客对产品新形象重新认识并认可。如红罐王老吉将定位从"药茶"变为"饮料",明确其是一种预防上火的功能饮料,改变了类别属性,为王老吉从区域市场走向全国市场和挖掘潜在市场扫除了障碍。

二、医药产品策略

产品定位,是企业用什么样的产品来满足目标消费者或目标消费市场的需求。从理论上讲,应该先进行市场定位,然后才进行产品定位。

(一)医药产品整体概念

从医学角度来看,医药产品是用于预防、治疗和诊断人的疾病,有目的地调节人的生理功能并规定有适应证或者功能主治、用法和用量的有形药品。

现代市场营销理论认为,医药产品是一个整体概念,由五个层次构成(图3.5.1)。

对于药品,医药产品整体概念是通过有形药品加无形服务体现的。

1. **核心药品** 这是医药产品核心概念中最基本和最主要的层次。它是消费者购买某种药品时所追

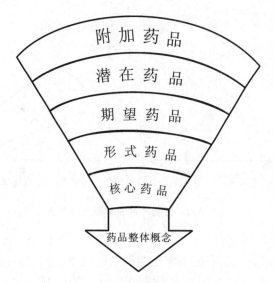

图 3.5.1 医药产品整体概念示意图

求的基本效用和利益,是消费者需要的中心内容。药品的核心产品就是其治疗效果,若没有使用价值,剂型再先进,形式再新颖,服务再周到,也没有存在价值,顾客也不会购买。如患者购买感冒药并不是仅为了得到实体药品,而是为了解除感冒后的各种不适,恢复身体健康。

2. 形式药品 形式药品也称基础药品,是核心药品的载体,是医药企业向顾客提供的药品实体和服务的外在表现形式,在消费者选购时起着关键作用。在市场上表现为药品的质量水平、颜色、外观、剂型、品牌和包装等。如复方金银花颗粒,10g/袋,10袋/盒,浅黄色颗粒状,修正品牌,保质期36个月。随着消费水平的不断提高,对形式药品的剂型、质量、品牌、包装等的要求越来越高,影响着药品的销售和对药品的评价。医药市场营销除着眼于顾客购买药品时的核心利益外,也要寻求核心利益得以实现的最佳形式,塑造形式药品。

3. 期望药品 期望药品是顾客在购买药品时期望的属性和条件。如消费者对药品的期望是疗效好、毒副作用小、安全性高、服用方便等。老年患者对药品的依从性高,这就要求药品的剂型合适,如果一天只服用一次,既达到疗效又经济。所以期望药品往往能够为药品带来特色。

4. 附加药品 附加药品也称延伸药品,是顾客购买药品时,附带获得的各种服务和利益,如药品使用说明书、用药咨询、用药指导、免费送货、免费打碎、中药的煎药服务等,它能够给顾客带来更多的利益和更大的满足。消费者需求的多元性和竞争的白热化,医药企业要赢得竞争优势,就应向消费者提供比竞争对手更多的附加利益。

5. 潜在药品 潜在药品是该药品最终可能会实现的改进和变革,指出了现有药品可能的演变趋势和前景。如云南白药由粉剂发展成贴剂,由口含片剂发展为喷剂,中药在未来由汤剂向胶囊剂、微丸剂、颗粒剂等方向发展。

医药产品的整体概念体现了以顾客为中心的现代营销观念,医药企业应该在5个层次上设计医药产品,才能全面满足顾客的需求和欲望。

(二)医药产品生命周期

产品生命周期是现代市场营销学的一个重要概念。产品在市场上不是经久不衰的,被消费者偏爱也并非永恒,由于科学技术的飞速发展,替代品不断涌现和竞争的原因,市场上现有产品会逐渐被淘汰。

阿司匹林在临床上已运用了一百多年,至今还是那么充满活力,不断发展,没有表现出衰退的迹象。有些保健品进入市场几个月或几年后就消失了。为什么有的企业药品生命周期长,而有的短呢?

医药产品生命周期是把一个药品的历史比做人的生命周期一样,要经历开发、导入、成长、成熟、衰退的阶段,而典型的药品生命周期包括4个阶段:导入期、成长期、成熟期、衰退期(图3.5.2)。

典型的药品生命周期曲线是从药品的市场销售额和利润额的变化来进行分析判断的,反映的是药品的销售情况及获利能力在时间上的变化规律。在实际的营销中,应用药品生命周期理论更多的是分析药

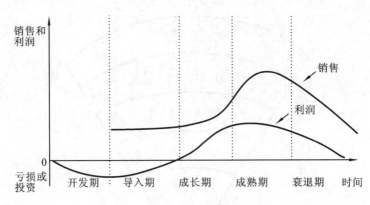

图 3.5.2　医药产品整体概念示意图

品品牌或品种。

事实上,在市场上还有许多药品没有按正常生命周期的规律发展,还有其他的生命周期状况:有的一经上市就急速增长,直接进入成长期,如 α-2b 干扰素受"非典"的影响,一进入市场就进入了成长期;治疗高血压的第一代 ACEI 类药"卡托普利(巯甲丙脯酸)"在国外已经走过成熟期,市场在萎缩,利润在减少,此时该公司的决策者决定将这一产品打入中国等未开发的世界或其他市场,从而给了这一产品第二次生命。

随着市场竞争和科技的发展,多数产品的生命周期都呈现出不断缩短的趋势,医药企业只有加快开发和更新换代的速度,才能立于不败之地。

1. 医药产品生命周期各阶段的特点

(1) 导入期的特点　导入期又称引入期或介绍期,是药品首次正式上市后的最初销售时期。其销售缓慢,进入市场费用太高,期初通常利润偏低或为负数,此时没有或只有极少的竞争者。

此时药品品种少,消费者对药品不了解,除少数追求新奇的顾客外,实际购买药品的人少;生产技术受到限制、性能还不够完善;药品销售量极为有限,制造成本高;价格决策难以确立,销售价格通常偏高,可能限制了购买,也可能难以收回成本;还没建立理想的营销渠道以及高效率的分配模式;生产者为了扩大销售,促销费用投入过大,对药品进行宣传推广;利润较小或亏损,医药企业承担的市场风险最大。竞争者处于观望状态,尚未加入。

(2) 成长期特点　成长期是药品转入批量生产和扩大市场销售额的时期。经过一段时间试销成功后,药品已有相当知名度,购买者逐渐接受该产品,销售快速增长,利润也显著增加。但由于市场及利润增长较快,吸引更多的竞争者。

此期为需求增长阶段,有越来越多的消费者对药品较为熟悉,开始接受并使用,认可度上升,分销渠道顺畅,需求量和销售量迅速增长,企业的销售额迅速上升;药品已经定型,生产工艺基本成熟,大批量生产能力形成,成本大幅度降低,利润迅速增加;竞争者看到有利可图,将纷纷进入市场参与竞争,使同类药品供给量增加,价格也就下降,威胁医药企业的市场地位,仿制品出现,市场竞争开始加剧。

(3) 成熟期特点　成熟期是药品进入大批量生产,市场已达饱和,处于竞争最激烈的时期。通常这一阶段比前 2 个阶段持续的时间更长,市场上的大多数药品均处在该阶段,因此管理层大部分精力是处理成熟期药品的问题。市场成长趋势减缓或饱和,利润到达顶点后逐渐走下坡路。由于市场竞争激烈,医药企业为保持药品地位需投入大量的营销费用。

随着购买药品的人数增多,销售量达到顶峰,虽可能仍有增长,但增长速度缓慢,随着市场需求逐渐饱和及减少,市场同类产品或可替代产品的出现,销售增长率呈现下降趋势;随着生产量大,生产成本降低,增长率降低,利润开始下降;行业内生产能力出现过剩,市场竞争尤为激烈,药品价格降低,导致生产或经营同类药品的医药企业之间,不得不加大在药品质量、规格、颜色、包装或服务、广告上的投入,但到后期,有些能力不足的竞争者因无力与强大竞争者抗衡而退出。

(4) 衰退期特点　衰退期是药品已经老化,进入到逐渐被市场淘汰的时期。药品销售量显著衰退,利润也大幅滑落。市场竞争越来越少,转入药品更新换代的时期。

随着科技的发展、新药品的替代、消费者用药习惯的改变、竞争的加剧、疗效不佳、药品的副作用被发现、认知或重视等原因,药品的销售量和利润持续下降;药品在市场上已经老化,不能适应市场需求,陷于被市场淘汰的境地;购买者是一些比较保守的人,更多的消费者已经转向购买新药品;更多的竞争者也因无利可图,药品滞销而退出市场。

2. 医药产品生命周期各阶段的营销对策

1) 导入期的营销策略(同时间赛跑的游戏) 在导入期,由于消费者对药品十分陌生,医药企业的最紧迫任务就是以最快的速度将其药品推向市场,以便获得尽可能长的市场独占期。可以通过各种促销手段把药品引入市场,力争提高药品的市场知名度。①告诉医生和患者他们所不知道的新产品。②引导他们使用该产品。③快速建立销售通道进入医院及药店。如西安杨森公司的"多潘立酮(吗丁啉)"推出了"胃动力"。

企业营销重点主要集中在促销和价格方面,要突出一个"短"和"准"字。"短"即尽可能缩短导入期,使产品在短期内迅速进入并占领市场;"准"是看准市场机会,正确选择新药投入市场的时机,确定适宜的药品价格。

(1) 快速掠取策略(高价高促销策略) 医药企业以高价格和高促销费用推出新药。这种形式是:采取高价格的同时,配合大量的宣传推销活动,广泛宣传新药的优点,使消费者快速认识和了解该药品,把新药推入市场;把产品价格定得较高,可以树立高格调、高品位的产品形象,并能在每一单位销售额中获取最大的利润(图 3.5.3)。成功实施这一策略,可以先声夺人,抢先占领市场,并希望在竞争还没有大量出现之前就能收回成本,尽可能获得利润。

图 3.5.3 导入期的营销策略

这种策略的适用条件是:市场有较大的需求潜力;目标市场求新心理强;企业面临潜在竞争者的威胁,需尽快培养品牌偏好,树立品牌形象。

(2) 缓慢掠取策略(高价低促销策略) 医药企业以高价格和低促销费用相结合推出新药。高价格的目的在于能够获取较高利润;低促销的方法可以减少销售成本,是最理想的策略。这种策略的适应条件:产品的市场规模和潜力有限;大多数潜在消费者已经了解或熟悉该药品,并愿意支付高价;药品的生产和经营必须有相当的难度和要求,普通医药企业无法参加竞争,竞争威胁不大。

(3) 快速渗透策略(低价高促销策略) 医药企业以低价和高促销费用推出新药品。可以使药品迅速进入市场,有效地限制竞争对手的出现,为企业带来巨大的市场占有率。这种策略的适用条件:市场规模大;消费者对该药品不太了解,且对药品价格很敏感(药品需求弹性大);潜在竞争较激烈,为了提高竞争力,必须尽可能压低售价;企业大批量销售可以降低单位成本,可望在大量销售的基础上,以薄利多销的形式迅速获得满意的盈利。

(4) 缓慢渗透策略(低价低促销策略) 医药企业以低价格和低促销费用的方式推出新药。低促销费用可以降低成本,获得更多利润;低价格容易使消费者接受,有利于扩大销售量,提高市场占有率。这种策略的适用条件:市场容量大,药品适用面广;消费者对药品了解或已经了解,促销作用不明显;消费者对价格十分敏感,需求弹性大,低价有显著扩大销售的作用;潜在竞争激烈,低价可以提高竞争力。

2) 成长期的营销策略(大规模投入的密集轰炸) 这是药品生命周期中的黄金时期,医生和患者都已接受,但仿制品也加入了竞争。医药企业的营销重点是保持并且扩大自己的市场份额,加强竞争地位,加速销售额的上升和适时调整营销策略。"如何使消费者偏爱自己的品牌",市场策略的重点是突出一个"好"字,重点是创名牌、提高偏爱度,促使潜在顾客在出现竞争性药品时更喜爱创新药品的企业产品。进一步改进和提高药品质量,加强品牌宣传,树立药品声誉和医药企业信誉。

(1) 药品策略 改进药品质量,完善药品性能,提高自身的竞争实力;不断增加药品的新特色,如优化药品包装、规格等,开发新的剂型、增加新的用途,使总体药品优于同类药品,增加消费者的利益和效用,争创名牌药品。如冬虫夏草由条销售改为粉剂销售。

(2) 价格策略 分析竞争者的价格策略,保持原价或略有降低,以保持药品的声誉和吸引更多的消费者购买。对于高价药品,可降低价格,以增加竞争力。如果是垄断性药品(申报了专利、具有自主知识产权),可以采用高价。一般竞争性药品可采用低价和销售让利招徕顾客。

(3) 渠道策略　进一步开展市场细分,创造新的用户,如"尼莫地平输液"由原发性蛛网膜下腔出血的细分市场到外伤性蛛网膜下腔出血这一细分市场。进一步开拓市场,开辟新的分销渠道和销售网点,加强向市场渗透的能力,以利于扩大药品的销售面,如从医院处方药销售到药店的非处方药销售,史克公司的"西咪替丁(泰胃美)"就是成功案例。

(4) 促销策略　促销重点应从介绍药品的疗效转向树立企业和药品的形象,突出药品特色,使消费者建立品牌偏好;以说服消费者接受和购买该药品为中心,加强售后服务,强化消费者购买信心,如人员推广、学术推广会议等,说服医生开处方及患者主动购买。

3) 成熟期的营销策略(精耕细作的关系营销)　这个时期,是企业获取利润的黄金阶段,也是竞争最为激烈的时期。医药企业应当采取进攻和防御并举的策略,市场策略突出一个"改"和"长"字。"改"是对原有的药品市场和营销组合进行改进或调整;"长"是争取维持或扩大原有的市场份额,延长成熟期,巩固市场占有率,创造更大的利润。

(1) 市场重新开发策略　开发新市场,寻求新用户,保持和扩大现在顾客的购买量,拓展渠道。如美国强生公司在战后生育高峰的一代人中,先后致力于婴儿用品、青年妇女用品、医药用品等,使销售量出现再循环。

通过努力寻找市场中未被开发的部分,开发药品的新用途,寻求新的细分市场。让非使用者转变为使用者,不断地说服医生和患者使用该药品。

通过宣传推广,进一步稳固现有客户的用药习惯,维持巩固已有客户的关系,以增加现有顾客的购买量。

通过市场细分,努力进入新的细分市场,如地理、人口、用途的细分,采取差异性策略和防御性策略相结合,从广度和深度上开拓新市场。如"地奥心血康"在成熟期采用进入新的细分市场向心脏保健OTC药品方向进军,使1998年的销售额比1997年同比又上了一个新台阶,成为一个销售10年而不衰的国产典型药品。

(2) 医药产品调整策略　又称"药品再推出",是以药品自身的调整来满足消费者的不同需要,吸引有不同需求的消费者,从而提高销量。药品整体概念中的任何一个层次的调整都可视为药品再推出。

增加药品的功能性效果,如安全性、有效性、缓释性、控释性及口感等。如国外"青霉素"从需要做皮试到不需要做皮试,安全性更高;某药企提出的"双黄连口服液"改进后口感更好,儿童更易接受等。

增加药品的新特点,扩大药品的新适应证或新用途、新理论等,从而使这一成熟的老药品又以新面孔推向市场。如百年老药"阿司匹林"在解热镇痛药市场饱和时,市场份额被"非阿司匹林类解热镇痛药"抢占时,研究人员发现小剂量"阿司匹林"可以抑制血小板凝集,能用来预防冠心病和心肌梗死,从而成功地进入了这一新的细分市场。

增加药品美感上的需求,如规格大小、包装、外观等,改进后增加疗效或使用方便性。如"硝基地平"由普通片剂1日3~4次,到缓释剂1日2次,以及目前的控释片1日1次;阿斯特拉公司的"特布他林(博利康尼)"由片剂到喷雾剂;我国的中药由原来的汤剂到目前的胶囊剂、微丸剂;某风湿液由100 mL 改为10 mL×6支礼品装。

(3) 市场组合策略调整　通过变换营销组合中的变量,以稳定老顾客,吸引新顾客,达到恢复销售增长率的目的。主要包括:调整药品价格、扩大销售网点、加强促销等手段。

通过降低售价来加强竞争力;改变广告方式以引起消费者的兴趣,采用多种促销方式,如大型展销等;扩展销售渠道,改进服务方式或者货款结算方式等。

如西安杨森公司的"硝酸咪康唑乳膏"、中美史克公司的"康泰克",在中国成功建立了分销渠道、疏通和细分了渠道通道,在城市市场饱和后,在偏远的乡村市场也可以随处见到西安杨森、中美史克的药品,是成功使用营销组合改进分销渠道策略的典范。

还可以拓展渠道由国外到国内、医院到药店、第一终端到第三终端等。

4) 衰退期的营销策略　药品进入衰退期的原因很多,科技的进步,新药品的替代,消费者用药习惯的改变,竞争的加剧,治疗效果不佳,药品的副作用被认知等。如复方降压片、土霉素等,销售量降低、利润降低。也要注意到，原来的药品可能还有其发展潜力，医药企业不能简单地将其放弃。要认真研究药品在市场中的真实地位，然后决定是继续经营还是放弃经营。

(1) 维持策略　由于众多竞争者纷纷退出市场，经营者减少，处于有利地位的企业可暂不退出市场，医药企业保持药品传统特色，在目标市场、价格、渠道、促销等方面维持现状。

通过价值分析，降低药品成本，以利于进一步降低药品价格；通过科学分析，增加药品功能，开辟新的用途；加强市场调查研究，开拓新的市场，创造新的内容。

(2) 集中策略　将资源集中使用在最有利的细分市场、最有效的销售渠道和最易销售的品种上，缩短战线，在最有利的市场赢得尽可能多的利润。

(3) 榨取策略　降低销售费用，通过把广告费用削减为零、大幅减少推销人员等手段，增加眼前利润。这样做也可能会导致销售量迅速下降。

(4) 撤退策略　当机立断，淘汰老药品，组织新药品进入市场，及时实现药品的更新换代。营销策略重点应抓好一个"转"字，研制开发新药或转入新市场。

从药品生命周期各阶段的特点可以看出，成长期与成熟期是企业有利可图的阶段，而导入期与衰退期对企业来说有一定的风险性。企业的总体战略要求：缩短导入期，使药品尽可能快地为消费者所接受；延长成长期，使药品销售尽可能保持增长势头；维持成熟期，使药品尽量保持销售额，增加利润收入；推迟衰退期，尽量延缓药品被市场淘汰出局。

(三) 医药产品组合策略

1. **医药产品组合、产品线和产品项目**　医药产品组合，一个医药企业所生产或经营的全部药品线和药品项目的结构，也就是企业的业务经营范围。为了实现营销目标，满足目标市场的需求，必须设计一个优化的药品组合，这直接关系到医药企业业务量和赢利水平。

产品线是由一组密切相关的产品项目构成的，是药品组合中的某一产品大类。如功能类似、顾客类似、渠道类似、价格类似等。如马应龙药业集团的七大药品系列：妇科系列、止咳系列、治痔系列、皮肤系列、眼霜系列、代理系列和其他系列 7 条产品线。其中，妇科系列有甲硝唑栓、克霉唑栓 2 个产品项目。

2. **医药产品组合宽度、组合深度、组合长度和组合关联度**　产品组合有四个衡量变量，就是产品组合宽度、产品组合深度、产品组合长度和产品组合关联度。

(1) 产品组合宽度（或广度）　一个医药企业所生产经营的产品大类有多少，其宽度反映了医药企业经营范围的宽广程度。如某药厂有 4 条生产线：片剂、胶囊剂、冲剂和搽剂，药品组合宽度是 4。增加宽度，说明医药企业的产品组合的宽度越广，它反映了一个企业市场服务面的宽窄程度和承担风险的能力。

(2) 产品组合深度　一条产品线中所具有的药品项目数量，也就是产品品牌中有多少品种和规格。如马应龙药业集团中皮肤系列有 5 个：龙珠软膏(5 g)、龙珠软膏(10 g)、龙珠软膏(15 g)、红霉素软膏、无极膏。深度越深，可以占领同类药品更多的细分市场，满足更多消费者的不同需求。

(3) 产品组合长度　一个医药企业所有产品线中所包含的产品项目总和。增加产品线长度，可以使产品线更加丰富，吸引更多消费者购买本企业的药品。

(4) 产品组合关联度　各个产品线之间在最终用途、生产条件、销售渠道等方面的紧密程度。关联度越大，企业各产品线之间越具有一致性。如马应龙药业集团的产品在最终用途上都是为了防病治病，给人健康，生产条件相同，分销渠道主要是各医药公司、零售药店和医院药店等，药品组合的关联度很强。

3. **产品组合类型**　产品组合策略是企业根据自己的营销目标对产品组合的宽度、广度、关联度进行的最优的组合决策。产品组合应考虑企业资源、市场需求状况、竞争条件等因素。产品组合类型有 6 个。

(1) 全线全面型　企业着眼于所有细分市场，提供其所需要的一切产品和服务的产品组合策略。狭义全线全面型产品组合策略的产品组合关联度很强，如某制药公司向市场提供各种类型的药品，满足不同消费者对不同药品的需求。广义全线全面型产品组合策略指尽可能增加产品组合的广度和深度，产品关联度可能不大，以求满足整个市场所有消费者的需求。

(2) 市场专业型　企业向某个专业市场提供其所需要的各种产品的产品组合策略。如某医疗器械厂专门为各大医院生产各种医疗器械。采用这种策略是强调产品组合的宽度和关联度，而深度一般较浅。

(3）产品线专业型　企业专注于生产和经营某一类产品,并将其推销给各类顾客的产品组合策略。如某企业生产各种抗感染的药物,满足各类不同感染患者的需求。这种策略主要强调产品组合的深度和关联度,而宽度一般较小。

(4）有限产品线专业型　企业根据自己的专长集中生产和经营有限的甚至是单一的产品线,以适应有限的或单一的消费者需求的产品组合策略。如某医疗器械企业只生产和经营各种轮椅,以满足残疾人和老年人的需求。

(5）特殊产品线专业型　企业根据某些顾客的特殊需要专门生产和经营某一种特殊产品的组合策略。如某企业专门为有听力障碍者生产各种助听器。由于产品特殊,市场容量小,竞争威胁小,有利于企业利用自己的专长树立产品形象,长期占领市场。但难以扩大经营,一般适合于小型企业。

(6）特别专业型　企业凭借其特殊的条件,如凭借其拥有的知识产权或特许经营权,排斥竞争者,独霸市场的产品组合策略。如基因药品的生产。

哈药集团的药品组合

哈药集团有着较好的产品组合结构,这大大增加了它抗风险的能力。企业将处于不同生命周期的药品加以科学组合,如头孢噻肟钠、头孢唑啉钠、双黄连粉针剂、青霉素钠等市场占有率高的成熟药品属于现金牛类药品；严迪、盖中盖、泻痢停、葡萄糖酸钙、葡萄糖酸锌等投放市场时间不长,正在努力开拓市场的为明星类药品；正在研究开发的新药属于消耗类药品。对于明星类药品增加市场投入是必要的、明智的。当明星类变成现金牛类后,又会有新的药品进入明星序列。公司维持一个很好的产品组合,不是过分依赖目前的明星药品。

（资料来源:三九健康网和哈药集团网）

（四）药品品牌策略

品牌是药品整体概念中的形式药品,一个好的品牌,是企业的无形资产,有利于顾客接受本企业的药品,扩大市场占有率,提升药品的价值。

1. 品牌的含义、内涵和分类

(1）品牌的含义　品牌是一个复合名称,是一种名称、术语、标记、符号或设计,或是它们的组合应用,其目的是辨认某个销售者或某群销售者的药品或服务,并使之同竞争对手的药品或服务区别开来。

品牌是一个集合概念,主要由品牌名称、品牌标志和商标三个部分组成。

品牌名称是品牌中可以用语言称呼的部分,即可读部分,可以是词语、字母、数字或词组等的组合。如"三精""同仁堂""三九""雷允上"等。药品品牌名称通常由药品商品名构成。

品牌标志是品牌中可以识别的但不能用语言称呼的部分,如符号、字体、图案或颜色构成。如瑞士诺华的"火"；四川太极药业生产的急支糖浆的品牌标志是一个太极图案等。

商标是一个法律术语,通常有"注册""注册商标"或"R"等字样。如,南方制药厂的"999"等都是注册商标。

(2）品牌的内涵　品牌实质上向消费者传递一种信息:药品的特性、利益和服务的一贯性的承诺,最佳品牌是质量的保证。品牌还是一个更复杂的象征,具有6个层次的内涵。

①属性:该品牌区别于其他品牌药品的最本质的特性,如功能、质量、价格等,是品牌最基本的内涵。如"新盖中盖"意味着含钙量高,广告促销中着重宣传:一片顶五片；"同仁堂"向消费者提供最重要的就是质量可靠的药品。

②利益:消费者在购买药品时不仅是在购买属性,而且是在购买该品牌药品能帮助消费者解决问题而带来的实惠利益。所以,品牌属性通过转化成为功能性或情感性的利益。如"新盖中盖"含钙量高的属性,给消费者带来服用方便,一天只需要服用一次的利益。"同仁堂"的"质量可靠、药材地道"的属性可转化为利于消费者尽快病愈,减少疾病带来的痛苦的利益。

③价值:品牌体现了药品生产企业的某些价值感,是品牌向消费者承诺的功能性、情感性及自我表现的利益。品牌的价值需要企业通过长期不懈的努力,在消费者心目中建立了一定的价值,再通过企业与消费者之间保持稳固的联系加以体现。如"同仁堂"始终坚持传统的制药特色,将"炮制虽繁必不敢省人工,品味虽贵必不敢减物力"作为永久的训规,其药品以质量优良、疗效显著而闻名海内外。

④文化:品牌还附着了特定的文化,是社会物质形态和精神形态的统一体。如"同仁堂"代表着中国传统中医药"同修仁德,济世养生"文化,有利于大众传播和接受。

⑤个性:品牌还代表一定的个性,它是品牌的灵魂,是品牌与消费者沟通的纽带。不同的品牌会使消费者产生不同的品牌个性联想。如"同仁堂"品牌会使消费者想到其古色古香的店堂、工人师傅仔细种植、选材和炮制,想到的就是同仁堂的严谨、负责的工作态度。

⑥使用者:品牌暗示着购买者或使用产品的消费者类型。把消费者从心理、年龄、地位等区分开,有助于药品的市场细分和目标市场选择及定位。如"小儿健胃消食片"的购买者是年轻的母亲,使用者则是儿童。

(3) 品牌的分类

①按品牌使用主体的不同分:可以分为制造商品牌、经销商品牌和服务商品牌。如"同仁堂""三九""诺华"等是制造商品牌;"老百姓""海王星辰""大参林"等是经销商品牌;"中日友好医院"等是服务商品牌。

②按品牌的生命周期长短的不同分:短期品牌是品牌生命周期持续较短时间,由于某种原因在市场竞争中昙花一现或仅仅持续一时,如"三株"等保健品品牌;长期品牌是品牌生命周期随着产品生命周期的更替,仍能经久不衰,永葆青春的品牌,如"同仁堂""陈李济"等知名国药。

③按品牌辐射区域的不同分:区域品牌(如广东佛山"德众"药业)、国内品牌(如哈药集团、西安杨森)、国际品牌和全球品牌(如强生、罗氏、诺华、默克等是全球知名医药品牌)。

2. 药品品牌的作用　品牌对企业的作用有以下几点:

(1) 有助于企业药品的销售　品牌一旦形成一定的知名度和美誉度后,企业就可利用品牌优势扩大市场,使消费者保持对品牌的忠诚度。

(2) 有助于企业进行市场细分　品牌有自己独特的风格,企业可以向不同的细分市场推出不同品牌以适合消费个性差异,更好地进行药品市场定位,更好地满足消费者。

(3) 有助于企业稳定药品价格　很多消费者愿意为知名品牌多付出代价,使企业稳定销售量,减少经营风险。

(4) 有助于企业抵御市场竞争风险　品牌是企业特有的一种资产,它可通过注册得到法律保护,抵御同行竞争。

(5) 有助于企业新产品的开发　采用现有的知名品牌,利用其知名度和美誉度,推出新产品,可以节约成本。例如,某企业推出的消化系统用药,疗效很好,继而推出了皮肤科用药、感冒用药等。

品牌对消费者的作用有以下几点:

(1) 品牌有助于消费者识别药品的来源　药品是涉及人的生命安全,药品的质量和来源极为重要。同一品牌的药品都有同样的质量水平,维护了消费者利益。

(2) 品牌有助于消费者形成品牌偏好　消费者形成品牌偏好后,可减少消费者消费失调行为从而获得一种满足。

(3) 品牌有助于消费者减少购买风险　消费者经过使用对品牌形成了经验和积累了一定的知识,减少了寻找购买信息的成本。在选择药品时,通常会选择自己以前服用过的、效果好的药品。

3. 药品品牌设计

1) 药品品牌设计的要素　一个品牌从消费者角度来看,要使消费者能接受品牌的信息,将品牌根植于消费者心中。打造一个好的品牌,形成品牌差异化,体现品牌个性,就要注意到品牌设计中的各个要素。品牌设计主要包括名称、标志、标语口号、象征符号、主题音乐、卡通形象、包装7大识别要素,每一要素都各具特征和功能。把品牌各要素加以整合、规划、综合设计,才可能产生 $1+1>2$ 的效果,促进品牌传播和打造。

2) 药品品牌名称的设计原则与设计方法

(1) 药品品牌名称设计原则　品牌标志能够创造品牌认知、品牌联想和消费者的品牌偏好,影响消费者的品牌忠诚度。意念准确;便于识别记忆;视觉美感和标志简洁、生动、准确;独特性;避免语言禁忌。

①便于记忆:名字单纯、简洁明快,易于传播。如泰诺、太太口服液等;新颖,紧跟时代;响亮易于上口,如吗丁啉、邦迪等。

②启发品牌联想:让消费者能从中得到企业或药品的愉快联想,产生品牌偏好。如"曲美"使人想到女性曲线之美。

③富于内涵:品牌名称立足于药品本身功能、效果、成分、用途。如"999"胃泰、"康必得"等。

④符合当地风俗:各地各民族的风俗习惯、语言、心理等有差异,应尊重当地的传统文化,不要触犯禁忌。

(2) 药品品牌名称设计方法

①地名法:如"哈药集团",将具有特色的地名与企业产品联系起来。

②人名法:将名人、明星或企业首创人作为药品品牌,如"步长制药"。

③企业名称法:如三精药业、北京双鹤药业等。

④数字法:借用消费者对数字的联想效应,增强差异化识别效果。如三九药业的"999"品牌。

⑤目标客户法:如"小儿感冒颗粒",使消费者见到品牌就知道是专为小儿设计的感冒药。

⑥功效法:如"泻痢停"使消费者能够通过品牌对药品功效产生认同。

⑦价值法:如武汉"健民"品牌突出了为民众健康服务的企业追求。

⑧形象法:利用动物、植物和自然景观来为品牌命名,如"葵花牌"胃康灵、"金鸡胶囊 AOBO"等,使人产生联想与亲切感,提升品牌认知度。

药品品牌标志的设计方法:典型的品牌标志设计方法有文字型、图案型和图文结合型。

4. 药品品牌策略

(1) 品牌化策略　品牌化策略有 2 种:使用品牌和不使用品牌。由于药品的特殊性,大多数消费者需要医药产品品牌化,这是购买者获得药品信息的一个重要来源;大多数医药企业都使用品牌,只有少量的中药材、中药饮片没有品牌。

(2) 品牌归属策略　医药生产企业在决定为药品使用品牌后,要决定品牌归谁所有,谁来管理和负责。一般要 3 种选择:

一是生产者品牌。企业使用属于自己的品牌。如北京同仁堂集团的"同仁堂"、广州白云山制药的"白云山"。

二是中间商品牌(经销商品牌)。中间商向制造商大批购进药品,利用自己的品牌进入市场。如药品连锁销售巨头海王星辰有自己的品牌。

三是混合策略。生产企业对部分药品使用自己的品牌,而另一部分药品使用中间商品牌(一边自己创牌,一边搭经销商的便车进行贴牌,使品牌利益最大化)。

(3) 品牌名称策略

①统一品牌策略:企业生产的所有药品使用同一个品牌。三九药业生产的各种药品都采用"999"品牌,如"三九感冒灵""三九皮炎平"等。

使用统一品牌必须具备两个条件:一是已有的品牌具有一定的市场基础和品牌知名度;二是所有产品具有相同或者相近的质量水平,如生产人用药和动物用药就不能使用统一品牌。

②个别品牌策略:医药企业对不同药品分别使用不同的品牌名称。如同仁堂十大名牌中药有安宫牛黄丸、同仁牛黄清心丸、愈风宁心片、同仁乌鸡白凤丸、同仁大活络丸、紫雪丹等。

个别品牌适合于产品线较多、关联度不强、生产技术差异性大的企业。

③企业名称与品牌名称结合策略(并用品牌):品牌名称前加上企业的名称。如江中制药有江中草珊瑚、江中健胃消食片、江中痔康片、江中博洛克等。

5. 品牌战略决策

(1) 品牌延伸策略　品牌的"果子效应",如果一棵树上摘下的一棵果子是甜的,即这棵树上的其他果子也是甜的。这就是利用企业已具有市场影响力的成功品牌来推出改良药品或新药品。如江西草珊瑚有限公司的"草珊瑚"品牌在口腔用药"草珊瑚含片"上创立名牌后,开发出咽喉用药"草珊瑚口腔喷雾剂""草珊瑚咽喉片",牙痛用药"草珊瑚牙宁",祛痘产品"草珊瑚痘必清"等。

(2) 多品牌策略　同一种药品上设立2个或以上相互竞争的品牌,可以满足不同消费者的需求,占据较大的市场份额。如上海中美施贵宝的解热镇痛药有百服宁、加合百服宁、儿童百服宁等。

(3) 新品牌策略　企业原有品牌不适合新药品时,需要建立新的品牌。如"荣昌肛泰"与新药"甜梦"(增强机体免疫力的口服液)。

营销视野

步长制药:学术决定加速度

2010年,步长创造了丹红注射液年销售额过27亿的奇迹。其高明之处在于:一如既往地借助已经得到国内医学同行认可的强大的理论体系,汲取其固有模式的优势,并通过多种方式来维护品牌的美誉度,最终加速提升销售额。

据有关数据显示,我国心脑血管病类中成药自2007年起复合增长率为21.94%,高于心脑血管病总体用药市场及整个医院用药市场的年均复合增长率。巨大的市场空间让步长加速了对其相关领域产品的布局。

自2004年问世以来,丹红注射液一直保持着较高的年销售增长额,为了进一步提升其市场占有率,步长以学术理论为指导,坚持企业家品牌、企业品牌和产品品牌"三品合一"的营销思想,成功实现了丹红注射液每年的销量突破。

基于"脑心同治"和"供血不足乃万病之源"的理念已经得到了业界的广泛肯定,步长将这两个理论作为丹红注射液的理论基础,为其学术推广奠定了先天优势。

开展学术活动是步长提升丹红注射液品牌价值的重要方式。步长每年都会联合中华医学会、中华中医药学会及下属各分会召开学术推广会,并根据专业素质和活动能力严格选择推广人员。

此外,步长还会邀请医生到公司进行参观、研讨等活动,让医生充分了解丹红注射液及其临床研究成果,通过医生对患者的宣传提升产品的知名度。

与此同时,步长还专门培育了一支终端药学队伍进行患者教育,直接面对消费者来扩大品牌影响力。

为维护丹红注射液逐渐形成的品牌,步长成立了"品牌战略委员会"。坚持"三品合一"的营销思路,并通过法律手段保护自己的品牌不被假冒伪劣产品所侵害。

严格控制质量是步长维护丹参注射液口碑的基础。步长做到自产品上市以来,无一例不良反应记录,使丹红注射液的品牌得到长久维护。

效果:2007年的"第三届关心百姓安全用药研讨会暨中药注射剂调查结果发布会"上,步长丹红注射液入选"第三届百姓放心药药品"十大中药注射液之一;2010年丹红注射液获得中国中药首个专利金奖。

(资料来源:2011中国医药十大营销案例出炉——药企营销现新思路之九)

6. 药品品牌传播

(1) 药品品牌的资产构成　品牌资产是一种超越商品或服务本身利益以外的价值,经过提升形成的整合性总体价值。品牌资产有无形性、波动性和难以准确计量。品牌资产由品牌认知度、品牌知名度、品牌联想、品牌美誉度和品牌忠诚度构成,它们分别以各自的方式影响着品牌资产。品牌认知度、品牌知名度、品牌联想主要解决消费者如何认知品牌的问题,品牌美誉度和品牌忠诚度主要解决消费者心目中该品牌地位稳固程度的问题。

营销视野

2014年中国药品品牌价值排行榜前10名见表3.5.1。

表3.5.1　2014年中国药品品牌价值排行榜前10名（中国市场）

排　名	品牌名称	品牌价值（亿元）	领　域
1	波立维	76.19	抗血栓领域
2	诺和录	67.2	糖尿病领域
3	云南白药	62.39	骨科外用领域
4	东阿阿胶	58.12	补益领域
5	立普妥	56.41	调节血脂领域
6	拜糖苹	55.61	糖尿病领域
7	络活喜	49.98	降压领域
8	拜新同	47.28	降压领域
9	天士力 复方丹参滴丸	40.27	心脑血管中成药领域
10	钙尔奇	33.80	钙制剂领域

（资料来源：中商情报网.2014.08）

①品牌认知度：消费者通过品牌来认知、了解和选择药品和服务的程度，在很大程度上影响着购买和选择，有助于构建和消费者高度互动的品牌。如感冒药市场，消费者会持续选择白加黑、泰诺、新康泰克等认知度高的品牌，其他小品牌由于缺乏品牌认知度，消费者很少选择。

②品牌知名度：目标消费者对品牌名称和所属药品属性的知晓程度，熟悉的品牌会使消费者感到安全、放心，使人产生好感，选择的可能性就越大。营销实践表明，在同类药品中，知名度最高的品牌往往是市场上的领先品牌。如河南宛西制药"仲景牌六味地黄丸"的"药材好，药才好"。

③品牌联想：消费者由该品牌名称所能联想到的一切事物，代表了消费认知、识别、记忆某品牌的能力，有助于培养积极、肯定的品牌态度，影响消费心理，并形成了有意义的品牌形象。如"高钙片"，会使消费者想到该产品含钙量高，能有效提高机体内钙的含量，强健骨骼。

④品牌美誉度：消费者对某品牌的好感与信任程度，它是消费者的心理感受。美誉度是以知名度为前提的，没有很高的知名度，就不用说有很好的品牌形象。知名度可以通过宣传手段快速提升，而美誉度则需要通过长期的细心的品牌经营，十年如一日地保持良好的品牌形象，才能建立起来。高品牌美誉度与产品的高品质、高质量是分不开的。

⑤品牌忠诚度：消费者在购买决策过程中对某个品牌偏爱的心理和行为反应，是品牌资产的主要核心，其主要价值体现在：降低经销成本易于铺货；易于吸引新的消费者；面对竞争有较大的弹性。它有五种不同的忠诚度级别：无品牌忠诚者、习惯购买者、满意购买者、情感购买者和忠诚购买者等。

企业可以通过人性化的服务满足消费者需求、为消费者提供物超所值的产品和服务以及与消费者全方位的有效沟通等，提高品牌忠诚度，赢得消费者的好感与信赖。

(2)药品品牌传播的方式　"酒香也怕巷子深"，成功品牌要宣传：要学会宣传，让产品走得更远；要学会做价值，让产品升值，让品牌定位在消费者的"心智上"。品牌传播时，注重与消费者的思想、情感沟通，使产品铺在"消费者面前"，更"铺在消费者心中"。

①广告传播：广告是提高品牌知名度、信任度、忠诚度，塑造品牌形象和个性的强有力的工具；告知目标消费者药品的功效、定位、与不同品牌间的差异，强化与消费者之间的联系，使药品定位在大众心智上。如"康王"洗发水"去头屑，药物才有效；药物去屑，就是康王"。

②公关传播：公关可塑造品牌知名度，树立美誉度，提升品牌的"赢"销力，化解危机。

③销售促进传播:主要促销工具有赠券、赠品、抽奖等。不能大量使用,否则会降低品牌忠诚度,增加消费者对价格的敏感。

④人际传播:主要是企业人员的讲解咨询、示范操作、服务等,使消费者了解和认识企业,并形成对企业的印象和评价。所以,必须提高企业有关人员掌握的药学专业知识水平、心理知识水平和沟通技巧等。在处方药的品牌传播中,销售代表与医生之间的人际传播作用更为重要。

这四种方式可以单独使用,也可以联合一起使用。

（五）医药产品包装策略

1. 医药产品包装的含义与功能

（1）药品包装的含义　包装是医药产品策略中的重要组成部分和进行非价格竞争的重要手段。《中华人民共和国药品管理法》规定药品的包装分为内包装、中包装和外包装。内包装是盛装药品的直接容器,如盛装药品的瓶子、安瓿、铝箔、软膏剂的软管等,用于保护药品在生产、运输、储存及使用过程中的质量,并用于医疗使用;中包装,用来保护内包装、陈列商品以及促销,如软膏剂外的纸盒子,上面印有药品的商标、适应证、功能主治、生产厂家、生产日期、图案和色彩等;外包装,最外面一层,是运输包装,上面有列出药品品名、规格、内装数量、批号、生产日期、出厂日期、有效期、每件重量、体积、生产单位、到站等信息,主要是在流通过程中保护药品、方便储存和搬运。

（2）药品包装的功能

①保护药品:这是包装的最基本作用,药品在从生产、储存、运输和销售等流通过程中,有效的包装可以避免碰撞、防潮、防热、防冻、防挥发、防污染、防虫蛀、防变形和防泄漏等,保护药品的使用价值完好无损。

②促进促销和指导消费:好的包装,是一个"无声的推销员"。包装美观大方,具有吸引力,对消费者产生情感触动,激发消费者购买的欲望,63%的消费者是依据药品包装做出购买决定的。包装也是一种广告媒体,能传递药品的信息,默默地向消费者介绍药品主要成分、适应证、服用方法和服用量、储藏方法和注意事项等,引导消费者购买。

③方便药品流通:在医药物流非常发达的今天,有效合理的包装对于加快物流储运等作用非常重要。

④增加医药产品的附加值:优良精美的包装和药品的内在质量一样,都有利于提高药品的市场竞争力,提高药品档次和价值,消费者愿意付出较高的价格来购买,超出的价格往往高于包装的附加成本。如:人参、鹿茸等名贵中药或一些高档保健品、节日送礼佳品等,更是需要通过包装,给人以美的享受,满足交往送礼的需要。

2. 医药产品的包装策略

（1）组合包装策略　又称捆绑式包装或系列包装,是两种或以上的相关联的药品放在一个包装中进行销售。如家庭常用急救箱、旅行常备药袋等。给消费者提供方便和扩大销量,但只适用于最常用的药品。

（2）类似包装策略　主要是国际上的大型药厂、中外合资药厂等常用此包装策略,企业所有的药品,在包装外形、图案、颜色等都采用同一形式,便于消费者识别,促进各类药品的销售,扩大企业声誉。如瑞士罗氏制药公司的处方药的中包装大多数都是采用白色底深色字。对于刚上市的新药品,较多采用类似包装策略,以更好更快地取得消费者的信任,迅速打开市场;但是,要注意药品质量的相同或相似,不同质量相差悬殊。

（3）再用包装策略　原包装的药品用完后,空的包装物可以移作别用。如装止咳糖浆、蜂蜜等的容器用完后可以当茶杯,以增强药品的吸引力。

（4）附赠品包装策略　在包装上(或内)附赠实物或奖券,以吸引消费者购买和重复购买。如冲剂药品袋内附赠药勺、杯子等。

（5）性别包装策略　依据药品的使用者的性别不同而设计不同的包装,女性药用包装体现温馨、秀丽、典雅、新颖等风格;男性药用包装追求刚正、质朴、潇洒等风格。以满足不同性别消费者的需求,如"血尔"包装,针对女性心理,设计高档、优雅,宛如一位贵妇人,以满足都市女性的审美需求。

(6) 改变包装策略　包装随着市场需求的变化而改变。当某种药品销路不畅或长期没有改变时,可以改变包装设计、材料,使用新的包装。可以使消费者产生新鲜感,扩大药品销售;还有利于防伪,打击假冒伪劣药品。

(7) 绿色包装策略　企业使用不对人体和生态环境造成污染和危害的包装。

三、医药产品价格策略

价格定位就是营销者把产品、服务的价格定位在一个什么样的水平上,这个水平是与竞争者相比较而言的。企业的价格定位并不是一成不变的,在不同的营销环境下,在产品的生命周期的不同阶段上,在企业发展的不同历史阶段,价格定位可以灵活变化。

药品价格就是药品价值的货币表现。在医药市场上,药品价格的作用是多方面的。对医药企业而言,药品价格将决定药品的销路和企业的利润;对医药消费者而言,药品价格在很大程度上决定或影响其购买行为发生与否;对于国家政府部门而言,药品价格则成为从总体上降低社会医药费负担、合理调控医药企业收入、杜绝药品营销中不正之风、促进医药行业健康发展的有力的宏观调节手段。

(一) 药品价格构成的基本要素

药品价格由生产成本、流通费用、国家税收和企业利润四个基本要素组成,即

$$药品价格=生产成本+流通费用+国家税收+企业利润$$

1. 生产成本　它是生产一定数量的某种药品所耗费的物质资料的货币表现和支付给劳动者的工资。一是原料、辅料、包装材料、燃料动力消耗费用支出;二是生产工人和管理人员的工资支出;三是企业厂房和机械设备等固定资产的折旧;四是其他直接支出。对制药企业来说,还包括企业排污减排的环保成本。

2. 流通费用　它是药品从生产领域到消费者领域转移过程中所发生的劳动耗费的货币表现。一是推广促进费用,如广告等费用;二是销售机构费用,如销售人员工资、奖金、培训费、管理费等;三是市场费用,如市场调查、管理等费用;四是医学费用,如药品注册、临床试验等费用;五是发运费用,如运输、保险、仓储等费用。

营销视野

天士力复方丹参滴丸

通过美国食品药品监督管理局(以下简称FDA)审批并由此进军西方主流医药市场一直是中国医药企业的梦想,但药品通过FDA上市批准是个极其严格的过程,一个新药从基础研究到获得FDA授予临床研究批件(IND)约需5年。从Ⅰ期临床到Ⅲ期临床试验结束约需7年,FDA审批约需12个月,整个研发过程通常花费高达数亿美元。纵观全球,每年能够通过美国FDA上市批准的新药不超过20个。

复方丹参滴丸成为我国第一个圆满完成美国食品药品监督管理局Ⅱ期临床试验,确证其安全、有效,并即将进入FDAⅢ期临床试验的中成药。

其意义无疑是重要的第一个有希望进入欧美主流医药市场的现代中药产品,实现了"零"的突破。

(资料来源:搜狐健康.2010年08月07日)

3. 国家税收　它是国家通过税法的形式,按规定的税率进行征收而取得财政收入。一般分为价外税(所得税),可直接由企业利润来负担,不能把其加入药品价格中;价内税(增值税),可以加入到药品价格内,随着药品出售而转嫁出去。因此,税收也是构成药品价格的重要因素。

4. 企业利润　它是药品价格减去生产成本、流通费用与国家税收(税金)之后余额。

药品价格构成的4个因素是相互联系和制约的,其中任何一个因素发生变化,都会引起价格的变化。

（二）影响药品定价的因素

药品价格是营销组合中活跃的因素，价格方案要综合考虑成本、企业定位目标、市场供求、竞争及政策等综合因素。

1. 内部因素　包括药品的生产成本、企业目标和其他因素。

（1）生产成本　药品价值是价格的基础。任何产品的价格都必须高于成本，才能获得一定的利润，以维持企业的生存与发展。医药企业必须进行产品成本分析，了解产品的价格底线，才能合理确定药品价格并获取利润。

（2）医药企业定价目标　医药企业从战略的角度，根据企业的营销目标来定价，或是维持生存，或是获取利润，或是追求销售增长，或是为适应竞争需要等。

①以维持企业生存为定价目标：企业制订较低的价格，尽可能减少亏损，维持生存。当然求生存只是企业特定时期的暂缓之策，不能长期使用。

②以获取利润为定价目标：以获取最高利润为定价目标：短期可通过提高药品价格，采用高价策略，增加单位药品中所含利润来实现。如独家生产的专利药品采用高价销售获得高利润。但持续时间较短，因为激烈的市场竞争中，长期高价格、高利润必然会吸引更多的竞争者加入和参与。

以获取预期利润为定价目标：药品定价时在总成本基础上加上一定比例的预期利润。一般来说，预期利润不能低于同期银行利率。

以获得适当利润为定价目标：药品定价时在总成本基础上适当加上一定量的利润。采用此种定价目标的药价比较公正，消费者乐于接受，可以起到稳定药价、避免市场恶性竞争、维护行业稳定健康发展的作用。

③以追求市场份额最大化为定价目标：医药企业在制订药品价格时采用以是否有利于促进销售增长、扩大市场占有率为依据的定价目标。许多企业不惜采用低价格策略，以促进药品销售，扩大市场占有率，使企业获得长期、稳定的利润。一般在推出某些需求弹性大、市场对价格敏感的新产品时可采用。

④以药品质量领先为定价目标：企业利用顾客的求名心理，制订一个较高的产品价格（高价策略），高价本身就是产品质量信誉的一种表现，高价起到了保持产品内在质量和外部形象的双重作用。

⑤以适应竞争为定价目标：许多药企在制定价格时，往往以竞争产品的价格为参照，综合权衡企业自身实力采取相应的竞争对策。

2. 外部因素　包括国家政策、医药市场需求和消费者购买心理和行为等。

（1）国家政策　国家药品价格政策无疑是医药企业制订药品价格时必须严格遵守和认真履行的。我国的药品价格政策采取政府定价和市场调节相结合，目的是抑制药价过度虚高、减少社会药费负担，但又保证企业合理盈利、促进医药行业健康发展的一系列的稳定物价的政策。随着我国医药卫生制度改革的不断深化，由政府直接定价的药品范围、品种、价格等会根据社会经济的条件变化不断调整并减少，由医药企业自主定价的范围与品种也会逐渐扩大，政府更多地会加强其他方法的宏观监管手段。这就要求医药企业不断学习与研究国家不同时期有关的药品价格政策，以使自己的定价行为符合政府政策的要求，避免触"电"现象的发生。

营销视野

国外药品如何定价？

日本：政府主导制订药价

日本实行的是全民医保制度，由政府主导确定药品价格管理方式，即政府确定药品零售价，医疗保险根据政府定价补偿药品费用，日本个人负担的药费比例不会超过30%。曾在中国留学的日本冲绳县学生名幸阳一如今在日本国内从事健康贸易方面的工作，他对记者说，日本实行药品政府定价。

日本药品的价格管理由厚生劳动省医政局经济课负责，政府价格管理的范围为列入医疗保险目录的所有药品。因为未纳入医疗保险目录的药品不能报销,所以日本人得病一般不会购买报销之外的药品,因此这些未纳入医疗保险目录的药品市场销售量就很小,从这个意义上说,几乎所有的药品都可以享受医疗保险的优惠。

此外,日本的药品定价有两条特殊原则:一是后上市药品要比已是医疗保险的先上市药品价格下调4%~6%;二是药价有政府再审核体制,包括市场扩大再审核、疗效变化再审核、用法用量变化再审核、亏损品种再审核。这些详细的政府审核保证了药价不会过高。

美国:由市场决定药价

美国可能是世界上药品价格最高的国家。与欧洲国家相比,美国药品市场最显著的特点就是基本上相对自由,美国政府对药品价格的干涉相当少,美国的药品价格更多是由市场供需总体趋势来决定的。美国政府在控制药品价格方面只起到有限的作用:没有全国性的价格控制、没有全国性的药品目录、没有消费者费用共付的统一政策。

一系列调查显示,同样的药品,在美国和其他国家售价是不同的。邻国加拿大同类药品的价格比美国便宜至少1/3,很多美国人,特别是老年人,就定期前往加拿大等邻国购买药品,或者通过互联网从邻国购买。2003年,大约有价值7亿美元的药品从加拿大再进口到美国。

这种情况导致了药品价格成为了美国社会备受关注的一个问题,特别是在大选期间,药品价格成为了一个重要的政治话题。在今天的美国,关于政府是否应该对药品价格实行控制的争论越来越激烈。媒体和普通患者都呼吁限制制药企业牟取暴利,但是美国药物研究和制造商组织却认为,药品价格控制会遏制新药的研制和创新。对这个问题,现在尚无定论。

英国:政府与企业达成药价控制体系

英国的情况与美国形成了对照。英国实行了一套较为有效的价格控制体系。

1993年,英国政府与英国制药企业达成协议,开始在"药品价格规范体系"下对英国国民健康保险计划的药品价格进行管理。英国卫生部代表英国国民健康保险计划购买英国药品市场上出售的大多数处方药。所有向英国国民健康保险计划出售药品总额超过2000万英镑的企业都必须向英国卫生部提交年度财务收益报告,这些财务收益报告必须与制药企业的审计决算一致。

每家制药企业实际获得的最大资金收益率是单独与英国卫生部协商确定的。通常由国家报销的药品的资金收益率必须控制在一定的范围内,一般为17%~21%。

如果某个制药企业的利润降到其预期目标的75%以下,那么该企业就被允许提高价格。但是利润超过预期目标125%的制药企业或者被允许涨价的制药企业最终盈利超过预期的,英国卫生部就将对其采取一些措施。例如,来年降低该企业药品的价格、延迟其涨价、令其返还超额收益等等。

印度:向贫困线下家庭免费供药

如何配置有限的医疗资金,印度模式的经验是医疗体系公开支持并监管国内药品厂商,敦促其以低廉的价格将药品提供给国内消费者。

2006年10月,印度召开了一次药业论坛大会,印度化工部长拉姆·帕斯万对外界透露了两个重要消息:其一,印度各药品厂家已经同意零售药品的固定利润率为35%,批发药品的固定利润率定为15%。印度生产的大部分常用药从10月2日起降价0.2%~70.3%。其二,印度药业联合会将拿出相当于药品总销售额0.5%的药品,免费提供给生活在贫困线下的家庭。

去年,印度还公布了国家药物政策草案,之后完善并成立一系列的药品监管组织,其中包括药品价格监督系统,由此加强药品监督工作。成本、利润构成、价格议定、建议售价、批发价格等因素都将受到监控,以最终确定合理的价格。

尽管印度政府的强势控制药价使得老百姓得到了很多实惠,但是印度药业问题仍在。1963年印度颁布了第一个药价控制法令,可是之后不少制药企业减少了法令内的限价药产量,结果出现了有些药供不应求的情况,价格反而上涨。如今印度政府对此也还是只能以政府定价加强监管为主。

除政府行为外,印度也充分利用市场的调节机制多管齐下来控制药品价格,其中之一就是政府提倡使用印度传统的、价值低廉的,但在中下层民众中认同度较高的草药,使草药与西药形成合理竞争局面。

(资料来源:新京报.2013)

(2) 医药市场需求　企业有一种判断定价是否合理的通俗说法:"摆得住,卖得出",即商品在柜台里能摆得住,不会被顾客一下子全部买走;同时也能卖得出去,不会积压。这个价格就是符合供求关系的合理价格。因此,企业给药品定价不但要考虑企业营销目标、生产成本、营销费用等因素,而且还必须考虑市场供求状况和需求弹性。

①需求与供给的关系:一般情况下,市场价格以市场供给和需求的关系为转移,供求规律是一切商品经济的客观规律,即商品供过于求时价格下降,供不应求时价格上涨,这就是所谓市场经济"看不见的手"。在完全竞争的市场条件下,价格完全在供求规律的自发调节下形成,企业只能随行就市定价。在不完全竞争的市场条件下,企业才有选择定价方法和策略的必要和可能。

②需求的收入弹性:需求的收入弹性是指消费者收入变动而引起的需求的相应变动率。有些产品的需求收入弹性大,即消费者货币收入的增加导致该药品的需求量有更大幅度的增加,如高档食品、耐用消费品、娱乐支出等会出现这种情况;有些产品的需求收入弹性小,即消费者货币收入的增加导致该药品的需求量的增加幅度较小,生活必需品的情况就是如此;也有的产品的需求收入弹性是负值,即消费者货币收入的增加将导致该药品需求量下降,如某些低档食品、低档服装就有负的需求收入弹性。因为消费者收入增加后,对这类产品的需求量将减少,甚至不再购买这些低档产品,而转向高档产品。

③需求的价格弹性:价格会影响市场需求。在正常情况下,市场需求会按照与价格相反的方向变动;需求的价格弹性,即药品价格变动对市场需求量的影响。不同药品的市场需求量对价格变动的反应程度不同,价格弹性大小不同。药品的需求弹性在理论上有完全无弹性、完全有弹性、缺乏弹性和富有弹性几种情况。在现实中,需求的价格弹性主要是缺乏弹性和富有弹性。

所谓富有弹性,是指顾客对价格变动有较高的敏感性,此时市场需求与价格成反比;缺乏弹性则相反。一般说来,缺乏弹性有如下情况:药品无替代品或企业无竞争者;购买者对价格不敏感;购买者保守,且不努力寻找便宜的药品;购买者认可并接受较高的价格。

④需求的交叉弹性:在为药品大类定价时还必须考虑各药品项目之间相互影响的程度。药品大类中的某一个药品项目很可能是其他药品的替代品或互补品。所谓替代药品是指功能和用途基本相同,消费过程中可以互相替代的药品,如林可霉素和克林霉素。互补药品是指两种或两种以上功能互相依赖、需要配合使用的商品。一项药品的价格变动往往会影响其他药品项目销售量的变化,两者之间存在着需求的交叉弹性。交叉弹性可以是正值,也可以是负值。如为正值,则此两项药品为替代品,表明一旦 A 药品的价格上涨,则 B 药品的需求量必然增加,相反,如果交叉弹性为负值,则此两项药品为互补品,也就是说,当 A 药品价格上涨时,B 药品的需求量会下降。

所谓替代性需求关系,是指在购买者实际收入不变的情况下,某项药品价格的小幅度变动将会使其关联药品的需求量出现大幅度的变动;而互补性需求量关系,则是指在购买者实际收入不变的情况下,虽然某项药品价格发生大幅度变动,但其关联药品的需求量并不发生太大变化。

(3) 同类药品竞争状况　药品价格的上限取决于药品的市场需求,下限取决于该药品的成本费用。在这个价格上限与下限的幅度内,企业能把药品价格定多高,取决于竞争者同种药品的价格水平。

竞争因素对定价的影响主要表现为竞争价格对药品价格水平的约束。同类药品的竞争最直接表现为价格竞争。企业试图通过适当的价格和及时的价格调整来争取更多顾客,这就意味着其他同类企业将失去部分市场,或维持原市场份额要付出更多的营销努力。因而在竞争激烈的市场上,企业都会认真分析竞争对手的价格策略,密切关注其价格动向并及时做出反应。

(4) 消费者的价格心理　对于任何一种商品,人们在购买或使用时都会因个人条件、环境等的不同而产生不同的心理反应过程(即消费心理),体现在对待商品价格的态度上就是所谓的价格心理。市场营销人员研究分析消费者的价格心理,其目的是在确定产品价格时尽量与消费者的心理预期相吻合,以减少产品销售的难度。按照这种思路,医药企业在确定药品价格时,也应充分认识到随着医疗制度的改革和人们自我保健意识的提高,人们对待药品价格的看法上也日趋分化,从而带来需求上的差异。因而研究分析消费者对药品价格的反应和心理预期是医药企业价格策略中的重要一环。

营销视野

医药消费者的药品价格心理的类型

自尊心理 持这种心理的消费者,不仅追求药品的使用价值,更追求其给消费者带来的精神方面的满足。这类消费者一般经济收入较高,有一定的社会地位和身份。在商品的作用上都追求档次和品位,以符合其身份,在药品的消费上也存在相类似的倾向。针对这种心理,药品定价时要取整数计价法和高档次低价的方法。

实惠心理 这是普遍的大众消费心理,希望花钱少而效用大。这类消费者通常的特征是经济条件较差,生活负担较重,因而药品选择的首要标准就是其价格,特别是对待普通药品时更加明显。针对这类消费者,医药企业在药品(特别是普通药品)定价时要采取尾数计价方法,走薄利多销的路子。

信誉心理 这类消费者比较重视药品的品牌、产地、医药企业的信誉、进口药还是国产药等。只要是心目中的名牌,价格再高也舍得买。周守着"一分钱一分货"的朴素观念,认为名牌、进口药、按 GMP 要求生产的药品质量好、价格贵是合理的,特别是在医治疑难重病症时更是突出,为了早日康复认为只有进口药或价格高的药品才代表疗效好。对于这类消费者和新特药品,医药企业需要采取力创名牌策略,走优质优价之路,不能采用低价策略,如要适应不同层次的消费者时可采取拉开质量差价的方法。

对比心理 消费者对不同药品的价格进行比较,以熟悉的同类药品的价格来衡量想购买的药品价格是否合适。这类消费者一般具有较多的药品知识,或是业内人士或是久病成医型,对于药品信息比较敏感,善于进行理智的分析对比。因此要求医药企业在确定药品价格时,如果与同类药品在消费者可感知方面不具备太多的优势,就只能使用流行水准价格,以免因价格高而堵塞销路。

(资料来源:消费者价格心理与商品的市场定价.胡守忠.企业园地.2000 年 6 月)

(三) 药品价格分类

药品从生产领域经过流通领域才能进入消费领域,在流通领域又要经过批发、零售等不同环节。药品经过每一个环节就是一次买卖,就要有一个价格,这样就形成了出厂价、批发价、零售价等药品价格形式。

1. 药品出厂价 它也称药品生产者价格,是药品生产企业向批发企业销售时的药品价格,由药品生产成本、税金加利润构成,它是批发企业的药品收购价格或称药品进价。药品出厂价是药品进入流通领域的第一道环节的价格,是制订药品批发价、零售价的基础,它既关系药品生产企业的经济利益,也决定了药品批发价、零售价的价格水平,又关系到药品经营单位、医疗单位和广大消费者的切身利益。因此正确确定药品出厂价,对于正确处理医药工商关系,促进生产发展,扩大药品流通和满足消费者需要都有重大意义。

2. 药品批发价 它是药品批发企业向零售药店或医疗单位销售时的药品价格,由购进成本(即药品进价)加上进销差价构成。它处于药品生产价格之后、零售价格之前,属于一种中间价格。它一头联系生产,一头联系零售,在药品价格结构中起着"承上启下"的作用。合理确定药品批发价格有助于稳定药品零售市场价格。

3. **药品零售价** 它是零售药店或医疗单位向消费者销售时的药品价格,由购进成本(即药品进价)加上批零差价构成。药品零售价是药品在流通领域中最后一道环节的价格,它体现着国家、药品经营者、广大消费者之间的经济关系,与人民大众利益息息相关。

4. **药品差价** 它是由于药品的流通环节(购销环节)的不同所形成的价格差额,包括进销(购销)差价、批零差价两种形式。

药品差价有差价额和差价率两种表现形式。差价额即同种药品不同价格形式之间的货币差额。差价率即差价额所占计算基价的百分比,简称为差率。其一般的计算公式为

$$差价率 = \frac{差价额}{计算基价} \times 100\%$$

这里的计算基价可以是出厂价、批发价、零售价。如果用构成差价的两种价格中较低的价格作为计算基价,其形成的差价率称为加价率;如果用较高的那个药品价格作为计算基价,其差价率称为折扣率或倒扣率。在实际工作中,加价率一般称为顺加,倒扣率一般简称为倒扣。

国产药品最高销售费用率和最高销售利润表见表 3.5.2。药品流通差别差价率表见表 3.5.3。

营销视野

表 3.5.2 国产药品最高销售费用率和最高销售利润率表

药品类别	最高销售费用/(%)	最高销售利润/(%)
一类新药	30	45
二类新药	20	25
三类新药	18	18
四类新药	15	15
五类新药	12	12
普通药品	10	10

表 3.5.3 药品流通差别差价率(差价额)表

按出厂(口岸)价顺加计算		按零售价倒扣计算	
含税出厂(口岸)价/元	流通差价率/额	零售价	流通差价率/额
0~5.00	50%	0~6.26	33%
5.01~6.25	2.5 元	7.51~8.75	2.5 元
6.25~10.00	40%	8.76~14.00	29%
10.01~12.50	4.00 元	14.01~16.50	4.00 元
12.51~50.00	32%	16.51~66.00	24%
50.01~57.14	16.00 元	66.01~73.14	16.00 元
57.15~100.00	28%	73.15~128.00	22%
100.01~112.00	28.00 元	128.01~140.00	28.00 元
112.01~500.00	25%	140.01~625.00	20%
500.01 以上	15%+50.00 元	625.01 以上	13%+43.50 元

(四)医药产品定位策略

在激烈的市场竞争中,定价策略是企业争夺市场的重要武器,是企业营销组合策略的重要组成部分。企业必须善于根据环境、药品特点和生命周期的阶段、消费心理和需求特点等因素,正确选择定价策略,

争取顺利实现营销目标。

1. 新药定价策略(导入期的定价策略)　新药定价的一般原则：所规定的价格必须为市场所接受，既能推动新药市场开拓，又能给企业带来足够的利润，弥补新药在投入期的成本，有利于企业今后扩大生产经营。

(1) 撇脂定价策略　撇脂定价又称定高价，是指在药品生命周期的最初阶段，把药品的价格定得很高，以获取最大利润，犹如从鲜奶中撇取奶油。企业之所以能这样做，是因为有些购买者主观认为某些商品具有很高的价值。从市场营销实践看，在以下条件下企业可以采取撇脂定价策略：首先，市场上有足够的购买者，他们的需求缺乏弹性，即使把价格定得很高，市场需求也不会大量减少；其次，高价使需求减少，因而产量也相应减少，单位成本增加，但仍然能给企业带来利润；第三，在高价情况下，仍然独家经营，别无竞争者，因为在短期内仿制很困难，类似仿制品出现的可能性很小，竞争对手少。

采用这种策略，可使企业在短期内获取尽可能多的收益。撇脂定价策略往往导致药品的价格阶梯式下降，伴随着生产能力的扩大和高收入市场部分需求的饱和，一边降价，一边转向新的市场。与此同时，药品的生命周期也向前推移。缺点：新药刚刚投放市场，如果宣传跟不上，高价往往不利于开拓市场，同时还会吸引竞争者加入。

(2) 渗透定价策略　渗透定价策略又称定低价，跟上述方法正好相反，是指企业采取先低价投放、后涨价的策略：在新药进入市场初期，将价格定得尽可能低些，微利或保本无利，以全力推出商品，用最快的速度渗透进入市场，夺取市场份额，尽早取得市场支配地位，阻止竞争者进入，待打开销路后再逐步提价，所以也称作"侵入市场定价法"。采用渗透定价策略的条件：首先，药品的市场规模较大，存在着强大的竞争潜力；其次，药品的需求弹性大，稍微降低价格，需求量会大大增加；第三，通过大批量生产能降低生产成本。缺点：定价过低，不利于企业尽快收回投资，甚至使消费者怀疑药品质量。当药品在市场上地位巩固后，也不容易成功地提价。

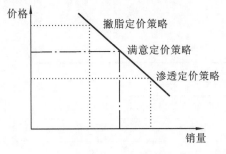

图 3.5.4　新药定价策略

(3) 满意定价策略　满意定价策略也称"反向"定价策略，此法介于上述两者之间(图 3.5.4)。它的定价高低适中，定价合理，有利于扩大销售规模。

当今国际市场虽然新药品种层出不穷，但夭折率却高达 80%～90%。为使新药顺利上市，求得企业的生存与发展，这种定价方法也十分受重视。

2. 心理定价策略　消费者的购买行为由消费心理支配，而消费心理是非常复杂的，它受到社会地位、收入水平、兴趣爱好等诸多因素的影响和制约。企业若能在药品定价时对此予以充分考虑，就会制订出较有吸引力的价格。

(1) 尾数定价策略　尾数定价即利用消费者数字认知的某种心理，尽可能在价格数字上保留零头，使消费者产生价格低廉和卖主经过认真的成本核算才定价的感觉，从而使消费者对企业药品及其定价产生信任感。例如，将本应定价为 100 元的药品，定价为 99.7 元，这种方法多用于需求价格弹性较大的中低档药品。

(2) 声望定价策略　企业利用消费者仰慕名牌药品或名店的声望所产生的某种心理来制订药品价格，故意把价格定成整数或高价，以显示其药品或企业的名望。质量不易鉴别的药品的定价最适宜采用此法，因为消费者有崇尚名牌的心理，往往以价格判断质量，认为高价格代表高质量。如中美史克将"康泰克"打入中国市场时，在同类药品中定价较高，结果反而畅销。

(3) 招徕定价策略　招徕定价指零售商利用部分顾客求廉的心理，特意将某几种药品的价格定得较低以吸引顾客。某些顾客经常来采购廉价药品，同时也选购了其他正常价格的药品，这些价格定得低的药品称为牺牲品。企业还常利用季节转换或某些节日举行大减价，以吸引更多的顾客。

3. 折扣定价策略　为了鼓励消费者及早购买、大量购买、淡季购买，为了促进商业企业和医疗单位更多地销售本企业的药品，根据国家有关规定，可以给予价格上的折扣(通常称为折扣率)。这也是调动中间商和顾客购买积极性的一种常用的激励方法。

(1) 现金折扣策略　这是企业给那些当场付清货款的顾客的一种减价,其目的在于鼓励购买者尽早付清货款以加速企业资金周转。另外,在规定的期限前付款者,也可按提前程度给予不同的折扣。如提前 10 天折扣 2%,提前 20 天折扣 3%,这在国外很流行,目前在我国通常称为返利。如交易条款注明"2/10,N/30",即表示顾客在 30 天内必须付清货款,如果 10 天内付清货款,则给予 2% 的折扣。在企业间相互拖欠货款现象比较严重的情况下,实行这种策略可以帮助企业加速资金周转,减少财务风险。

(2) 数量折扣策略　数量折扣也称批量折扣,即根据购买者购买数量的大小给予不同的折扣。对经销药品达到一定数量时给予销售者一定的折扣优惠。具体操作中还有一次性折扣和累积折扣之分。

一次性折扣是企业为鼓励购买者多购货,根据一次购买数量的多少给予不同的折扣;累积折扣是企业为了建立稳定的购销关系而将同一位购买者在一段时间内从本企业购买的数量汇总,根据累计购买量的不同而给予不同的折扣。

(3) 季节折扣策略　季节折扣也称季节差价,一般在有明显的淡季、旺季药品或服务的行业中实行。这种价格折扣是企业给那些购买过季药品或服务的消费者的一种减价,使企业的生产和销售在一年四季保持相对稳定。如当夏季消化道用药旺季时,治疗感冒、咳喘以及抗生素类药物给消费者以季节折扣。

(4) 业务折扣策略　业务折扣也称交易折扣或功能折扣,是医药生产企业给予批发和零售企业的折扣。折扣的大小因中间商在药品流通中的不同功能而各异。如批发商从厂方进货给予的折扣一般要大些,零售商从厂方进货的折扣低于批发商。

4. 需求差别定价策略　需求差别定价,也称歧视定价,是指企业按照两种或两种以上不反映成本费用的比例差异的价格销售某种药品。需求差别定价有以下四种形式。

(1) 以顾客为基础的差别定价策略　同一药品,对不同的消费者制订不同的价格和采用不同的价格方式。其中,有的是由于不同的消费者对同一药品的需求弹性不同,给不同的消费者群体制订不同的价格。如药品批发企业卖给零售药店的药品价格便宜,因为需求弹性大;卖给医疗机构价格较贵,因为需求弹性小。

(2) 以药品改进为基础的差别定价策略　这种定价法就是对一种药品的不同剂型、规格确定不同的价格,但价格上的差别并不与成本成比例。如某种片剂是普通剂型,成本为每盒 30 元,售价为 55 元。缓释胶囊为功能调高型产品,成本为每盒 35 元,售价为 88 元。大容量注射液为速效型产品,成本为每瓶 40 元,售价为 120 元。同种药品不同剂型、规格采用不同的定价。

(3) 以地域为基础的差别定价　如果同一药品在不同地理位置的市场上存在不同的需求强度,那么就应该定出不同的价格,但定价的差别并不与运费成比例。如某种药品在经济发达地区的需求十分强烈,其定价就应该比经济落后地区高一些(或折扣少一些)。

(4) 以时间为基础的差别定价　当商品的需求随着时间的变化而有变化时,对同一种商品在不同时间应该定出不同的价格。如不同季节的药品,在淡季售价低一些,在旺季价格上涨。

5. 药品组合定价策略　对于生产经营多种药品的企业来说,定价须着眼于整个药品组合的利润实现最大化,而不是单个药品。由于各种药品之间存在需求和成本上的联系,有时还存在替代、竞争关系,所以实际定价的难度相当大。

(1) 药品线定价策略　在定价时,首先,确定某种药品价格为最低价格,它在药品线中充当招徕价格,吸引消费者购买药品线中的其他药品;其次,确定药品线中某种药品价格为最高价格,它在药品线中充当品牌质量象征和收回投资的角色;再次,药品线中的其他药品也分别依据其在药品线中的角色不同而制订不同的价格。如果是由多家企业生产经营时,则共同协商确定互补品价格。选用互补定价策略时,企业应根据市场状况,合理组合互补品价格,使系列药品有利于销售,以发挥企业多种药品整体组合效应。

(2) 系列药品定价策略　有时企业向顾客提供一系列相关的药品和服务,如一家药店既为顾客提供药品,也提供加工、送货服务,那么,可考虑将药品加工的价格定低些,甚至免费,以吸引顾客,而将药品、送货的价格定稍高些,以获取利润。

(3) 互补药品定价策略　互补药品是指两种或两种以上功能互相依赖、需要配合使用的药品。具体的做法:把价值高而购买频率低的主要价格定得低些,而对与之配合使用的价值低而购买频率高的易耗品价格适当定高些。如将照相机的价格定得适当低一点,胶卷的价格提高些,电动剃须刀架的价格定低一些,而刀片的价格适当提高;手机的价格可适当降低,电池的价格可适当提高。

实训环境与组织实训过程

一、学生分组与组织

1. 分小组　全班同学分小组,每小组3人,确定一名小组长。

2. 小组长和小组成员准备　根据教学单元3.4(医药目标市场选择)的训练结果,结合上次课后教师布置的本次课教学任务,对某医药目标市场选择后选定的目标市场进行合适的市场定位。

二、实训环境

1. 校外实训室　通过教学单元3.4的训练与操作,每个小组的同学对某类感冒药或自行选择的其他类型药物选定了目标市场人群。要求学生接下来能够:小组成员既可开展医药市场定位工作,也可自行在本教学单元后的实训课题选择不同实训课题,进行不同市场环境下的医药市场定位。

2. 校内实训室

(1) 校内模拟医药产品营销实训室。

(2) 校内教学医院的门诊药房。

较常见的药物类型有感冒药、消化系统用药、外科用药、清热解毒类用药、维生素及矿物质类、祛暑类药品、五官科用药、呼吸系统用药等。

三、实训任务

任务1　找出本企业优势并选择适当的竞争优势

市场定位的三部曲:确定在哪些方面能与竞争者相区别的差异化;选择最重要的差异化;向目标市场有效地显示如何与竞争者不同。所以,找出本企业优势所在,是市场定位的基础。这一方面的工作过程包括:明确本企业自身资源的优势;明确本企业在满足目标市场需求方面的优势所在以及与竞争者相比较的优势所在。所以,本企业应该做好下面几个方面的工作。

1. 分析顾客对本企业医药产品的评价　就是研究顾客到底需要什么样的医药产品,对医药产品最关心的是什么,影响顾客购买医药产品的因素主要有哪些。这些对本企业的药品市场定位非常重要。

营销故事

不需要柜子

一个家具商人对正在闲逛的莫斯特高声喊道:"莫斯特先生,快买下这个柜子吧,很便宜,只要原来的一半价钱。""我要柜子做什么?""您可以在里面挂衣服"。莫斯特笑着说"难道你要我光着身子到处跑吗?"。

产品定位消费群体也就是目标市场定位问题:正常的思路应该是我们首先要研究自己的产品,能给客户带来什么价值,有什么优点和特点,能够区别于同类产品或者有更好的卖点。

其次,是定位消费群体,哪些消费群体有这个需求,必须使用这个产品或者把这个产品作为更好的替代品,并且有购买产品的能力。找到产品所对应的市场,就是潜在客户。

然后要对产品进行包装宣传,针对潜在客户进行营销或者促销活动。当然还要考虑一些随意性的购买行为。

从头来仔细看这个案例,柜子给客户带来的价值是里面可以挂衣服,没有很明显的卖点,唯一的卖点就是比以前便宜一半的价格;其次,柜子是通用消费品,消费群体应该是没有柜子或者想替换原来柜子的客户;最重要的一点是客户要有购买的能力;然后找到客户进行营销。

(资料来源:百度文库.100个最经典营销故事)

2. 分析本企业自身的资源优势　一方面本企业的资源是有限的,只能将优势集中在某一个或几个方面,使本企业可能在明确顾客需求的前提下充分发挥资源优势;另一方面,要注意本企业资源与其竞争者资源的优势比较。

3. 分析本企业的竞争优势　通常企业的竞争优势有两个方面:产品差别化和成本优势。产品差别化是产品独具特色的功能和利益与顾客的需求相适应的优势;成本优势使企业能够以比竞争者较低的价格销售相同质量的药品,或以相同的价格水平销售更高质量水平的药品。

4. 分析竞争者的优势和劣势　从三个方面评估竞争者的优势所在:一是竞争者的业务经营情况,如估测近三年的销售额、市场份额、利润率、投资收益率等;二是评价竞争者的核心营销能力,如药品质量和服务质量等;三是评估竞争者的财务能力,如资金周转能力、获利能力、债务偿还能力等。

营销拓展

市场定位差异性分析表见表3.5.4。

表3.5.4　市场定位差异性分析表

产品名称：　　　　　　　　　产品种类：

对比项目	本公司产品	竞争对手产品	差异描述
质量			
价格			
知名度			
售后服务			
使用方便性			
公司信誉			
销售方式			
外观设计			
广告投放数量及方式			
主要目标市场消费者			
结论			

任务2　医药市场定位的方法与策略

1. 医药市场三次定位法

(1) 第一次产品功能定位,认识、了解自己的优势产品,明确"我是我"。

(2) 第二次找准自己产品潜力最大,需要予以特别关注的人群,告知消费者"我是谁"。

(3) 第三次让产品、品牌、经营者观念向消费者靠拢,完成由产品特色向传播产品的独特利益的质的转变,实现消费者需求与经营者产品诉求的和谐统一,明确"谁是我"。

2. 药品差异定位策略　这是比较常用而很有效的方法,使用此法的关键是找出让消费者最关心的本产品不同于其他产品之处。特色产品适用于本法,特色产品有同类产品所没有的亮点,这样才可以找到

"卖点"。如在感冒药市场上,白加黑感冒片,其组成成分并无特殊之处,但是将感冒药分成白片和黑片,并将其中镇静剂扑尔敏放在黑片中。这样不仅在品牌的外观上与竞争品牌形成很大的差别,更重要的是它与消费者的生活规律相符合。一般感冒药的共同缺点就是服用后容易瞌睡,这对大多数的人群造成许多不便。而"白天吃白片不瞌睡,晚上吃黑片睡得香"的宣传,解除了消费者的后顾之忧,体现出厂家对消费者细致入微的关怀。它的成功之处在于一切从消费者出发,创造出了不同于同类、优于同类的闪光点,达到了引起患者共鸣的强烈传播效果。在国际市场上,中药的市场定位就是天然药,这是根据中药产品成分构成的特点定位。这种市场定位实事求是、恰如其分,任何人均无怀疑、拒绝的理由。在回归自然、寻求排毒高效药品的思潮中,原来对进口中药限制较严的美国、德国、法国等,现在都放松了进口限制,全世界进口中药的国家和地区已达120多个。

3. 药品分类定位策略　这也是一种常用的方法。产品在市场上的竞争对手并不是单一或特殊的某个对手,而是一类产品,因此在决定产品的开发、经营前,要细分同类产品的特点,分出类别,然后决定从哪个方面着手。比如白加黑就和同类中的康泰克和泰诺区分得非常巧妙,康泰克和泰诺分别定位为"长效"和"快效",而白加黑则定位于"白黑分服",这无疑告诉消费者,康泰克和泰诺是"黑白不分"。

4. 药品使用者定位策略　找出产品的正确使用者,会使定位的药品使用者在目标市场上显得更突出,为他们特定服务,往往能获得充分的信任。如治疗口腔咽喉疾病的西药华素片,主要特点是具有独特的碘分子,能起到杀菌作用。在华素片上市之前,市场上已有一系列同类新老产品。如咽喉类药品六神丸、草珊瑚含片、西瓜霜润喉片等。这些产品凭借广告的知名度,以及便宜的价格、较好的疗效等,各赢得一部分市场。华素片从适应证上看,既治疗口腔疾病,又治咽喉疾病,如果华素片进入咽喉类药品市场,面对强劲的竞争对手,企业需投入巨资,才有可能争得一席之地。显然在咽喉类药品市场竞争激烈,而口腔类药品市场还没有形成有影响的品牌,处于松散空白的状况下,很多口腔疾病患者有时还需要一些牙膏来辅助治疗,华素片的市场机会是定位于口腔药,主打口腔药品市场。由于定位策略对路,使华素片在市场上获得了成功。

5. 抢占市场空位策略　即企业通过对市场和现有产品的认真分析研究,寻找消费者实际需求未能很好满足的市场缝隙,从而填补市场空白。如,2001年广州白云山中药厂的大陆品种之一"板蓝根颗粒",从全国176个生产厂家中脱颖而出,销售额突破1亿元;2002年突破1.3亿元,占据了全国约52%的板蓝根市场,成为白云山中药厂两个超亿元品种之一。研究其原因,快速反应和准确地抢占市场是其成功的策略之一。2000年11月16日,所有含PPA的药品制剂因服用后出现过敏、心律失常、高血压等严重不良反应,国家食品药品监督管理局下令停止销售。康泰克等人们耳熟能详的15种药品顷刻间从药店货架上消失,感冒药市场一时出现了空缺。而当众多西药厂家忙着澄清与PPA关系之时,白云山中药厂乘势出击,把白云山板蓝根"抗病毒,治感冒"的信息广为传播,在全国各大媒体展开强大的宣传攻势,宣传其确切的疗效;同时加大铺货力度,通过经销商、医院、药店途径,进军感冒药市场。

6. 匹敌策略　如果企业经过仔细调研也难以发现市场空隙,但只要该市场需求潜力很大,而企业又能赋予产品新的特色和创意,则可以采用匹敌策略,与竞争者一争高低。中国补血药市场的四雄竞逐,不失为匹敌策略的范例。阿胶是国药精粹,具有多种复合功效,如补血、止血、养颜、调节免疫力、促进睡眠等。具有2000多年的历史,山东东阿集团在这一领域曾独步天下,被誉为阿胶之王。2000年,东阿集团根据自身优势、专家建议和对市场的分析判断,最终明确定位在补血药市场。其销售网络全国县级覆盖率6%、地级市48%。之后,红桃K集团进入中国补血药市场,在不到2年的时间里市场销售额突破亿元,不到4年,年销售额突破10亿元。其成功之处:其产品定位不同于阿胶类产品,以快速补血为自身特点;其次目标市场选择了当时其他补血产品不屑一顾的村镇,把宣传做到了农村。红桃K之后众多的跟进者因为走的是与红桃K极为相似的操作套路,却没有对红桃K形成真正威胁。2001年,又一补血产品"血尔"出现,其避开红桃K的锋芒,不与其正面交锋,针对红桃K生血剂只强调快速补血,回避功效维持的弱点,大张旗鼓提出"补血功效持久"的主张,形成自己的鲜明特点,同时其对消费者人群进行了细分。针对红桃K涵盖所有人群"大而全"的做法,"血尔"主攻城市白领女性。很快就占领了红桃K营销攻势相对薄弱的城市市场,一跃成为中国补血药市场行业的老二。

综合上述,不难看出目标市场的定位策略,是经营者在选择目标市场的基础上,研制开发并推销符合目标市场需求的产品,使所经营产品与目标市场取得最佳配合,市场定位及其营销策略的关键,在于经营者对市场的应变能力,洞察力。因此其市场定位和营销策略,也必须随之相应变化。

任务3 医药产品分析与定位

对药品进行市场定位时,定位依据和定位技术最重要的有两个,一个是对企业定位,如企业的资源优势、技术优势、资金优势和市场营销优势等;二是产品定位,如产品的功能属性、品牌、价格等。

要对药品定位,主要对医药产品的性能、药品在产品线中的地位、药品品牌、药品的包装等予以分析与定位。

1. 药品的功能属性分析与定位　主要分析药品能满足消费者何种需求?消费者最关心药品的属性是什么?药品的核心概念是什么?能否满足消费者的核心诉求?

2. 药品的产品线定位　解决药品在整个企业产品线中的地位,就是要解决产品的宽度与深度。同时企业应依据主要药品所处的生命周期,及时调整药品组合方式,使其能长期处于最佳组合中。医药企业可针对存在的问题采取相应措施,对现有药品进行整顿,寻求和保持药品结构的最佳化。产品线调整策略有以下三种可供企业和营销人员选择。

(1) 扩大药品组合策略　拓展药品组合的宽度和深度,增加品种,扩大经营范围。如海王集团由处方药经营发展到非处方药。

垂直多样化策略:不增加产品线,只增加产品线的长度,向产品线的深度发展。

①向下延伸:在原有的高档药品下面增加一些低档药品。利用高档名牌药品的声誉,吸引购买力较低的消费者慕名购买此药品线中的低档廉价药品,扩大市场占有率和销售量,使竞争者无隙可乘。存在问题是,可能会破坏高档药品声誉和市场服务。

②向上延伸:原定位于低档药品的医药企业进入高档药品市场,增加高档药品。更多的消费者购买药品时追求的质量档次更高,企业的技术水平和营销能力也越来越高。可能存在的问题:一是顾客可能不相信企业能生产高档药品,竞争者也可能反过来进入低档药品市场,以示反击;二是企业还需培训高档药品市场营销服务人员。

③双向延伸:原来生产中档药品的医药企业在占据市场优势后,决定朝产品线上和线下两个方向延伸,同时增加高档药品和低档药品,扩大经营范围,增强市场竞争力,获取更大利润。

水平多样化策略:水平多样化又被称为专业多样化,是以现有用户为出发点,向其提供新的、与原有业务相关或不相关的产品或服务,增加产品线的数量,拓展宽度。如关联度强的产品多样化策略,根据关联性原则增加有关联的产品线;关联度不强或无关联度的产品多样化策略,是增加产品线时,不考虑关联性原则,增加与原产品线无关的产品,开拓新市场,创造新需求。如某制药企业利用原有的制药技术生产护肤美容、运动保健产品等。

(2) 缩减药品组合策略　当经济不景气、原材料与能源供应紧张、利润下降时,缩减药品线,将更多的资源投入到利润率较高的药品线上,以增加药品的获利能力。

(3) 药品差异化策略　通过市场调研,收集消费者需求信息和竞争对手药品信息,对企业药品在质量、用途、特点等重新定位,采取与竞争者不同特色的药品策略,增加药品新的功能、剂型、规格等,引起消费者的兴趣,增强企业的竞争优势,为企业创造更多的利益。

3. 药品的外观及包装定位　这就要求考虑药品的外观,包装的设计原则与设计风格、包装策略等,同时还要迎合目标市场人群的消费需求,才能正确进行药品的包装定位。

从产品本身的优势出发

包装强调实效的承诺,第一视觉冲击。曾几何时只要产品有个好名字,或有个权威理论支撑,甚至有个权威人士或名人给产品叫几个好,产品就会红起来。还有就是包装方面,包装是产品的第一张脸,好比女人美要美在脸上一样,包装设计出色,就能在终端抓眼球,就能在经销商的竞品中跳出来,优秀的包装一定符合市场化的要求,必须具备"三感原则":看上去有价值感;摸起来有手感;使用后有满足感。包装的设计要使其能够在反映出产品独特个性的同时赋予消费者视觉上的高价值享受,使其产生联想与向往;消费者被吸引后观摩包装能促成购买;精美独特的包装对于品牌形象塑造还可起非常重要的作用。如策划一个招商药品时发现常规药产品的包装一般很小(都是临床推广用),市场上调查发现药品没有一个包装像保健品的包装那样大器、现代,于是决定在产品包装设计时做成常规同类药品包装的4倍大,且让包装正反面完全一样,把成分、用法用量、地址、日期等排到侧面,上白下蓝,简单的四个字"××胶囊",下面为异形心形状,投放市场后反响很好;产品名字也更重要,如脑白金、脑黄金等。也有强调产品整体概念的,如:麦当劳产品是什么?在大家头脑中的印象就是美味食品+儿童乐园+好环境+儿童玩具+干净洗手间;脑白金是什么?就是礼品+治疗失眠+调节肠胃……

策划抗生素的热××胶囊时,它上市已有三年,一直沿用一种浅绿色包装,无论外观还是大小,均显得没有档次。另外,热××胶囊治疗上、下呼吸道感染和感冒的时间为2~4天,而单天服用量为12粒,老包装则为20粒/盒,既不美观,又不实用(不够两天),因此包装必须改。同时,过去三年来,市场上老包装有一些存货,为了整合渠道,也需要重新修改设计包装。经过精心研究从三个方面入手:首先,热××胶囊规格更改为12粒×2板,建议适用两天的量,患者无论购买一盒还是两盒,均不浪费。其次,增大热××胶囊的包装,以增加药店展示面。第三,放弃绿色,以蓝色为主打色调。绿色的包装太多,不突出。同时,为了配合纯中药"抗生素"的概念,蓝色具有更强的亲和力。

(资料来源:企业大学网.www.study365.cn.2014)

4. 药品的品牌属性定位 对某药品定位时,在充分掌握药品的品牌策略知识的基础上,主要考虑某药品的品牌属性与企业的主品牌属性是否存在冲突,如何避免,如何解决或调整?

5. 药品的卖点定位 20世纪50年代的雷斯提出的 USP(独特销售主张),是找出该商品的与众不同之处,即独特的卖点。创造产品卖点的过程,就是对产品进行定位的过程。你的产品是什么并不重要,重要的是消费者认为你是什么。对于消费者来说,产品的卖点和定位,要能够满足他的物质和精神的需要,激发他现实的和潜在的需求,这样的产品才是好产品。

USP 的提炼,其目的就是更多地吸引目标客户的关注,给其留下深刻的印象。

从产品病理药理角度提炼 USP

这种 USP 主要围绕产品的作用机理,提出区分于竞争对手的销售主张,在化妆品和医药保健品行业里最常见。如策划一个产品时发现它具有增强心脏泵血功能,修复及延长心肌细胞的作用,效果较明显,于是就提出了一个权威的理论依据:人的心脏只有拳头大小,但心脏强大的泵血功能却十分惊人,毫无疑问,它所凭借的正是其本身规律而不停歇的收缩与舒张,称之为"心动力",心动力不足,致使心脏超负荷工作,导致心肌缺血、缺氧,出现心功能下降甚至心力衰竭,从而导致心脏本身及人体一系列病变和症状。提出了产品的独特销售卖点:提高心动力,治疗心脏病。同时根据产品的成分策划出"心肌、血液、血管"三位一体疗法,坚持不让消费者脱离生活常识,但是反常规的策划让消费者一定觉得此产品与众不同。其他产品很成功的有溶栓胶囊,首提溶栓概念、排毒养颜胶囊首提排毒理念、新肤螨灵霜更是全新概念、肠清茶提了个洗肠名词就旺销全国。

在市场实战中,制订产品概念时牢牢把握三个原则:①可识别性;②差异化个性;③攻击性。既要能彰显产品独特个性,还要是经销商与消费者内心强烈需要的表达。

热××胶囊围绕产品的工艺或成分制订 USP

热××胶囊成分是蒲公英、虎杖、壮败酱和半枝莲。蒲公英在医学界被称为"纯天然抗生素",具有良好抗菌作用,虎杖具有抗病毒作用,壮败酱和半枝莲也具有抗菌、消炎作用。此四种药配合组方,经临床和市场验证,效果甚佳,对一般的上、下呼吸道感染,基本上能做到 6 h 起效,一盒痊愈,弥补了大多数中药效果慢的不足。至此,热××胶囊产品概念定位形成:纯中药"抗生素"。

产品功能与概念定位一确认,产品卖点即可形成:热××胶囊纯中药"抗生素",抗菌消炎,效果一样好。

这种 USP 可以是别人没有注意到的特性,也是大家共有但都没有说过的产品特性。

6. 药品的基本营销策略定位　确定药品的基本策略:做市场领先者、挑战者、跟随者还是补缺者。

(1) 市场领先者是指企业药品在行业同类产品的市场上占有率最高。如麻醉药品是人福医药的主导产品,是公司营业收入的重要来源,2012 年公司的麻醉药品销售收入为 10.77 亿元,占营业收入比重 20%左右,其中,芬太尼系列产品全国市场占有率突破 60%。

(2) 市场挑战者是指那些相对于市场领先者来说在行业中处于第二、第三和以后的企业。如补血产品朵朵红挑战山东东阿阿胶,并借势推出自己的阿胶胶囊,巧占市场。

(3) 市场跟随者是指安于次要地位,不热衷于挑战的企业。每一个领先产品细分市场背后,都会出现一连串的市场追随者。如汇仁肾宝,自从打出了男人需要补肾的"肾好,生活更好"的宣传诉求后,一度把男性消费者潜在的需求迅速引爆成现实需求,而后,补肾益寿胶囊,各种品牌的六味地黄丸迅速跟进,市场份额达到了 10 亿左右。

作为市场追随者,在现今条件下该如何保持目前的顾客和怎样在新顾客群中取得满意的市场占位是其努力的方向,追随者在市场推广与运作中应致力于如何给目标市场带来差异化、明确独特的利益,让产品与消费者之间迅速建立起某种全新的情感偏爱。

(4) 市场补缺者,又称市场补白,是选择某一特定较小区域市场作为目标市场,提供专业化的服务或产品,并以此作为经营战略。如,白加黑演绎黑白经典,针对上班一族提出"白加黑,表现就是这么好"的诉求。

任务 4　医药产品价格分析与定位

价格定位,是企业依据竞争对手的药品信息、市场状况,针对企业本身的资源状况和药品优劣确定企业药品价格。药品价格定位的方法有多种,不同的定价法折射出不同企业的定价目标和战略。判断药品价格是否合理,标准是其价格既受消费者欢迎又使企业满意,且具有相当的竞争力。

产品价格定位绝妙——热××胶囊

热××胶囊是企业自主定价品种,如何定个合适的价格确实是大费周折。热××胶囊由 GMP 厂生产,剂量大,生产成本高,如何兼顾厂家、经销商渠道、患者三方面的利益呢? 热××胶囊对中、轻度上、下呼吸道感染和感冒的治疗,一般是一盒就可以,而且不用配其他药品,经比较同类品种及调整医生、患者,最终将价格定在×元/盒,最后,由物价局根据成本审核为×元/盒。治疗上、下呼吸道感染和感冒,花费×元药费,对大多数患者来说,是可以接受的,也保证了厂家、经销商渠道的可持续发展所需要的利润。

1. 成本导向定价法　它是一种以成本为中心的定价法,包括固定成本和变动成本两部分。成本导向定价法中最常用的有完全成本加成定价法和目标利润率定价法两种具体方法。

(1) 完全成本加成定价法　这是成本导向定价法中应用最广泛的定价方法,这种方法主要基于对企业内部的考虑。所谓成本加成就是在单位成本上附加一定的加成金额(利润)作为企业盈利的定价方法。计算公式为:药品零售价=单位药品成本×(1+加成率)。

如某生产兰索拉唑胶囊的药厂,每盒成本为59元,其售价由成本加成28%来确定,则其单位售价为 $59×(1+28\%)≈75.50(元)$。

(2) 边际成本加成法　此方法是短期决策的常用方法,计算公式如下:

$$单位药品价格=[(原药品产量×原销售价格)+边际成本]÷现定生产量$$

其中边际成本用以下公式计算:

$$边际成本=\frac{增加一单位药品后的总成本-原来的总成本}{增加一单位药品后的产量-原来的产量}=总成本增量÷产量增量$$

(3) 目标收益率定价法　目标利润率定价法也称为固定报酬定价法。此定价法的要点是使药品的售价能保证企业达到预期的目标利润率。采用这种方法定价时,首先应该明确所要实现的目标利润是多少,然后根据药品的需求弹性来考虑各种价格及其对销售量的影响,最后将价格定在能够使企业实现目标利润的水平上。其计算公式是:

$$药品单价=(总成本+固定报酬)÷产量$$

假设某医药企业年固定总成本为800万元,平均变动成本为20元/件,某药品年产量为30万件,企业希望每年获得400万元的固定报酬。则该药品的单价必须为:

$$药品单价=(8000000+20×300000+4000000)÷300000=60(元/件)$$

目标收益率定价法属于生产者追求长期利润而非短期利润的定价方法。一般适合于经济实力雄厚,有发展前途的生产者和药品,特别适宜于新药品的定价。因为新药品如果按试制成本、小批量生产成本定价,往往会使价格大大高于市场所能接受的水平,使药品打不开销路。而按目标成本定价则可以将试制成本转移到设备潜力能较大利用的批量上,成本水平就会低得多,这样的成本加成定价,就可以被市场接受,并为企业提供期望利润。同时这种方法也能保证企业的投资按期收回,能保本求利,且简单方便。但企业根据销售量倒推价格,而价格又是影响销售量的一个重要因素,销售量的估计也许不太准确,这是运用此方法定价的一个明显缺陷。

(4) 收支平衡定价法(量本利分析法)　收支平衡定价法也称损益平衡定价法、保本点定价法,它是运用盈亏平衡的原理确定价格的一种方法。即在假定企业生产的药品全部可销的条件下,决定保证企业既不亏损也不盈利时的药品最低价格水平。

通常盈亏平衡点计算公式:

$$销售量=固定总成本÷(单位药品价格-单位变动成本)$$

上述公式是从已知的成本和价格推导出销售量,也可以根据已知销售量和成本推导得出其应有的价格水平来。公式:单位药品价格=固定总成本÷销售量+单位变动成本。

如果企业考虑预期利润,则可将利润当做固定总成本的组成部分来看待,此时公式:

$$单位药品价格=(固定总成本+利润额)÷销售量+单位变动成本$$

假设某药药品年固定总成本为3200万元,预期销售量为100万盒,单位变动成本为15元,需要实现利润200万元。则此时药品的单价应为:单位药品价格=$(32000000+2000000)÷1000000+15=49(元/盒)$。

2. 竞争导向定价法　竞争导向定价法是企业根据市场竞争的情况(市场上竞争对手的同类药品价格)而制订药品价格的定价方法。该定价方法主要考虑竞争对手的价格,并以此来确定本企业药品价格。

(1) 随行就市定价法　又称为"流行水准定价法",是企业根据同行业平均价格或者同行业中实力最强竞争者的药品价格制定本企业药品价格的定价方法,因此也称作模仿价格。这是竞争导向定价法的最普遍形式,在测算成本有困难、竞争者不确定或难以估计采取进攻性定价会引起对手什么反应时,这种方法提供了一个有效的解决方案,可为企业节省时间,减少风险,避免竞争,有利于同行间和平共处,少担风险,可以获得合理收益,是较普遍的定价方法。这种定价方法特别被小型企业广泛采用。

(2) 投标定价法　这是我国医疗机构普遍实行集中招标采购药品以来,医药企业必须采用的定价方法。在投标时,医药企业事先根据招标公告内容,对竞争对手可能的报价进行预测,在其基础上提出自己的价格,用递价密封标书送出。

此时制订的价格,并不能完全体现企业的生产成本或市场需求。所谓投标定价法是指企业以竞争者可能的报价为基础,兼顾本身应有的利润所确定的价格。医药企业为了中标,通常要求其报价低于竞争者,但又不能低于一定的水平,最低的界限就是其生产成本。但从另一方面说,如果价格高于实际成本越多,则中标的可能性就越小。这对医药企业而言是个考验,且风险较大。

（3）低于竞争者的价格　　企业想迅速扩大其药品的销售额,占有市场或扩大市场占有率,可采取此方法。采取这种方法的前提是竞争对手不会实施价格报复或者有能力抵御竞争对手可能实施的价格报复。因而必须慎重,否则极易引起价格战。

（4）高于竞争者的价格　　企业生产或经营的药品质量上乘,并具有一定特色,企业声誉较高,如GMP企业,就可采用高于竞争者的价格出售,以谋取高利润。这种方法采用的前提是,该药品相对于竞争对手的药品有较为显著的优势,买主愿意付出高出竞争对手药品的价格来购买该药品。

3. 需求导向定价法　　这类定价方法的出发点是顾客的需求,认为企业生产药品就是为了满足顾客的需要,所以药品的价格应以顾客对商品价值的理解为依据来制订。若成本导向定价的逻辑关系:成本＋税金＋利润＝价格,则需求导向定价的逻辑关系:价格－税金－利润＝成本。

需求导向定价的主要方法包括认知价值定价法、反向定价法和需求差异定价法三种。

（1）认知价值定价法　　这是利用药品在消费者心目中的价值,也就是消费者心中对价值的理解程度来确定药品价格水平的一种方法。消费者对商品价值的认知和理解程度不同,会形成不同的定价上限,如果价格刚好定在这个限度内,那么消费者既能顺利购买,企业也将更加有利可图。

实施这一方法的要点在于提高消费者对商品效用认知和价值的理解度。企业可以通过实施药品差异化和适当的市场定位,突出企业药品特色,再辅以整体的营销组合策略,塑造企业和药品形象,使消费者感到购买这些药品能获取更多的相对利益,从而提高他们可接受的药品价格上限。

（2）反向定价法　　这种方法又称价值定价法、向后定价法、"倒剥皮"定价法。所谓反向定价法,是企业依据消费者能够接受的最终销售价格,计算自己从事经营的成本和利润后,逆向推算出药品的批发价和零售价。这种定价方法不以实际成本为主要依据,而是以市场需求为定价出发点,力求使价格为消费者所接受。通过各种评估方法得到预计能够实现产销量目标、利润目标的市场零售价格,然后在此基础上推算出批发价格、出厂价格。其计算公式如下：

批发价格＝零售价格÷(1＋增值税率)－批零差价＝零售价格÷(1＋增值税率)÷(1＋批零差率)

出厂价格＝批发价格－进销差价＝零售价格÷(1＋增值税率)×(1＋批零差率)×(1－销进差率)

采用本方法的关键是首先要了解测定消费者的期望价格、能够接受的价格。当消费者对某种药品还没有形成明确定位时,企业可先利用市场营销组合中的非价格因素如展示、宣传等向消费者示范,使他们对商品形成一种较高的坐标观念。其次,分析流通环节的成本构成及费用多少,推算出该药品的生产价格的范围,即目标成本。再次,综合考虑成本和其他一些因素,最终制订出该药品的价格。这种方法的关键是对消费者理解价格的正确掌握和预测,过高过低都会影响今后药品的销售情况。

分销渠道中的批发商和零售商多采取这种定价方法。

（3）需求差异定价法　　又称差别定价法,是指根据销售的对象、时间、地点的不同而产生的需求差异,对相同的产品采用不同价格的定价方法。这种价格差异的基础是：顾客需求、顾客的购买心理、产品样式、地区差别以及时间差别等,采用这种方法定价,一般是以该产品的历史定价为基础,根据市场需求变化的具体情况,在一定幅度内变动价格。

橘子皮,珍珠陈皮

罐头厂不生产中药,百货公司的食品部也不卖中药,但汕头某罐头厂在北京王府井百货大楼竟把橘子皮卖出了每斤33块钱的价格,这事谁听了都觉得有些"邪乎"。可你抽空到北京王府井百货大楼食品部看一看。就会发现这是真的:身价不凡的橘子皮,堂而皇之地躺在玻璃柜台上,每大盒内装15 g包装一盒的10小盒,售价10元,如此折算,每500 g售价高达33元之多。汕头这家食品厂,原本生产橘子罐头。以前鲜橘装瓶后,橘子皮就被送进药材收购站,价格是几分钱1斤。近年来加工橘子罐头的多了,橘子皮几分钱1斤也卖不出去,于是就在橘子皮上打主意——难道橘子皮除了晾干后入中药做陈皮外,就没别的用场吗?他们组织人力开发研究其新的使用价值,终于开发出了一种叫"珍珠陈皮"的小食品。食品开发出来了,要以什么样的价格将其投放市场?他们做了市场分析评估:

①这种小食品的"上帝"多为妇女和儿童,城市的女性和儿童多有吃小食品的习惯。
②城市妇女既爱吃小食品又追求苗条、美容,惧怕肥胖,视吃小食品为一种时髦。
③儿童喜欢吃小食品,家长也从不吝惜花钱,但又担心小孩过胖。
④珍珠陈皮的配料采用橘皮、珍珠、二肽糖、食盐,经加工后味道很好,食后还有保持面部红润、身材苗条的功能;用盒装小包装,吃起来也很方便。
⑤市场上当前很少有同类药品。

于是这种小食品采用高价策略进入了市场。1斤橘子皮卖33元,就是那些引领消费潮流的年轻女士也称太贵。可是,当她们买过尝过之后,不仅觉得好,还介绍给别人去买去尝;儿童们更是口不离手。于是33元1斤的橘子皮,真的成了"挡不住的诱惑",诱得求购者纷至沓来。亚运会期间,北京展览馆的亚运购物中心举办的商品展销,评定出的单项商品销售冠军,竟然就是这33元1斤的"橘子皮"——珍珠陈皮。

四、学时与实训作业

(一)学时与要求

(1)一体化教学:4学时(参考)。
(2)实训与考核:4学时(参考)。
(3)以小组为单位完成本教学单元实训作业:完成某药品的市场定位实训报告,以Word文档和PPT形式呈现,并能做出有效的、较流畅的书面陈述。小组内和小组间进行恰当、真实评价,并将评价结果作为实训成绩的依据。同时,能将在实训过程所出现的错误、不足和优势陈述出来。

(二)考核范例与考核标准

范例分析一

史克公司感冒药康泰克的市场定位策略

20世纪80年代初期,中国药品市场还没有发展起来,生产设备陈旧,工艺技术落后,产品品种单一,缺乏新药特效药。医生在给患者开处方时,没有选择的余地,有些药品需要辗转几家药店、医院才能找到,甚至需跑到外地购买。由于感冒的发病率很高,对治疗和预防感冒的药品需求很大,而市场上出售的药品无论在产品质量、剂型、疗效等方面均有缺陷。比如APC是较常用的感冒药,该药是白色片状,裸片外没有包衣层,服药时口感苦,常使患者产生不适,而服用后会出现重度嗜睡、大汗不止等不良反应,患者由于出汗过多,在睡觉时不注意保暖,还可能会使病情进一步加重。因此,患者对国产感冒药信心不足,有些人不惜重金购买服用方便、疗效显著的进口药品,在20世纪80年代中期公费医疗制度比较健全的情况下,公费医疗制度也使患者对进口药昂贵的价格不加考虑就给予购买。因此,中国药品企业开发合乎顾客需求的药品已成为重要的问题,中美天津史克制药有限公司应运而生,合作同伴是世界排名第四的Smith-Kline Beecham公司。该公司推出的感冒新药康泰克被誉为"给感冒药市场注入了新鲜的血液,给感冒患者带来更多的利益"。

康泰克是轻度感冒用药,外观为富于光泽的胶体,红色胶帽和透明胶体上均印制有"Contac"的字样;胶囊内容物为大小均一的红、黄、白三种球形小丸。第一层包装为透明气泡眼包装,密封性能良好,且气泡板有分割线,便于顾客携带和服用。第二层包装为色彩协调、字迹清楚、印刷精美的硬纸盒,小盒正面及反面均印有"康泰克""Contac"中英文大写字样,易于辨认。

康泰克是复方制剂,含有盐酸苯丙醇胺和扑尔敏两种主要成分。盐酸苯丙醇胺可使鼻塞症状减轻,扑尔敏可以消除或减轻流泪、流涕、打喷嚏。对于具有上述症状的轻度感冒患者来说,康泰克不失为一理想药品,它采用先进的缓释技术,使药物均匀释放,人体血液中药物浓度始终维持在治疗水平,药力温和持久,可维持12 h,服药次数减少。而普通感冒药服用后,药物全部快速释放,血液浓度高,而后经人体分解,药物浓度迅速下降,血液中药物浓度波动大,不利于治疗。

营销人员在引进康泰克时,运用目标市场营销策略,把营销重点集中在轻度感冒患者这一目标市场上。轻度感冒患者在临床上表现为鼻塞、流泪、流涕、打喷嚏等症状。盐酸苯丙醇胺和扑尔敏配伍能达到减轻或消除上述症状的目的。开发康泰克满足了轻度感冒患者的需求。

在制订广告策略时,康泰克将广告目标集中在目标市场上,在产品引入期将新产品信息迅速传递给广大患者。广告信息表达了对患者的理解和支持,积极向上、充满信心的广告词具有极强的感染力。事实上,成功的电视广告不仅吸引了广大轻度感冒患者,许多重症感冒患者也因此对产品发生兴趣。

营销人员为产品制订的品牌战略增加了产品价值,对于康泰克吸引忠实的顾客起到了重要作用。产品采用高价位策略,出厂价为0.48元/粒(1990年),批发价为0.55元/粒(1990年),零售价为0.64元/粒(1990年)。在产品推向市场初期,营销人员的促销策略:①采用大规模立体广告,利用各种传媒发动宣传攻势,广告定位于轻度感冒患者,传播的信息是康泰克独特的性能及其品牌;②药品参加各地新药、特药展览会,并在新药、特药商店上市;③选择北京、上海、天津、广州、沈阳等全国一级药品批发站作为营销商,以利用这些大规模分销网络和经验丰富的药品推销人员。随着市场份额和销售量的增加,营销人员适当调整了营销策略:①更换电视广告画面及广告语句,广告形象从"驱除感冒困扰"转变为"唤起幸福甜蜜生活",播放频率增加;②药品进入全国各地二级、三级药品批发站;③在各地招聘大量销售代表做人员推销。

在营销人员精心策划下,康泰克一经投放市场即不断成长壮大,1990年销售额为2亿元,然后每年以大约15%的速度递增,1994年销售额达到3亿元人民币,市场占有率约为70%,获得了初步意义上的成功。

(资料来源:网络营销圣经.2010-11-29)

分析:

(1) 中国居民收入相对较低,中美史克公司运用高价位定位策略反而取得巨大成功。试说明原因。

(2) 中美史克公司为保持在感冒药市场上的竞争优势,营销人员应采取什么策略?

(3) 在产品从引入期过渡到发展期过程中,营销人员怎样调整营销组合?

范例分析二

羚锐牌通络祛痛膏品牌定位战略成功案例

河南羚锐制药股份有限公司(以下简称"羚锐制药"),成立于1992年,2000年在上海证券交易所挂牌上市,是国内唯一一家以贴剂(膏药)为主的上市公司。在国内贴剂(膏药)市场,羚锐制药与天和、奇正形成了三足鼎立的局面。同时,羚锐制药也是贴剂(膏药)行业首个"中国驰名商标"的获得者。

2006年,从外部看羚锐制药的发展可谓一路顺风,波澜不惊。而对于企业内部而言,却刚刚经历了一场产品更名的风险,并且在背水一战中获得了胜利。

危机来临

羚锐制药面临产品更名的是骨质增生—贴灵。该品种是河南省批准的"保健药品"(后转为械字号),20世纪90年代以来销售额一直稳定在7000万元左右,最高峰达到过8000万元。这个品种在羚锐制药有着极其重要的地位,一方面是企业起家产品,同时也是对企业利润贡献最大的产品之一。

羚锐制药很早就意识到骨质增生—贴灵药健字号的身份可能存在政策风险。而这个品种的疗效确切,市场基础也较好,于是羚锐制药在骨质增生—贴灵的基础上进行了新药申报。2000年5月27日,经国家药品监督管理局批准,核准产品正式品名为通络祛痛膏。2001年羚锐制药将以通络祛痛膏命名的新产品推出市场。

羚锐制药非常清醒地看到骨质增生—贴灵存在的政策变动风险,因此,如何迅速将骨质增生—贴灵的市场安全转移到通络祛痛膏上成为企业首要解决的问题。为此羚锐制药对通络祛痛膏进行了系列营销努力——聘请国内某著名营销策划公司,制订推广方案,在央视投入4000万元广告费,大力宣传"骨质增生,关节疼痛,风湿痛,请用羚锐牌通络祛痛膏",并在销售政策上给予倾斜等等。但出乎意料的是,通络祛痛膏当年销售仅4000万元,而骨质增生一贴灵的销量仍然为7000万元,显然骨质增生一贴灵的市场未被成功转移。

通络祛痛膏的惨败,使企业上下对于广告投入心存余悸。从此后,企业选择了"大终端小广告"的营销模式,在全国建立了近千人的销售队伍,其中终端促销员队伍达600人,希望来拉动通络祛痛膏的销售,而广告特别是大众传媒宣传基本停止了。然而,企业的努力也没有得到回报,通络祛痛膏的年销售额下滑到2000万元左右,庞大的终端队伍在管理上耗费了企业管理层的大量精力,而骨质增生一贴灵在几乎没有得到任何营销支持的情况下,销售继续稳定在7000万元。

当羚锐制药用各种方法都未能将骨质增生一贴灵的7000万元市场转移到通络祛痛膏上时,新的国家政策终于出台了。根据新规定,骨质增生一贴灵2006年必须停止生产,退出市场,这意味着以后市场上只能销售羚锐牌通络祛痛膏,羚锐制药将面临巨大的损失。为此,羚锐制药决策层经反复权衡考虑,最后决定再一次借助外脑力量,进行营销战略的全面调整。2005年11月,经过多次考察,羚锐制药确定成美营销顾问公司(以下简称成美)为其战略合作伙伴。

新定位,重拾一贴灵市场

成美的研究人员经过初步分析,认为要使骨质增生一贴灵的现有用户转而购买通络祛痛膏,首先需要明确目前购买骨质增生一贴灵的用户是谁,他们的需求是什么等,然后看通络祛痛膏是否能够满足这些需求。这是7000万元市场能否转移的基础,因此也是研究的第一步。经过各地终端走访,和促销人员的访谈,研究人员了解到尽管羚锐制药过去对骨质增生一贴灵的广告宣传包含骨质增生、风湿、关节痛,但其现有用户基本上为有骨质增生问题的患者。正如定位大师特劳特先生所言"命名是战略的重要组成部分",骨质增生一贴灵的产品名天然就给人专治骨质增生的感知,导致一般风湿痛或者关节疼痛的消费者绕道,而部分骨质增生患者则成为忠诚顾客。

而通络祛痛膏的用户则非常分散,这是因为通络祛痛膏的产品名并未明确指明适用范围,而企业的广告宣传包含了骨质增生、风湿痛、关节痛,涵盖了几乎所有的肌肉关节疼痛,加上企业对终端的任务压力,只要有人买膏药,羚锐制药促销员就强推通络祛痛膏,因此可以说购买通络祛痛膏的用户需求是多样的。根据羚锐制药一线销售人员的反馈,这2000万元并非是从骨质增生一贴灵用户中转过来,主要是强力终端抓住的新用户,这些用户是非常不稳定的,可能撤掉终端促销员就会导致市场的丢失。

了解了这些信息,大家就不难理解为什么前期无法顺利将骨质增生一贴灵的市场转到通络祛痛膏上了,骨质增生一贴灵是专治骨质增生的膏药,而通络祛痛膏和市场上其他镇痛膏药没有什么不同,不如骨质增生一贴灵针对性强,自然难以转移,在消费者观念中这是两个完全不同的膏药。

看清楚这些存在于消费者头脑中的事实后,我们明确了要想转移骨质增生一贴灵的7000万元,就必须让消费者感知到通络祛痛膏就是原来的骨质增生一贴灵,还是那个专治骨质增生的膏药,它只是更名了而已。虽然这必定会舍弃通络祛痛膏现有的2000万元零散的市场,但研究人员经过与羚锐制药的深入沟通,提供翔实而全面的研究资料,最终企业痛下决心,同意成美的建议,舍弃这2000万元市场,为新市场铺平道路。

为了转移骨质增生一贴灵的7000万元市场,羚锐制药"被迫"接受聚焦"骨质增生"市场,但仍心存疑问,担心专注于骨质增生市场是否过于局限呢?毕竟骨质增生一贴灵过去十年间销量一直无法突破瓶颈,如果市场太小,而又为此舍弃了上述2000万元市场,那结果不堪设想。

同时进一步研究发现,不仅是骨质增生一贴灵多年来出现销量瓶颈,奇正消痛贴、天和骨通贴膏均多年来没有出现增长,业内公认贴剂(膏药)市场的竞争格局已经形成,贴剂(膏药)市场的发展空间不大,这也是为什么羚锐制药减少广告投入的原因之一。

带着这些疑问,研究人员对贴剂(膏药)市场整体格局进行了研究。结果表明,表面上贴剂(膏药)市场形成了以奇正藏药、桂林天和、羚锐制药为代表的三家暂时领先,云南白药膏奋起直追的局面。但是在20多亿的贴剂(膏药)市场,三者销售金额总和不足整体贴剂(膏药)市场的30%,如果换成市场份额,因为奇正消痛贴每贴价格达到13元,骨质增生一贴灵4元左右每贴,天和骨通贴近2元每贴,而其他产品大多几毛一贴,如按销售数量计算,"三巨头"所占的市场份额远远低于30%。研究发现贴剂(膏药)市场尤其是二、三级市场,主要被各地方性卫生材料厂生产的低价伤湿膏、麝香壮骨膏和虎骨膏之类的所占据。同时,市场上还有大量械字号膏药,如"苗老爹""贵州心意"等等。这些膏药凭借挂金等手段,在局部市场终端进行强力推销,也占据了不少市场。

研究人员经过综合分析认为,贴剂(膏药)市场并非格局已定,而是一个市场的成熟度相对较低,处于发展状态的市场,目前所谓的三足鼎立相当于马拉松在赛程不足一半的前三名而已,在未来一段时间里将存在着较大的市场空间。

整体贴剂(膏药)市场存在发展空间,让企业看到了一定的希望,但专注于骨质增生市场到底能有多大的市场前景仍需要一个明确的答案。毕竟市场上可以看到,无论是骨质增生一贴灵,还是天和骨通贴、奇正消痛贴以及云南白药膏宣传主题均为"痛就贴,包治一切疼痛",尚未有品牌以病症细分市场的先例。成美针对这个问题从病理、药理等方面展开了研究。首先,发现骨质增生是现代人的常见病,如世界卫生组织统计资料显示,骨性关节炎(以骨质增生为病理特点)在女性患病率中占第四位,在男性中占第八位,60岁以上的人群中25%有骨性关节炎症状,而且随着现在人们长时间在电脑前的办公、游戏,长时间的驾驶等,颈椎病、腰椎病等骨质增生病症已经迅速蔓延,而且呈现越来越年轻化的趋势,研究人员从以上信息判断,骨质增生用药市场有较大的市场基础。

骨质增生发病率高,消费者又倾向于专业用药原则,则细分市场可以成立。但现实情况是膏药是一个历史悠久的药品剂型,无论治疗何种问题,膏药都是通过"活血化瘀、消炎止痛"来缓解不适的,市场上没有一个贴剂(膏药)企业通过病症来细分市场的。从症状切入,细分市场,消费者容易接受吗?

针对这个问题,研究人员启用专业市场调研公司,对全国市场的消费者进行了调研。从调研中得知,首先,消费者认为骨质增生的发病是因为长了骨刺,而这与其他风湿痛、关节痛存在着差别。其次,消费者认为骨质增生的症状表现与其他病症是存在差别的:"骨质增生的症状主要表现为针扎一样的刺痛,更难以忍受,而风湿关节炎主要表现为钝痛等"。由于骨质增生症状的疼痛程度高,消费者对缓解疼痛的动机强烈,对膏药的价格敏感度较低,并且接受较高的价格,相对羚锐牌通络祛痛膏4元/贴左右的高价格而言,切入这个市场正逢其时。因此,消费者不仅接受骨质增生专用膏药,而且愿意用相对高的价格来解决骨质增生引起的不适。

综合以上信息,研究人员认为,对骨质增生专用膏药的细分市场存在,而且发病率高,消费者价格敏感度低,是贴剂(膏药)市场最值得占据的细分市场。过去由于缺乏企业的推广与教育,才造成了"骨质增生"非处方用药的细分市场影响力较小。

同时,从竞争角度开看,富有价值的"骨性关节炎(骨质增生)专用膏药"并没有被竞争对手所占据,而且天和骨通贴和云南白药膏的功能主治范围没有骨质增生,因此无法占据该定位,奇正消痛贴功能主治虽包含骨质增生等,但碍于现有市场构成也不大可能聚焦在骨质增生,这意味着竞争对手未来也难以占据。这为羚锐制药抢占"骨质增生专用膏药"定位赢得了时间。

那么对于富有价值的"骨性关节炎(骨质增生)专用膏药"市场,羚锐牌通络祛痛膏本身是否有这个实力和优势去占据这个市场呢?

羚锐牌通络祛痛膏产品是在骨质增生一贴灵基础上研发的,其功能主治中清楚明白地表明"用于骨性关节病瘀血停滞、寒湿阻络证,关节刺痛或钝痛",即专门针对骨质增生问题,治疗骨质增生效果有保证,有产品力保证,过去十余年稳固的消费群也证明了这点。更为重要的是,看到了骨质增生专用膏药潜力后,经过企业后期积极争取,在新产品通络祛痛膏包装上保留了原产品名称骨质增生一贴灵,在产品包装上也按规定标注"通络祛痛膏在2000年新药批准前,系河南省批准的保健药品,其名称为骨质增生一贴灵"。如此一来,极大方便了骨质增生一贴灵老顾客进行有效对接。

经过上述研究,成美研究人员认为聚焦于"骨性关节炎(骨质增生)专用膏药"是现实的,能够将一贴灵市场实现安全转移。同时,从长远来看,如果羚锐制药能占据"骨质增生专用膏药"这个有价值的品牌定位,最终将形成自己独特的核心价值,给消费者一个购买的独特理由,可以长期建立强势品牌的目标。2006年1月,成美就上述研究结果,提交了《羚锐牌通络祛痛膏品牌战略研究报告》。经慎重考虑评定,羚锐制药接受了所有建议,并着手展开定位下的营销推广。

新定位,初显成效

2006年2月,宣传新定位的广告片拍摄完毕。在拍摄广告片之前,成美与羚锐制药市场部一起,与广告公司进行了深入的沟通,结合骨质增生膏药的主流消费群,确立"形象阳光"的俏夕阳舞蹈队作为羚锐牌通络祛痛膏的形象代言人,在广告创意上通过在新春晚会受到广泛好评的皮影戏演绎骨质增生症状,通过一群"活泼"的老年人在用过羚锐牌通络祛痛膏之后重现活力的画面,赢得了骨质增生患者的共鸣。由于一贴灵原有市场为全国市场,看到市场前景的羚锐制药决定立即上央视,借助俏夕阳舞蹈组在春节联欢晚会的热度,"羚锐牌通络祛痛膏,骨质增生一贴灵"广告语传遍了中国的大江南北。

2008年,羚锐牌通络祛痛膏年销售量超过1.4亿元,增长7千多万元,并且极大程度地带动了其他品种膏药的销售,羚锐制药贴剂年销量则达到4亿元,位居国内贴剂(膏药)销量第一。而2009年上半年,羚锐牌通络祛痛膏销量已过亿,企业预计全年销量2亿元,而羚锐制药贴剂全年销量将稳过5亿元。由于品牌定位准确,广告有效地拉动了消费者,羚锐制药取消了沿袭十余年给经销商赊销的政策,全部采同现款现货。这证明羚锐牌通络祛痛膏已经进入了强势品牌俱乐部,受到了强势品牌的待遇,极大程度降低了企业的财务风险。在终端上,羚锐制药改变了过去完全依赖人员强力推销的做法,裁减了4/5的导购人员,管理成本大幅下降,成功转为品牌拉动销售。

如果说销量是一个短期的指标,那么强势品牌的建立将是一个长期的目标,是一个企业可持续发展的根本。羚锐牌通络祛痛膏比销量增长更有意义的指标在于,解决了消费者为什么购买羚锐牌通络祛痛膏,给了消费者一个有价值的购买理由。并且抢占了骨质增生膏药的细分市场,形成了独特的品牌价值。

羚锐牌通络祛痛膏的营销成功,充分说明,在现代营销战争中,制订和实施成功的品牌战略才是赢得战争的关键,而目前仍让不少企业津津乐道的铺货率,强力促销等等"制胜法宝",在残酷的市场竞争中,将很快变得稀松平常,乏善可陈——只不过是每个企业生存下来的必备条件而已,而制订正确的品牌定位战略才是企业制胜的"根本大法"。正如特劳特先生所言:定位已彻底改变了当今的营销操作。

分析:羚锐牌通络祛痛膏的营销成功,品牌战略在市场定位是如何成功操作的?为何说正确的品牌定位战略才是企业制胜的"根本大法"?

医药市场定位考核评价标准与评分表见表3.5.5。

表3.5.5 医药市场定位考核评价标准与评分表

平时成绩评价标准与评价项目					
序号	等级与分数 评价项目	优秀 9分	良好 8分	一般 6分	需努力 3分
1	到课情况				
2	小组内参与情况				
3	团队内贡献情况				
4	思考与语言组织表达能力				
5	小组间评判的能力				
平时成绩(占总成绩的30%)					

实训成绩评价标准与评价项目			
序号	等级与分数 评价项目	基本完成实训 任务6分	突出表现并有 创新9分	评价标准
6	找出本企业优势并选择适当的竞争优势			1.消费者关注的药品属性描述准确 2.竞争者的定位描述准确 3.企业自身优势分析准确

续表

7	药品市场定位的方法与策略			1.选择合适的药品定位方法 2.药品定位思路与过程清晰
8	医药产品分析与定位			对产品相关属性描述详细
9	药品价格分析与定位			对企业和产品价格定位准确
实训成绩(占总成绩的70%)				
学生自评成绩				
小组评价成绩				
教师评价成绩				
总成绩				

(周先云)

教学单元 3.6　医药市场营销开发技术综合实训与考核

 实训课题 1　区域医药市场调研

一、实训目的

了解影响区域医药市场的各种环境因素及其影响方向和程度大小，锻炼学生对医药市场环境的调研能力和对环境机会、威胁的综合分析能力。

二、实训要求

（1）认识到医药营销环境对医药营销的意义与作用，重视对医药营销内、外环境因素的分析，掌握环境分析的方法，提高对环境机会与威胁分析的技能。
（2）将学生分成若干小组，每小组 3 人，组长 1 名，按实训步骤实施操作与调查。
（3）依据实训背景材料，写出本次医药营销环境分析调研报告。

三、实训内容

（一）实训背景

假如你是 A 医药商业公司负责各种癌症化疗药品销售的医药代表。抗癌化疗药品属于处方药，主要客户端是大中型医院，功能：可减轻病症患者的痛苦，延长其生命。每一疗程化疗费用因药物的有效性不同而有较大差异，一般在 1000～5000 元之间。你为了能顺利开发本市（本省）的市场，增加销售业务量，首先需要调查和分析当地的抗癌化疗药品的市场环境，弄清有利与不利因素，以及这些因素的影响大小。

（二）操作步骤

【第一步】明确调研目的。就是找出当地影响抗癌化疗药物销售的各种有利因素和不利因素，并理顺各种因素的影响程度，便于采取相应措施，及时和充分利用机会，尽量避免和尽可能消除各种威胁。

【第二步】通过小组间和小组内讨论分析，列出影响抗癌化疗药品需求和营销的各种宏观和微观环境因素。

1. 影响本市（本省）抗癌化疗药品需求和营销的宏观环境因素
（1）相关法规和政策。
（2）人口因素：本地区户籍记录的人口总数、非户籍常住人口总数、流动人口数、享受医保或公费医疗的人口数等。
（3）居民购买力方面的因素：年人均可支配收入水平及增长率、高中低层次人员总数和收入及其变化情况、个人储蓄余额及其增长率等。

2. 微观环境因素
（1）患者及其家属的经济状况和态度。
（2）本地区的大中型医院的数量和规模大小。

(3)竞争者、供应商、卫生管理部门、技术监督部门、税务局、物流公司、新闻单位、医药协会等的情况。

【第三步】研究每一个宏观环境因素资料的收集途径和方法,以及每一相关组织和个人所能收集到的资料和方法(图3.6.1)。

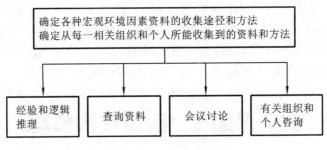

图 3.6.1　具体方法

收集人口资料的途径有经过当地统计局、公安局户籍管理处、网络、医疗保险管理部门等。从卫生管理部门能收集到的资料有各种相关法律法规、政策规定,医院总体情况及各家医院、医药商业公司的信息等。

收集第二手资料的方法可以是直接索取、复印、摘录、购买等。

收集第一手资料可采用访谈、调查等方法。

【第四步】制订调研计划,做好调研准备。

因为调研的内容较多,综合性强,因此要制订周密的调研计划,做好充分准备。

(1)分区划片:合理确定路线,尽量减少交叉、重复等无效路线。

(2)统筹安排调研时间,提高调研效率。

(3)准备好调研工具,如名片、介绍信、记录工具,复制所需的盘或移动硬盘等。

【第五步】实地调研。

在调研过程中,可能会发现新的影响因素、新的收集资料的途径和方法,以及从相关组织和个人处查询到其他许多新资料。这就需要及时进行补充性调研。

【第六步】审查、筛选和整理调研资料。

1. 资料审查的内容　根据调查目的和要求,从4个方面对所收集的资料进行审查,每份资料是否有价值、是否符合时效性要求、是否完整无缺、是否准确可靠。

2. 审查资料是否准确可靠的方法

(1)对比审查。将从不同渠道、利用不同方法收集到的资料加以对比分析,根据各种渠道的可信度、各种方法的科学性加以判断。

(2)逻辑审查。根据各调查项目之间的内在联系和实际情况对资料进行判断,分析资料是否符合常理,是否前后矛盾,计算口径、计量单位、统计方法等是否符合要求。

(3)计算审查。计算分析各有关数据之间是否平衡。

通过审查,将不符合需要的资料、过时的失去效用的资料筛选除掉。对可能不准确的资料则要重新进行调查。

【第七步】讨论分析调研资料。

第一,将资料按照对抗癌化疗药品需求和营销的影响,分为有利影响因素(机会)和不利影响因素(威胁)两大类。如宏观因素中的机会因素可能是当地居民年人均可支配收入比周边地区高、增长速度快,而不利因素可能是禁止对处方类药品进行广告宣传和在药店销售的政策规定。

第二,分析研究每一因素的影响程度。如当地享受医疗保险和公费医疗的人数比过去增长了85万,增长率达35%,这可能使抗癌化疗药品的需求量增长12%左右。而由于自然灾害的影响,当地农民的收入出现了负增长,这可能使农民患者对该药品的需求减少9%。

最后,将各种机会因素和威胁因素综合起来进行分析,得出结论。

【第八步】撰写药品需求调研报告,制作汇报PPT,在30 min内简明扼要向领导汇报,调研分析结果。

四、实训考核评价标准

实训课题从实训分工、具体实施抗癌药品需求调研到需求分析报告的撰写完成，主要由每个小组自己负责组织和完成。教师在实训中只起指导作用，课题结束时，由小组制作汇报PPT，在全班交流并分享，并由表达能力较强的学生汇报，其他小组和教师现场评价每个小组的实训成果。

考核评价标准：是否按时完成实训课题，有无明显的不足，在实训中有无创新点，全组成员的参与情况，PPT制作精美和不断完美情况，汇报者语言组织、表达情况等。

实训课题2　医药销售预测

一、实训目的

了解医药销售预测的前期准备工作，学会分析影响销售的关键因素，掌握销售预测的程序与方法。

二、实训要求

（1）认识到销售预测的重要性，掌握销售预测的步骤。
（2）将学生分成若干小组，每小组3人，组长1名，按实训步骤实施操作与调查。
（3）依据预测分析资料，整理分析后撰写预测分析报告。

三、实训内容

（一）实训背景

假如你是某阿胶集团济南市销售分公司的一名营销人员。现在一年中第二季度即将过完，公司为了制订下一个季度的销售计划，需要对第三季度的销售情况进行预测。济南地区经理让你负责某阿胶各种产品销售总额的预测工作。

（二）操作步骤

【第一步】明确销售预测的目标。

销售目标一般包括三个方面：一是预测对象，即对什么产品进行销售预测；二是时间，即对未来三年或五年作中长期预测，还是对明年作年度预测，对下一季度作季度预测；三是提出预测的精确度要求。

你的预测目标：对2014年第三季度某阿胶各种产品在济南市的总体销售额进行预测，预测精确度要求较高。

【第二步】调查收集与某阿胶产品销售有关的信息资料。

1. 某阿胶公司（以下简称本公司）方面的信息资料

（1）去年各季度（560万元、620万元、685万元、690万元）、今年第一季度和第二季度某阿胶产品的实际销售资料（销售额分别是747万元、800万元）。

（2）本公司的中长期销售规划和本年度的销售计划资料。

（3）主要竞争者方面的信息资料：他们与本公司相对竞争优势和劣势；他们今年以来尤其是在第二季度的营销动向，如价格是否调整、广告宣传情况等；最近一段时间特别是今年第一季度和第二季度的销售情况。

（4）政府在相关法规和政策方面的新变化。

【第三步】整理和分析资料。

一方面，对影响本公司销售的各种内、外因素进行分析，弄清它们对公司上季度的销售是起促进作用还是制约作用，即是机会还是威胁，机会和威胁的程度有多大，从中找出关键性的影响因素。另一方面，将过去的销售资料按照时间的先后顺序排列起来，然后分析其变化规律。

【第四步】选择预测方法,建立预测模型,进行预测。

预测方法很多,不同的方法各有其适用条件,都有一定的局限性,需要综合考虑以下因素,选用最适宜的方法进行预测。①预测的精确度。精确度要求较高的预测,一般需要深入调查,掌握大量数据资料,以定量分析为主,同时利用定性方法进行多因素综合分析。②预测费用。避免采用那些虽然精确度较高但费用也过高的预测方法,应选择费用较少又能达到精确度要求的方法。③资料的完整程度。如果数据资料不完整,则只能采用定性方法进行预测。④分析的结果。如果产品在最近各个时期的销售数据表现出明显的规律(平稳规律、季节性变化、直线上升或下降、曲线上升或下降等),应建立相应的预测模型,并利用该模型进行预测。如果通过调研发现,影响销售的各种主要因素在剧烈变化,产品销售从过去到现在的变化轨迹表现为不规则,则最好采用定性预测方法。

(1) 集体讨论预测。最好让经理出面,召集公司各部门经理和经验丰富的营销人员参加,同时邀请所有规模较大的中间商负责人参会。

(2) 会议由你主持。首先,由经理讲话,主要介绍此次会议的内容和重要意义,鼓励与会人员各抒己见,积极发表自己的预测意见并列举对下季度公司阿胶销售的各种有利因素和不利因素。

(3) 由你向大家通报你所收集到的有关资料,让大家发表意见和相互讨论。在大家讨论的过程中,你要注意以下几点:①及时进行启发和引导。②控制那些能言善辩者的发言时间,避免他说话时间过长,影响其他人员发言。③鼓励那些普通营销人员、不多话者发言。④掌握好会议的进度,控制好会场气氛,以免跑题和会场气氛过于热烈或过于压抑。

(4) 会后,对大家的讨论结果进行汇总,得出预测结论。

【第五步】撰写关于某阿胶产品第三季度销售情况的预测分析报告,并向经理汇报预测结果及其依据。

四、实训考核评价标准

实训课题从实训分工、具体实施预测到预测分析报告的撰写完成,主要由每个小组自己负责组织和完成。教师在实训中只起指导作用,课题结束时,由小组制作汇报PPT在全班交流并分享,并由表达能力较强的学生汇报,其他小组和教师现场评价每个小组的实训成果。

考核评价标准:是否按时完成实训课题,有无明显的不足,在调查中有无创新点,全组成员参与情况,PPT制作精美和不断完善情况,汇报者语言组织、表达情况等。

实训课题3　OTC终端市场开发

一、实训目的

熟悉OTC终端市场开发的步骤,掌握OTC终端市场开发的一般技巧。

二、实训要求

(1) 认识到OTC终端市场的重要性,掌握OTC终端市场开发的步骤。

(2) 将学生分成若干组,每小组3人,组长1名,按实训步骤实施操作与调查。

(3) 根据实训背景资料制订OTC终端市场开发计划书。

三、实训内容

(一) 实训背景

假如你是某OTC药品(如感冒药、消化系统用药、外用药等,或者自己确定较熟悉的药品也可以)营销人员,准备向某零售药店推荐该药品。你的营销部经理要求你依据市场调查的结果,制订OTC终端市场开发计划报告书。

（二）操作步骤

【第一步】确定医药市场开发目标。

根据对某 OTC 药品的终端市场调研结果,将本公司药品成功打入某零售药店(或连锁药店)。

【第二步】某药品的终端市场调查。

1. 拜访药店的路线图

(1) 看户外 看户外广告是否有和完整,若没有应及时补上。

(2) 勤问候 向店员问候,不时带点小礼品便于感情沟通,同时询问本公司其他药品的销售情况和竞争对手的销售情况以及店员对本公司的建议。

(3) 查户内 检查户内广告的产品摆放,及时调整,以达到最佳状态。

(4) 快记录 把询问的各种情况做如实记录,若与店员的私交感情好,可当面做好记录,否则离店后立即做好记录。

(5) 提要求 针对实际存在的不足,提出本公司的要求,尽量达到目的。

(6) 礼貌离开。

2. 建立目标药店客户档案(表 3.6.1)和新药店代表拜访药店登记表(表 3.6.2)

表 3.6.1 药店客户档案

药店编号		法定代表人	
药店名称		地址	
类别(性质)		联系人	
销售范围		电话	
拜访频率		手机	
2014 年销售额		2015 年销售额	
竞争产品销量及其产品类别			
门店数及其构成			
客户等级评价			

表 3.6.2 新药店代表拜访药店登记表

姓名：　　　　日期：　　　　某某地区：　　　　合计(药店家数)：

序号	药店名称	负责人	电话	同类品种名称	规格	价格	生产厂家	功能主治
1								
2								
…								
n								

【第三步】制订拜访计划。

拜访目的有很多,不同的拜访目的直接影响了拜访的效果。

(1) 出发前准备工作

①检查你的外表。自信、微笑,注重自己的仪表仪容。

自信:心态要好,挺直的姿态,肯定的握手,清楚的声音等。

微笑:愉悦的面容,对客户生意表示关心的表情。

仪表仪容:保持专业的形象,如干净的头发、手、指甲。面部修饰:洁净的牙齿、男性剃须、女性化淡妆、整洁得体的衣服、皮鞋。

②检查客户资料。

③准备的材料。公司药品的宣传资料、单页、POP 材料;药品样品、小礼品;名片、小型电脑、笔、活动

计划书、合同等。

(2) 检查户外广告、宣传品

(3) 进店向药店营销人员打招呼

首先与店内人员寒暄和暖场后,作自我介绍。积极提问,从而弄清哪个是药店决策人。

(4) 店情查看　主要查看店内小环境,本公司的产品和竞争产品情况。

①查看自己公司的产品情况:如产品所陈列的位置,陈列面;如何维护现有的陈列,寻找新的推广机会;检查药品标价是否正确;保证库存药品均能上架;查看货架、陈列架、POP等设备;店内广告及陈列材料的布置情况;促销活动的执行情况;店员对产品的反馈,患者的意见。

②查看竞争产品情况:主要竞争品牌的品种、价格、规格等情况;主要竞争产品的销售情况、动向、销售策略和促销活动;促销活动的执行情况;店员和消费者对主要竞争产品的评价;竞争品牌的位置;店内广告及陈列材料的布置情况;收集主要竞争对手的促销品。

(5) 库存检查

①检查哪里:柜台、货架、抽屉、仓库。如:清点货架和库存的产品;检查库存周转;保证货源充足,确保促销期间有充足的库存。

②检查什么:数量、有效期、进货渠道、进货时间。查主要产品每月进、销、存的准确数字。

③如何检查:清点、查看销售卡片、电脑查询。

(6) 做销售访问

①根据1.5倍原则提出订货量建议。

②回答异议。

③介绍促销计划,收集市场和竞争者信息。

(7) 确定订货量和时间。

(8) 向客户致谢和确认下次拜访时间。

【第四步】实施计划。

学生分小组按本次实训要求进行药店调查,拟订出药店客户档案卡,并根据教师安排的药品和拜访目的写出拜访计划,实地拜访,完成实训报告。教师在实训中只起指导作用,课题结束时,由小组制作汇报PPT在全班交流并分享,并由表达能力较强的学生汇报,其他小组和教师现场评价每个小组的实训成果。

四、实训考核评价标准

实训课题从实训分工、具体实施预测到预测分析报告的撰写完成,主要由每个小组自己负责组织和完成。教师在实训中只起指导作用,课题结束时,由小组制作汇报PPT在全班交流并分享,并由表达能力较强的学生汇报,其他小组和教师现场评价每个小组的实训成果。

考核评价标准:是否按时完成实训课题,有无明显的不足,在实训中有无创新点,全组成员参与情况,PPT制作精美和不断完善情况,汇报者语言组织、表达情况等。

实训课题4　为血尔补血口服液进行初步定位

一、实训目的

通过对血尔补血口服液市场定位实训,使学生掌握如何为药品进行定位。

二、实训要求

(1) 学会市场定位的操作方式,使学生掌握药品市场定位的技能,为职业工作打下初步定位基础。

(2) 将学生分成若干组,每小组 3 人,组长 1 名,按实训步骤实施操作与定位。
(3) 根据实训背景资料完成血尔补血口服液的市场定位过程,并撰写血尔补血口服液的市场定位报告。

三、实训内容

（一）实训背景

香港康富来国际企业有限公司,是中国保健品市场的领先企业,它曾于 1996 年、1998 年在国内先后推出康富来洋参片及脑轻松产品,均获较大成功。2000 年,康富来看好国内的补血保健品市场,期望借助原有的营销网络,在此领域有所作为,使企业发展取得新的突破。

康富来选择了一个颇为不错的产品,不仅有着良好的补血效果,同时含有鸡精成分,具备补血与强身的双重功效,命名为"补血鸡精"。康富来期望,由于补血鸡精具有强身功能,比单纯补血的产品显然更胜一筹,应该能从庞大的市场当中,瓜分一定量的份额。这很符合消费者的需求分析,因为补血的同时又能强身,显然是个不错的选择。假如你是该公司市场部经理,请你为该产品进行合适的市场定位,使产品投放市场能够达到企业的期望目标。

（二）操作步骤

【第一步】教师于课前布置本次实训任务。
(1) 在市场调研与分析的基础上,了解目标市场上的竞争者及其产品如何?
(2) 本企业的优势与劣势在哪里?
(3) 确定本企业产品的定位。
(4) 让目标消费者知道、了解和熟悉企业的市场定位。

【第二步】学生课下根据教师布置的实训任务查找资料,集体讨论、分析,形成书面市场定位报告。
以实地调查为主配合图书馆、互联网查找资料,得到相关资料。

【第三步】教师于所要求时间内考核学生完成情况。
(1) 课堂时间每组选一名学生在讲台上陈述本小组的观点。
(2) 课后要求每位学生上交书面观点。

四、实训考核评价标准

实训课题从实训分工、具体实施调查到企业优势、劣势分析以及市场定位结果的撰写完成,主要由每个学生小组自己负责组织和完成。教师在实训中只起指导作用,课题结束时,由小组制作汇报 PPT 在全班交流并分享,并由表达能力较强的学生汇报,其他小组和教师现场评价每个小组的实训成果。

考核评价标准:是否按时完成实训课题,有无明显的不足,在实训中有无创新点,全组成员参与情况,PPT 制作精美和不断完善情况,汇报者语言组织、表达情况等。

(周先云)

ance
工作任务四

医药分销渠道设计技术

教学单元 4.1　医药分销渠道设计和渠道成员选择技术

　学 习 目 标　

能力目标：

在教师指导下：认知和分析医药分销渠道，以及其在不同医药企业中的地位和作用；学会设计和建设医药分销渠道的长度、宽度，以及选择合适的渠道成员。

知识目标：

掌握分销渠道概念、结构，理解分销渠道在医药企业中的意义；掌握分销渠道设计中的渠道类型、渠道成员类型，了解影响医药分销渠道设计的因素。

素质目标：

具有分析企业分销渠道现状、选择合适的渠道类型和渠道成员的渠道设计专业素质；具有团队协作、吃苦耐劳、人际交流等综合素质。

天猫医药馆的医药电子商务之路

2011年6月20日，淘宝商城推出了医药馆（现改名为天猫医药馆），并有上海复美大药房等5家医药公司进驻。

2011年7月8日，在淘宝商城的医药馆上线不足一个月，经过短暂的18天试水，国家食品药品监督管理局表示淘宝不具有在网上售药的资格。按照国家网上售销的政策规定，企业要想在网上销售药品，必须同时取得《互联网药品交易服务资格证》与《互联网药品信息服务资格证》，两证缺一不可，而淘宝只具有《互联网药品信息服务资格证》。浙江省的食品药品监管部门对淘宝网进行了查处，淘宝商城医药馆被叫停，随后进入长达8个月的整改期。

而2012年2月27日，在上次试水夭折后，天猫医药馆重新开张，入驻商家达到10余家。此次重新上线的天猫医药馆仍没有取得《互联网药品交易服务资格证》，第二次开张相比第一次开张要低调得多，并且天猫强调只是展示药品信息和提供相关技术支持，不涉及具体药品买卖，客户点击后会跳转到相应的具有互联网交易资质的医药合作商家，在医药零售商网站上进行交易，付款也不经过淘宝和支付宝，天猫也不介入交易环节。

2014年1月，阿里巴巴集团斥资10亿元入注医药电商中信21世纪科技有限公司，后者拥有药品第三方交易平台资质的95095。2014年5月，天猫医药馆给不少在上面开店的医药电商发出通知，要求他们和95095签订合同，在95095建立经营平台。淘宝用户登录淘宝账户后可直接进行购物，点击购买药品后，直接链接到消费者在淘宝的收货地址，并可用淘宝账户进行支付。对于天猫来说，95095最大的意义是让阿里的医药平台更顺畅地运转。作为合法的第三方交易平台，药品销售将会更加灵活，以前天猫医药馆必须跳转三到四次才能完成药品销售，现在可以直接购买。而95095对阿里的更大意义在于医药大数据。2014年3月起,阿里健康只用了1.5个月的时间,使O2O送药模式从石家庄、杭州覆盖到全国24个省市,合作药店138家,2万多家药店门店,此外,阿里依托支付宝,开始打造未来医院,尝试预约挂号、在线支付等环节。

近几年,我国医药电子商务呈现爆发式增长,数据显示,2011年国内医药B2C规模不超过4亿元,2012年全年销售额已达16.65亿元,2013年全年交易规模达42.6亿元,但相对于高达2607亿元的年度药品零售总额,2013年医药电子商务市场所占比重不到2%,市场仍处于初始阶段。

相比之下,美国网上药店销售规模占整个医药流通领域比例非常高,2009年约为20%,2010年接近30%,其他欧美发达国家的这一比例通常在20%以上。比例相差悬殊,国内网上药店有待挖掘的市场空间巨大。而据中国网上药店理事会发布的报告称:中国在2012年,B2C的市场规模将达到15亿元,比2011年增长近4倍;在未来5年,其复合增长率为约30%。

(资料来源:中国医药联盟网.网上药店服务比药品更重要)

讨论:案例中的医药分销渠道是什么类型?互联网+在案例中的应用有何体现?

理论学习知识与背景

医药分销渠道是医药市场营销组合策略中的一部分,英文为Place,表面是指消费者购买产品的地点。在经济活动中,医药生产商与消费者之间是分离的,在信息交流、产品所有权、时间和空间等方面不能有效衔接。医药企业需要寻找两者间对接的解决方案,将产品传递给终端消费者,选择一种或多种方式完成产品的流通、分销等任务。医药生产者和消费者分别构成医药分销渠道的始点和终点,在医药渠道中扮演着重要角色。

我国现有医药市场中,80%以上的药品具有同质化,企业竞争的焦点集中在医药产品的分销渠道上。分销渠道是实现药品交换、价值体现、提高效益、信息传递、服务保证等的重要载体,是医药市场营销的核心环节之一。医药企业能否拥有通畅、高效的分销渠道,在现今瞬息万变的市场中,是决定市场营销成败的关键因素。

医药产品是一种特殊商品,关系到人民的生命财产安全,受到国家严格的监控,例如,我国《药品经营质量管理规范》(GSP),以规范药品的渠道运作和市场销售等行为,医药分销渠道具有特殊性,与其他产品的分销渠道有着显著区别。

知识拓展

GSP简介

GSP中文全称为《药品经营质量管理规范》,英文全称是Good Supply Practice,是药品经营企业统一的质量管理准则。GSP是指好的药品供应规范,是在药品流通过程中对所有可能发生药品质量事故的因素进行控制,从而防止事故发生的一整套管理程序。药品在经营和销售的全过程中,由于各种因素的作用,随时都可能对药品的质量产生影响,这就需要对药品流通中的所有环节进行严格的监控和管制,从根本上保证药品质量。《药品经营质量管理规范》中规定药品经营企业必须达到GSP要求并通过药品监督管理部门的GSP认证,取得认证证书后才能从事药品经营活动。

一、医药分销渠道基本内涵

1. **医药分销渠道含义** 医药分销渠道内涵的理解要以分销渠道内涵为基础,关于分销渠道内涵的定义有多种描述。

美国市场营销协会(AMA,American Marketing Association)认为,分销渠道是企业内部和外部的代理商和经销商(主要指批发和零售)的组织机构,通过这些组织,商品(产品、服务或劳务)才得以上市行销。

"营销之父"——菲利普·科特勒认为,渠道是促使产品或服务顺利地被使用或消费的一整套相互依存的组织。

经济学家、市场营销学家斯特恩认为,分销渠道是促使产品或服务顺利地被使用或消费的一系列相互依存的组织。

贝尔曼(B. Berman)认为,渠道是一个有组织的网络系统,该系统由那些通过执行连接生产者到消费者的所有活动,以完成市场营销任务的代理商与机构所组成。

分销渠道又称为分销、渠道,是指产品从生产商向最终消费者转移过程中,取得产品所有权或者帮助所有权转移的所有组织或个人。分销渠道是产品从生产领域向消费领域转移所经过的所有路径和通道,包括生产商、消费者,以及生产商和消费者之间的所有组织和个人。医药分销渠道主要包括医药生产商、医药批发商、医药零售商、医药经销商、医药代理商、医药物流企业、药房(包括网上药店)、医院、诊所、社区医院、消费者等。

> **知识链接**
>
> **分销渠道与营销渠道的区分**
>
> 对于分销渠道内涵的理解,有些书籍或学者认为分销渠道就是营销渠道,营销渠道也可以称为分销渠道;也有些学者将分销渠道与营销渠道区分开,认为两者是有区别的。
>
> 后者的观点认为分销渠道是针对产品生产环节后的产品流通部分,不包含供应商范畴;营销渠道则是关于产品生产和流通的所有环节,应该包括供应商在内。本书拟采用后者观点,将分销渠道的内涵与营销渠道的内涵区分开。

2. 我国医药分销渠道的特点

(1) 医药产品分销受到国家严格监管 医药产品是特殊的商品,关系到公众的生命健康,国家相关部门对医药产品的分销流通过程实施严格的市场监管,并以立法形式实现对医药产品流通质量的保证。目前,国家十三五规划期间,我国医药卫生体制改革进入了深水区,我国对医药产品的研发、生产、流通、销售和使用等环节的管理政策频出,如《处方药与非处方药分类管理办法》、《医疗器械监督管理条例》、《中华人民共和国药品管理法实施条例》、《药品经营许可证管理办法》、《药品说明书和标签管理规定》、《药品流通监督管理办法》、《药品召回管理办法》、《医疗器械召回管理办法》、《医疗机构药品监督管理办法(试行)》、《新版GSP》等。

(2) 医药卫生体制改革对医药产品分销渠道的影响深远 我国于2009年4月6日,公布《中共中央、国务院关于深化医药卫生体制改革的意见》,对医药行业产生了深远的、根本性的影响。新医改政策实行"基本医疗保障制度全面覆盖城乡居民,城镇职工基本医疗保险、城镇居民基本医疗保险和新型农村合作医疗,包含率达到90%以上",政府计划对全国卫生费用的投入到2016年达12000多亿元。巨大的市场蛋糕吸引着中国越来越多的医药企业将产品分销到以农村为代表的第三终端市场。

(3) 医药商业企业的整体竞争格局面临整合以提高行业集中度 到2015年,全球药品市场将增加到1.2万亿美元,平均增长8%左右。全球药品流通行业集中度和流通效率将继续提高,中国在全球医药市场中,是增长潜力最大的市场。

中国曾在加入世界贸易组织(WTO)之初,承诺从2003年1月1日起开放药品的分销服务业务,外商药企可以在中国从事药品的采购、运输、仓储、批发、零售和售后服务等流通业务。中国医药市场的巨大发展空间,吸引了全球医药企业,世界排名前五十名的医药企业,分别通过独资或合资的方式已经全部进入中国市场。面对外商医药企业的竞争,我国政府鼓励医药企业进行大规模资产重组,在现有大型企业的基础上,通过兼并、重组、股票上市、战略联盟等方式,计划重点培养10个销售额达50亿元以上的大型医药企业集团。

我国目前大部分制药企业、药品批发企业和医药零售企业各自独立地建造物流配送,缺乏医药分销联盟和交流,资源不能共享、互补,医药物流产品的供应和需求没有对接,医药物流的中心空置率高达60%,医药分销效率低下。目前,全国共有药品批发企业13000多家,医药分销渠道呈现扁平化、少环节、高效率的现代流通模式。现代医药物流、网上药店和第三方医药物流等药品流通方式逐步发展。

2011年5月5日,中国商务部正式对外发布了《全国药品流通行业发展规划纲要(2011—2015)》。计划到2015年,全国形成1~3家年销售额过千亿的全国性大型医药商业集团,形成20家年销售额过百亿的区域性药品流通企业,实现药品批发百强企业年销售额占药品批发总额85%以上,使药品零售连锁百强企业年销售额占药品零售企业销售总额60%以上,以及实现连锁药店占全部零售门店的比重提高到2/3以上。

> **知识链接**
>
> **美国医药流通市场是高度集中的市场**
>
> 美国医药批发市场经历了2001年的空前的大兼并后,排名前3位的公司分别为Mckesson、Cardinal Health、Amerisour Bergen,它们的合计市场份额占到整个药品批发市场的90%~96%甚至以上,年销售额均超过300亿美元,三大公司的药品品种覆盖了整个医药领域。
>
> 美国医药零售市场也呈现了寡头垄断的格局,RiteAid、Walgreen、CVS是全美国三大寡头医药零售商,占有全美药品零售总额的60%的市场份额。而Walgreen连锁药店是美国规模最大的药品销售终端,拥有门店超过7000家,覆盖了36个州。
>
> (资料来源:张磊.中美医药行业营销渠道比较分析[J].武汉职业技术学院学报,2011,10:47-48)

(4)我国药品的分销渠道以医院渠道为主 目前我国药品分销渠道中,医院的药品分销能力在众多医药企业中发挥着重要作用,其销售额保守估计占总药品销售额的80%~85%。而美国的药品有50%是由大型连锁药店分销出去的。

我国药店的药品销售占整体分销份额的20%左右,其中网上药店的分销份额则更是微乎其微。法国《回声报》网站2015年3月21日报道,2014年全球药品市场增长8.8%,销售额超过1万亿美元,受新兴国家市场需求拉动,预计2015—2018年全球销售额年增长4%~7%,而中国、巴西和印度等国市场年增长10%~11%。

(5)医药分销行业利润率水平较低 目前,据我国国家食品药品监督管理局官方数据表明,医药生产企业有7178家,有些药品生产商仅以一款药品品种为主营业务,药品经营企业更是多而小,市场集中度较低,药品流通没有形成规模化、集成化配送,分销效率低,分销成本高。医药行业整体利润率仅维持在1%~5%,医药商业企业的利润率以及净利率也较低。

近几年的医改政策,导致药品流通环节的利润空间被不断压缩。医药行业的回款周期较长,一般在3个月以上,有的长达1年,企业的资金流动效率低,药品流通环节的交易成本过高,加之国家多次下调药品零售价,整个医药行业盈利能力较弱。有数据表明,我国大型医药批发企业毛利率为6%,净利率平均为0.63%,企业必须靠分销规模取胜,较高的销售额才能保证理想的销售利润,医药商业企业的经营举步维艰。美国医药商业企业的利润率虽然也不高,但由于行业比较集中、竞争企业较少,利润率相当于我国医药商业企业盈利能力的一倍。例如,美国各大洲药品批发商不超过14家,其中有8个州仅为1家,平均医药批发企业毛利率在4%左右,因为规模大、集中度较高,净利率可以达到1%左右。

(6)一些特殊的医药产品实行垄断经营 按照国务院、国家食品药品监督管理机构的要求,放射性、毒性、麻醉和精神药品等要严格管理,统一由国家确定的医药公司进行分销。其中,上海医药、重庆医药和国药股份医药公司具有精、麻药品的经营权。

3.医药分销渠道的功能 医药分销渠道是医药生产者和医药消费者之间的桥梁,保证生产企业和消费者之间可以有效衔接,为医药企业的产品顺利、高效地到达消费者手中提供分销网络支持,也为医药消费者方便、快捷地获得医药产品提供帮助。医药分销渠道既可以实现医药生产者的产品流通、销售等目标,又可以满足消费者获取医药信息咨询、医药服务等需求。医药分销渠道具有下列重要功能。

(1)产品的转移 医药分销商帮助产品在生产商和消费者之间转移,或者帮助产品所有权的转移。在产品流通中,如果仅依靠医药生产企业自身的力量,很难实现终端的全面铺货,且其分销成本也较高。医药零售终端市场范围广,涉及的消费者人数众多,产品送达消费者手中需要复杂的流通过程。医药分销商经过多年的分销网络建设，可以与医院、连锁药房、诊所等零售终端保持良好的业务往来和合作关系，这些资源是医药生产企业不具备的。医药生产企业通过医药分销商能够实现产品的有效分销，使药品在有效期内，以最短的时间完成分销任务。

(2) 信息的传递　在生产领域和消费领域之间，伴随着产品的转移信息进行着传递、收集和整理加工等活动。医药生产企业经营活动的组织和开展需要在准确收集信息的基础上，医药分销渠道是信息传递的快捷通道。分销商在医药产品分销过程中收集消费者的需求信息、竞争产品信息、药品的市场反映信息、品牌形象、企业知名度等重要的商业信息，这些资料对医药生产企业来说非常重要。而信息的收集要具有实时性、高效性、准确性、全面性等，医药分销商在日常的产品分销中可以帮助医药生产企业实现上述要求，为企业的市场营销活动提供支持。

(3) 促销方面　医药分销商在实现产品分销功能的基础上，同样需要实现医药产品促销的功能。由于医药生产商的产品分销到各大医院、药房和诊所等，生产商无法独自完成零售终端的全部促销任务。相比之下，医药分销商在产品的促销功能上比生产商更具有优势，他们可以传播富有说服力的吸引顾客的促销方案。为了使企业分销的医药产品在终端市场中具有良好的表现，实现销售目标和利润目标，一些有实力的医药分销商会全部承担终端的促销工作，有时甚至自己出资做产品的广告传播，来影响终端消费者的购买行为。

(4) 物流配送方面　现今的医药分销行业，在整体医药行业中占有举足轻重的地位。如何能够比竞争对手更有效、快速、广泛地将医药产品递送到消费者手中，在微利的医药行业显得尤为重要。很多医药产品的终端销售价与出厂价相差较多的一个重要原因，是医药行业的物流配送没有形成规模化，运输成本、库存成本、产品的保养成本等均相对较高。医药生产企业和医药分销商具有战略合作意义，一个终端网络完善、覆盖率高、渠道效率高、信誉度良好的分销商是医药生产商非常宝贵的渠道资源，是企业不可复制的竞争优势。

(5) 财务方面　医药分销商可以帮助生产商实现企业融资、承担风险、账款收付等财务功能。分销商在分销医药产品的同时，还伴随着资金的收集和分散过程，例如医药商业企业通过加盟、代理、产权转移等形式向生产商输入资金。随着产品通过分销渠道从生产商向消费者转移，资金也从消费者沿着产品流向的反方向向生产商流动。医药分销商通过银行和其他金融机构向买方收取账款，在账款、资金的流转过程中，医药分销商承担着财务风险。同时，医药分销商还承担着产品传递过程中可能引起的产品磨损、保修和提供服务等风险。

(6) 拆零销售　医药生产商的经营模式是大批量生产、大批量销售，而消费者是少量重复地购买，顾客有时需要的产品在型号、规格、尺寸等方面与生产商的产品不相符，医药分销商发挥了协调的关键作用。分销商将医药产品拆零、组装、搭配等，以消费者喜欢的模式销售，既能够解决供求之间的矛盾，又可以更好地让消费者满意。

(7) 谈判及订货方面　医药分销商能够促成产品的价格、服务和其他条件的最终协议，促成买方向卖方订购商品，为渠道两端的成员搭建交流平台，以实现产品所有权或者帮助产品所有权的转移。

4. 医药分销渠道的流程　医药企业的分销渠道在运行时，涉及渠道成员的各种活动，这些活动构成不同形式的医药分销渠道流程，主要包括产品实体流、所有权流、促销流、信息流、资金流、谈判流和风险流等流程，这里主要介绍前五个主要流程，即产品实体流、所有权流、促销流、信息流和资金流，如图4.1.1所示。

以上这些流程可以在所有渠道成员间进行，其中产品实体流、所有权流、促销流是正向的；资金流是反向的；信息流、谈判流和风险流是双向的。每一个医药产品在分销过程中，都会在渠道成员之间表现出非常复杂的相互关系。

二、医药分销渠道设计的目标与限制

企业需要在综合分析各种影响因素的基础上选择适合的渠道类型，通过不同类型的渠道成员将产品分销给消费者。医药企业要建立一套医药产品从企业转移到终端消费者的流通路线或路径，即进行医药分销渠道设计。

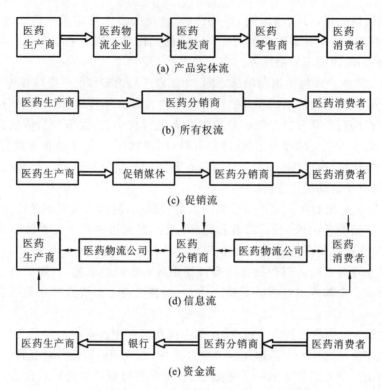

图 4.1.1 医药分销渠道的五个主要流程

设计分销渠道分为三个步骤:首先,确定医药企业分销渠道设计的目标与限制因素;其次,根据渠道目标确定渠道的长度和宽度;最后,选择合适的渠道成员完成产品分销任务。上述三个渠道决策过程受到不同因素的影响,企业需要考虑各种因素的影响作用来设计分销渠道。

1. 渠道设计目标确定的程序　渠道设计目标确定的准确性决定渠道设计的科学性,渠道设计目标的制订有以下程序,如图 4.1.2 所示。

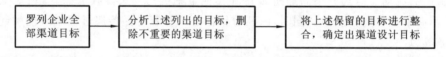

图 4.1.2　医药分销渠道的五个主要流程

2. 医药分销渠道设计的目标　医药企业分销渠道的总体目标是企业为目标消费群体提供其产品和服务并能够使其满意的能力,是通过企业在目标市场的服务产出水平来表示。医药企业分销渠道的具体目标主要有以下几个方面。

(1) 目标市场消费者　消费者需求是市场营销学的导向之一,消费者满意度是医药企业渠道设计的重要目标。一般地,企业针对消费者满意的渠道设计目标可以有以下选择。

目标消费者希望在哪里购买药品?

目标消费者在购买某些医药产品时是否要求更高的便利性?

企业应选择哪种渠道推广模式可以保证终端消费者购买到企业的产品?

消费者在终端渠道购买产品时是否有医疗要求?

目标消费者对哪些渠道政策更感兴趣?

企业是否需要使现有产品面向更广泛的顾客?

怎样的渠道组合模式可以提高渠道分销商的销售积极性且保证较高的消费者满意度?

目标市场消费者的满意度是否需要进一步提高?

(2) 分销渠道成员　医药生产商与分销商之间的渠道合作直接关系到渠道分销商的满意度。当分销渠道成员对医药企业不满意时,企业的产品分销会遇到阻碍。为了使分销渠道成员对医药企业保持较高的满意度,企业的渠道设计目标可以有以下选择。

企业是否需要和渠道成员加强合作关系？
企业是否要加强终端广告的宣传以保证分销成员的终端产品顺利推广？
分销渠道成员是否需要企业提供专业培训？
是否应该降低产品的分销成本和提高效率？
是否应给予某个渠道成员地区专营权？
是否应该寻找更多的分销商共同分销产品？
分销渠道成员的满意度是否需要进一步提高？

（3）企业本身　每个企业在不同的阶段都有一个总体发展战略和经营目标，渠道目标的确定要充分参考企业自身情况。从企业角度的渠道目标主要有以下方面。
企业是否以实现收入增长为主要分销目标？
企业现有渠道的分销效率如何？
产品是否需要实现终端的迅速铺货？
企业是否要求新产品具有更好的渠道表现力？
企业是否要减少新产品推出的时间？
企业是否需要实现终端的全面铺货？
企业产品的主要定位如何？
渠道设计怎样配合企业的市场定位？
渠道管理是否需要系统化？是否要建立一个渠道管理系统？

上述列出的目标市场消费者、分销渠道成员和企业自身三个分销渠道设计目标，还应包括哪些内容？

3. 医药分销渠道设计的限制　分销渠道设计的限制是影响医药企业分销渠道目标实现的因素，通过影响企业服务目标市场的产出水平表达。设计医药分销渠道在考虑渠道目标的同时，还要思考限制这些目标实现的因素。

渠道设计者在制订渠道方案之前，要充分了解渠道设计的限制因素，以及这些限制因素对渠道目标的影响。渠道设计者要设计出不同的渠道方案，通过对比，找到一个可以解决这些限制因素的最优化渠道方案。

医药企业分销渠道的限制因素主要有以下几个方面。

（1）医药产品销售批量的大小　所谓批量，是指医药企业在产品分销过程中提供给目标消费者的单位产品数量，即消费者的一次性购买量。批量越小，消费者每次购买量越少，消费者的购买频率越高，要求的渠道覆盖率和渠道效率则越高，耗费的企业渠道资源就越多。这种特征的渠道，企业提供的服务产出水平则越高，越会获得消费者的满意。

（2）分销渠道终端顾客的等待时间　顾客的等待时间是指渠道内顾客等待收到商品的平均时间。顾客的等待时间越短，表示顾客喜欢快速的交货渠道，需要企业提供简捷、便利的渠道模式，而渠道快速服务要求企业有较高的服务产出水平，企业耗费渠道资源较多。

（3）分销渠道所提供的方便程度　如果顾客对某类产品要求有较高的便利性，不希望耗费较大的精力、体力和时间，企业需要建设较广泛、较全面的渠道网点，以方便顾客随时购买，但这却提高了企业产品的流通成本。例如，某家医药生产企业的普药，应投放到多个地区、多个药店中，以方便居住在不同地方的当地消费者购买，实现空间上较高的便利性。

（4）分销渠道提供的产品宽度特征　产品宽度是指药品剂型、品种等，类型越多，产品的宽度越宽。通常情况下，顾客喜欢较宽的产品宽度，因为这样就可以在更多种类的花色品种中选择适合自己的产品，产生更高的满意感，但是较宽的产品宽度需要生产商提供较多的产品品种，耗费企业资源较多。

（5）售后服务水平　售后服务是指在渠道分销过程中，为顾客提供的附加服务，包括消费信贷、延期的付款方式、咨询、送货、安装、修理等方面。顾客一般都希望获取较多的售前和售后服务,而服务水平越高,需要的服务产出水平就越高,耗费的企业资源越多。例如,顾客希望获取更多的医疗咨询服务,无论这种服务是现场咨询、电话咨询还是网络咨询,都会加大企业的运营成本。

除上述列出的分销渠道的五个限制因素,是否还有其他限制因素?请列举出来,并分析它们如何影响企业的分销目标。

三、医药分销渠道的类型

分销渠道类型的设计主要从渠道长度和渠道宽度两个角度考虑:在渠道长度方面,需要决定是长渠道还是短渠道;在渠道宽度方面,需要决定是宽渠道还是窄渠道。

1. 渠道长度的设计　渠道长度是指按照医药产品分销过程中经过的中间环节的多少来划分,中间环节多为长渠道,中间环节少为短渠道。通常情况下,长渠道是指医药生产商经过两个或两个以上的中间环节分销其产品;短渠道是指医药生产商经过少于两个的中间环节分销其产品,即没有中间环节或有一个中间环节。

在渠道设计中,中间环节的数目用渠道层级数来表示,即渠道层级数的多少是渠道长度的量化表述。渠道层级分为零级渠道、一级渠道、二级渠道和三级渠道等,渠道层级数越多,渠道越长,渠道层级设计的不同会形成不同的渠道长度,如图 4.1.3 所示。

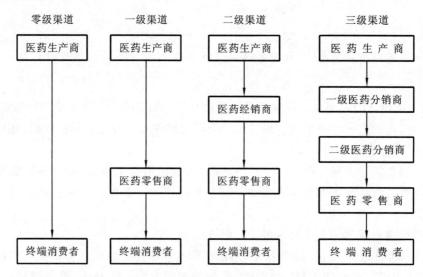

图 4.1.3　医药分销渠道长度类型图

(1) 医药生产商→终端消费者　此类型也称为直接渠道,是指医药生产商直接将产品销售给消费者,生产商与消费者之间没有中间环节。这种渠道类型主要以网上药店的形式向消费者销售药品。当然,不是所有的网上药店都属于直接渠道,因为有些网上药店是医药批发商或医药零售商开设的。如果医药生产商与终端消费者之间有中间环节,生产商通过中间商将产品分销给消费者,则称为间接渠道。医药组织市场一般属于零级渠道,我国现有政策规定医院大型医疗设备和药品的采购必须在招投标的模式下购买,即生产商直接将产品出售给医疗机构,属于零级分销渠道。

(2) 医药生产商→医药零售商→终端消费者　此类型是医药生产商将产品销售到医院、药店或诊所等终端零售商,再由这些零售商分销给终端消费者。有数据表明,我国药品有 80% 以上通过医院分销,药店在药品分销中仅占 20% 的份额,医院在药品销售中占有主导地位,大部分医药生产商把大型医院(第一终端)作为其主要的产品投放渠道,而以农村为代表的第三终端市场由于市场分散度高,企业分销成本高,主要由大型的、有实力的医药生产商建设分销网络。

> **知识链接**
>
> **天士力集团大健康网上商城——直接分销渠道**
>
> 天士力集团于1994年成立,企业经营理念为"追求天人合一,提高生命质量",坚持打造现代中药第一品牌,不断推进大健康产业的持续快速发展。天士力集团已形成药物研发、药材种植、中药提取、制剂生产和市场营销等各环节的现代一体化中药产业链。
>
> 作为中国制造业500强企业之一,公司旗下的天士力大健康网上商城,依托集团大健康产业平台,以网络为平台,为全球及全国消费者提供领先的全面健康管理、资讯、商城为一体的医药健康电子商务服务。商城提供中成药、健康茶饮、保健食品、健康护理、健康器械、健康家居等大健康管理产品。
>
> (资料来源:天士力集团大健康网上商城)

(3) 医药生产商→医药经销商→医药零售商→终端消费者　此类型是医药生产商将产品销售给批发商,再分销给零售商,最后销售给终端消费者。这种类型的主要优点是提高渠道分销效率、终端覆盖率,生产企业具有较高的渠道控制力,新产品在投入销售渠道时可以共享企业原有渠道资源,加强企业的市场扩张能力。

(4) 医药生产商→一级医药分销商→二级医药分销商→医药零售商→终端消费者　此类型是医药生产商选择分销能力较强的一级医药分销商作为总经销或总代理,由一级医药分销商将产品分销给二级医药分销商,再分销给医药零售商,最后销售给终端消费者。这种类型的主要优点是一级医药分销商拥有较高的渠道权力,会将渠道资源更多地投入到生产商的产品品种,终端铺货效果较好,但因为这种类型的渠道较长,中间环节较多,产品出厂价与零售价之间差价较大,生产商对产品的渠道控制力较小,拥有较低的渠道权力。

医药生产商为提高产品的流通速度,会修正此类型,将医药物流配送企业纳入到渠道网络中,进行渠道模式调整,如图4.1.4所示。

医药生产商→医药物流配送企业→二级医药分销商→医药零售商→医药消费者。

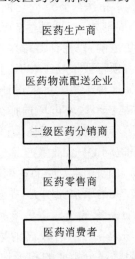

图4.1.4　医药分销渠道长度类型图

这种模式是医药生产商根据销售区域选择若干具有较强分销能力的医药物流配送企业,再由这些医药物流企业将产品送到二级医药分销商。这种模式能够降低产品的中转成本,加速医药物流周转,提高企业的销售流通能力。

目前,随着我国医疗制度的改革,国家对医药产品价格的严格限制和监管,医药市场竞争更加激烈,医药生产商的分销渠道网络向扁平化、一体化方向发展,短渠道是更多生产商追求的渠道变革趋势。

2. 渠道宽度的设计　渠道宽度是按照医药生产商的分销渠道中,同一层级分销商数量的多少来划分的,数量多为宽渠道,数量少为短渠道。通常情况下,宽渠道是指医药生产商在同一层级上的分销商数量为三个或三个以上；窄渠道是指医药生产商在同一个层级上的分销商数量在三个以下，即两个分销商或只有一个分销商。以图4.1.5中显示的一级渠道类型为例，同一中间环节选择的分销商数量不同，分销渠道具有不同类型的渠道宽度，宽渠道如图4.1.5(a)所示，窄渠道如图4.1.5(b)所示。

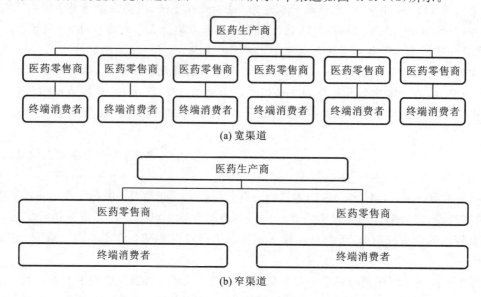

图4.1.5　宽渠道和窄渠道

宽渠道和窄渠道使医药企业形成不同的分销渠道效果，两种渠道类型的优点和缺点各不相同。宽渠道的分销特点是市场推广速度快、终端覆盖率高、对中间商的依赖度较小、渠道管理难度大、管理成本高、渠道稳定性弱、同级中间商之间的竞争水平高、渠道分布不集中等；窄渠道与宽渠道的特点相反，具有产品市场推广速度慢、生产商的渠道控制力强、对中间商依赖程度较大、渠道管理难度小、中间商之间竞争水平低、渠道稳定性强等特点。

渠道宽度有三种类型，分为广泛性分销、选择性分销和独家分销。

(1) 广泛性分销　又称为密集性分销，是指医药生产商在同一层级渠道中选择较多数量的分销商销售产品。当产品销售数量大或者产品生命周期短时，医药生产商需要设计出具有较快分销速度、较高终端覆盖率的渠道类型，扩大产品的终端铺货范围，以保证终端消费者能随时随地购买到这些产品，实现短期内销售量的增加，使企业产品可以迅速占领行业市场。在医药行业中，生产企业将OTC产品推入第二终端市场和第三终端市场时，比较适合选择这种渠道宽度的设计思路。

(2) 选择性分销　是指医药生产商在某一个区域市场选择少数几家分销商销售其产品，这种分销模式适用于所有医药产品。在渠道管理中，医药企业经常面临渠道控制力和渠道灵活性两种矛盾。企业既希望对渠道有一定的控制力以把控整体渠道网络，也希望产品分销过程中渠道网络具有一定的灵活性，实时进行渠道调整。选择性分销可以帮助企业同时实现上述两种渠道目标，既实现快速地分销产品，达到有效占领目标市场的目的，又能够具有较大的渠道控制力，在营销环境变化时适当地调整分销渠道。

(3) 独家分销　是指医药生产商仅选择一家分销商销售产品。这种类型的渠道保证了企业对分销商最有效的控制和管理，使生产商在买方市场的今天具有较高的渠道权力和最高程度的渠道灵活性，降低企业的渠道管理成本。同时，独家分销可以提高分销商的积极性、主动性，使其在销售过程中更加遵守与生产商之间的规定，规避或减少了渠道成员之间冲突的发生，保证分销商投入较多的渠道资源用在生产商的产品分销中，并将分销商与企业的利益进行捆绑，一荣俱荣，一损俱损。但是，独家分销模式同时具有缺点，即在产品推广中速度较慢，市场覆盖率短时间内提升的概率低，可能出现生产商做广告、消费者在终端市场买不到产品的尴尬境况。这类渠道模式适合产品生命周期长或不容易被竞争者模仿的产品。

医药生产商在确定渠道宽度时，要根据企业渠道目标、企业自身特点、产品特点、需求特点、竞争者特点、市场特点等因素，设计适合的渠道宽度。但是，医药生产商总是希望企业产品在行业市场中拥有较高的市场份额，所以分销渠道宽度的设计倾向于从独家分销或选择性分销转向更密集的广泛性分销，而这种转变的结果可能因为企业资源的限度等原因导致这种转变不被市场接受，致使渠道布局或渠道调整存在错误。

四、医药分销渠道成员的选择

1. 分销渠道成员的理解　分销渠道成员是指产品从医药生产商向终端消费者转移的过程中,与产品所有权有关的所有组织和个人,即组成渠道网络的每一个组织和个人。分销渠道成员具体包括生产商、渠道中间机构、物流中间机构、广告商、零售商、金融商和终端消费者等。对于医药生产商,渠道下游企业和个人均属于渠道成员;对于医药中间商,渠道上游企业,即生产商也属于渠道成员。

医药消费者购买医药产品的渠道比较有局限性,只能通过医药、药房、诊所或网上药店。由于国家对医药产品的流通有着严格的法律法规限制,例如,GSP是针对药品流通的法规,只有具备GSP认证的医药公司才有资格进行药品流通,而并不是所有医药生产商都具有GSP认证,所以,药品分销更多地依赖医药中间商。

国家食品药品监督管理局数据显示,我国网上药店有资格针对个人消费者销售医药产品的有342家,针对个人的网上售药模式称为B2C模式。目前,我国消费者购买药品主要通过医院和药房两种渠道,医院在我国药品分销比例中占有85%的份额,剩余的15%份额主要是通过连锁药房和单体药房完成,诊所等单体社区医院性质的药品销售占的比例非常少。但是,在美国,60%以上的药品是通过连锁药房销售的。相比之下,我国医药流通业还没有形成大规模的集成配送,医药物流的成本较高,有时消费者网上购药比在药房购药的费用高。我国大多数的医药生产商不能直接将药品销售给终端消费者,需要中间商帮助分销药品,以方便消费者购药。

> **知识链接**
>
> B2C 和 B2B
>
> B2C是英文Business-to-Customer的缩写,指商家对顾客的意思。B2C是电子商务的一种模式,是商业零售商家通过互联网在线直接面向消费者销售产品和服务的一种销售模式。B2C是企业通过互联网为消费者提供一个新型购物环境——网上在线商场,消费者通过网络在线购物、在线支付。这种模式节约了企业的产品分销费用,提高了交易效率,适合工作忙碌的上班族和不方便到店铺购物的消费者。
>
> B2B是英文Business-to-Business的缩写,指商家对商家的意思。B2B是现代电子商务的主要形式,它将企业内部通过B2B网站与客户紧密结合起来,促进企业业务发展。

2. 选择渠道成员的类型　企业设计渠道时要考虑如何选择渠道中间机构,渠道中间机构又称为中间商。企业应确定中间商的类型、数量、营销任务等,中间商类型的选择是渠道设计非常重要的部分。

中间商是指医药生产商与终端消费者之间,促使交易发生和实现的所有组织和个人。中间商一端连着生产商,另一端连着终端消费者,完成医药产品从生产领域向消费领域的转移,中间商主要有以下类型。

中间商按照是否拥有产品的所有权,分为商人中间商和代理中间商。商人中间商称为经销商,是指取得产品所有权的渠道中间机构;代理中间商称为代理商,是指帮助产品所有权转移但没有取得产品所有权的渠道中间机构。商人中间商和代理中间商的主要区别如下:商人中间商为取得医药产品所有权,在购进产品时必须付出资金,通过低进货价与高销售价之间的价格差取得收益;代理中间商不需要垫付资金,在交易中扮演商业中介的角色,为医药生产商和零售商搭建交易平台,促使医药产品的销售顺利实现,其收益是按照买卖双方签订的订单数额和一定的佣金比例获得产品销售佣金。

(1) 商人中间商分为医药批发商和医药零售商　医药批发商是指从医药生产商或其他医药商业企业处购买产品,转卖给医药零售商,再销售给终端消费者的医药商业企业。对于医药产业市场而言,批发商是以供应其他医药生产企业(或商业企业)的生产资料为基本业务的商业企业。医药批发商可分为完全服务批发商和有限服务批发商,前者提供全套的医药服务,拥有管理销售人员、库存、物流、提供信贷和协助渠道管理等服务;后者提供有限的医药服务,主要为自运批发商、承销批发商(不储存货物)、卡车批发商、托售批发商、邮购批发商等类型。

医药零售商是指将医药产品销售给终端消费者的渠道中间机构。医药零售商处于产品流通的最终环节,是离终端用户最近的商业企业,能够直接接触终端消费者,为消费者提供医药服务。医药零售商在分销渠道中,是最了解消费者的商家,能够准确收集医药生产商产品的终端市场信息,为生产企业的经营献计献策。医药零售商分为有店铺的零售商和无店铺的零售商。

有店铺的零售商指医药产品的销售在实体店里进行,包括医院、药房、诊所、社区医院、超市、商场和宾馆等。根据国家规定,超市、商场和宾馆中的药品销售专柜,仅限于乙类OTC药品和保健品,不包括处方药和甲类OTC药品。我国在执行药品分类管理以来,明确规定处方药可以在医院和药房销售,但必须有医生的处方才能购买;甲类OTC药品必须在专业的、取得药品流通资质的医药商业企业销售;乙类OTC药品可以在医院、药房、超市、商场等非专业医药销售机构出售。

知识链接

处方药和非处方药

处方药简称Rx药,是由国家卫生行政部门规定或审定的,药品销售机构需凭医师或其他有处方权的医疗专业人员开写处方出售,并在医师、药师或其他医疗专业人员监督或指导下方可使用的药品,以保证人民的用药安全,并且处方药的广告宣传只准许在专业性医药报刊进行,不准在大众传播媒介进行。处方药包括以下几种:①上市的新药,对其活性或副作用还需要进一步的观察;②可产生依赖性的药物,如吗啡类镇痛药、某些催眠安定药物等;③药物本身毒性较大,如抗癌药物等;④用于治疗某些疾病所需的特殊药品,例如,心脑血管疾病的药物,须经医师确诊后开出处方并在医师指导下使用。

非处方药简称OTC药,OTC意指Over The Counter,本意是经过柜台上面进行交易的药品。OTC药不需要医生处方,是相对于处方药而言的,消费者可以根据病情自己判断自行购买的药品,进行自我治疗。OTC药品分为甲类OTC药品与乙类OTC药品,甲类OTC药品的OTC标识是红色的,可以在医院、药店、诊所等专业医疗机构销售;乙类OTC药品的OTC标识是绿色的,药品具有较高的安全性,可以在医院、药店、超市、商场和宾馆等地方销售。

(资料来源:杨世民,丁勇.药事管理与法规[M].北京:人民卫生出版社,2009,1,48-53)

无店铺的零售商指医药产品的销售通过一些媒体实现,不是在实体店里进行,如直销、邮购、电话订购、电视营销、网上药店等模式。对于药品而言,只能以网上药店的形式销售;其他形式适合保健品和保健医疗器械的销售。

知识链接

网上药店

网上药店是消费者在互联网上自主购药、自主下单的在线消费模式。2005年9月29日,国家食品药品监督管理局正式公布《互联网药品交易服务审判暂行规定》,《规定》中指出在网上销售药品必须具有《互联网药品信息服务资格证书》和《互联网药品交易服务资格证书》,两证缺一不可,我国网上药店业务从2005年12月1日开始实施。

网上药店可以经营药品、保健食品、药妆品、母婴用品等大健康概念的各种商品,药品种类达到近万种以上。目前,我国暂没有政策允许网上药店销售处方药。

(资料来源:国家食品药品监督管理总局网站)

我国处方药网上销售的最新政策有哪些?

(2)代理商分为医药企业代理商、医药销售代理商、医药寄售商、医药经纪商和医药采购代理商

①医药企业代理商,又叫医药生产代理商,是指与医药生产商签订销货协议,受生产企业委托在一定

区域内负责代理销售该企业医药产品,其收入根据产品订单金额和双方协商的比例提取佣金。这种类型的代理商负责推销产品,不需要支付医药产品采购费用和垫付资金,不承担产品仓储任务,只办理产品销售的业务手续,由渠道下游的商业企业向生产商提货或由生产商直接发货,生产商按照销售额的一定比例支付给企业代理商酬金。

②医药销售代理商,是一种独立的代理商,受医药生产商的全权委托独家代理销售其全部医药产品,与生产商签订长期合同,承担生产企业产品的销售环节。这种类型的代理商拥有一定的渠道权力和零售价决定权,在其他销售方面也拥有较大权力,销售范围不受地域限制。销售代理商与医药生产商签订的协议中通常会规定一定时期内的销售量,负责产品促销活动、收集市场信息等。医药销售代理商提供信息咨询、技术支持、售后服务、仓储、物流配送、品牌宣传、产品促销、培训销售员等营销职能,承担生产商营销部门的职能。该类型代理商要求生产商授予产品的独家代理权,销售权力具有排他性,即不允许生产商委托其他代理商销售医药产品,甚至生产商自己也不能销售协议中签订的产品,相当于生产商将销售业务外包给销售代理商,销售代理商扮演着生产企业价值链中的销售环节。

> **知识链接**
>
> **价值链理论**
>
> 价值链理论由哈佛大学教授迈克尔·波特在《竞争优势》(1985年)一书中提出。波特将企业看作是一个综合设计、生产、销售、发送和辅助其产品过程中进行种种活动的集合体,认为企业的市场竞争优势来源是企业在价值链各环节中具有不同比较优势而形成的不同企业价值链。企业可以从内部追求这种差异性带来的竞争优势;也可以与其他独立的厂商结成联盟,弥补价值链中某一环节的相对弱势,提高企业的整体竞争力。
>
> (资料来源:谷奇峰,丁慧平.企业能力理论研究综述[J].北京交通大学学报(社会科学版),2009(1):18)
>
> **业务外包**
>
> 业务外包是近年发展起来的一种新型企业经营策略,是指企业将内部业务的一部分承包给外部的专门机构,自身重新配置内部资源,进行资源整合,将企业资源集中在最能反映企业竞争优势的领域或环节,塑造并发挥出企业独特的、难以被复制或模仿的核心竞争优势,打造企业的核心业务,以保持企业可持续发展的竞争力。
>
> (资料来源:百度网站,邹文杰.企业能力理论视野下的企业战略联盟[J].中国经济问题,2008(4):54-55)

③医药寄售商,是指医药代理商以代销、寄售的方式销售医药生产商的产品。医药寄售商通过自建店铺陈列并销售产品,自建仓库自己储存医药产品,以陈列、储存商品,使医药消费者可以及时购买到医药产品。双方通过签订协议约束双方的行为,医药生产商根据协议向寄售商交付产品,寄售商销售产品后所得的货款在扣除佣金及有关销售费用后,再支付给医药生产商。

④医药经纪商,是指在买卖双方交易洽谈中,起到媒介中间作用的代理商,既不拥有医药产品所有权和定价权,也不控制产品的销售条件。这种类型的代理商只是受生产商之托拿着样品或药品说明书帮助生产企业寻找买家的代理中介。医药经纪商在买卖双方中均有良好的信誉,双方基于对经济商的信任,在其安排下与对方接触、谈判,经纪商待交易成功后向雇佣方收取佣金。医药经纪商不设有库存,不参与融资,也不承担风险,与买卖双方仅有业务上的往来,没有固定的交易合作关系。

⑤医药采购代理商,是医药产品采购方的代理人,一般与买方有长期的友好关系,代替他们进行产品采购,提供价格咨询、收货、验货、储存、送货、信息收集、产品质量鉴别等服务的机构。他们消息灵通,了解行情,知晓行业信息,帮助采购方与供应方讨价还价,通常能够以最低的价格买到好的医药产品。

五、医药分销渠道设计的影响因素

渠道设计者在确定渠道长度、渠道宽度及渠道成员的过程中,需要考虑各方面影响因素,才能做出适当的选择。实务中,影响渠道设计的因素很多,有些因素对渠道长度、渠道宽度和渠道成员的选择均会产生影响,渠道设计者要综合考虑这些因素的影响程度和影响结果。影响渠道设计的因素主要有法律法规因素、医药企业因素、医药产品因素、消费者因素、医药市场因素、医药中间商因素和医药竞争者因素等。

1. **法律法规因素** 医药产品相关法规中影响渠道设计的主要法规有《药品生产质量管理规范》(新版GMP)、《药品经营质量管理规范》(新版GSP)、《医疗器械监督管理条例》、《药品广告审查发布标准》、《药品流通监督管理办法》等。如:国家规定不允许企业在大众媒体上发布处方药广告,企业不能选择电视直销模式销售产品;国家对红色标识的非处方药销售也有着严格的监管,企业仅可以选择网上药店一种模式,其他邮寄、电视购物等直销模式都是非法的。新版GSP于2013年1月正式颁布,对药品流通的质量和物流管控等提出了更高的要求。新版GSP希望借助计算机系统记数,实施药品经营的全过程管理,提高了药品流通企业的管理成本和管理难度。医药生产商针对这种全过程管理的要求,为保证渠道管理的效果,在渠道设计时必然向渠道扁平化的方向设计,以减少流通环节,从而降低较多流通环节造成的药品流通过程中产生质量问题的可能性。渠道设计者在设计渠道长度时要选择短的渠道模式,以实现生产商对渠道的控制力,保证药品流通质量符合国家要求。此外,有些医药产品的分销受到地方法规条例的限制,具体需要参照当地的政府部门、卫生局、食品药品监督管理局、工商局等官方网站。

2. **医药企业因素** 渠道设计者在确定渠道的过程中,需要考虑医药企业自身因素,结合企业资源、企业战略、企业目标、企业主营业务、企业渠道现状等因素综合考虑。长渠道和宽渠道类型需要耗费企业较多资源,企业资金实力雄厚时可以考虑长和宽的渠道,实现产品的全面渠道覆盖。当企业希望利用现有渠道推广新产品,希望获得较快的推广速度和较广泛的终端覆盖率时,企业必然要将产品分销给全国各区域经销商,再由这些经销商分销给零售终端,即采取"医药生产商—各区域医药经销商(或批发商)—医药零售商"的渠道模式,这种模式通过中间商分销产品,可以提高生产商的渠道效率和终端控制力。当企业未来的战略规划是发展为全国或全世界的大型医药企业,在设计渠道时要重点对渠道终端进行把控和布局。例如,湖北九州通医药集团股份有限公司的企业发展愿景如下:未来2~3年,建成超过25家的省级子公司、50家地级分公司和地区配送中心、300多家终端配送站,将集团打造成现代医药分销企业,而企业实现这一愿景的渠道设计就是自建终端渠道完成产品的终端全覆盖,即形成"多级批发—连锁配送—零售终端"的一条龙分销渠道模式,显然,这种渠道模式的渠道长度为二级渠道模式,渠道宽度为广泛性分销模式,渠道成员的选择以医院、连锁药房等类型的医药零售商为主。

3. **医药产品因素** 医药产品的特征、剂型、功能、有效期等均可能不同,生产商需要根据医药产品的价值、体积、重量、技术特性、售后服务、数量、保存条件、有效期、创新程度和产品生命周期等设计不同的渠道。

(1) **产品的价值** 产品价值高时,如大型医疗设备、进口药品、精细仪器、易碎药品、麻醉药品等,比较适合选择短渠道,以减少渠道中间环节来减少产品的附加价格,其中麻醉药品更需要由国家指定的医药公司通过专门的渠道供货;产品价值低时,例如普通药品,比较适合选择长而宽的渠道,实现产品的终端覆盖,但是这种渠道模式又需要较多的渠道资源,国家对基本药物有着终端销售价格的严格管制,以及医院采购招投标政策等客观原因,医药企业仍然需要尽可能地采取短渠道分销产品。所以,许多医药生产商通常直接参与医院的招投标,或者自己招聘销售员直接与医药零售商接触,减少中间环节以保证产品利润水平。

(2) **产品的体积和重量** 体积大和重量大的医药产品在运输中需要耗费较多人力、物力,应采用短渠道;体积小和重量小的医药产品比较适合搬运,可以选择长渠道。

(3) **产品的技术特性和售后服务** 产品的技术含量高时,应采用短渠道,因为企业需要提供较高水平的技术支持和售后服务;也应采用窄渠道,这是因为在广泛性渠道模式下,企业需要对较多的中间商培训,中间商管理的成本和难度较大,一项技术若被较多的企业和人员学习,则无法保证企业的技术服务水平,并且面临产品技术机密外泄的风险,产品的使用质量会因为长的渠道模式受到影响。

(4) **产品的数量** 医药产品数量大,要以长渠道和广泛性渠道模式分销,使产品分销效率较高,实现产品在零售终端市场较高的覆盖率;产品数量小应采用短渠道和窄渠道模式,降低渠道分销费用,并且可以保证较高的渠道管理水平和效率。

(5) 有效期　医药产品的有效期较短或季节性强时,需要短渠道和广泛性渠道,以快速将产品分销到终端市场;产品有效期较长时,选择长渠道和窄渠道,这种模式可以提高渠道管理效率。但是,分销过程中有较多的分销环节和分销企业参与时,产品质量产生影响的风险就会越大,企业应尽可能降低渠道的复杂性以保证产品的有效期和质量。

(6) 产品的保存条件　有些药品需要低温的保存环境和条件,如治疗糖尿病的胰岛素,产品分销、运输和使用时要在一定温度下进行,以保证药品的质量和疗效。

(7) 产品的创新程度　产品创新程度高、容易被竞争者模仿时,需要快速分销产品,加快产品流通速度,采用短渠道和宽渠道模式,以迅速占领目标市场。但是,新药通常会申请专利,在专利期,竞争企业不可以生产这类药品,所以专利新药的上市流通,也可以采用长渠道和间接渠道模式。

(8) 产品生命周期阶段　医药产品处于不同的产品生命周期阶段,渠道设计有所不同。导入期时,企业在研发新产品方面已经耗费了较多资金,适合采取短渠道和窄渠道,以降低分销费用和渠道管理难度,而这一阶段的中间商也不愿意为新产品的分销付出太多;成长期时,企业面临提高销售量和利润等问题,产品需要全面分销,使更多的消费者可以更便利地购买到产品,为企业赢得较多市场份额;成熟期时,企业主要是要面对白热化的竞争,渠道设计要以竞争为主要参考因素,企业应该拓展渠道网络,实行广泛性渠道;衰退期时,企业的销售量和利润下滑,企业应缩减渠道开支,收缩渠道网络,采用短而窄的渠道。

4. 医药市场因素　医药市场是由产品的消费者构成,消费者的消费特性体现了医药市场的特性。医药企业的渠道设计主要考虑消费者数量、消费者集中度和消费者购买频率等方面。

消费者人数众多时,企业自身的资源和能力难以满足产品分销的高效率要求,企业应借助中间商力量分销产品,采用长渠道和广泛性渠道分销;消费者人数少时,企业可以考虑窄渠道和直销等分销模式。

消费者集中度高时,企业可以采用直销等短而窄的渠道模式,如第一终端医药市场和第二终端医药市场,消费者的分布密度较高;消费者集中度低时,企业适合采用长而宽的渠道模式,如以农村市场为代表的第三医药终端市场。但是,在医药营销实务中,仍有很多营销创新并取得成功的医药企业,就是通过企业自己聘请销售员将药品直接销售给第三终端医药零售商,再销售给消费者,占领市场,产品的市场覆盖率较高,分销效果较好。

消费者购买频率高时,要经常到零售终端重复购买,这要求企业具有较高的产品分销能力,企业适合采用短渠道和广泛性分销渠道,以提高分销覆盖率和分销效率,避免消费者在购买药品时出现缺货的情况。

5. 医药中间商因素　医药渠道的设计应参考中间商特性,包括中间商与企业合作的可能性、中间商的分销成本和中间商的渠道服务水平等方面。

(1) 中间商与企业合作的可能性　医药企业在渠道设计时,要对现有的医药中间商进行考查,思考现有医药中间商中有多少可以与企业合作?这些可以合作的中间商有多少同时经营竞争者产品?企业采取其他渠道合作方式,如独家经销时是否会被中间商接受?合作的中间商是否对企业的产品实现有效分销?中间商与企业的合作是否具有一定积极性?医药中间商在产品分销过程中,如果不投入较多资源在企业产品上,产品分销效果就不会好;而小型的医药中间商全力投入医药生产商产品的分销,可能会产生良好的分销效果。

(2) 中间商的分销成本　不同的中间商在分销产品时会产生不同的分销成本;而同一个中间商分销不同产品时会产生不同的分销成本。医药生产商在选择中间商时,要考虑中间商是否会因为企业产品需要特殊调整分销渠道?如果需要修改渠道,中间商会增加分销成本,中间商积极性降低,产品分销会因为中间商的低积极性产生不理想的效果。但中间商若为了拓展业务范围,希望取得某种医药产品的经销权或代理权;或者因为竞争原因,不希望竞争对手抢占优秀的医药产品,中间商会付出一定代价争取医药企业的产品分销权。医药生产商面对中间商的这种短期行为时,中间商的渠道合作热情和渠道投入水平会不持久,不利于生产企业的产品分销布局和终端市场表现。

(3) 中间商的渠道服务水平　在终端市场中,医药消费者主要通过渠道中间商接受医药产品和服务,中间商的服务能力决定了顾客的满意度水平和生产商产品的市场形象。如：零售商对消费者关于药品用药知识等的告知；家庭用医疗器械的使用方法、使用培训、安装、售后服务等。药品有效期的销售保证，即在离药品有效期还有几个月的时候要对药品进行下架管理，以保证消费者使用药品时不会出现过期现象，而较高的渠道服务水平需要耗费中间商较多的资源和渠道管理成本。

6. 医药竞争者因素　竞争因素影响医药企业渠道设计的思路。处于不同市场地位的市场领导者、市场挑战者、市场追随者和市场补缺者，企业渠道设计不同，采取的竞争策略也会因为渠道设计的不同而不同。如：市场挑战者为争夺市场领导地位，采取正面竞争的对抗竞争策略，设计与竞争者相似的渠道策略；市场追随者以追随市场领导者为主，采取非正面竞争的共生型竞争；市场补缺者的目标市场是市场中的空白细分市场，渠道设计与竞争者的渠道模式要实现互补。

实训环境与组织实训过程

一、学生分组与组织

1. 分小组　全班同学分成几个实训小组，每小组 3 人，确定 1 名小组长。
2. 小组长和小组成员准备　收集并分析渠道设计的影响因素，选择常用 OTC 药品为设计对象，根据企业和产品具体情况，设计适合的渠道长度、渠道宽度和渠道成员。

二、实训环境

1. 校外合作医药企业　学校校外实训基地合作企业与学生确定合作项目，选择适合的药品。项目实训小组根据真实的医药企业和医药产品，通过对周边药房的走访和调查，以及合作企业提供的信息设计渠道。
2. 校内实训室　校内药房模拟实训室和营销模拟实训室，为渠道设计提供药品信息和企业产品信息等。

三、实训任务

任务 1　医药渠道设计影响因素的收集和分析

医药生产商在设计渠道之前，首先需要收集渠道设计的影响因素，渠道设计的影响因素主要有生产企业因素、医药产品因素、消费者因素、竞争者因素等；其次需要分析所收集的因素，根据各影响因素对渠道设计的影响程度进行排序，确定出重要的影响因素。

哈药集团三精制药股份有限公司三精双黄连口服液

哈药集团三精制药股份有限公司是集科研、制造、销售于一体的国家大型制药公司，资产总额达 12.2 亿元。公司设备领先、管理先进，是首批国家 GMP 认证企业，主导产品有三精双黄连口服液、三精葡萄糖酸钙口服液、三精葡萄糖酸锌口服液、三精司乐平片等。

三精双黄连口服液具有疏风解表、清热解毒的功效，用于风热感冒发热、咳嗽、咽痛的治疗，主要成分为金银花、黄芩、连翘，辅料为蔗糖。产品分为 10 mL 和 20 mL 两种规格，是公司的拳头产品。

目前，国家食品药品监督管理局网站信息查询记录中显示，我国生产双黄连口服液的医药生产商包括哈药集团三精制药股份有限公司在内，共计 13 家药企，药品名均为"双黄连口服液"。

（资料来源：国家食品药品监督管理总局网站）

根据实训案例简介,需要小组成员协同完成以下任务。

(1) 查询国家食品药品监督管理总局网站信息,www.sfda.gov.cn,收集分析我国现有生产双黄连口服液的医药企业和竞争品种信息。

(2) 查询哈药集团三精制药股份有限公司官方网站:www.sanjing.com.cn,收集分析三精制药企业和产品信息。

(3) 寻找并列举出哈药三精制药双黄连口服液产品渠道设计的影响因素。

(4) 将上述影响因素排序,选出主要影响因素。

(5) 分析渠道设计主要影响因素的影响方面和影响程度,撰写分析报告。

任务2 医药渠道设计目标

要设计医药营销渠道,就是达到3个目标:市场覆盖率、渠道控制度及渠道灵活性。

1. **市场覆盖率** 由市场性质与企业的市场定位所决定的。按照从低到高的覆盖可以分为独家分销、选择性分销和密集分销。

2. **渠道控制度** 渠道控制能力的大小及有效性的高低显然与控制模式密切相关。由于与渠道控制有效性相关的企业规模、产品类别、市场化程度、管理水平、品牌价值以及经营商素质等千差万别,因此,渠道有效控制的方式也就出现多样化。

营销拓展

渠道有效控制的方式

1. **利用品牌控制渠道客户** 从渠道管理的角度来看。产品品牌通过对消费者的影响完成对整个渠道的影响。作为渠道客户的中间商、终端商等分销商也要树立自己的品牌。渠道客户的品牌往往是附加在所代理主要产品的品牌上的。没有厂家的支持,渠道客户的品牌价值就会大打折扣。对于渠道客户来讲,一个优秀品牌的产品意味着利润、销量、形象,但是更意味着销售效率的提高。一般而言,畅销的产品所需要渠道客户市场推广的力度比较小,所以渠道客户销售成本比较低,还会带动其他产品的销售。

2. **利用长期战略和愿景控制渠道客户** 每一个企业都必须有自己的战略目标和愿景规划,在行业中确立自己的优势与地位。这是每个企业领导人所必须考虑的事。企业若没有一个长远计划与战略目标,就难以在竞争中保持优势,从而最终会影响到企业的发展。一个长期没有战略目标的企业是没有灵魂的企业,是只会赚钱的企业,没有发展前途。

3. **利用利益对渠道客户进行控制** 每一个渠道客户都是要一定的利益作为保障。如增加产品的品牌优势;增加自己的产品销售量,降低渠道客户其他产品的销售量;降低渠道客户其他产品的单位利润;增大自己的返利和折扣,使自己渠道客户的单位利润加大等。

4. **利用厂家服务控制渠道客户** 企业可以通过对渠道客户的培训与咨询来达到管理与控制渠道客户的目的。企业对渠道客户的服务包括帮助渠道客户销售、提高销售效率、降低销售成本、增加销售利润。厂家与渠道客户在这种情况下,合作都会很愉快,最终达到双方共赢,谋求企业的长远发展。

5. **利用终端控制渠道客户** 控制零售店是最根本的目的,更让零售店首先认同产品、认同品牌、认同厂家,包括培训终端员工、举行促销活动、建立零售店的会员体系、建立零售店甚至大型最终购买者的基本档案、制作零售店网点分布图,以及建立零售店、主要零售店员、竞争对手、渠道客户及厂家基本情况档案,这些档案需要经常更新,以保证基本资料的准确性和完整性。开展针对终端的拜访和举行直达终端的各项活动,从而增强对渠道客户的谈判能力,并更有效地控制渠道。

6. **利用激励淘汰机制控制渠道客户** 企业可以根据不同渠道客户的态度和能力,定期或不定期地进行评判,然后采取不同的淘汰措施。将所有渠道客户分为优秀的、可用的和不可用的类型。

3. 渠道灵活性　渠道灵活性又称为渠道的可伸缩性,特别对于新产品更为重要。利用"互联网＋"的优势更加突现。

营销视野

传统医药企业2014年面临的10大核心问题

很多传统医药企业都有非常严重的危机感,就是大家突然都找不到路标了！都不知道在互联网时代如何转型？未来之路如何走？利润好的企业发愁,利润不好的企业更发愁。企业最大的危机,不是当下的利润多寡,而是对未来能否清晰把握。

总结下来,传统医药企业在2014年面临的10大核心问题如下。

第一:医药传统营销的势没有了

在医药行业,传统营销都找不到"势"了,主要表现在资本市场上。如果你的企业商业模式还是老一套,生产、加工、产品、招商、广告,这一套路早已经成为传统医药企业尤其是大企业的行活,闭着眼睛都会干。大家突然产生了疲劳感,发现兴奋不起来。无论怎样的成功学培训,也难以激发团队的斗志,这就是最大的问题,这就是传统医药企业的穷途征兆。小米的老总雷军说,站对了风口,母猪都能飞上天,风口就是势,没有这个势,企业就是一潭死水,是非常可怕的。如何找回如火如荼的发展之势,是所有传统医药企业老板最大的命题。

第二:不转型等死,转型怕转死

对于企业,转型有两种。第一种,被迫转型,当问题集中到不能解决的时候,倒逼企业转型,这种转型成本是很大的,也是很痛苦的,但不手术必须死亡。第二种转型,是预见式转型,是企业领导人的战略洞察能力超强,这种企业家是稀缺的,比如IBM当年把PC业务卖给联想,就是在PC机快不值钱的时候提前卖了个高价,IBM提前完成转型,非常成功。但这种企业家在全世界也是凤毛麟角。

李嘉诚警告自己的儿子绝对不能喜欢上任何一个行业或业务,往往动感情的时候,就是失败的开始。

第三:传统医药企业的高管年龄大了

传统医药企业老板平均年龄很多在40岁以上,高管年龄在35岁以上,这些人在传统营销领域经验丰富,但随之而来的问题是对互联网不精通。企业改革的最大障碍就在这两个人身上,底层员工都是年轻人,不存在问题。

对于新崛起的互联网企业,他们没有历史包袱,可以轻装上阵,而传统医药企业不能,他们的肩上扛着全国数百家渠道经销商,怎么办？这是最痛苦的地方。

第四:传统医药企业家对网络营销心里没底

对互联网这玩意儿,传统医药企业家是拿不准的,尤其很多老板手机上都没有微信或者微博,他们对这东西感觉不到成就感,与新事物中间隔着一道墙。

雷军和董明珠的10亿赌注,背后是新旧思维的碰撞。雷军的模式,是粉丝经济模式;格力的模式,是传统产业链模式。究竟谁输谁赢,我看没有答案。格力积累了巨量财富,光纳税就100亿,如果想转型,那是太轻松了,毕竟格力手里握着遍布全国的售后服务系统,这个是互联网解决不了的。所以,雷军可以卖不需要服务的手机,但卖需要售后服务的空调就有点难了。

第五:错把网络当销售渠道之一

很多传统企业高管谈互联网,他们很大一部分人把互联网当做一个渠道。但互联网思维是一种新商业模式。就像马云说的,传统企业对互联网模式往往先是看不见,然后看不起,最后来不及。很多传统医药企业正在这么做,未来的确非常凶险啊。

第六:传统营销思维根深蒂固

广告语在推销产品时力量越来越差,你能想起来小米手机的广告语是啥吗?你能回忆起苹果手机的广告语是什么吗?但这两个品牌都大成了。

其实,不一定非要在互联网上卖,而是要用互联网思维方式卖!什么是互联网思维方式,就是与目标人群打成一片的思维方式,就是C2B,最后形成粉丝经济,建立起企业自己的粉丝帝国。

第七:产品越来越不好卖了

大家上网查查,三只松鼠休闲食品卖得很火,包装设计的动漫化,销售语言的动漫化,充满了互联网时代的创新精神。其实里面的坚果和大街上卖的没啥区别。那消费者为什么趋之若鹜?因为今天的年轻一代买的不是产品,买的是一种精神或者乐趣。

未来一定拼的是创意文化,而不是传统文化。产品必须充满人情味,而不是自我的夸张与包装。产品的理念必须获得消费者的认可,才能成功。

第八:五年战略规划失去意义

凡客陈年说了一句话,我永远不知道明天互联网会发生什么。他说对了,互联网时代做3~5年战略规划,是没有任何实际意义的,是自己骗自己的。

今天你看到阿里巴巴很火,明年后年不一定,说不准就被微信替代了。腾讯曾经搞过类似阿里巴巴的电商,但失败了,今天的微信却成功了。所以,企业在互联网日新月异的变化下,只能制订有效的1年战略,策略战术变化以周为单位,这样才能保证企业的与时俱进。因此,互联网时代,企业会越来越累,因为越来越快,传统医药企业时代的舒服日子一去不复返了。

建议传统医药企业家,未来出路有两条,第一条出路,赶紧卖掉企业,就像IBM提前卖PC机一样,现在卖还能卖上价,再过3年就卖不出去了,然后把钱投给年轻人,做他们的股东;第二条出路,自己冒险转型,向褚时健学习,80岁也可以搞互联网,当然前提是有好产品。

第九:搞不懂商业模式创意

因为互联网世界是平的,没有区域市场之分。传统时代,还可以做区域品牌老大,互联网上没有这个机会。所以,一个商业模式只能存活一个企业,这就是为什么腾讯模仿阿里巴巴失败的原因,反过来阿里巴巴模仿微信搞来往,也不看好。

大分销的时代未来不存在了,因为渠道的存在是因为过去物流、信息不发达造成的,今天渠道的价值没有了。消费者不会为渠道成本买单,消费者需要以出厂价购买,这就是阿里巴巴存在的价值。

所以,传统医药企业必须好好思考,你的产品如何能直接到达喜欢你的产品的消费者手中,而且让他们爱不释手和广为传播。

第十:2014年是考验老板的一年

2013年的后半年,让中国众多传统医药企业觉醒了,开始着急了,也开始彷徨了,因为我们没有前车之鉴可参照,只有不再管用的过去经验。一个企业的成功,99%归功于老板;一个企业的失败,99%归咎于老板。2014年,考验的是老板。时代会无情地淘汰那些所谓传统企业家明星,会不断地迸发新颖甚至是新奇的商业模式,草根创业英雄会崛起。

对于规模过10个亿的传统医药企业,转型最难,但因为手里有钱,一旦痛下决心转型,成功概率很大;相反,对于5个亿以下的中小企业,存在颠覆行业的弯道超车机会,船小好掉头,找对商业模式,开发好产品,就能一夜之间火爆。

在互联网时代,所有行业都不能置身世外,都必须转型。转也得转,不转也得转,倒逼转型会发挥威力,不以人的意志为转移。

2014年,注定是传统医药企业实施转型的一年!

任务3 医药渠道方案制订

渠道设计应以任务1渠道设计影响因素的分析为基础,分为三个方面。

1. **设计渠道长度** 确定医药产品渠道的长度,即设计渠道中间环节的数量。渠道中间环节分为一个环节、两个环节、三个环节及三个环节以上,如图4.1.3所示。

2. **设计渠道宽度** 确定医药产品渠道的宽度,即设计同一层级渠道中间商的数量。渠道宽度分为宽渠道和窄渠道,宽渠道即同一层级中间商数量为三个或三个以上;窄渠道即同一层级中间商数量为两个或一个。

3. **选择渠道成员** 渠道成员的选择即是确定渠道中间商类型的过程,具体流程如图4.1.6所示。

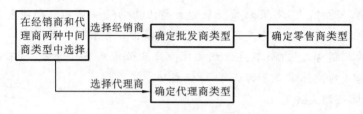

图4.1.6 渠道成员选择流程

国药股份心血管新药吲达帕胺缓释胶囊上市的渠道设计

2013年8月5日,国药股份申报的吲达帕胺缓释胶囊获得国家食品药品监督管理总局新药审批。该药品由国药股份控股子公司国瑞药业有限公司负责研发,从研发至获批时间达7年,是公司的重要产品之一。该药品用于治疗高血压、心血管类疾病,其剂型疗效均优于其他企业同类产品。

资料显示,吲达帕胺缓释胶囊比吲达帕胺片剂更具优势。后者产生的不良反应较多,而前者则无明显不良反应。行业数据显示,力生制药的"寿比山"牌吲达帕胺片为该公司主要品种,是我国最早进行吲达帕胺产品研发和生产的厂家,在同品种市场销售中一直占有绝对优势,历年市场占有率均超过70%,销量位居全国第一。

目前,国内生产吲达帕胺缓释胶囊的医药生产商除国药股份外,还有三家,分别是江苏康缘药业、天津太平洋制药、天津金耀药业。其中,江苏康缘药业商品名为雅荣、天津太平洋制药商品名为悦南珊,分别于2010年、2011年上市销售,占有一定市场份额。

国药股份虽然属于同品种药品中的"后来者",但凭借国药股份完善的分销渠道网络,公司表示由于产品在剂型和疗效上的优势,较看好该产品未来的发展潜力。

(资料来源:中国医药联盟网)

根据实训案例简介,需要小组成员协同完成以下任务。
(1) 尝试性开展渠道长度设计、渠道宽度设计和渠道成员选择。
(2) 尝试性了解国药股份吲达帕胺缓释胶囊产品现有渠道模式。

任务4 用渠道成员标准评判医药渠道成员

在渠道方案设计方案中,找到了足够的渠道成员后,就要根据中间商的选择原则评判所选的渠道成员。

1. **中间商的市场范围** 首先,要考虑中间商的经营范围与药品的分销地区是否一致。如果一致,则选择合适。其次,中间商的销售目标群体与生产商的产品的使用人群是否一致。

2. **中间商的地域优势** 选择批发商要考虑它所处的地理位置是否有利于药品的储存与分销。

3. **中间商的产品策略** 中间商所分销的药品品类与本企业的产品品种及组合策略是否一致。

4. **中间商的销售经验** 知名度较高的制药企业往往选择销售具有专门分销某种药品经验的中间商。

5. 中间商的财务与信用状况　具体指标是所销售回款额,应收款数量,给生产企业的回款期限,银行信誉级别等。一般来说,应选择财务与信用较好的中间商。

任务5　渠道设计方案评估

1. 渠道设计方案评估方法　比较常用的方法是经验法,具有数量知识支持的是财务法和交易成本法。

2. 渠道设计方案评估的内容　主要从经济性、可控性和适应性三个方面进行评估。

(1) 经济性　企业设计分销渠道的首要目标是追求利润。规模较小的企业或在销量较少的市场上的大企业,应利用中间商来分销;当销量达到一定时,企业则应自设分销部门。

(2) 可控性　采用中间商的可控性要小些,企业直接销售可控性大,分销渠道长,可控性难度大,渠道短可控性相对比来说容易些。

(3) 适应性　营销的适应性与经销合同的内容和期限密切相关。

四、学时与实训作业

(一) 学时与要求

(1) 一体化教学:2学时。
(2) 实训与考核:4学时(建议)。
(3) 以小组为单位完成任务:某药品渠道设计影响因素分析报告及设计渠道类型。所使用的理论与知识,以Word文档形式呈现,同时,能将在实训过程所出现的错误、不足及优势和劣势陈述出来。

(二) 考核范例与考核标准

范例分析一

美国10年内首个获批减肥药手机APP助销售

作为近10余年内首次被美国FDA批准的减肥药,由Vivus公司开发的Qsymia销售状况并不令人乐观。为此,Vivus公司除了加强常规渠道的销售力量以外,近期还推出了协助减肥的手机APP(客户端)。

据路透社报道,研究人员发现,当超重(或者肥胖)人员收到手机APP的监督信息时,可以获得正常减肥项目以外的额外8磅的减肥效果。因此Vivus公司正要求旗下的150名销售人员在向2.5万名医生推销Qsymia的同时,也介绍这款新的APP,希望此举能够促进药品销售。具体来说,这款手机APP能让使用者记录每天的饮食情况,并收到定期的关于减肥的指导。

(资料来源:中国医药报.华天:美国10年内首个获批减肥药手机APP助销售.2013.5.27)

范例分析二

制药企业第三终端逆势延伸

H药企多年前开始建设第三终端,从众多产品中挑选感冒药、消炎药为主的10多个产品,以本省为样本市场,逐渐扩张到附近七大省份。由于市场操作得当,加上公司有一定知名度,短短几年时间,这些产品开花结果,仅外聘人员就达500多人。

去年"基药"开始实施后,H药企第三终端的销售额从1个亿跌落到6000多万元,原因是产品基药中标率很低。失去了卫生院这块市场后,上百名外聘人员"易主",选择其他厂家,继续和卫生院合作。面对这种困境,H药企没有放弃第三终端建设,而是以更大的动作延伸第三终端的后续之路。

1. 续增产品,深度推广　去年开始,H药企陆续增加第三终端产品,例如,2个高端产品及走商业流通的几个产品,包括降糖药、降压药和胃药等。这让第三终端销售人员的推广有些吃力,毕竟专业类产品即使在卫生院推广都有难度,更何况连锁药店、个体诊所等客户。

企业延续了多年前的推广模式,组织低端客户召开产品推广会。对于此类推广,低端客户开始有抵触情绪,有私人诊所医生直言不讳:这是多年前的游戏规则,无非吃饭订货,即使订了货,我一个小诊所也卖不了几盒降糖药,这类患者长期服用大医院的药品。可 H 药企却改变了"吃饭订货"的套路,几个月里,只推广不订货。

H 药企的做法遭到了其他同行的质疑。与该企业境遇相同的另一药企加大促销力度,以前 50 盒药送一个蒸锅,如今 30 盒就送,对于 H 药企续增产品没有收益的学术推广很不以为然。部分药店、诊所也感觉 H 药企在瞎忙活,还不如来点实际的,多送点礼品。

经过大半年的推广,H 药企的续增产品陆续上量。用企业市场总监的话来说:低端市场推广没有好办法,再俗也要用。但我们俗却脚踏实地,反而能深度促销。把目光放长远一点,或许短时间内费用上去了,但长远看,销量也能增上去。

今年,H 药企迎来了较好的年头。一是国家政策不断制约西药价格,H 药企的几个中成药价格顺势上调,有一定的费用更好地推广低端产品;二是最近的问题胶囊事件让竞争对手忙于召回产品,忙于向客户解释,无暇顾及市场开发。

2. 完善网络,再续辉煌　　H 药企市场部的多数人员忙于市场策划和高端学术推广,去年开始又负责低端市场的推广任务,成立政府公关部,大区经理、市场部经理多次和政府相关部门沟通基药问题,认为凭借品牌影响力、产品质量过硬等因素应该有部分产品纳入基药,单纯从价格衡量对大企业不公平。经过无数次努力,H 药企有望在增补基药招标中加入新的产品,为第三终端后续发展赢得了更大空间。

去年,H 药企基药失利导致部分外聘终端人员辞职,再次招聘人员及争取先前的优秀低端营销人员颇费周折。省外一些市场几乎需要重建,企业投入的人力、物力显然不是一般企业能折腾的。在业内同行看来,该企业的促销力度显然不占上风,但走可持续低端之路更多地依靠地面推广,H 药企认为,"接地气"的营销战略才长久。

该企业的第三终端工作看似按部就班地推进,但还有很多需要跟进的工作。在市场推进中,始终关注人员、产品和政策的三大周期:对外聘人员过多涉及第二或第三职业,或忠诚度低的,给予辞退;密切关注产品的成长期、成熟期和衰退期,随时更换、跟进产品;对国家相关部门的政策调整波动积极做出反应,随时应对第三终端市场;逐渐完善网络,提高宣传力度,在几大城市,几乎所有出租车车身的电子宣传语都是企业的产品宣传。

正当一些企业开始抽调人员开发高端市场或缩减第三终端市场人员时,H 药企却逆流而上,这确实需要勇气。

3. 点评——先半步恰到好处　　随着本轮医改的推进,"保基本"、"强基层"逐步落实到位,第三终端市场的属性发生了巨大变化,由市场化市场变化为行政化市场,受政策影响巨大。这种变化一定能带来市场规模的扩大、品种结构和用药行为的变化。在这个市场上,企业必须适当调整营销模式和行为,因为模式是资源与环境结合的产物,环境变,模式亦变。

H 药企积极顺应行业政策变化,做了一系列调整,其中成立政府公关部是行政化市场状况下开展营销工作的基础;续增的品种暗合新医改要求将常见病、多发病、慢性病解决在基层医疗机构的目标,只要推广到位,销量必然能上升;高度重视产品和品牌推广,对产品销售至关重要而且成功率较高,需要的就是坚持。在政策的剧烈变革期,领先十步是先驱,领先一步是先烈,领先半步则恰到好处。

该企业的第三终端运作有很多亮点,笔者认为需要提升的地方有以下几个方面。

(1) 产品线缺乏清晰、明确的规划　　第三终端适用的产品线清晰而明确,东西部、近郊区、远郊区的差异明显而确切。H 药企在这个方面没有明确规划,必然会影响产品推广的规模效应和群体效应,产品的针对性也不够强,对后续产品的导入不利。因为没有清晰的目标,"该导入什么产品、什么时间导入、用什么方式导入"等问题的解决都很难有方向。

(2) 对县级医院的重视有待提高　　县级医院是公立医院改革的重点,是农村三级医疗网的龙头,是基层医疗学术推广的桥头堡。H 药企要以县级医院为营销对象开展研究,确定适合的产品组合、渠道策略、推广组合、营销队伍进行有效推广,才能在未来的竞争中占据更加有利的地位。

(3) 对自有团队的打造还不够重视　　医药市场必然走向规范,规范的市场要求规范的管理和队伍。规范的队伍需要时间积累,底蕴决定未来。H 药企高度重视社会资源的整合利用,这是优点,可以用激励代替管理,高度调动队伍的主观能动性,但缺点也很鲜明,缺乏对企业的忠诚度和关键时刻的战斗力。此前政策稍有风吹草动队伍就解体已生动地说明了这一点。

未来的基层市场规模巨大,这个市场必然会诞生巨型医药企业。这样的企业往往能根据政策变化做出合适的调整,练好内功,主动承担责任,而战略明确、策略系统将是成功的关键。

(资料来源:医药经济报.马鑫良,2012.6.27)

医药渠道设计与选择考核评价标准与评分表如表4.1.1所示。

表4.1.1 医药渠道设计与选择考核评价标准与评分表

平时成绩评价标准与评价项目					
序号	等级与分数 / 评价项目	优秀 9分	良好 8分	一般 6分	需努力 3分
1	到课情况				
2	小组内参与情况				
3	团队内贡献情况				
4	思考与语言组织表达能力				
5	小组间评判的能力				
平时成绩(占总成绩的30%)					
实训成绩评价标准与评价项目					
序号	等级与分数 / 评价项目	基本完成实训任务6分	突出表现并有创新9分	评价标准	
6	医药渠道长度确定			渠道长度确定合理	
7	医药渠道宽度确定			渠道宽度确定合理	
8	医药渠道成员的选择			渠道成员的资源、发展目标、适应性等分析准确	
实训成绩(占总成绩的70%)					
学生自评成绩					
小组评价成绩					
教师评价成绩					
总成绩					

(刘 徽)

教学单元 4.2　医药分销渠道管理方案的设计

能力目标：

在教师指导下，能够管理医药分销渠道，具备与医药中间商的沟通协调能力，具备医药分销渠道的管理和控制能力。

知识目标：

掌握医药分销渠道成员的激励方法、评估方法和冲突管理，了解分销渠道调整的条件和方法。掌握分销渠道概念、结构，理解分销渠道在医药企业中的意义；掌握分销渠道设计中的渠道类型、渠道成员类型，了解影响医药分销渠道设计的因素。

素质目标：

具有分析和管理企业分销渠道的专业素质；具有团队协作、吃苦耐劳、人际交流等综合素质。

送药 O2O：医药巨头夹缝中成长

依附药店生存的送药 O2O 模式，始终难以凭借自身的力量扭转局面，即使药去哪、快方送药等市场领跑者已探索出可行的经营模式，但距离盈利仍有一段距离。目前，各大连锁药店对 O2O 进行布局，医药电商希望通过 O2O 落地。

药去哪联合创始人聂方宁表示，药品属于刚需商品，消费者注重药效。O2O 领域常见的补贴、赠送等烧钱手段并不适用；另外，药品需求频次也比其他商品低。据了解，快方送药在北京最火爆时日订单量达到 7000 余单，这已是不错的业绩。但与饿了么、美团等外卖平台相比，订单量依旧相差甚远。

背靠仁和集团的叮当快药是行业领跑者，在其他企业制订下单 1 h 送达时，叮当快药却将时间缩短到 28 min。在药品配送方面，不仅免收配送费，药品销售价格与市场价格相比还要低 10%～15%。此前，仁和集团先后收购颐寿百姓大药房和京卫大药房，仁和药业董事局主席杨文龙认为，未来"互联网＋"医药最终模式可能是 B2C 和 O2O 汇合。

尽管叮当快药未拿到任何融资，但其依靠仁和集团依然让其他送药 O2O 望其项背。聂方宁坦言，夜班配送人员月基本工资均在 6000 元以上，还有可观的提成，比普通配送员的工资高 1500 元，这是一笔省不下的开销。

目前，多数医药企业仍在寻找生存和扩张平衡点，药去哪、药给力联合药店提高议价能力以赚取差价，快方送药自建仓储型药店提高配送能力。

某连锁药店巨头负责人透露，企业将药店门店 O2O 定为"互联网＋"药店的发展战略之一，但由于区域门店不足，独立置配 O2O 平台成本过高，希望能与送药 O2O 合作。

根据《药品经营质量管理规范》(GSP)和《药品管理法》等法规的相关规定，药品作为特殊商品不允许跨区域零售。仁和集团之所以收购药房网,正是看中药房网"网上下单,门店送货"的模式,符合相关法规且可助力 O2O。同样受政策影响的天猫医药馆,以及各大药店自营电商也需要 O2O 落地。在业内专家看来,多数送药 O2O 被医药巨头收入麾下,成为医药大健康的一环。

(资料来源:中国医药联盟网)

理论学习知识与背景

医药企业要根据渠道设计方案,在渠道网络中进行医药产品流通。企业要在产品分销过程中,对分销渠道实行有效的渠道管理,以保证渠道具有一定的稳定性和效率性。管理医药分销渠道分为激励分销渠道成员、评估分销渠道成员、管理分销渠道冲突、实施分销渠道合作四个方面。

一、激励分销渠道成员

激励具有激发和推动作用。激励要从多方面入手,不仅要激励企业的内部员工、企业顾客、企业的供应商,更要激励企业的渠道合作商。激励可以激发渠道成员的积极性和潜力,使渠道成员将资源更多地分配给生产商的产品。不同的医药商业企业对生产商的渠道激励政策有不同的反应,即渠道激励对不同的渠道成员会产生不同的激励效果;同样的渠道激励政策作用于同样的渠道成员时,也会因时因地不同产生不同的激励效果。激励医药生产商主要包括识别渠道成员需求和激励渠道成员方式两个方面。

1. 识别渠道成员需求　渠道成员存在需求,不同的渠道成员其需求是不同的,同一渠道成员的需求在企业不同发展阶段也不相同,即渠道成员需求是动态变化的。医药生产企业不仅要了解渠道成员的需求,还要构建动态机制以应对渠道成员需求的变化。企业如同人一样,具有不同的特性,也具有独立性。医药生产企业和医药渠道成员之间在企业性质、企业文化、战略规划、营销策略等方面都有自身特征。渠道成员主要具有下列需求。

(1) 追逐利润的需求　企业是逐利的,利润是企业一切经营活动的根本,长久的利润保持是企业最希望获得的。医药生产商在激励渠道成员过程中,在制度上、政策上和日常渠道管理中要保证渠道成员的利润获取,才能提高渠道成员分销产品的积极性和主动性。

(2) 渠道成员的自我定位　每个渠道成员都认为自己并不从属于医药生产商,而是独立于生产商之外的。中间商通常认为它们首先是顾客的采购代理商,其次才认为它们是生产商的销售商。医药生产商认识到这个问题后,才会从渠道成员的角度考虑问题,关注渠道成员的顾客满意,为顾客,也就是生产商自己的顾客提供更优质、更便捷的医药产品和服务。顾客满意,渠道成员才会满意,生产商才会完成对渠道成员激励的工作。

(3) 渠道成员产品组合销售的需求　渠道成员销售单一品种时,消费者购买的产品数量和数额不会像预期的那样多,如果医药生产商设计一种产品销售组合方案对产品打包、组合,帮助渠道成员以系统的方式销售给顾客,既解决消费者需求的问题,又提高渠道成员的销售收入,增加渠道中间商的满意度。

(4) 渠道成员提高总销售额的需求　渠道成员希望经营的医药产品的总销售额较高,而不仅仅是某单一产品。渠道成员既希望每个医药产品的销售情况比较均衡,又希望拥有具有销售优势的产品,并通过优势产品的销售带动其他产品的销售。所以,医药生产商在鼓励中间商更多销售自己产品的同时,也要考虑中间商的整体盈利水平,在对其渠道行为充分理解的基础上,激励渠道成员产品销售均衡发展,而不要去计较渠道成员是否将分销力量集中在自己产品的终端推广上。

(5) 渠道成员销售记录信息保密的需求　每一个医药中间商都不希望将所有的销售记录毫无保留地提供给生产商,因为这涉及中间商宝贵的客户信息、产品价格信息、促销策略信息等重要商业记录。中间商也有可能刻意隐藏或有所保留地提供给企业部分的分销信息。销售信息是渠道成员得以生存和发展的基础,也是渠道成员实力和优势的来源,销售信息一旦被外界企业知晓就意味着渠道成员失去了经营基础和竞争优势。

2. 激励渠道成员的方式　上述对渠道成员需求的认识帮助医药生产商掌握了激励渠道成员的切入点，生产商通过满足渠道成员的需求实现渠道激励，使其产生销售产品的动力。对渠道成员的激励主要包括以下几个方面。

（1）向渠道成员提供顾客感兴趣的产品　渠道成员对消费者需求信息的掌握有时比生产商少，其信息会不完全、不准确、不及时，而生产企业指导渠道成员销售顾客感兴趣的产品，可以保证渠道成员较好的销售量和利润，双方合作的主要动力正是来源于这一点。

（2）向渠道成员保证产品的供应问题　医药产品供应的及时性是每个渠道成员都十分关心的问题，中间商不希望顾客购买药品时出现断货的现象，企业产品供应的保证，会提高渠道成员的热情，使渠道成员投入到生产商产品的销售中。企业可以通过高层对各级渠道成员的巡视和拜访，与渠道成员面对面交流、沟通，让渠道成员感到被重视，提高其销售信心和热情。

（3）提升渠道成员的整体销售能力　如果医药生产商可以在产品研发中考虑渠道成员因素，通过创新产品销售模式来提高渠道成员的整体销售能力，双方都会因此受益。渠道成员在销售中倾向于将产品组合销售，而不是销售单个产品，这样会使产品更快地流转，资金得到融通。而在产品组合的研制生产方面，生产商比中间商更了解产品的性能、特点，更加知晓怎样组合产品才能使消费者喜欢。

（4）对渠道成员进行系统的培训　通常情况下，渠道成员在销售过程中能了解到较多消费者信息，中间商可以向生产商传递这些信息，提供产品研发和生产的建议，帮助生产企业更好地改进产品生产工艺，提供销售支持，吸引顾客购买产品。所以，医药生产商需要对渠道成员培训，使其熟悉产品的特点，在销售过程中很清楚地向顾客介绍，实现较好的销售业绩，培训可以激励渠道成员的销售热情。渠道成员的培训，包括销售网络培训、渠道管理培训、医药产品信息的培训、促销策略培训等。

（5）向渠道成员提供渠道功能折扣　渠道成员承担着医药生产商的分销功能，是生产商的战略合作伙伴，生产企业应该鼓励渠道成员尽全力地销售产品，对渠道成员提供业务折扣成为必要。例如，销售奖、绩效杰出奖、信息回馈奖、渠道建设奖、合作奖、信誉奖等措施可提高中间商销售积极性，获取渠道成员重要的商业信息。

（6）向渠道成员提供物流、促销等营销技术支持　医药生产商可以帮助渠道成员解决和完善存货问题。在OTC药品销售中，医药生产企业若在媒体投放广告，会提升品牌知名度，促进中间商的产品订货量，引起终端医药消费者的兴趣，渠道成员因此受益。在通常情况下，中间商对宣传力度大的产品表现出较高的销售热情。虽然在处方药药品销售中，我国规定不允许在大众媒体中做广告，只允许在规定的期刊杂志上宣传，但医药生产商可以通过"产品说明会"的形式，向医院医生介绍药品的功效等专业的产品信息，向渠道成员提供技术支持和专业人员，完成终端的产品推广，促进终端销售。

对于渠道中间商的激励还有哪些方法？

二、评估分销渠道成员

医药生产商需要对渠道成员的分销业绩进行考核，掌握渠道成员的营销能力、渠道成员的潜在营销能力、渠道成员的渠道参与程度和参与热情等。

1. 渠道成员的营销能力　渠道成员营销能力是每一个医药生产商选择渠道成员首先考虑的问题。一个中间商的营销能力包括销售额大小、销售量大小、售后服务能力、回款情况、成长和盈利记录、偿付能力、信息收集能力、平均存货水平和交货时间等内容。

2. 渠道成员的潜在营销能力　渠道成员潜在营销能力是指未来的产品分销能力，是生产商评估渠道成员的重要方面。一个中间商的潜在营销能力可以通过企业整体实力、企业经营方向、企业发展能力、市场占有率的增长水平、市场拓展能力、顾客的满意度水平等来体现。例如，渠道成员的经营方向是提高某药品的销售额，那么，中间商会将企业资源投放在这类药品上；中间商可能现有的市场份额不是很理想，但是收集生产企业的终端信息发现,中间商在渠道销售中获得了较高的心理份额和情感份额,未来中间商的市场份额有增长的趋势。医药生产企业对渠道成员的业绩考核,不仅应从现有的分销记录中进行,更要注重渠道成员未来成长因素带来的渠道分销能力的提高和销售潜能。

3. 渠道成员的渠道参与程度和参与热情　这是评价渠道成员的一个重要指标。即使中间商实力强、有能力,如果不将其资源投放在生产企业药品的渠道推广上,产品的分销效果依然不理想;如果中间商的分销热情不高,即使现今其渠道投入水平高,后续的渠道资源投入也会降低。相反,一个普通的渠道成员,如果具有较高的渠道参与度和参与热情,会积极配合医药生产企业的营销活动,投入较多的渠道资源,在渠道中表现出更多的主动性和热情,渠道分销效果会十分理想。总之,无论渠道成员是一个多么理想的合作伙伴,如果它不能积极配合生产商的营销活动,会危害到生产商分销目标、营销目标的完成,影响到企业的整体发展进程。对中间商渠道参与程度和参与热情的考核,可以从如下方面进行。

(1) 渠道成员对损坏和遗失商品的处理。

(2) 与企业促销行为的合作情况。

(3) 参与企业培训计划的行为表现。

(4) 向顾客提供的服务水平和服务项目。

(5) 对销售员工提供的生产企业产品的销售激励。

(6) 对终端市场的销售热情。

(7) 渠道资源的投放水平。

而上述中间商参与度的考评,可以通过一个直观的数据完成,即通过衡量生产企业自己产品的销售量在中间商产品销售总量的比例来确定。

三、管理分销渠道冲突

1. 渠道冲突的含义　医药分销渠道冲突是指某个渠道成员从事的医药分销活动对其他渠道成员企业造成阻碍或影响。

2. 渠道冲突的产生　渠道冲突主要在以下两个方面产生,分为三种类型。

(1) 同一渠道模式渠道成员间的冲突。同一渠道模式内的冲突,可以发生在不同层级渠道成员之间,也可以发生在同一层级渠道成员之间。医药生产商通过经销商分销给零售商的过程中,经销商在将药品分销给零售商的同时,自己也可能建立渠道终端销售药品,这时经销商和零售商之间就产生了冲突,这是不同层级渠道成员间的冲突,又称为垂直渠道冲突;医药生产商将产品分销给同一层级的不同经销商时,若某个经销商具有低价销售或者跨区域销售等渠道行为,经销商之间就会产生冲突,这是同一层级渠道成员间的冲突,又称为水平渠道冲突。

(2) 不同渠道模式渠道成员间的冲突。医药生产商在同一医药细分市场建立两种或两种以上渠道模式时会产生冲突。这种冲突产生的原因,主要是不同的医药渠道由于同一类消费者群而产生的利益冲突,是不同类型渠道之间的冲突。例如,医药生产商在同一药品品种的分销中,采取网上药店的直接渠道模式和连锁药房实体销售门店的间接渠道模式时,这两种渠道之间会产生冲突,称为多渠道冲突。

3. 医药分销渠道冲突的具体表现形式　每个医药企业是独立的,它们的利益不可能总是一致的,所以医药分销渠道冲突的主要原因是渠道成员企业之间利益上的冲突。渠道成员之间由于渠道冲突类型不同,渠道冲突的具体表现也不同。

(1) 垂直渠道冲突,又称为渠道上下游冲突,是指同一渠道中不同层级渠道成员之间的利害冲突,这种类型的冲突比较常见。垂直渠道冲突包括医药生产商与经销商(或代理商)的渠道冲突、医药生产商与零售商的渠道冲突、医药经销商(或代理商)与零售商的渠道冲突,是渠道上游企业与下游企业之间的冲突。

一般情况下,渠道长度越长,渠道层级越多,涉及的渠道成员越多,产生的垂直渠道冲突就越多。医药生产商和经销商(或代理商)都可能自己建立渠道终端,这样会挤压零售商的销售空间,影响零售商的终端销售量,产生垂直渠道冲突。而只要医药产品的一次购买量达到批发商的要求,批发商不管销售对象是组织还是个人,均会销售产品,且销售价格常常低于零售商,垂直渠道冲突产生。这种冲突主要表现为回款时限冲突、销售权力冲突、销售范围冲突、折扣率冲突、进货渠道冲突、激励政策冲突和售后服务冲突等。

（2）水平渠道冲突,是指发生在同一渠道层级渠道成员间的冲突。当医药生产商采取独家分销时,水平渠道冲突通常是不存在的。但是,当生产企业采取选择性分销或广泛性分销,同一层级渠道存在两家或两家以上的中间商时,渠道冲突往往难以避免。

同一制药厂的同一个药品品种,在不同零售商的销售价格不一样时,渠道冲突也可能会发生。药品在终端零售价格的不同,主要是由于有些经销商为了争夺终端铺货率擅自压低供货价格,分销给零售商,售价高的经销商会产生不满情绪,常常通过提高促销力度、增加销售奖励、赠送赠品、加强服务支持、进行商业调拨等方式给予零售商一些渠道激励政策,或者也降低供货价格,以实现对其他经销商的排挤和报复,但是这样做会造成行业的恶性竞争,形成企业间资源的消耗,对每一个经销商都没有益处。

另外一种水平渠道冲突,主要表现是中间商的跨区域销售行为,这会引发该区域中间商的不满。医药经销商（或代理商）从生产商那里获得某个区域的产品经销权,经营活动以区域为基础。以地域为划分标准的分销渠道模式,人为限制了企业的经营区域,分销能力强的企业希望可以向更多零售商供应产品;分销能力弱的企业则向终端提供较高价格的产品,采购价格高的零售商也会不满,不利于生产商产品的销售。例如,部分医药经销商因为价格差或返利的诱惑,存在跨区域进货、冲货和窜货等行为,市场价格混乱,秩序被打乱,出现过度竞争,形成恶性竞争循环,整个行业市场经营环境混乱造成终端消费者的不满。

渠道成员间的冲突对医药生产商和所有渠道成员均是不利的,即使其他经销商向生产商施压,希望对违约的经销商惩罚,大部分生产商出于渠道合作利益的角度,面对这样的情况也经常是无计可施,左右为难。

渠道冲突一直是企业的顽疾,是所有渠道成员希望回避又必须面对和解决的问题。随着我国医疗体制改革的不断推进,药品价格降低,医药中间环节的利润空间被逐渐压缩,原有的以地域为划分标准的医药分销行业出现很多弊端,不利于整个医药行业的发展。现有医药分销行业越来越向规模化方向转变,在竞争中不再依靠地区界线形成竞争优势,而是通过提高管理效率、降低分销成本、实施供应链管理、无库存配送、电子商务、第三方物流等方面提升竞争力。规模小、效率低、分销模式传统的医药分销商在竞争中逐渐被淘汰、兼并或并购,直至退出市场;与之相反,大型医药分销商采用集成配送,规模、业务范围不断扩大。很多医药经销商开始向终端拓展,既向医院、药房等零售商配送产品,又采取自建终端渠道的方式,通过连锁药房、网上药店等销售产品。

（3）多渠道冲突,是指医药生产商建立两种或两种以上的分销渠道模式,向同一市场销售产品时产生的渠道冲突。当制药企业将某个药品品种分销给中间商再分销给消费者,又同时自己开设终端实体药房或者网上药店,那么中间商可能会不高兴,因为生产商的渠道行为抢占了中间商的终端市场。当医药生产商将乙类OTC药品、保健品等送到超市或商场销售时,它们的连锁药房（或其他零售终端）就会不满。多渠道冲突具体表现在零售价格不统一、终端促销方案不一致、配货冲突等。

在渠道冲突的治理中,仅依靠医药生产商或渠道成员的自律,显然是不行的;而如果在法规中和体制上等方面对医药分销商的渠道行为加以强制限制,也是不能完全做到渠道冲突的预防和治理,因为生产商无法对分销商的每一个渠道行为进行监控,只有建立一种利益驱动机制和渠道管理机制,对分销商进行有效引导,对渠道行为及时做出预警和预防,才能保证分销商的渠道行为合理化。

四、实施分销渠道合作

医药分销渠道冲突对生产商、经销商、零售商等渠道成员的经营均不利,渠道合作是有利于多方渠道成员的策略选择。渠道合作是以关系营销理论为基础,将渠道成员之间的合作关系发展为更紧密型的伙伴关系,以加强双方（或多方）渠道成员间的合作。

从关系的紧密程度分,渠道合作分为交易型渠道合作、伙伴型渠道合作、关系型渠道合作和联盟型渠道合作四种类型,渠道关系的紧密程度逐渐加强。交易型渠道合作是指渠道成员之间的关系,属于交易关系,是一次或几次交易实现的合作关系;伙伴型渠道合作是指渠道成员之间的关系属于经常性的交易关系,并且每次交易都十分愉快,彼此间已经成为对方的一个伙伴;关系型渠道合作是指渠道成员之间的合作不仅在于交易层面,更是具备关心对方、为对方考虑的关系营销思想;联盟型渠道合作是指渠道成员之间构建了具有共同愿景、信息交流、相互信任、行动配合的渠道联盟组织,是最紧密的渠道合作关系。渠道合作关系既可以在医药生产商与分销商之间产生,也可以在医药分销商和零售商之间产生。

知识链接

第一个全国性医药分销企业联盟在杭州成立

2011年12月23日,在浙江杭州召开第一个全国性医药分销企业联盟,该联盟是由浙江珍诚医药在线股份有限公司牵头,由来自全国17个省份的近20家医药商业企业共同组建,旨在将医药生产商的产品通过联盟成员的巨大分销网络直配到医药零售终端,实现资源共享、缩短流通环节、节省分销成本、提高分销效率、资源有效配置等,努力实现全产业链"和合共赢"。

(资料来源:张国祥.杭州日报[N].2011-12-25)

五、调整医药分销渠道

1. 调整医药分销渠道的条件

(1) 国家法律、法规等政策变化。例如,我国政府在"新农合工作2011年进展和2012年重点"中提出,新农合参合率保持在95%以上,人均水平达到300元左右,其中各级政府财政补助标准达到240元,而在2月22日召开的国务院常务会议提出,到2015年,新农合政府补助的标准将提高到每人每年360元以上。

知识链接

中医药管理局:没有编码的饮片、药材退市!

2015年11月初,国家标准委和国家中医药管理局近日发布《中药方剂编码规则及编码》、《中药编码规则及编码》和《中药在供应链管理中的编码与表示》三项中医药国家标准,此举标志着我国将实施统一的中药、中药方剂、中药供应链编码体系。据悉,这三项标准将于2015年12月1日起实施。

(资料来源:中国医药联盟网)

(2) 医药行业的分销技术发生变化。随着互联网技术的发展,我国的医药物流管理水平、医药供应链管理水平、第三方物流、网络营销等会大幅度提高,医药生产商的产品分销效率和流通效率会有所提高,从而生产商的分销渠道系统改变。

知识链接

供应链管理

供应链管理(supply chain management,SCM),广义含义是指整个企业的价值链,它描述了从原材料开采到使用结束的整个过程中,采购与供应管理流程;狭义含义是指在一个供应组织内集成了不同功能领域的物流,加强从供应商通过生产商与分销商到终端消费者之间的联系。

(3) 医药生产商的经营战略调整。企业的总体经营战略调整时,营销战略和营销计划也会随之调整,企业的分销渠道自然也会相应调整。

> **知识链接**
>
> **银之杰携手片仔癀发力 O2O 健康产业**
>
> 2014 年 11 月 6 日,银之杰和片仔癀同时发布公告,银之杰及全资子公司"北京亿美软通科技有限公司"与片仔癀签署了《战略合作协议》,三方共同发展 O2O 大健康产业平台,并就推进大健康产业平台电子商务业务领域的发展实行战略合作。
>
> 根据协议,片仔癀与亿美软通将合资成立实体医药公司,共同发展大健康产业。合资后的公司将充分利用互联网技术,建设以大健康产业为业务核心的电子商务消费者服务平台,并充分利用各方资源优势,建立丰富的线下产品销售直营店。
>
> (资料来源:证券时报网.2014 年 11 月 06 日)

(4)渠道成员的经营变化。医药生产商的渠道成员经营变化时,渠道要进行调整。中间商或零售商(如医院、药房等)的总体经营战略、竞争优势、企业资源、产品分销能力等变化时,对医药生产商的产品分销产生影响,生产商需要调整渠道。

> **知识链接**
>
> **北京儿童医院集团谋划六大区域布局**
>
> 2014 年 11 月,北京儿童医院院长倪鑫透露了北京儿童医院集团最新的发展动态:现在的成员医院已经有十五家。倪鑫谈了关于"好的医疗服务体系"的看法:首先有国家级医疗中心,向下是省级,再向下是市县级,建立起真正将卫生保健预防做到各市县级的网络,使病人需求和医疗供给二者之间得以平衡。按照集团规划的设想,集团的发展目标是,成员数达到 20 家,未来这些集团成员医院将要在各自的省内(或区域内)成为区域的医疗中心。
>
> 这种分级医疗服务体系,也是新医改启动以来所确定的一个发展方向。在 2014 年 10 月份例行的新闻发布会上,国家卫计委就表示,未来我国将建设形成基层首诊、双向转诊、急慢分治、上下联动的分级诊疗模式。
>
> (资料来源:中国医药联盟网)

(5)现有渠道系统运行效率低。现有渠道系统可能在设计上不合理,也可能在运行过程中,存在渠道冲突多、渠道成员不满意、渠道管理难度大、渠道效率低等原因使生产商需要调整现有分销渠道。

> **知识链接**
>
> **医药流通业批零一体化,药企营销随风策动**
>
> 《全国药品流通行业发展规划纲要(2011—2015 年)》作为未来 5 年医药流通行业的发展规划纲要,最值得一提的就是纲要中首次提出要鼓励批零一体化经营,即药品批发企业与零售企业之间相互渗透,以健全网络,加速药品供应链的整合。
>
> 在国家政策的促进下,医药零售企业涉足医药物流,医药物流企业又迅速向医药零售终端拓展业务,批零一体化序幕拉开,进一步压缩了渠道中间环节,提升药品流通效率。
>
> (资料来源:万赢信.医药流通业批零一体化,药企营销随风策动.医药经济报[N].2011-11-27)

课堂思考

除上述所列的渠道调整条件,是否还有其他条件要求企业调整分销渠道?

2.调整医药分销渠道的方法

(1)增加或减少某些渠道成员。这种渠道调整方法主要针对渠道成员和渠道宽度展开。通过对渠道成员的评估来判断是增加(或减少)渠道成员?应该调整哪个(或哪些)渠道成员?怎样将调整后的渠道成员进行组合搭配?

(2) 增加或减少某个渠道环节。这种渠道调整方法主要针对渠道层级的调整。当渠道层级过长,即渠道长度较长,渠道中间环节多影响了产品分销效率时,就应该减少渠道环节;当渠道层级过短,影响了终端市场的产品覆盖率时,应该增加渠道层级以保证渠道的终端推广效率,加强对渠道下游企业的管理,进一步提高渠道分销效率。

(3) 改变整个分销渠道系统。当使用上述两种方法调整后仍不能产生良好的分销效果时,医药生产商要考虑对整个分销系统重新布局。医药生产企业可以选择是对现有分销系统进行部分改进,即是通过自己建设终端渠道实现产品分销还是通过渠道成员渠道?或者可以考虑是否需要将旧的渠道系统改变成全新的渠道系统?

(刘 徽)

实训环境与组织实训过程

一、学生分组与组织

1. 分小组 全班同学分小组,每小组 3 人,确定 1 名小组长。
2. 小组长和小组成员准备 根据案例或教师给出的实训环境条件,对渠道进行评估并提出解决问题的对策。

二、实训环境

1. 校外合作医药企业 学校校外实训基地合作企业与学生确定合作项目,选择适合的药品。项目实训小组根据真实的医药企业和医药产品,通过对周边药房的走访和调查,以及合作企业提供的信息管理医药分销渠道。
2. 校内实训室 校内药房模拟实训室和营销模拟实训室,为渠道管理提供药品信息和收集企业产品信息等。

三、实训任务

任务 1 设立渠道管理目标

渠道管理是制药企业为实现公司分销的目标而对现有渠道进行管理,以确保渠道成员间、公司和渠道成员间相互协调和通力合作的一切活动。

进行渠道管理是为了实现企业的渠道目标,从而实现企业的营销目标。目标不同,管理的方式也随着改变。

营销拓展

渠道管理的具体内容

(1) 对经销商的供货管理,保证供货及时,在此基础上帮助经销商建立并理顺销售子网,分散销售及库存压力,加快商品的流通速度。

(2) 加强对经销商广告、促销的支持,减少商品流通阻力;提高商品的销售力,促进销售;提高资金利用率,使其成为经销商的重要利润源。

(3) 对经销商负责,在保证供应的基础上,对经销商提供产品服务支持。妥善处理销售过程中出现的产品损坏变质、顾客投诉、顾客退货等问题,切实保障经销商的利益不受无谓的损害。

(4) 加强对经销商的订货处理管理,减少因订货处理环节中出现的失误而引起发货不畅。

(5) 加强对经销商订货的结算管理,规避结算风险,保障制造商的利益。同时避免经销商利用结算便利制造市场混乱。

(6) 其他管理工作,包括对经销商进行培训,增强经销商对公司理念、价值观的认同以及对产品知识的认识,还要负责协调制造商与经销商之间、经销商与经销商之间的关系,尤其对于一些突发事件,如价格涨落、产品竞争、产品滞销及周边市场冲击或低价倾销等扰乱市场的问题,要以协作、协商的方式为主,以理服人,及时帮助经销商消除顾虑,平衡心态,引导和支持经销商向有利于产品营销的方向转变。

(资料来源:渠道管理-MBA智库百科)

任务2　制订渠道管理方案

根据渠道管理目标,制订渠道管理方案。

1. **渠道成员的培训**　医药企业培训渠道成员的主要目的是为了增强医药分销商对本企业的信任,提高营销能力和销售量,建立与医药分销商稳定和长久的合作关系。

(1) 医药企业对医药分销培训的主要内容有企业形象宣传,产品知识培训,销售政策培训,营销理念培训等。

(2) 培训形式有内部培训和外部培训。

内部培训有企业销售人员拜访培训,集中演示,会议交流等。外部培训有由企业委托专业培训机构进行培训。

2. **渠道成员的激励**　通常有直接激励和间接激励两种方式。

(1) **直接激励**　制药企业以物质或金钱作为奖励刺激渠道成员。

①根据市场需要及时向医药分销商提供适销对路的药品,并协助其做好相应的药品市场开发工作。通常OTC药品需要做大众促销工作,对于处方药品生产企业通常需派专业营销人员进行目标医疗机构的销售推广。

②制订合理的药品价格与折扣政策。合适的药品价格不仅有助于市场销售,而且会使中间商获得相应的利润。因而在制订时充分考虑企业成本与消费者的承受能力,同时根据实际销售业绩,给予中间商合理的价格折扣(通常有累计折扣和数量折扣两种)是鼓励中间商积极销售本企业药品的有效手段。

③设立合理的奖惩制度,鼓励中间商多销货早回款。通常做法:在一定时期内,中间商的药品销售累计到一定数量,或是经销商实现当月回款时,给予他们一定数量的返利;相反,当中间商没有达到合同约定的销售量或不按期回款时,则给予一定的惩罚。

④对于OTC药品可通过生产者负担广告费用,或者与中间商合作广告等形式,扩大企业和品牌的知名度,以促进市场销售。对于处方药品生产企业则应在能力范围内负责医院推广工作,或者由中间商负责医院的推广工作而生产企业承担相应的费用,以促进临床使用量提高。

(2) **间接激励**　生产企业通过非物质或非金钱奖励激发渠道成员的经营积极性。

①药品生产企业可提供技术指导、宣传资料、举办药品展示会、指导商品陈列、帮助零售商培训销售人员或邀请中间商派人员参加生产企业的业务培训等,以支持中间商开展业务活动,提高专业水平,改善经营管理,促进药品销售。

②生产企业需建立规范的客户管理制度,对原本分散的客户资源进行科学的动态化的管理,协助营销人员及时了解中间商的实际需要,通过良好的沟通建立相互信任、相互理解的业务伙伴关系。

③建立企业战略联盟。这是指生产企业和渠道成员为了完成同一目标而结合起来的营销统一体,如双方协商制定销售目标、存货水平、广告促销计划等。其目的是生产企业以管理权分享来促进经销商经营效率的提高,并期待建立长期、稳定的合作关系。

营销拓展

商业客户的经营心理与需求分析

1. 商业客户是独立、平等的经营者 通常情况下商业客户是一个独立、平等的经营者,与生产企业仅仅是业务上的合作关系,而非受其直接管辖的下属销售机构。因而生产企业需要充分尊重和理解合作者,摆正双方关系,中间商需要依靠生产企业的声誉和产品获得生存和发展机会,而生产企业也要依赖中间商才能在市场营销中获得有利地位。这种相互依存的同盟关系要求双方在相互尊重和理解的基础上,友好协商来解决一切问题。

2. 商业客户最关心的还是经济利益 中间商无论与生产企业的合作关系多么融洽,双方关系得以维系的根本还是因为中间商销售某一生产企业的产品能够给它带来比销售其他生产企业的产品更多的经济利益。因而经常会出现品种好、利润高的产品中间商抢着销售,而那些没有品种优势、销售难度大的产品则中间商唯恐躲之不及的现象。所以有专家评价说中间商首先代表的是其目标顾客的利益(顾客需要的产品、畅销的产品中间商才愿意经销),其次才是生产企业的销售代理人。因此,生产企业只有不断为中间商提供质量过硬、销售前景看好的产品,才能保证其"忠诚度"和"销售热情"不会下降。

3. 合作方式的多样性 除授权独家经销形式外,通常中间商会经销多家企业的多种产品,而且同一品种也会有多个厂家供货。其目的之一是方便它的顾客选择;另一目的是为了在供应厂家之间造成竞争态势,以取得更优惠的销售条件。因而这类中间商与生产企业的关系不可能像独家经销那样紧密,也不可能将每一个企业的每一种产品都作为重点产品去精心运作。这样一来,生产企业想让其及时提供市场相关信息是比较困难的,除非在签订合约时特别约定,否则只有依靠企业本身去实地调研。

4. 人际关系的影响 在与渠道成员的合作过程中也会受到人际关系的一定影响。如果产品相同、市场相同、各生产者提供的条件相差无几,则人际关系状况就会影响到渠道成员与生产企业的合作关系。因而企业也需要实现营销工作的人性化管理,与合作者保持良好的人际关系。

(资料来源:医药营销渠道的管理:激励渠道成员_世纪医药招商网)

---

3. 渠道管理的方法 最常见的是冲突问题,而解决的办法可概括为4种。

(1) 问题解决法 通过讨论或商谈找到双方能够接受的解决冲突的方案,其前提是冲突双方有一些事前约定好的共同目标,双方都有维持良好关系的意愿。

冲突双方或一方提供一些新的信息,支持或说明自己的主张或行为,然后双方围绕着这些新的信息进行思考、回顾、讨论和协商,最后设计出使双方都能够接受的方案或条款。

在使用问题解决法调解渠道冲突时,一般冲突双方本着互惠互利的原则都要做出一些让步。

(2) 劝解法 在使用劝解法调解渠道冲突时,通常一个渠道成员试图用说服的方式改变另一个渠道成员对于一些重要问题的看法或决策标准,比如一个渠道成员劝说另一个渠道成员要顾全大局,不要只考虑自己的利益而忘记了大家共同的利益。

(3) 讨价还价法 当冲突双方各自强调其目标,并在目标上存在较大差异时,就需要使用讨价还价法来解决冲突。

通常冲突双方都会利用自己所拥有的权力迫使对方在相关问题上做出让步;只有一方或双方都做出某种程度的让步,冲突才能解决。这时,冲突的解决通常是由权力较大的一方诱使或者迫使另一方做后者根本不愿意做的事情;在后者不愿意妥协时,前者往往有后续手段,对其实施惩罚。

采用这种方法解决冲突,冲突双方实际上是通过讨价还价的程序为双方寻找一个平衡点,如果谈判破裂,则意味着更大的冲突。

(4) 第三方介入法　一般适用于在冲突达到较高水平且冲突双方感觉到难以在他们之间达成妥协的时候。具体的方法如下。

第一，沟通。由独立的第三方将冲突双方召集起来面对面交换意见。

第二，调解。由独立的第三方帮助冲突双方确定问题所在，并找到双方都可以接受的解决方案。

第三，司法介入。由司法机构作为独立的第三者介入为双方解决矛盾。

一般来讲，使用问题解决法和劝解法有利于渠道成员之间合作关系的进一步发展和巩固，而使用讨价还价法和第三方介入法，特别是过分依赖后两种方法，则会破坏渠道成员间的合作关系。

营销拓展

渠道管理中存在的问题及解决路径

1. 渠道不统一引发厂商之间的矛盾　企业应该解决由于市场狭小造成的企业和中间商之间所发生的冲突，统一企业的渠道政策，使服务标准、规范，比如有些厂家为了迅速打开市场，在产品开拓初期就选择两家或两家以上总代理，由于两家总代理之间常会进行恶性的价格竞争，因此往往会出现虽然品牌知名度很高，但市场拓展状况却非常不理想的局面。当然，厂商关系需要管理，如为防止窜货应该加强巡查，为防止倒货应该加强培训，建立奖惩措施，通过人性化管理和制度化管理的有效结合，从而培育最适合企业发展的厂商关系。

2. 渠道冗长造成管理难度加大　应该缩短货物到达消费者的时间，减少中间环节，降低产品的损耗，厂家有效掌握终端市场供求关系，减少企业利润被分流的可能性。在这方面海尔的海外营销渠道可供借鉴：海尔直接利用国外经销商现有的销售和服务网络，缩短了渠道链条，减少了渠道环节，极大地降低了渠道建设成本。现在海尔在几十个国家建立了庞大的经销网络，拥有近万个营销点。

3. 渠道覆盖面过广　厂家必须有足够的资源和能力去关注每个区域的运作，尽量提高渠道管理水平，积极应对竞争对手对薄弱环节的重点进攻。例如，海尔与经销商、代理商合作的方式主要有店中店和专卖店，这是海尔营销渠道中颇具特色的两种形式。海尔将国内城市按规模分为五个等级，即一级是省会城市、二级是一般城市、三级是县级市及地区、四级和五级是乡镇和农村。在一、二级市场上以店中店、海尔产品专柜为主，原则上不设专卖店，在三级市场和部分二级市场建立专卖店，四、五级网络是二、三级销售渠道的延伸，主要面对农村市场。同时，海尔鼓励各个零售商主动开拓网点。

4. 企业对中间商的选择缺乏标准　在选择中间商的时候，不能过分强调经销商的实力，而忽视了很多容易发生的问题，例如，实力强的经销商同时也会经营竞争品牌，并以此作为讨价还价的筹码；实力强的经销商不会花很大精力去销售一个小品牌，厂家可能会失去对产品销售的控制权等等；厂商关系应该与企业发展战略匹配，不同的厂家应该对应不同的经销商。对于知名度不高、实力不强的公司，应该在市场开拓初期进行经销商选择和培育，既建立利益关联，又有情感关联和文化认同；对于拥有知名品牌的大企业，有一整套帮助经销商提高的做法，使经销商可以在市场竞争中脱颖而出，可令经销商更忠诚。另外，其产品经营的低风险性及较高的利润，都促使两者形成合作伙伴关系。总之，选择渠道成员应该有一定的标准，如经营规模、管理水平、经营理念、对新生事物的接受程度、合作精神、对顾客的服务水平、其下游客户的数量及发展潜力等等。

5. 企业不能很好地掌控并管理终端　有些企业自己经营了一部分终端市场，抢了二级批发商和经销商的生意，使其销售量减少，逐渐对本企业的产品失去经营信心，同时他们会加大对竞争产品的经销量，造成传统渠道堵塞。如果市场操作不当，整个渠道会因为动力不足而瘫痪。在渠道为王的今天，企业越来越感受到渠道的压力，如何利用渠道的资源优势及如何管理经销商，就成了决胜终端的"尚方宝剑"了。

6. 忽略渠道的后续管理　很多企业误认为渠道建成后可以一劳永逸，不注意与渠道成员的感情沟通与交流，从而出现了很多问题。因为从整体情况而言，影响渠道发展的因素众多，如产品、竞争结构、行业发展、经销商能力、消费者行为等，渠道建成后，仍要根据市场的发展状况不断加以调整，否则就会出现大问题。

7. 盲目自建网络　很多企业特别是一些中小企业不顾实际情况，一定要自建销售网络，但是由于专业化程度不高，致使渠道效率低下；由于网络太大反应缓慢；管理成本较高；人员开支、行政费用、广告费用、推广费用、仓储配送费用巨大，给企业造成了很大的经济损失。特别是在一级城市，厂家自建渠道更要慎重考虑。厂家自建渠道必须具备一定的条件：高度的品牌号召力、影响力和相当的企业实力；稳定的消费群体、市场销量和企业利润，像格力已经成为行业领导品牌，具有了相当的品牌认可度和稳定的消费群体；企业经过了相当的前期市场积累已经具备了相对成熟的管理模式等；另外，自建渠道的关键必须讲究规模经济，必须达到一定的规模，厂家才能实现整个配送和营运的成本最低化。

8. 新产品上市的渠道选择混乱　任何一个新产品的成功上市，都必须最大程度地发挥渠道的力量，特别是与经销商的紧密合作。如何选择一家理想的经销商呢？笔者认为经销商应该与厂家有相同的经营目标和营销理念，从实力上讲经销商要有较强的配送能力，良好的信誉，有较强的服务意识、终端管理能力；特别是在同一个经营类别当中，经销商要经销独家品牌，没有与产品及价位相冲突的同类品牌；同时经销商要有较强的资金实力，固定的分销网络等等。总之，在现代营销环境下，经销商经过多年的市场历练，已经开始转型和成熟了，对渠道的话语权意识也逐步地得以加强。所以，企业在推广新品上市的过程中，应该重新评价和选择经销商，一是对现有的经销商，大力强化网络拓展能力和市场操作能力，新产品交其代理后，厂家对其全力扶持并培训；二是对没有改造价值的经销商，坚决予以更换；三是对于实力较强的二级分销商，则可委托其代理新产品。

(资料来源：渠道管理-MBA智库百科)

任务3　评估并改进渠道管理方案

通过定期评估检查渠道管理目标的执行情况，及时发现问题，找出差距，修正及完善，保证渠道畅通和充满活力。

评估渠道管理方案的主要内容见表4.2.1。

表4.2.1　评估渠道管理方案

对策 客户	推动的影响力	同竞争对手间的关系	本公司负责人员	强化对策	时间表	备注
总经理						
相关负责人						
财务经理						
其他人员						

四、学时与实训作业

(一) 学时与要求

(1) 一体化教学：2学时。

(2) 实训与考核：4学时(建议)。

(3) 以小组为单位完成某药品的渠道管理方案，所使用的理论与知识，以Word文档形式呈现，并能将在实训过程出现的错误、不足和优劣势陈述出来。

（二）考核范例与考核标准

范例分析一

想做微商城？不知如何下手？

导读

微信营销的推广工作要围绕集粉和维粉两个工作目的，根据年度计划制订每月微信网络营销活动方案，确保微信活动线上和线下的有效连接。

在实施数字化营销时，零售药店在微信选择上要考虑订阅号还是服务号，如果要开发更多的功能应该选择后者，而且在实施微信商城和会员时，最好能将企业的 ERP 打通，这样就可以实时知道库存、会员积分、销售数据等。当然，还有其他移动办公类 APP 也是企业的选择，但其他 APP 最好在微信成功之后再实施，因为 APP 需要下载量，单独的 APP 在推广方面难度较高。

目前来看，微信可以分为微信自定义域和微信商城两块。

针对前者，药店可以开发相应的功能，例如，为特定人群专设养生俱乐部、健康俱乐部（慢性病专区）、婴幼儿专区等，与线下实体店互动便捷的支付方式；还可以开发问病找药、招聘、药师微信在线服务、加盟店招商、膏方预约等功能，利用公众号做会员药事服务、健康知识传播、药店诊所（中医馆）挂号、药师热线服务、急症用药自助查询、慢性病服务等。

至于微信商城，则需要考虑一级菜单的设置，内容的企划，粉丝的积累，卖货；要扩充门店商品种类，打通 ERP，实现线下、线上融合，有利于会员管理、财务管理、电商应用等。

具体的工作流程如下。

（1）微信商城平台功能应用开发、上线、维护。

（2）完成微信商城商品线规划，合理配置各平台商品品规。

（3）微信商城商品上架、下架维护及日常价格及活动价格的常规维护。

（4）完成微信商城线下门店业务对接，包含业务操作合规、门店配送服务达成。

（5）围绕提升微信商城销售为目的的营销活动方案制订。

（6）第三方快递配送服务商的选择及配送流程方案确立。

细化到微信商城的界面设计时，笔者提供如下建议。

模块一：搜索。光标点击进入搜索界面；可显示近期搜索记录；输入关键字后可自动显示相关联品种，可选择点击；点击任一搜索结果跳转至单品详情等。

模块二：营销活动速递。点击活动速递进入电子 DM 单页；可选择点击任一搜索结果跳转至单品详情页；电子 DM 单可以提供模板，可直接加入购物车，也可进入详情页。

模块三：一般由几大功能模块组成，如对症找药、周边药房、问病买药、商品分类等主要功能。以商品分类为例，要按品类维度划分为大类、中类，其与按适应证查询的区别是，按功能分类更加符合消费者需求，消费者更加明白。大分类可以分为中西药、营养保健、计生用品、医疗器械、参茸花茶、居家日用、个人护理、隐形眼镜等。

模块四：全场满减商品优惠活动，要涉及几大功能性商品，有一定品牌、销量大的商品，促销力度大的商品。

模块五：好货推荐。以客户的需求、愿望为导向，推荐新品、畅销品为主；好货推荐位显示单品。

其他配套功能：营销规则，要明晰买赠、限量（一个 ID n 次，或一天 n 次）；满多少送多少；第一件某价，第二件某价；优惠价、会员价、积分兑换；满多少元直降多少等；比如在线服务功能、客户提醒功能、服务功能、消息功能（显示订单消息、状态）、默认排序（由技术来定，销量排序按商城实际销量来，折扣按折扣比例显示）、商品大图、药师菜单、意见反馈、个人中心、积分功能（购买商品累计积分，下单抵扣积分，二期开发）等。

在进行微信的推广时，要线上线下同时发力。

从线上来看，可以在合作媒体用电子券、优惠等方式吸引关注，也可以由公司相关部门设置好内容，员工、供应商或第三方平台在朋友圈推送，还可以通过企业号来推广，也可以通过微信支付自动转为微信粉丝,或利用卡包的转赠功能实现粉丝互动,以及利用微信开展社区活动等。

至于线下,可以在门店每次的营销活动海报、收银台、台卡、微信活动宣传立牌,放置微信服务号二维码;还可以在门店、社区(银行、楼宇等高档社区),引导消费者扫二维码,不但享受微信卡券优惠,还可以获得赠品。当然,也可以用进店购物扫码送礼物或代金券的方式,或是通过公益活动拉动,还可以设置微信好友特供产品或特价专区。此外,还可以结合微信卡券功能,设计纸质商品优惠券,开展优惠券营销,优惠券含微信流程,通过门店(顾客在付款时)随小票发给顾客商品优惠券,可让顾客带到家里或者办公室分享等。

总之,微信营销的推广工作要围绕"集粉"和"维粉"两个工作目的,根据年度计划制订每月微信网络营销活动方案,确保微信活动线上和线下的有效连接。

微信商城商品的选择原则如下。

(1) 因政策法规限制,微信商城商品以非药品、精制饮片、OTC乙类为主。

(2) 有一定品牌,销售量大、促销力度大。

(3) 商品要定期更换;传统营销以月为营销周期,而微信商城应该按周安排。

(4) 商品按功能细分,特别是按客户的功能需求。

(5) 要定期有推荐的新品、畅销品、爆品。

具体到微信商城的营销推广工作,药店要根据细分市场,结合季节性产品,通过活动的专项品种来实施。

产品促销方式如下。

营销活动传播,主题活动、微信卡券、微信红包、买一送一、第二件半价、品牌优惠、超值换购、微信抢购等,触动用户购买。

主要营销方法如下。

爆品O2O,精准定位不伤客;差异化产品,不抢线下原有份额;病毒性传播,自媒体广告;O2O,强调用户体验+占便宜;特殊绩效,要做到全员销售……

单品营销推送,即通过设计一个爆品营销推送,点击直接跳转为购买页面,这种方式推广可以在微信资讯界面、朋友圈、微信群,用二维码直接推送。用户接到信息,加入微信、购买一气呵成,微信商城推广的用户体验非常强。

活动营销:制造有吸引力的微信活动,通过多个渠道推送,吸引消费者参与,拉动粉丝增长。

产品营销:将品牌或产品包装成喜闻乐见且具传播力的内容,进行合理推送,吸引粉丝讨论。

会员营销:连锁会员信息的完善,与实体店会员卡绑定,定期推送营销活动,会员优惠等活动。

客服营销:为微信粉丝、会员提供高质量的专区服务(养生俱乐部等),体现品牌人性化关怀和沟通。

媒体营销:特别是传统媒体中受众特别多的媒体,拿一款特别有影响力的、有较多客户的产品在此做广告,只要扫扫微信二维码,就可以通过微信商城购买该款商品;这种推广方式能立即为微信商城积累人气,推广速度快,简洁明了。

通过门店有吸引力的传统营销,顾客只有在微信商城才能享受该优惠活动,让来店客户慢慢习惯线上消费方式,通过潜移默化的影响,推广微信商城。

微信商城的运行与维护如下。

前提:运营团队组织的互联网化。

基础:微信应用平台搭建基础设施。

根本:用户的积累、管理与服务。

目标:卖货赚钱O2O销售。

团队及职责:新媒体策划负责活动、内容策划,通过粉丝感兴趣的话题或活动产生互动,增强黏性;美编负责图文编排、美工、文字版式设计;内容编辑负责内容的撰写并收集粉丝的反馈意见;推广人员负责线上与线下推广;客服负责语音聊天、问候、在线解答等。

为了顺利推进线上的营销工作,线下药店要配合完全如下工作。

● 数据支持

所有参与交易商品的基础数据,可以批量导入,连锁方可以在后台录入商品名、规格、厂商、原价、商城价、产品简介等;所有参与交易的商品图片,在连锁药店后台录入;所有连锁药店基础数据,可以批量导入,连锁药店可以在后台录入药店名、药店地址、药店简介;轻松找药分类信息,商品分类信息,包含一级、二级、三级分类,以及之间的关联关系,三级分类和商品的关联关系;可以批量导入,在连锁药店后台录入。

● 接口支持

提供微信支付接口;提供与企业库存在线更新的接口,提供积分管理的接口。

● 运营支持

运营模板的图片和商品配置,在连锁药店后台配置;主题活动,运营模板的图片和商品配置,在连锁药店后台配置;好货推荐,商品配置;药师咨询,在线客服,账户给连锁药店,由连锁药店安排人员维护账号;使用帮助,需要连锁药店提供文本内容;意见反馈,需要连锁药店在后台进行维护……

范例分析二

制药企业如何才能稳住代理商

近年来,制药企业为了扩大销量、抢占终端资源,纷纷采取招商的方式。可企业年年招商,费尽千辛万苦,招来的代理商却不断流失,如何将代理商牢牢地团结在自己周围,企业需要最大限度地释放自己的"万有引力"。

No.1 质量大过天

前不久,笔者一个朋友代理了内蒙古某药厂的一个产品,该产品的市场开发较好,不到一年时间,在一个省级市场就开发了上百家医院。可药监部门抽检该产品时发现,水分超标,装量不均匀,属不合格产品,罚款5万元,所有医院停止销售该产品。代理商赶紧与厂家联系,要求厂家派人处理,可厂里以各种理由推脱。代理商气愤之极,觉得继续合作下去没有任何意义。于是将所有医院用药换成其他同类产品,剩下的货物全部销往外地……

【接招】从厂家来说,产品质量出了问题,造成了损失,就要积极帮助代理商处理问题,同时提高产品质量。但现实却是类似于这种产品质量出问题的,厂家不主动协助处理的例子较多。

产品质量是企业的生命,药品生产企业更是如此。2006年的"齐二药事件"足以证明这一道理。杰克·弗尔奇说过:质量是通用(公司)维护顾客忠诚度最好的保证,是通用对付竞争者最有力的武器,是通用保持增长和赢利的唯一途径。可见,企业只有在产品质量上下工夫,保证药品质量的稳定性、可靠性,才能在市场上取得优势,才能为产品的销售及品牌推广创造一个良好的运作基础,也才能稳住代理商,为企业创造源源不断的财富。在产品出现质量问题时,企业要面对现状,勇于承担,认真处理,该承担的损失必须承担。只有这样,才会取信于代理商。

与此同时,企业也要不断提高科研创新能力,不断培育新的品种。新品种是留住客户的根本,代理商在代理一个产品时,一般2～3年市场走向成熟,如果企业没有新的好品种投入市场,代理商必然移情别恋,接受新的品种。因此,作为生产企业,加强产品的研发能力、不断创造出新的产品也是留住代理商的关键。

No.2 我不是"老大"

大型国有企业的员工仍然有"老大"思想,服务意识淡薄,客户提出的问题不能及时解决,咨询无人理睬,投诉没人处理,服务人员效率低。民营企业也存在管理不到位、服务不到位的现象,比如市场快要断货了,代理商要求发货,公司仍然按流程办;代理商要招标文件,公司办事人员按部就班,延误了时间;货款回到公司后,明明承诺3天付款给代理商,可一拖就是半个月……

【接招】大多数企业在管理代理商时都设置了相关的职能部门,配备了相应的人员,但是真正服务好的企业却比较少。服务不及时的本质是企业没有牢固树立"客户第一"的思想,没有"急客户之所急,想客户之所想"。试想,代理商在前线冲锋陷阵,企业后勤保障不到位,代理商还会为企业"卖命"吗?要解决这个问题,药厂应当努力改变营销观念,提高服务水平。

但是目前这种观念只是领导层有了,销售部门的同志有了,其他职能部门还不能跟上形势发展的需要,主要原因在于管理层对市场营销观念的全员教育培训不够。"顾客第一""顾客是上帝""顾客永远是正确的""顾客是企业的真正主人"等理念没有深入人心。非营销部门的职工与市场接触较少,体会不到市场的难,要求"急顾客之所急"是不太容易的。因此,管理层一定要有全员市场营销观念,教育员工真正树立起市场服务意识,可以采取轮岗、营销人员现场讲解、典型案例剖析等多种形式帮助员工改变观念。

观念改变了,客户未必就满意,关键还是要提高服务水平,将工作落到实处。提高服务水平主要应从以下几个方面着手。第一,提高服务人员的整体文化水平。一线直接为代理商服务的人员起码需要具备大专以上文化程度。文化程度太低,就很难与代理商进行有效沟通。反之,综合素质高,心有灵犀,一点就通。沟通交流起来就容易多了。第二,提高服务人员的专业水平。了解和熟悉所经营品种的相关医学知识、药学知识,切不可一问三不知。了解并熟知公司的历史与现状,切不可模棱两可。熟记与产品经营相关的流程及各种文件,切不可一无所知。

No.3 窜货"蚁穴"坚决堵

笔者曾服务于国内某中型制药企业,该企业1992年就已改制,其拳头产品在业内颇有影响力,最好的时候单品种做到了近一亿元。但由于企业管理混乱,为了追求短期经营指标,代理商在全国市场互相窜货,公司却睁一只眼闭一只眼,不处理,不过问。结果两年不到,这个产品的年销售额从近1亿元下滑到只有不到2000万元。现在这个产品基本上退出了该病种治疗领域的主流市场,有实力的代理商全部离开公司,经营其他厂家的同类产品。

【接招】市场监管不到位有两层意思:一是监控不到位,二是发现了问题,处理不到位。窜货问题是制药企业普遍面临的一个难题,但有些企业管理得很好,基本没有窜货现象,有些企业管理得很差,价格"窜"乱了,市场"窜"死了。

总结起来,企业治理窜货的经验还是强化监管意识,提高监管水平。企业从领导层到营销部门要充分意识到抓好窜货问题的重要性,维护好市场实际上就是延长了产品生命周期,留住了一线客户。窜货的根源,说到底是一个"利"字。在现实社会中,利润分配权几乎都掌握在制造商与渠道的多个环节之中,形成了一种不确定性,在制造商与渠道之间、不同渠道之间,大家为争夺利益自然造成了窜货。

因此,抓好窜货问题必须做好以下几点。一是分清窜货的原因。笔者认为,窜货有因渠道自然流动产生的正常窜货,以及人为因素造成的货物跨区域销售产生的非正常窜货。对于前者,我们只需要调整利益分配,不需要打击,后者则属于重点打击对象。有些代理商心术不正,不去好好开发市场,专干损人利己的事,对于这样的代理商,公司除了对其处以罚款外,还要取消其代理资格。二是制订完善的营销政策,包括完善的产品价格、促销、返利和区域专营政策。三是制订较为现实的营销目标。企业对各个区域市场的年度目标要符合实际,切忌想当然。有些企业不考虑市场实际情况,订立不可能实现的销售目标,代理商为了完成当年目标,拿到当年奖励,只好窜货。四是坚决处罚窜货行为。在与代理商的代理协议中应该明文禁止窜货,公司有权对其进行处罚,将年终返利、经销商的信用额度、厂家的广告促销支持等由厂家提供的激励政策与经销商的窜货行为挂钩。同时对市场上出现的各种情况要认真监控,及时反馈,一旦出现问题要仔细研究,及时拿出对策。在处理上要果断、彻底,不可照顾情面。

No.4 播种客户

笔者在给员工培训时经常要问这样的问题:一粒麦子有几种命运?有的说被人吃掉,有的说做了种子,有的说被老鼠啃掉了……答案千奇百怪,无所不有。实际上,一粒麦子主要有三种命运:一是磨成面粉被人们消费掉,实现自身的价值;二是作为种子播到田地里,结出丰硕的果实,创造出新的价值;三是由于保管不善霉烂变质,失去自身的价值。由此可见,只要管理得当,麦子就会实现自身的价值或是为人类创造出新的价值;但若管理不善,它就会失去自身的价值。

【接招】企业的代理商就好比麦子,如果企业对代理商管理有方,代理商就会热情、积极地配合企业的各项政策或活动;但若管理不善,代理商就会流失,甚至产生较大的负面效应。

大多数企业对代理商的管理没有长远眼光,缺乏人性化,采用一种粗放的、程序化的任务管理,这种管理不利于培养客户的忠诚度。

在经济社会中,让客户满意是营销的最终目标。制药企业的下游客户就是各级经销商,要想让客户满意,除了提供好的产品外,更重要的是提供优质的服务。在产品同质化竞争越来越激烈的今天,传统的产品营销方式显得苍白无力,需要借鉴服务的营销创新,服务已上升为竞争的重要环节。同时要强化"情感营销",与客户交朋友。

当前,制药企业的营销比任何时候都更需要"忠诚者"的加盟。企业有一大批的忠诚的客户,销售量就会稳定上升,反之就比较难。如何提高代理商的忠诚度呢?一是让客户感觉自己价值的存在。代理商在同厂家合作的过程中,首先要获得利润。同时更希望得到其自身价值的认可,厂家要据此给代理商进行各种激励。二是增进与客户的沟通。经常向客户灌输长远合作的意义,经常向客户描绘企业发展的远景,使客户感觉到自己就是厂家的一分子,与厂家同甘苦、共患难,一起成长。三是人性化管理。感情是维系客户关系的重要方式,日常的拜访、节日的问候、婚庆喜事的真诚祝福,都会使客户深为感动。

范例分析三

1. 医药企业营销概况

医药行业营销及营销渠道概况说明(略)

对于医药生产企业来说,营销渠道的设计与选择关系到药品能否及时销售出去和回收货款,关系到企业的销售成本与利润,与企业营销的成败关系甚大。因此,必须做好营销渠道的设计工作。

根据我厂目前的产品、营销情况及整个医药市场的营销状况,我部门对营销渠道的设计、选择、渠道成员的管理等方面提出设想,请领导审阅、指正。

2. 医药产品营销渠道设计应考虑的因素

判断营销渠道有效的标准之一就是是否可利用渠道将医药产品顺利地转移到企业的目标市场。设计、选择适合的营销渠道,就要充分考虑影响医药营销渠道设计与选择的主要因素。

影响医药产品营销渠道设计与选择的因素如下。

1) 产品特点　主要从药品的单价、重量、技术含量、有效期限、适用性、市场生命周期等方面考虑(略)。

2) 顾客特性　客户的声誉、经营范围、经营能力、协作精神、业务人员素质以及未来销售潜力等。

3) 企业状况　企业形象、产品销路、生产经营管理水平、市场影响力、号召力等。

4) 市场环境　宏观经济政策、药品管理办法、医药产品竞争状况等。

3. 渠道成员选择需考虑因素

在医药市场中,选择合适的、优良的渠道成员,除其应具备必需的药品经营资格和条件外,还应具备良好的商业信誉,能够快速、准确地将药品推向目标市场,迅速抢占相关市场以提高该药品的市场占有率。

渠道成员选择的标准如下。

1) 渠道成员资料健全　渠道成员的资料包括团队资料和个人资料。

(1) 团队资料　即客户的最基本的原始资料,主要包括客户的名称、地址、电话、隶属关系、经营管理人员、法人代表及单位等级、经营医药产品所必需的"一证一照(药品经营许可证或医疗器械经营许可证)"、企业法人及营业执照是否齐全。

(2) 个人资料　包括客户法人及相关合作者的姓名、年龄、籍贯、性格、兴趣、爱好、学历、职称、业务专长、科研成果、社交团体、家庭成员、相互关系、有特别意义的日期等。

2) 经营特征　主要比较各个渠道商的服务区域、销售网络、销售能力、发展潜力、经营理念、经营方向、企业规模、经营体制、权力分配等经营与销售方面的内容。

3) 业务状况　主要比较各渠道商以往经营业绩、同类产品的销售情况、本企业产品所占比例、管理者及业务人员的素质、与其他竞争者的关系、与本公司的业务关系及合作态度等。

4) 交易情况　各渠道商的交易情况主要包括客户的销售活动现状、存在问题、保持和扩大产品市场占有率的可能性及优劣势、未来的变化及对策、企业形象、声誉、信用状况、交易条件等。其中特别需要着重考虑的是其信用(资信)状况,包括该商业客户的销售回款额、在外应收款数量、回款期限、会计事务所审计报告、银行信誉告示级等。

4. 本企业渠道类型选择

依据本企业药品特点,结合目前药品营销渠道,可选择以下渠道类型。

(1) 企业—医药零售药店或医院—个人消费者。

(2) 企业—代理商—医药零售药店或医院—个人消费者。

5. 渠道成员激励措施

为促进渠道成员实现渠道目标,争取建立长期的合作关系,针对以上渠道模式,采取以下激励措施。

1) 直接激励　我厂以物质或金钱作为奖励刺激渠道成员。

① 时刻关注药品市场,根据市场需要开发新的药品。及时向中间商提供适销对路的药品,并协助其做好相应的药品市场开发工作,如对OTC药品做大众促销,派专业销售员进行目标医疗机构的销售推广。

② 针对渠道商实际销售业绩,制订合理的药品价格与折扣政策。在制定相关政策时,要考虑企业成本与消费者的承受能力。

③ 设立合理的奖惩制度,鼓励中间商多销货早回款。例如,在一定时期内,中间商的药品销售累计到一定数量,或是经销商实现当月回款时,给予他们一定数量的返利;相反,当中间商没有达到合同约定的销售量或不按期回款时,则给予一定的惩罚。

④ 制药企业采取积极的营销策略,通过电话、电台、报纸、杂志等媒体发布广告,扩大企业和品牌的知名度,以促进市场销售。例如,对于OTC药品,制药企业承担广告费用,而对于处方药品,制药企业应在能力范围内负责医院推广工作,或者由渠道商负责医院的推广工作而由生产企业承担相应的费用,以促进临床使用量的提高。

2) 间接激励　制药企业通过非物质或非金钱奖励激发渠道成员的经营积极性,常用措施如下。

① 根据药品技术含量等情况,向渠道商提供技术指导,宣传资料,举办药品展示会,指导药品陈列,帮助零售商培训销售人员或邀请中间商派员参加本厂的业务培训等,以支持其开展业务活动,提高专业水平,改善经营管理,促进药品销售。

② 建立规范的客户管理制度,对原本分散的客户资料进行科学的动态化管理,协助销售人员及时了解中间商的实际需要,通过良好的沟通建立相互信任、相互理解的业务伙伴关系。

③ 与渠道商建立企业战略联盟,促进渠道商经营效率的提高,并以此建立长期稳定的合作关系。

(资料来源:医药营销渠道设计案-道客巴巴)

医药分销渠道管理方案设计考核评价标准与评分表如表4.2.2所示。

表4.2.2　医药分销渠道管理方案设计考核评价标准与评分表

平时成绩评价标准与评价项目					
序号	等级与分数 评价项目	优秀 9分	良好 8分	一般 6分	需努力 3分
1	到课情况				
2	小组内参与情况				
3	团队内贡献情况				
4	思考与语言组织表达能力				
5	小组间评判的能力				
平时成绩(占总成绩的30%)					

实训成绩评价标准与评价项目			
序号	等级与分数 评价项目	基本完成实训 任务6分	突出表现并有 创新9分	评价标准
6	设立渠道管理目标			渠道目标与营销目标的一致性

续表

7	编制渠道管理方案			渠道培训；渠道激励；渠道冲突解决
8	评估并改进渠道管理方案			评估的持续性；评估的项目围绕管理目标
实训成绩（占总成绩的70%）				
学生自评成绩				
小组评价成绩				
教师评价成绩				
总成绩				

（周先云）

教学单元4.3 医药分销渠道设计技术综合实训与考核

 ## 实训课题1 医药分销渠道设计

一、实训目的
了解医药产品的各种分销模式,掌握医药分销渠道设计的策略与技巧。

二、实训要求
(1) 了解直接渠道和间接渠道的优缺点。
(2) 进行渠道设计时应考虑:药品的产品概念、定价、目标人群、使用方法;现在渠道的特点,如进入成本、发展性、商业信誉、专业性等要考虑销售地区的经济环境,如人均收入、景气指数等;考虑组织的营销规划,如销售预算等。
(3) 将学生分成若干小组,每小组3人,组长1名,分工合作,按实训步骤实施操作。
(4) 依据实训背景材料,写出本次某制药企业药品的渠道设计方案,并写出完整的有说服力的理由。

三、实训内容

(一) 实训背景材料

某制药集团是集科工贸于一体的特大型制药企业,主要从事医药产品的开发、生产和销售。目前,某制药集团已发展成为中国医药行业"四大抗生素生产基地"之一和"四大维生素生产基地"之一。青霉素系列和维生素系列是其主导产品,青霉素及维生素C原料药年生产能力分别达到了5000吨及15000吨,均居全国第二位;6-APA和阿莫西林生产能力全国第一;7-ACA生产规模达到800吨/年,生产规模居亚洲第一位。另外,某制药集团制剂产品的年生产能力是粉针剂13亿支、片剂50亿片、胶囊15亿粒。

A市是沿海地区,市内大中型医院共有30多家,各类型的医药批发公司近100家。各医药批发公司都有自己的经营区域,规模不是很大,相互竞争激烈,都与医院有着或多或少的联系,少数与部分医院关系相当牢固。目前该地区有3家医药公司在经营其他企业的抗生素产品,但品种规格不全,价格相比较低,对医院的覆盖率不高。

假如你是某制药集团的营销员,上司请你去开发这个新地区市场,要求你用最快的速度全面占领该地区市场。请你根据以上资料,设计一个经济、高效、能实现公司目标的分销渠道模式。

(二) 实训操作步骤

【第一步】对影响设计医药分销渠道的五大因素进行调研。

1. **产品因素** 一般来说,医药原料药多采用直销或短渠道销售,普通药品多采用较长渠道的销售模式,特殊药品、新药、价高药品多采用短渠道或直销模式。某公司生产的是普通药品,应该采用长模式分销。

2. **市场因素** 主要有顾客数量、地理分布、购买频率、平均购买数量、顾客的购买习惯等。如果客户类型是众多医疗诊所、乡镇卫生院、小型药店,则可以以长渠道模式分销。

3. 分销商因素 主要包括规模大小、对终端市场的覆盖率、影响力等。如果在一个地区某一分销商能覆盖全部或大部分终端市场,则可采用独家分销。若零售商的实力较强、经营规模较大,企业可跳过批发环节直接利用零售商分销。而A市的各类型医药批发公司多,规模较小,对终端市场的覆盖率都较低。应该选择若干家批发商进行分销,以便最大限度地提高对终端市场的覆盖率。

4. 企业自身因素 企业的规模和声誉、企业的产品组合、企业控制渠道的愿望、分销经验及能力、政策和法规等。

【第二步】确定渠道的基本模式。

综合第一步的分析,你可以选择较长的分销渠道——通过批发商,使产品进入到本市的各家医院。

【第三步】确定分销商的数量。

分销模式确定后,就要确定使用中间商的数量及类型,也就是渠道的宽度。有密集型分销、独家分销和选择性分销。通过综合分析,用选择性分销方式利于公司产品的分销。

【第四步】决定选用经销商还是代理商。

公司希望在较短时间内将产品打入到各家医院,采用代理商方式较合适。

【第五步】规定渠道成员的权利与义务。

可规定批发商享有如下权利:公司提供人员培训、派人协助进行市场开发、对按规定价格销售数量大者给予价格折扣和奖励、对提早付款给予价格优惠、送货上门等。规定批发商应尽的义务:积极完成销售任务、按规定价格销售、保证产品质量和公司信誉等。

四、实训考核评价标准

实训课题从实训分工、具体实施某公司抗生素类药品分销渠道设计到方案撰写完成,主要由每个学生小组自己负责组织和完成。教师在实训中只起指导作用,课题结束时,由小组制作汇报PPT在全班交流并分享,并由表达能力较强的学生汇报,其他小组和教师现场评价每个小组的实训成果。

考核评价标准:是否按时完成实训课题,有无明显的不足,在实训中有无创新点,全组成员参与情况,PPT制作精美程度和不断完善情况,汇报者语言组织、表达情况等。

实训课题2 分销商的选择

一、实训目的

了解分销商在医药销售中的重要作用和医药分销商的各种类型,熟悉分销商的选择步骤,掌握分销商的选择标准。

二、实训要求

(1) 从理论上掌握分销商的选择方法和标准。

(2) 将学生分成若干小组,每小组3人,组长1名,分工合作,按实训步骤实施操作。

(3) 依据实训背景材料,写出本次某制药企业某药品的分销商的选择方案,并写出完整的有说服力的理由。

三、实训内容

(一) 实训背景材料

在实训课题1中,你已经完成了对某制药企业在A市的分销渠道模式的选择工作。假如你所设计的分销渠道模式是:选择若干家优秀的代理商,通过代理商将企业的抗生素类产品迅速导入A市的各家大中型医院。那么,你就要对代理商进行选择。

(二)实训操作步骤

【第一步】确定选择面向当地大中型医院服务的代理商标准。一般企业对代理商选择的标准有以下要求。

(1) 必须具备经营医药的资格。
(2) 具备经营本企业产品的条件和能力,如人员、设施、场所、资金、分销网络等。
(3) 必须具备良好的商业信誉。
(4) 愿意配合企业进行市场推广。
(5) 愿意努力完成企业的销售目标。

【第二步】收集并整理当地各家代理商的资料,全面了解代理商的经营状况、经营能力、信誉和合作意愿。

【第三步】根据所了解到的情况和选择标准,对有合作意向的代理商进行全面评估和比较,最终选出较理想的合作对象。对代理商的评估内容如下。

1. 代理商(含经销商,下同)的合作态度评估
(1) 忠诚度:(质量、价格、服务)哪些满意? 哪些不满意? 是否还经销其他品牌?
(2) 对厂家政策执行的配合度:(价格、区域政策等)是否严格按双方协议执行?
(3) 对公司业务人员的工作配合度:有何变化? 为什么?
(4) 对市场推广的投入力度:投入多少人员? 投入多少资金? 做何宣传?
(5) 对改进厂家产品能力的建议主动性:积极? 消极?

2. 代理商合作能力评估
(1) 资金充裕程度:有多少资金? 有无拖欠款项?
(2) 代理公司自我管理的规范性:是否诚信经营?
(3) 代理区域市场运筹能力:如何运筹? 如何规划?
(4) 代理区域网络完整性和充分性:有哪些网络? 覆盖率如何?
(5) 代理区域价格规范性:是否严格控制价格? 有无扰乱价格的情况发生?
(6) 代理区域货源规范性:货源如何管理? 订货是否有计划? 货品摆放是否合理?
(7) 代理区域服务完善性:如何及时提供优质服务? 服务能力如何?
(8) 代理区域公关能力:如何公关? 是否有广泛的社会关系?
(9) 代理公司组织完整性和人力充分性:如何管理? 机构设置如何? 有多少人员? 其主动性如何?
(10) 代理公司及本人经营综合素质:谁负责? 能力及影响如何? 规模如何? 经济状况如何?

3. 代理商的业绩评估
(1) 销售完成率:完成多少? 是否有发展潜力? 为什么?
(2) 销售增长率:增长率是多少? 如何提高? 有何障碍?
(3) 销售稳定性:可能发生的不稳定因素? 如何避免?
(4) 当地市场排名:第几名? 如何提高?

四、实训考核评价标准

实训课题从实训分工、具体实施某制药公司抗生素类药品分销商选择的实训报告开始,主要由每个学生小组自己负责组织和完成。教师在实训中只起指导作用,课题结束时,由小组制作汇报 PPT 在全班交流并分享,并由表达能力较强的学生汇报,其他小组和教师现场评价每个小组的实训成果。

考核评价标准:是否按时完成实训课题,有无明显的不足,在实训中有无创新点,全组成员参与情况,PPT 制作精美程度和不断完善情况,汇报者语言组织、表达情况等。

实训课题 3 对分销商激励方案的设计

一、实训目的

了解分销商的经营心理与需求特性,学会运用恰当的措施和方法激励分销商。

二、实训要求

(1) 通过实训,让学生明白:致力于建立双方长期的互利关系,从而提供管理和销售帮助的间接激励,才是更符合渠道关系建设的激励手段。

有很多代理商都能够非常熟练地运用直接激励的各种方式,但很少或不会运用间接激励的方法来赢得分销商的合作。但事实上,间接激励涉及的内容比直接激励更重要。

(2) 将学生分成若干小组,每小组 3 人,组长 1 名,分工合作,按实训步骤实施操作。

(3) 依据实训背景材料,在代理商选择完成的基础上,完成对某制药企业某药品的分销商的激励方案设计,并写出完整的有说服力的理由。

三、实训内容

(一) 实训背景材料

在实训课题 2 的基础上,你作为某制药企业在 A 市的营销员,已构建了分销网络。现在你必须对已选择的分销商设计一份有效的、可操作性的综合激励方案,最大程度激发他们经营的积极性,巩固与分销商的长期合作关系。

(二) 实训操作步骤

【第一步】了解代理商的经营心理和需求,准确把握他们的具体期望,这是有效建立代理商的前提。代理商的心理需求主要如下。

1. 合作双方应从彼此的关系中受益 建立以双赢为结果的关系,使双方都能成功。
2. 每一方均能被尊重 关注于了解对方的文化背景,并且注重所有的行为。
3. 不作夸大其辞的承诺 合作伙伴应诚实地建立相互的期望。
4. 关系建立前设立具体目标 若毫无准备,则问题会不可避免地产生。
5. 建立长远关系是重要的 短期不能获益的行动却可能长期获益。
6. 相互了解对方的文化背景 了解对方需求,欣赏对方的优势。
7. 应设立关系的维护人 每一方都应任命一个主要联系人,负责双方工作。
8. 沟通的渠道应保持畅通 在冲突升级前,双方能够相互信任地讨论问题。
9. 最好的决定由双方共同做出 避免单方面的决定,否则将造成不信任的感觉。
10. 保持持久的关系 避免关键雇员跳槽带来的影响,确保平稳过渡。

【第二步】确定激励分销商的方法。

1. 间接激励 即通过帮助分销商进行销售管理,以提高销售的效率和效果来激发分销商的积极性。

(1) 帮助分销商建立进销存报表,使其了解某一周期的实际销货数量和利润。

(2) 帮助分销商确定安全库存数,使分销商能够合理安排进货时间和进货量。

(3) 制订先进先出库存管理,帮助分销商减少即期品(即将过期的商品)的出现。

(4) 定期拜访分销商,帮助其整理货架、设计陈列形式、做促销堆头等。

(5) 通过帮助分销商管理其客户网来加强其销售管理工作,如建立客户档案。

(6) 协助分销商培训和提升销售人员的业务素质和销售技能,帮助其提升销售量等。

2. 直接激励 即通过给予物质或金钱奖励来肯定分销商在销售量和市场规范操作方面的成绩。代理商常用的直接激励法有过程返利和销量返利两种。

（1）过程返利　这是一种直接管理销售过程的激励方式，其目的是通过考察市场运作的规范性，以确保市场的健康发展。

通常，过程返利包括铺货率、焦点气氛（生动化陈列）、开户率、全品项进货、安全库存、指定区域销售、规范价格、专销、积极配送和守约付款等。

（2）销量返利　为了直接刺激分销商的进货力度而设立的一种奖励，旨在提高销售量和利润。

①销售竞赛。对于在规定区域和时段内销量第一的分销商，给予丰厚的奖励。

②等级进货奖励。对于达到不同等级进货数量的分销商，给予一定的返利。

③定额返利。当分销商达到一定的进货数量时，给予一定的奖励。

④销量返利。实质是一种变相降价，可以提高分销商的利润，刺激其提高销量，但同时也可能为分销商进行冲货、砸货酝酿机会。

因此，代理商可采取"定点＋定量＋定价＋定利"的"四定策略"解决返利可能造成的市场混乱等问题，如果分销商同意，可以签订合同，并进行考核。

【第三步】了解当地医药行业的竞争情况。

一般来说，供货者之间的竞争越激烈，流通资源就越稀缺，对代理商激励的幅度就更要加大。反之，激励幅度就小些或不激励。

（1）在A市，面向医院服务的医药商业公司的数量。

（2）他们的业务对医院的覆盖率和对市场的垄断程度。

（3）他们的平均销售毛利率和最高销售毛利率。

（4）医药生产企业或上一层次的医药商业公司对他们的激励内容和幅度。

（5）其他生产抗生素企业在A市对他们的分销商的激励情况。

（6）医药分销商对生产企业或上一层次的医药商业公司的激励措施的评价，意见或不满。

【第四步】了解本企业的战略、策略、产品、在市场上的竞争地位等内容。

【第五步】根据调查研究的结果，参照激励代理商的原则和方法，设计出一套综合性激励方案。

四、实训考核评价标准

实训课题从实训分工、具体实施对某制药公司抗生素类药品分销商激励方案设计的实训报告开始，主要由每个学生小组自己负责组织和完成。教师在实训中只起指导作用，课题结束时，由小组制作汇报PPT在全班交流并分享，并由表达能力较强的学生汇报，其他小组和教师现场评价每个小组的实训成果。

考核评价标准：是否按时完成实训课题，有无明显的不足，在实训中有无创新点，全组成员参与情况，PPT制作精美程度和不断完善情况，汇报者语言组织、表达情况等。

（周先云）

工作任务五

医药市场营销促销技术

教学单元 5.1　医药市场营销促销技术

学习目标

能力目标：

通过医药市场营销促销手段的学习，学生会根据医药市场情况、消费者特点、竞争状态，对医药产品促销进行规划及设计促销方案，应用组合促销手段进行医药产品促销。

知识目标：

掌握医药人员推销、广告、公关关系的概念及特点，熟悉医药产品促销、促销组合的内涵及影响因素，了解医药人员推销的步骤及促销技巧。

素质目标：

要求学生把促销手段及策略运用于营销实践，根据医药企业及产品实际，设计"医药促销方案"并通过设计与实践具备开拓市场、成功访谈、组织、管理、积极应变的业务能力和素质。

公益营销，撬起消费者的情感支点

马年春节以来，一条主题为"感恩父母，经常陪伴"的公益广告在安徽、天津、河南、湖北和四川等各大卫视联播，引发了广大观众的共鸣。据悉，该公益广告由"中国贴膏剂药业第一品牌"——河南羚锐制药股份有限公司（简称羚锐制药）制作，在各大卫视以每天30次的频率播出，倡导子女多花时间陪伴父母，以尽孝心。

据了解，在中国每年有2.3亿人背井离乡，为了更好的生活，常年在外打拼，与亲人相隔千里，无法陪在父母身边尽孝。在本地工作的人，也因为工作忙，认为有更重要的事，常常忽略对父母的陪伴。因此，父母对儿女的牵挂，变成了一种说不出的痛，深埋心底。父母对儿女的要求其实不多，只要儿女能多花一点时间陪伴其左右，就是他们最大的幸福与满足，所以陪伴就是治愈的良方。为此，羚锐制药倾情赞助和拍摄了"感恩父母，经常陪伴"的公益广告，希望能够通过自己的行动和努力，让子女对父母的关心和陪伴形成一种常态，让"有关爱没疼痛"的愿望成为现实。通过公益营销撬起消费者的情感支点。

公益搭台，品牌唱戏

中国自古就是重视孝道的国度，对父母尽孝是国人心中最深处、最敏感的情怀。但是，随着经济和社会节奏的加快，作为儿女的我们长年奔波在外，没有时间照顾父母。同时，一直在理所当然地消耗父母的给予，认为给父母买点东西，给些钱，就是尽孝，其实，我们很少感受他们更多需要的是子女的陪伴，但又怕打扰子女。"感恩父母，经常陪伴"让我们真正的理解父母内心的无声的呼唤。

羚锐制药向全社会呼吁大家为事业生活拼搏奔波的同时，也不要疏忽了对父母的关爱和孝心，提出"感恩父母，经常陪伴"作为核心创意的理念，媒介是安徽、天津、河南、湖北和四川等卫视平台。在整个电视传统广告的海洋里，不乏各种产品、各种功能的甚至是非常浮夸的展示和叫卖，让观众在浮躁的广告海洋中，已经应接不暇，也无暇去鉴别产品的真伪。"感恩父母，经常陪伴"，通过温情的画面，父女情深的故事情节,使得关爱的主题如同清风吹进观众的内心。

"感恩父母,经常陪伴"讲述了在外工作的女儿回到父母身边,解除双亲思念之痛的故事。机场惜别、睹物思人、童年回忆、全家团聚,一幕幕平凡却真挚的场景体现出真实而动人的情感,父母牵挂子女的痛,子女陪伴父母的喜都展现得淋漓尽致,不少观众评价这支广告让人鼻尖发酸、泪盈于睫,看完之后就想拎包回家守着父母。

羚锐制药"感恩父母,经常陪伴"的公益广告片,在5大卫视平台2014年过年期间每天30次(15+5)s的高频次播出,引起了全国观众小小轰动,引起了游子思乡之情的共鸣,同时人们在反思:对于父母的关爱,是否够多?父母是最重要的亲情,同时,父母的健康,也容易被繁忙的子女所忽视,为此,羚锐制药提出:有关爱,没疼痛!对父母的关爱多些,陪伴多一些,呼吁子女关爱父母,呼吁社会关爱老年人,感恩父母,经常陪伴。羚锐制药的"骨质增生一贴灵",产品本身是偏中老年人使用,其商业广告片也是父女在机场送别,父女情深,女儿贴心地为父亲准备"骨质增生一贴灵"的产品,羚锐制药在制造中老年药膏,也在关心消费者心理,大力倡导一个核心价值观:感恩父母,经常陪伴。让子女反思:我要为父母做些什么?如何来贴心地为他们考虑?首先是要关注父母的健康。"骨质增生一贴灵"是父母的家庭常备药,恰好回答了如何为父母选贴心常备药品的问题。"感恩父母,经常陪伴"是对孝道的唤醒,在忙碌的生活和工作中,不要麻木了对父母的贴心关切!

羚锐制药作为公益广告的发起人,多年来坚持制造中国好膏药造福众生,同时也一直热心公益事业。

公益营销是一个整体系统工程,贯穿整个营销环节。公益营销的成功实施,必须整合企业本身的资源,通过具有吸引力和创意性的活动,使其成为大众关心的话题、议题,成为具有新闻价值的事件,因而吸引媒体的报道与消费者的参与,使这一事件得到传播,从而达到提升企业形象,促进销售,实现营销的目的。

公益营销是事件营销的终极版

公益营销是一门多赢的艺术。企业投身公益事业,公益组织履行了自己的使命,特定群体得到了帮助,企业获得经济上的回报,这是一个"三赢"的局面。尤其是对企业而言,从"感恩父母,经常陪伴"出发,承担起社会责任,不但可以在公益平台上展示企业存在的终极意义——企业宗旨,还可以透过其产品实现其品牌远景和品牌承诺,而受众始终是消费者,以公益营销赢取的市场,消费者通常是忠诚度最高的优质客户。虽然,公益行为不能很快地直接地给企业带来产品销量上的提升,但从长远来看,它会改变人们对企业的看法,间接地促进品牌的声誉、形象以及销量的提高,这也正是公益营销的魅力所在。未来"公益营销"将是"事件营销"的终极营销。企业开展的公益活动与促销活动一般都会给社会带来正面影响,企业将自己一部分利益回馈给社会开展各种公益活动,不仅满足了社会公益活动中对资金的需求,同时企业又将良好的企业道德、伦理思想与观念带给社会,提高了社会道德水准。企业既不能"为了公益爱心而公益",也不能"为了商业而公益",公益和商业必须是互相呼应并互相支持的。在今天竞争空前激烈的市场经营环境下,企业实施公益营销,将公益事业与企业战略相结合,既可以帮助企业协调好与政府、与社会之间的关系,也可以切实提升企业的竞争力。

然而,并非所有人都能深刻理解"公益"这个字眼,它需要企业责任感与使命文化内涵的支持。羚锐制药作为公益广告的发起人,多年来坚持制造中国好膏药造福众生,同时也一直热心公益事业。羚锐制药在援建河南省新县周河乡羚锐希望小学和四川甘洛羚锐希望小学的同时,先后在北京大学光华管理学院、河南大学药学院、郑州大学药学院和信阳高中、新县高中、新县职业高中设立"羚锐奖学金",开展"金秋助学""金秋圆梦"等扶贫助学助教活动,向品学兼优的学生提供数百万元的帮扶,扶持他们完成学业。

2008年1月,公司及员工捐款出资,以260万元为基金,在河南省成立了首家以企业名义发起的慈善机构——河南省羚锐老区扶贫帮困基金会。借助这一平台,羚锐人更广泛地参与了社会公益慈善活动:从捐资助学到关注老区"三农"问题;从向地震灾区捐款赠药到积极参与"天路·爱·无极"活动;从出资慰问老红军、老干部、老教师到促成国家"南水北调"绿化系统工程的及时顺利启动,羚锐人都尽己所能,不遗余力。据不完全统计,羚锐制药及其员工先后通过参与和谐社区建设、赈灾济危、见义勇为、扶贫援藏、关爱健康、捐资助学、法律援助、救助失依儿童和孤寡老人及发展国家体育事业等各类社会公益活动,累计捐资3000多万元,体现了企业和公民的良好责任风范。

公益营销是企业战略的一部分,而不是做一两次"好事"。在羚锐制药,企业公益都有一个长远的目标和一个具体的战略规划,对于项目的选择有一套完善的评估体系。在前期选择公益项目时,羚锐制药首先要考虑这一项目是否具备可持续性和可发展性。做有高度社会责任感的企业公民是羚锐制药公司对全社会和消费者的承诺。

2014年5月7日,羚锐品牌荣获第六届中国广告金远奖电视类银奖。2014年11月25日,羚锐在"2014年中国医药十大营销案例颁奖典礼暨案例分享会"获得年度营销成就奖。

（资料来源：慧聪网）

理论学习知识与背景

一、医药促销的内涵

（一）医药促销的概念

从营销的角度来看,促销就是营销者向消费者传递本企业及产品的各种信息,吸引消费者购买其产品而开展的一系列活动。医药促销则指的是医药企业通过人员推销和非人员推销方式,向消费者传递本企业及医药产品的各种信息,激发消费者兴趣,吸引、说服消费者购买其医药产品的一系列活动的总称。其基本含义有以下几层。

1. **医药促销的产品特殊性** 医药产品直接关系着人的身体健康甚至生命安全,不仅医药产品的研发、生产与使用与普通产品不同,医药产品的促销相对普通产品来说,也要严格得多,不论采取哪种促销方式都要严格遵守国家相关法律法规的规定。

2. **医药促销的对象特殊性** 医药企业在促销过程中除了将目标消费者、医药中间商作为促销对象外,由于医药产品使用过程的特殊性,还需要将医疗卫生机构的医生、护士、专家等直接或间接指导患者使用医药产品的相关群体作为促销信息传递的对象。

3. **医药促销的信息传递双重性** 医药促销作为促销中的一种,具备促销的信息传递的实质性,即对医药企业及医药产品各种信息的传递;但由于医药产品的特殊性,医药促销在信息传递的过程中,还承担着预防、治疗相关疾病的信息传递功能。

4. **医药促销方式的多样性** 根据国家相应法律法规的规定,医药促销主要分为人员推销和非人员推销两类。人员推销主要是指医药企业通过营销人员与消费者进行直接沟通,实现产品销售。非人员推销主要是通过广告、营业推广、公共关系等手段向消费者进行信息传递,间接实现产品销售。

5. **医药促销目的的同一性** 医药促销作为促销中的一种,不论采用哪种促销方式,最终目的都是通过向消费者传递产品信息,激发消费者的购买欲望,实现产品销售,进而获取利润。

（二）医药促销的作用

在日益竞争激烈的市场营销中,促销作为医药企业营销活动的关键环节和重要保证,其对医药企业的销售情况影响越来越大。医药促销的作用主要有以下几个方面。

1. **传递信息,刺激消费** 医药产品销售的顺利开展很大程度上取决于消费者对医药企业及产品的认可程度。通过开展各种方式的医药促销活动可以将企业及产品的各种信息有效传递给消费者,促进消费者对医药产品的认知,激发其购买欲望,刺激消费。同时企业还可以通过对消费者反馈的信息跟踪,不断了解消费者需要变化,改进医药产品,进一步刺激消费者消费欲望。

2. **突出特点,扩大消费** 医药企业通过有效的促销活动,在日益激烈的同质化产品竞争中,突出本企业产品的特点,在性能、价格、使用方式等方面彰显出本企业产品的优势或者独特之处,促使消费者把本企业产品与其他企业产品区别开来,提升消费者对产品的识别率,扩大目标市场。

3. 促进偏好，稳定消费　实践证明消费者的消费和购买习惯是可以进行培养的。医药企业在开展促销活动的过程中，采取适合消费群体特性的促销方式可以促使消费群体对本企业及本企业产品产生信任感和认同感，成为该产品的稳定消费群体。

4. 普及知识，拓展消费　为了提高目标市场的消费能力，医药促销企业在进行促销的过程中必然会向目标市场进行医药和医疗知识的普及，尤其是最新的医疗信息和新药的基本信息，这不仅有助于医药卫生知识的普及，还有助于开发新的目标市场，拓展消费。

二、医药促销方式组合与策略

（一）医药促销方式组合

医药促销方式可以分为人员推销和非人员推销两大类。其中非人员促销又可以分为广告、公共关系和营业推广等多种方式。医药促销方式组合就是医药企业从促销目标出发，根据企业经营状况和产品的特点，结合目标市场特性把各种促销方式综合使用而形成的一个完整的策略系统，充分发挥各促销方式的优势，使企业能够在有限成本限制下最大限度发挥促销效果，顺利实现促销目标。

人员推销、广告、公共关系和营业推广将在后面的任务里进行详细阐述。

各种促销方式（表5.1.1）都有一定的适用范围，具备自己的优缺点。

表 5.1.1　各种促销方式的比较

促销方式	优点	缺点	营销目标
人员推销	直接沟通，针对性强，反馈及时，有利于服务效率	成本高，适用范围有限，易受推销人员个人素质影响	与客户建立良好的长期合作关系
广告	传播面广，传播速度快，形式多样，形象生动	信息量有限，针对性差	提高企业及产品知名度
公共关系	影响面广，信任度高，可提高企业知名度和声誉	成本较高，效果可控性差	树立良好的企业形象
营业推广	刺激快，吸引力大，诱导效果显著	促销范围小，只能短期使用，有时会降低产品价格	实现销售的短期增长

（二）医药促销策略

根据各促销手段的出发点和在组合中的作用不同，促销策略可以分为两种。

1. 推式策略　推式策略（图5.1.1）是以人员推销的方式把医药产品推向目标市场的一种从企业到消费者的纵向促销策略。具体过程为医药企业的推销人员将医药产品推荐到批发商，批发商再推荐给零售商，最后零售商推荐给消费者。

图 5.1.1　推式策略

推式策略需要医药生产商首先向中间商阐明产品的价格、性能、消费者倾向、折扣等优势，获得中间商的信任和支持。推式策略主要适用于在市场较集中、产品科技含量高、单位价值大、用途或使用方法较特殊的医药产品。这类产品人员推销的优势远远大于非人员推销。

2. 拉式策略　拉式策略（图5.1.2）是医药企业采取广告、营业推广等非人员推销促销方式直接向最终消费者开展促销活动，激发消费者的购买欲望，促使其向药房、医院等进行求购，而医院、药店等又向中间商求购，中间商又向生产商求购的逆向促销策略。

拉式策略主要适用于科技含量不高、使用方便、用途广泛、市场广大及消费者比较关注品牌和声誉的产品或者有雄厚资金用于广告、公共关系等企业，如OTC药品。

3. 影响医药促销的因素　医药企业要想实现促销的效果最大化，就必须寻求促销方式的最佳组合。

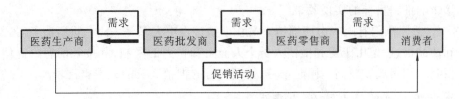

图 5.1.2 拉式策略

促销组合除了考虑各种促销方式的优点和缺点外,还会受其他因素的影响。

(1)促销目标　促销目标是医药企业开展促销活动所要实现的目的。医药企业在不同的发展阶段、不同的经济环境针对不同的产品所要达到的目的也不一样。因此,促销组合和策略的制订也不一样。

(2)促销预算　促销预算是医药企业用于促销活动的经费预算,取决于企业的经济能力。不同的医药企业的经济实力不同,在促销上的预算也不同。对于企业来说,要在实现促销目标的前提下尽量采取在预算承受范围内的促销组合和策略。

(3)医药产品性质　不同性质的产品面对的目标市场是不同的,消费者的购买习惯和消费目的也不同,采取适合目标市场的促销组合和策略有助于促销效果的提升。一般来说,市场范围广,消费者易受品牌效应、企业知名度影响的产品比较适合非人员推销方式的组合使用。而购买量较大,市场相对集中的产品则更适合以人员推销为主的促销方式的组合。

(4)医药产品生命周期　医药产品从进入市场到退出市场到经过导入期、成长期、成熟期和衰退期几个阶段。在导入期,促销目标主要以让消费者认识、熟悉产品、激发消费为主,这个阶段促销方式以广告为主;在成长期,促销目标主要是突出特点,扩大消费为主,在强化广告宣传,注重产品特色打造的同时还需要进行公关,树立企业形象;在成熟期,促销目标以促进偏好、稳定消费为主,这个阶段面对众多的竞争者,不仅仅需要产品特点的宣传更要采取各种营业推广手段,刺激消费者的购买欲望,并培养消费者的消费偏好和企业忠诚度;在衰退期,面对更新换代产品和新产品的竞争,企业需要考虑促销成本,对促销手段也以提示性广告和偶然性营业推广为主。

(5)医药市场特点　不同的医药企业所处的市场地理范围不同,面临的市场类型也不同,企业采取的促销方式组合和策略也有所区别。如:在市场范围广、市场潜在客户多的情况下,可以采取以广告、营业推广为主的促销方式;在市场范围小,科技含量高,潜在客户有限的情况下,可以采取以人员推销为主的促销方式。

三、医药人员推销

(一)医药人员推销的概念和特点

1. 医药人员推销的概念　医药人员推销又称直接推销,指的是医药企业通过派出推销人员与目标市场的消费者进行面对面的沟通、交流,促进医药产品的销售的活动。人员推销是最基本也是最古老的促销方式。推销人员通过与客户建立良好的人际关系,有针对性地进行信息传递和反馈,具有很强的灵活性,在促进产品销售上具有较高的有效性,尤其是医药产品销售更是需要人员推销。

2. 医药人员推销的特点

(1)信息沟通的双向性　医药人员推销主要是通过推销人员与顾客面对面直接沟通实现促销的。在沟通过程中,推销人员一方面向顾客传递企业的基本信息,如功效、使用方式、价格、注意事项等产品信息,引起客户兴趣,激发购买欲望;另一方面他们还要及时收集市场信息、客户对企业及产品的反馈信息等,为企业制定发展战略和营销措施提供依据。

(2)推销过程灵活多变　推销人员在推销过程中与客户进行面对面直接沟通,有助于推销人员及时掌握客户的喜好、情绪反应、态度等信息,采取不同的推销技巧有针对性地介绍医药企业或者产品信息,有助于实现现场交易。还可以通过现场答疑、现场演示等方式解除客户的疑虑和不满,提高客户的忠诚度。

(3)推销效果易受推销人员个人素质影响　医药产品推销人员直接与广大客户接触,客户对医药企业及产品的认识很大程度上受推销人员服务水平、服务态度和服务能力的影响。推销人员能否与客户建立良好的人际关系,能否通过个人魅力感染客户都会影响客户对企业及产品的购买欲望。推销人员个人素质的高低直接影响推销目标的实现效果。

（4）成本较高、适用范围有限　医药推销人员在推销过程中大多是一对一进行服务，虽然有助于客户充分了解企业和产品信息，但由于受到推销人员个人能力和精力的限制，其接触的客户群体有限，适用范围有限，与广告相比，相对成本较高。同时培养、管理优秀的推销人员的成本也比较高。

（二）医药推销人员的素质和能力要求

医药推销人员通过和客户直接接触进行医药企业及产品信息的传递，直接影响客户对企业及产品的印象和认知，推销人员个人素质的高低将直接影响企业促销的效果。对于一个优秀的推销人员来说，应该具备以下基本素质和能力。

1. 医药推销人员的素质要求

（1）良好的个人修养　医药推销人员的推销过程其实就是与人建立人际关系的过程。由于每个客户的习惯、兴趣、爱好、个人素质等方面都存在一定的差异，要求推销人员具有良好的个人修养，不仅要谈吐优雅，还要知识渊博、兴趣广泛，不论遇到哪种客户都能找到共同话题，建立良好的人际关系，为实现促销奠定一定的基础。

（2）高尚的职业道德和法律意识　医药产品作为特殊的商品要求医药推销人员具备高尚的职业道德和健全的法律意识。医药推销人员在推销过程中不仅要严格按照国家相关的法律法规，还要严格遵守医药行业的职业道德。对医药产品进行科学、严谨的陈述，不隐瞒不欺骗，不恶意诋毁同类其他商品，不采取不正当的竞争手段，自觉维护市场的良性发展。

（3）坚定的信念和勇往直前的精神　医药推销人员在推销过程中要面对形形色色的人，应对各种各样的局面，难免会遇到困难甚至失败。推销人员要保持乐观、积极向上的心态，对自己的工作、自己的企业、产品抱有坚定的信念和信心，坚韧不拔，不怕失败，勇往直前。

（4）扎实的业务知识　医药推销人员不仅要全面掌握自己企业的历史、企业文化、发展情况等基本信息，还必须具有扎实的专业知识，甚至在某些领域、某些方面还要掌握最新的前沿知识。只有这样，才能在推销的过程中全面、详细地向客户介绍企业情况和产品信息，才能对客户进行答疑，阐述本产品的优势或者独特之处，引导客户消费。

（5）健康的体魄　医药人员推销的各项具体工作都是由推销人员完成的。推销人员在日常工作中，不仅要经常出差，有时还会长时间超负荷工作，作息时间不规律。这就要求推销人员要拥有健康的体魄。

2. 医药推销人员的能力要求

（1）敏锐的观察力和判断力　医药推销人员每天都在不同的场合和不同的客户打交道，要时刻注意市场的变化，应对不同的情况。对于一名优秀的推销人员来说，要具备敏锐的观察力，在瞬息万变的市场竞争中捕捉各种有用的信息，进行市场分析，做出正确的判断。

（2）良好的沟通和协调能力　医药推销过程其实就是与人沟通的过程。良好的沟通能力是推销人员必备的基本能力。在推销过程中，推销人员通过良好的语言表达能力和感染力向客户传递医药产品的各种信息，吸引客户的兴趣，引导客户产生购买欲望。同时由于大多数推销人员是独立在外工作，在工作中可能会遇到各种突发情况和困难，这就要求推销人员还要具备良好的协调应变能力。

（3）全面的组织、管理能力　推销人员看似只涉及其个人行为，实际上整个推销过程是一个庞大而复杂的工程，从推销技巧的使用、表达方式和推销路线的设计、经费的规划、推销过程的控制等方方面面都需要进行全面的组织、管理。因此，推销人员还要具备全面的组织和管理能力，既能够设计组织整个推销活动，又能对推销活动的过程和结果进行有效控制。

（4）市场推销、回款能力　医药人员推销最终目的是为了促进销售，实现销售回款。推销人员通过提供质优的产品和满意的服务，满足客户的需求，赢得客户的认可和赞誉才能实现销售回款。

（三）医药人员推销的形式和步骤

1. 医药人员推销的形式

对于医药人员推销来说，常见的推销形式主要有以下几种。

（1）上门推销　上门推销是医药产品最常见的人员推销形式。主要是指推销人员带着医药产品样品、说明书、价格单、宣传单等资料到医药产品中间商、零售商、医院、医生等客户处进行推销。这种形式可以通过面对面的沟通，为客户提供有效的服务，方便客户，主动性强，效果明显，尤其是新药的推销尤为常见。但由于费时费工、劳动力大，相对成本较高。

(2) 柜台推销　柜台推销指医药企业通过在适当地点设置门面或者柜台聘请推销人员为上门的客户进行推销。柜台推销与上门推销相比，它是一种被动等客上门的推销方式。一般来说，门面或者柜台的医药产品比较齐全，基本能够满足客户的需求，且通过门面或柜台推销人员的专业介绍也有助于客户选择正确的产品。这种推销形式主要用于非处方药品的推销。

(3) 会议推销　会议推销指的是通过各种医药相关会议向与会人员或企业进行医药产品推销，如在学术交流会、推广会、新产品发布会、交易会等会议场所进行产品推销。这种推销形式由于接触面广、目标市场明确，沟通效果明显，企业和产品都可以得到全面展示，推销效果比较好。

(4) 新媒体推销　这种推销形式主要是指利用网络聊天工具、微博、微信等新媒体进行医药产品推销。这种新媒体推销形式既是一种新兴的推销形式也是最有潜力的推销形式。DCCI数据显示，在中国，有5.9亿社会化媒体用户，5亿微博用户，130万个论坛，日均1亿条微博，51%的网民认为社交媒体可以增加品牌认知度，主要用户群体在18~25岁之间，占60%。他们的优势在于接触面广，费用低，针对性强，但由于市场监管有待进一步健全，目前可信度低。

2. 医药人员推销的步骤　医药人员推销并没有固定不变的模式，一般来说可以分为以下几个步骤。

(1) 确定拜访目标　医药推销人员在进行推销前要先确定拜访目标。推销人员要根据推销产品的性质来确定拜访客户，通常除了可以直接从企业营销部门获得老客户名单外，还可以通过查询医药商业报纸、电话黄页、医药卫生机构网站等方式确定潜在客户。这些都是推销人员拜访的目标。

(2) 拜访准备　医药推销人员在确定拜访目标后还应做相应的准备工作，除了要制订拜访计划外，准备好工作证件、医药产品的样品、说明书、订单、宣传资料等；还要尽可能多地了解拜访目标尤其是新目标的各种信息，如对方的习惯、爱好、性格、教育背景等，设计好拜访的时间、地点、语言表达、拜访方式等，以便于在和客户第一次接触的时候能够有一个良好的开端。

(3) 拜访　即医药推销人员正式上门和拜访目标进行沟通的活动。一般来说，在拜访前还应提前和拜访目标做好预约。在拜访的过程中，推销人员首先应以得体的穿着、文明的举止、语言进行自我介绍。然后，在听取对象的需求和意见后，征得对方同意进行医药产品的展示和讲解。在展示和讲解过程中，推销人员可以向对象阐述医药产品的价值、特性、产品利益和相应的批准文件等资料。推销人员在与客户进行沟通的过程中，由于客户对医药企业、产品不熟悉或自身的购买习惯、消费理念、价格等产生异议等，还要做好异议处理，即推销人员应该主动地向客户的异议进行解释，消除他们的疑虑并设法解决。最后就推销人员根据洽谈中客户的语言、举止、表情等判断客户达成交易的最佳时机并抓住时机促使交易达成。在这种情况下，推销人员可以适当对企业的相应优惠策略进行阐述。

(4) 跟进服务　交易达成后，医药推销人员还应该继续和客户保持密切的联系，进行售后跟进。一方面可以了解客户对产品的反馈信息，及时实施改进措施；另一方面可以通过跟进服务与客户建立长期合作关系，培养客户的企业忠诚度。

营销视野

医药销售问话原则

在日常营销中，平庸的营销是客户要什么就拿什么，而真正的营销高手能够善于从专业的角度和客户利益的角度通过问问题挖掘客户的需求，并针对客户需求提供专业的意见和解决方案以及增值服务，从而快速建立客户信任和信赖，与客户建立良好关系，大幅度提升成交率和成交质量。因此，在营销的过程中问话的设计尤为关键，能否很好地通过问题挖掘需求引导成交是平庸与优秀营销的根本分水岭。

第一，让客户多说。在一开始接待客户的时候一定要以开放式的问题让客户多说，因为这样才能对客户表达出来的信息进行收集、分析和处理,得出有效的需求切入点,你让客户说得越多,你就越了解对方的需求。另外,客户多说满足了客户表达的欲望,在客户表达的过程当中你不断地对客户表示认同和赞美,这样就会得到一个很好的效果,那就是:你让客户说地越多,客户就越喜欢你。

第二,沉默是金。一个好的医药营销人员一定不要喋喋不休,很多时候一定要在提问后保持沉默,这样就会将压力抛给客户,这样客户就会在你的问题的引导下思考并回答。注意:如果沉不住气,不掌握对话的主动权,那你一开始就输了!

第三,坚信客户。一个优秀的医药营销人员一定会让"坚信客户一定会购买"的思想来贯穿营销全过程,擅长在营销过程当中用肯定的句式不断展示客户服用以后的效果来引导客户成交。另外,还需始终站在客户利益的角度,专业地呈现。一个优秀的医药营销人员在营销的过程中要不断展示出我们的方案给客户提供的价值和好处,这样才能打动客户。

(资料来源:中国医药网)

(四)医药推销人员的管理

医药推销人员是企业营销活动的最主要承担者之一,起着衔接企业和客户之间的重要作用。对于企业来说,推销人员承担着企业促进销售,获取利润的重要责任;对于客户来说,推销人员承担着向客户传递企业、产品信息并及时把客户的建议反馈给企业的重要作用。合理科学地对医药推销人员进行管理是医药企业的重要工作内容。

1. 医药推销人员的甄选　医药企业甄选推销人员主要有两种途径。一是从企业内部进行甄选。从企业现有的员工中甄选那些工作责任心强、工作认真负责、能吃苦耐劳、具备良好的沟通、协调、组织管理能力且又热爱推销工作的优秀人员从事推销工作。二是从社会上经过公开招聘甄选出符合应征条件的人员进行推销工作。一般来说,医药推销人员的甄选最好选用那些具备一定医药专业知识或者一定市场营销专业知识,且又具备良好个人修养和心理素质的人员。

2. 医药推销人员的培训　不论是从企业内部选拔的人员还是通过社会招聘的人员在进行正式推销前,都要进行系统的岗前培训,使他们具备从事推销的基本素质和技能后才能从事相应工作。培训的内容一般包括医药企业及产品的基本情况、市场环境、竞争状态、推销技巧、财务基础知识、医药相应法律法规、政策信息等。除了系统的岗前培训外,对于在岗的推销人员还应该定期开展培训,尤其是新市场的开发、新产品的上市。

3. 医药推销人员的考核与激励

(1) 医药推销人员的考核　医药企业对推销人员的考核可以分为工作业绩、工作能力、工作态度三部分。其中,工作绩效包括销售完成率、销售增长率、销售回款率、新客户开发、市场信息收集、销售制度执行、团队协作等;工作能力则包括专业知识、市场分析判断能力、沟通能力、应变能力等;工作态度则包括员工出勤率、日常行为规范、责任意识和服务意识等。

(2) 医药推销人员的激励　对医药推销人员进行适当激励,可以提高员工的工作热情,提高推销人员的推销水平和能力。常见的激励方式有以下几种。

①目标奖励法:医药企业根据企业营销目标和推销人员个人情况设定一定的推销目标,在推销人员完成后给予奖励。

②强化激励法:针对医药推销人员在推销工作中的具体表现,给予一定的奖励或惩罚,强化行为效果。

③反馈激励法:医药企业及时将推销人员的工作业绩完成情况反馈给推销人员,增进成就感,激发他们的工作热情。

四、医药广告

(一)医药广告的概念和作用

广告,顾名思义就是"广而告之"的意思。

美国市场营销协会把广告定位为"广告是由明确的发起者以公开支付费用的做法,以非人员的任何方式,对产品、服务或某种行为的意见和想法等的介绍。"

《中华人民共和国广告法》则对广告做出如下定义:广告是指商品经营者或服务提供者承担费用,通过一定媒介和形式直接或间接地介绍自己所推销的商品或者所提供服务的商业广告活动。

1. 医药广告的概念　医药广告是指医药生产企业或医药经营企业承担费用,通过一定的媒介和形式传递医药企业和产品信息,提高企业或者产品知名度,直接或间接地促进产品销售的商业广告。

> **知识拓展**
>
> ①医药广告的对象是广大消费者,属于大众传播,而非个人传播行为,这是不同于人员推销的地方。
> ②医药广告的发布人是医药企业(含生产企业或经营企业)。
> ③医药广告是通过特定的媒体来进行信息传递的,如杂志、报纸、电视、网络等,并要对传播信息的媒体支付一定的费用。
> ④医药广告传播的内容既可以是医药企业的信息介绍,也可以通过介绍新产品提高企业的知名度。
> ⑤医药广告的目的是促进销售,获得利润。

2. 医药广告的作用　目前,医药广告已经成为我国医药企业最普遍采用的促销手段。对很多医药企业来说,广告在企业营销活动中起着越来越大的作用。

(1) 传递信息　传递信息是医药广告最基本的作用。医药企业可以通过广告向目标市场传递医药企业和产品的各种信息(如产品的功效、成分、使用方法、用途等信息),促使消费者认识、了解医药产品,使消费者充分了解产品,激发购买欲望,实现销售。

(2) 引导消费　随着科学技术的发展,医药新产品不断涌现。由于医药产品的特殊性,医药广告在进行医药企业和产品的信息宣传的同时也会增强对医疗卫生信息的宣传,能够促使消费者在接收产品信息的同时增长相应的识别知识,建立科学、健康的消费观,引导消费者针对不同的需求做出正确的选择。

(3) 促进销售　当前医药市场竞争越来越激烈。医药广告能够以各种新媒体为媒介,大范围、快速地对医药企业及产品的信息进行宣传,提高企业和产品的市场知名度和美誉度,促使新产品、新的消费理念快速被消费者所认识,加强企业和产品的市场竞争力,促进产品销售。

(二) 医药产品广告媒体

1. 医药产品广告媒体的概念及特点　广告媒体又称为媒介,是广告信息借以传播的物质技术手段。医药产品广告媒体是指传播医药企业及产品信息所运用的物质和技术手段。随着现代信息技术的蓬勃发展,可供医药企业选择的广告媒体种类繁多,如报纸、杂志、电视、广播、互联网、户外广告等。

不同的广告媒体都有自己的优势和不足,选用合适的广告媒体(表5.1.2)可以充分发挥广告的优势,提高宣传的效果。

表 5.1.2　各种广告媒体的优势与不足

广告媒体	优势	不足
报纸	覆盖面广,阅读群体较稳定,可信度较高,传播及时,成本较低	不够生动,感染力差,周期短,不易保管,可阅性差
杂志	阅读群体较稳定,针对性强,周期长,易保存,可行度较高	及时性差,成本较高,灵活性差
电视	覆盖面广,传播速度快,生动活泼,感染力强,宣传效果好	成本较高,针对性差
广播	传播范围广,传播及时,费用低	周期短,难以记忆,表现力差
互联网	内容丰富,形象生动,费用低,互动性强	覆盖范围窄,针对性差,可控性差
户外广告	展示时间长,主题明确,成本低	传播内容有限,灵活性差

2. 医药广告媒体选择的影响因素　医药产品作为特殊的商品,医药企业要想达到预期的宣传效果就必须综合考虑以下因素。

(1) 医药产品的性质　医药产品作为关系到人民群众身体健康、生命安全的特殊商品,在进行广告媒体选择的时候要从产品的特性出发。一般来说,对于非处方药、保健品、医疗器械一般选择影响面广的报纸、电视、广播等大众媒体。对于处方药,根据药品分类管理的有关规定,适宜采用专业型报纸、杂志等指定的媒体进行广告。

(2) 市场竞争状况　市场竞争状况也会影响医药企业对广告媒体的选择。当市场竞争激烈时,医药企业适宜采取覆盖面广、影响力大、形象生动的广告媒体。当市场竞争不激烈时,医药企业对广告媒体的选择则可根据自身需求,自由选择。

举例说明那些让你印象深刻的不同种类的医药产品广告,并分析该广告的特点及选择原因。

(3) 目标消费者的特点　医药企业要想充分实现广告的预期效果,就需要做到广告宣传有的放矢,要根据目标消费者的特点有针对性地进行宣传。要了解消费者的消费习惯、购买力、对不同媒体的偏爱程度等。

(4) 媒体特征和经费预算　不同媒体广告具有不同的优势和不足,不同的医药企业在广告宣传上的经费预算也不同。因此,医药企业在进行广告媒体选择的时候还需要考虑不同广告媒体的覆盖面、针对性、费用、影响力等因素,根据企业的经费预算和媒体特征选择合适的广告媒体。

(三) 医药产品广告的管理

在当前竞争日益激烈的市场环境中,广告是医药企业促进销售的最重要手段之一,在医药企业的各种促销方式中,所占比重越来越大。但由于市场竞争机制的盲目性和利益的刺激,违规进行虚假、夸大宣传的广告仍然层出不穷。2015 年上半年,国家食品药品监督管理部门累计监测发现严重违法广告 37 万条,各地食品药品监督管理部门向社会发布违法广告信息 58 期,曝光严重违法广告药品 493 个,保健食品 179 个;撤销或收回广告批准文号 52 个,勒令产品暂停销售 41 次。由于医药产品的特殊性,任何虚假、夸大疗效的广告宣传都会影响人民群众的身体健康甚至生命安全。因此,医药企业在进行广告宣传时必须严格遵守国家关于医药广告管理的各项法律法规。

1. 医药产品广告的立法保证　医药企业进行广告宣传必须依法进行。在我国涉及医药产品广告的法律法规非常多,不仅包括《中华人民共和国广告法》、《广告管理条例》、《医疗器械广告管理办法》、《医疗器械广告审查标准》、《医疗器械广告审查办法》、《药品广告管理办法》、《药品广告审查办法》、《药品广告审查标准》、《医疗广告管理办法》。还包括《临时性广告经营管理办法》、《户外广告登记管理规定》、《广告显示屏管理办法》、《店堂广告管理暂行办法》、《广告语言文字管理暂行规定》等。甚至在《民法通则》、《合同法》、《侵权责任法》、《物权法》等其他法律法规中也有涉及。

2. 医药产品广告的组织管理　医药产品广告的组织管理主要包括行政管理和行业管理。行政管理是指医药广告的行政管理机关对医药广告的管理,包括工商行政管理部门和药品监督管理部门的管理。其中,工商行政管理部门按照法律规定对医药产品的广告进行登记并对其内容、形式进行审查。药品监督管理部门主要对医药广告进行审批并发放医药广告批文。行业管理则主要指的是行业自律,包括广告公司、广告媒体、医药企业等广告宣传涉及部门制订的各种广告相关自律条款。

3. 医药产品广告的监督　医药产品广告的监督需要发动包括医药产品消费者、大众媒体、消费者协会等社会团体和个人在内的全社会的力量进行监督,促使医药企业按照国家相应法律法规进行广告宣传,传播社会主义核心价值观,倡导文明风尚。

知识拓展

2015年修订的《中华人民共和国广告法》对医药产品广告的相关规定

第十五条 麻醉药品、精神药品、医疗用毒性药品、放射性药品等特殊药品，药品类易制毒化学品，以及戒毒治疗的药品、医疗器械和治疗方法，不得作广告。

前款规定以外的处方药，只能在国务院卫生行政部门和国务院药品监督管理部门共同指定的医学、药学专业刊物上作广告。

第十六条 医疗、药品、医疗器械广告不得含有下列内容：

（一）表示功效、安全性的断言或者保证；

（二）说明治愈率或者有效率；

（三）与其他药品、医疗器械的功效和安全性或者其他医疗机构比较；

（四）利用广告代言人作推荐、证明；

（五）法律、行政法规规定禁止的其他内容。

药品广告的内容不得与国务院药品监督管理部门批准的说明书不一致，并应当显著标明禁忌、不良反应。处方药广告应当显著标明"本广告仅供医学药学专业人士阅读"，非处方药广告应当显著标明"请按药品说明书或者在药师指导下购买和使用"。

推荐给个人自用的医疗器械的广告，应当显著标明"请仔细阅读产品说明书或者在医务人员的指导下购买和使用"。医疗器械产品注册证明文件中有禁忌内容、注意事项的，广告中应当显著标明"禁忌内容或者注意事项详见说明书"。

第十七条 除医疗、药品、医疗器械广告外，禁止其他任何广告涉及疾病治疗功能，并不得使用医疗用语或者易使推销的商品与药品、医疗器械相混淆的用语。

第十八条 保健食品广告不得含有下列内容：

（一）表示功效、安全性的断言或者保证；

（二）涉及疾病预防、治疗功能；

（三）声称或者暗示广告商品为保障健康所必需；

（四）与药品、其他保健食品进行比较；

（五）利用广告代言人作推荐、证明；

（六）法律、行政法规规定禁止的其他内容。

保健食品广告应当显著标明"本品不能代替药物"。

第十九条 广播电台、电视台、报刊音像出版单位、互联网信息服务提供者不得以介绍健康、养生知识等形式变相发布医疗、药品、医疗器械、保健食品广告。

第四十条 在针对未成年人的大众传播媒介上不得发布医疗、药品、保健食品、医疗器械、化妆品、酒类、美容广告，以及不利于未成年人身心健康的网络游戏广告。

第四十六条 发布医疗、药品、医疗器械、农药、兽药和保健食品广告，以及法律、行政法规规定应当进行审查的其他广告，应当在发布前由有关部门（以下称广告审查机关）对广告内容进行审查；未经审查，不得发布。

第六十八条 广播电台、电视台、报刊音像出版单位发布违法广告，或者以新闻报道形式变相发布广告，或者以介绍健康、养生知识等形式变相发布医疗、药品、医疗器械、保健食品广告，工商行政管理部门依照本法给予处罚的，应当通报新闻出版广电部门以及其他有关部门。新闻出版广电部门及其他有关部门应当依法对负有责任的主管人员和直接责任人员给予处分；情节严重的，并可以暂停媒体的广告发布业务。

新闻出版广电部门及其他有关部门未依照前款规定对广播电台、电视台、报刊音像出版单位进行处理的，对负有责任的主管人员和直接责任人员，依法给予处分。

实训环境与组织实训过程

一、学生分组与组织

1. 分组:全班同学进行分组,每组 3 人,确定 1 名组长。

2. 准备:小组成员在组长组织下,根据教学单元的内容,结合指导教师布置的本次教学任务,进行促销方案的设计。

二、实训环境

××猴头菌片

成分:猴头菇菌丝体。辅料为淀粉、糊精、硬脂酸镁、蔗糖。

性状:本品为薄膜衣片,除去包衣后呈棕褐色;气微香、味微苦。

功能主治:养胃和中。用于慢性浅表性胃炎引起的胃痛。

规格:片重 0.26 g。

用法用量:口服,一次 3~4 片,一天 3 次。

不良反应:尚不明确。

禁忌:尚不明确。

药物相互作用:如与其他药物同时使用可能会发生药物相互作用,详情请咨询医师或药师。

储藏:密封。

执行标准:部颁标准中药成方制剂第十七册 WS3-B-3341-98

为了让更多的消费者了解本产品,实现本产品在本年度末销量翻一番的目标,××公司营销部决定开展"美好生活,从胃开始"的主题促销活动,请同学们以此制订一个促销计划。

1. 校外实训基地　学校利用社会资源在校园建立的实训基地,如社会连锁药房、医药生产企业和经营企业的营销部门。请每个小组的同学根据自己所熟悉的某一企业或某一产品,根据市场特点和竞争者状态制订促销方案,也可根据提供的实训背景进行。每个小组成员进行促销过程中的角色扮演,分配具体的工作,按照岗位工作标准去完成工作任务的每个环节,对工作过程中所出现的不足或错误要及时纠正及完善。

2. 校内实训室

(1) 校内模拟医药产品营销实训室。

(2) 教室。

(3) 学校教学医院的药房或校属医药企业的药房。

三、实训任务

任务 1　促销目标的确立

根据××公司的营销战略,为了保证本次促销的成功,首先要确定本次促销活动的目标。确定促销目标应该从××猴头菌片进行促销的动机,面临的市场竞争者和在竞争中所处的情况,猴头菌片目前的目标市场特点及××公司目前的情况等出发,在销售目标的基础上,详细制订。

任务 2　促销时间的确定

促销时间的安排既要体现出医药产品本身的消费者特性,也要符合国家节假日、庆典等特殊时期的安排。一般来说,平时的促销时间可以天或周为单位进行计算,但不要超过 1 个月,免得降低消费者的刺激感。若在国家重大节日期间可以适当延长。

任务 3　促销费用的测算

促销费用是促销方案中必不可少的组成部分,也是促销效果的重要影响因素。对促销活动的方案设计必须进行费用测算。

促销费用通常有两种列法。一种即把所有的费用单独列出来,形成促销费用专项;另一种即在所有设计费用的地方都列出。从促销组合的方式来说,一般的促销费用可以包括人员推销费用、广告费用、公共关系活动费用及营业推广费用等。

此外,促销费用不仅要从企业的营销战略出发,还要和促销方案效果进行优化衡量,即用有限的费用达到最佳的促销效果。

任务 4　促销方案的编制

在确定促销目标、时间和费用的基础上,编制促销方案。促销方案的设计不仅要符合企业及产品特色,还要体现设计者创新和创意。其中促销活动是促销方案的重点设计之处。例如,在进行××猴头菌片的促销活动设计时,根据猴头菌的"功能主治"确定促销对象,以此选择促销方式,采取组合促销。同时促销的活动设计要紧扣主题,一般来说,猴头菌作为适用于"慢性浅表性胃炎"群体的非处方药,属于一种家庭常备药品,促销活动的主题是"美好生活,从胃开始",在进行促销活动时就应该从"日常关爱、日常护理"出发,采取进行周末打折、节日赠送小礼品、进行护胃知识小讲座等手段,体现对目标消费者的关爱。此外,促销活动的设计还要求明确到每项活动,保证促销活动的"可操作性"。

四、学时与实训作业

（一）学时与要求

(1) 一体化教学:2 学时。

(2) 实训与考核:4 学时(建议)。

(3) 以小组为单位完成××猴头菌片方案的编制工作。所使用的理论与知识,以 Word 文档形式呈现,并能将在实训过程所出现的错误、不足和优劣势陈述出来。

（二）考核范例与考核标准

范例分析一

借力营销,神奇制药玩转世界杯

新媒体来袭:老品牌酝酿新革命

神奇珊瑚癣净(原名脚癣一次净)是国内皮肤类用药的知名品牌,无论是品牌知名度还是市场占有率,神奇珊瑚癣净一直领跑同类竞品。但随着市场环境的变化和营销手段的革新,一度辉煌领跑的神奇珊瑚癣净感到了巨大的压力,从内部来说,面临着品牌传播与销量缓增的瓶颈;从外部来看,受新媒体冲击者有之,迎头赶上者有之,顺势而为者有之。

但是,面对"来势汹汹"的新媒体,参照医药行业环比,企业随波逐流、一拥而上是真实的写照。神奇珊瑚癣净必须认真思考:神奇品牌与产品在新媒体环境下如何浴火重生？老产品如何焕发青春？企业与新一代的消费者如何进行沟通？神奇珊瑚癣净究竟何去何从？对神奇而言,这不是一场追逐流行趋势的游戏,而是有关存亡的考验,研究新媒体:一场变革势在必行。

新媒体洞察:借力热点事件,善用信息碎片

要想将新媒体对于神奇珊瑚癣净的营销作用最大化,就必须先仔细研究新媒体。通过对行业内外诸多案例的分析和思考,神奇珊瑚癣净认为信息碎片化是新媒体传播的最大特色,与目标受众进行充分沟通是新媒体的最大优势。神奇珊瑚癣净要想在传播和营销层面有所突破,就必须围绕上述两大核心展开。

为此,神奇珊瑚癣净制订了"借力热点事件,善用信息碎片"的传播策略,以2014年巴西世界杯为借势热点,以年轻一代为沟通对象;重点突出世界杯赛场内外的"神奇事件"和各类与脚、足部有关的新闻话题,不断挖掘事件背后的"神奇",注重与粉丝的沟通交流,引起他们的认同和共鸣。

所谓磨刀不误砍柴工,前期的充分研究不仅让神奇珊瑚癣净得出了最适合自己的战术策略,还从新媒体各平台的客观数据中分析出了问题所在,为未来的新媒体传播提供了依据和支撑。

其次,对同类竞争产品的新媒体传播内容进行了深入研究,研究竞争产品的传播策略和实际传播效果,借鉴有效传播方式,避免传播及沟通误区。

新媒体战役:抢滩话题阵地,娱乐弱化商业

神奇珊瑚癣净作为一款上市近三十年的老产品,若想和时下的年轻人"对话",面临的最大问题是目标消费者教育的断层,即"80后"及"90后"对品牌和产品认知的缺失。故此,神奇珊瑚癣净制订了多平台齐头并进、多维度覆盖、抓取受众的传播策略,在百度搜索、新浪微博、腾讯微信、主流门户网站同时出击,针对不同平台不同的媒介特性,组合发布不同的内容。

例如,在传播之初,神奇珊瑚癣净利用人群覆盖最广、话题量最大的新浪微博为"登陆平台",为神奇珊瑚癣净定制了"转发有好礼""昵称征集令""巴西世界杯冠军竞猜"等多频次、多角度的互动话题。短短1个月,@神奇珊瑚癣净微博粉丝突破25万大关!互动类话题的营造不仅使得"神奇"品牌、珊瑚癣净等关键词在新浪微博上积淀了信息量,更使得年轻一代知道了"神奇"的品牌和产品。

其次,在神奇珊瑚癣净的新媒体营销中,神奇制药敏锐地感觉到微游戏对于医药营销的潜在价值。先后开发了"真假珊瑚妹""世界杯踢点球""中秋月饼吃吃吃""全民来打怪"等多款小游戏。实践证明,微游戏不仅对微信的黏度、阅读量、活动参与度都有很好的提升效果,而且,游戏本身的娱乐性很好地淡化了商业壁垒,大大降低了目标消费者对"广告"的抵触心理。

新媒体价值:多平台多方式的复合型营销模式

诚然,任何老品牌、老产品在新媒体时代所面临的营销冲击是毋庸置疑的,所以,有效利用新媒体,让企业重获新生是核心和关键。神奇珊瑚癣净通过对自身营销模式的变革,在经历了阵痛之后,收获了更大的成功。总的来说,可以总结为以下四点。

1. 新媒体是医药企业的必经之路　虽然相比快消、金融、传媒等领域营销,医药工业的模式略显滞后,但不得不承认,新媒体营销的冲击已经不可避免地让企业感受到了时代的压力,尽快转型、善用网络是未来的趋势。神奇珊瑚癣净抓住了时代的节奏。

2. 新媒体的本质不仅是传播,更是沟通　如果把传统媒体的传播比作单行道,那么,新媒体传播则是双行道,甚至是双向四车道、八车道。所以,新媒体传播不仅要求传播内容的精确,更要从消费者那里得到反馈,不要忽略任何一个消费者的抱怨或者批评,来自前线的信息是最有价值的。在微博运营中,神奇珊瑚癣净对每一位粉丝的留言都做出了答复,有效提升了品牌好感度。

3. 消费者会热爱那些有血有肉、有性格、有思想的品牌　什么是品牌?或许这个课题的研究将永恒地进行下去,但是,目前的消费者不会对一个冷冰冰的LOGO和几条广告产生任何感情,他们希望品牌的性格和属性是栩栩如生的,只有深入情感层面的沟通,才能打动消费者。

4. 微游戏既是娱乐,又是传播　植物大战僵尸、愤怒的小鸟、保卫萝卜……各类移动端的游戏层出不穷,迎合了时下年轻人的口味和对碎片时间的打发。神奇制药开发的"真假珊瑚妹""世界杯踢点球""中秋月饼吃吃吃""全民来打怪"等多款小游戏,利用小游戏和品牌(或产品)结合的方式既能弱化商业味,又能增加趣味性,是增加用户黏度的好方式,值得借鉴。

(资料来源:中华财经网)

思考:神奇珊瑚癣净在促销过程中采取了哪些促销手段?试分析获得成功的原因。

医药市场营销促销方案设计考核评价标准与评分表见表5.1.3。

表 5.1.3　医药市场营销促销方案设计考核评价标准与评分表

平时成绩评价标准与评价项目					
序号	等级与分数 评价项目	优秀 9分	良好 8分	一般 6分	需努力 3分
1	出勤情况				
2	小组活动参与情况				
3	团队内贡献情况				
4	语言表达及应变能力				
5	个人作业完成情况				
平时成绩（占总成绩的30%）					

实训成绩评价标准及评价项目					
序号	等级与分数 评价项目	表现突出并创新 9分	基本完成 6分	没有完成 酌情扣分	评 价 标 准
6	确定促销目标				目标确立的可行性、正确性
7	确定促销时间				时间的合理性
8	确定促销费用				费用制订的合理性、正确性及具体性
9	编制促销方案				促销活动的可行性、合理性及具体性
实训成绩（占总成绩的70%）					
学生自评成绩					
小组评价成绩					
教师评价成绩					
总成绩					

（连进承）

教学单元 5.2 医药市场营销消费者的营业推广活动设计与实施

 学习目标

能力目标：

在教师的指导下，能够根据目标市场和医药产品的特点，初步写出可行、实用、有创意的医药营业推广策划方案。

知识目标：

掌握医药营业推广的概念和特点，熟悉营业推广的目标和方式，了解医药生产企业针对医药消费者、中间商、医院和推销人员的营业推广方式。

素质目标：

培养团队合作精神，使学生深入实践，切身体验劳动的光荣；学习人际沟通的基本技巧和应变能力，提高自身综合素质；培养创新意识，使学生具备积极向上的人生态度和价值观。

 案例导入

美国人乔·吉拉德是世界上最有名的营销专家，被吉尼斯世界纪录誉为"世界上最伟大的营销员"。他曾经创造12年营销13000多辆汽车的最高纪录，有一年，他卖出的汽车多达1425辆，在同行中传为美谈。

有一天，一位中年妇女走进他的展销室，说她想在这儿看看车，打发时间。闲谈中，她告诉乔·吉拉德她想买一辆白色的福特车，但对面福特车店的营销员让她一个小时后再去，所以她先来这儿看看。她还说今天是她55岁的生日，想买一辆车给自己当做生日礼物。

"生日快乐！夫人"。乔·吉拉德一边说一边请她进来随便看看，接着出去交代了一下，然后回来对她说："夫人，您喜欢白色车，既然您现在有时间，我给您介绍一下我们的双门式轿车——也是白色的。"

他们正谈着，女秘书走了进来，递给乔·吉拉德一束玫瑰花。

乔·吉拉德把花送给了那位妇女："祝您长寿，尊敬的夫人。"

中年妇女受到感动，眼眶都湿透了。

"已经很久没有人送礼物给我了，"她说："刚才对面那家福特车店的营销员看我开一辆破车，以为我买不起新车，我刚要看车，他却说要去收一笔款而让我等他一个小时，其实我只是想买一辆白色车而已，只不过听朋友介绍福特不错，所以我也想买辆福特车，仅此而已，但他却去忙别的事，于是我就上这儿来等他，现在想想，不买福特也可以。"

最后，她在乔·吉拉德这儿买走了一辆雪佛莱，并写了一张全额支票。其实从头到尾，乔·吉拉德的言语中都没有劝她放弃福特车而买雪佛莱的语句。只是因为她在这里感受到了重视与被尊重，于是放弃了原来的打算，转而选择了乔·吉拉德的产品。

（资料来源：邢晓凤. 最成功的218个营销故事[M]. 中国经济出版社. 2007）

理论学习知识与背景

一、医药营业推广的内涵

营业推广也称为销售促进,美国营销学会把营业推广定义为:"人员推广、广告和宣传以外的用以增进消费者购买和交易效益的那些促销活动,诸如陈列、展览会、展示会等不规则的、非周期性发生的销售努力。"从该定义可以看出营业推广是一种适宜于短期推销的促销方式,是企业为了刺激消费者的消费欲望,鼓励购买而进行的。

医药营业推广指的是医药企业在一定的时期内,采用除人员推销、广告、公共关系外的各种促销方式,激发消费者或中间商的购买欲望,促使医药产品销售快速增长的促销活动。

二、医药营业推广的特点

医药营业推广与人员推销、广告、公共关系相比,具有以下特点。

1. **刺激强烈,销售效果明显** 医药企业根据市场环境变化、竞争状态、目标消费者心理特点等要素,采用各种能够为目标消费者带来直接利益,或是目标消费者很难拒绝的优惠条件的促销手段。强烈刺激目标消费者购买欲望,使他们为了获得某种利益而在短时期大量购买,销售效果明显。

2. **非周期性,适合短期使用** 医药企业进行营业推广往往是为了实现短时期内快速增加销量的目的。这种促销方式往往是短期、偶然进行的,而这种优惠活动或带来的特定利益也只能在这段时间有效。若长期、周期性进行营业推广会降低对消费者的刺激,消费者购买欲望难以长期保持。

3. **方式多变,辅助性强** 由于市场情况多变,不同目标消费者偏好存在差异等要素的存在,医药企业在进行医药推广的时候,采用的方式并不是固定不变的,而是因地制宜、因人而异采取不同的方式。即使是在同一个地方面对同一目标消费者,随着企业发展阶段的不同也会采取不同的方式,且常常和人员推销、广告、公共关系等促销方式一起使用,辅助性较强。

4. **限制使用,有一定风险** 医药企业进行营业推广时往往会受到时间、空间的限制,不可能大范围进行,也不适合大范围长时间进行,否则会给目标消费者造成医药企业或产品出问题的错觉,使目标消费者产生疑虑,降低对企业或产品的信任感和忠诚度。同时,营业推广方式还容易被竞争对手所采纳并同时进行而造成医药市场的恶性竞争,不利于医药市场的有序发展。因此,营业推广要谨慎使用。

由此可见,医药营业推广具有一定的适用范围。如新药进入市场,鼓励目标消费者重复购买和增加购买量,面临激烈的市场竞争时都可以进行营业推广。但由于营业推广存在一定的风险,在树立医药企业形象,培养目标消费者忠诚度时可以结合其他促销方式使用,但不宜频繁使用。

三、医药营业推广的方式选择

医药营业推广作为一种非周期性的、短期效果明显的辅助性促销方式,其效果的好坏除了考虑与人员推销、广告、公共关系的促销组合外,还要考虑企业的发展战略、不同的目标市场特点、市场竞争状况等因素。

知识拓展

药店推广手段——卖场生动化

所谓卖场生动化,就是通过有效的药店环境规划、卖场气氛营造、药品陈列等手段在末端通路即售点吸引消费者光临,刺激消费者的购买欲望,最终促成消费者购买,实现整体销售的迅速提升。

生动化六要素。一般来说,品牌药店卖场生动化的营造主要考虑以下六大要素。

1. **药品陈列方式** 比较典型的例子是开架自选购药,药品陈列方式的这种改变使得药店与消费者之间更具互动性和亲和力，使消费者能够更快地、以更为简单便捷的方式挑选自己所需的药品，而且更为随意闲适。

2. 药品陈列架的位置　这是一个被许多品牌药店所忽略的问题。许多药店为了尽可能多地利用有限空间，陈列更多的药品，往往不顾及消费者在购物时的感受，将货架陈列得密密匝匝。结果，除了前面几排货架以外，后面一些货架上陈列的药品往往由于取放不便或是不容易被发现而鲜有人问津。实际上，在设置药品陈列架的位置时，品牌药店应根据现有营业面积、场地形状、消费者的行走规律等，合理设置货架的位置，使得药店布局既没有明显的视觉死角，又能充分利用营业面积。

3. 货架空间分配　指的是同类药品不同品牌在一定货架空间中所占绝对空间的大小。在货架空间分配上，许多零售药店犯了一个很明显的毛病，即在货架空间分配上，缺乏管理概念，只是简单地把药品堆放在货架上，导致重复堆放、分类混乱等弊端。既浪费货架空间，又造成药品吸引力不够。因此，品牌药店在货架空间分配上，一定要导入清晰的货类管理概念，切忌犯下空间分配不合理的低级错误。

4. 药品包装信息　即药品包装的大小、色彩、内容等。在现实生活中，药品制造商为了充分吸引消费者的关注，一方面加强了对药店等零售终端陈列架的逐寸争夺，另一方面在药品外部视觉上，也下了相当大的功夫。如果药店对于自己所销售的主力产品，也能在摆放方式、货架空间分配等方面加以配合的话，对于增强卖场气氛是很有帮助的。

5. 卖场环境设计　即药店在整体购物环境方面的营造。每家药店在进行卖场环境设计时，都应根据药店经营特色、卖场定位、药品种类、消费群层次、区域总体环境等，营造具有自身特色的卖场环境，包括色彩、照明、装修、货架形状、背景音乐、POP、灯箱、喷画、招贴等。卖场的环境在第一时间内影响到消费者的情绪，并直接影响到他们的购买决定。

6. 人员推销　稍有规模的制药企业都会自己派遣或与品牌药店一起合作，在零售终端安排人员推销，这就是所谓的导购人员。一个出色的导购人员其实是身兼数职的，他既是销售促进者，又是企业形象的代言人，还是消费者的老师和朋友，对于提高企业产品在终端的影响力、促进终端销售，起着十分重要的作用。

（资料来源：39健康网）

（一）针对消费者的营业推广

针对医药消费者进行的营业推广，主要适用于非处方药、保健品和家庭医疗器械市场等。一方面是为了激励老顾客进一步购买、增加购买量；另一方面还可以引起潜在消费者的兴趣，鼓励他们购买。在新产品进入市场之初，也可以通过营业推广诱导消费者了解、认识新产品。

1. 免费赠送　医药企业为了刺激消费者，将一部分产品或样品作为赠送品赠送给消费者，诱导其重复购买或增加购买量。这种方式可以细分为样品赠送、赠券、包装赠送、礼品赠送等，既可以现场赠送，也可以上门赠送或邮寄赠送。在新产品上市时，经常使用这种方式进行营业推广。但使用该方式时需要注意适度性，既要激发消费者的购买欲，又要注意推广成本。如某品牌的感冒药品等在上市之初，曾经利用国家法定的节假日在全国主要城市举行了大规模免费赠送活动，让消费者免费试用或使用，使消费者了解产品的优点及价格、购买渠道，从而使其迅速在市场上占据一席之地。

2. 赠送折价券或积分卡　医药消费者购买某种医药产品达到一定的销量时，为刺激消费者继续购买而赠送一定的折价券或进行积分累计的促销方式。如一些零售药店通过建立积分卡制度，鼓励消费者重复购买，增加积分，进行礼品换购或者价格优惠。其中折价券可以通过直接派发或者邮寄等方式送到消费者手中。如某企业在进行健胃消食片的促销活动中，就采取积分卡，每购买一盒健胃消食片就积累一定的分数，当积累的分数达到一定数目时就可以在下次购买时直接按照一定的比例减免现金。

3. 特价销售　特价销售又称小额折价交易，指对特定的医药产品进行直接降价、打折或降价加打折等方式。这些方式不仅有利于刺激消费者的购买欲望，运用得当还可以既节约成本又满足消费者"物美价廉"的心理需求。如"所有光顾本店购买商品的顾客满100元可减10元,并且还可以享受八折优惠",先降价再打折。100元若打六折,损失利润40元;但满100减10元再打八折,损失28元。但力度上双重的实惠会诱使更多的顾客消费。这种方式在家庭常规药品或者保健品中比较常见。

4. 有奖销售　消费者购买某种医药产品后,医药企业按照消费额的多少发放一定的抽奖券,消费者进行随机抽奖获得一定的奖品或奖金。这种方式的使用需要既保持对消费者的吸引力又不喧宾夺主,促进医药产品的销售。如某药店在某年圣诞节期间进行的"购物满38元"即可享受"摇树"的机会,每次摇树掉下一个号码牌,每个号码牌都有相应的礼物。既让客户感受到节日的氛围,进行快乐购物,又给店铺带来促进销售的机会。

5. 现场示范　医药企业通过在销售市场示范自己的医药产品,或进行现场咨询、讲解,既把医药产品的功效、使用方法、成分等向消费者进行讲解和展示,又可以通过现场答疑,消除消费者的疑虑,促进消费者对医药产品的信任和支持。一般来说,在新药上市或技术含量高,或使用复杂的医疗器械时多采取该方式。

6. 知识讲座　医药企业为了扩大医药产品市场,激发消费者购买欲望,还会定期或不定期向特定消费群体进行知识讲座,既向消费者讲述本企业或产品的基本信息及优势,又对消费者进行健康指导,间接培养消费者对该医药产品的忠诚度,促进销售。

7. 联合推广　医药生产企业通过与零售商联合促销,将一些能够显示企业优势和特征的产品进行集中陈列,边展销边销售。或是零售商将功能互补性医药产品联合销售,促进消费者购买。

(二)针对医药中间商的医药推广

营销视野

昆明制药2011年报显示,公司前五名的客户分别是云南鸿翔一心堂药业(集团)股份有限公司(营业收入8509.44万元)、中化物产股份有限公司(营业收入6977.48万元)、重庆科渝药品经营有限责任公司(营业收入6110.6万元)、广州采芝林药业有限公司(营业收入6108.62万元)、云南健之佳健康连锁店股份有限公司(营业收入5845.35万元)。

以上五家企业除了广州采芝林药业有限公司外,皆为医药、化工领域的中间商,由此可见中间商对医药生产企业来说至关重要,通过对中间商进行营业推广,培养中间商的企业忠诚度,扩大销量,是企业在日益激烈的医药市场竞争中立于不败之地的重要法宝。

医药产品从医药生产企业到达消费者手中大多要经过中间商环节,包括批发商、零售商或代理商等。加强对医药中间商的营业推广,有助于巩固生产、销售各环节的合作关系,促进医药销售。常见的针对医药零售商的营业推广方式主要有以下几种。

知识拓展

医药中间商可根据不同的标准,分为如下类型:按照中间商在商品流通中的地位不同,可分为批发商和零售商。批发商处在商品流通的起点,其经营特点是批量购进,批量销售。零售商处在商品流通的终点,其经营特点是批量购进,零散销售。而按在商品流通中是否拥有所有权划分,可分为经销商和代理商。经销商是拥有一定资金、场地、人员的法人,在其经营中,通过购进商品和销售商品实现商品所有权的转移,获得相应的经济利润。代理商则是在商品流通中为购销双方提供穿针引线服务,促成商品交易的实现,获得一定的服务手续费或佣金。

1. 购买折扣　医药生产企业为激励中间商购买更多的产品,对一次购买较多医药产品或在某段时间内购买较多的医药产品的中间商给予一定的价格折扣、数量折扣等折扣奖励。购买折扣是医药生产企业对中间商普遍采用也是最有效的促销方式。此外,在新产品进入市场之初,医药生产企业通常采取购买折扣的方式吸引中间商进行新产品尝试购买。

2. 推广津贴　医药生产企业为了提高中间商的购买欲望和帮助企业推销产品的积极性而对其给予一定的相关费用补贴。除了为了感谢中间商为医药生产企业的产品提供较好的陈列位置或空间给予的一定费用外，还包括在中间商为推销产品进行广告宣传后给予的补贴和异地中间商的交通费用补贴。

3. 销售竞赛　医药生产企业通过在销售本企业产品的各个中间商之间开展各种销售竞赛活动，促进医药产品的销售。医药生产企业根据各个中间商销售本企业产品的业绩，分别给优胜者不同奖励，如现金奖、实物奖、免费旅游、度假奖等。这种推广方式适合统一市场上通过多家中间商来销售本企业的产品的医药生产企业。

4. 销售扶持　医药生产企业为了鼓励中间商购买其产品或为了提高中间商推销本企业产品的能力，在中间商销售本企业产品的过程中给予一定的帮助。如医药生产商对零售商专柜、门市的装潢给予资助，提供POP广告，或帮助中间商进行销售人员培训。

5. 医药展销会　医药生产企业通过参加医药产品交易会或展览会，在现场进行各种医药产品宣传、推广和销售活动。这种展销会可以集中大量的医药产品品种，形成有力的促销氛围，直观刺激中间商，给予中间商巨大的吸引力。这种推广方式适合医药生产企业进行集中营业推广。

营销视野

2015年国际（亳州）中医药博览会暨第三十一届全国（亳州）中药材交易会9～13日在安徽省亳州市举行。来自全国27个省市，香港、澳门、台湾地区，以及韩国、印度等国家的知名药企、保健品企业、连锁药店、中医院、医药公司等参加了交易会并达成多项贸易协议，其中，药材药品交易洽谈会现场签订贸易协议31个，签约金额达24亿元。

（三）针对医药企业销售人员的营业推广

医药企业销售人员是医药企业营销活动的重要承担者。为了提高医药推销人员的工作积极性，鼓励他们更加努力地推销本企业的产品，提升他们推销产品的能力，医药企业也需要对医药推销人员进行培训。

1. 销售竞赛　医药企业为了促进医药产品的销售，在某一段时间举行开拓市场、客户增加量、销售额、医药产品陈列等各种方式的竞赛，并进行评比，给予不同的奖金或奖品的奖励，刺激消费者的工作热情，提高其销售量或回款率。

营销视野

××"四季三黄软胶囊"陈列包装大赛

为了提高"四季三黄软胶囊"的销售业绩，调动药店推销人员对该产品的销售积极性，××公司推出了××"四季三黄软胶囊"陈列包装大赛，并制订了参评方法和奖励标准。

（1）只要店员将所在药店××"四季三黄软胶囊"优美的POP包装照片寄到《××店员俱乐部》编辑部，或交给××公司OTC代表，就可参加评选活动。

（2）照片内容可以是药店全景的包装，也可以是局部的包装。大规模的柜台商品陈列、整齐划一的吊旗悬挂、醒目的海报张贴、大范围的产品模型摆放、有创意的产品堆头陈列、新颖的跳跳卡粘贴……都是可以入选的内容。

奖项设置：①特等奖1名，奖励现金1000元；②一等奖5名，各奖励现金500元；③二等奖10名，各奖励现金200元；④三等奖50名，各奖励现金100元；⑤纪念奖，凡参评药店均有精美纪念品。另外，获奖照片及柜组人员名单将在《××店员俱乐部》杂志上刊登。

2. 业务能力培训　医药企业根据企业发展战略和促销目标不定期或定期对零售药店的推销人员进行医药产品相关知识、推销技巧等方面的培训,提高推销人员对医药产品特性的认识,了解医药营业推广,促使其有效开展医药营业推广活动。

医药企业要想保持长久的激励效果,除了进行业务能力培训和销售竞赛外,还可以采取适当的销售提成、绩效奖励等方式,激励推销人员积极开拓市场,努力寻找更多的潜在客户,提高推销业绩。

(四) 针对医院的营业推广

医药产品是特殊的商品,医生在医药产品的使用上具有不可替代的指导作用。大多数消费者对医药产品的了解主要来源于医生的推荐,医生也是医药企业收集医药产品使用效果的最权威的信息来源。医药企业针对医院开展营业推广也是必不可少的。

当前,医药企业对医院和医生开展的营业推广活动主要是学术推广。学术推广是以医药产品的学术特点为基础,在明确医药产品定位和市场定位的基础上,进行多种营销推广手段的有机组合。常见的学术推广有学术会议、学术俱乐部、临床试验、征文、调研等。如当年西安杨森公司组织的吗丁啉液剂对小儿厌食症治疗的临床试验,就取得了非常好的效果。

医药企业在针对医院和医生的营业推广活动中,应严格遵守国家相关法律法规,恪守社会公共道德,并严格控制活动经费的使用,加强对具体活动的监管,在促进医药相关学术发展的同时树立企业形象,提高产品销量。

四、医药营业推广方案的制订和实施

(一) 医药营业推广方案的制订

医药营业推广的方式灵活多变,各有各的适应范围和特点,对于医药企业来说,进行营业推广并不是单纯使用某一种方式,而是在分析各种企业、市场因素的基础上,制订科学的营业推广方案。

1. 确定推广目的　营业推广目的的确定就是要明确谁是推广对象,要达到什么样的目的,只有确定推广的对象是谁,要达到什么样的目的才能制订针对性的推广方案,采取适当的推广方式。

2. 确定推广规模　营业推广规模即营业推广的优惠幅度。对于不同的推广对象、推广目的,推广成本也有所不同。制订营业推广方案还需要根据营业推广的预期收益和推广成本之间的成本效益分析,确定合理的推广规模。假定推广规模的成本为1万元,如果因销售额扩大而带来的利润大大超过1万元,那么推广规模还可扩大;如果利润增加额少于1万元,则这种推广是得不偿失的。营业推广的这种成本效益分析,可为有关奖励规模的决策提供必要的数据。

3. 确定推广时机和持续时间　医药企业在进行营业推广的时候要根据推广对象和医药产品的特点、市场竞争状况,选择恰当的推广时机,实现事半功倍的效果。医药企业还需要对营业推广的持续时间进行规划。若推广时间太短,消费者来不及反应,没有进行购买,无法实现促进销售的目的;若推广时间太长,可能会降低刺激效果,使消费者产生倦怠感,对企业和产品产生疑虑,同样无法增加销量,可能还会增加成本。同时在实施方案中还应该明确规定准备时间,即从开始准备到实施之前的时间。

4. 确定推广途径　医药企业进行营业推广,还要确定通过什么途径将营业推广消息传达给推广对象,鼓励其积极参与推广活动。常见的推广途径包括分发优惠券,借助媒体传播等。在选择推广途径时,既要考虑各种途径的传播范围和效果,又要考虑成本。

5. 确定推广经费预算　医药企业进行营业推广的最终目的是促进销售,获取利润。在制订营业推广方案时也必须考虑各种推广方案的成本。一般来说,确定推广费用有两种方法:一种是从基层做起,在确定各种推广方案的费用基础上进行累加,计算出营业推广的总费用;一种是从上至下,确定营业推广的总的经费预算,再依次分配给各种推广方案。经费预算在一定程度上影响营业推广活动的效果。

(二) 医药营业推广方案的实施

1. 确定营业推广的总体目标　营业推广作为辅助性促销方式,往往与其他促销方式组成促销组合。在实施医药营业推广时要从医药企业整体营销战略出发,确定营业推广的总体目标。根据产品特点和目标市场特点的不同,选择不同的推广方案。

2. 预试营业推广方案　　由于医药企业的内、外部环境不断发生变化,为保证医药营业推广方案的实施效果,还要在进行正式实施前进行预试。如在一定的地区进行营业推广方案测试性使用或通过社会调研请消费者对推广方案提建议,以测验推广规模是否合适,推广时机是否正确,推广持续时间是否合理。如果有条件,还应该在具体运用各种营业推广方式之前,对其事先进行测试,以确定所选择的是否合适并及时决定取舍。

3. 实施、控制营业推广方案　　医药企业按照营业推广方案有计划、有步骤地开展营业推广活动。在一定时期内针对选定的推广对象在恰当时机开展推广活动,既要做好推广前诸如宣传资料、陈列设计、人员配置等工作,又要明确推广活动实施的时间和持续时间。若推广过程出现突发情况,还要及时进行控制和协调。

4. 评估营业推广方案　　医药企业在营业推广方案实施后,还要将推广活动前销售情况、推广活动中销售情况及推广活动后销售情况进行对比分析,评估营业推广方案的效果,并为以后营业推广提供依据。如一种医药产品在营业推广之前的市场份额为 6%,营业推广期间为 10%,营业推广一结束马上降为 5%,过了一段时间又回升到 7%。这些数据表明,企业的营业推广方案在实施期间吸引了一批新的顾客,并促使原有的顾客增加了购买量。营业推广结束后马上降为 5%,说明顾客尚未用完前一段多购的产品。回升到 7%,说明这项营业推广方案终于使一批新顾客成为老顾客。如果过一段时间市场份额不是 7% 而仍旧是 6%,那就说明这项营业推广方案只是改变了需求的时间,并未增加该产品的需求量。

实训环境与组织实训过程

一、学生分组与组织

(1) 分组:全班同学进行分组,每组 3 人,确定 1 名组长。按实训内容进行分工,按实训步骤实施分析、制订营业推广方案。

(2) 通过学习制订消费者的营业推广方案,掌握消费者营业推广方案的制订方法。学会查找相关资料,根据消费者营业推广要求,从促进医药产品销售出发,设计营业推广活动方案。

(3) 根据医药营业推广方案进行医药推广方案的实施并对方案进行评估。

二、实训环境

(一) 实训背景

随着人们生活水平的提高,消费观念和健康观念的转变,维生素 E 作为一种常用药品兼保健品在市场上的规模迅速扩大,发展潜力巨大,除了原有的以治疗为目的的消费者群体外,以保健为目的的消费者群体迅速形成并日益扩大。

某公司是国内知名的 GMP 认证企业,公司生产的"天然维生素 E 胶丸"原料由美国进口,纯度高;严格按照 GMP 管理规范进行生产,严格按照国家法定的标准执行,且生产过程中制订了严格的高于国家标准的企业内控标准,确保产品质量。与合成品相比,天然维生素 E 更符合人体的需要。这种天然维生素 E 由于在生产过程中没有发生化学反应,保持了维生素 E 原有的生理活性和天然属性,更容易被人体吸收和利用,而且安全性也高于合成维生素 E,更适于长期服用。实验还表明,天然维生素 E 的抗氧化和抗衰老性能指标都数十倍于合成的维生素 E。在消除自由基,延缓衰老;美容养颜,祛斑美白;增强女性生育机能,提高生育能力;年轻心血管,预防心血管疾病方面有明显功效。

该产品适合需要补充维生素 E、加强身体抗氧化能力的人。尤其是:想要保持年轻容颜和青春活力的成年女性;有色素沉着现象的女性;希望孕育健康宝宝的准父母;长期口服避孕药物的女性;怀孕和哺乳期的女性;进入更年期的女性;长期处于电脑辐射中的办公室人群;吸烟、喝酒者;希望保持健康、延缓衰老的中老年人及有心脑血管疾病的人。

且该公司生产的"天然维生素E胶丸"采用国内最先进的全自动压丸、成型、干燥机组生产,此产品质量稳定,疗效显著。该产品每粒0.1g,每盒30粒,每盒28元。

假如你是该企业营销部的销售人员,准备在重庆地区针对药店消费者进行一次营业推广活动,目的是促进消费者消费,提高销售量,实现销售量增长50%的目标。请同学们为此制订一个营业推广方案。

(二)实训环境

1. 校外实训基地　学校利用社会资源在校园建立的实训基地,如社会连锁药房、医药生产企业和经营企业的营销部门。请每个小组的同学根据提供的实训背景或选择自己熟悉的某一医药产品进行实训。每个小组成员进行促销过程中的角色扮演,分配具体的工作,按照岗位工作标准去完成工作任务的每个环节,对工作过程中所出现的不足或错误要及时纠正及完善。

2. 校内实训室
(1)校内模拟医药产品营销实训室。
(2)教室。
(3)学校教学医院的药房或校属医药企业的药房。

三、实训任务

任务1　明确医药推广的目的

对药店消费者来说,医药推广的目的是刺激消费者的购买欲望,鼓励其重复购买或大量购买,并吸引新的消费者进行常识性购买且建立品牌忠诚度。对于医药中间商来说,营业推广主要是为了稳定购买,鼓励中间商进行大量、重复性购买;对于医药推销人员来说,营业推广主要是为了提高其推销本产品的积极性,促进其推销能力的提升。

在本实训背景中,主要针对的是药店消费者,所要达到的目的就是鼓励消费者重复、经常够买,并挖掘新的消费者,且实现销售量50%的增长目标。

任务2　明确医药推广的规模

医药营业推广还要确定推广规模。规模太大可能会造成成本负担;规模太小可能无法刺激到消费者,达不到鼓励购买的效果。确定营业推广的规模需要考虑规模成本效益分析。通常新产品进入市场或者知名度不高的产品,推广范围可以大一点;消费者较为熟悉或者知名度较高的产品,推广规模可以小一点。

××公司生产的"天然维生素E胶丸"在进行营业推广的规模确定时,可以从其他企业同类型产品在重庆市场的占有率和消费者的认可度等加以考虑,确定适合的规模。

任务3　确定营业推广的时机及持续时间

医药产品营业推广不仅要选择恰当的推广时机,还要对推广持续时间进行合理规划。持续时间太短,推广信息传递范围有限;推广时间太长,会导致消费者刺激疲软,影响刺激效果且易导致消费者对企业及产品产生疑虑。

如在"天然维生素E胶丸"的消费群体中,女性是主要的消费群体,可以选择"三八妇女节"作为促销的时机,持续的时间也可以三天到一周为宜,既让消费者"欲购从速",又能够借助节日的氛围,吸引更多的消费者。

任务4　明确营业推广的经费预算

营业推广的最终目的是促进销售,获取利润。企业在选取推广方式,确定推广规模等时都要进行经费预算。在选择促销方式时就需要考虑到"天然维生素E胶丸"的售价是一盒28元。

任务5　编制营业推广方案

企业从医药产品的特点出发,根据医药推广的目的、范围、费用等因素,选择最佳的推广方式,编制营业推广方案。

四、学时与实训作业

（一）学时与要求

(1) 一体化教学:2学时。

(2) 实训与考核:2学时(建议)。

(3) 以小组为单位完成天然维生素E胶丸营业推广方案的编制工作。所使用的理论与知识,以Word文档形式呈现。并能将在实训过程所出现的错误、不足和优劣势陈述出来。

（二）考核范例与考核标准

范例分析一

一场成功的传统促销策划活动

以前,对于医药营销领域,在新产品的启动阶段,免费比利润重要,普及比稀有重要,免费试用作为传统的产品促销方式成为商家百试不爽的选择。但是近些年来,随着市场竞争的白热化,促销方式的同质化和大量模仿,免费试用的促销方式似乎已经越来越不具有吸引力,甚至不少商家就是惨败于此,因此,很多商家认为此促销方式已经过时,必须去寻求和探索出一条新的出路。事实并非如此。其实,传统的促销方式只要你应用得当,仍然具有它独特的魅力,能发挥巨大的作用。菊三七金骨贴的成功上市就是得益于这种传统的促销方式。

1) 上市前市场概述

目前,我国膏药每年的市场份额大约为20亿元,形成了以桂林天和、羚锐股份和奇正藏药为首的三足鼎立的竞争局面。他们运用现代工艺实现了对传统膏药的创新和改良,其代表产品天和××、骨质增生×××和××消痛贴都已经成为人们耳熟能详的产品品牌,三者销量占据了相当的市场。而且现在不断有新产品的进入。

十月份,全新产品菊三七金骨贴铺货入市,招商工作全面启动。由于在整体广告投放、促销方面对终端支持不够,一线营销人员销售工作遇到较大阻碍。

为了迅速打开局面,坚定各级业务人员的信心,同时让老百姓真切地感受到菊三七金骨贴的神奇功效,打消老百姓对非药品效果的不信任、怀疑态度。更为了突出产品的货真价实,突出产品的良好品牌和口碑,在消费者中迅速确立"菊三七金骨贴"的消费观念和消费新时尚,使产品迅速在中高端人群中形成良好的口碑宣传,从而带动其他人群的消费潮流,准备开展"万人免费试贴"活动。

2) 活动目的

① 使菊三七金骨贴迅速打开市场,坚定信心。

② 零距离接触消费者,教育、指导消费者,使其掌握正确的使用方法。

③ 提高目标人群的认知度和接受度。

④ 结合买赠,增加诱因,提升初次购买率。

⑤ 打破市场坚冰,配合公司整体大战略。

⑥ 宣传菊三七这味名贵中药材的止血镇痛、活血化瘀、解毒消肿的独特功效。

3) 活动对象

① 40岁以上的中老年人。他们当中的大部分人都经历过自然灾害、"文化大革命",生活水平及质量较差,身体得不到适当的保养。

② 由于工作上的压力,更没有时间关注自己的身体,加上现在到了一定的年龄,身体大多出现各种各样的病痛。

③ 现在生活水平与质量大为提高,生活安定。但是身体上已感觉力不从心,有些症状让他们开始忧

心能否健康地去拼搏事业或安度晚年。

4) 活动主题

① 效果好，就敢送！——菊三七金骨贴"万人免费试贴"活动。

② 真金不怕火炼！——菊三七金骨贴请10000××市民作证。

③ 关爱体"贴"，免费试用——金骨贴万人免费试贴活动。

5) 活动形式

① 所有患有跌打损伤、内外出血、骨质增生、脊间盘突出、关节炎、肩周炎、骨折、骨刺、皮下淤血等病症的中老年人都是菊三七金骨贴试用的对象。

② 以免费试用加现场义诊的方式接触目标消费群体。

③ 以创造性的媒体组合最有效地将活动告知给消费者，以期实现消费者的广泛参与。

④ 凭宣传单或《××晚报》上的金骨贴广告可享受买一送一的优惠。

6) 活动时间和地点

① 时间：11月27、28日。

② 地点：××市××大药房门口。

7) 活动前的工作

① 在报纸、杂志上刊登产品的软性新闻。

② 深入活动区域内的社区散发宣传海报。

8) 活动结果

两天免费的试用，有五千多老人家到场，当场试用四千多贴。同时，当场卖掉产品上万元，让产品的名声大增。好多患者昨天来免费试用，感觉到菊三七金骨贴的神奇效果后，次日也来购买。同时给在场的消费者现身说法。这次活动的结果正好达到了我们活动的目的——以较小的成本获得了市场的认可，这对新产品来说尤为可贵。在活动的影响下，菊三七金骨贴在当地的销量一直挺好。

所以，商家在为找不到所谓新的促销方式而头疼的时候，何不从传统的促销方式入手，去寻找一条适合自己产品的促销方式。虽然传统，只要得当，传统并非会过时。

(资料来源：严振. 药品市场营销技术[M]. 北京：化学工业出版社，2013)

讨论：试对菊三七金骨贴促销成功的原因进行分析。

医药市场营销消费者营业推广考核评价标准与评分表见表5.2.1。

表5.2.1 医药市场营销消费者营业推广考核评价标准与评分表

平时成绩评价标准与评分项目					
序号	等级与分数 评价项目	优秀 9分	良好 8分	一般 6分	需努力 3分
1	出勤情况				
2	小组活动参与情况				
3	团队内贡献情况				
4	语言表达及应变能力				
5	个人作业完成情况				
平时成绩（占总成绩的30%）					
实训成绩评价标准及评价项目					
序号	等级与分数 评价项目	表现突出并 创新9分	基本完成 6分	没有完成 酌情扣分	评价标准
6	明确推广目的				目标确立的可行性、正确性
7	明确推广规模				推广规模的合理性

续表

8	明确推广时机及持续时间				时机选择的恰当性,持续时间的合理性
9	明确推广的经费预算				费用的合理性、正确性,符合成本效益分析
10	编制营业推广方案				营业推广方案的可行性、合理性及正确性
实训成绩(占总成绩的70%)					
学生自评成绩					
小组评价成绩					
教师评价成绩					
总成绩					

(连进承)

教学单元 5.3　医院促销

学 习 目 标

能力目标：
　　在教师指导下：能够对医院决策人员和医生进行药品促销；能够完成医药产品投标；能够与团队成员合作组织学术推广会。

知识目标：
　　了解处方药促销新理念，熟悉医药代表相关礼仪，掌握拜访医生的方案设计和技巧，掌握医药投标和学术推广会议程序、要求。

素质目标：
　　通过学习熟练应用相关礼仪，了解医院进药流程，熟悉医院进药关键环节，掌握医院拜访流程，基本具备医药代表相关素质。

"阿乐"的成长

巧妙定位

"立普妥"通用名"阿托伐他汀"，是他汀类药物全新的第三代产品，代表了他汀类药物的最高水平，目前全球处方药销售量排名第二，也是辉瑞在全球全力推广的产品。其营销策略集中在向医生进行功能诉求的学术推广上，着重强调产品的特点和疗效。

而"阿乐"是红惠生物制药有限公司（以下简称红惠）在"立普妥"的行政保护到来之前，通过艰难研发，在国内上市的唯一被批准的仿制品。学术和企业实力上没有优势，红惠公司给"阿乐"确定了"中国的阿托伐他汀"的市场定位，巧妙借用了"立普妥"的影响力。其诉求点是："阿乐"是中国制造的、更适合中国国情的、更能为中国百姓所接受的阿托伐他汀。

占领高端

处方药营销，尤其是科技含量高、机理复杂的处方药，无论是跨国公司还是国内企业都离不开学术推广。这需要国内公司拿出自信和勇气，尤其是在产品上市初期，是需要彰显产品品质的时候。阿乐上市后，一系列临床试验、学术推广活动相继展开："阿乐"与"立普妥"生物等效试验研究；在上海协作组九家大医院开展的"阿乐"与"舒降之"对比试验；北京六家三甲医院参与的"阿乐"临床观察试验；血脂教育专家在全国20个城市巡回演讲；全国230名心内科医生赴海外学习……这些活动占用了红惠公司大量的资源，但同时也为做大、做强、做长"阿乐"打下了坚实的基础，为"阿乐"占领高端市场开了个好头。

长短结合

在学术推广达到一定深度后，营销重点就该是配合长线，开展那些能唤起医生兴趣、吸引医生眼球的短、平、快的活动。长短结合，既有高端的品牌效应，又照顾到终端的客户利益。在围绕市场定位的前提下，红惠公司开展的会议营销做得比较巧妙。

学术会议是处方药生产企业实施营销战略推广的好机会,红惠避开跨国公司的锋芒,侧面出击,以较低的成本,在大型学术会议上实施文化营销,最终达到推广产品的目的。

2004年10月,被业内人士称为心血管领域的"学术盛宴":2004年10月16日,第15届长城国际心脏病学会议暨美国心脏病学院2004心脏病学进展研讨会在北京召开;2004年10月28日,第八次全国心血管病学术会议在沈阳开幕。两次会议的参会人员几乎囊括了全国心血管领域的精英,各大、中型医院心血管科室负责人几乎都参加了会议,使得这两次会议成了心血管药物开展学术营销的良机。

外资和合资企业在大会中组织专题学术研讨,甚至投入巨资召开卫星会议进行专题研讨和学术推广。而资金实力和学术内涵略逊一等的红惠避实就虚,在两场会议开幕的当天晚上举办"'阿乐'之夜"晚会,为与会专家及医生献上精心策划、具有浓郁民族特色的精彩文艺演出。

红惠人说:"在产品营销中以理服人固然重要,但以情感却更能打动人心,这可能就是文化营销的精髓。"通过喜闻乐见的民族音乐和歌舞节目,引起共鸣,激发民族情结,使产品更具亲和力,红惠人力图以最快的速度、最经济的手段,让医生知道:阿托伐他汀类产品中还有"阿乐",并且"阿乐"更实惠、有更高的性价比。

一个心血管领域的处方药产品,一个心血管领域中市场尚未成熟的处方药产品,在药品降价、药品招标采购、仿制药激增、朝阳行业也遭遇寒流的2004年,实现了86%的增长。"阿乐,中国的阿托伐他汀。"随着阿乐在临床上的普遍应用,心血管专业医生在记住了"阿乐"这个产品的同时也对这句话耳熟能详。

理论学习知识与背景

一、处方药促销概述

处方药简称Rx药,是由国家卫生行政部门规定或审定的,药品销售机构需凭医师或其他有处方权的医疗专业人员开写处方出售,并在医师、药师或其他医疗专业人员监督或指导下方可使用的药品,以保证人民的用药安全;并且处方药的广告宣传只准在专业性医药报刊进行,不准在大众传播媒介进行。

处方药一般包括:刚上市的新药,对其活性、副作用还要进一步观察;可产生依赖性的某些药物,如吗啡类镇痛药及某些催眠安定药物等;本身毒性较大的药物,如抗癌药物等;用于治疗某些疾病所需的特殊药品,如心血管疾病药物等,须由医生确诊后开出处方,并在医生指导下使用。

医院药品营销的特点

(1) 集中了绝大部分专业处方药品种,占据专业处方药的80%左右。
(2) 西药用量较大,是新产品上市的主要目标市场。
(3) 为大多数医药企业市场竞争的主要战场。
(4) 跨国制药企业的产品主流治疗领域占绝对优势。
(5) 大医院的医生需求期望值高于其他级别医院。
(6) 市场细分程度高。
(7) 市场集中度高,基本是有几家大型医药生产企业垄断。
(8) 既是新特药等药品信息的集中地,也是药品相关信息的集散地。

二、处方药促销新理念

(一) 临床学术推广

自20世纪80年代末到20世纪90年代初,以外资企业的医药代表进入终端医院促销为端始,临床学术推广模式便成为国内医药企业推动药品销售的一道亮丽风景线,由外企到国企,由少数企业到多数企业,不断地发展成为处方药主要的促销模式。学术推广是医药代表的基本职能,但是仅仅凭着医药代表对客户进行"点对点"的信息传递,已经满足不了学术交流的需求。完善的学术推广体系应该包括以下三级。

第一级是以公司产品经理为主的职能层次,负责市场调研、产品策略、支持市场活动的大型学术活动的策划、学术资料的编制、与国内学科知名专家沟通等。

第二级是以区域推广经理为主,承担区域VIP网络建设与维护、组织区域推广活动、区域内意见带头人沟通等。

第三级是医药代表所承担的目标医生网络建设与维护、产品信息传递与反馈以及日常销售管理等。

西安杨森制药公司是依靠建立分级推广体系成功的典范。西安杨森的口号是"让每一个客户和医生了解西安杨森的产品"。他们结合我国医药市场的特点,借鉴西方市场的营销策略,形成了一套独具特色的"三角形宣传模式"。位于"三角"顶端的是医药界名流、权威组成的"杨森科学委员会",对公司的产品、科研、管理等进行高层次的指导,并以此为中心辐射全国组成了全国专家网络。通过举办各种国内外学术交流活动,杨森科学委员会把经过验证的杨森专利产品科学地推介给医生和患者,把临床试验结果和最新基础医学研究信息带给医生和企业。凭借这些医学权威的可信度高的推介,杨森产品很快就为众多的医院、医生和患者所认可,许多产品一问世即进入大部分城市的医院和药店,成为医生处方的首选药品。"三角形"的中间部分是杨森销售代表面向有处方权医务人员的宣传。这些中青年医生知药、懂药,对药品可主动选择,直接接受。通过报刊、电台、电视台进行广泛的广告宣传,吸引广大消费者,便构成了"三角形"雄厚、坚实的底部基础。这套宣传模式以医药界名流、权威为龙头,抓住了这一龙头,就起到了以点带面的作用,影响了社会的不同阶层,影响面之广为一般宣传形式所不及,这在树立公司良好形象,提高新产品知名度方面,发挥了积极有效的作用。

(二) 广告拉动

以超大规模广告投入来拉动医药消费的始作俑者是保健药品生产企业,随着医药市场的竞争加剧,一些有实力、流动资金充裕的医药公司看好广告这一宣传工具,希望通过在媒体上进行密集型广告投放,让企业的产品赢得观众的注意力,从而增大其销售量、扩大市场份额,提升公司的经营业绩。

(三) 人员促销

处方药是一种特殊的消费品,它的销售方式与普通消费产品有所不同,处方药需要由医生开处方后患者才会使用,这样直接使用者是被动的,而医生是一个主动执行者。因此一个处方药是否能够取得良好的销售业绩,主要取决于医生对该产品的认可程度,也就是说医生的态度是一个处方药销售的关键。正因为医生在处方药销售中占有如此重要的地位,所以国际性的大制药公司如德国拜耳公司在1920年就开始设立专业的医药代表进行针对医生的宣传推广工作,在中国自1989年开始由无锡华瑞公司、西安杨森公司、中美史克公司及上海施贵宝公司将医药代表这一职业引入中国。他们的工作就是向医生宣传产品知识,在医院开展促销活动。

(四) DTC营销

DTC(direct to consumer)是指直接面对患者的营销模式,它包括任何以终端患者为目标而进行的传播活动。对医药市场而言,终端患者有可能是患者本人、患者的朋友和亲属,也可能是医疗服务人员或者公众。DTC营销的关键是向患者的信息传递,并且与一般的处方药营销策略仅仅面向医生传递信息不同的是,DTC把注意力延伸至患者,多渠道地向患者传递有关药品及治疗的信息,意在通过影响患者提高患者在选择药品过程中的主动性,来达到销售的目的。

(五) DFC营销

面对数量越来越多的新的药品,每位患者都想知道:哪种药品是他们最适宜的呢?怎样才能得到最佳的治疗呢？同时医生也希望了解患者(特别是那些门诊患者)在用药后的情况。为了实现医患双方的愿望，医药公司尝试将患者的治疗信息反馈编制成报告交给他们的医生。这些直接来自患者的信息为医生提供了及时和有效的帮助，为医生评价药品的疗效，调整治疗方案提供了依据，提高了患者的治疗效果。这种医药企业直接向药品的最终用户收集信息的营销模式就是 DFC(direct from consumer)营销。如果说 DTC 关注的是处方药的售前的信息传递的话，DFC 营销实现了医患之间售后信息的双向交流。医药公司开发出一套医患互动系统，患者通过发传真、登录互联网站、拨打免费电话或填写调查问卷的方式反馈他们的症状缓解情况、治疗满意程度、服药方便性、生活质量等数据，然后系统将这些数据自动整合成报告转给经治医生，以帮助其评估和完善患者的治疗方案。

三、医药代表的素质及相关礼仪

(一)医药代表的素质

医药代表推销是集信息沟通、商品交换和技术服务为一体的综合、复杂过程。推销活动的成败，与医药代表的素质有着密不可分的关系。故医药代表应具备以下基本素质。

1. 职业素养

(1) 具有强烈的事业心和责任感　事业心主要表现在：对医药产品推销工作充满信心，积极主动，任劳任怨。责任感主要表现在：忠于企业，忠于客户，本着对客户利益负责的精神，帮助客户解决实际困难和问题，满足客户的需求。

(2) 具有良好的职业道德　医药代表单独开展业务活动比较多，在工作中应有较强的自控力，正确处理好个人、集体和国家三者之间的利益关系。

(3) 具有正确的推销思想　推销思想是医药代表进行医药推销活动的指南。正确的推销思想要求医药代表要时刻考虑客户的利益，全心全意地为客户服务，把客户需要的满意程度视为检验推销活动的标准。

(4) 具有团队协作的精神　作为一名医药代表，单凭个人是无法完成一个上规模的项目的。公司的命运和利益涉及每一个公司员工的命运和利益，没有哪个员工可以使自己的利益与公司的利益相脱节。只有整个团队获得更多利益，个人才有希望得到更多利益。保证事业有成的方法之一就是让与你共事的人喜欢你、欣赏你。只有善于合作，你周围的同事才会支持你，并尽他们最大的努力来帮助你实现你的目标，同时也实现他们的目标。在团队成员的帮助下，你才能最大限度地发挥自己的才能。

2. 业务素质

(1) 企业知识　医药代表要熟悉本企业的发展历史、企业规模、经营方针、规章制度、企业在同行业中的地位、企业产品种类和服务项目、定价策略、交货方式、付款条件及付款方式等情况。

(2) 产品知识　医药代表要了解医药产品的功能、疗效、价格、使用方法、注意事项以及保存等方面的知识，了解市场上竞争产品的优劣情况。

(3) 客户知识　医药代表应善于分析和了解客户的特点，要熟悉有关心理学、社会学、行为科学的相关知识。了解医疗机构和医生的购买动机、用药习惯、购买条件与购买决策等情况，这样才能针对不同客户的不同心理状况，采取不同的推销对策。

(4) 市场知识　医药代表要懂得市场营销学的基本理论，掌握市场调研的基本方法。善于发现现实和潜在的客户需求，了解医药产品的市场规律和市场行情。

(5) 法律知识　医药代表要了解国家规范经济活动的各种法律，特别是与医药产品推销活动有关的经济法规。

3. 身体素质　医药代表应精力充沛、头脑清醒、行动灵活，在客户面前要保持阳光、积极向上、充满活力的一面。但是医药产品推销工作比较辛苦，经常是东奔西走、起早贪黑、食住缺少规律，所以要想保持一个好的精神状态，那就需要医药代表有一个健康的体魄。要保持良好、健康的体魄，应经常保持良好的心态，要学会放松自己，尽量每天坚持运动；要注意饮食卫生和预防疾病，要保证充分的休息。

4. 心理素质　推销人员、推销对象和推销产品是组成推销活动的三个基本要素，如何激发客户购买行为的产生,是评价推销活动是否成功的唯一标准。掌握、熟悉客户的购买心理和各种推销技巧固然重要,但是推销人员的心理特征对推销工作的效率和效果,也有着重要的影响。在大多数推销活动中,经常是客户认可推销人员之后才愿意接受其推销的产品。因此,成功的医药代表大多是先将自己推销给客户,将产品推销放在自我推销上,以获得顾客的理解和信任,建立良好的关系进而将产品推销出去。由此可以看出,成功的推销活动,不仅仅是医药产品的魅力,更多的来自医药代表的魅力;而医药代表的魅力很大一部分是由其良好的心理品质决定的。

(1) 顽强的意志　意志是确定目的并选择手段以克服困难、达到预定目的的心理过程。医药产品推销活动是一个富有挑战性的工作,竞争激烈的市场、不分昼夜奔波、严厉拒绝、无理要求、冷嘲热讽、怀疑冷落、寂寞孤独等,无不是对医药代表意志的考验。医药代表要勇于面对挑战,坚定"人生能有几回搏"的斗志,正确地对待在推销工作中遇到的失败和困难,增强信心和勇气,不断挖掘未被开发的潜在力量。只有更高的追求加之不断的努力,才能获得常人所不能获得的成功。

(2) 稳定的情绪　情绪是指与生理需要是否获得满足相联系的倾向,它是由意境所引起并随意境而变化的。人的情绪,不论好或坏,都是以叠加形式出现的。在推销活动中医药代表的情绪波动会使顾客的情绪在不知不觉中受到感染。医药代表乐观,顾客也随之乐观;医药代表急躁,顾客也随之急躁;医药代表悲观,顾客也会降低热情。所以,医药产品推销工作要求医药代表保持稳定而乐观的情绪,切忌浮躁。浮躁往往会直接影响冷静思考和正确判断,会导致推销工作的失败。

(3) 广泛的兴趣　每个人都有自己感兴趣的事物,人对感兴趣的事物会主动接近、研究,以求更深刻的认识。作为医药代表每天都在接触有着不同兴趣和爱好的客户,不能要求客户改变他的兴趣和爱好来配合我们。要接近他们、说服他们,那么和他们拥有共同的兴趣和爱好是获得客户认可的重要因素。

(4) 完美的气质　气质是一个人与生俱来的心理活动动力特征。在传统意义上,一般把气质分为多血质、胆汁质、黏液质和抑郁质四种类型。从气质类型上来说,每一种类型的气质并没有好坏之分,每一种类型的气质都有其优点和缺点。就医药代表而言不必在乎自己是何种气质类型,应该学会尽最大可能发挥自身气质的优点,摒弃其消极的一面,使自己的气质在保持原有特征的基础上,形成更加完美的个性特征。

(5) 坚定的自信心　自信心就是医药代表对自己行为的正确性坚信不疑、抱有充分的信心。医药代表应相信自己能够胜任推销工作,相信自己的产品,相信在推销活动中"方法永远比困难多",才能去感染客户对你产生信心;才能让客户对你所推销的医药产品有坚定的信心。自信是在自我认识和自我评价基础上建立起来的,不是盲目的自信,也不是超越自我现实的无根据的自信。医药代表培养自信心,首先要做的就是全面而深入地了解自己的各个方面,对自我做好公正、合理的 SWOT 分析,并将分析结果同自己的推销工作联系起来,综合考虑。

(6) 宽大的胸怀　医药代表要有宽大的胸怀。要善于发现客户的优点,而不要挑剔客户的毛病。应避免做出任何有可能伤害客户感情之事,这一点医药代表必须做到。要对客户怀有一片真心,切记不要和客户发生激烈争吵,那是百害而无一利的。

(二) 医药代表的能力

1. 观察能力　医药代表的观察能力,主要是指其通过客户的外部表现去了解客户购买心理的能力。一个人的任何一个行为表现都与内心活动有着紧密的关联,行为也是反映内心活动的一个侧面。医药代表可以从客户的行为当中,发现许多反映客户内心活动的信息。因此,观察能力也就是了解客户购买动机的重要能力之一。医药代表的观察能力主要受到知识、观察方式和目的三个因素的影响。知识是观察客户、理解客户的基础,医药代表掌握的知识越丰富、越精深,那么对客户的观察也就会越深入、越周全,对客户的控制力也就会越强、越有效。观察方式要科学化,按照先上后下、先表后里、先局部后全部、先个别后整体的路线进行观察,注意力合理分配,视觉与听觉、观察与判断有机地结合到一起。目的明确是取得良好观察效果的主要因素。医药代表事前确定观察的任务和计划,在观察时,就能突出重点,抓住本质,达到事半功倍的效果。提高医药代表的观察能力,医药代表可以强化训练以下几个方面的工作:要明确观察人物;要运用系统的观点看事物;要不断丰富自身知识和技能;要分步骤、有主次地观察事物;要随

2. 创造能力　医药代表是一项体力与脑力相结合、综合性很强的工作。只有医药代表具备了很强的创造能力,才能够发现并抓住市场竞争中的机会。创造的过程本身就是挑战自我的过程,也是自我肯定、体现自信的过程。在推销过程中,医药代表只有创造性地运用各种促销方式,才能发展新客户,开拓新市场。

3. 社交能力　医药代表每天都在和推销对象面对面地沟通。从某种意义上来看,医药代表也是企业的形象代表,也是企业的外交家。我们不能让所有的客户都来适应我们的习惯与喜好,这就要求医药代表具有和各种各样类型顾客交往的能力,即善于与他人建立联系,相互沟通、取得信任,以及处理各种矛盾的能力,能充分平衡各种场合的气氛。要提高自身的社交能力,在推销活动中,应注意以下几点:待人热情诚恳,行为自然大方;能设身处地地站在客户的立场上考虑问题,体谅客户的难处;有自制能力,能控制自己的感情,能沉着、冷静地处理问题;既有主见,又不刚愎自用。

4. 应变能力　因为推销对象的心理是复杂多变的,这就导致医药代表的推销活动也是复杂多变的。如果仅仅是用一种模式或者姿态面对客户,这样就很难真正达到推销所预期的效果。这也就要求医药代表具有灵活的应变能力,在不违背原则的前提下,采取一些行为,从而更好地实现自己的目的。医药代表应该能够及时地觉察到客户需求的变化对推销效果的影响,并能针对变化的情况,及时采取必要的推销策略。

5. 语言表达能力　信息沟通是推销工作的核心和关键,而语言就是表达思想、交流信息的主要工具。推销的过程,也就是医药代表启发客户、说服客户的过程。良好的语言表达能力表现在语言上要清晰、简洁、明了,说话要抓住客户的心理,针对客户的需要,促使客户产生强烈的购买欲望。评判良好语言表达能力的标准是:语言表达清晰、准确、条理井然、重点突出;语言表达要富于情感,使客户听了感到温暖、亲切,起到感染客户的作用;语言表达要诚恳、逻辑性要强,起到说服客户、增强信任感的作用;语言表达要生动形象、风趣幽默,能起到吸引客户的作用;语言表达要文明礼貌、热情友善,能引起客户由衷的好感,起到增进友谊的作用。

(三) 医药代表的职责

每一次推销活动的具体任务是不同的,不同类型的推销工作也有不同的工作内容,但任何企业的推销员,都承担着一些相同的基本职责。

1. 收集信息　医药推销活动的实质就是医药代表和推销对象之间的信息交流和沟通,而且这种信息的交流是双方面的。客户通过医药代表了解企业和所推销产品的情况,同时,医药代表也通过客户了解了市场的需求、客户的评价以及客户更深层次的需求。通常医药企业要求医药代表收集的信息主要包括:客户对产品的具体意见和要求;消费者特征、结构方面的情况;市场供求关系的现状及变化趋势;客户需求的现状及变化趋势;同类产品的竞争状况;客户对企业销售政策、售后服务等的反应。

2. 沟通关系　运用各种管理手段和人际交往手段,建立、维持和发展与主要潜在客户、老客户之间的人际关系和业务关系,以便获得更多的销售机会、扩大企业产品的市场份额;医药代表应改变那种"买卖做完即分手"的做法。与客户建立长期、稳固的联系,不论是对老客户,还是对尚未购买产品的潜在客户,都应保持这种联系。这种联系不仅包括业务方面的内容,还应包括人际关系。国外一些企业总结出了一套沟通关系的有效步骤:第一,确定主要客户的名单;第二,确定每一位医药代表的联络对象;第三,规定沟通关系的具体目标及任务;第四,医药代表定期检查评估;第五,每位医药代表根据计划目标实施沟通工作。

3. 销售产品　它是通过直接推销过程的一系列活动来完成的。这类活动包括:寻找潜在客户、准备进行访问、介绍和示范产品、处理异议、确定价格及交货时间等成交条件、签订合同等。此外,还包括销售产品所必需的辅助性活动,如商务考察、调研、案头工作、必要的交际等。

4. 提供服务　做好推销前、推销过程中以及推销后的服务,也是医药代表应承担的职责。因为在竞争激烈的市场上,服务往往成为能否达成销售的关键因素。推销前的服务通常包括:帮助客户确认需求或要解决的问题、为客户提供尽可能多的选择、为客户的购买决策提供必要的咨询,这些工作为推销成功奠定了基础。推销过程中的服务主要包括,为客户提供运输、保管、装卸以及融资、保险、办理各种手续方面的帮助。这些能为顾客带来额外利益的服务项目常常成为决定能否成交的主要因素,尤其是在药品本身的特征和价格差别不大的情况下,客户总是选择那些能提供额外服务的厂家。销售后的服务一般包括:医药产品的配送、运输、维护、人员培训、技术咨询以及各种保证或许诺的兑现等,这些服务不仅能够消除客户的抱怨、增强客户的满足感,而且有助于建立良好的企业形象、巩固与客户的关系。

5. 树立形象　医药代表应该通过推销过程中的个人行为,使客户对企业产生信赖或好感,并促使这种信赖和好感向市场扩散,从而为企业赢得广泛的声誉,建立良好的形象。在客户面前,医药代表就是企业。客户是通过医药代表了解、认识企业的。因此,能否为企业树立一个良好的市场形象,也就成为衡量医药代表的重要标准之一。建立良好的形象,需要医药代表做许多的工作。第一,要使客户对医药代表个人产生依赖和好感;第二,要使客户对整个交易过程满意;第三,要使客户对企业所提供的各种售后服务满意。此外,医药代表还应尽量帮助医护人员解决医疗实践、进修学习、学术提升方面的问题,向客户宣传企业,让客户了解企业。

（四）相关礼仪

1. 职业形象礼仪　外在仪表形象虽不能绝对反映一个人的内心世界,但作为一个医药代表,则必须注意仪表,医药代表留给客户的第一印象往往取决于医药代表的外表,客户喜欢仪表优雅、风度翩翩的医药代表,而不喜欢不修边幅、形象拖沓的医药代表。医药代表的衣着以稳重大方、整齐清爽、干净利落为基准。穿着要反映时代气息,朝气蓬勃、健康活泼、进取向上、庄重大方的衣着可增强医药代表的自尊心和自信心,而只有这时,他才会勇气十足、信心百倍,推销效果最佳。职业形象礼仪主要包含内容:个人头发清洁,长度适宜,发型适合自己的特点;面部清洁、干净,化妆自然得体,符合情景;手部指甲长度合适、干净、不戴过多饰品;眼耳鼻颈部清洁、口无异味;整体修饰整洁、干练,妆容大方、姿势得体,整体形象好。仪表大方庄重,合身合意、合时合礼、合俗合规。站姿、坐姿、走姿、手势等仪态符合礼仪规范。

2. 言谈举止礼仪　医药代表在言谈方面,应做到语言表达准确,避免措辞含糊不清;注意使用规范语言,除特殊场合外,一般应讲普通话和官方语言;使用礼貌语言,杜绝粗野语言;不要用口头语;还应注意讲话的语音语调,发音清晰,速度适中,避免病句和错别字;讲话不应声嘶力竭或有气无力。总之,讲话要准确规范,富于表现力。在举止方面,应注意遵守一些基本的准则。如敲门要轻,并稍远离门;打招呼、问候应主动、热情、适当;登门拜访时应后于客户落座,切忌乱动客户的东西;谈话时态度关切、温和,坐态端正并稍向前倾,倾听时认真、用心,切忌东张西望、心不在焉,回答问题时不要直接顶撞,需要否定对方意见时可用委婉的语气;谈话时应不慌不忙,动作适度,站立时切忌双手倒背,交换名片时应双手呈递和双手接受,以表示对对方的尊重,切忌一边访谈一边摆弄客户的名片;必须注意克服不停眨眼、挖鼻孔、皱眉、掰手、咬嘴唇、搔头、挖耳朵、吐舌头、耸肩膀、颤腿颤脚、踏地板、不停地看表、东张西望、慌慌张张、皮笑肉不笑等坏习惯。

3. 拜访礼仪　拜访是一种礼节性很强的社会活动,它可以联络感情、交流思想和增进友谊。医药代表拜访礼仪应注意几点:事前预约、做好准备、准时赴约、进门有礼、问候有序、称呼规范、介绍清晰有序、礼貌交谈、告辞致谢。

4. 电话礼仪　接打电话是一种常见的社交、联络方式,作为医药代表通过电话来实现有计划、有组织、高效地扩大客户群、提升客户满意度、维护客户市场时,要注意电话礼仪。打电话时要时间恰当、准备充分、言简意赅、直言主题。接电话时要快速接听、应对有礼。手机放置位置合适,使用手机注意场合。

5. 馈赠礼仪　馈赠礼品是表示尊重、友好的一种方式,其意义不在礼品本身,而是通过礼品所传达的友好情谊。赠送他人礼品应该重纪念、重情义而不重价值。选择礼品和送礼时间与事件、人物有关,要有一定寓意。礼品要体现民族性、针对性,注意民族、文化禁忌和风俗习惯。要掌握馈赠礼品的时间和地点,把握尺度和法律约束。

6. 其他相关礼节　要注意客户身份、年龄,选择适当的话题,不要千篇一律地用同一种形式打招呼。若除客户外还有其他人如客户的朋友在场,不能忽略他们,否则是不礼貌和不明智的。打电话时语气要温和、礼貌,接电话时最好先自报姓名和单位,若拨错号码,要向对方表示歉意。在通常情况下,医药代表不要吸烟,因为吸烟本身是不文明的行为,它不仅对自己的健康有害,而且对他人危害更大,推销时吸烟,往往会分散客户的注意力,甚至冒犯客户,不利于推销工作;当然,在某些特殊地区和环境下,吸烟是不可回避,甚至是必不可少的。传统的推销与烟酒结下了不解之缘,因此若医药代表在推销过程中发现吸烟不可回避或有助于推销,那么,他也可灵活掌握。但不要随意抖烟灰,开始面谈后,最好灭掉香烟,全神贯注地倾听客户讲话。医药代表在接受客户的饮料时,要起身双手接过来并道谢,饮用时忌牛饮、出声。若要宴请客户,在宴请地点和菜肴方面考虑客户的心理和喜好,注意陪客人数不宜超过客户人数,不能饮酒过量、醉酒,不能留下客户,自己先离席,不要当着客户的面付账等等。

医药代表应具备的知识

1. 产品相关知识

1) 行业知识和竞争知识 "不怕不识货,只怕货比货",医院常常会通过不同产品之间的比较来评价和选购相关产品。而在这种情况下,医药代表对市场同类产品的熟悉程度往往决定了其说服顾客的力度。

2) 企业知识和药品知识 医药代表只有在充分了解自己所推销的企业和产品的基础上,才能根据不同的客户特点找到产品推销中适当的卖点。企业方面包括企业的历史、在同行中的地位、生产能力、产品种类及售后服务等;产品知识包括有关药品的药理作用、具体参数、功能主治、用法用途、不良反应等。

2. 医院相关知识 医院相关知识基于推销前对医院的了解和与其接触过程中的观察和总结。包括医院进药方式、条件、时间、途径、决策权,医生用药习惯,患者群体经济状况等方面的知识或情况。另外,把握和了解交流对象的心理活动规律。通过简单的对话、观察和分析,就能明白其心理活动,从而因势利导,满足对方需求的同时实现企业目标。

3. 其他知识 工作性质要求医药代表知识面要广泛,医药代表要随时随地收集话题,从中发现适宜交谈的新话题、热门话题,以及最新发生的奇闻趣事,才能在商谈时,配合时间、对象,选择合适并能引起对方共鸣的话题。

四、拜访医生和其他医护人员的方案设计和技巧

医药促销过程中,每一个人都希望在最短时间内了解关键的信息,客户通常能接受的医药代表拜访时间是很短的,如何在短时间内完成拜访目标,这就是专业的药品销售技巧要解决的核心问题。销售技巧的理论多种多样,其中最关键的是医药代表对这些理论的理解和执行的程度。医院促销的沟通过程如下。

(一)准备

1. 收集客户信息 医院的规模,年购药金额,医生的个性、专业类型、坐诊时间、处方习惯、在科室中的地位、现阶段的需求、生活方式、家庭状况、生日、业余爱好、个人收入、医学经验、对竞争产品的态度及对本公司产品使用情况等资料的收集。

2. 收集竞争对手信息 竞争品种的说明书相关内容、外观、促销方式、竞争产品的卖点、医生对竞争产品的评价等资料的收集。

3. 设立拜访目标 清楚这次拜访要达成的目标,目标要明确、具体。

4. 挑选适当的文献或支持材料 根据目标及前次拜访沉积的问题,准备相应的推广资料、临床文献、促销礼品等。

(二)开场

开场一般指拜访活动的开始,其目的是通过赢得顾客的好感,并建立融洽和谐的气氛后形成易于商谈的相互关系。好的开场易形成美好的第一印象,为随后的会谈打下基础。开场要把握好"4×20"原则,

做好开始几步,即把握好最初的 20 s、最初的 20 步、最初的 20 个动作、最初的 20 个词。

开场白是医药代表与客户见面时前 2 min 要说的话,可以说是客户对医药代表第一印象的再次定格。好的开场白,就是医药代表成功的一半。开场白非常重要。开场白可以是自我介绍或问候、称赞对方、向对方求教,说说天气、新闻、家庭、球赛、兴趣,表示自己的感激、强调产品的与众不同、说明拜访的目的(突出对方的价值,吸引对方)等,为下面展开话题做好铺垫。如"王主任,请给我 2 min 时间,我想向您介绍一种有效治疗超级细菌的新药",引起对方的好奇。开场白要达到的目的是吸引对方的注意力,引起对方的兴趣,使对方乐于与我们继续交谈下去。注意:为使对方开口讲话,一定要以问题结束开场白,否则易陷入僵局。

(三) 需求探寻

通过与医生交流,识别医生对已知药品了解的程度,对药品的需求程度或满意程度,查明医生对药品顾虑的一系列过程就是探寻。在探寻过程中,医药代表要有效聆听对方所说,并配合适当的提问,从而发现机会。可用开放式和限制式询问法,但不要采用封闭式的询问,来代替客户作答,以造成对话的中止。

1. 开放式探询　当希望医生畅所欲言时,当希望医生提供更多和更有用的信息时,可用引导的问句,不断鼓励客户自由地谈话,在和谐的交流中提供大量的信息,从中了解对方对药品的态度,寻找对方核心情感的需求点。如"张主任,您能不能介绍一下贵医院使用××类产品的情形"等。

2. 限制式探询　开放式探寻目的性不强,当我们需要专注于某一话题、明确对方的想法或确认其中得到的信息时,可以用限制提问来锁定医生。如"张主任,林主任说我们的××产品很有临床推广意义,但是需要通过您的审批后才能有推广的可能",这种方法易使医生产生紧张情绪,缺乏双向沟通的氛围,拜访时应选择合适时机使用。

(四) 药品的介绍与展示

通过探寻更清晰地了解医生的真实需求,清晰了解自己的机会,就可以开始介绍药品相关的特征,分析药品对医生或其患者有何帮助或可带来什么益处。药品介绍要避开竞争对手优势,尽可能多地展示自身药品的优势。即用积极的情绪来感染客户,通过语言渲染,让医生了解或感觉到我们产品能给医生和患者带来什么样的益处。并通过反复的有侧重点的强调,让医生明确地了解产品可能会带来的好处。通过说服,让对方接受你的观点,若对方有异议,不能不顾对方的异议,而是要通过积极有效的聆听,配合适当的询问,即再做探寻,通过探寻确定医生的反对意见并确定反对意见的真正原因,即澄清。知道了对方反对的原因,不要急于提出相反的观点说服对方,而是要经过缓冲过程,通过认同对方的想法,让对方感觉到尊重对方,不伤对方颜面,在此基础上说服,当然容易得到对方认同。

(五) 处理异议

1. 缓冲　缓冲是处理异议的关键的第一步,大多数医药代表处理异议的效果不佳,症结就在于没有积极运用缓冲的技巧。缓冲就是通过理解客户愿望的语言,使顾客放松、平静下来。这样的语言会缓解医生异议带来的紧张气氛,同时也表现出医药代表愿为医生解决问题的诚恳和自信。

2. 探询　当你用真诚和自信缓和了谈话的气氛后,就要开始探询医生对于药品的真正需求。首先澄清并确认医生提出异议的缘由,是担心费用超标,或者想用但无权限,或者一时难以放弃现在的用药习惯。其次,医药代表应该对医生的信息迅速做出反应,但切记不要早下结论。

3. 聆听　处理异议过程中的聆听尤为重要,因为异议本身就来自于信息传递过程中的丢失或者误解。

4. 答复　如果顺利地运用缓冲、探询、聆听的技巧发现了医生的真正需求,此时需要注意一个重要原则是,在结论部分绝不可以说客户错,医药代表的目的是使客户接受意见。

(六) 加强印象

在销售过程中与客户沟通的目的是达成共识,双向沟通能够保持流畅进行的原因,在于沟通的双方能够不断地通过信息分享产生共鸣。因此,需要的只是一个与客户迅速形成共鸣的简单技巧——加强印象。从医生语言中及时发现有利于自己销售的信息和观点,直接认同医生的需求。

（七）主动成交

主动成交是销售的最终目的。如果医生已经信服该产品,医药代表应采取行动,使其开始试用,继续使用,扩大适应证。

> **知识链接**
>
> **医药代表工作目标**
>
> （1）医药代表必须熟悉每一种医药产品知识,保证准确无误地向客户传达医药产品的信息,树立公司专业、负责的良好形象。
>
> （2）医药代表必须学习并掌握每一种医药产品的有效销售技巧,通过对客户专业化地面对面拜访,说服客户接受公司的医药产品。
>
> （3）医药代表必须在所辖区域内的医院努力完成公司下达的销售目标。
>
> （4）医药代表作为企业的代表必须积极地与医院、相关人员建立良好的合作关系,并保持密切联系,建立和完善客户档案。
>
> （5）医药代表必须亲自制订并实施所辖区域内的销售计划,积极组织医院内各种学术推广活动。
>
> （6）了解专家对公司产品的临床评价并进行反馈,提供与公司策略和计划相关的信息及市场情报等。

实训环境与组织实训过程

一、学生分组与组织

（1）分组:全班同学进行分组,每组 3 人,确定 1 名组长。

（2）准备:小组成员在组长组织下,小组成员既可在既定的实训背景下展开医院促销计划,也可在实训课题中选择不同的实训主题,制订不同的促销计划。

二、实训环境

（一）校外实训基地

医院终端被称为药品销售的第一终端,医药产品作为特殊商品,与普通商品不同,特别是处方药,只有在医生指导下才能完成消费过程,医生决定药品的使用,而患者消费药品。我国每年药品市场的销售额 70% 以上产生于医院。销售医药产品最难的是进入医院,最重要的是药品促销,医院成为众多医药供应企业的必争之地。HF 医药企业是一家中外合资的现代化制药企业,生产和销售 20 多种专利药品,该公司非常重视药品终端的开发。最近该公司在 ZZ 市准备对该市最大一家医院××医院进行药品营销,作为该公司一名医药代表,如何使本公司医药产品进入该医院？

（二）校内实训室。

（1）教学医院的门诊药房。

（2）营销实训室。

三、实训任务

任务 1　对医院进药决策人员的促销

1. 药剂科　药剂科在院长的领导下,在医院范围内实施业务监督和自我监督,主要职能是临床用药的采购、储存、保管、调剂以及临床药学研究及药品咨询等工作。目前药剂科已经越来越多地参与到临床用药的各个环节中。医药代表在药剂科的主要客户包括科主任、采购员、库房保管员、药房药师。

1）药剂科主任　在医院院长领导下负责药剂科的各项日常工作，如人员职责分配、进入医院的药品评审等。药剂科主任监控医院药品销售渠道及流通主要环节，保证临床用药的安全、有效，也是监督制药企业药品推广工作的关键人物。药剂科主任对医药代表的专业要求极为严格。

2）采购员　根据每月进药品种、数量、金额、时间制订药品采购计划。其特点为工作繁杂，处理药品相关事务的信息量大。

3）库房保管员　负责药品库房的日常管理，统计每月用药情况；掌握药品具体发往部门、数量及时间，如门诊药房、住院药房、急诊药房的具体领取时间、方式、数量。

4）药房药师　在科主任的领导下，参加药品采购、管理、调配、药检、临床药学等日常业务工作。目前药师的职能和作用越来越重要，已延伸到为医生和患者提供药学信息，参与临床急、重患者的医疗救治等各种药学服务。

2. 医务科　医务科是医院对医疗工作进行监督和管理的职能部门，主要负责安排全院的临床诊治工作，管理临床各科室人员编制及人员变动情况。医药企业与医院的各项合作要通过医务科统一协调和安排。

3. 药品进入医院的一般流程　医院临床科室提出用药申请并填写申购单；医院药剂科对临床科室的用药申请进行复核和批准；主管进药人员对申请进行审核；医院药事委员会对欲购药品进行讨论、表决通过；药剂科主任下达购买通知；企业药品进入医院药库；企业药品由药库送至门诊部和住院部药房；医院临床科室开始临床用药。

当产品进入医院药房后，必须积极开展医师、护士、专家、教授的临床促销工作。与医师交流、沟通感情和宣传产品同样重要。因为对方一般在既要接受医药代表又要接受产品的情况下才能够真正对产品产生兴趣。

并非所有药品都遵循一个相同的进药程序，除了常规进药程序外，还有特殊进药程序，常见的有紧急采购调配、临时采购、科研进药等。

与客户"自来熟"的秘密

有些医药代表能够很快与客户熟络起来，三言两语就能将氛围营造得很好，客户很开心，也很愿意聊，不一会儿就轻松进入正题，最后通常能顺利成交。也有一类医药代表拜访时，总感觉别扭，开场白平淡，常常冷场，最后尴尬地离开。很多医药代表会问："有没有办法快速建立良好的沟通氛围？"有，用三个词来概括：微笑、寒暄、赞美。

"微笑"能缩短人与人之间的距离，能让彼此产生信任感，能给对方安全感。客户有了安全感，才能放松下来，才愿意打开心扉，进入后面的交谈。但要注意，所谓"相随心生，境由心造"，心态改变了，面相就会立刻改变，只有你的微笑是发自内心的，才可能感染客户。

很多医药代表会忘记"寒暄"这个步骤，殊不知这是建立良好沟通氛围非常关键的环节。有的医药代表认为："寒暄是在浪费时间，有正事不说，非得在无关紧要的事情上浪费口舌，是不分轻重的表现。"其实"寒暄"自有其妙处。"寒暄"可以试探和了解客户的情绪，还能稳定对方情绪。不急着讲，先摸清楚情况，再决定今天的拜访是否继续。人们一见面，通常会说一些无关紧要的话："你最近气色不错。"对方如果说："我最近吃不好、睡不好，气色怎么会好？"那你就知道对方心情不佳，不管什么事都要延后，如果贸然说出来，遭到对方一口回绝，连个商量的余地都没有了。"寒暄"可以缓解客户紧张甚至排斥的情绪，如果对方摆明不想听你说话，你通过"寒暄"可以渐渐让对方放松对你的戒备。当然，你也可以不用"寒暄"，直接切入拜访正题，但需满足一定的条件：其一，双方比较熟识，而且要谈的事情多半比较重要，前因后果双方也比较清楚，这时可以不用铺垫，直接切入正题；其二，自己有把握吸引对方的注意力，让对方不得不按自己的思路走。

"赞美"是一门学问,是一门艺术,赞美的话一定要说,但要恰到好处。比如,看到一位女孩,人家明明身高1.6 m,体重200斤,你说:"小姐,你身材真好"。她会很不高兴。赞美要切合实际,不要过分夸大,否则会让人感觉虚假。赞美是人际沟通、人际互动的润滑剂。

保持发自内心的"微笑",巧妙灵活的"寒暄",恰如其分的"赞美",充分运用这些关键点,相信你一定能快速建立良好的沟通氛围,让拜访持续下去,减少客户异议,快速成交。

任务2 医药产品投标

根据国家有关规定,属于城镇职工基本医疗保险或公费医疗目录的药品,医疗机构临床使用量比较大的药品,原则上都需要实行集中招标采购。

1. 招标前的准备工作

1) 市场准备

(1) 相关竞品调研　招标前,医药代表做前期市场调研工作,如果是新上市或上年未中标产品,就要了解当地医药市场同类竞品的情况。上年已经中标的产品,业务员要了解客户对该产品信心如何,临床开展是否顺利、临床上存在哪些问题,对企业的服务是否满意等。

(2) 有效客户筛选　推介产品,让客户了解产品、通过产品了解客户,对代理商进行初步的筛选,初步确定意向客户和意向区域,以备产品中标后,对区域市场进行有效规划。

(3) 配送商业确定　随着省级挂网工作的全面铺开,配送商业的选择显得尤为重要,不同省份对配送商名额、报送时间等有不同的要求。

2) 相关手续准备

(1) 产品物价备案　非国家发改委的政府定价产品,应每年做好本省物价公示后,在各省招标前3个月做好物价备案手续。有的省份市场调节价产品也需办理物价公示后才可参加投标。各省物价备案资料要求可以在相关省物价局网站查询。

(2) 招标目录的增补　上年度(即准备投标的前一年)中标结果和招标目录没有的产品需要提前3个月找到医疗机构申请增补,重点品种至少要找三个不同的客户去办增补手续。企业需要准备好增补产品所需的资料,并随时跟进增补进度。

2. 投标资料准备及跟进

1) 制作标书　及时关注网上招标采购平台信息,仔细阅读招标文件内容,了解当地招标的要求、中介机构的招标特点、评标规定等。按照采购文件格式要求制作投标文件,不得擅自更改附表内容、格式。招标资料要根据招标文件的要求及时、准确地准备,在规定的时间内送达指定地点,否则极有可能使企业失去投标资格。

(1) 一般材料要求　各地招标文件对投标资料的基本材料要求一般差别不大,但个别地区有特别要求。一般材料要求,按以生产企业准备投标材料来看,主要是两大块:①企业资料:包括企业营业执照、药品生产经营许可证、组织机构代码证、纳税报表(能够体现全年销售额)、商标注册证、CSP/GMP证书等;②产品资料:包括药品注册证、药品生产批件、药品质量标准、药品检验报告(省级)、药品说明书、专利证书、产品物价文件等。

(2) 部分地区特别要求的主要体现　当地招标文件对企业荣誉方面在评标体系中有考察加分项;对产品的生产设备、生产工艺及原料的来源、原料的生产批文与原料质量标准有要求提供;对在全国或当地的产品市场占有率、品牌知名度(有关于该产品的在当地或全国学术杂志上发表的论文)等有要求提供;部分地方要求提供样品及药品包装盒。

(3) 委托资料　包括投标委托书、法人委托书、投标价格确认表、投标药品汇总表等。

投标文件一般比较固定,也就上述一些基本的文件,只有委托资料和特殊资料需要根据不同区域、不同要求重新制作。因此,企业资料和产品资料可以多准备些,一旦招标就可以迅速将所需文件准备好,以减轻工作的烦琐程度。

2) 及时跟进

(1) 投标文件准备时间的要求　投标资料可以分为三大类,即企业资料、产品资料、委托资料。将投标文件制作完整,由相关部门审核确认无误后,及时送达。最好在当地招标资料截止时间前 10 天左右送达商务经理或委托投标商业公司,以预留足够的缓冲时间,便于投标文件出现问题时能及时补充材料。

(2) 回访　在投标资料接收截止时间前回访投标文件是否符合要求,是否需要补充材料,投标产品资格审查时是否顺利通过,是否需要补充材料或委托澄清。

3. 网上操作　招投标的网上操作一般涉及三个方面:网上资料的填报;网上投标价格的填报;最终中标价格的确认。

1) 下载操作指南和标书,关注各个关键时间　招标的网上操作在进行操作的网站上都会有操作指南,一般而言,按照指南进行操作是没有任何难度的。唯一需要注意的是时效性、准确性。重点关注的时间点有购买标书领取账号密码时间、增补目录的时间、报送全套投标资料时间、网上申报截止时间、信息确认时间、澄清补充时间、初次报价时间、报价解密时间、竞价时间、议价时间、公布中标结果时间、选择配送商时间、领取中标通知书和签订采购合同时间、中标品种医院勾标时间。每步操作成功后最好打印成纸制文件,以备后查。

2) 资料信息的填报　资料信息实际上就是投标资料所准备的纸制文件上的具体内容。在网上将这些信息一一进行录入,形成电子档案。

(1) 报名领取投标序号、账号和密码,递交报名资料　报名资料通常是全套企业资料,至少应包含许可证、营业执照、GMP 证书和经办人授权书。

(2) 网上企业和产品信息申报　在各省采购平台上进行网上申报,将纸质投标资料的具体内容一一录入,填写完整,检查无误后保存提交。在投标进程管理表中录入投标产品信息、投标序号、经办人姓名和手机、投标账号密码、登录网址、配送商等信息,在投标日报表中录入招标日程表、购买标书时间、申报截止时间、报价解密竞价议价时间等信息。信息检查无误后,按照各省要求进行网上信息确认或者现场信息确认。重点检查的内容:基准价、参考价、限价、质量层次、产品名称、规格、转换比、包装单位、零售价、厂家名称、商品名、剂型等相关信息。

3) 投标价格的投报、中标价确认　品种的报价同样具有时效性,需要在规定的时间里进行投报,否则有可能被当做弃标处理。同时企业也需要根据招标文件的精神,确定适合的投标价格,并预留降价空间,以及投标价格底线。中标结果会在各省药品采购信息平台公示。企业应在公示后及时收集同组竞争对手厂家的信息,并整理汇总。

4) 配送商确定、医院勾标　产品中标后,按照各产品代理商的意见选择配送商,备选的配送商应为当地配送能力排名前十名的商业公司。如果是空白市场,就要提前做好配送商的选择准备。中标结果公布后,就要寻找合适的代理商,为中标产品医院勾标打下良好的基础。在中标结果公布后的两个月内,要及时收集医院勾标情况,如果代理商工作进度不理想,就要考虑按照目标医院重新寻找代理商。

4. 签订药品购销合同　按照规定,招标人和中标人应在中标通知书发出之日起 30 天内签订药品购销合同。药品购销合同签订后,招标人与中标人不得再订立背离合同实质性内容的其他协议。《医疗机构药品集中招标采购和集中议价采购文件范本(试行)》提供了药品购销合同参考格式。该合同格式提出了药品购销合同的主要内容,包括投标人提交的投标函和投标报价表、药品需求一览表、通用合同条款及前附表、中标通知书及其他内容,其中药品需求一览表和通用合同条款是所有药品购销合同的共有内容,不需要包括每一份具体合同内容。通用合同条款应包含标的,标的数量和质量,价款或者酬金,履行合同的期限、方式和地点,违约责任。

任务 3　医药产品学术推广会的筹备与组织

1. 学术推广会议的特点　学术推广会议是医药代表进行工作的主要手段,是最有效的医药产品群体销售方法之一。学术推广会议的目的是详细介绍企业的产品,强化临床医生的用药意识,使医生给予处方时有充分的心理依据,提高科室用药量,并逐渐与处方医生建立良好的个人关系。

学术推广会议具有以下特点:集中有限投入,获得迅速产出;在短时间内提供完整产品信息系统,教育客户;从视觉、语言两方面激发客户主动评价产品,给客户留下深刻印象;有助于树立专业化的代表形象、公司形象;专业水准的产品演讲可以帮助医药代表获得客户的尊重和认可;医药代表借此容易获得与客户深入合作的机会。

2. 产品学术推广会议举办技巧　专业的产品学术推广会议对于医药产品的销售帮助作用非常明显,但成功组织实施这样的会议却非易事。

1) 会议前期　周密准备行动计划,要设定会议目标、收集客户背景资料、对听众需求分析、确定演讲内容、熟悉会场情况、准备视听设备、预约客户、准时赴约、预演排练、避免墨菲效应。

2) 会议中期　精心组织演讲内容和结构。优良的演讲能从听众的水平出发,逐步引导他们接受演讲者的观点。准备演讲内容时先问自己三个问题:我到底想让听众听完后做什么? 想什么? 感觉到什么? 然后仔细审视听众,了解他们是谁,想要什么,对你的目标的态度,你必须如何做才能使其朝向你的目的。

(1) 开场白。开场白由致意、自我介绍、提出演讲内容主题组成。进行开场白时,演讲者突然成为万众瞩目的焦点,这时演讲者表达的内容必须引起观众的兴趣,如设计特别的声音、图像刺激、与主题相关的幽默趣闻等,但要注意这些内容必须是演讲内容相关的引导部分。

(2) 正文。要把握演讲的逻辑思路,正文内容编排要有逻辑性、承上启下、重点突出、内容最多4~5点;要时刻不忘特性(利益),把产品的特性转换成客户需要满足的利益;用画面展示内容,吸引听众的注意力;生动表达正文。

(3) 结束语。结束前总结整个演讲的要点,对可能存在疑问的地方要求提问,再次展示资料,建议客户采取行动,并以有吸引力的结束语达到前后呼应的效果。

3) 会议后期　对会议效果的评估,发现解决问题的程度,确定下一次活动的目标和主题;运用会议结果紧密跟进,及时回访关键人物,加强正面印象。

3. 组织学术推广会议的注意事项

(1) 参会人员最好是本医院1~2个科室的主要医生,医药代表应在其中选定将来的目标医生。

(2) 会议主持人应是科室主任,会议应主要依托科室来进行,给人感觉应是科室自己组织的学术会议。

(3) 会议时间最好是该科室的业务学习时间。

(4) 会议地点应是医院或科室的会议室。

(5) 会议开始时应由医药代表进行产品介绍并对本公司做简单描述,然后由主持教授引导并展开讨论。

(6) 会议发放的资料应是产品详细介绍、论文集和国内外临床进展等,可附有小礼品。

任务4　对医院医护人员的促销

1. 医院医护人员分类

1) 临床科室主任　临床科室主任为本科室日常工作主持者,负责医疗、科研甚至教学等多方面工作,对临床用药有直接的指导作用。一般都是由工作成绩突出、临床经验丰富的医生担任。科室主任根据多年的临床经验,都有自己的用药习惯及对不同公司药品的看法。由于其负责主持科内科研课题,所以会特别重视新药或药品临床使用的研究进展。

2) 主治医生　主治医生为门诊和住院患者的直接负责者,在科室中承担具体的工作,为技术骨干,是科室主任治疗意图的执行与修订者。他们一边学习前辈经验,一边开始形成个人的治疗观。

3) 住院医生　住院医生在科室内为患者的直接负责人,具体执行上级医生的诊疗方案。对药物的疗效、不良反应随时做出评估。住院医生既要完成日常的诊疗工作,又必须积极参加各种继续教育课程,以提高自己的医疗诊治水平。

4) 护士　其工作为执行医嘱,监护患者的诊疗过程,大多数药物的不良反应是由他们发现的,对用药的疗效有直接建议权。

2. 影响医生处方的因素

1) 医生处方药品的购买心理变化过程　在医院提供医药产品信息服务的关键对象是医生,了解影医生处方的因素对医药代表来说非常重要。医药代表在实际工作中常常遇到这样的困惑:第一次拜访医生时已详细讲解了医药产品的相关信息,但医生却不愿使用,而且经常会以对新药不感兴趣为由拒绝拜访。医生处方药品像普通消费者购买药品一样,也存在类似的思维变化过程。让我们先了解一下销售产生过程中消费者购买心理的变化过程,这将有助于下一步深入讨论哪些因素会影响医生处方药品(图5.3.1)。

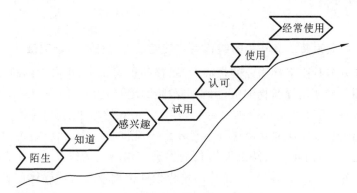

图 5.3.1　消费者购买心理过程

人们在做出购买选择之前,必然会对某个产品从陌生到知道,从知道到感兴趣,然后通过试用对产品做出个人评价,根据评价的结果决定使用,最终形成经常使用的心理变化过程。消费者如果感到医药产品符合需要才会购买使用,最后如果属于常用品,则随时间的迁移形成对某种品牌的使用习惯。医药产品不同于普通消费品,由于其关系人身安全的特点,医生从了解、接受并开始使用一个新药的时间必然更长。据调查,医生通过医药代表的介绍,而认可新药的时间一般在连续3~5次专业拜访之后,所以,一些医药代表急于求成,试图说服医生很快就开始认可自己推荐的医药产品,既不现实,也有违专业化医药代表负责的态度。

2) 医生初次用药的原因　由于临床治疗的需要,医生总会有使用新药的机会,而医生在处方一个从未使用过的新药时会有两方面的因素。

首先是药品因素。医生必须确认临床上对该药有治疗需求,如现有的药品不能解决患者的症状,或针对病因进行治疗,医药代表必须使医生相信新的药品疗效优于现有药品,同时使用方便,安全性好,而且认为从卫生经济学的角度看性价比合适,这时医生才会接受尝试使用新的药品的建议。

其次是医药代表的因素。医药代表的药品介绍必须使医生信服,无论从药品的药理作用还是临床验证的文献,医药代表都应能提供足够的有说服力的证据证明自己的药品符合医生的疾病治疗需求。与此同时,医生了解并熟悉公司的情况,以及良好的合作关系会增加医生的信任程度。由于医生的接受有一个过程,医药代表必须通过定期的拜访,建立良好的信誉及形象,从而增强医生对药品的理解和尝试的信心。通常只有当医生接受了新药,的确值得尝试解决临床问题,并且认为医药代表同样值得信任时,医生才会真正开始尝试使用某种新药。

3) 医生反复使用药品的原因　并不是所有的医生通过尝试使用新药获得初步经验后就会主动继续扩大使用范围,如果希望医生能反复使用所推荐的药品,仍然要满足两个条件。

首先还是药品因素。如果试用新药后医生认为疗效好,安全性、方便性均符合临床治疗疾病的要求,新药的总体印象让医生满意,医生才会愿意继续使用。此外,患者由于对药品的积极评价,主动要求继续使用该药品,也是医生愿意反复使用新药的促进因素。

其次是医药代表的因素。在医生试用新药后的时间里,需要医药代表做到对医生定期、有规律的拜访,在医生心目中树立信誉良好、态度诚恳、诚实负责、专业化的形象。这样也会推进医生形成新的处方习惯。

四、学时与实训作业

(一) 学时与要求

(1) 一体化教学:2学时。

(2) 实训与考核：2学时（建议）。

(3) 以小组为单位完成"北京降压0号片的销售模式转变及上海社区市场突破"或"中美史克的医院市场营销"的医院方案促销工作。所使用的理论与知识，以Word文档形式呈现。并能将在实训过程所出现的错误、不足和优劣势陈述出来。

(二) 考核范例与考核标准

范例分析一

北京降压0号片的销售模式转变及上海社区市场突破

北京双鹤药业降压0号片是双鹤药业的核心产品，该品种于1970年由中国科学院吴英恺院士组方，由数学家华罗庚教授用优选法指导药物配伍，由安贞医院的洪召光教授研制。1973年，由北京阜外医院、朝阳医院做临床观察，1977年卫生部批准被北京制药厂（北京双鹤药业前身）生产。

由于多方面原因，直至1997年北京降压0号片才大规模投放市场，此后销售额一直攀升。由于处方药不得在大众媒体上做广告，而此时又缺乏能够长期促进需求增长的终端推广，于是降压0号片的营销模式必须转变，到2002年2月1日，降压0号片的销售模式由商业渠道加媒体广告转变为对各级医院的临床推广、对药店推行店员教育、对社区医院做学术推广等模式。

2002年，双鹤药业提出要拥有六大终端，即医院药房、药店、社区诊所、县乡医院、厂矿学校、私营诊所。2004年双鹤药业对社区医疗市场的认识和推广措施有对万家社区图书馆的支援活动，对基层医生教育，健康教育普及有合作关系的社区的患者，以达到老患者继续购药，新患者试用药的目标。2005年举办社区患者教育3600场次，受教育患者有36万多，并建立了患者档案。双鹤药业于2004年挺进上海社区医疗市场。

上海医疗机构的基本情况：18个区1个县，常住人口1742万，有3293个居委会，全市有39家三级医院、160家二级医院、276家社区医院，每个社区有2~22个社区卫生服务站。患者刷卡报销比例：三级医院80%、二级医院85%、一级医院90%。之前北京降压0号片在上海没有销售，于2004年第4季度开始进入上海市场。

上海开发模式：建立14人的销售团队，首先选择上海社区医院为突破口（双鹤药业当时认为，由于产品自身局限，开发中高端医院难度大、风险大，同时认为低端医院的市场大，成功率更高），确定了8个区为重点区域，与区疾病预防控制中心签订合作协议，首期开发87家社区医院，依托上海医药股份的4个分公司（为北京降压0号片的物流配送商）。

活动形式：社区全科医生教育、社区居民教育均由区疾病预防控制中心牵头组织，社区医生参与双鹤药业制订的标准培训课程，如请瑞金医院心脑血管科主任授课，社区医生可获得"医学继续教育学分"等。这次活动包括闸北区18家医院，其中8家地段医院参加。此后更多的健康教育活动在上海社区展开，如豫园社区大课堂、祁连二村患者活动、淮海公园义诊、浦东社区义诊、浦东洋泾医院医生活动、延长居委会活动等。到2005年，上海87家社区医院全部使用北京降压0号片，这一年北京降压0号片全年销售额超5亿元。

范例分析二

中美史克的医院市场营销——临床推广会和上门拜访

1984年，中美史克进入中国医药市场，同时把OTC概念引入中国。在品牌知名度和销售网络的搭建上占据了很大先机，凭借这些优势中美史克提出专攻OTC和保健品市场。在这个过程中，销售业务人员起决定性作用。中美史克公司高度重视销售人员的素质培训，公司拥有一支由400多位医学院校本科以上学历的专业人才组成的销售队伍。中美史克的销售业务不但为产品进行市场调查，了解临床使用情况，联络与用户之间的感情，促进销售，同时还通过介绍药品相关知识，向医生传播国际医学领域的新知识、新进展。同时也对患者进行医学健康方面的教育。中美史克公司的专业优势吸引更多专业人才加入到公司销售队伍中，并反过来帮助企业在非处方药领域创造更多的卖点，进一步发挥它的优势。

中美史克公司的推广策略：树立专业化销售推广的形象；推拉策略，院内用药带动门诊，医院带动OTC；通过培训和为医生提供资料加强医学推广人员的面对面拜访；召开专业学术推广会，建立2~3人的专家顾问组巡回演讲。

中美史克对医生的推广工作主要有两种：临床推广会和上门拜访。临床推广会是邀请医生参加，由公司销售代表组织介绍药品相关知识。临床推广会本身就是一种成功率极高的劝说活动。

上门拜访也是中美史克的一项销售工作。医药代表通过拜访区域内的医生，一方面进行市场调查，了解药品临床使用情况，另一方面可以联络与用户之间的感情，同时还可以促进销售。由于药品在医院的需求医药代表完全掌握，因此也有利于企业对产品的控制，防止串货和假货的发生。

如2000年底发生的PPA事件，导致中美史克从市场上召回价值4亿元人民币的康泰克。但由于中美史克与各销售网点的良好关系，使得中美史克在回收和处理这一事件时取得了较为宽裕的时间，中美史克在这一事件中的声誉损失也并不严重。在新康泰克上市后不久，中美史克又推出杀真菌药——兰美抒，同样借助于对医院的公关。

兰美抒上市之初，中美史克就在上海和广州都举行了新产品发布会，在整个活动中，医院公关是最重要的一个组成部分。在医院推广上进行统一的大规模推广，发动200多个城市，开展大规模的宣传活动。其中一项有意义的活动就是中美史克发动了名为"挑战者"的比赛，这个活动的概念是让医生和患者互相交流，通过医生影响患者。通过所有这些促销宣传活动，兰美抒是2003年上市后约6个月就占据了治疗脚气药物市场7.2%的份额。

医院促销考核评价标准与评分表如表5.3.1所示。

表5.3.1 医院促销考核评价标准与评分表

平时成绩评价标准与评价项目					
序号	等级与分数 评价项目	优秀 9分	良好 8分	一般 6分	需努力 3分
1	到课情况				
2	小组内参与情况				
3	团队内贡献情况				
4	思考与语言组织表达能力				
5	小组间评判的能力				
平时成绩（占总成绩的30%）					

实训成绩评价标准与评价项目				
序号	等级与分数 评价项目	表现突出并创新 9分	基本完成 6分	评价标准
6	撰写促销活动计划书			计划书的合理性 计划书的可行性 计划书的完整性
7	制订促销活动策划方案			策划方案的合理性 策划方案的新颖性 策划方案的完整性
8	促销活动实施			是否严格按照策划方案实施 小组的配合程度、应变程度
9	促销效果评估			是否达到预期的效果 活动过程中小组成员的表现

续表

实训成绩(占总成绩的 70%)	
学生自评成绩	
小组评价成绩	
教师评价成绩	
总成绩	

(赵成志)

教学单元 5.4　药店终端促销

能力目标：

通过药店终端促销的学习，帮助学生认识药店终端市场，知道做好药店终端市场的重要性；在老师的指导下，能够进行有效的药店终端促销，学会药店促销宣传的方法；能做拜访药店的方案；会拜访终端药店；能够分析药店消费者购买行为。

知识目标：

掌握进行药店促销宣传的方法，拜访药店时方案设计及技巧；熟悉药店消费者购买行为的分类；了解药店促销的概念。

素质目标：

通过分小组完成实训，培养小组内成员分工协作、语言组织与表达、小组间评判的能力；培养每个学生自主学习、刻苦耐劳和情绪控制的自我管理能力。

OTC 招商难题难不倒新任招商经理

周玲（化名）是重庆人，于 2012 年 8 月来到成都，加盟四川××药业集团工业 OTC 部，成为一名负责西北三省的区域招商经理。

刚刚来到一个新地方，参加了为期 1 周由行政人力部组织的培训，一切还在熟悉之中的她，就接到部门李经理的月度工作任务：9 月必须开发 3 个客户，而且都要与公司有业务联系。她面对的是公司没开发过的全新市场，也没人给她介绍任何客户。

周玲陷入迷茫之中，种种无形的压力向她涌来，愁得饭都吃不下。由于自己学历不高（大专学历），所以她非常珍惜这份工作，冥思苦想了几天，她抱着"碰运气"的心态，准备试一试下面的办法。

一是通过网络搜索客户。她用关键字在网站上搜索查找目标客户，找到了一些对应的客户资料。在当地各级药监主管部门的网站上寻找连锁药店的信息，她认为政府网站上的公开资料比较靠谱，并且还有一些联系方式。

二是查阅以往药交会的资料。这些客户资料非常有用，虽然有一定的使用期限，但是变化一般不会太大。前两年参加药交会的客户也许刚开始没看中公司的产品，但不表示他们一直会对公司的产品不感兴趣。如果这些客户操作过其他公司的同类产品，在其他企业某方面的工作没有做到位的时候，对方完全有可能更换企业。

三是通过医药企业的招聘广告寻找客户。医药市场环境在不断变化，医药企业要发展，必须要有人才做支撑，所以医药企业经常会发布招聘广告。通过这些招聘广告，周玲希望自己能够发现一些目标客户。

四是搜索相关 QQ 群等交友工具，实现资源共享。她先后加入了当地的几个医药群，在网友们的帮助下,客户资源做到了部分共享,如此切入,第一次和客户打交道也多了几分底气。

就这样,周玲在网上和药交会的资料堆里趴了将近十天,找到了一些有价值的客户资料后,便给每个客户打电话,打到有人接听为止,终于在当月下旬,找到了几个小客户。

对这几个费尽千辛万苦找到的小客户周玲也不嫌弃,她认真为他们服务,和他们交朋友。等到与这些客户熟悉了以后,就让他们介绍同行给自己认识。最主要的是有熟人介绍,有熟人帮忙打个电话引荐,随后的事都好说,这比通过自己打电话的效果要好得多。之后,周玲服务好圈内朋友介绍的客户。通过客户介绍客户,她的客户网络也越来越广。

现在,周玲加盟这家公司1年多了,通过自己的努力,各方面收获很多,除了刚开始1个月感觉压力较大外,后面的工作都很轻松。现在她的客户像个雪球一样越滚越多,工作压力也在不断减轻,越来越有成就感。现在,周玲已经正式驻扎在美丽的新疆,成为公司派驻在西北的"御用大史"了。

(资料来源:慧聪制药工业网-医药经济报. 2014年3月28日)

理论学习知识与背景

药店是指零售药品的门市,由国家食品药品监督管理总局批准、获得药品经营许可证和营业执照的专门从事药品经营的各类药品商店,主要包括连锁药店、单体药店、平价药店、挂靠药店、药品超市或卖场、仓储式药店等。国家食品药品监督管理总局官网发布了《2014年度食品药品监管统计年报》,年报中指出截至2014年底,我国零售连锁企业4266家,零售连锁企业门店171431家;零售单体药店263489家。根据市场预测,到2015年药店零售销售总额将达到3150亿元。面对如此巨大的市场份额,各药店竞争激烈。为了达到药店销售目标,各类药店都要进行促销。

药店促销分为药店店员促销和药店终端消费者促销。

知识链接

OTC代表

OTC代表是指受过专门医学或药学相关教育,具有一定临床理论知识和实际经验的医学或药学相关人员,经过药品市场营销知识及促销技能培训,从事OTC推广、宣传工作的市场促销人员。

OTC代表岗位职责如下。

(1) 建立、完善药店档案,进行药店级别划分和分类管理。拜访药店,每天至少拜访10家药店,进行常规理货,掌握产品的购销情况。

(2) 疏通进、供货渠道,保证公司产品在最短的时间内在目标药店铺货,并达到公司要求的铺货率。

(3) 负责制订区域的产品推广、宣传工作。

(4) 终端陈列的维护,以达到公司的陈列标准。

(5) 按公司要求监管好销售区域内的产品价格,严禁串货。

(6) 管理临聘促销人员,并负责店员教育,培训产品知识。

(7) 解决销售中的产品疑问,做好售后服务。

(8) 制订重点药房的拜访计划。

(9) 积极组织并参与产品促销活动或公关活动。

(10) 及时、准确地完成各种报表。

(11) 了解竞争产品的情况,掌握竞争企业拜访和推销的手段,并及时向上级主管反馈市场信息。

一、药店拜访方法

1. 开门见山，表达来意 经验不足的 OTC 代表害怕被人拒绝，总爱和店方先谈无关紧要的事或佯装买药的顾客，药店则会百般周到的服务。当店员为推荐药品、介绍功效、提醒禁忌事项等等而大费口舌时，如果销售代表再突然来一句"我是某某厂家的，不是来买药……"，营业员则有一种强烈的被欺骗的感觉，马上就会产生反感情绪。要想顺利开展下一步工作肯定就难了。

原则上是销售代表一进店堂，就应该向对方说明本次拜访的目的，比如向对方介绍自己是哪个药品的生产厂家（代理商）；是来谈铺货事宜，还是来查销量；需要药店提供哪些方面的配合和支持……并表明你合作的诚意。

2. 突出自我，赢得注目 有时，OTC 销售代表多次进入同一药店，却很少有人知道是哪个厂家的，叫什么名字，在做哪些品种的业务。这就需要 OTC 代表必须想办法突出自己，引起药店的关注。

第一，多发名片。每次去药店时，给相关人员发放名片。发放名片时，可以出奇制胜。例如，将名片的反面朝上，先以经营的品种来吸引药店工作人员，因为药店真正关心的不是谁在与之交往，而是与之交往的人能给什么样的盈利品种。将名片多次反复发，直至药店工作人员记住你的名字和你正在做的品种为止。

第二，在发放产品目录或其他宣传资料时，在比较显眼的地方写上自己的姓名、联系电话，并以不同色彩的笔迹标出，并对药店工作人员强调说：只要您拨打这个电话，"这个人"随时都可以为您服务。

第三，以已操作成功的代理品种的名牌效应引起关注，如某药做得这么成功，就是我公司独家代理的品种。

第四，表现出与店堂店长、经理等关键人物的关系非常之好，如当着营业员的面与经理称兄道弟、开玩笑等。一般来说，经理的好朋友，店员肯定不敢轻易得罪。

3. 把握时机，融为一体 当 OTC 代表踏入药店销售时，常常会碰到店员不耐烦、态度生硬的情况，对 OTC 代表说："我现在没空，我正忙着呢！你下次再来吧。"店员说这些话时，一般有两种情形：一是他正在为其他顾客服务；二是他正在与其他同事聊某一热门话题。若是在第一种情形之下，OTC 代表必须耐心等待，并找准时机帮店员做点什么，如当消费者购买行为举棋不定、犹豫不决时，OTC 代表可以在一旁帮店员推介；在第二种情形下，OTC 代表可以加入他们的谈话，以独到的见解，引起共鸣，或者是将随身携带的小礼品送给他们。总之，OTC 代表要能与之融为一体、打成一片；要有无所不知、知无不尽的见识。

4. 明辨身份，找准对象 如果 OTC 代表多次拜访了同一家药店，却收效甚微，进货总是谈不妥，此时，OTC 代表就要反思是否找对人了。这就是要处理好平时所强调的"握手"与"拥抱"的关系，搞清谁是药店经理、柜台长、财务主管、一般营业员、厂家促销员。不同事宜找不同的职位（职务）的人。比如，要药店进新品种，必须找经理；要结款，必须找财务主管；而要加大产品的推介力度，最好是找一线的营业员了。

5. 宣传优势，诱之以利 商人重"利"，这个"利"字，可以简单地把它理解为"好处"；只要能给药店带来某一种好处，一定能为药店所接受。

OTC 代表必须有较强的介绍技巧，能将公司品种齐全、价格适中、服务周到、质量可靠、经营规范等给药店带来暂时的或长远的利益的"好处"，一并向药店介绍；让对方感觉到与本公司合作，既放心又舒心。优势宣传时，OTC 代表可以采取"F（特色、卖点）B（利益）I（冲击、诱导）"原则。

6. 重点突破，以点带面 药店员工在业务过程中一般都是统一口径、一致对外，这时 OTC 代表要想击破这一道"统一战线"较难。所以，OTC 代表必须找一个重点突破对象。比如，找一个年纪稍长在药店较有威信的人，根据他的喜好，开展相应的行动，与之建立"私交"，如给他正在上学的孩子学习资料等，然后用这个人在药店里的威信、口碑、推荐来感染说服药店里其他的人，以达到进药、收款、促销的目的。

7. "四勤一体"，适时跟进 药店的拜访工作是一场持久战，很少能一次成功，也不可能一蹴而就、一劳永逸，OTC 代表无须害怕失败，要发扬持之以恒的精神，每天多跑一家药房，每家药房多去一次，每次多聊几句、多听几句、多看几眼，看有无缺货，听取药店的要求、建议和市场的反馈信息；把后续工作做好。

二、药店店员促销方案设计与技巧

药店店员促销是指 OTC 代表对零售药店的工作人员促销,主要是对药店店员、店长的促销。药店店员促销主要从以下几个方面入手:拜访药店的准备、店内检查、药店营销服务、拜访交流、做好拜访记录等。

(一) 拜访药店的准备

1. 明确药店拜访目的

1) 拜访药店老板(经理/店长)的目的

①产品公司介绍;②进货;③排查库存;④消化库存;⑤疏通渠道;⑥了解竞争产品情况。

2) 拜访药店店员的目的

①了解动销情况;②了解竞争对手促销手段;③库存量;④处理异议;⑤培训产品知识、销售技巧;⑥兑现奖品或提成;⑦终端宣传品的摆放;⑧沟通感情,增进友谊。

> **知识链接**
>
> **药店职员的岗位职责**
>
> 药店店长:负责药店的全面工作,对药店的经营状况负责。
> 执业药师:主要为顾客提供用药咨询,指导顾客合理用药,还负责处方的审核和监督调剂。
> 柜台组长:负责某一类药品的销售工作,对销售量和利润负责,同时负责管理本组柜员。
> 营业店员:直接负责接待顾客,承担销售工作。
> 库管:盘查库存,管理进货品种,提出采购计划,负责药品的进、出库工作。
> 采购人员:根据库管的采购计划或按照店长指示采购药品。
> 收银员(财务人员):收、付货款。
> 质检人员:对购进的药品的质量进行把关。

2. 拜访准备

(1) 心理准备 促销人员在销售初期主要的心理压力是害怕被拒绝,自信心不强,缺乏责任感,抗挫折能力差等。所以要培养高度的自信心、责任心、进取心、抗挫折能力和持之以恒的意志力等。

(2) 工作准备 主要是根据拜访目的做相应准备。如拜访所需的销售报表、公司产品宣传资料、产品价目表、公司资质的相关文件、产品促销计划书、产品样品、礼品等,拜访所需文具、POP 材料及工具。目标拜访药店相关人员的信息,如姓名、联系方式、性格特点等。销售人员的仪表准备等。如有需要,可打电话给药店的负责人,提前预约。

3. 药店分布与拜访路线设计 设计拜访的路线是为更好的拜访服务,在制订拜访路线时要考虑到药店的分级、各级药店拜访的频率、每天拜访药店的数量及拜访行程的次序安排等。

设计药店拜访路线要注意确保所有的药店都要拜访到,确保每位客户要有一定的拜访频率,设计的路线时间上最节约。

制订拜访路线图最简单的方法是画地图。首先买一张你负责区域的药店的城市街道地图或自己将负责的区域画成一张示意图,用不同的图形分别标出 A、B、C 三级药店,并把自己的住处也标注出来。

假设每位 OTC 代表 1 个月工作 22 天,就设计 22 条拜访路线。设计路线时注意以下几点:①每条路线的终点和起点均是你的住处;②按照不同级别药店的拜访频率,确定通过各店的路线数量,如 A 级药店每月拜访 4 次,那你就需要安排 4 条路线通过这个店,依此类推,B 类点每月拜访 2 次,就安排 2 条路线通过这个店。③根据路程的具体情况和每一家店所需时间,确定每条路线上的店的数量;然后你可以把相关信息填在表上,制作出一个准确的拜访计划,药店拜访的路线就完成了。总之,要结合药店位置、大小及拜访频率,充分利用现成的公交路线,才能设计出合理的拜访路线,每天进行有效拜访。

> **知识链接**

药店调查与药店分级

一、目标药店调查

针对目标药店应调查如下资料和数据：

（1）药店的整体销量及本企业的产品在该药店的销售量；

（2）药店中本企业的产品供应的商业渠道；

（3）调查主要的竞争对手；

（4）行业人士对药店的评价和口碑；

（5）药店的实地调查了解，包括药店主管负责人、营业面积、营业员数量、地理位置、消费者流量估算、社区周围状况及消费水平等。

二、药店分级

根据药店的销量将药店分为四级。

1．A级药店　为企业理想目标药店，药店整体销量大，本企业的产品在该店的销量也大。首先要保证这些药店的产品100%覆盖率。一般城市这类药店占所有药店的10%～20%。

2．B级药店　为企业第二优先选择的目标药店，药店整体销量大，消费者基础好，有很大的提升空间。同时应实地调查研究本企业的产品销售量小的真正原因，是本企业产品覆盖问题，还是同类竞争产品的销售抵制。一般城市这类药店占所有药店的20%～30%。

3．C级药店　为企业后备选择的药店，药店整体销量小，而本企业的产品销售相对较好，产品销量的提升空间小，一般不必花太多的工作精力在这类药店上，工作力度可以考虑维持。一般城市这类药店占所有药店的30%～40%。

4．D级药店　为本企业无法直接覆盖，暂时可以放弃维护工作的药店。一般城市这类药店占所有药店的10%～20%。

4．确定行程　明确拜访目的，做好相关准备，根据已经设计好的拜访路线和拜访计划实施确定行程。

（二）店内检查

进入药店内，与相关人员打好招呼，然后进行店内检查。

1．检查货架摆放情况　检查和记录本企业在该药店的摆柜和铺货情况，注意每个产品的库存情况和摆柜陈列问题。重点检查推荐品种、促销品种和新品种的销售情况及问题，思考如何改进。检查促销执行的各项条件是否满足，药店合作要求和态度，并将原来的拜访计划和实际拜访结果对照，调整自己的拜访内容，确保拜访能够真正解决问题。

2．检查本产品的陈列情况　观察货架陈列、特殊陈列、客流量情况、各类活动情况，尤其陈列外观对人的吸引度。包括本企业产品的陈列、竞争品的陈列、销量好的产品的陈列。检查要点POP的宣传。

3．价格检查　产品的价格是否在公司的价格变动幅度之中。应时刻关心企业产品价格变动的原因。

4．检查竞争产品　主要检查销量占前几名的同类产品，竞争产品的相关处理与宣传、促销活动等情况。

5．库存检查　每个规格是否有足够的货架库存，根据产品的销量，确定安全库存；有没有过期或临期产品。

6．促销检查　促销的产品是否在该店中被分销；促销的产品是否有足够的库存；促销产品是否按照规定进行货架陈列，促销产品是否在促销范围之内；促销产品的价格是否在要求范围之内；促销的资源（如赠品、费用等）是否充足；促销人员是否按照要求来影响消费者，是否将促销信息传达给消费者。

（三）药店营销服务

药店的营销服务主要包括药品的配货调换货、药店导购和消费者消费反馈信息等收集。在从事药店导购时要注意到以下几点：①要准确识别顾客，对不同顾客采取不同策略。对果断型顾客要语言简练，点拨到位；对优柔寡断型顾客要有耐心，多角度反复说明；对沉默型顾客要设计感兴趣的话题，要先问、多问、轻声慢语。②当顾客走进货架时要面带微笑。③当顾客有需求时，先问清病情，探求诉求重点，是想要疗效显著、副作用小的，还是快速治愈的，或是价格便宜的。④当顾客有购买意向时，就直接问"要哪种药，要多少"。⑤当顾客犹豫不决时，建议先买一疗程，待有效再多买。

（四）拜访交流

每次OTC代表拜访药店的目标一定要明确，而且要围绕拜访目标进行拜访。一般来说，有以下几种拜访目标。

1. 新产品铺货介绍或改进建议　新产品的铺货是OTC代表的主要工作之一。但很多原因导致无法做到有效铺货，如：①药店以前销售过类似产品，销量不是很好，或因同类产品竞争厂家私下带金销售，所以不愿意销售类似产品。②门店同类产品太多，不缺此类产品，或是同类产品的整体销售都不好。③产品利润率不高，门店不太愿意进货和销售。④门店拿异地窜货的品种，价格更低。⑤一些门店跟踪不到位，不知道动销状况和市场反应，出现断货、退货等。

要实现铺货的无缝覆盖，可以按照以下几点操作：①加强跟踪意识，跟踪，跟踪，再跟踪，把铺货跟踪工作做到位。在产品进入药房连锁公司的一个月内，一遍又一遍地跟踪所有门店和所有可能导致铺货不到位的环节。尤其要逐一拿着产品样品说服店长做进货计划，最好能配合店长制订促销政策，提高其进货信心。②分清门店性质，对于一些加盟店，可以通过在总部开一些订货会和培训的方式，把产品铺下去。③计算公司产品的利润水平，告知产品是高毛利产品或者是带来客流量的产品等。

2. 店员培训或其他提高第一推荐率的方法　店员培训是指OTC代表将药品的相关信息传递给药店终端人员，丰富店员的产品知识，以达到终端销售中增加自己产品推荐率的目的的一种教育培训活动。

药品具有特定的功效、作用、使用范围和用法与用量。有关数据表明，50%的消费者不了解药品知识，30%的消费者了解所需药品知识但是不了解品牌，20%的消费者对品牌了解但忠诚度低。一般情况下，近一半的消费者在购药时，因店员的介绍而改变主意，因此，通过广告、促销对大众教育外，店员的培训教育也至关重要。店员培训的目的是增进店员对药品的了解和对品牌的认识，从而增加药品的推荐率。

店员培训的形式多种多样，可在日常拜访中进行"一对一"或小规模店员的培训。有的以一个城市区域为单位，采取店员联谊会或店员答谢会的形式对店员进行集中的培训；还可以以有奖问答的方式逐店进行教育。无论采取哪种形式，都要做到场面活跃、气氛热烈、内容精练、重点突出，并分发小礼品，时间一般控制在30 min内。

店员培训内容一般包括：公司介绍；相关医学知识；产品介绍，包括产品最突出的卖点，产品与竞争品牌的比较优势，产品的正确使用方法及注意事项，产品可能带来的副作用及解释，消费者可能问到的问题及回答等。

在店员培训时还需要注意以下几点。店员培训的方式要有一定的创新。目前，厂家普遍采用的"店员培训会"式的培训方法存在一些弊端：一是"填鸭式教育"强迫店员被动接受你的培训。二是培训要占用他们的业余时间，容易使店员产生一些抵触情绪。因此，可以把店员"培训"与"联谊"活动有机地结合起来，通过丰富多彩、生动有趣的联谊活动，吸引她们自觉自愿地来参加培训活动。

寓教于乐做活培训

某跨国企业的一个治疗ED的产品已是该市场的领导者。该产品获准在零售药店销售后，企业要向药店店员介绍产品。市场部将相关的产品资料和推广计划介绍给销售队伍。销售人员按照公司计划进行店员培训后却发现效果并不理想。这是为什么呢？

原来，虽然他们向药店店员介绍了很多产品相关知识，但由于店员不是专业的医生，他们对这些知识只是一知半解。更关键的是，由于产品的特殊性，当店员再向顾客介绍产品时，店员对产品知识中最关键的"阴茎""勃起""硬度"等词汇说不出口,顾客更是听得云里雾里了。

如何将产品信息转化成消费者的利益,并用一套通俗易懂、便于传播的话语来介绍呢?最终,在对销售人员的培训中,该公司市场部设计出一个游戏——"一封家书"。销售人员培训中会领到一张空白信纸和一个信封。游戏中有四个角色:性格内向拘谨的异性朋友、古板严厉的父亲、严厉的上司和性格特点不详的网友。销售人员要向抽取的人物写一封信,介绍自己的工作情况和目前销售的这个产品。在信中,他们既要把产品特点介绍清楚,同时又不能出现"勃起""硬度"等敏感的词汇。

经过这个游戏,销售人员学会了角色转换,逐渐能用普通消费者易于接受的方式来介绍该产品,然后他们再将这些技巧教给药店店员。如此下来,药店终端的销售业绩果然得以大幅提升。

(资料来源:中国医药报.2007)

(1)制订店员培训计划　店员培训计划应纳入公司营销计划中,并进行阶段性策略检查,不应孤立地看待成店员培训,应是一个连续的营销行为,一环紧扣一环并紧密地和其他营销计划结合。

(2)尽量将培训和公益活动结合起来　2000年底到2001年底中美史克和中国非处方药物协会共同执行了一个名为"阳光教育计划"的活动,一个面向药店店员,主旨为帮助店员提高业务素质,迎接未来的OTC市场格局的公益活动,内容涉及常见疾病的诊断、非处方药的使用、相关法规及行业规范、柜台销售技巧、产品陈列及药店基本管理知识等。此项活动是中美史克的店员教育计划的一部分,因为受训店员由中美史克数据库提供,主要知识又是OTC药品所设范围(主要针对感冒药和泰胃美),结合面谈、考试等强化其产品品牌,既达到教育店员的目的,又起到公关宣传的作用,提升了品牌的知名度和美誉度。

(3)针对营业员的特点培训　店员培训一定要针对营业员的特点,在快乐、轻松的氛围下进行,不能搞成老师讲课、学生听课的培训,可以在培训期间增加互动,比如重点问题抢答发小礼品。

(4)产品知识培训与销售技巧培训有机结合　把产品知识培训与销售技巧培训结合起来,能让药店店长感觉参加这次活动值得。而不仅仅是产品培训,要有额外的收益。

(5)注意语言的运用　产品知识的讲解不能过于专业,语言应该活泼、通俗、简单、清晰,而且多用比喻,与具体的销售场景结合起来,启发营业员去思考,这样易于接受,同时记忆深刻。

(6)店员培训的时间　店员培训的时间不宜过长,不宜超过2 h。

3. 促销活动介绍或改进建议

如何做好OTC促销活动

2002年8月,我应聘到哈尔滨某制药公司,被分到新疆做OTC代表。公司在市场上的主要品种是SHL和QKLP,以SHL为主,当时,SHL的价格和其他厂家的比处于上中游水平,由于对药店每盒只有0.5元的促销费,所以卖得一般,而且公司没有在新疆的电视和报纸的广告投入,所以市场知名度比较低。

9月中旬,公司提出销售任务,乌鲁木齐以后每月回现金1.5万元,相当于3000盒SHLP,而8月份共回现金0.6万元,但在当时最好的一家零售店每周只卖20盒,像这样的零售店在乌鲁木齐也就3~4家,大多数每周就2~5盒。任务摆在我们面前,压力随之而来,怎么办?

在销售中让我明白:产品的销量是优秀的质量扛起来的;是良好的销售渠道流淌出来的;是媒体广告投入堆积起来的;是诱人的促销刺激起来的。既然公司没有做广告,那就只能在促销上做文章。而促销也需要资金,怎样花最少的钱甚至不花钱做促销活动,让广大消费者认识我们的公司和产品,了解我们的产品,购买我们的产品呢?

9月、10月、11月、12月,这几个月份是SHL销售的淡季,而我还有1.5万的任务,怎么办?在"十一"过后,我策划了一个百日竞赛活动。

这次活动主要针对零售药店的店员,主题是"百日百店百合"活动,是在100天内100个店各卖掉100盒SHL,如果成功了,10000盒的销量,我的任务完成了,可是奖品怎么办呢?又成了我头疼的问题。有一天,我看见一家影楼开业,有很多女孩子想拍写真集,我想那药店的女店员也会愿意拍呀。于是,我接触了几家影楼,有愿意和我合作的,他们只收成本费,这样我的店员就可以花 30 多元钱拍 100 元的写真集,费用不高,就这么办!于是我本着能给店员最大好处的想法,又联系了美容院,他们答应免费做美容。于是我的奖品有了:一等奖,双倍完成任务,30 元摄影卡,免费美容;二等奖,完成任务,40 元摄影卡,免费美容;三等奖,没完成任务,50 元摄影卡,免费美容。这样一来,满足了店员的要求,达到了我的目的,影楼和美容院也提高了知名度,扩大了营业额,达到了互利合作的目的,我很高兴。

这次活动没花一分钱,卡是影楼出钱做的。

通过这次促销活动,深感一线 OTC 人员的艰苦和重要性,也感到为了提高产品的销量,必须从长远入手,从一点一滴做起,培养客户群,巩固零售药店这个阵地,把握这几点,就一定能成功。

(资料来源:中国营销传播网.2003)

对药店促销主要是增加店长、店员对产品的认识,促进药店药品销量的增长。常用的几种促销方式:①购货折扣促销;②礼品激励促销;③销售积分竞赛促销;④产品陈列竞赛促销;⑤药店推广会促销等。

(1)购货折扣促销。购货折扣包括数量折扣、现金折扣和实现定额目标折扣三种。数量折扣是按照药店购买数量的多少,分别给予不同比例的折扣,采购数量越多,折扣越多。主要鼓励大量购买。现金折扣是指当时或按照约定的日期付款的药店给予一定比例的折扣。主要鼓励提前付款,加快资金周转,减少呆账和利息的损失。实现定额目标折扣是指一般在规定的时间范围内(一个月或一个季度或半年等)结算时,如果药店达到一个事先设定的目标,给予一定的折扣。主要鼓励药店努力销售,获得折扣返点。

采用购货折扣时要注意以下问题:一是折扣促销可能直接减少企业的利润,特别是当折扣的政策渐渐成为厂家之间的竞争手段,对企业的利润影响更大。对任何一个药品,如果折扣后药品价格降了 5%,则需要增加 33% 的销量才能维持原有的利润,如果降价 10%,则需要增加 100% 的销量。二是促销活动结束后,销量可能有一个下降的过程,折扣只是短期的激励,既不能帮助药店,也不能帮助提高消费者对促销药品的忠诚度,它只能吸引对价格敏感的消费者,当促销活动结束时,这类消费者随时可能转移到更低价格的同类产品。三是折扣的固定化,经常性的折扣易被终端真伪利润列入常规收益,一旦这样,药店就会期待固定化的折扣。如此下去,便失去预期的"鼓励"功能。所以,应明确折扣标准及时效性,避免经常化。四是最好让药店拿出一部分的折扣回馈给顾客。同时,还要注意折扣促销必须遵守法律法规,不能陷入商业贿赂中。

(2)礼品激励促销。礼品激励促销是指医药企业专门制作的带有企业标志的礼品供 OTC 代表在拜访时发放,以带动企业产品销售的促销方式。注意的是"送礼虽小",但"千里送鹅毛,礼轻情意重",代表了公司对店员的重视,所以在分发礼品时,一定要亲手交给店员,让他感受到你对他的关注,不要委托他人转交。

(3)销售积分竞赛促销。销售积分竞赛是指医药企业根据药店和店员出售药品积分多少给予不同等级奖励的促销方式。旨在鼓励店员提高推荐率。

(4)产品陈列竞赛促销。产品陈列竞赛促销是指通过研究陈列对人的冲动购买行为的影响,为提升药品的品牌形象和扩大药品销售而进行的药品摆放促销形式。陈列竞赛是要医药企业和药店双方互助互利,而不是企业主动、药店被动的促销活动。

产品陈列竞赛的实际操作中应注意以下问题。

①赛前做好药店调研,收集了解活动举办地药店的分部、分级、营业情况及连锁店的多少和连锁店对陈列竞赛的态度。在调研的基础上,选定参赛药店,发放陈列竞赛邀请函,签好回执。

②陈列竞赛计划和预算方案应详细,可操作性强,要达到即使不懂任何陈列竞赛的人根据计划就能操作。活动计划应包括活动目的、活动时间、活动安排(包括准备期和实施期)、人员职责和考核方法、竞赛评比细则、评比方式、评比及奖励、费用预算等内容。

③OTC 代表应将竞赛评分标准等参赛事宜告诉给参赛药店,积极参与并协助店员做好陈列活动。

④竞赛评委会应当包括当地有影响力的医药经营企业的法人、销售主管、药监部门人员、新闻媒体人员和企业人员;或通过网络评比,一般为 5～7 人。

⑤为了保证竞赛的公平性和公正性。评分标准要公开,可采取销售主管抽查评分和评委现场评分结

合的方式。

⑥为了保证陈列活动既达到基本陈列水准,又不限制创意的发挥,可设基本分和附加分,取两项之和为最后的得分,以鼓励药店最大限度的发挥。

⑦颁奖一定要及时,以显示企业的良好信誉。

⑧最后做好竞赛效果评估。主要应体现在销量上,可设计专门表格来记录,如某药店某药品陈列竞赛前、中、后销量的变化。

(5) 药店推广会促销。药店推广会是指医药企业的产品为获准进入或已经进入大、中型药店后,企业和药店联合召开的一种产品介绍会。主要是向店长和店员介绍产品的药理、毒理、临床使用、功能主治等方面的情况,增加店长和店员对产品的认识,以促进药店药品销量的增长。

药店推广会一般在以下几种情况采用:一是开拓新的渠道;二是处理库存货物;三是与竞争药品抢占市场;四是新药品上市;五是季节产品旺季来临时。

> **知识链接**
>
> **药店推广会类型**
>
> 1. 按会议规模分
> (1) 小型:针对县级城市范围内的零售药店,费用1万元以内。
> (2) 中型:针对市级城市范围内的零售药店,费用2万元以内。
> (3) 大型:针对省级城市范围内的零售药店,费用2万元以上。
> 2. 按主办方式分
> (1) 独办式:特点是品牌宣传力度大,订货量大,但费用大。
> (2) 联办式:特点是费用较少,但与会者较多,品牌宣传力度不大,订货量也不大。
> (3) 搭车式:特点是费用较少,但达不到品牌宣传效果,订货量也会很小。
> 3. 按会议方式分
> (1) 集中式推广:将区域内的药店集中起来开会推广。
> (2) 分散式推广:在一定时间段,由区域负责人负责促销政策,按药店促销政策订货,享受规定的优惠政策。
>
> 药店推广会主要是增加店长、店员对产品的认识,促进产品销量。一般采用有奖销售,设立购货特别奖、幸运抽奖、当日购货最高奖等。推广会的时间最好不超过2 h。在做药店推广会时,需要做好会前准备,首先做好推广会策划,确定会议时间、类型、规模等,选好会场,确定邀请对象;然后准备会议所需要的东西,如幻灯片、投影机、广告礼品、样品、宣传资料等;成立会务组,做好人员分工,权责到人;制订一套鼓励、激活的让利政策或奖励政策,包括活动方式、赠品名称、奖励内容、产品价格等。
>
> 在推广会的实际操作过程中要对参会人员进行登记、建档;会议主持活动要按照预先设计的会议程序进行;签订购货合同,发放促销物品;会议结束发放纪念品。
>
> 推广会结束后,要对整个推广会做评估工作。一是参会人员评估,收集参会人员数据(包括邀请人员、签到表、就餐人数),认真分析参会人员(邀请没有来的,中途离开的,未请自来的)。二是产品评估,通过收集整理订货单,统计订货数据;分析产品,为什么有的产品没有订单、有的订单不大,应该如何改进后续工作,以提高进货量。三是渠道评估,通过整理签到表,统计到会人员情况,做好渠道分析工作。

4. 产品摆柜陈列问题及改进建议　药品陈列不仅是一门艺术,更是一门科学。药品陈列即将顾客需求的药品正确无误地放在适当的门店位置。药品陈列在日常销售中占有及其重要的位置,做好药品陈列往往可达到事半功倍的效果。维护好公司产品在药店的陈列也是OTC代表日常拜访药店的目标之一。

(1) 药品陈列原则

①符合GSP管理规定和店方分区、分类布局原则。

②易见易取原则。药品正面面向顾客,不被其他药品挡住视线;货架最底层不易看到的产品要倾斜陈列或前进陈列;货架最上层不宜陈列过高、过重和易碎的商品;整箱商品不要上货架,中包装商品上架前必须全部打码上架。对卖场主推的新品或 DM 上宣传的商品突出陈列,可以陈列在端架、堆头或黄金位置,容易让顾客看到产品,从而起到好的陈列效果。

> **知识链接**
>
> 什么是 DM?
>
> DM 是英文 direct mail 的缩写,即为直接邮寄广告,通过邮寄、赠送等形式,将宣传单、宣传册、宣传品送到消费者手中、家里或公司所在地址。
>
> DM 除邮寄以外,还可借助其他媒介,如杂志、电视、电话、电子邮件、直销网络、柜台发放、来函索取及随商品包装发出等。DM 最大的优势是将广告信息传达给真正的受众,而其他广告媒体形式只能将广告信息笼统地传给受众,而不管受众是否是广告信息的真正受众。

③丰满陈列原则。产品货架陈列要丰满些,要有量感。据一项调查表明,货架陈列满的超市比陈列不满的超市商品的销量平均提高 24%。

④先进先出原则。为保证药品在有效期内提前卖完,每次应将上架的药品放在原有药品的后排或将近有效期的药品放在前排便于销售。

⑤关联性原则。陈列时可将感冒药与清热解毒、止咳药与消炎药、维生素类与钙剂等相比邻陈列。可产生连带性消费。

⑥同一品牌垂直陈列原则。垂直陈列是指将同一品牌的商品,沿上、下垂直方向陈列在不同高度的货架层。方便顾客视线上、下移动,并能起到促销效果。

⑦POP 形式的药盒陈列尽量接近实物原则。

⑧陈列生动化原则。美感的产品可以引起顾客的注意,从而产生购买欲望。

⑨陈列面积越大越好的原则。

⑩尽可能的多方位、多角度陈列原则,货架、橱窗、灯箱、收银台、店方允许的地方都可以陈列。

(2) 药品陈列方法和技巧　正确的药品陈列方法和技巧可以提高药品的销售量和竞争力。药品陈列的方法和技巧很多,但是需要根据产品和药店自身的实际情况,选择科学的陈列方法和技巧,充分体现药品的活力,吸引更多的顾客。

①橱窗陈列。利用药品或空包装盒,采用不同的组合排列方法展示新药品和重点促销药品。可利用综合式橱窗陈列(横向、纵向、单向)、系统式橱窗陈列、主题式橱窗陈列(节日陈列、事件陈列、场景陈列等)。

②专柜陈列。可将公司同一品牌的产品设立专柜。

③黄金位置陈列。对于开放式销售来说,中等身材的顾客主动注视和伸手可及的范围,从地板开始 60~120 cm,这个空间称为药品的有效陈列范围。其中易注视的 80~120 cm,被称为黄金地带。本陈列区域常陈列重点推荐药品。

④量感陈列。量感陈列产生"数大就是美"的视觉美感和"便宜""丰满"等刺激购买的冲动,分为规则陈列和不规则陈列两种。规则陈列是将药品整齐地码放成一定的立体造型,表现出药品的稳重气息,使顾客对药品的质量放心,可扩大销售。不规则陈列是将药品随意放在篮子、盘子等容器里,不刻意追求陈列秩序,给顾客一种便宜、随和的印象,易于顾客在亲切感的鼓舞下挑选药品。此类方法适合特价药品、有价格优势药品、新上市药品、新闻媒体大量宣传的药品。如果准备做量感陈列的药品数量不足,可在适当位置采用空包装盒做文章。

⑤质感陈列。重点强调药品的优良品质和特色,以显示药品的高级性,适合品牌、高档、珍贵的药品。此种陈列方法从量上来讲极少,甚至是一个品种的陈列,主要通过陈列用具、光、色的结合,配合各种装饰或背景来突出药品极具魅力的特色。

⑥集中焦点陈列。此种方法是利用色彩、形状、装饰、照明,制造顾客视线集中点。从不同角度,设计

出吸引顾客,并将陈列的"重点面"面向客流量最多的通道。"重点面"可以是药品的正面,也可以是药品的侧面。确定"重点面"的因素可以来自多方面,如:以课件药品的内部结构,能识别质地、结构来确定;以可见药品的最大形象,能显示丰富感来决定;也可以依据容易陈列、简化操作、省工省时来决定等。

(3) 药品陈列的注意事项

①陈列要符合消费者的消费行为和消费习惯。无论采取何种陈列方式,都必须遵循这样一个原则:易于被消费者接受,符合消费者购买习惯,便于消费者接触和挑选,满足消费者求知、求美、求新、求变的心理要求,在顾客立场上思考。

②尽量扩大并充分利用陈列空间,努力增加药品陈列面。多一个陈列面就意味着多一些药品被卖出去的机会。

③保持陈列产品的价值。保持陈列产品外观清洁,随时补充货源,及时更换外包装坏、有瑕疵或到期的产品,如有滞销品,应想办法处理,不能任其蒙尘而有损企业形象。

④取得店员的配合和支持。在生动化陈列工作方面除了要取得店长的支持外,还需店员的配合。如果产品能得到店员的认同,生动化陈列也会事半功倍。开展的店员工作主要包括以下三点:一是陈列竞赛;二是陈列津贴;三是与店员教育、联谊结合。

5. 公司产品POP广告及改进建议　灵活运用POP广告。POP也就是卖点广告,统计认为,通过对药品的POP进行有效管理,可以提高25%的销量。POP可以引起消费者的注意和兴趣,是消费者直接获取信息的来源,而且POP可以提供广告信息,进行广告宣传。POP的运用可以配合其他促销活动。在运用POP促销时注意三点:一是制作的POP文字要简明,书写要醒目,在显著位置突出价格;二是放置POP不能影响显示产品;三是破损的POP要及时更换。

(五) 促进拜访目标执行

主要包括:①建议产品进货订单并督促其完成订单;②建议产品摆柜陈列并现场实现达标状态;③建议对一些药品实施促销并指定摆放位置,或立即开始促销实施;④店员培训现场实施,同时发放礼品;⑤店内POP布置或调整;⑥记录所需各项数据等。

(六) 做好拜访记录

一般来说,OTC代表一天要拜访10~15家店,不可能把每一次的谈话和商业信息、观察到的东西等都记在大脑里面,因此做好拜访记录非常必要。当然对于简单的问题尽量现场解决,现场解决的问题越多,在零售店老板心目中的威信就越高。在记录问题的时候要贯彻5W1H的原则,要记:什么事情;什么时候;和谁有关;在那里发生的;为什么这样;零售店老板建议怎样解决。在数据方面一般记录数据包括:铺货数据、摆柜陈列数据、新产品铺货数据、促销执行数据、库存数据、订单数据、竞争产品情况、待确认或目前不能完成的事项以及药店提出的OTC代表不能马上解决的问题。

(七) 药店拜访工作总结

做好药店拜访工作总结主要目的是总结本次目标的达成以及为下次的拜访工作计划做铺垫。拜访工作总结主要包括以下内容:①拜访客户信息的完善和整理;②本次拜访达成哪些目标;③未达成的目标及原因是什么,怎么改进目标或采用什么方法进一步达成目标;④本次拜访工作中做得好的方面有哪些;⑤本次拜访工作中需要改进的方面有哪些;⑥本店下次拜访的初步计划等。

三、药店终端消费者促销活动的策划与实施

药店终端面对直接消费者,而消费者对众多的药店也往往无从取舍。药店为了能留住顾客,常会开展很多促销活动。按照促销的形式可划分为以下几种。①人员促销,是最普遍的一种形式,有着其他促销方式不可比拟的优点。在药店进行药品销售时,需要关注消费者的个体因素,应该对消费者进行用药指导及药品不良反应等相关信息的反馈,所以人员促销有着不可替代的作用。②营业推广,是指在短期内通过优惠活动刺激消费者的购买。营业推广只能在短期内有效,一般要伴随相关的广告宣传。如时间过长,容易让消费者认为是企业在推销滞销产品,使企业形象受损。③公共关系,通过一些活动树立企业形象,利用双向信息交流手段,获得公众的信任和支持,维护企业与公众的利益,以唤起广大消费者的信

任而购买。④广告,是企业有计划地选用大众媒体向目标消费者传递企业和产品的优势信息,从而改变消费者的购物观念和行为。

(一)药店促销活动主题的选择

1. 主题选择　选择促销活动的主题要注意以下几点。

(1) 主题要有广泛关注的社会意义　有社会意义才能得到消费者关注、社会公众关注、媒体关注,才会有人气。如六一儿童节的主题"关注你孩子的情商!",三八妇女节的主题"关注弱势妇女群体,免费女性体检"等。

(2) 主题传达的信息要清楚、明白　明白你要干什么的,真正感兴趣的人自然会来参与活动。当促销主题一句话难以表达准确时,可以采用副标题形式来说明,比如重阳节要促销心脑血管药品时,主题句为"老吾老及人之老",副标题为"高血压防治知识咨询义诊"。

(3) 主题要通俗易懂,容易明白和记忆　比如"某药送健康活动,买也赠换也赠!"

2. 药店促销活动的分类　根据促销活动的主题不同,一般可分为五类。

(1) 开幕促销活动　药店首次开业,能否给消费者留下美好而深刻的印象十分重要,一定程度上决定药店以后经营业绩的好坏。因此,药店会投入较大的人力、物力和财力去筹划这次促销活动,对活动内容与预算做周密安排,力求达到和超过预期效果。一般一个成功的开幕促销活动日平均销售额是平时店营业额的3~5倍。

(2) 店庆促销活动　该促销方式是目前药店主要采用的促销活动之一,不仅因该活动可以迅速扩大门店的营业收入,更能增加门店的知名度、影响力和竞争力。店庆活动一般要提前3~5个月进行筹划和准备,店庆活动的营业额是平时营业额的2~3倍。

(3) 节日促销活动　"假日经济"在现代超级市场中得到充分的体现,如中国传统的五一劳动节、国庆节、元旦节、春节、三八妇女节、端午节,外来的圣诞节、情人节等都有明显的假日消费效应。配合国家规定的假日举办促销活动能为药店带来可观的营业额,通常假日促销可比平时营业额增加30%以上。

(4) 会员日促销　药店为了显示对会员的关注并且基于产品促销的目的,一般在每个月设定几个固定日期作为会员日,会员将享受一定的优惠。在市场竞争如此激烈的情况下,能否留住老顾客,保持一定的市场份额,这与门店的业绩息息相关。所以完善会员制度,做好会员日促销,吸引顾客成为药店的忠实顾客,将成为药店突破销售瓶颈的一个非常重要的方法。

(5) 竞争性促销活动　在市场竞争激烈的情况下,商圈内药店的促销活动会相互影响,一家药店开展的促销活动会引起邻近数家药店跟着做促销活动,目的是避免营业额的降低。

3. 药店促销活动的主要方式　药店促销活动主要包括店头促销、社区推广、会议交流、健康讲座和公益活动。

(1) 店头促销　是指在药店店面进行的促销活动。主要表现形式有三种:特别展示区、货架端头和堆头陈列。这三块区域都是消费者反复通过的、视觉最直接接触的地方,而且陈列在这区域的产品通常属于促销产品、特别推荐产品、特价产品和新产品。通过店头促销能与目标消费者沟通,提升品牌的认可度,增加销量。

(2) 社区推广　药店在目标社区内进行的以树立企业形象,积极引导顾客的消费倾向并最终提高产品销售额的促销活动。

(3) 会议交流　利用会议的形式与目标客户聚在一起交流,通过相对轻松的交流环境,经过主持人的适当引导,使与会者接受有关产品信息,并产生认同感,最终促进产品的销售。

(4) 健康讲座　邀请专家开展讲座,把产品知识和健康理念通过科普教育的方式传递给消费者。通过把产品知识和健康理念讲透,让客户先有个理性的认识,才有促进购买的可能。

(5) 公益活动　与公益组织联手,如红十字会、慈善机构等。借助其权威、公益的性质,搭建一个具有社会公信背景的销售平台,实施人性化的营销活动。企业借助公益活动与消费者沟通,树立良好的企业形象。使消费者对企业产品产生偏好,在购买决策时优先考虑本公司的产品的一种促销行为。

（二）药店促销活动的时间、地点及人员的安排

1. 时间与地点安排

（1）促销活动地点选择　促销活动的地点选择一定是围绕目标消费者群体的。要集中在人流量大，居民区集中点，人群的文化素质高、购买实力强、场地开阔、对周围影响力小、场地租用费用便宜等。

（2）活动时间长短与活动力度　活动期需要足够的时间。如果持续的时间短，顾客因有事无时间购买而丧失购买机会或无法实现重复购买，促销就达不到目的；如果时间持续太长，会导致开支太大，而且消费者会对促销活动失去新鲜感，从而降低了购买欲望。另外，促销活动要适当掌握频率，不能过于频繁，容易让消费者认为企业在推销滞销的产品。

活动力度主要是指公司投入多少、投入什么、投入方式等问题。如果活动力度不够、刺激不强、主题不鲜明、缺乏新意都较难吸引大家参加。在活动经费有限的情况下，要做到的就是如何让活动内容有新意，吸引更多消费者参与。

2. 人员

（1）工作人员　包括保洁员、电工、治安巡逻的人员等。

（2）活动人员　包括现场销售人员、主持人、咨询人员等。

（3）工作对象　是指具有明确购买意向或消费潜力的目标客户。

（三）药店促销活动的信息发布

1. 媒体选择

（1）直接邀请　通过电话或其他的方式邀请目标客户参与活动。

（2）纸质媒体　可选择报纸、杂志、宣传单等。

（3）网络媒体　可以通过互联网的方式进行信息传播。网络媒体与传统媒体相比最大的优势是具有价廉而又无限的空间，打破了地域限制，订货和购买可以在任何时候、任何地点进行。

（4）视听媒体　包括影视、广播、幻灯片广告等。

2. 途径与方法　常用的信息发布途径与方法有：①邀请，以邀请函的方式将促销的信息传递给目标客户；②人员派发，雇佣人员或自己的员工将活动信息以传单的方式派发给目标客户；③播报，通过广播、电视广告等方式将活动信息传递给消费者；④公告，以在一些公众媒体上刊登广告的形式传递给目标客户。

> **知识链接**
>
> **宣传单发放的技巧**
>
> 1. 选地点　选择合适的地点派单，地点的选择直接关系到人流量和人权购买的意向。
>
> 2. 选客户　根据宣传的内容，选择那些具有购买意向和购买力的人，而且那些真正收传单的人才会认真看宣传资料。
>
> 3. 看表情　迎面过来的人，表情自然、轻松、边走、边聊天的可以选为发放对象。对于表情呆板、匆匆赶路的人一般不作为发放对象。
>
> 4. 看时间　最佳时间一般在上午10:00至下午5:00。
>
> 5. 会说　发传单时要说一些简短的最能打动顾客的话，比如什么打折、特价等。
>
> 6. 正确姿势　要注意发传单的身体姿态和手势。要把传单恭敬地递到顾客手上，递的时候要顺着顾客行走的方向移动，以便顾客能接到传单。

（四）促销材料准备

1. 宣传材料准备

（1）渲染材料　包括宣传单张、POP、吊旗、台卡、立牌、橱窗、厂家的宣传海报及橱窗空盒展示等，应做到规范、有效。

（2）视频资料　围绕企业文化、企业的先进事迹及取得的重要成果做成的宣传资料，做成视频短片，

在活动现场播放。

（3）活动方式介绍　介绍此次促销活动的内容、方式、优惠政策以及给顾客带来的利益等。

2. 产品资料的准备

（1）产品介绍说明资料　一般是指生产企业提供的产品单页宣传资料，包括产品的外观、性能、使用方法、注意事项等。

（2）现场销售的产品　销售现场要准备足够的产品进行销售。

（3）促销的奖品或礼品　按照GSP惯例规定药品销售不得采用有奖销售、附赠药品或礼品销售等方式，不得以买药品赠送药品、买商品赠送药品等方式向公众推销药品。所以做促销时，应注意促销礼品的设计，要注意到需求迫切性、趣味性等。

（五）促销场地的布置

1. 区域布置

（1）场地布置要有立体感，突出促销的氛围。

（2）要便于顾客的购买，还要对整个场地有控制感，以便应对突发事件。

（3）做好促销商品的布局。

（4）拉好条幅，要按规格集中树立起来；立牌和宣传广告要放在项目位置，让顾客容易看得到。

（5）咨询台要干净、整齐，台布要干净。

2. 氛围营造　氛围的渲染有利于积聚人气，另外消费者还有从众心理，所以可通过一些方法和手段渲染现场氛围。

（1）视觉手段　在促销活动的现场尽可能地多张贴POP广告、海报、横幅、吊旗、宣传单，根据活动的主题制作异型立牌、台卡、灯箱等，也可以做气球模型、彩虹门、戴特别的帽子以及用空盒子做创意陈列。

（2）听觉手段　促销现场可以背景音乐、高音喇叭、扩音器及主持人现场的宣传，在销售高峰进行现场叫卖等。

（3）现场表演　对于开业促销或一些大型活动促销，可以开展一些互动的小游戏；或在活动中间穿插歌舞表演、抽奖活动，以激发活动现场的人气，为活动造势。

（六）促销人员组织

为了保证促销活动的顺利开展，各个工作岗位的人员应明确责任，各司其职，分工明确。因此，必须对所有的工作人员进行培训。

1. 确认岗位与职责

（1）促销的活动准备要责任到人，现场活动责任到人，跟踪检查工作责任到人。

（2）前期对每个员工的分工，要进行反复沟通培训。要求所有参加活动现场的工作人员对促销活动主题、目的、意义、程序、注意事项等都有详细了解。

（3）做到一人多职安排，一旦人手不够就能实现真正的一人多能多职。布置完任务以后一定让每个人复述自己的职责，出现问题的处理程序和处理方法。

（4）统一行动，保证执行效果。

2. 促销人员培训

（1）明确人员岗位与职责，不得擅自离岗、串岗。

（2）注意统一宣传口径，清楚活动起止时间、促销商品及其他活动的内容。

（3）培训人员仪表仪容、言行举止得体、规范。活动现场应统一工装。

（4）培训人员要掌握促销产品的买点、产品的销售技巧以及如何解答顾客可能提出的异议。

（5）现场人员做好顾客的信息收集工作。

（6）培训人员的服务意识、服务态度要积极。

（七）促销活动的评价

促销活动的评价是为了总结经验，改进工作质量，因此活动过程中要求所有的工作人员要收集好各类信息、做好整理工作。评价主要分为活动过程评价和活动绩效评价。

活动过程评价主要通过参加活动顾客的数量及现场销售产品数量、销售额、毛利率等指标来评价。

活动绩效评价通过对不同促销方式或促销组合的各项销售指标进行对比,或活动前后各项经济指标的对照分析,从而了解不同的促销活动所产生的相对效益,最终评价出最优的促销方式。

需要注意的是,对促销活动的评价,除现有直观经济指标外,有些隐性、长期的效益不一定直接反映在销量上。所以也要重视收集活动前、后顾客对产品的印象与口碑方面的信息,并进行分析。

（八）药店促销活动的注意事项

为了保证药店促销活动的正常开展,在促销活动的每个阶段都要做好相应的检查。

1. 促销前要做到检查以下几项　①卖场人员是否知道促销活动即将实施;②促销宣传单、海报、条幅、POP 是否发放及准备妥当;③促销商品是否已经订货或进货;④促销商品是否已经通知电脑部门进行变价等。

2. 促销中要做到检查以下几项　①促销商品是否齐全,数量是否足够;②促销商品陈列表现是否吸引人;③促销商品是否张贴 POP;④卖场人员是否均了解促销期的要求;⑤卖场气氛布置是否活泼;⑥服务台人员是否定时广播促销做法。

3. 促销后要做到检查以下几项　①过期海报、POP、红布条、宣传单是否拆下;②商品是否恢复原价;③商品陈列是否调整,恢复原状。

实训环境与组织实训过程

一、学生分组与组织

（1）分组:全班同学分为若干小组,每小组 3 人,确定 1 名小组长。

（2）小组长和小组成员准备:根据药店店员促销和药店终端消费者促销的要求,结合教师课后布置的任务,能进行药店店员促销和药店终端消费者促销。

二、实训环境

（一）校外实训基地

学校建立在校外的实训基地如社会药房、医药公司等。每个小组和每个同学将自己的身份确定为社会药房、医药公司的员工,学习与实训过程就是在企业工作的过程,按照岗位工作标准去完成工作任务的每个环节,对工作过程中所出现的不足或错误要及时纠正及完善。

（二）校内实训室

1. 一体化教室

2. 校内实体药房或模拟药房

按照药店经营实际情况陈列和摆放药品,如:感冒药、消化系统用药、外科用药、清热解毒类用药、维生素矿物质类、祛暑类药品、五官科用药、呼吸系统用药等。

三、实训任务

任务 1　药店拜访

为了让学生了解药店拜访的意义,达到有效的药店拜访目的,要做到以下几个方面。首先要会制订药店拜访计划,其次会设计企业产品对药店的促销方案,并且拜访药店后能写出药店拜访工作的总结。

需要小组成员协同完成以下任务:

（1）以小组为单位制订并提交药店拜访计划(电子版)给教师,任课教师审核是否合格;

(2) 以小组为单位制订并提交药品的促销方案(电子版)给教师,任课教师审核该方案是否合格;

(3) 学生在校外实训室进行药店模拟拜访,学生扮演 OTC 销售代表体验药店拜访过程;

(4) 以小组为单位写出药店拜访总结报告,并做 PPT,在课堂上以小组为单位汇报;老师根据每组学生的具体表现做出点评。

任务2 药店×××促销方案策划

药店促销是以满足消费者需求为前提,将药店及其商品(服务)的信息通过促销传递给消费者或用户,促进消费者了解、信赖本企业的产品,从而唤起消费者需求,产生购买行为。但是要做好促销,首先要根据药店的实际情况和消费者的需求做好有创意的促销方案。

需要小组成员协同完成以下任务。

(1) 寻找学校周边药店,每小组需要找到 5 家药店,向店长请教一般药店在什么时候开展促销活动,药店的促销活动有哪些。

(2) 通过网络按照要求查找资料,以小组为单位课后集体讨论、分析,协商选定一个促销主题,制订一个有创意的药店促销方案。

(3) 以小组为单位写出药店促销方案,并做 PPT,在课堂上以小组为单位汇报;老师根据每组学生的具体表现做出点评。

任务3 药品陈列及 POP 广告的设计

当顾客进入药店时,首先会注意到药店的环境和布局,然后体验到药品陈列带给他的视觉效果。如果药品摆放得杂乱无章,这会影响顾客的购买欲望,因而影响到药店的销售业绩。因此,药店内良好的药品陈列与 POP 展示能够从第一视觉上吸引顾客的注意力,使其对这家药店产生信任感并刺激其购买欲望。同时药品陈列要符合 GSP 的要求。

要求学生能应用陈列方法、技巧完成药品陈列和理货,并能根据促销时的实际情况设计 POP 广告。

需要小组成员协同完成以下任务。

(1) 要求每组学生自行组织参观 5 家社会药房,根据陈列原则和 GSP 要求,写出所参观药店陈列参观报告(电子版)给老师。

(2) 在校内实体药房或模拟药房进行药品创意陈列并绘制 POP 广告。根据学生的创意陈列和绘制的 POP 广告进行评分。

四、学时与实训作业

(一) 学时与要求

(1) 一体化教学:2 学时。

(2) 实训与考核:2 学时(建议)。

(3) 以小组为单位完成 A 药店中秋、国庆双节促销方案的制订工作。所使用的理论与知识,以 Word 文档形式呈现。并能将在实训过程所出现的错误、不足和优劣势陈述出来。

(二) 考核范例与考核标准

范例分析一

药店促销方案——A 药店中秋、国庆双节促销方案

1. 促销活动的目的

通过中秋、国庆双节的活动,吸引更多消费者和稳定药店基本消费群(会员),形成参与和购买热潮,传播服务理念,形成口碑传播。活动的目的是提高经济效益和迅速扩大占领市场。

2. 活动主题及内容

"喜迎双节,把爱带回家"。庆祝新中国成立六十五周年暨反法西斯胜利七十周年,举国同庆,让利大惠顾。活动内容包括:①凡是凭身份证满 70 岁的前十人到店即送价值 10 元的小礼品一份;②单张小票满

65元就送价值10元的小礼品;③单张小票满130元送价值20元的小礼品,依次类推;④凡是单张小票满150元的可以抽奖一次,满300元的可以抽奖两次,满450元及以上抽奖三次。一等奖5 L色拉油一瓶,3个;二等奖2.5 kg洗衣液一瓶,5个;三等奖5 kg大米1袋,10个;⑤免费检测血糖、血压。

3. 活动前的准备工作

1) 信息发布

(1) 活动信息发布可选择在药店周边地采用宣传单投递、口碑宣传,各家各户高密度上门投递,其宣传单总量为1.5万份,投递的重点为集市商业区、菜市场、居住门户、老年人娱乐活动中心等等。电话通知到每一位药店会员。

(2) 从9月15日—9月30日开始发布促销活动广告信息。

(3) 在A大药房门口挂横幅一条,内容为活动主题口号,时间为10月1日—10月3日。

2) 现场布置　充分利用现场渲染氛围,增加活动气势,吸引更多人参与。

(1) 写有活动主题的横幅。

(2) 突出活动主题内容的大幅展板和背板。

(3) 吊旗、立牌、大幅POP海报、宣传单、气球。

(4) 咨询台、礼品发放台、抽奖箱等。

(5) 义诊检测服务台。

3) 人员安排

(1) 安排足够数量的服务人员,并佩戴工作卡,便于识别和引导服务。

(2) 现场要有秩序维持人员。

(3) 现场义诊人员、销售员工既要分工明确,又要相互配合。

4. 现场执行要点

(1) 所有本次促销活动参与人员提前10天进行相应培训,做好活动物资准备。

(2) 宣传人员现场派发宣传单,介绍活动内容,引导顾客进药店或参与义诊活动。

(3) 掌握好活动节奏,维持好现场秩序,防止出现哄抢和其他意外,以免造成负面效应。

(4) 礼品和在规定时间发放,不宜太早或太晚,发放时登记会员资料、签字。

5. 经费预算

①宣传单张×××元;②奖品共计×××元;③小礼品×××元;④其他×××元。

6. 活动结束总结会

(1) 活动成败的分析报告。

① 费销比的计算。

② 到店顾客人数统计。

(2) 新会员注册管理,活动后会员优惠政策的制订。

(3) 顾客意见的整理与落实。

药店拜访计划表如表5.4.1所示。

表5.4.1　药店拜访计划表

拜访药店名称	××药店	药店所在区域	本市的闹市区
拜访目的	1.宣传销售政策 2.加强感情		
拜访时间	20××年××月××日		
客户资料	该店经理是位中年女士,姓李,37岁,精明强干,要求很严,做事风风火火		
竞争对手资料	四川××药业生产的妇科栓剂在市场的销售情况较好,该企业是我药厂在新疆最大的竞争对手		

续表

拜访药店名称	××药店	药店所在区域	本市的闹市区
公司政策情况	重庆××药业有限公司是目前全国最大的栓剂生产基地之一。其双唑泰栓、野菊花栓、比沙可啶栓等品种,多年来一直主导着国内妇科产品市场。公司的理念:"尊重生命,关爱健康"。公司在全国及部分省市的电视、报纸等媒体上做了一些广告,但规模不大		
观察店铺情况	××药店位于本市的闹市区,规模很大,有员工10人,年龄在21~27岁,属于自选式药店超市,流动客人很多,每天早晨7:40开例会,8:00开始营业		
问题及解决办法	该药店对我药业的产品不了解,不敢轻易订购,在推荐我药业的产品时,将产品本身特点与其优势以及它所能带来的利益有机结合,并加以阐述,从而使药店相信并愿意订购我们的产品		
拜访过程	①了解客户的基本情况,做到知己知彼; ②做足准备,应对所能遇到的问题; ③努力宣传产品优势,诱之以利; ④增强感情,为以后的拜访打基础		
备注	通过此次拜访让我积累了经验,对于下一次的拜访会做更充分的准备		

OTC代表每天拜访线路计划表如表5.4.2所示。

表5.4.2 OTC代表每天拜访线路计划表

片区:　　　　OTC代表:　　　　区域:

序号	起始时间	店名	药店级别	序号	起始时间	店名	药店级别
1				8			
2				9			
3				10			
4				11			
5				12			
6				13			
7				14			

药店终端促销考核评价标准与评分表如表5.4.3所示。

表5.4.3 药店终端促销考核评价标准与评分表

平时成绩评价标准与评价项目				
序号　　等级与分数 　　　评价项目	优秀 9分	良好 8分	一般 6分	需努力 3分
1　到课情况				
2　小组内参与情况				
3　团队内贡献情况				
4　思考与语言组织表达能力				
5　小组间评判的能力				
平时成绩(占总成绩的30%)				
实训成绩评价标准与评价项目				

续表

序号	评价项目 / 等级与分数	基本完成实训任务 6分	突出表现并有创新 9分	评 价 标 准
6	药店拜访			有效的药店拜访计划，药品促销方案，药店拜访总结
7	药店促销方案的制订			能根据药店的实际情况制订药店促销方案
8	药品陈列及POP的设计			能根据药店的促销方案进行药品陈列和POP的设计
	实训成绩（占总成绩的70%）			
	学生自评成绩			
	小组评价成绩			
	教师评价成绩			
	总成绩			

（李洁玉）

教学单元 5.5 医药营销公共关系

能力目标：

在掌握医药营销公共关系工作流程及工作过程技巧的基础上，能够进行营销公关策划。

知识目标：

理解公共关系的概念和特征；掌握公共关系的构成要素，企业危机公关的策略。

素质目标：

通过医药营销公共关系的学习，提升综合分析问题的能力，提升分工协作、沟通协调的能力；具备形象意识、危机意识。

产品危机公关应做到：主动、及时、统一、权威

——"大白兔"成功突围"甲醛门"

事件背景

菲律宾食品药品管理局（BFAD）对从中国进口的部分食品进行检验，被检大白兔奶糖含有福尔马林（甲醛）。随后，菲律宾方面将大白兔奶糖从超市下架，并劝市民不要购买，同时要求出口商召回相关产品。此消息于2007年7月16日由菲律宾GMA电视新闻网公布后，美国、新加坡、中国澳门及香港等多家媒体都做了报道，引起海内外强烈关注，以致连香港、广州部分超市也将大白兔奶糖撤柜。国家质检总局局长李长江在国新办20日举办的新闻发布会上说，中国上海冠生园食品有限公司的大白兔奶糖在生产过程中没有添加甲醛，质量是安全有保证的。随着李长江掷地有声的"新闻发布"和权威检测报告的公布，海外经销商对"大白兔"的疑虑消除，纷纷来电要货，在经过4天的滞销后，十个货柜大白兔奶糖被迅即解冻，其中七个发往新加坡、哥斯达黎加、马来西亚、印度、尼泊尔、美国等国。

危机公关一直是不少国内企业的"软肋"。遇重大危机致死的产品比比皆是……这正是"千里之堤，溃于蚁穴"。商誉卓著的名牌企业，面对这种问题一定要慎重。如果处理失当，很有可能危及生存。

大白兔奶糖风波中被披露的所谓食品添加成分甲醛是公认的高致癌物。这条官方信息一经公开立刻引起连锁反响，大白兔奶糖的食品安全在全球各国都受到广泛质疑，产品出口和销售受到严重影响。

……

大白兔奶糖遭遇"甲醛事件"，可谓危机公关方面一个教科书式的生动案例。一系列的危机公关行动，让我们看到了冠生园公司应对危机的丰富智慧、良好素质、有序管理和层层递进。在突然遭遇"甲醛门"事件后，冠生园公司积极应对，在4天时间内便成功"突围"，专业人士认为，此危机事件的处理可以给其他企业四点启示：应对危机公关必须主动、积极、统一、及时、诚恳、权威。

主动:3 日内完成沟通、检测、媒体公关

雷厉风行本身就是积极的信号,危机事件出现以后,不要拖,不要满不在乎,应该积极响应,这是非常重要的……

"甲醛事件"曝出后,冠生园集团自己主动暂停了"大白兔"产品的出口,并在3天内做完了三件重要的事情:给菲律宾方面发函沟通;请权威检测机构SGS对生产线的产品进行检测,并得出没有甲醛的结论;召开中外媒体见面会宣布检测结果。不仅如此,冠生园还对菲律宾食品药品机构在既未公布相关检测报告又未得到生产企业确认的情况下,贸然通过媒体发布消息,给"大白兔"品牌造成损害的极不负责行为,理直气壮地声明:保留诉诸法律的权力。

及时:权威机关及时发声,快速消除疑虑

权威出马可以获取公众的信任,来自权威的信息容易说服公众。获知大白兔奶糖被禁售的消息后,上海市质监部门和国家质检总局及时派人员在第一时间介入,出具了权威检测报告。特别是国家质检总局局长李长江在7月20日举办的新闻发布会上的权威发言更是让海内外消费者疑虑顿消。李长江说:"第一,我们没有接到菲律宾政府有关方面的情况沟通。第二,我们同菲律宾驻中国使馆进行联系,想取得这方面的资料,他们表示无法提供。第三,我们经过了认真的检查测试,大白兔奶糖在生产过程中没有添加甲醛。"

统一:媒体报道客观公正,化危机为商机

遇到危机时统一口径非常重要,以免节外生枝。

传媒因素是食品安全事件中的一个重要因素,在"危机公关"中是一把"双刃剑"。这次大白兔奶糖"甲醛门"事件,尽管海外媒体炒得热火朝天,但国内传媒在对待这一民族品牌上,汲取了以往"见风就是雨"的教训,在报道时不是盲目跟风、夸大其辞,而是遵循新闻游戏规则,冷静而又客观地在第一时间传递最新的来自权威管理部门和权威检测机构的消息,其实也为"大白兔"这一国内糖果第一品牌树立了正面的形象。

权威:侧面突围,"第三方"鉴定功不可没

由第三方权威部门发布的、具有普遍公信力的数据以及对数据的客观解释性分析是应对国际危机事件中非常重要的一步棋。7月18日,新加坡政府的检验机构从冠生园新加坡经销商福南公司仓库中抽样大白兔奶糖进行检验,检测结果:大白兔奶糖不含甲醛,符合世界卫生组织的安全标准。7月19日,国际公认的权威检测机构SGS(通标标准技术服务有限公司上海分公司)对大白兔奶糖检测得出结果:未检出甲醛(福尔马林)。7月20日,文莱卫生部发表声明,宣布经过该部检测表明,中国产的"大白兔奶糖"不含甲醛,完全可以放心食用……这些"完全一致"的检测结果,让中国产的"大白兔奶糖"含甲醛这一不实说法不攻自破。

……

(资料来源:天涯论坛)

理论学习知识与背景

一、公共关系的概述

(一)公共关系的定义

所谓"公共关系"就是一个社会组织为了推进相关的内外公众对它的知晓、理解、信任、合作与支持,为了塑造组织形象、创造自身发展的最佳社会环境,利用传播、沟通等手段而努力采取的各种行动,以及由此而形成的各种关系。

医药营销公共关系是指医药企业为取得社会公众的了解、支持和信任,以树立企业良好的信誉和形象而采取的一系列决策、计划与行动的总称。公共关系的目的是建立企业有利的公众舆论环境,树立企业良好的信誉和形象,但企业要想在消费者心目中树立良好的信誉和形象,绝不是靠一两项公共关系活动就能达到的,也不是一朝一夕的短期行为所能实现的,它需要一个连续不断、持之以恒的过程。

> **知识拓展**
>
> 公共关系和人际关系的区别
>
> 1. 主体不同　公共关系的行为主体是组织,人际关系的行为主体是个人。在公共关系活动中,个人也是以组织的身份与公众交往的,是组织的化身与代表。
> 2. 对象不同　公共关系的对象是与组织相关的所有公众及其舆论,而人际关系则包含许多与组织无关的私人关系。
> 3. 传播、沟通手段不同　公共关系非常强调运用大众传媒的方式做远距离、大范围的公众沟通,而人际关系则比较局限于面对面、点对点的交流方式。

(二) 公共关系的特征

所谓公共关系的特征,即公共关系区别于其他社会关系的征象和标志。

(1) 公共关系是组织与公众之间的一种社会关系。现代公共关系是这样一种社会关系:它的一端是一个具体的社会组织,这个社会组织可以是一个工厂,也可以是一家商店、一家银行、一所学校、一家饭店、一个医院等,另一端是与这个社会组织机构的生存、发展相关联的公众。公共关系学讲的公众与人们平时所讲的"人民大众""人民群众"的概念是有区别的。公共关系学探讨的公众,是指与某一社会组织有着直接或间接利益联系或利害关系的个人、群体或组织。一个组织的公众除了指员工、股东等内部公众外,更主要的是指顾客、社区、政府等与它生存、发展相关的外部公众。

(2) 公共关系活动的目的是塑造组织的良好形象。社会组织开展公共关系活动,缔结、拓展与内外公众的关系,是为了扩大组织的知名度,提高组织的美誉度;内求团结、外求发展;塑造组织真、善、美的良好形象;协调组织的内外关系,为组织的发展创造最佳社会环境。

(3) 组织与公众之间的中介是公关人员的传播、沟通活动。公关人员通过人际传播、组织传播、大众传播等手段将组织的形象信息传递给广大的相关公众;同时,公关人员又利用人际传播、组织传播等手段回收公众对组织的形象信息反馈。传播,特别是大众传播,是现代公共关系产生的基本前提之一,也是现代公共关系活动的重要标志。

(4) 公共关系是社会组织自觉、积极、努力开展的一系列社会活动。公共关系是组织为了在公众的心目中塑造良好的自身形象,通过成立内部公关机构或到公关公司咨询、聘请公关顾问等方式努力按公共关系的内在规律而开展的活动。这些活动包括开展调查、制订计划、策动传播、组织实施、总结评估等环节。

(5) 公共关系是社会组织特别是组织领导、公关工作人员的一种观念。公共关系是公共关系主体在市场经济条件下对自身与公众之间应有关系的一种理解;是对自身形象的重要性及客体存在、发展、需求合理性的一种意识;是对现代社会组织在市场经济条件下运行法则的一种感悟。社会组织如果没有这样的观念、理解意识和感悟,就不可能建立起真正良好的公共关系。

(三) 公共关系的构成要素

公共关系既是一个过程,又是一个系统。由三大要素构成,即主体(社会组织)、客体(公众)和中介(传播)。

1. **主体(社会组织)**　公共关系学中所讲的组织,是社会学意义上的组织,即按照一定的目的、任务和形式建立起来的社会群体或社会集团。公共关系的一切活动都是由一定组织引起、运用和操作的,因此,社会组织,包括它的公共关系机构和公共关系人员便构成公共关系的主体。

2. **客体(公众)**　公众是社会组织公共关系的对象,构成组织的社会生态环境。任何一个组织都处在一定的内、外部环境之中,这个环境就是指组织所面临的各种社会条件以及各类内、外部公众。公共关系的重要职能就是通过创造性的工作,给自身事业的发展创造一个最佳的社会关系环境,使自己适应于环境,也使环境适用于自己。

3. 中介(传播)　在公共关系中,传播起着媒介或手段的作用。从总体上来讲,公共关系的一切活动都是传播活动,公共关系概念中的传播,不仅指通过传播媒体的大众传播,更多的还是指人际传播,有时还指不同文化背景之间的跨文化传播;不仅指信息传播,而且更多的还是信息沟通、情感传送、形象传播。

社会组织是公共关系的主体,具有主导性;公众是公共关系的客体,具有权威性;传播是公共关系的手段和媒介,具有效能性。公共关系三大基本要素之间的动态平衡、协调适应是公共关系运行的基本规律,是科学的公共关系的内在要求。

(四) 公共关系的基本职能

(1) 塑造良好的组织形象是公共关系的基本职能。良好的组织形象,对于一个社会组织来说,是一笔无形的财富,它可以为社会组织的各种服务和产品创造出优良的营销环境,可以为社会组织吸引人才、集中人才提供优越的环境条件,也有助于社会组织寻求可靠的原材料和能源供应客户,增加投资者的信心,求得稳定而优惠的经销渠道,增进周围社区对组织的了解。

(2) 协调组织内、外关系是公共关系的另一个基本职能。现代组织必须开展广泛多样的社会交往活动,处理好各种关系,增进与公众之间的感情,创造一个宽松、融洽、友爱的环境,减少产生误会的可能性。即使发生矛盾,由于双方原来有比较融洽的关系,也容易使矛盾得到比较妥善的解决。

> **知识拓展**
>
> **塑造组织形象的方法**
>
> 1. 优质服务　其具体的方式如工业企业的售后服务、免费保修,服务企业的各种消费教育与培训指导,事业单位提供优质而完善的服务,政府部门为基层组织和民众热情而周到的服务等。
>
> 2. 加强传播　例如召开新闻发布会,发布公共关系广告,制作板报,发表演讲,举行记者招待会,举办新产品展览会,举办经验和技术交流会,召开信息发布会,实施社会赞助,印刷发行公共关系刊物和制作各种视听资料等。
>
> 3. 提供咨询　其主要形式有,开办各种咨询业务,建立来信来访制度和相应的接待机构,开展有奖测验活动,制作调查问卷收集用户意见,开通消费者热线电话接收和处理投诉等。
>
> 4. 公益赞助　具体形式如赞助文化、教育、体育、卫生等事业,支持社区福利事业和社会慈善事业,扶持新生事物,参与国家、社区重大活动并提供费用。
>
> 5. 增进社交　其方式包括社团交际和个人交际,诸如各式各样的招待会、座谈会、宴会、茶话会、接待应酬以及电话沟通、亲笔信函、手机短信、电子邮件等社交形式。
>
> 6. 处理危机　在组织的公共关系遭遇突发性严重失调、组织形象受到严重损害的时候,公共关系部门采取一系列有效措施,做好善后处理工作,配合组织其他部门挽回组织声誉,重建组织形象。

二、公关策划概述

公关策划是指公关人员为了帮助组织达到实现形象战略目标以及获得本次公关活动的成功,而事先进行的对于本次公关活动的谋划、构思以及设计最佳方案等活动。

> **知识拓展**
>
> **公关策划的核心**
>
> 公关策划的核心就是解决如何寻求传播沟通的内容和公众易于接受的方式,如何提高传播沟通的效能,如何完备公关工作体系等问题。

(一) 公关活动策划的程序

一般可以分为以下几个步骤(图 5.5.1):

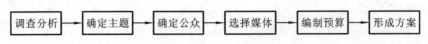

图 5.5.1 公关活动策划的程序

（二）调查分析

在开展公关活动方案设计时，首先应收集相关信息，进行自我形象分析。收集信息主要有两大类：产品形象信息与企业形象信息。产品形象信息包括公众特别是用户对于产品价格、质量、性能、用途等方面的反映，以及对于该产品优/缺点的评价、如何改进等方面的建议。企业形象信息则包括公众对企业的评价、对企业管理水平的评价、对企业人员素质的评价、对企业服务质量的评价等。通过对这两类信息的分析，企业可以对自己的公众形象有真实的认知，有利于分析公共关系中的问题，指明公关活动的方向与重点。

（三）公共关系策划的目标

英国公共关系专家弗兰克·杰夫命斯曾根据自己的公共关系实践描述了广泛的公共关系目标内容，概括起来有15种之多。

(1) 新产品、新工艺、新技术、新服务项目的开发和推销要吸引最大数量的公众。

(2) 开辟新市场或推销新产品、新服务之前，要在新市场或新产品推销地宣传组织的信誉，扩大组织的知名度。

(3) 转产时要调整内、外公众对新产品的适应过程，树立产品和组织的新形象。

(4) 参加社会公益活动，要通过适当的方式向公众宣传。

(5) 组织的产品或服务如在公众中造成不良的影响要尽快挽回。

(6) 为组织新设下属机构进行宣传，使各类公众了解其性质和作用。

(7) 让内、外公众了解组织高层领导人关心社会、参加公益活动的情况，以提高组织的信誉。

(8) 发生严重事故后，要让公众尽快了解组织的态度和处理意见。

(9) 创造一个良好的消费环境。

(10) 普及产品或服务的消费方式。

(11) 创造股票发行的良好环境。

(12) 向社会公众传播组织的名称、商标、品牌。

(13) 争取政府部门的支持和优惠政策。

(14) 向政府和有关组织传达本组织与其建立某种合作关系的意义和价值，争取得到他们的认同和支持。

(15) 在竞争危急时刻，通过联络感情争取公众支持。

（四）公关活动的主题

公关主题是对公关活动内容的高度概括，是公关策划的核心。公共关系每项具体活动，比如演讲、宣传、广告、赞助、新闻发布会等都必须围绕着主题来展开。

在确定公关主题的时候，注意公关主题应当通俗、易懂，好听好记，个性鲜明，不同凡响。可以是一个简单明了的陈述语句，也可以是一句口号。例如：美国的国际商用机器公司（IBM）的主题是"IBM 就是服务"。

在确定主题时应注意：公关活动的主题应与公关目标一致，并能充分表现目标；公关主题信息要独特新颖，能打动人心；公关活动主题设计要简明扼要，易于记忆。

（五）选择公众对象

组织的活动对象是公众，但任何组织不可能在同一次公关活动中面对所有的公众，公关策划就是面对特定的、与组织相关的公众。组织推出新产品，该产品的潜在消费者就是该时期内公关活动的公众。

在进行策划时，对目标公众的分析应包括以下内容。

(1) 目标公众居住在哪里，属于什么样的组织或群体。

(2) 他们当中谁是领袖,目标公众目前对本组织的看法如何,和本组织的关系如何。

(3) 目标公众喜欢读什么书刊,喜欢收看什么电视节目或收听哪些广播。

(4) 目标公众有着什么样的利益需求。

(六) 公共关系活动种类

组织的公共关系活动是一个组织长期进行社会交往、沟通信息、广结良缘、树立自身良好形象的过程,它表现为日常公共关系活动和专项公共关系活动两大类。

1. 日常公共关系活动　为改善公共关系状态,人人都可以做到的那些日常接待工作,如热情服务、礼貌待客以及大量的例行性业务工作和临时性琐碎的工作等。

2. 专项公共关系活动　有计划、有系统地运用有关技术和手段去达到公共关系目的的专门性活动,如新闻发布会、产品展示会、社会赞助、广告制作与宣传、市场调查、危机公关等。

三、专项公共关系活动

(一) 新闻发布会

新闻发布会又称"记者招待会",是公关组织直接向新闻界发布有关组织信息、解释组织重大事件而举办的专题活动。

1. 新闻发布会的特点

(1) 正规隆重:形式正规,档次较高,参加者有身份和地位。

(2) 沟通活跃:发布信息,相互问答,双方沟通时间长,接触较深。

(3) 传播迅速:发布信息迅速,扩散面广,社会影响大。

2. 发布时间和主题的选择

(1) 时间选择要恰当。选择适合记者的时间,而不是适合组织自己的时间。在选择时应遵循两个原则。首先,应尽量避开节假日和重大社会活动的时间。因为对媒体而言节假日或重大活动比新闻发布会更重要,记者分身无术。如我国香港地区每周六的赛马日、澳门地区每周六的赛狗日,一般不举行新闻发布会。其次,会议时间一般安排在上午 10:00 或下午 3:00,总时间以 60 min 左右为佳。

(2) 选择主题要合适。主要的注意事项如下。

①主题应有较大的新闻价值。重大、新鲜的新闻才能吸引记者。否则会出现新闻发布会无记者到场的尴尬局面。

②新闻主题要单一,内容要简明扼要,不能浪费时间。否则会给记者留下不好的印象,以后再召开这类会议时,记者就不愿参加了;在一个新闻发布会上,不能同时发布几个主题新闻。

3. 新闻发布会的筹备工作要求

(1) 根据主题准备好各种材料:发言稿、宣传材料、为记者准备的新闻稿、答记者问的备忘录等。

(2) 确定主持人和发言人:一般而言,发言人应由组织的主要领导人担任;主持人则由公关部负责人担任。两人事先应熟悉发言稿。

(3) 确定所邀请记者的范围:根据发布信息的重要性确定所邀请记者的范围;但与组织有密切联系的新闻机构和记者不能遗漏。

(4) 选择合适会场:会场要交通方便、设施完善,最好利用大型会务中心、专业新闻中心或大饭店、大宾馆会议室。

(5) 做好预算、留有余地。

4. 新闻发布会程序

第一项,主持人宣布会议开始,介绍发言人、来宾和新闻单位。

第二项,发言人发布新闻、介绍详细情况。

第三项,记者提问,发言人逐一回答。

第四项,主持人宣布会议结束。

第五项,参观或其他安排。

5. 新闻发布会的注意事项

第一，事前做好排练，发现问题及时纠正。

第二，对待各媒体记者一视同仁，不能有任何区别。

第三，与组织的宣传口径保持一致。

第四，做好会议的接待和记录工作。

第五，主持人和发言人要注意言谈举止和会场的气氛引导。在发言冷场时，适时引导记者提问，而在记者争相提问时，又要维持好会场次序。

第六，事先准备好回避问题的方式和技巧。

第七，避免造成对立情绪，在发现对立苗头时，要善于控制和化解。

第八，新闻发布会会后情报工作。

（二）社会赞助

社会赞助是指组织或团体通过提供资金、产品、设备、设施和免费服务的形式资助社会事业的活动。

1. 社会赞助的基本类型 社会赞助的基本类型包括体育活动、文化活动、教育事业、社会福利事业。体育活动的赞助内容以体育设施和大型体育比赛为主。文化活动的赞助内容包括电影电视节目、文艺表演、知识竞赛、艺术节等。教育事业的赞助内容包括学校、图书馆、博物馆的软硬件建设。社会福利事业的赞助内容包括为贫困地区、残疾人、孤寡老人、荣誉军人等提供帮助。

2. 社会赞助的实施步骤

第一步，研究和确定赞助项目。

第二步，成立专门领导机构，主持赞助活动。

第三步，制定赞助计划。

第四步，制定实施细则，实施赞助活动。

第五步，活动评估。

（三）危机公关

由于企业的管理不善、同行竞争甚至遭遇恶意破坏或者是外界特殊事件的影响，给企业或品牌带来危机，企业针对危机所采取的一系列自救行动，包括消除影响、恢复形象，就是危机公关。

危机公关属于危机管理系统的危机处理部分。

1. 危机公关特点

（1）意外性 危机爆发的具体时间、实际规模、具体态势和影响深度是始料未及的。

（2）聚焦性 进入信息时代后，危机的信息传播比危机本身发展要快得多，媒体对于危机的关注度较高。

（3）破坏性 由于危机常具有"出其不意，攻其不备"的特点，不论什么性质和规模的危机，都必然不同程度地给企业造成破坏，导致混乱和恐慌，而且由于决策的时间以及信息有限，往往会导致决策失误，从而带来无可估量的损失。

（4）紧迫性 对企业来说，危机一旦爆发，其破坏性的能量就会被迅速释放，并呈快速蔓延之势，如果不能及时控制，危机会急剧恶化，使企业遭受更大损失。

2. 危机公关的流程和内容

（1）做好危机预防工作 危机产生的原因是多种多样的，不排除偶然的原因，多数危机的产生有一个变化的过程。如果企业管理人员有敏锐的洞察力，根据日常收集到的各方面信息，能够及时采取有效的防范措施，完全可以避免危机的发生或使危机造成的损害和影响尽可能减少到最低程度。因此，预防危机是危机管理的首要环节。

①树立强烈的危机意识。企业进行危机管理应该树立一种危机理念，营造一种危机氛围，使企业的员工面对激烈的市场竞争，充满危机感，将危机的预防作为日常工作的组成部分。首先，对员工进行危机管理教育。教育员工认清危机的预防有赖于全体员工的共同努力。全体员工的危机意识能提高企业抵御危机的能力，有效地防止危机发生。在企业生产经营中，员工时刻把与公众沟通放在首位，与社会各界

保持良好的关系,消除危机隐患。其次,开展危机管理培训。危机管理培训的目的与危机管理教育不同,它不仅在于进一步强化员工的危机意识,更重要的是让员工掌握危机管理知识,提高危机处理技能和面对危机的心理素质,从而提高整个企业的危机管理水平。

②建立预防危机的预警系统。预防危机必须建立高度灵敏、准确的预警系统。信息监测是预警的核心,随时收集各方面的信息,及时加以分析和处理,把隐患消灭在萌芽状态。预防危机需要重点做好以下信息的收集与监测:随时收集公众对产品的反馈信息,对可能引起危机的各种因素和表象进行严密的监测;掌握行业信息,研究和调整企业的发展战略和经营方针;研究竞争对手的现状,进行实力对比,做到知己知彼;对监测到的信息进行鉴别、分类和分析,对未来可能发生的危机类型及其危害程度做出预测,并在必要时发出危机警报。

③建立危机管理机构。这是企业危机管理有效进行的组织保证,不仅是处理危机时必不可少的组织环节,而且在日常危机管理中也非常重要。危机发生之前,企业要做好危机发生时的准备工作,建立危机管理机构,制订危机处理工作预案,明确主管领导和成员职责。成立危机管理机构是发达国家的成功经验,是顺利处理危机、协调各方面关系的组织保障。危机管理机构的具体组织形式,可以是独立的专职机构,也可以是一个跨部门的管理小组,还可以在企业战略管理部门设置专职人员来代替。企业可以根据自身的规模以及可能发生危机的性质和概率灵活决定。

④制订危机管理计划。企业应该根据可能发生的不同类型的危机制订一整套危机管理计划,明确怎样防止危机爆发,一旦危机爆发立即做出针对性反应等。事先拟定的危机管理计划应该包括企业多方面的应急预案。在计划中要重点体现危机的传播途径和解决办法。

(2) 进行准确的危机确认　危机管理人员要做好日常的信息收集、分类管理,建立起危机防范预警机制。危机管理人员要善于捕捉危机发生前的信息,在出现危机征兆时,尽快确认危机的类型,为有效的危机控制做好前期工作。

(3) 开展危机处理工作　企业开展危机处理时须遵循以下原则。

①承担责任原则:危机发生后,公众会关心两方面的问题。一方面是利益的问题,利益是公众关注的焦点,因此无论谁是谁非,企业应该承担责任。即使受害者在事故发生中有一定责任,企业也不应首先追究其责任,否则会各执己见,加深矛盾,引起公众的反感,不利于问题的解决。另一方面是感情问题,公众很在意企业是否在意自己的感受,因此企业应该站在受害者的立场上表示同情和安慰,并通过新闻媒介向公众致歉,解决深层次的心理、情感关系问题,从而赢得公众的理解和信任。实际上,公众和媒体往往在心目中已经有了一杆秤,对企业有了心理上的预期,即企业应该怎样处理,公众和媒体才会感到满意。因此,企业绝对不能选择对抗,态度至关重要。

②真诚沟通原则:企业处于危机漩涡中时,是公众和媒介的焦点。企业的一举一动都将接受质疑,因此千万不要有侥幸心理,企图蒙混过关。而应该主动与新闻媒介联系,尽快与公众沟通,说明事实真相,促使双方互相理解,消除疑虑与不安。真诚沟通是处理危机的基本原则之一。这里的真诚指"三诚",即诚意、诚恳、诚实。如果做到了这"三诚",则一切问题都可迎刃而解。

诚意:在事件发生后的第一时间,公司的高层应向公众说明情况,并致以歉意,从而体现企业勇于承担责任、对消费者负责的企业文化,赢得消费者的同情和理解。

诚恳:一切以消费者的利益为重,不回避问题和错误,及时与媒体和公众沟通,向消费者说明消费者的进展情况,赢得消费者的信任和尊重。

诚实:危机处理最关键也最有效的解决办法。公众会原谅一个人的错误,但不会原谅一个人说谎。

③速度第一原则:好事不出门,坏事行千里。在危机出现的最初12~24 h内,消息会像病毒一样,以裂变方式高速传播。而这个时候,可靠的消息往往不多,社会上充斥着谣言和猜测。企业的一举一动将是外界评判企业如何处理这次危机的主要根据。媒体、公众及政府都密切注视企业发出的第一份声明。对于企业在处理危机方面的做法和立场,舆论赞成与否往往都会立刻见于传媒报道。因此,企业必须当机立断、快速反应、果决行动,与媒体和公众进行沟通。从而迅速控制事态,否则会扩大突发危机的范围,甚至可能失去对全局的控制。危机发生后,能否首先控制住事态,使其不扩大、不升级、不蔓延,是处理危机的关键。

④系统运行原则:在逃避一种危险时,不要忽视另一种危险。在进行危机管理时必须系统运作,绝不可顾此失彼。只有这样才能透过表面现象看本质,创造性地解决问题,化害为利。危机的系统运作主要是做好以下几点。

以冷对热、以静制动:危机会使人处于焦躁或恐惧之中。所以企业高层应以"冷"对"热"、以"静"制"动",镇定自若,以减轻企业员工的心理压力。

统一观点、稳住阵脚:在企业内部迅速统一观点,对危机有清醒认识,从而稳住阵脚,万众一心,同仇敌忾。

组建班子、专项负责:一般情况下,危机公关小组由企业的公关部成员和企业涉及危机的高层领导组成。这样,一方面是高效率的保证,另一方面是对外口径一致的保证,使公众对企业处理危机的诚意感到可以信赖。

果断决策、迅速实施:由于危机瞬息万变,在危机决策时效性要求和信息匮乏条件下,任何模糊的决策都会产生严重的后果。所以必须最大限度地集中决策使用资源,迅速做出决策,系统部署,付诸实施。

合纵连横、借助外力:当危机来临,应和政府部门、行业协会、同行企业及新闻媒体充分配合,联手对付危机,在众人拾柴火焰高的同时,增强公信力、影响力。

循序渐进、标本兼治:要真正、彻底地消除危机,需要在控制事态后,及时、准确地找到危机的症结,对症下药,谋求治"本"。如果仅仅停留在治标阶段,就会前功尽弃,甚至引发新的危机。

⑤权威证实原则:自己称赞自己是没用的,没有权威的认可只会徒留笑柄。在危机发生后,企业不要自己整天拿着高音喇叭叫冤,而要曲线救国,请重量级的第三者在前台说话,使消费者解除对自己的警戒心理,重获他们的信任。

(4) 危机的善后工作 主要是消除危机处理后的遗留问题和影响。危机发生后,企业形象受到了影响,公众对企业会非常敏感,要靠一系列危机善后管理工作来挽回影响。

①进行危机总结、评估。对危机管理工作进行全面的评价,包括对预警系统的组织和工作程序、危机处理计划、危机决策等各方面的评价,要详尽地列出危机管理工作中存在的各种问题。

②对问题进行整顿。多数危机的爆发与企业管理不善有关,通过总结评估,提出改正措施,责成有关部门逐项落实,完善危机管理内容。

③寻找商机。危机给企业制造了另外一种环境,企业管理者要善于利用危机探索经营的新路子,进行重大改革。这样,危机可能会给企业带来商机。

总之,危机并不等同于企业失败,危机之中往往孕育着转机。危机管理是一门艺术,是企业发展战略中的一项长期规划。企业在不断谋求技术、市场、管理和组织制度等一系列创新的同时,应将危机管理创新放到重要的位置上。一个企业在危机管理上的成败能够显示出它的整体素质和综合实力。成功的企业不仅能够妥善处理危机,而且能够化危机为商机。

危机公关的"三明主义"

第一,态度"明确"。企业对待危机的态度要明确,而且要在第一时间表明,不能采用任何手段来逃避危机事实。

第二,信息"明朗"。企业发出的信息不能含糊,不能朝令夕改,让人去猜疑或猜想。

第三,思路"明晰"。企业在发生危机后,要制订明晰的延伸问题处理思路,最大限度地做好"善后"工作,同时也要针对组织状况采取有效措施,以避免危机的再次发生。

(资料来源:道客巴巴.创世蓝海品牌顾问(北京)有限公司.危机公关的"三明主义")

四、公关评估的概述

(一) 公关评估的内容

(1) 分析评估公关活动原定目标是否实现　公关活动的原定目标是活动效果评估的标准,将公关活动方案中所设计的主要目标与通过公关活动所达到的实际目标进行比较,分析目标的实现程度。

(2) 分析评价公关活动所选择的模式、传播媒介是否符合公众的需求　通过公关调查,对掌握的资料进行分析评估,分析其相符程度和对实现目标的作用,为制订新的公关计划提供依据。

(3) 对公众的态度进行分析评估　将开展公关活动前后公众对组织的态度进行比较分析,评估公众对组织的形象认知改变程度。

(4) 对计划的预算进行评估　检测公关活动的投入与目标实现的效益比,帮助公关人员更加有效地使用资源。

(二) 公关评估的程序

(1) 设立统一的评估目标。
(2) 取得组织最高管理者的认可并将评估过程纳入公共关系计划之中。
(3) 在公共关系部门内部取得对评估的一致意见。
(4) 从可观察与测量的角度将目标具体化。
(5) 选择适当的评估标准。
(6) 确定搜集证据的最佳途径。
(7) 保持完整的计划实施记录。
(8) 及时、有效地使用评估结果。
(9) 将评价结果向组织管理者报告。
(10) 提高对公共关系的理性认识。

(三) 公共关系评估的方法

1. **直接观察法**　公关人员以旁观者的身份与其他公众一样接触各种公关活动,对公共关系的工作效果进行判断。

2. **公众调查法**　选用一定数量的调查对象,用问卷、表格、访谈等方式,了解他们对一定问题的意见、态度和倾向,在充分调查的基础上,进行数据处理和分析,形成一个较为科学的报告,借以了解公关活动的效果。

3. **内部、外部监察法**　内部监察法是指由组织内部成员对公共关系的工作表现进行调查分析。外部监察法是指由聘请的专家会同公关人员对组织的公共关系进行调查、访问和分析,对组织的公共关系活动进行评估、接受咨询、予以论证,做出较为客观的评价和衡量,并对未来的活动提出建议和咨询。

4. **成本效益计算法**　公共关系评估必须讲求成本,公共关系实施是否用最少的开支使组织的效益最大化是一个重要的指标。

5. **参照评估法**　用以往类似的公共关系活动为参考标准,通过比较分析来评估公共关系活动的效果。在比较中学习其他公共关系工作的有用经验,改进公共关系工作。

(四) 公共关系评估报告的编写

1. **报告的内容**

(1) 评估的目的及依据　即为什么要进行公共关系评估,通过评估要解决什么问题以及评估所依据的文件或相关的会议精神等。

(2) 评估的范围　公共关系的评估报告必须明确公共关系检测评估的范围。只有明确评估范围,评估报告才有实用价值。

(3) 评估的标准与方法　在评估报告中,必须说明评估的标准或具有可衡量性的具体化目标体系,以及在评估过程中所采用的方法。

（4）评估过程　主要简要说明评估过程是怎样进行的,分为哪些阶段,从评估过程和所采用的方法就可以检测和判断评估是否科学、合理、规范、完整。

（5）评估对象的确定　在公共关系检测评估报告中,还必须明确检测评估对象本身的一些基本情况,主要包括活动或项目名称、开展时间、实施的基本情况与特点等。

（6）存在的问题及建议　要求根据所掌握的材料,有针对性地提出问题并提出有利于解决问题的建设性意见。

（7）评估人员　是指参加评估的人员名单、相关资料及联系方式等,以便于组织和参加人员及时联系相关人员。

（8）评估时间　在评估报告中,必须明确评估的时间及评估报告撰写的时间。

2. 报告的基本格式

（1）封面　其内容包括评估的题目、评估时间、评估人员名单、报告撰写等。

（2）评估人员分工　内容主要包括评估人员的主要任务及相关权限等。

（3）目录。

（4）前言　简要地介绍评估的主要内容。

（5）正文　这是评估报告中最主要、最核心的部分,其内容包括评估的原则、方法、范围、结论、存在的问题及建议等。

（6）附件　对正文补充说明及相关证明材料。

实训环境与组织实训过程

一、学生分组与组织

（1）分组:全班进行分组,每组 3 人,确定 1 名组长。

（2）小组长和小组成员准备:小组成员自行选择一个主题,并就此开展公共关系活动。

二、实训环境

（1）营销实训室。

（2）校外实训基地。

三、实训任务

任务 1　公关策划

公关策划的操作步骤如下。

（1）各组根据公关任务,确定本次公关策划的目标。

（2）依据公关目标,确定本次公关活动的主题以及选择公众对象。

（3）小组讨论,制订具体的公关行动方案,并打印上交。之后与授课教师讨论本策划方案的合理性、可行性与完整性。

（4）选择恰当的媒体　各种媒体各有所长,只有选择恰当的媒体,公关活动才能事半功倍,取得良好的传播效果。选择媒体时应注意以下几点。

① 选择媒体时,要考虑到组织的公关目标。比如,如果目标是希望提高组织的知名度,那么选择大众传播媒介会好些;如果目标是缓和组织内部紧张的人际关系,则可通过人际沟通,比如会谈、交流等方式加以解决。

② 选择媒体时,要注意到公众对象有所不同。不同的对象适用于不同的传播媒介。要想使信息有效

地传达到目标公众,必须考虑目标公众的经济状况、教育程度、职业习惯、生活方式以及他们接受信息的习惯等。根据这些情况分析决定选用什么样的媒介。比如说,对于出租车司机,最好选用广播的形式。

③ 选择媒体时,要考虑到目前的经济条件。成功的策划,应该是在最经济的条件下去争取最好的传播效果。

（5）编制费用预算　一般来讲,组织公关活动所需经费开支主要包括以下方面。

① 劳务报酬。主要指公关人员及相关人员的业务报酬。

② 传播媒介费。主要指在各类媒体上做宣传的费用。

③ 活动的费用。公关活动一旦执行,就要花费一定的费用。比如,新闻发布会的费用,组织参观、展览的费用等。

④ 其他费用。比如电话费、办公费、各项印刷费以及可能发生的应急费等。

（6）形成书面报告,并打印成稿　制订公共关系计划的全部工作完成以后,应当把计划落实到文字上,形成书面报告。

撰写书面报告无固定格式,主要包括以下内容。

① 背景概述。包括组织面临何种问题,这些问题产生的原因、解决的策略等。

② 目标。指针对所确定的问题而制订的具体的公共关系工作目标,在目标中必须明确通过努力可达到的效果。

③ 具体措施。如选择什么媒介、开展哪些活动等。

④ 预算。详细列出所需人员、经费和时间。

（7）教师就策划方案给出修改意见　学生进行修改、定稿,打印上交。

任务2　公共关系活动实施

在公共关系活动实施过程中应注意以下几点。
(1) 各组成员要严格按照公关策划书的方案实施。
(2) 教师可根据实际情况安排人员进行监督,并对实施过程进行评估。

任务3　公共关系活动结果评估

公共关系活动结果评估主要包括以下步骤。
(1) 首先在小组内部开展公关活动评估工作,由小组撰写公关评估报告,打印上交。
(2) 教师根据各组上交的各种资料以及在整个公关活动中的表现进行总体评价并进行总结。

四、学时与实训作业

（一）学时与要求

(1) 一体化教学：2学时。
(2) 实训与考核：2学时（建议）。
(3) 以小组为单位完成北京诺华制药有限公司召开"洛汀新十年中国心"新闻发布会和专家研讨会的策划案的制作工作。所使用的理论与知识,以word文档形式呈现。并能将在实训过程所出现的错误、不足和优、劣势陈述出来。

（二）考核范例与考核标准

范例分析一

北京诺华制药有限公司召开"洛汀新十年中国心"策划案

【背景资料】2006年6月22日,北京诺华制药有限公司将召开"洛汀新十年中国心"新闻发布会和专家研讨会,对该药上市后所做的重要临床研究和高血压社区防治研究进行回顾和展望。

洛汀新是血管紧张素转换酶抑制剂（ACEI）之一,是目前高血压治疗的一线药物,为患者提供全面的心、脑、肾保护。

1. 新闻发布会的背景

(1) 自1996年洛汀新上市以来至今已十余年,洛汀新在我国已经得到了广大临床医师的支持和近百万患者的认可。

(2) 上市后3年的流行病学监测表明,洛汀新具有长期稳定的降压作用,安全性好,适合我国高血压患者长期服用。

(3) 两项具有里程碑意义的临床研究AIPRI和ESBARI均证实:洛汀新不仅能延缓肾功能不全的发展,更可为肾功能衰竭患者提供肾保护。

2. 新闻发布会的目的

(1) 赢得政府在政策导向、宣传、市场推广等多方面的支持,且扩大在公关对象中的影响力,从而奠定药品更广泛的市场基础。

(2) 通过媒体的宣传,扩大洛汀新的影响力,增强公关对象的信心。

(3) 宣传诺华制药有限公司实力,树立良好的企业和药品的形象,重点把握现有客户,增强潜在客户的信心,并通过人际传播带动新的客户群。

(4) 为后续新颖、独特药效的新药品活动充分造势,营造超越其他企业该领域药品项目的庞大气势,树立诺华制药有限公司在心血管领域的优势地位。

3. 活动组织

主办:北京诺华制药有限公司

协办:中国高血压联盟、××医院、××医院、××礼仪公司

4. 活动安排

前期筹备──→活动执行──→总结跟进

1) 筹备阶段

时间:2006年3月1日—2006年6月20日

地点:项目办公室

目的:做好活动所需的各项筹备工作

工作内容及分工:

① 确定邀请嘉宾人员名单及媒体人员名单　　公关部、企划部、市场部

② 合作公司的选择确定　　公关部、市场部

③ 制作、发放邀请函　　公关部

④ 媒体投放资料准备　　市场部

⑤ 制作活动宣传品系列　　市场部

⑥ 活动场地选择租赁　　企划部

2) 执行阶段(新闻发布会当天)

时间:2006年6月22日 9:00—11:30

地点:北京天伦王朝饭店宴会厅A厅

内容:

① 主持人致辞:中国高血压联盟×××教授作为主持人致辞,介绍新闻发布会的由来及程序。

② 公司致辞:×××首先代表公司致辞,对药物的开发、临床研究和高血压的社区防治研究进行了回顾和展望。

③ 专家学术研讨:

中国高血压联盟×××教授作为高血压的专家介绍中国高血压治疗的现状。

×××教授介绍洛汀新注册试验和SELECT研究。

×××介绍洛汀新中国人群大规模临床应用研究。

×××教授介绍ACEI亲和力的高低与临床应用的相关性。

×××讲解从AIPRI到ESBARI。

④ 患者代表发言:×××作为患者代表,讲述得高血压整10年,洛汀新上市也是10年,与大家分享

与洛汀新的 10 年之缘。从 10 年前到现在一直在使用洛汀新,血压一直控制在 130/80 mmHg。

⑤ 记者提问环节的预设与准备:

×××教授,什么是三期高血压?

代文跟洛汀新比起来更好?还是有什么区别?是选择代文还是选择洛汀新?

使用洛汀新需要经常测量血清肌酐吗?

洛汀新长期用药会不会有副作用?

ACEI 是否都有肾功能保护作用?高血压患者中肾功能受损的比例是多少?

新英格兰杂志的主编来中国说:40%的高血压患者通过生活方式的改变,是可以达到正常的,这在中国人群中有统计数字吗?怎样辨别这些患者通过生活方式的改变回到正常?

什么时候开始药物干预?是单药还是联合?

⑥ 总结,致结束语。

工作内容及分工:

现场人员的接待　　　　礼仪公司

签到及纪念品的发放　　礼仪公司

幻灯片播放　　　　　　公关部

现场摄制的跟进　　　　礼仪公司

现场酒水的供给　　　　礼仪公司

仪式具体流程见表 5.5.1。

表 5.5.1　仪式具体流程

时　　间	内　　容
8:30—9:00	会场布置及媒体签到
9:00—9:05	与会人员入席(配背景音乐)
9:05—9:20	主持人介绍情况及现场嘉宾
9:20—9:30	公司领导致辞
9:30—10:50	专家学术研讨及患者代表发言
10:50—11:20	记者提问环节
11:20—11:30	总结,致结束语
11:30	媒体记者对相关人员进行采访

3) 总结跟进

时间:7 月 23 日以后

地点:项目组办公室

目的:通过新闻媒体吸引潜在目标客户以及销售商的注意

工作内容及分工:

① 向各大新闻媒体分别发布此次新闻发布会召开的新闻,并进行跟踪报道　公关部、企划部、市场部

② 总结,配合媒体其他工作　公关部、企划部、市场部

5. 活动预算

1) 媒体预算支出

注:本次活动媒体预算支出列入原有的营销推广计划中,不再另行追加。

2) 人员工资支出

人员工资支出表见表 5.5.2。

表 5.5.2　人员工资支出表

名称	数量	工作时间/天	单价/(元/人)	费用/元
司仪				

续表

名称	数量	工作时间/天	单价/(元/人)	费用/元
礼仪人员				
拍摄人员				
合计				

3）物料费用支出

物料费用支出表见表 5.5.3。

表 5.5.3　物料费用支出表

物品名称	数量	单价	费用/元
邀请函			
条幅			
气球形拱门			
嘉宾胸花			
背景板			
签到台			
……			
合计			

4）公关费用支出

公关费用支出表见表 5.5.4。

表 5.5.4　公关费用支出表

项目名称	费用/元
专家、嘉宾礼品	
媒体记者礼品	
误餐费	
合计	

【案例点评】本案例将新闻发布会和专家研讨会有机结合，以期起到学术化推广的目的。策划方案从准备到实施均做了细致的安排，具有较强的可操作性。

医药营销公共关系考核评价标准与评分表如表 5.5.5 所示。

表 5.5.5　医药营销公共关系考核评价标准与评分表

平时成绩评价标准与评价项目					
序号	等级与分数 评价项目	优秀 9分	良好 8分	一般 6分	需努力 3分
1	到课情况				
2	小组内参与情况				
3	团队内贡献情况				
4	思考与语言组织表达能力				
5	小组间评判的能力				
平时成绩(占总成绩的 30%)					
实训成绩评价标准与评价项目					

续表

序号	评价项目 \ 等级与分数	实训任务是否基本完成；考评总分6分	实训操作是否有突出表现；考评总分9分	评 价 标 准
6	公共关系策划			策划方案的可行性 策划方案的新颖性 策划方案的完整性
7	公共关系活动实施			是否严格按照策划方案实施 小组的配合程度、应变能力
8	公共关系活动结果评估			是否达到预期效果 整个活动中小组成员的表现
	实训成绩（占总成绩的70%）			
	学生自评成绩			
	小组评价成绩			
	教师评价成绩			
	总成绩			

（赵成志）

教学单元 5.6　医药促销综合实训与考核

实训课题 1　药房节日促销方案的制订

一、实训目的

(1) 激发顾客的冲动消费。
(2) 扩大理性购买需求。
(3) 拉动交易,提升业绩。
(4) 强化品牌,提高商圈内影响力。

二、实训要求

(1)"应季而变,应时而动!"是我们应具备的生意头脑,且在如今促销雷同的环境下,更需要药店人用心考虑顾客新的需求,用创新贴近顾客内心与实际。
(2)要吸引顾客进店,就需要持续营销与创新,任何企业,在这个时代,停止营销就将失去市场,停止创新意味着衰亡,所以,对于药店来说,营销意义重大。
(3)将学生分成若干小组,每小组 3 人,组长 1 名,分工合作,按实训步骤实施操作。

三、实训内容

(一)营销背景

"红海厮杀"的惨痛;频繁"小促"不见起色;消费者越来越趋理性的购买;"见利忘义"的顾客似乎越来越多。

(二)实训操作步骤

【第一步】主要营销策略
1. 营销组合　每月主题活动＋时节促销＋会员日营销＋阶段特卖。
2. 每月主题活动　每月设定营销主题,列出具体应季商品与促销方式,配以货架标识,员工熟记,卖点培训等。
3. 时节促销　根据一年的节日进行阶段促销,这些促销会部分涵盖在主题活动中,但是又有单独的促销方案与商品。
4. 会员日营销　针对会员进行集中折扣让利,提供药店与顾客的沟通渠道,提高顾客黏性。
5. 阶段特卖　新品引入时的一个常规方法,也是针对某类疾病的具体品种设计的阶段促销方案,疾病不同,品种有别,此中可以操作的空间甚大。

【第二步】活动执行

四季"赢"销主题

药店促销随地域、季节应有所变化,以下以春、夏、秋、冬四季变换来展示一年中的促销主题与商品的变化,从这些商品的变化中,我们可以主动营销,赢得市场。

1. 春:防流感、瘦身、益智　促销宜以防流感、清肠、排毒、瘦身为主,对应的商品有这样一些:抗病毒口服液、板蓝根、肠清茶、常润茶、减肥茶、左旋肉碱、芦荟软胶囊、膳食纤维等等。

另外,很多学生要准备参加考试了,益智抗疲劳的产品也是本期销售的亮点,对应的商品有 DHA、氨基酸、抗疲劳口服液等。

2. 夏:清热消暑　夏天的主题便是清热解毒、防暑降温、防晒止痒、补水保湿等,对应的产品有凉茶、金银花露、龟苓膏、仁丹、风油精、清凉油、十滴水、防晒霜、花露水、芦荟胶、面膜等,在这个季节,团购也较多,相应的商品需要备足货。

3. 秋:滋补、润燥　秋天的主题应是滋补、润燥,对应的商品便是以中药为主,如阿胶、西洋参、枸杞、红枣、蜂蜜等。

4. 冬:护肤、防冻、保暖　冬天寒冷,护肤、防冻、保暖是本季的主题,对应的商品有尿素霜、甘油、橄榄油、唇膏、冻疮膏、暖宝宝、口罩、保暖拖鞋、手套等。

【第三步】时节主题活动

1月:元旦、春节

活动时间:元旦、春节期间

活动主题:回家过年,送礼送健康!

活动内容:设立"年货一条街",将与年货相关的商品包括礼盒、核桃、桂圆、红枣等健康食品集中特价销售。

1. 满额送　购满 68 元送洗衣粉 300 g 一袋;购满 108 元送抽纸 3 包;购满 198 元送卷纸一提。

2. 幸运大转盘　购满 38 元的顾客即可参与"幸运大转盘"活动,根据转到的图标拿奖品。

3. 健康关爱大行动　医疗器械、解酒护肝、心脑血管、关节保护、滋补类等商品限时折扣优惠。

2月:情人节

活动时间:情人节前后一周。

活动主题:"套"住爱。

活动内容:

计划生育用品 8 折优惠,购满金额再送情人节礼品。

爱她就送她健康,推出"健康+美丽"特惠方案,如天然维生素 C、胶原蛋白软胶囊等营养素,面膜、洗面奶等个人护理用品,组合购买有惊喜。

3月:三八妇女节

活动时间:3月1日—3月15日。

活动主题:春季商品大特惠——健康女人惠享"瘦"。

活动内容:

1. 商品选择

(1) 明星商品　如眼贴、面膜、芦荟胶、蛋白质粉、天然维生素 E、复合氨基酸软胶囊等。

(2) 季节商品　抗病毒口服液、板蓝根、菊花、柠檬片、减肥茶、肠清茶、芦荟软胶囊、左旋肉碱等。

(3) 主题商品　如乌鸡白凤丸、妇炎康片、栓剂、洗液等妇科用药,电子健康秤、枇杷糖、金银花露、龟苓膏、钙铁锌口服液、鳕鱼鱼肝油软胶囊、牛乳钙咀嚼片等。

2. 商品促销

以特价、组合价、买赠、第二件半价、折扣、满额送等方式进行。

5月:五一劳动节

活动时间:5月1日—5月7日。

活动主题:健康出行,有备无患!

活动内容:

出行旅游备药:黄连素、氟哌酸、头孢拉定、晕车药、红霉素眼药膏、牛黄解毒片、体温计、一次性口罩、纱布、棉球、创可贴、棉签等。

提供备药清单与"小药箱"产品,整"箱"购买享受更多优惠,满额送等。

母亲节

活动时间:母亲节前一周。

活动主题:爱与健康,都不能迟到!

活动内容:

把健康送给妈妈,精选母亲节产品如钙片、大豆异黄酮软胶囊、氨糖、花茶、按摩器、颈托、理疗仪等进行特卖。

端午节

活动时间:端午节前一周。

活动主题:一起过端午!

活动内容:

1. 来就送　活动期间,凭单页即可领取咸鸭蛋或粽子×个,限前20位顾客。

2. 买就送　活动期间,进店消费的顾客就可送精美礼品一份,另可参加满额送。

3. 精选特惠商品　20个慢性病常用药特价,1、2、5元特价专区,营养素买一送一、医疗器械8折优惠,健康食品任选两件7折,个护专柜8折,贵细中药材8折。

6月儿童节

活动时间:6月1日—6月7日。

活动主题:趣味亲子活动。

活动内容:活动期间,儿童成长产品特惠,如钙粉、牛乳钙片、鱼肝油软胶囊、葡萄糖酸锌、益生菌制剂、乳品等。

1. 宝宝爬行比赛　报名参赛即送礼品,会刺激更多家长参与。活动当天设一、二、三等奖与参与奖,奖品丰厚,赠品为品牌奶粉现金券、卡通布娃娃、文化广告衫、气球等。

2. 奶粉冲调比赛　家长们参加奶粉冲调比赛,可以获得奶粉原商品、现金券或试用品奖励。

3. 婴幼儿微量元素免费检测　帮助检测幼儿体内微量元素,以观察幼儿营养情况。

父亲节

活动时间:父亲节前一周。

活动主题:爸爸,辛苦了!

活动内容:精选父亲节商品特价销售。

7月、8月:夏令商品团购

活动时间:7月、8月。

活动主题:清凉一"夏"

活动内容:

1. 夏令商品团购

2. 凉茶试饮

3. 提供夏令商品团购清单,向进店顾客或社区进行派发,提供送货上门、团购折扣、满额送等优惠。

9月:滋补节

活动时间:9月1日—9月30日。

活动主题:该进补啦——滋补膏方节。

活动内容:阿胶免费熬膏,免费打粉;顾客在店购买阿胶可享受免费熬膏,免费打粉,阿胶买一斤送半斤,同时送辅料,满额再送赠品。红枣、枸杞、人参、鹿茸、蜂蜜等中药材9折优惠。

教师节

活动时间:9月10日。

活动主题:该进补啦——滋补膏方节。

活动内容:凭教师证可免费领取精美礼品一份,限前20位。慢性咽炎类商品特价销售。

10月:十一长假

活动时间:10月1日—10月7日。

活动主题:喜迎国庆,欢乐同行!

活动内容:满额送,阿胶特惠,营养素买一送一,护肤品8折,部分买一送一,办会员卡送好礼。

1. 剪角优惠券　活动前派发DM单,顾客凭DM单剪角优惠3元券,进店消费满30元可抵减。

2. 会员双倍积分　活动期间,顾客购买部分商品可享受双倍积分或者4倍积分。

3. 会员日促销　会员折后满额送,同时享受双倍积分,会员惊爆特价单品。

中秋节

活动时间:中秋节前两周。

活动主题:举杯邀明月,低头思"健康"——把健康带回家!

活动内容:推出健康礼品特惠,如深海鱼油+卵磷脂+液体钙组合特价等,配以精美礼盒;多元化经营,卖月饼券,与当地月饼销售商家合用,顾客买月饼券可享受9折,在规定时间内,凭月饼券到指定商家处可取月饼。中秋节当天到店消费满额送月饼。

11月:感恩节

活动时间:感恩节前两周。

活动主题:感谢您相伴——会员积分大回馈。

活动内容:(会员积分规则:消费1元积1分)

1. 会员积分换购　推出20支会员积分换购商品,如VC泡腾片原价20元,会员200分+8元换购等。

2. 会员积分抽大奖　会员满50分即可参加抽奖,100%中奖,最低中1元抵用券,特等奖为最时尚的手机,另设一、二、三等奖。

3. 会员积分当钱花　会员积分100分可当现金2元使用,依此类推。

4. 会员专享商品　推出50支会员特价商品,会员专享。

12月:平安夜、圣诞节

活动时间:12月1日—12月25日。

活动主题:圣诞狂欢购!

活动内容:活动期间,消费满额即可送圣诞精美礼品。

年终回馈,周年庆大型活动。

当然,除时节主题外,我们也可以根据疾病节日来设定,比如6月6号全国爱眼日,10月20号国际骨质疏松日等。

四、实训考核评价标准

实训课题从实训分工、具体实施某个节日药品促销方案的制作与撰写完成,主要由每个小组自己负责组织和完成。教师在实训中只起指导作用,课题结束时,由小组制作汇报PPT在全班交流并分享,并由表达能力较强的学生汇报,其他小组和教师现场评价每个小组的实训成果。

考核评价标准:是否按时完成实训课题,有无明显的不足,在实训中有无创新点,全组成员参与情况,PPT制作精美和不断完善情况,汇报者语言组织、表达情况等。

实训课题2　公关策划

一、实训目的

掌握公关策划的主要内容和方法,具有公关策划的基本能力。

二、实训要求

（1）将学生分成若干小组，每组 3 人，展开实训。
（2）就以下内容展开公关策划活动。
（3）完成公关活动策划书。

三、实训内容

（一）实训背景

某药业有限公司研制出一种治疗糖尿病的中成药，为使公众在很短时间知晓、了解并接受该药物，该公司经理委托你开展一次大型的公关活动。这次活动的经费是 100 万元，活动是广州市天河区，你将开展什么样的公关活动？请拟定出活动方案。

（二）操作步骤

【第一步】制订策划目标。
（1）制订策划主题要符合企业及领导的意愿。
（2）发现问题并找出最根本的问题。
（3）制订目标要切合实际，把目标量化，如提高 20% 等。
（4）形成初步的创意。创意方法包括：顿悟法、逆向思维法、头脑风暴法等。

【第二步】策划准备。
（1）收集资料：对各个资料的收集、调查，保证真实可信，包括内部、外部、图书资料等。
（2）整理资料：在收集的资料中选出对分析有用的资料。

【第三步】制订策划书。策划书包括以下内容。
（1）策划书封面：封面要有策划主题、日期、时间、策划单位及策划人姓名。
（2）策划序文：使人一看过就对策划书有个大概的了解。
（3）策划目录：对内容的排序，简单明了。
（4）策划内容如下。
① 策划宗旨：对企业的理念及策划的必要性、可行性做简单陈述。
② 策划目标：说明怎么去达到。
③ 创意的具体表现。
④ 具体操作流程。
（5）费用预算：对各个环节及整个活动费用的预算，对收益的预算。
（6）人员的具体工作安排。
（7）时间的进度表。
（8）所需物品的统计。
（9）评估：对此方案的各项进行评估。
（10）附件：对各种调查资料及分析数据的统计和说明。

【第四步】执行监督。
（1）过程监督　专人对整个策划过程的监督。
（2）制订备选方案　以防止实施中有意外发生。
（3）纠正偏差　在监督过程中发现偏差及时纠正。
（4）信息反馈　执行完的策划与制度的策划进行比较、分析以作为以后的参考。

【第五步】撰写公关策划方案，上交老师审核并进行讨论。

四、实训考核评价标准

撰写公关调查计划书、撰写公关调查报告、撰写公关策划方案，主要由小组自己负责。老师在实训中起到指导作用,课题结束时,进行交流,师生共同评价工作成果。

考核评价标准:是否按时完成实训课题,有无明显的不足,在实训中有无创新点,全组成员参与情况,PPT制作精美和不断完善情况,汇报者语言组织、表达情况等。

实训课题3　公关危机处理

一、实训目的

通过实训,使学生具备良好的公关危机意识,具有处理公关危机的基本能力。

二、实训要求

(1) 将学生分成若干小组,每组3人,展开实训。
(2) 每组进行讨论,共同写出处理危机的具体方案。

三、实训内容

(一) 实训背景

某制药公司为了使自己新开发研制的药品进入某家医院进行销售,向该家医院院长赠送了一辆价值11万人民币的小轿车,后因人举报,被有关部门查实,一时间,整个舆论界哗然,请你制订出具体的危机处理方案,以帮助该制药公司消除不利影响,摆脱目前的困境。

(二) 操作步骤

【第一步】迅速掌握危机的全面情况。

一般步骤如下:迅速查明危机的基本情况—迅速拿出原定计划付诸实施—考察事故现场,评估危机控制情况—预测事故危机发展的前景—同见证人保持联系—保护现场,收集物证。

【第二步】事件发生后的基本公众对策。

包括:对内部员工、社会大众、事故受害者、新闻媒体、管理部门等的对策。

四、实训考核评价标准

实训课题中的问题分析和评估、处理方法策划,主要由学生小组自己负责,教师在实训中起到指导作用,课题结束时,进行交流,师生共同讨论工作成果。

考核评价标准:是否按时完成实训课题,有无明显缺陷,公关危机处理是否合理、有效,全组成员参与情况等。

实训课题4　情人节时药店促销

一、实训目的

多数情况下,追求浪漫的年轻人才会真正将这一节日当做"行动"上的节日,出门逛街,产生消费,药店要想有所作为,也同样要锁定年轻顾客。

二、实训要求

(1) 将学生分成若干小组,每组3人,展开实训。

(2) 每组进行讨论,共同写出处理危机的具体方案。

三、实训内容

(一) 实训背景

情人节时相对集中的商品,如避孕套、紧急避孕药、情趣产品、保健品、个人护理品等是相对能吸引顾客的品类,但其宽度相对较窄,经营上的难点在于如何扩大顾客需求。

这一西方节日带动的是鲜花店与电影城等的生意,药店要想在这一节日上有所斩获,也需要一些创新,因为这一节日的特点本身就是玩。

(二) 操作步骤

【第一步】根据自己商圈来决定促销目标。

只有适合这一目标人群的商铺做活动,才能取得较好的效果,否则可能只是一个形式而已。

门店的商圈位置非常关键,一般来说,社区店来客数不会有太大差别,但是商业街店与超市店年轻顾客会较多,特别是商业街店。

【第二步】有创意的策划。

对于年轻顾客来说,喜欢好玩的事物。可以根据这一节日顾客的特点,结合大家最喜欢的微信,策划了"情人节"微信专场,顾客加入门店微信群晒出自己当天"最美"照片,进行评选,在下午 18:00,获奖者可以到门店领奖,当天只要参与者均可获得一份小礼品。

这一活动,不仅能聚集客户,还能增加与顾客之间的互动,可以提高门店在顾客心目中的地位。

有些情侣在这一天去看望家人,有些情侣在这一天去献血,有些则一起去旅游……

【第三步】精致的包装。

作为节日送礼,送给情人的礼品应充满浪漫气息,笔者曾在门店工作时,一些顾客买了产品后要求要提供包装纸包装,看来,在这一节日里,学会怎样做一个精致的礼品包装也是一种销售能力。

【第四步】扩大活动商品范围。

增加冲动性消费品是符合这一市场顾客群的,如果是多元化经营的企业,可以将巧克力放在收银台做一句话推荐,此外延伸到美容瘦身类产品,再到补气养血、补肾强身以及健身产品,在个人护理用品方面也可以拓宽。

在一年的时节促销中,情人节并不是一个大节日,可是对于一部分药店来说,它的价值并不亚于春节,特别是当情人节与春节相近,气温又回升时,客流量会大很多,因此,做好这一活动,对于整个月度的业绩影响较大。

而能否做好这一活动,除了一个有吸引力的主题,更要有符合年轻人心理特点的创意活动与商品。

四、实训考核评价标准

情人节期间促销方案的制订和具体产品的促销等策划,主要由学生小组自己负责,教师在实训中起着指导作用,课题结束时,进行交流,师生共同讨论工作成果。

考核评价标准:是否按时完成实训课题,有无明显缺陷,公关危机处理是否合理、有效,全组成员参与情况等。

实训课题 5　药店开张前针对消费者的营业推广活动设计

一、实训目的

了解对消费者开展营业推广的作用,熟练掌握在 OTC 终端对消费者营业推广的操作步骤和基本技能。

二、实训要求

（1）将学生分成若干小组，每组3人，展开实训。
（2）每组进行讨论，共同写出处理危机的具体方案。

三、实训内容

（一）实训背景

××大药房是我国一家大型零售企业，在全国已经发展了几百家连锁零售药店。假如该企业最近在你所在的地市建起了首家连锁店，如果成功的话，将再建若干家。这家连锁店在某个周末就要开张。店长除了在当地进行媒体广告和公共宣传外，还准备在开张之初搞一次较大规模的针对消费者的营业推广，目的在于让广大消费者知道××大药房在本地首家连锁药店开张的消息，更重要的是亲自体验一下××大药房的优质服务。

小刘是这家新药店的经理助理，经理让他尽快设计出一个具有可操作性的能实现预期目标的营业推广方案。

（二）实训步骤

【第一步】了解有关信息。

××大药房的基本情况；当地的医药市场环境等。

【第二步】明确推广目的，确定合适的推广目标。

目的：如处理库存，旺季促销，提升销量，打击或扼制竞争对手，加速新产品进入市场，提升品牌认知度及美誉度等。目标必须具体，尽可能量化。

××大药房的推广目的：配合广告和公共宣传，使药店的销售额和市场占有率在短期内迅速提升，使药店的知名度和影响力迅速扩大，使广大消费者体验到药店的体质服务，为药店的持续快速发展奠定基础。

【第三步】确定和包装活动主题。

如免费试用、赠品促销、折价销售、集点优惠、特价销售、义诊咨询、知识竞赛、免费赠送健康科普手册等。

【第四步】合理确定活动的刺激程度。

如折价的幅度、赠品价值的多少等。

【第五步】拟定具体的操作方案。

如活动方式、活动时间及持续时间、广告宣传、做好人事安排，列出详细的所需物资设备清单，包括品种和数量，拟定意外事件如城管部门的干预、消费者的投诉、天气突变等，经费预算及分配，对本次开张促销活动的效果进行评估。

四、实训考核评价标准

从实训分工、具体实施对消费者的营业推广方案的制作与撰写，主要由每个小组自己负责组织和完成。教师在实训中只起指导作用，课题结束时，由小组制作汇报PPT，在全班交流并分享，并由表达能力较强的学生汇报，其他小组和教师现场评价每个小组的实训成果。

考核评价标准：是否按时完成实训课题，有无明显的不足，在实训中有无创新点，全组成员参与情况，PPT制作精美和不断完美情况，汇报者语言组织、表达情况等。

（周先云）

参考文献

[1] 董国俊.药品市场营销学[M].北京:人民卫生出版社,2009.
[2] 吴虹.医学市场营销实用技术[M].北京:中国医药科技出版社,2008.
[3] 汤少梁.医药市场营销学[M].北京:科学出版社,2007.
[4] 金文辉,袁定明.市场营销学[M].北京:中国中医药出版社,2015.
[5] 栾家杰,张志行.医药市场营销学[M].南京:江苏凤凰科学技术出版社,2015.
[6] 严振.药品市场营销技术[M].3版.北京:化学工业出版社,2013.
[7] 戴宇,李梅.医药市场营销[M].北京:化学工业出版社,2013.
[8] 王会鑫,周先云,黄颖.医药营销技术[M].武汉:华中科技大学出版社,2013.
[9] 刘徽,时健,黄竹青,等.医药市场营销技术[M].上海:第二军医大学出版社,2012.
[10] 冯国忠.医药市场营销学[M].北京:中国医药科技出版社,2008.
[11] 侯胜田.药品营销调研——应用与案例[M].北京:化学工业出版社,2005.
[12] 王顺庆.医药市场营销技术[M].北京:人民卫生出版社,2015.
[13] 梁春贤.药店经营与管理[M].北京:中国医药科技出版社,2013.
[14] 李国强,苗杰.市场调查与市场分析[M].北京:中国人民大学出版社,2012.
[15] 甘湘宁,杨元娟.医药市场营销实务[M].北京:中国医药科技出版社,2014.
[16] 简明,金勇进,蒋妍.市场调查方法与技术[M].北京:中国人民大学出版社,2004.
[17] 徐阳,张毅.市场调查与市场预测[M].北京:高等教育出版社,2008.
[18] 高环成.药品市场营销原理与实务[M].2版.西安:第四军医大学出版社,2015.
[19] 官翠玲.医药市场营销学[M].北京:中国中医药出版社,2010.
[20] 马清学.医药营销实训[M].北京:中国劳动社会保障出版社,2006.
[21] 邢晓凤.最成功的218个营销故事[M].北京:中国经济出版社,2007.